国家社会科学基金重大攻关项目
“维护社会公平正义与保障国民共享发展成果”研究成果

科学发展与共享和谐

Promoting Scientific Development and Sharing Social Harmony

民生视角下的和谐社会

——◇郑功成 著◇——

人民出版社

序 言

我们已经进入了"后改革开放时代"。这是一个充满着各种机遇与机会的时代，也是一个充满着各种挑战与风险的时代；这是一个令人倍感自豪、平添自信的时代，也是一个让人容易失望、常怀不安的时代。

今日之中国，确已站在了一个新的历史起点。单纯强调经济发展乃至于GDP至上、效率至上的时代已经过去，以全面、协调、健康、文明、可持续发展为特征的科学发展时代已经到来；摸着石头过河的改革年代已经成为历史，目标明确、路径清晰并要求理性改革与决策问责的改革年代已经到来；城乡居民普遍受惠的时代已经过去，不同群体或阶层利益分割的时代已经到来；共同贫穷的时代已经成为历史，鼓励部分人先富起来的时代正在成为历史，而让全体国民逐渐向共同富裕迈进的时代已经到来；以农业生产和农业文明为主体内容的时代已经成为历史，而以工业发展与工业文明为主体内容的城市化、工业化、现代化时代已经到来。回顾自20世纪80年代以来所走过的历程，是改革开放成就了中国20多年持续高速增长的经济奇迹，而且还在继续创造着奇迹；国民经济的持续高速发展，既奠定了国家日益强盛的物质基础，也使中国民生持续得到了改善。然而，旧的矛盾在发展中得到了化解，新的矛盾却总在发展中不断产生。包括贫富差距、劳资冲突、流动人口与当地户籍人口利益失衡，以及城乡差距、地区差距的扩大化，人与自然环境的不和谐，等等，均表明中国在迈上发展的快车道后，遭遇的挑战和需要解决的问题较改革开放前一个时期更为复杂，社会风险亦更为巨大。

今日之改革，无疑是对以往改革的深化，但这种深化并非是以往改革的简单延续，而是肩负着双重的使命，即：既需要对计划经济时代遗留下来的体制性障碍继续改革，更需要针对改革开放前一个时期的改革进行再改革，填补以往改革之缺漏、矫正以往改革之偏差与失误、消化以往改革的不良后遗症已经成为今日中国改革与发展的重大使命。对计划体制的弊端进行改革容易达成共识，对以往改革进行再改革却是现阶段之难点，因为改革开放以来已经形成的新的利益格局和渐进改革中必然隐含的不完全与不成熟，已经造就了今日之现实。就像劳动力的市场化适应了市场经济发展的需要，涌现出了亿万农民工与数以千万计的灵活就业者，但在一个充满各种歧视的就业市场上，任何人都可能或正在成为被歧视者；国家持续 20 多年的高速发展带来了物质财富的高速积累，但收入分配失范与不公的现象却显得较以前更为明显，而在一个不公平的社会，人人都不可能享有公平；越来越多的人进入了先富起来的群体，而社会保障的残缺不全，却又导致了竞争发展中的生存危机；个人财富在急剧增长，奢侈消费令世界瞩目，但慈善事业却极端落后，进而又直接影响着社会道德的提升；等等。可见，在这个时代，合理性与不合理性、公益性与自利性、规范性与失范性、有序性与无序性、公正性与歧视性、进步性与落后性、建设性与破坏性等，其实都是并存的。因此，国家需要科学发展，社会要求共享和谐。

在构建和谐社会的进程中，高度重视民生问题显然是正确认识现实国情和保证国家长期稳定健康发展的前提与基础。民生关乎民心，民心决定民意，而民意要求共享改革发展成果，民生问题也只有通过共享改革发展成果才能得到进一步的改善与提升，因此，政府的责任重在民生，国家与社会发展进步的标志亦是持续不断地改善民生，而共享改革发展成果则是改善民生、创造和谐并让全体国民走向共同富裕的必由之路。需要指出的是，新时代的共享改革发展成果，绝对不是新的平均主义与大锅饭，而是在确保社会公平与分配正义的条件下，促使越来越多的人依靠合法的手段与合理的制度安排走向共同富裕，并最终促使整个社会和谐发展。因此，共享改革发展成果其实是共享和谐。

在构建和谐社会的进程中，通过进一步的发展来解决发展中已经出现及可能出现的问题，通过深化改革与再改革来化解以往改革中已经出现及可能出现的诸多矛盾，客观上已经成为应对各种挑战的必须举措。而从民生视角出发，尽快让失范的收入分配制度走向规范，将使贫富差距持续扩大的趋势得到控制，每一个人都将能够快乐地创造和生活；尽快让失衡了的劳资关系恢复平衡，促使恶化中的劳资利益冲突走向劳资互利合作，必将造就劳资双赢、多赢与国家强盛的结果；让农民工不再受歧视，促使流动人口与当地人口日渐融为一体，将促使工业化、城市化得到健康且理性的发展；让城乡之间的巨大鸿沟通过新的制度安排与政策措施逐渐填平，城乡统筹与城乡一体化的良性发展势态便能够得以确立；让各地区在协调与合作中实现共同发展，国家的统一与安全便会坚如磐石，国家的发展将如长江之水永续不断。如果能够做到上述这些，我们就能够实现科学发展、共享和谐。

本书即是在这样的时代背景下，聚焦当代社会与民生直接相关的重大主题，在深入调查、观察的基础之上形成的一些研究结晶。在思考中国的发展问题时，作为理论工作者，虽然不能像鲁迅先生所言真正的知识分子“对于社会永不会满意，所感受的永远是痛苦，所看到的永远是缺点”，但自应具有强烈的社会责任感。我将生命交给工作，把目光聚焦民生，即是期望着为国家更加强盛、人民共享和谐尽微薄之力。因此，本书虽以个人之有限能力致所表达的识见尚浅，但想要表达的道义却自认为深刻，核心的思想即是在科学发展与共享国家改革发展成果的条件下实现整个社会的和谐发展。

《孟子·告子下》曰：“生于忧患，死于安乐。”人生如是，国家与社会亦当如是。在国家发展的新起点上，我们确实需要多一些忧患意识，少一点安逸享受，增一分公益责任，减半分自利追求。愿科学发展与共享和谐成为中国发展进程中的主旋律，也愿本书能够给读者以些微启迪。

郑功成

2006年8月16日于北戴河

目　录

Contents

第三篇

社会保障与共享和谐

第四篇

医疗、教育与共享和谐

第五篇

慈善事业与共享和谐

第六篇

劳动就业与和谐发展

第七篇

农民、农民工与和谐发展

第八篇

灾害、事故与和谐发展

第九篇

法制建设与和谐发展

第一篇

民生问题与共享和谐

Promoting Scientific Development and Sharing Social Harmony

发展，共享，和谐①

无发展即无共享之物质，不共享必产生社会之对抗，有对抗断无社会之和谐。反过来则是，越发展就越具有丰厚的物质基础，能共享即可以消除社会之冲突，无冲突则能实现社会之和谐。因此，我认为发展、共享、和谐可以看成是一个整体，它是一个国家赖以健康、文明、可持续发展的相互影响的基本要素。

我主要围绕“发展、共享、和谐”这六个字来谈谈自己的一些思考。发展是第一要务，这是党和政府一直强调的。但是，一个时代有一个时代的任务，一个时代有一个时代对发展的理解。与计划经济时代及改革开放前一个时期的贫穷落后、财力薄弱相比，我国经济经过改革开放后的20多年的持续高速增长，事实上已经自20世纪末进入了一个新的发展时期。新的时期面临着新的挑战、新的任务与新的机遇，它同时还需要新的智慧与新的对策。尤其是在一个大的转型时期，为什么发展？为谁发展？如何发展得更好？这些问题都需要重新思考、重新筹划。改革开放20多年来，我们取得的成就是巨大的。这里我举几个数字：首先拿GDP来说，1978年是3600多亿元，2005年将超过18万亿元；第二，国家财政收入1978年是1132亿元，1997年是8600多亿元，2005年肯定超过3万亿元。这两组数字是我们国家已经发展到了一个新的阶段、达到了一个新的高度的客观标志。因此，新的历史阶段，应该有新的使命。

最近几年，我有几个提法，我个人觉得可以作为进入新的发展阶段的标志：一个是普惠的改革时代已经成为历史，利益分割的时代已经到来，并表现为不同利益群体之间的反差越来越大。共同贫穷的时代早已经成为历史，只强调鼓励部分先富起来的时代也正在成为历史，而让全体国民分享发展成果并逐步迈向共同富裕的时代已经到来。单纯强调经济发展乃至GDP增长至上的时代已经成为历史，强调经济社会全面、协调发展的时代已经到来。

① 本文系作者于2005年12月8日在“和谐社会专题座谈会”上的发言，根据录音整理并经作者审定，原载《群言》2006年第3期。

我尤其要强调的是，新的发展阶段的一个重要的标志还在于摸着石头过河的改革时代已经成为历史，目标明确、路径清晰的改革时代已经到来。改革开放以来，“摸着石头过河”、“鼓励一部分人先富起来”等提法都是有它特殊的时代含义的。比如当初讲摸着石头过河，是因为那时确实不知道怎么改革，首先判断先进与否的标准就是改革不改革、开放不开放，至于改革的对和错、开放质量的好与坏则是第二位的，允许走弯路、交学费、付代价。到了今天，建立社会主义市场经济体制的经济目标已经明确了，全面建设小康社会、构建和谐社会的社会发展目标也很明确了，经济发展的路径可以说是相当清晰的，社会发展的目标可以说是相当明确的，如果再允许摸着石头过河、走弯路、交学费、付代价，就应当是一种失职乃至犯罪了。再如，“鼓励一部分人先富起来”的提法，在当时是因为共同贫穷不可能走向共同富裕，因为财富不可能从天上掉下来，所以只能是鼓励一部分人先富起来；另外，这个提法还有一个更重要的背景，就是当时大家不敢致富、害怕露富，开始当“万元户”的好像都是那些“不务正业”的人，人们对创造财富、积累财富的人并不从正面去评价，因此，需要政府去保护这些人，通过表彰创造财富的典型来树立创造财富的英雄与榜样，因为我们需要创造财富。所以说，改革开放前一个时期的很多提法都是有当时特定的时代背景的，跟当时的环境、任务及要解决的问题是直接相关的。我认为，现在这样一个时代已经过去了。

关于时代的发展，我记得2003年在香港凤凰卫视演讲的时候说，我找不到一个合适的词来形象地概括我们处于一个怎样的时代，我用了“后改革开放时代”这个词。这没有经过论证，目的只是为了把我们正在进入的这个时代跟改革开放前20多年分开。现在所面临的新的问题、新的挑战跟过去无疑已经不是同一个层次上的。改革开放初期，我国面临的有两大基本矛盾：一个是先进的生产关系与落后的生产力之间的矛盾，一个是人民群众日益增长的物质文化需求与供应极度短缺的矛盾。通过国民经济持续20多年的高速发展，我认为已经基本上化解了这两大矛盾，生产关系在下调，生产力在飞速发展，人民群众的需求在增长，而物质供应更是实现了跨越式的发展。然而，现在又出现了新的社会矛盾，诸如贫富差距扩大化、劳资矛盾日益严峻、流动人口与固定居住人口的利益冲突、城乡发展与地区发展的严重失衡，这几大矛盾都是改革开放以后形成或者被扩大的，这当然是我们国家发展到更高层次上遇到的社会问题，影响的因素也更加复杂化，解决起来的难度更大，从而也更加需要政治智慧。

我认为，现阶段我国的改革所面临的主要障碍是计划体制的路径依赖和改革开放20多年来形成的新的路径依赖的两重制约。前者包括教育、医疗、国有垄断行业等均还含有浓厚的计划经济时代的痕迹，属于历史遗留问题，解决这些问题的思路已经很清晰，但难度仍然很大。另一个就是20多年来改革开放过程中的不足或者失误所造成的后遗症，我们需要对其进行再思考、再改革。对20多年的改革进行再改革，这个难度可以说是比较大的。如果不继续改革，就会对我们国家的经济社会发展带来很大的影响；如果要进一步改革，新形成的既得利益群体将成为改革的阻碍因素。改革开放前一个时期，由于我们对计划经济时代的东西深恶痛绝，在实践中也采取了许多矫枉过正的做法，这在当时是可以理解的，但若长期如此肯定是要出大问题的。比如说就业就是一个基本的民生问题，政府在计划经济时代实行包办就业，改革开放后一段时间则简单地把就业推向市场，一味地强调控制政府的责任，要求劳动者自谋职业。现在反过来看，这样做并不可取，因为即使是在成熟的市场经济国家，政府对就业也是高度关注并进行有效干预的，就业岗位的创造也是以正规就业岗位为基准的，因为如果劳动者缺乏组织就不利于维护其利益，也不利于创造更多的就业岗位。在我们国家，就业弹性的持续下降就表明如果没有政府的有效干预，就业问题是很难解决好的。20世纪80年代初期，我国国内生产总值（GDP）每增长一个百分点能创造240万个就业岗位，现在已经下降到只能创造70万—80万个就业岗位。就业弹性的持续下降虽然原因很多，但政府对就业市场缺乏干预或者未尽到职责无疑是相当重要的一个原因。在市场经济条件下，理性的政府应该是鼓励就业，鼓励用人单位努力创造就业岗位，尤其是在我国劳动力资源严重过剩的条件下，应当争取用人单位多用人，正常、健康的就业应当表现为正规、平等、稳定的劳动关系，而不是简单地强调“砸烂铁饭碗”和“减员增效”。现在很多单位把正规就业岗位转化为非正规岗位的现象，实际上是在异化积极的就业政策，它以牺牲劳动者的正当权益为代价，直接影响了就业问题的有效解决。

社会保障的改革也是一样。计划经济时代是人人都有保障的，农村虽然没有福利，但是集体经济与福利色彩浓厚的分配方式在当时的历史条件下还是基本保障了农村居民的生活权利。后来适应经济体制改革对传统保障体制进行改革是完全必要的，但一直以来，只考虑如何削减、控制政府责任和增大个人责任为目标，却是对计划经济时代那种无所不包的做法的矫枉过正。过去都有教育保障，现在教育成为一个大的负担；以前有公费医疗、劳保医疗与合作医疗，现在看病难成为绝大多数人的一个负担，同样走向了另外一个极端。在肯定社会保障制度改革取得了难得的成就的同时，还应当看到，几乎各种现行社会保障制度均还存在着缺陷甚至是重大的缺陷，深化社会保障改革的根本任务，我认为已经不是计划经济体制下的传统保障体系，而是改革开放以来社会保障领域改革的不成熟及形成中的现行社会保障制度，也就是我说的对以往改革的再改革。尽管再改革的难度相当大，但时代发展的需要却已经是时不我待。

我们国家的财政改革也存在同样的问题。跟计划经济时代的统收统支相比，改革开放以来采取了简单的承包制的做法。这种财政体制在20世纪80年代是有积极作用的，但是从上一届政府开始就可以看出，如果还是这样的财政体制和财政支出结构，即使国家财政收入得再多，也是没有钱用的。1997年全国的财政收入是8600亿元，2004年是2万多亿元，2005年肯定超过3万亿元。如果国家财政收入8600亿元属于财力薄弱但还能够维持国家机器的正常运转，那么国家财政收入到了3万多亿元的时候，国家应该做什么呢？是不是应该更好地解决发展中的民生问题，是不是应该尽快把经济财政转化为公共财政？是不是应该增加国民的福利。但如果财政体制与支出结构不做大调整，那这种体制将成为消耗政府财力的巨大黑洞。我记得2005年8月份在应一位国务院领导同志之约去谈机关事业单位改革与社会保障改革问题时，我说2004年3月在温家宝总理所做的政府工作报告中，提到要拿出3亿元来推进农村的合作医疗，听到这个消息我是既高兴又心酸，高兴的是政府现在拿钱了，心酸是只有3亿元去帮助8亿农民解决疾病医疗问题，这怎么说也有些少，当然，国务院后来将补贴标准提高了一倍，且还会继续加大财政投入的力度，这是深得民心的德政工程。如果说国家财政收入8000多亿元只是吃饭财政还可以原谅的话，现在超过了3万多亿元了，许多人还是看不上病、上不起学，如果还看不到解决这些基本民生问题的出路，那将是有问题的。

所以，我近年来一直讲，今后的改革任务更加复杂也更加繁重，既要改以前没有改的地方，也要改以前改得失误、不当的地方。我一直强调，尽管改革开放的20多年是我国民生问题持续获得改善的20多年，但我国现阶段经济社会发展中遇到的新问题中最突出的仍然是民生问题。只不过现在的民生问题和改革开放前、改革开放初期的民生问题是截然不同的，是经济发展与社会进步带来的更高层次的民生问题，如现在城乡居民要求有更多、更好的受教育机会和更稳定的就业机会以及健全的社会保障制度，要追求民主、法制，要求公平，要求正义，这都是改革开放前没有的，在改革开放的前一个时期也是不明显的。当然，民生问题上了层次也可以说是我们国家发展进步的重大成就。拿农民工问题来说，我经常讲，农民工的出现是中国改革开放的重大成果和中国社会发展进步的主要标志，因为是改革开放使农民有了摆脱对土地的人身依附关系的机会，有了个人自由择业的权利和发展空间的扩张，当然最显著的还是增加了个人及家庭的经济收益。但是现在还这么说就不行了，现在是要追求社会公平与正义，要让包括农民工在内的全体国民不同程度地分享到发展成果，因此，要让农民工真正融入城市，那样才有利于中国的工业化、城市化、现代化。这里可以看出，在不同的改革发展时期看待同一现象或事情都会得出不同的结论。

城乡之间、地区之间的发展差距扩大化，不同阶层的人不能够合理地分享发展成果，社会阶层分化的加剧、贫富分化的加剧，这是整个社会都在关注的问题。有人说不能简单地看基尼系数这个指标，但是基尼系数是全世界公认的一个衡量贫富差距的指标。目前我们国家的基尼系数是0.47，有的人认为还要高，这属于明显偏大，如果没有重大的政策调整，基尼系数还可能上升，贫富之间的两极分化将不可避免。这当然是由很多的制度不公与政策失范等造成的。比如我们的户籍制度，这是带有明显的歧视色彩的，虽然不能一夜之间取消户籍制度，但是也不能总是关闭。从社会学的角度来讲，社会阶层之间低一个阶层不能向高一个阶层流动，就是一种歧视，我们应当让低一阶层的人通过自己的努力进入高一个阶层，国家的任务就是创造公平的机会与平等的竞争环境。再比如，过去经济政策一直是向沿海沿江地区倾斜，资源配置是向城市倾斜，分配是向资本所有者倾斜，这就造成了机会的不平等。不能共享改革发展成果，恐怕是造成中国诸多现实问题的一个关键因素。教育机会的不公，就业权利的不平等，分配正义被扭曲，社会保障体制的残破，这些起码的底线公平都不能维护，都是不能共享发展成果的反映。当然，我要说明的是，共享不等于平均主义，不等于大锅饭。这里讲的共享是要维护生存发展的底线，提供公平的教育机会，落实就业公平，体现社会分配中的正义，以及建立健全的社会保障体系，它其实有助于我们化解矛盾，缓和冲突，实现和谐。

从我前面的发言中，我可以再告诉我的一个基本结论，就是要推进和谐社会的建设，必须成功解决好发展成果的合理共享或分享问题。今后制定政策中值得注意和考虑的，我认为首先是发展观念问题，由先富到共富，由效率优先到突出公平，由价值多元化到鼓励承担社会责任，还有对我们所处时代、所处时代国情因素已经发生的重大变化均需要更新认识，这是至关重要的，因此，我曾经说过落实科学发展观是继改革开放前的思想解放运动之后的又一场思想与观念的革命。比如，我强调新时期的发展要学会算大账，这个大账不只是经济账，还有社会发展账、政治文明账、社会道德账等，即使是经济领域也要学会算大账。如新时期的国家财政就要算大财政账。对2005年修正个税的起征点，我是主张还可以再提高一点的，但有人算账说个税起征点由800元提高到1500元，税收要减少二百零几亿元，由1500元提高到1600元时又要减少50多亿元，财政不堪承受。这个简单算法就不对，因为个税起征点上调虽然使财政收入减少了260亿元，但实际上这种减少使中低收入阶层获益，这部分钱基本上会变成消费，而消费既会创造就业岗位，又能够创造GDP，民生问题得到了改善，经济也增长了，贫富差距扩大化的势头亦会有所抑制，看看这200多亿元所产生的经济效益、社会效益与政治效益应当是倍数效应。我们现在有3万多亿元的国家财政收入，减少260亿元不算负担。这样的算小账的观念在其他部门也存在，比如教育部只算政府管的学校，总是局限于支持、保护公立学校，无形中对民间资本投资办教育是一个扼杀和限制。我们的医疗机构改革也是这样，卫生部门只管公立医院，只考虑如何维护公立医院的既得利益，生怕一家医院倒闭、一个医生失业，就是没有想到如何在建立并确保一个公共卫生服务体系的同时还调动社会资源促成一个发达的市场化医疗服务体系。国务院发展研究中心有一个关于医疗改革研究报告说医疗改革不成功是因为过度市场化，我不太赞同这个看法，实际上是公立医院存在过度市场化的问题，而应当发展起来的市场化医疗服务却并未得到发展，这怎么可能真正解决城乡居民看病难的问题。民政部门也是如此，只管官办福利院，不懂得如何调动社会与民间的资源，有的地方的企业家办福利事业得不到政府的任何支持，最后办得倾家荡产。所有这些，我认为都是观念问题在阻碍科学发展。我们急切需要改变观念，革新观念，真正落实好科学发展观。

第二是财政税收制度。如国家财政在日益丰裕的条件下，应当真正成为公共财政，切实为城乡居民谋取公共利益，按照公平正义原则来强化再分配力度是我们国家财政体制改革的根本方向，财政资源应当向公众福利倾斜，应当向落后地区倾斜，应当向低收入阶层或者困难群体倾斜。与此相适应，税制也需要做大的调整，除了需要调整税制结构以稳定国家财政收入来源外，还应当统筹考虑所得税、利息税、遗产税、非公益捐赠税、消费税等税制安排，税制安排应当有利于社会成员共享改革发展成果，不能牺牲低收入阶层的利益。

第三就是社会保障制度。这是共享发展成果、促进社会和谐的最重要的制度安排。目前的社会保障制度保障严重不足，漏洞太大，缺陷太多，绝大多数人都没有享受到应该享受的社会保障，10 多亿人没有医疗保险，80％的人没有养老保险，1 亿多老年人缺乏相应的老年人福利，6000 多万残疾人缺乏残疾人福利，妇女儿童福利同样面临着发展的迫切要求。因此，加快社会保障制度建设步伐，是保障国民共享发展成果和构建和谐社会的基础性工程与根本性的保障。我们特别需要在社会保障改革与制度建设中充分体现出公平、正义与共享的核心价值追求，并依照这一核心价值追求来调整、充实现行的各种社会保障制度。

第四就是尽快消除各种政策歧视。因为政策歧视既破坏了社会公平，也妨碍了共享发展成果。像就业歧视、社会保障制度歧视、户籍歧视等，都急切需要被消除掉。

总之，我的基本结论就是：无发展即无共享之物质，不共享必产生社会之对抗，有对抗断无社会之和谐。反过来则是，越发展就越具有丰厚的物质基础，能共享即可以消除社会之冲突，无冲突则能实现社会之和谐。因此，我认为发展、共享、和谐可以看成是一个整体，它是一个国家赖以健康、文明、可持续发展的相互影响的基本要素。

民生：和谐社会的关键词①

构建和谐社会是2005年十届全国人大、政协会议说得最多的话题。在我国全面建设小康社会的今天，党中央提出构建社会主义和谐社会，适应了我国改革发展进入关键时期的客观要求，体现了广大人民群众的根本利益和共同愿望。而在构建和谐社会的进程中，需要始终将改善民生、保障民生放在首位，并且始终以民生问题为核心。《绿色中国》记者就此专访了全国人大常委、中国人民大学教授、社会保障问题专家郑功成。

一、社会分化带来新的不和谐

《绿色中国》：经过20多年的改革开放，我国经济社会发展取得了世人瞩目的巨大成就，不仅解决了亿万人民的温饱问题，而且越来越多的城乡居民过上了富裕的生活。但是发展也带来了新的问题和矛盾，出现了新的冲突与不和谐。

郑功成：是的。我国20多年的发展彻底化解了计划经济时代城乡居民物质文化需求增长与供应极度短缺的矛盾，也基本解决了先进生产关系与落后生产力之间的矛盾，对我国的发展给予任何的赞誉都不为过。

然而，中外的发展实践表明，经济的持续高速增长并不能够自动地消除社会问题，随着市场经济的发展及改革进程中的某些矫枉过正的做法的推行，旧的社会问题虽然得以化解，新的社会问题和社会矛盾却也在不断出现。我们走过了共同贫穷的时代，也在发展中进入了一个新的不和谐的时代。

这种不和谐源于发展中的社会分化，也源于发展中的某些不平等与不协调，尽管社会分化是社会发展进步的必要条件，但它带来的客观效应却是各种差距与冲突。在承认社会分化进步意义的前提下，必须看到我国的社会问题与社会矛盾亦处于相对激化的阶段。

《绿色中国》：您认为当前我国经济社会发展的不和谐与不协调主要表现在哪些方面?

---

① 原载《绿色中国》2005年4月号，由该刊记者采访、整理。

郑功成：构建和谐社会必须正视社会风险的发展变化并客观对待社会发展进程中的各种社会问题、社会矛盾、社会冲突、社会对抗。在社会分化加剧的现实背景下，经济社会发展中的不和谐与不协调主要表现在以下方面：

收入分配失衡导致的贫富差距持续扩大，以及由此而带来的贫富阶层的冲突。2005 年 1 月 7 日，北京市统计局发布的发展指数评价分析报告显示，该市高低收入户人均可支配收入差距由 2000 年的 3.1∶1 扩大到 2003 年底的 4.7∶1。北京尚且如此，全国的情势更为严峻。

劳动关系日益失衡，资本的势力自改革开放以来一直保持着不断上升的强势地位，而劳动者的权益却处于不断受损的状态，劳资之间的对立与冲突日益显性化。

乡村流动人口与城市固定户籍人口之间的利益冲突仍在扩张，已经引起广泛关注的现象就是农民工在城市受到多种歧视，不仅享受不到与城市劳动者同等的社会保障等权益，而且连平等的劳动就业权与合法的劳动报酬权都难以得到保证。

城乡之间的发展失衡，城市的繁荣与富裕在某种程度上是以牺牲农村、农业的发展和农民的利益为代价的，“三农”问题已经非常尖锐。

地区之间的发展差距持续扩大，这种状态既不利于地区经济的发展，更不利于国家经济社会的持续发展。

物质文明与精神文明的发展失衡，在物质财富高速增长、商品市场日益繁荣的同时，却忽略了与新时代相适应的新道德的重建，企业与公民的社会责任也在不断下降。

效率与公平的失衡，效率优先存在着向效率至上乃至惟利是图转化的倾向，而社会公平与正义却并未随着经济发展而成为普适性的核心价值追求。

经济发展与政治、法制发展的失衡，在经济持续高速发展的同时，政府对公共事务的管治能力并未得到有效的提升，法制建设仍然滞后于时代的要求。

人与人的关系不和谐，尽管只论斗争的年代早已成为历史，但对市场机制与竞争机制利用的过度化，亦使人与人之间只讲竞争，少论合作、互助与互利，和谐的人际关系并未普遍形成。

人与自然的不和谐，以牺牲环境、消耗资源的传统经济增长方式，客观上不断激化了人与自然之间的矛盾，中国的城市化、工业化、现代化发展道路急切需要寻求新的发展方式与路径。

《绿色中国》：造成我国社会发展中出现诸多不和谐与不协调现象的原因具体表现在哪些方面？

郑功成：概括而言当然是社会进步中的社会分化，但具体来说，却又表现在发展中的诸多方面的失衡。

重经济发展与GDP增长而轻社会发展。改革开放以来，将发展是硬道理简化成经济发展是硬道理甚至GDP增长是硬道理，而对社会发展方面却自觉不自觉地采取了相对轻视的政策取向。长期这样做，经济发展与社会发展就必然处于失衡状态，结果必然出现不和谐与不协调局面。

重鼓励部分人先富起来而轻共同富裕。在改革开放初期，鼓励部分人先富起来，是有利于经济发展的政策取向，但当在贫富差距持续拉大的条件下，就需要重视收入再分配。而现实情形是，初次分配还未能真正实现按生产要素分配，再分配的调节力度非常薄弱，第三次分配几乎没有，整个收入分配体制客观上还存在着诸多问题。

重招商引资而轻劳工权益保护。在许多地方，招商引资成了评价地方领导政绩的主要指标，一些地方甚至把任务分摊到公职人员身上，但对劳工权益的维护却显得非常欠缺，甚至以损害劳工权益来吸引投资者，劳资关系处于一种不协调、不和谐状态。

重城市发展轻乡村发展。长期以来，我国二元社会结构经过户籍制度安排被固化，而公共资源配置的失衡，包括教育资源、公共卫生资源等不断地向城市倾斜，多数经济政策明显有利于城市发展导致“三农”问题更加突出。

重经济效率与经济利益而轻社会公平。效率优先在某种程度上已经“异化”成效率至上，利己主义泛滥，惟利是图现象日益突出，而平等、公平、互助、正义等价值理念在一定程度上被忽视甚至被抑制。

重社会稳定而轻社会和谐。社会稳定是社会和谐的基础，和谐社会一定是稳定的社会，但社会稳定并不一定等于社会和谐，因为社会稳定是社会控制的结果，而社会和谐却是物质、精神、文化等的综合协调状态。不必讳言，我们以往关注的重点是稳定问题，还没有上升到如何促进社会和谐的层面，以致在维护社会稳定的过程中甚至出现过一些激化社会矛盾、加剧社会冲突的现象。

重政策调整而轻法制建设。改革开放前期，政策调整的灵活性可以使改革得以不断推进，但随着改革开放的不断深化，强化法制建设便应当成为市场经济与社会发展的必备条件。没有完备的法制不可能有社会的和谐，因为和谐需要法制来提供规则与标准，需要权威的执法机关和执法者来监督，需要全体国民来自觉遵守。

重打破旧制度而轻完善新制度。如果各项政策协调不够，经济政策和社会政策不能很好地配合，其后果必然是各项工作看起来均有成效，但综合效果却不容乐观。在这方面显然还存在着很多问题。

二、民生问题是构建和谐社会的核心

《绿色中国》：随着时代的变化，民生问题的内涵也发生了变化，当今中国面临的民生问题比改革开放前、初期更加复杂。

郑功成：是的，我们必须承认改革开放20多年，是我们国家民生问题不断得到改善的进程。所谓民生问题无非讲的是衣食住行，以及与社会经济相关的政治生活问题。所以按照衣食住行来讲，早就走过了贫穷的时代。随着时代的发展，民生问题也在发展。虽然现在有一部分人仍然有衣食之忧，但更多的人是在住、行以及在平等的权益和社会分配等方面有自己新的要求。所以，我们现在面临的民生问题，实际上比改革开放前一个时期的民生问题更加深刻、更加全面、更加复杂。要解决新时期的民生问题，也更需要政治智慧，更需要合理有效的政策措施。

我最近几年来一直非常关注的有几大问题，即：教育是民生之基（就是教育是国民立足社会的基础），就业是民生之本，收入分配是民生之源，社会保障是民生之安全网。这四大问题实际上都是民生的基本问题，解决好这四大问题，民生问题就基本能够得到解决。所以，我总认为在构建社会主义和谐社会的进程中，需要始终将改善民生、保障民生放在首位，并且始终以民生问题为核心。

《绿色中国》：构建和谐社会应该确立一些关键词，在当代中国，我们应该确立哪些关键词?

郑功成：联系我们国家的现实，跟民生有关的新时期出现的一些社会问题，应该说有以下几方面：一是收入分配失范与不公带来的贫富差距持续扩大；二是劳动关系失衡带来的劳动者权益不断受损；三是传统户籍制度下的流动人口和城市固定户籍人口的利益分歧带来的对农民工的歧视现象；四是城乡差距的扩大化和地区差距的扩大化；等等，这些矛盾、这些问题的客观存在并且持续发展，正在影响着我们国家经济、社会的协调发展，影响着我们国家社会生态的和谐。

因此，要构建和谐社会，就必须先解决好这些问题。如果要解决好这些民生问题，要推进和谐社会的构建，我觉得应该确立这个时代一些新的关键词。这些时代关键词由过去单纯的增长与效率向公平、正义、共享、民主法制、文明进步等扩展。从当前来看，我认为要按照科学发展观重新确立新的政绩评估体系，在衡量政府政绩时，不仅要看经济增长和财政收入，还应当看所在地区贫困人口的生活能不能得到保障，公共卫生能不能满足城乡居民的需求，社会保障是否覆盖到越来越多的人口，人民群众在居住和生活环境方面是否得到了普遍的改善，政府财政用于改善民生的支出是否达到了较大的份额，以及所在地区人与人之间的关系是否和谐，劳资之间是否有对抗性的冲突，这些指标都是基本的民生指标。这些指标的改善程度，我认为可以作为和谐社会的发展程度。所以，政绩评估体系的重构可以说非常必要，也是非常重要。

三、构建和谐社会需要转变财富分配观念

《绿色中国》：您认为我们要树立怎样的财富分配观念？

郑功成：构建和谐社会，需要正确认识和谐社会的实质。我曾经多次指出，和谐社会的核心在于人与人之间的和谐，社会关系的和谐是和谐社会的根本，并进而扩展到人与自然的和谐。在一个经济社会结构多元、价值取向多元的社会里，作为一种理想的良性的社会发展状态，和谐社会应当是在坚守社会正义、公平和允许适度差别的条件下，追求公益，实现共享。因此，和谐社会的实质是让每一个社会成员都能够快乐地创造和生活，从而应当是共享社会、正义社会、公益社会、幸福社会。正是基于这一点，以人为本、执政为民、协调发展才成为这个时代的内在要求，而消除现实中以及未来发展中的各种不协调、不和谐因素，解决已经出现和将要出现的各类社会问题、社会矛盾与社会冲突，已经成为我们国家刻不容缓的重要任务。

构建和谐社会作为一个理想的社会发展目标，需要观念上的重大变革。我近两年多次提出："要把分配财富与创造财富摆在同等重要的位置上"，"要把分好蛋糕与做大蛋糕放在同等重要的位置上"，这就是一个观念的变革。我个人认为，如果说改革开放初期中国是一个贫穷落后的国家，需要将所有注意力都放在经济发展与物质财富增长上，那么，经过20多年的发展，在GDP达到10多万亿元和人均GDP达到1000美元以上以及国家财政收入亦达到2万多亿元的台阶后，我们就不能再简单地重复20多年前中国是个贫穷落后的国家的概念，我们针对经济发展与社会发展的失调、贫富差距扩大化等现实，就需要树立起合理分配财富与分好蛋糕的观念。因为时代发展到今天，只有分配好财富和分好蛋糕，才能更有利于创造财富和进一步做大蛋糕。那么，根据"分配财富与创造财富同等重要、分好蛋糕与做大蛋糕同等重要"的发展观念，就需要对收入分配及相关的制度安排与政策措施进行重大的调整。

《绿色中国》：既然发展也带来了新的问题和矛盾，出现了新的冲突与不和谐，就需要寻求化解矛盾，解决冲突的方法，您作为社会保障研究的专家，您认为，社会保障方面的制度安排将发挥怎样的作用？

郑功成：构建和谐社会，离不开畅通的反映国民诉求的途径、管道与解决各类社会问题的有效机制。在各类社会矛盾及发展中的不协调局面日益突出的

现实背景下，应当达成共识的是，如果缺乏有效的反映不同社会阶层或群体利益诉求的途径与管道和有效解决问题的机制，就可能出现社会冲突与社会对抗，而通过对抗性方式来解决社会问题既不符合国家利益，也不符合各个社会阶层的利益。因此，应当尽快完善国民反映自己诉求的途径与管道以确保不同社会阶层的要求能够畅通上达，同时更要高度重视构建化解冲突、调整利益分配的有效机制。换言之，构建和谐社会特别需要公共政策的牵引和制度安排来保证，需要公权的介入，同时还需要公众参与。

在众多的化解矛盾与调整利益的机制中，包括各种社会保险、社会救助、公共福利等在内的社会保障制度以及各种慈善公益事业，无疑占有特别重要的地位并能够发挥出无可替代的作用。发达国家的实践表明，社会保险制度可以调节劳资关系，缓和劳资矛盾、阶级冲突与社会对抗；社会救助制度可以缩小贫富差距，进而缓和贫富冲突与阶层对抗；各种社会福利事业则可以普遍性地增进国民福利，实现共享发展成果的目标；而慈善公益事业的发展，则可以在自愿的基础上实现富人与穷人之间的利益调节和情感沟通；等等。因此，社会保障及相关机制作为建立在社会公平基础之上并以追求社会和谐为目标的特别制度安排，是构建和谐社会不可或缺的重要内容。我们需要树立公平、公益的发展理念，需要一个健全完备的社会保障制度，需要一个发达的公共福利体系与慈善公益机制。

《绿色中国》：如何理解构建和谐社会是对我们国家未来发展的科学定位？

郑功成：“和谐社会”是“两会”的焦点，也是一个关键词。从研究社会保障的角度来讲，这个词并不是很新的词，因为建设社会保障制度的目的其实就是为了“构建和谐社会”。我认为，社会保障制度是构建和谐社会的核心指标，社会保障制度是否健全代表着我们的国民能不能共享经济社会发展的成果，以及共享经济社会发展成果的程度和水平。所以，“构建和谐社会”就要搞好社会保障制度的建设。在构建和谐社会中，和过去相比有一个很重要的不同是，我们现在建设社会保障制度的方向和价值取向应该很明确，过去提小康社会更多的是强调经济发展，突出效率因素更多一些，而和谐社会的发展应该说效率和公平很难说是谁优先的问题。像拉美地区一些国家就有教训，有些拉美国家 20 世纪发展很快，但它们只重视增长而不重视分配，结果造成贫富差距扩大化以及城乡发展的失衡，各种贫困问题、社会问题的积累，导致了严重的社会危机，实际上严重损害了这些国家的发展。因此，我认为构建和谐社会顺应了时代的发展要求，是对我们国家未来发展的科学定位。

“后改革开放时代”的民生问题[①]

非常感谢学校和《新华文摘》杂志社联合创办这样一个很有意义的讲演平台，并且把这个开坛首讲的荣誉给了我。

我今天要报告的题目是《“后改革开放时代”的民生问题》，应该说这个题目不是第一次报告，但是内容却有许多是第一次跟大家交流。在2002年5月，我记得我们人民大学举办“中国人文社会科学论坛”的时候，我和曾湘泉教授共同主持的一个分论坛就叫做“关注民生论坛”，当时就已注意到民生问题已经是国家发展进程中的重大社会问题。在2003年底，我应邀在香港凤凰卫视“世纪大讲堂”发表讲演，使用的题目是《全面小康与民生问题》，当时说我国已经进入到了一个新的重要的时代，这个时代与前一个时期有很大的区别，我找不到一个准确的词来概括它，就以“后改革开放时代”来区别改革开放初期，香港凤凰卫视播发我的讲演后，在海内外均引起了反响。2004年“两会”期间，我接受《人民代表报》的记者采访，是以“后改革开放时代的中国民生”为题的，《人民代表报》用头版、二版两版的篇幅发表了对我的这篇专访，在“两会”期间即有好几个省的人民代表跟我反映，他们感觉到有启迪，一些代表还将报纸留下说要带回去继续学习与研究。我个人认为，我们已经进入了与改革开放初期有重大区别的“后改革开放时代”，民生问题可以说是我们国家从现在这样一个时代到未来很长一个时期内的一个很重大的问题。我今天就是想把这个时代与我们国家最根本性的问题结合在一起，跟大家交换一下我的看法。我讲演也好，讲课也好，有一个特点就是讲我自己想讲的话，包括我今天上午在参加北京市委举行的一个会议上发言，也声明不管我讲得对还是错，我都始终是抱着出于好心、畅言真话、促成好事这样一种心态来发表我的见解的。

---

① 本文系作者2004年9月23日在“人文视界”系列讲座上的开坛演讲；演讲现场速记稿的摘要曾载新浪网文化首页、《新华文摘》杂志网；2004年11月11日《大公报》（港）以《“后改革开放时代”的民生问题》为题发表演讲观点4000多字；2004年12月5日《文汇报》以《民生问题为什么如此重要：郑功成教授在中国人民大学的演讲》为题发表内容摘要稿约1万字。2005年载入人民出版社出版的《构建和谐社会：郑功成教授演讲录》。本次重新入选是为了维护本书内容的完整性，以便本书读者对作者的思考有较全面的了解与理解。

在今天这个题目下，我准备讲五个问题：第一个问题就是我们处在一个什么样的时代；第二个问题是为什么要突出地强调民生问题；第三个问题是中国民生问题现状到底如何；第四个问题是影响中国民生的因素有哪些；第五个问题则是解决中国的民生问题不仅需要雄厚的物质基础，更需要智慧；讲完这五个问题便可以得到一些基本的结论。

首先谈一下我对时代的看法，看看我们处于一个什么样的时代。记得在五六年前，于光远先生曾跟我多次谈到，希望研究一下时代问题，他说从20世纪末起，我们处在一个什么时代，世界处在什么时代，实际上都不能用传统的观念、传统的思维方式、传统的看法，简单地把它看成是一个传统时代的延续，但是我过去没有时间与精力对时代问题做专门的研究。最近几年来，通过对我们国家发生的翻天覆地的变化，以及这些变化所带出的很多现象的观察，我个人认为，我们所处的时代确实跟改革开放初期有着截然不同的问题、截然不同的任务、截然不同的目标，也需要有截然不同的措施。在凤凰卫视"世纪大讲堂"讲中国进入"后改革开放时代"时，就是为了跟改革开放前20年有所区别，这个时代并不是改革开放的简单延续，它更是改革开放时代的深化。应该说近几年来，基于对改革开放时代前后比较的研究，我发现我们国家目前所面临的任务和挑战，以及采取的措施与政府承担的职责已经跟过去有很大不同，国家发展的定位与政府执政的理念也正在发生着重大的变化，我随便举一些标志性的特征可以说明时代的重大变化。例如：

第一个标志是市场经济已经取代了计划经济，主要依靠特殊政策优惠推动经济发展的时代已经过去了，市场机制的作用在普遍发挥，并事实上正在替代着过去的优惠政策。过去的改革开放，很难说市场经济的作用大，不管是沿海城市还是浦东，还是海南，还是深圳，哪一个地区，哪一个省市的发展，基本上都需要采取特殊的经济政策，特别优惠的引资政策来促进发展。但是，现在我们看到，再继续通过特殊的政策、优惠的政策来促进发展在全国范围内恐怕不行了，市场经济体制已经得到确立，市场机制的作用正在得到发挥，包括我们的国有经济也正在适应着这种变化，国有经济也正在利用市场机制来获得新的发展，如国有企业上市，国有企业改制、改组，国有企业股份化，哪一项改革都是属于对市场机制的利用，并且在这种利用中间获得发展，这是一个标志。

第二个标志是经济结构的多元化已经取代国有经济的一统天下。学经济学或者研究经济学的老师对这方面非常了解，我国的国有经济过去占国民经济中的比重异常之大。现在除了东北三省国有经济的比重可能在50%以上外，全国绝大多数地区非国有经济在GDP所占比重均已经超过了50%。在过去国有经济一统天下的条件下，整个国家的经济基础，经济发展的重点和所要努力的目标都在国有经济或者说是国有企业，经济关系很简单，劳动关系也不复杂，但是随着经济结构的多元化尤其是非国有经济、私营经济、股份经济等的迅速成长并占据重要地位时，国民经济的结构亦不再是传统的局面了，经济关系也更加复杂了，经济利益也不再一致了，而是不断地被分割了。

第三个标志是社会结构的多层化已经取代了工农群众单一层次的结构。在计划经济时代，虽然有城乡的差异，但是我们只有工人、农民两大基本社会群体，工农联盟几乎就是全体国民的联合这样一种概念。改革开放二十多年来，我们注意到社会成员结构所发生的变化非常之大，大家有可能注意到一些研究人员的研究成果，即通过对社会分层的研究，结论是我们国家的社会结构早已走过了单一层次的工农一体的时代，被分化成多个社会阶层，每一个社会阶层都有相应的社会群体特征及不同的社会地位、政治地位与经济地位，这种多元化、多层次化的社会结构，所产生的社会关系、社会问题、社会矛盾日益复杂，所需要的经济政策、社会政策也不可能统一或满足一致的要求。

第四个标志是发展理性正在取代单纯的增长冲动。如果说过去改革开放二十多年，我们只讲改革的速度和开放的幅度，我们评价中国改革开放的成就首先是看改革不改革，而不管或者较为忽略改革得对还是改革得错，是看改革得快还是改革得慢，而不看或者较为忽略改革的效应与质量，我们评价地方领导人的指标通常是这样的指标；我们评价对外开放时，较少考虑开放的质量及其是否带来很大的正面效应，而是一个地方开放的幅度大不大。很显然，现在时代已经发生了重大变化，因为改革在这个现实世界中已经不可逆转，改革必然地要因循原有的惯性继续前行，如果只强调改革的速度，不强调改革的理性，如果只继续强调开放的幅度，不强调开放的质量和开放的理性，这个发展就可能不行，常常可能会出现很大的问题。中国的经济改革，包括社会保障制度的改革，在过去一段时间，应该说还是留下了一些后遗症，甚至是严重的后遗症。如我研究的社会保障问题，现在所面临的问题已经跟历史的问题关系不是非常密切了，很多问题甚至是主要的问题恰恰是我们二十多年改革开放进程中形成的、产生的，是我们曾经采取的改革措施甚至曾经被认为是合理正确的改革措施所带来的，它们现在变成了我们改革深化中的阻碍因素。所以说，单纯的追求改革的速度和开放的幅度已经不适应时代的发展了，强调理性发展的时代毫无疑问应当且正在取代单纯的增长冲动，这也是一个标志。

第五个标志就是人们的观念发生了重大的变化，由过去依赖国家、依赖单位，开始转向个人责任的回归，从因循守旧与思想僵化走向与时俱进和创新，从过去强调每一个人做被动的保守的螺丝钉，开始要求每一个人能够主动地积极地参与竞争，从单一的道德价值观走向了价值观的多元化，等等。所以如此，均已经表明了人们的观念已经进入了一个新时代，过去那个时代已经过去了，这是第五个标志。

第六个标志是新的社会问题和社会矛盾正在取代旧的社会问题或者社会矛盾。改革开放初期，我们谈的最多的社会问题或社会矛盾，是先进的生产关系与落后的生产力之间的矛盾，是人民群众日益增长的物质文化需求与供应短缺的矛盾。这二十多年来，我们看一下，两个基本矛盾即使是不能说已经全面地得到了解决，也可以说是基本上得到了解决。特别是近二十多年来，供应短缺的时代就已经过去了，我们小的时候是票证时代，对票证时代我的印象还非常深刻，它在中国持续了几十年，我小时候就记得只有春节时才能吃到一点糖，乡村是普遍性吃不饱，城镇的粮食是严格的限量供应，穿衣服必须凭有限的布票供应，几乎所有的生活资料均是凭票供应；现在我们看到在中国的市场上，可以说高度的繁荣。10 年前出国，觉得国外市场繁荣，什么东西都想往国内带，而现在出国，不要说是到发展中国家觉得那里有的国内也有，即使是欧美发达国家，也不再想带什么了，因为国内市场的繁荣早已经是今非昔比了。那么，在基本解决了改革开放初期的社会矛盾或社会问题后，现在的情形又如何呢？我想我们现在面临着很多新的问题，比方说社会分层，社会阶层分化与贫富之间的矛盾。计划经济时代是共同贫穷的时代，改革开放初期的 10 年也基本上是多数人贫穷的时代，现在看起来则是贫富差距持续扩大，富人没有统计数字，但贫困人口却是有数的。如城镇享受最低生活保障的居民在 2003 年底为 2200 多万，是不是所有的城镇低收入家庭都享受到低保的待遇，我觉得还不敢肯定。农村有多少贫困人口，官方公布的通常是 3000 万，但有两个事例或许能够更加全面地反映乡村贫困问题：一个就是 2003 年温家宝总理在“两会”期间当选总理后回答记者提问的时候，他谈到，如果把中国农村的贫困线再上调 200 元人民币，乡村的贫困人口将再增加 6000 万以上，为什么讲这样的问题？因为我们乡村的贫困线是好几年以前确定的，是以年收入 625 元为标准的，即使按照世界银行公布的赤贫人口的标准，也是偏低的，所以说乡村贫困人口只要提高 200 元，这个贫困数量不是 3000 万，而是 9000 万以上；另一个是 2004 年国务院扶贫办又公布了一个数字，即乡村贫困人口 2003 年以来不仅没有减少，反而增加了 80 万，许多人非常关心这个问题，这是很正常的，贫困人口有所增加反映了这一社会问题的严重程度，它跟扶贫与缓贫政策有关。因此，贫困人口在我们国家依然有非常庞大的规模，贫困的程度依然很深刻。我于 2003 年到四川大凉山进行调查时，到了一个乡，当地干部领我们到一户参观，还介绍说这是村民小组长即过去的生产队长的家，我看到的是一个土屋，两张用树枝搭起来的所谓床，中间一个火堂，墙角一堆土豆，这就是他们的主食，家中的破败程度是生活在城市的人尤其是我们的大学生们所无法想象的。所以，在我们国家，贫困问题依然是严重的，贫困人口数量依然庞大，贫困程度依然很深刻，这个贫富之间的矛盾，是不是改革开放以来产生的新的社会矛盾与社会问题，我觉得答案是肯定的。

第二个基本矛盾，我最近两三年多次强调劳资之间的矛盾，劳动关系的严重失衡。在计划经济时代，工人阶级是国家的主人，不仅是国家的主人这样的地位，在企业和在单位也是主人翁，现在经济结构已经多元化了，我们的职工可以说是国家的主人，但能算私有制企业的主人吗？能够算股份制企业的主人吗？对企业来讲，投资者即资本所有者才是企业的主人，这个不是中国的特色，因为企业就是经济实体，谁投资、谁负责，权力的大小取决于资本的大小。我们的国有企业有没有这些？我觉得也有，因为国有企业在市场经济的条件下，也是市场经济中的一分子，跟其他企业并没有质的区别，如果说过去我们的国有企业更多地强调的是全民所有制，现在国资委成立，国资委扮演的就是投资者的角色，谁对国有企业负责，谁来决定国有企业的重大思路，应该是国资委，国资委是资本的所有者或者代表资本的所有者行使权力，因此，国有企业中的劳动关系也发生了很大的变化。在全球化的背景下，我们看到资本越来越具有强势的地位，因为资本在全球范围内可以自由流动，可以流动到劳动成本很低的、很廉价的地区去，但是劳动者不能自由流动。过去我曾经跟一位美国学者讨论这个问题，人家讲美国的资本或者发达国家的投资应当享受更多的优惠、给予更多的方便，我说光想资本在流动中获得收益是不公平的，劳动力也要像资本那样流动，如果让中国的劳动力也像美国或其他发达国家的资本一样自由流动，我说这个世界可能更加公平，这当然只能是我们的一厢情愿，因为如果这样，发达国家不会干。所以，资本的自动流动，劳动力的有限流动，谁更主动，资本当然更有主动性。所以，我在前几年提出一个观点，就是劳资之间的力量对比，从过去一国之内的强资本弱劳工格局，经过一国之内劳资关系的基本平衡阶段，现在已经发展到了全球性的强资本弱劳工格局，即全球化使资本势力膨胀，而劳工地位在下降。我非常赞成四个尊重，并且把尊重劳动放在第一位，在我国，我们不仅看到了劳资之间的利益分歧，而且发现劳资之间的力量对比发生了重大变化，劳动关系已经处于失衡甚至是严重失衡状态。如雇主可以任意延长劳动时间，拖欠工资现象甚至具有普遍性，许多劳动者没有必要的劳动保护，许多非国有单位不参加社会保险，等等，都反映了强资本弱劳工格局在我国已经形成。劳动关系已经成为我们这个社会中最普遍性的社会关系之一，劳资之间的矛盾是不是我们改革开放以来所产生的新的社会问题、新的社会矛盾呢？我想这个答案应该是肯定的，它在过去是没有的，过去强调国家、企业与劳动者的利益是高度一致的，这是一个新的社会矛盾或者新的社会问题。

第三个基本矛盾是传统户籍制度与统一劳动力市场冲突所导致的流动人口

与固定户籍人口之间的矛盾。我们传统的户籍制度可以说画地为牢，你在北京市不能到广州生存，你在乡村不能到城市生存，这种传统的户籍制度在市场经济条件下遭遇到了挑战，因为市场经济不仅需要统一的劳动力市场，而且催生着统一的劳动力市场。大家已经注意到农民工在受歧视，为什么受歧视，就是传统的户籍制度的束缚与劳动力自由流动的冲突所带来的流动人口与固定户籍人口的矛盾，很显然，人都有自利性，群体也有自利性，人们通常选择有利于自己的制度或政策安排，城市人制定政策首先考虑的总是本地居民、本市市民，而不是在外来流动人口，更不是进城务工的农民工，当我们的市民下岗、失业问题严重的时候，有的地方政府采取的措施往往是限制外来流动人口，限制农民工。这个就是传统的户籍制度跟市场经济要求与经济发展所要求统一劳动力市场存在的内在冲突，它造成了我们同一个地区存在两个不同的利益群体，他们之间有矛盾、有纠纷，这个矛盾冲突不仅表现在经济利益上，现在已经开始在社会权益、政治权利方面有表现。比如深圳等地的农民工已经要求参选人大代表，要争取政治上的发言权。2003 年我到东莞调查，我就感受到了这个城市的富裕，但东莞市的一位领导告诉我，那里并不是都富，也有贫困人口，我问贫困的标准是什么呢，回答是人均年收入 30 万元以下，大家感到很震惊，但如果我们想到东莞本市居民只有 150 万，外来民工有 400 多万，是这 400 多万外来务工者创造着巨额的财富，而带走的只是一点点工资，很低的工资，那么，就不难看出东莞本地居民富裕绝对不是虚的，而是实实在在的。大家就可能想出来了，为什么他的贫困人口定位在人均年收入 30 万元以下，这个话是市领导讲的玩笑话还是真话，我没有调查核实，但如果 500 万人创造的 GDP 主要是由 100 多万人来分享，这个 30 万的脱贫标准就可能是真的。我个人认为，一个国家不能把人分成等级，一个城市也不可能总是这样发展下去，因为它会产生分歧，产生矛盾，就不和谐、不协调。这也是改革开放以来出现的，不是计划经济时代遗留的。

第四个社会矛盾，是公共资源配置长期失衡所导致的城乡之间的矛盾。新中国成立五十多年来，只有在 20 世纪 80 年代初期，我国城乡之间的差距较小，那个时候城市的发展步伐不大，而农村由于承包责任制的推行却获得了高速发展，这样一个停滞，一个快速发展，其差距当然就缩小了。然后直到现在，到 2003 年，国家政策的取向是长期向着城市，甚至一直是乡村支持城市，结果就是城乡差距持续扩大。再有就是长期的经济区域倾斜政策所导致的中国地区之间的矛盾，也是改革开放以来我们看到的是持续拉大，是东部地区越来越发达而西部地区越来越落后这个差距。城乡之间的矛盾，地区之间的矛盾，是计划经济时代就存在的，但改革开放以来却是持续的差距扩大，而贫富之间、劳资之间、流动人口与固定户籍人口之间的矛盾，却是改革开放之前所没有的。因此，近几年我们越来越看到这样一些差距，这样一些矛盾，这样一些新的社会问题，已经在损害着我们国家的健康、协调发展，已经在影响我们国家的持续发展。比如贫困人口的规模大，就影响整个国民的购买力，影响消费需求，消费水平不能提高，生产的产品就有可能积压。记得 1998 年朱镕基同志当选总理后第一次开记者会，讲到就算前面是万丈深渊也要鞠躬尽瘁死而后已，当时有人在讲，当一国的总理怎么会有如此严峻的局面，中国还没有危险到这样的程度吧。然而，我们国家 1997 年的形势确实很严峻，1997 年之前面临的是整个国民的信心不足，安全感急剧下降，后顾之忧不断增加，这个时候的舆论传媒也都走向了市场经济的极端，效率优先变成了效率至上，各种信息都在告诉大家，养老要靠自己，子女教育要靠自己，住房要靠自己，疾病医疗要靠自己，企业不能承担社会负担，等等，大家对社会保障制度丧失了信心，政府的信用也受到了损害。在这样的背景下，人们不消费，生产出来的产品就大量积压，生产发展所带来的收入增长都存到银行里了，企业的形势非常严峻，国有企业的亏损面急剧扩大，所以中国人民银行连续五次调低银行存款利率，由年存款利率 10%以上调低至 1%以上。众所周知，银行利率杠杠在所有市场经济国家都是十分有效的甚至是高效的宏观经济调节机制，可这一杠杆在我们国家却完全失效，不管如何调低，大家还是把钱存在银行。1997 年的生产形势一片大好，但是销售形势却是越来越令人忧心，国有企业的产品积压到了高峰期，在这样的状况下，我们又缺乏实力将积压产品大幅度地销售到国际市场去，因为我们国家还不可能大规模地参与国际市场的竞争与市场份额的分割，而通过降低利率来调动大家消费又失效，政府没有办法。因此，我们看到上一届政府采取了很多措施，其中有两点很重要：一是社会保障受到了高度的重视，朱镕基总理在社会保障问题上可以说自始至终都高度重视，任何社会保障改革政策实际上都亲自过问，党中央、国务院都把“两个确保”、“三条保障线”当作各级政府的头等大事来贯彻落实。什么叫两个确保？其一就是确保离、退休人员按时足额领到养老金，因为 1997 年前后全国有一大批离、退休人员领不到养老金。有的退休人员问我，我们在计划经济时代也没有领不到养老金的现象，资本主义国家也不可能有退休后领不到退休养老金的现象，现在怎么领不到养老金了，这个当然是因为经济体制改革改变了你所在单位的生命，因为你的单位已经由计划经济时代长生不死变得有生有死，传统的以单位为基础的单位保障制便失去了稳定的依托，破产企业、被兼并企业、效益不好的企业就无法支付退休职工的养老金，一些效益不良的国有企业连在职职工的工资都发不出来，何况发放退休人员的养老金，而社会化的社会养老保险制度又未确立。因此，上一届政府首先提出确保离、退休人员按时足额领到养老金，不管这个单位是不是破产，不管这个单位效益好不好，不管单位是否足额缴付了养老保险费，国家都确保离、退休人员按时足额领到养老金，这是在恢复社会保障制度的信誉，更是在恢复国民的安全感、消费信心和对未来的预期。其二就是确保下岗职工的基本生活。国有企业下岗职工是很多的、大量的，如果没有一个相应的经济补偿机制和社会保障制度，我们可以想象，数以千万计的职工在失去工作岗位时，马上会失去生活来源，如果只是把他们简单地推向市场，那肯定会影响社会的稳定，因为职工要生活，因国有企业结构性调整与改革，让其大规模下岗失业，意味着许多人及其家庭成员会陷入生活困境，其带来的后果必然是不满甚至是与社会的对抗。因此，中央提出并严厉推进两个确保、三条保障线。三条保障线是最低生活保障线、失业保险和下岗职工基本生活保障。上届政府第二个重大措施就是实施积极的财政政策，老百姓不消费，政府就发国债，修高速公路，修三峡工程，实施南水北调，这对于保持经济的持续增长有强大的推动力。现在回过头来看看，这两大政策的效果是很好的，公共资源向困难群体的倾斜带来的是信心的回升、消费的回升，中国经济实现“软着陆”。不过，城乡差距与地区差距依然没有解决。

第七个标志就是执政的理念发生了重大的变化。过去作为政府在施政的过程中，看到的现象普遍是惟上是从，计划经济都是惟上是从，但改革开放二十多年来，地方跟中央的利益分歧日益明显，这当然是很正常的。我讲过劳资之间的矛盾是客观存在的现象，因为资本家给劳动者多一点福利，就意味着他少赚一点，反过来，我让你延长一个小时的工作时间，就能够为我多创造利润。在中央政府跟地方政府之间，利益分歧也是客观现象，现在不再是惟上是从，而是各地积极自主改革，努力维护本地利益，结果是中央的宏观调控力下降。所以，上一届政府在强化中央政府的宏观调控能力方面包括国家财政中扩大中央财政所占份额，中央政府是费了很大的劲的，因为1997年之前的情形是地方财政实力不断增强，中央财政实力却不断下降，中央政府在整个国民经济发展中的宏观调控能力同时被不断削弱，但是经过上一届政府的努力，我们看到这种状况发生了很大的变化，中央财政在整个国家财政中间所占比重不断提高，现在来讲中央讲话的分量、中央的宏观调控政策往往更容易取得成效。所以，这个是不是执政理念也发生了一些变化，就是由惟上是从到自主改革，讲大局和维护局部利益同时并存。有一个观点不一定对，就是过去我们是为执政而执政，但是现在开始确立执政为民的理念，换言之，执政者、施政者的执政与施政不再是为执政者而执政、施政，而是执政为民、以人为本。我们还可以发现，改革开放前一个时期主要是政策主导，现在则开始追求法治和理性执政，过去对改革与开放是泛政治化，许多经济、社会事务被提到政治的高度，现在则正在逐步恢复事物的本来面目，等等。可见，执政理念正在调整中转变。

第八个标志，是世界需要中国与中国需要世界并重，已经取代了过去中国单纯需要世界。在改革开放初期，我们有点担心被世界孤立起来，因为前苏联、东欧国家纷纷剧变，社会主义阵营不复存在，因此，那个时候我们非常需要世界，需要对外开放，所以我们在很多地方求人家，求人家来中国投资；现在我们看到的是世界与国际社会需要中国，可以说是在张开双臂欢迎中国。我2004年7月到美国出席学术会议时跟一位美国参议员见面，人家就说七国集团应当欢迎中国加入；前一段时间加拿大副外长哈德先生来华访问，加拿大驻华大使邀请我去，哈德副外长同样表达中国应当加入七国集团的意见，他说加拿大希望中国加入七国集团。这说明作为富国俱乐部的七国集团需要中国。现在七国集团正在开会，会议期间讨论的许多问题，都对中国感兴趣，与中国的交往已经成为会议的焦点。还有外交方面，比方朝鲜半岛六方会谈，我们国家积极介入，扮演的角色是非常重要的；如此等等。因此，过去是中国需要世界，现在虽然中国同样需要世界，但是世界也同样需要中国。

我还可以讲其他多个方面的转变，然而上述重大变化已经足以表明我们已经进入了一个新的时代，虽然现在仍然强调改革开放，但是与前一个改革开放时代相比，已经有了根本的变化，我称它为“后改革开放时代”。基于上述标志，我从2003年就开始讲了几个结论，现在再加几个结论：

第一个结论是普遍受惠的改革时代已经过去，利益分割的发展时代已经到来。在20世纪整个80年代到90年代初期，我们看到的是，各种改革措施，发展的成果几乎使所有的国人或者绝大多数国人都能够享受到实惠，如20世纪80年代初期农村承包责任制的推行，就使9亿农村居民都享受到了实惠，现在的情况就发生变化了，虽然财富在持续快速增长，但在整个GDP财富分配中，一部分人在里面分割的份额越来越大，另一部分人分割的份额不仅没有扩大反而在缩小，如果按照这样的现状发展下去，在我们国家出现贫富差距越来越大的现象一点也不会奇怪，因为现在是利益分割的时代。如果只讲改革开放而没有强有力的调节机制，社会问题将日益严重化。

第二个结论是单纯依靠经济增长的时代已经过去了，强调全面、协调发展的时代已经到来。尤其是党的十六届四中全会提到执政党能力建设的目标时，明确提出了“和谐社会”的发展目标，这实际上是否定了单纯的追求经济增长。刚才我谈到很多新的社会矛盾、社会问题，但以往这些问题并不是地方领导人重点关注的，因为衡量地方领导人政绩的标准主要是GDP的增长速度，而地方政府要正常运转又需要有税收支撑，因此，我们往往发现有些地方政府及其领导关注最多的是GDP增长速度与税收收入，为了这两大指标，可以牺牲环境、牺牲劳工利益、可以不考虑资源等等，甚至在某些地方为了税收而与不法雇主合谋。因此，我谈到如何衡量地方政绩的评价体系时，就提出来应当将社会和谐作为重要指标来考核，社会和谐要高于社会稳定，它承认差距却强调和谐，如农民工领不到工资，但他们没有大规模的过激行为，稳定是稳定了，但是不和谐，如果继续下去，肯定是要出大问题的，这个稳定仍然是暂时的，不是长久的。因此，追求单纯的经济增长已经成为历史，而全面发展、协调发展的时代已经到来，而最高目标显然是和谐发展与可持续发展。

第三个结论是共同贫穷的时代已经成为历史，鼓励部分人先富起来的时代也正在成为历史，而促使全体国民走共同富裕道路的时代已经到来。我在2003年提出这一观点时，很多人赞同共同贫穷的时代已经过去了，但也有人并不赞同鼓励部分人先富起来成了历史，认为仍然应当鼓励部分人先富起来。我为什么讲这样的问题，因为小平同志讲过鼓励部分人先富起来，但小平同志讲社会主义本质的时候，强调我们的目标并不是为了部分人先富起来，而是为了共同富裕，鼓励部分人先富起来只是从共同贫穷时代过渡到共同富裕时代的中间过渡期。我为什么讲这个结论，是因为鼓励部分人先富起来有它特定的社会背景和特定的含义，就像过去强调改革，改革不改革是评价一个人的是非的最重要的标准，而改革的对错则是第二位的，鼓励部分人先富起来也是如此，重点是强调富起来，至于怎么富起来的，是合法致富还是不合法致富或者钻国家空子、损公肥私、损人利已致富则是第二位，甚至可以开绿灯。记得20世纪80年代我到安徽调查，去芜湖的时候，有一个全国很有名的傻子瓜子，老板叫年广九，当时曾被抓起来，按照现在的观点来讲，他可能是违法了，但后来却并未将他怎么样，因为他太典型了，那个时候大家都害怕致富，不敢致富，我们需要这样的典型，这样的致富典型犯了错误甚至违法了也还是要爱护、要保护，因为我们需要的是致富的典型与榜样，是通过致富典型来告诉大家，你也可以致富，致富是无罪的，致富是能得到保护的，致富是光荣的，贫穷不是社会主义。然而，到了现在，如果再是这样的话，法律与政策的尊严就会被践踏，社会公平就会遭到严重破坏，因此，过去那个只讲追求财富而不顾及其他的时代已经过去了，我们鼓励合法致富，而不再是简单地让部分人先富起来，我们在考虑大家都合法致富的同时，还要考虑社会的公平，考虑到法制的权威与严肃性，考虑到整个经济发展的成果应当让更多的人、所有的人来分享。换言之，“后改革开放时代”追求的是全民共享发展成果，而不是少数人分享发展成果。我还要补充的是，改革开放20多年来，我们一味地强调经济发展与经济增长，我们一直强调中国的财富蛋糕太小了，要不断地做大这个蛋糕；现在我们虽然同样主张继续做大这个财富蛋糕，但同时也要强调分好这个财富蛋糕，如果不分好这个财富蛋糕，就可能要影响到我们继续做大这个财富蛋糕，分配财富与创造财富已经构成了相辅相成的关系，我个人认为，两者已经处在并重的位置上。这是我得出的第三个结论。

第四个结论是摸着石头过河的时代已经过去了，目标明确、路径清晰的时代到来了，这也是我近年来多次强调过的一个观点。大家知道小平同志讲过摸着石头过河，当时的情形下用这样一种思路来推进改革是非常英明、非常正确的，因为那时候我们的改革开放是在摸索之中，我们知道要过河，但不知道如何过和到底要走到哪里去，反正要过河，那就只有依靠摸着石头了。摸着石头过河客观上还有另外一层含义，那就是允许你在过河时摔跤，允许你走弯路，允许你付出代价，你只要在过河，其他都可以忽略不计。如果当时不是这样的话，就不可能有改革开放，因为改革开放缺乏经验，任何尝试都意味着风险，就像深圳当年发行股票时要动员甚至强迫党员干部带头一样，因为谁都害怕担风险，摸着石头过河可以解除人们的政治风险。但是现在不是这样了，现在的目标已经很明确了，社会主义市场经济体制早在10年前就被确定为我国经济改革的目标模式，全面建设小康社会则是21世纪头20年的发展目标，我们已经加入了WTO，积极融入国际经济主流体系，至少在经济领域完全不是摸着石头的年代了。如果“后改革开放时代”仍然用摸着石头过河来指导，就已经不是我们这个时代所要求的，已经不是我们这个时代所允许的了。2003年，我在“两会”期间就讲，现在各级政府、各级领导者，都应当对自己的决策承担责任，绝对不能以摸着石头过河为理由来让国家付出不必要的代价，因为现在已经不是改革开放前一个时期了。自2003年以来，我们已经看到了新一届政府在处置一些渎职政府官员的时候，并不是沿用过去的摸着石头过河的思路在处置，而是采取了责任追究制，这是时代发展的必然，也是“后改革开放时代”的要求。

第五个结论是，矫枉过正的改革时代已经过去了，理性发展的时代已经到来。在改革开放初期或者是在改革开放前一个时期，我们对计划经济时代的平均主义、大锅饭、铁饭碗，可以说是深恶而痛绝之，我们在改革过程中的许多做法，我认为实际上是采取了矫枉过正的做法，这在传统思维方式、传统观念、传统体制根深蒂固的条件下，适当的矫枉过正是可以理解的，就像一个重病人需要下猛药才有效一样，但是如果把这个矫枉过正继续拉长到现在乃至未来，我们国家又可能要遭遇其他的严重问题。比如我们反大锅饭，反平均主义，在某种程度上已经发展到否定社会公平的倾向；我们虽然长期强调效率优先兼顾公平，在某些领域客观上已经变成了效率至上或者唯效率论；计划经济时代我们是铁饭碗，前一个时期我们以打破铁饭碗甚至明确提出砸烂铁饭碗这样的极端口号，一些地方政府对就业问题并不关心，而现在就业问题是如此的严峻，政府如果不积极有效地介入就业市场，不仅民生之本动摇，整个社会也将出现大问题。从提供铁饭碗到砸烂铁饭碗，再到努力创造新饭碗，从效益优先到片面追求效率至上，再到现在开始重视社会公平，是不是矫枉过正的改革时代已经过去了，理性发展的时代已经到来了?!

第六个结论是被动的对外开放时代已经过去了，主动参与全球化进程并积极争取在国际上发挥大国作用的时代已经到来了。这不仅仅包括经济方面，也包括国际政治方面、文化方面，等等。我们国家的信心已经大大增强，在国际事务中的作用也日益强大。从被动适应的角色转化成了主动参与的角色，与此相适应，就需要国家重新认识自己的国际地位，需要更高超的外交智慧与外交艺术。

前面我花这样多的时间，只是为了说明我的一个观点，这就是我们现在所处的时代确实与改革开放前一个时期有了根本的区别，发展虽然仍然是国家的第一要务，但“后改革开放时代”追求的却是理性、公平、和谐、文明与法治，而化解新的差距、矛盾、冲突和解决好新的民生问题，显然已经成为“后改革开放时代”的根本任务。

我今天晚上要讲的第二个大问题，就是现在为什么要特别强调民生问题。在这里，我讲四个要点：

第一个要点是民生问题确实非常重要，民生问题的解决程度决定了社会的进步程度和政权的兴亡。中国自古以来就将“民生”与“国计”相提并论，民生问题一直与国家发展存在着不可分割的关系。“民惟邦本，本固邦宁”是《尚书·五子之歌》中所说的，它构成了儒家治国理政思想的核心，而《管子·霸业》指出“以人为本，本治则国固，本乱则国危”，《左传·庄公三十三年》强调“政之所兴，在顺民心”，《孟子·梁惠王下》则提出“忧民之忧者，民亦忧其忧”，《孟子·尽天下》主张“民为贵，社稷次之，君为轻”等议论，亦客观地反映了古代先贤对民生问题的重视。然而，翻开我们的历史典籍，却发现民生问题在中国历史长河中很少受到过真正的重视，反而民不聊生似乎成了中国历史的一种常态，官本位的文化更是积淀得深厚，且异常的深厚。只有到了新中国成立后，民生问题才真正受到关注，全心全意为人民服务即是毛泽东同志倡导并逐渐发展成为中国共产党的宗旨的，但遗憾的是“文化大革命”的影响和计划经济对生产力的束缚，国家并没有像预期的那样获得发展，解决民生问题的成效在计划经济时代也并不很大，所以，到 20 世纪 80 年代初期即改革开放时，中国依然是共同贫困的局面。记得 20 世纪 90 年代初期有一次我和一位保险公司的负责人讨论中国的商业保险发展滞后的问题，他说要是我国的商业保险业在 1959 年到 1979 年间没有停止，中国的保险业一定不是现在这个样子，一定在世界上占有重要位置了。我说我不赞成你这个观点，因为即使不停办保险，我们的商业保险也可能是现在这样一个水平，因为从 1959 年到 1979 年那是共同贫穷的时代，那是不可能有个体保险客户的时代，谁能想到有什么财产需要找保险公司保险呢？那个时候人人都贫穷，以富裕阶层为主要对象的商业保险怎么可能得到发展。20世纪50年代讲道不拾遗、夜不闭户，我对那个时期的道德水准是非常羡慕的，但如果那时大家都像现在这样每家每户都有几十万财富，都有很值钱的东西，我想也未必是道不拾遗、夜不闭户的景象，因此，因为共同贫穷，中国的保险业即使维持着一丝生命，也必然是十分落后的。所以在计划经济时代，尽管我们的执政党、领导人对民生问题高度重视，但是因“文化大革命”的影响和计划经济体制的束缚，民生问题并没有得到很好的解决，这就是我们为什么要改革开放，是国家要改革开放的基本背景。改革开放二十多年来，民生问题受到更高程度的普遍的关注，我个人认为，近二十多年改革开放的进程，其实就是不断重视民生、改善民生的过程。邓小平同志有很多讲话，其中明确提出过要把是否有利于提高人民生活水平作为判断是非得失的重要标准，强调一切政策的出发点和归宿始终要看“人民拥护不拥护”、“人民赞成不赞成”、“人民高兴不高兴”、“人民答应不答应”，这是小平同志讲的。大家也知道，江泽民同志提出“三个代表”，强调要“代表最广大人民的根本利益”。以胡锦涛同志为首的新一代领导集体更是明确提出以人为本、执政为民的发展理念，“权为民所用，权为民所享，利为民所谋”日益深入人心。我们看到并正在体验着我们国家从官本位到民本位，从民本位到人本位的历史性转变，这种观念的变革和发展理念的革新，正在引领着我们国家迈向现代、文明、进步的全新发展阶段。从中国历史上因为民不聊生引起的政权更迭，到20世纪90年代初期因为民生问题迟迟得不到改善而引起前苏联、东欧国家的剧变，再到近几年整个世界都在关注的因民生问题得不到很好解决而引起社会、政治、经济动荡的拉丁美洲现象，古今中外无数的事实都证明这样一条规律，这就是谁能够解决好民生问题，谁就能够得到人民的拥护，反之，就可能失去政权。共产党能够取得天下，取代国民党政权，就因为国民党不能解决好这个问题，如果说共产党作为执政党也不能解决好民生问题，同样会遭遇到政治危机。不过，改革开放20多年来，共产党的威望比改革开放前要高，没有人怀疑共产党的执政能力，但中国共产党的十六届四中全会的召开并以提高执政能力为主题，我认为这是真正的与时俱进，而检验执政能力的重要指标将是民生问题解决得怎么样。这是为什么要更加关注民生问题的第一个要点。

第二个要点是民生问题在持续发展，解决了原有的民生问题，又会出现新的民生问题，经济社会越是发展，民生问题的内涵和外延就越是会扩展，其致因就越是复杂，而解决起来也就越来越需要智慧。顾名思义，民生问题是指国民的生活问题，孙中山先生将民生问题要素概括为衣、食、住、行四要素，时代在发展，民生问题的要素也在不断发展，即使按照孙中山先生的四要素论，也是如此。我们已经看到了，改革开放初期的民生问题主要是城乡居民的衣、食之忧，解决当时的民生问题也主要是解决人民的衣食之忧，不要再饿肚子和不要受冻。现在绝大多数城乡居民已经进入了小康生活阶段，所面临的突出问题便是如何更好地解决住、行的问题，以及其他新的生活需求，已经不是前一个时期的解决衣、食之忧的问题。因此，跟计划经济时代相比，跟改革开放前一个时期相比，我有这样的感觉，"后改革开放时代"更加突出的显露出教育作为民生之基、就业作为民生之本、收入分配作为民生之源、社会保障作为民生之安全网的重要性。对每一个国民而言，没有教育机会就不可能接受现代文明，也不可能成为高素质甚至合格的劳动者，国民何以进入竞争的社会，所以，教育的机会如何，接受教育的程度如何，正在决定着每一个人的生存和发展机会及生活质量，因此，我认为，教育在"后改革开放时代"已经成为国民立足社会的基础。同时，大家知道，最近几年有一个流行语，即就业是民生之本，解决就业问题就是要让每一个劳动者、每一个家庭有一个稳定的工作岗位、有一个稳定的生活来源，而失业、就业不足或就业不充分，既是社会问题更是家庭与个人的严重问题，失业带来的往往是家庭生活的危机与困境，因此，解决好就业问题便是解决了民生之根本。收入分配决定着城乡居民的收入渠道与生活来源，除了就业获取收入外，在市场经济条件下，实际上还有多种收入渠道，收入分配是针对整个社会财富的，合理的收入分配体制不仅能够推进效率与发展，而且有利于社会公平、社会进步与社会和谐，在这样一个时代，我感觉到，我们不仅需要按劳分配、按资分配、按智分配，还需要有按需分配，只有坚持多种分配形式并存并且合理组合，才能在促进效率的同时也促进社会和谐发展。社会保障则是民生之安全网，在计划经济时代我们强调的是单位保障，每一个人的保障主要不是依赖家庭而是依赖单位，在城市是由国家财政支持的长生不死的国有单位与集体单位，在乡村则是集体社队。我有一个观点，就是我们人随着社会的发展是越来越脆弱，而不是越来越强大，从家庭人，到单位人，再到社会人，人抵御风险的能力实际上是持续下降的，人对社会的依赖是持续上升的，尤其是在市场经济条件下，人的风险其实是在持续地增长，所以人对社会保障的需求更显迫切。在封建社会，人依靠家庭就能够生存和发展；在计划经济时代，人依赖单位就能够生存和发展；现在不是如此，市场经济使人由单位人转变成社会人，人的社会化当然标志着人的自由度的增加和个人权利的扩张，但实际上在市场经济条件下各种不确定的风险在持续扩张，而社会保障则是将人们不确定的生活风险通过稳定的、确定的保障机制来化解，社会保障可以维系社会与人生，可以润滑社会与人生。所以，社会保障的必要性是显然的，社会保障的重要性不仅对个人和家庭是如此，对整个国家的发展也是如此，建设社会保障的迫切性也是非常明显的，目前社会保障体系存在的问题主要是很多人甚至多数人不能享受到应有的社会保障，安全网实际上有很大的漏洞，从而是需要加快建设这一制度的问题。当然，“后改革开放时代”的民生问题不仅不是简单的衣食问题及住行问题，也还不止上面这些，还有民主与社会和谐，从物质到精神，从精神到政治、文化，民主与法制，体面与尊严，都已经成为“后改革开放时代”必须考虑的重大民生问题。可见，在“后改革开放时代”，我们所面临的民生问题较前一个时期以衣、食之忧为主要标志的民生问题相比，已经不能同日而语。

第三个要点是市场化和全球化正在放大着我们国家的各种民生问题。一方面，市场化能够带来效率，但它不会自动实现社会公平，市场机制失灵所导致的价值规律和竞争规律可能走向极端，从而使生活中的风险剧增，最显著的风险就是失业风险，这是计划时代没有的，还有收入分配的方式，等等，从而实际上是放大了个人和家庭的风险。另一方面，全球化在给我们带来可能跻身世界先进国家机遇的同时，也给我们带来了难以完全控制的全球风险，比如金融风暴会影响经济的发展，进而影响到就业与收入及财富的积累，还有政治、军事及外交等多方面的参与，介入程度越深所受影响也越大，这种影响可能是正面的也可能是负面的，可能是机会也可能是危机，它都在影响着一个国家的发展，一个国家的发展受到全球化的影响，直接的效应必然影响到民生。因此，我说新的发展时期是市场经济走向成熟的时期，是我们国家真正走向并融入全球化的时期，如果不重视防止和控制市场化和全球化带来的风险，差距会持续扩大，矛盾会日益尖锐，冲突会更加激烈，民生问题也将更加突出。

第四个要点是执政党的执政理念的发展和政府职能的转化。中国共产党一直强调为人民服务，但明确提出以人为本、执政为民的却是以胡锦涛为首的新一代领导集体明确提出的发展理念，这个理念意味着执政党将更加注重民生问题，并将解决民生问题作为执政的基础。政府也更加强调以人为本。从民生问题的重要性、发展性、风险性，到执政与施政理念的转变，均决定了“后改革开放时代”应当高度重视民生问题。

第三个问题，中国民生的现状到底怎么样，中国的民生问题的现状到底如何呢？我有两句话可以概括，一是中国的民生问题自改革开放以来确实得到了极大的改善；二是中国的民生问题也在改革发展中不断发展，并且由单纯的物质生活转向全面化深刻化，从而仍然相当突出。

第一句话可以有很多的数据来支持。改革开放以来，中国已经将国人共同贫穷的时代变成了历史，大多数城乡居民迈进了小康乃至富裕的生活，除GDP、财政收入等总量指标外，我们可以用许多个具体的指标来加以说明，如人均GDP从1990年的1634元上升到2003年的9073元，首次超过了1000美元，这是一个非常重要的台阶；人均收入水平，城镇居民人均可支配收入从1989年的1374元上升到2003年的8472元，农村居民人均纯收入由602元上升到2622元；全国居民的消费水平由1989年的762元上升到4058元，其中城镇从1568元上升到8265元，农村由553元上升到2399元；恩格尔系数，农村居民的恩格尔系数从1989年的54.8%下降到2003年的45.6%，城镇居民的恩格尔系数由54.5%下降到37.1%；城乡居民的储蓄存款余额从1989年的5196亿元上升到2003年的103618亿元，人均储蓄存款从461元增长到8018元；在居住条件方面，农村人均住宅面积从1989年的17.2平方米增长到2003年的27.2平方米，城镇居民人均住宅面积从13.5平方米增长到2002年的22.8平方米。我还可以列举出很多指标，如城乡居民的家庭财产结构、文化消费、营养指标，等等。这些都足以表明改革开放的进程就是中国民生问题不断地得到改善的过程，改革的成就从根本上讲就是中国民生问题得到解决的程度。可见，我们改革开放20多年来，确实取得了巨大的成就，中国的民生确实得到了极大的改善。

然而，经济指标的增长与发展，并不意味着中国民生问题已经得到全面解决。相反地，中国的民生问题在发展变化中更加突出地摆在了我们面前。因为前一个时期解决的民生问题，主要是初步的或者说是初级阶段的民生问题，主要是解决绝大多数人的衣食之忧，是物质生活甚至是食物保障方面，应该说是比较简单。而现在存在的民生问题与时代的发展同步，其内涵也在不断发展，即使是物质方面，也并非所有人都已经得到了保障。

我刚才谈到教育问题时，就谈到了一个观点，它在“后改革开放时代”已经成为国民立足社会的基础，在现实中，我们的教育领域应该说有很大的问题，如财政性教育经费投入偏低，义务教育的福利性得不到保障，受教育的机会并不公平，非义务教育的收费越来越高，国民教育正在成为城乡居民家庭日益沉重的负担，劳动者缺乏必要的技能培训，农民工无法成长为高素质甚至只是合格的产业工人，教育机会的不公平和教育领域的过度市场化取向正在损害着国民教育事业的健康发展，这个问题显然不是一个小问题。

第二个是就业问题。到2003年底，全国就业人员是74432万人，其中第一、第二、第三产业分别为36546万人、16077万人和21809万人，农业与非农产业从业人员分别占49%和51%。这个规模是非常庞大的。现在，城镇新增劳动力每年约800万人，国有单位改革中失业、下岗及精简的人员每年需要再就业的人员500多万人，而乡村需要转移的是一支庞大的劳动力队伍，它不是静态的1.5亿，而是动态的持续的。从动态指标讲，我们根据中国2020年要达到全面建设小康社会的目标，城市化率毫无疑问是一个非常重要的指标，如果说在2020年我们的城市化水平还很低，还达不到70%以上，也就谈不上全面小康社会，如果还是8亿人居住在农村，那就不可能是全面小康社会。如果按照70%的城市化率来建设，就意味着农村将有四五亿人口转移出来，这个是在未来10—20年中不断地转移出来的。可见，就业的形势不但现在严峻，在未来十多年都将是相当严峻的。那么，如果就业问题解决不好，民生问题也就受到了根本性的影响。

第三个是收入分配问题。尽管说绝大多数城乡居民的收入在不断地往上涨，但是收入分配体制改革并没有到位。现在举这么一个指标，对财富蛋糕怎么分配。首先是初次分配，初次分配可以分为资本所有者的回报、劳动者的劳动报酬和国家的税收等，经过对改革开放以来的工资总额占GDP比重的计算，我发现从1978年到1989年再到1997年，再到2003年这四年里，我计算了一下，我们国家的职工工资总额跟GDP比重分别是15.70%、15.49%、12.63%、12.61%，大家注意一下这一组数字，它在总体上是持续下降的，其中在1978年到1989年间，职工工资总额占GDP之比虽然下降却变化不大，而在1989年到1997年间却下降了近3个百分点，是直线下降，而在这一期间，乡村进城务工的劳动者大幅度增长，过去只有数以百万计的农村劳动者在城市务工，现在是已经超过了一个亿，这意味着领取工资的职工人数在大幅度上升，而工资总额占GDP之比重不增反降，这就表明国民财富在初次分配中处于一种失衡状态。大家可以想象一下，那就是劳动者所获得的收益并没有随着财富的增加而增加，相反在下降，这意味着什么，意味着国民收入的初次分配，GDP的分配，改革开放以来尤其是20世纪90年代是向资本所有者倾斜，国家拿的当然也多了，只有劳动者拿少了。这样一个分配格局，应该是不合理的，为什么不合理？因为劳动者是财富的创造者，只有他们拿到应当拿到的份额，民生问题才可能在更高层次上得到更好的改善。这个问题要是得不到纠正和理顺，我们的民生之源就会受到影响。在再分配环节或者第二次分配中，财政转移支付的力度不大，最主要的再分配手段即社会保障在国家财政里面占的比重严重偏低，尽管从上一届政府开始至今，政府对社会保障的投入在不断扩大，但我们得出的结论仍然是社会保障开支偏小，近年来国家财政用于社会保障的支出就只有11%左右，而国家在制定“十五”计划时明确提出的目标是社会保障投入要占到国家财政的15%—20%，现在“十五”计划只剩下一年了，20%免谈，15%的目标也不一定能够达到，因此，再分配的力度可以说是不大，社会保障制度并未到位。那好，如果再分配的力度可能比较小，还可以有第三次分配，我也举美国为例，因为美国是追求效率的国家，税收比欧洲尤其是西欧、北欧国家低得多，贫富差距虽然较大但由于民生问题导致的社会矛盾却并不突出，这当然一方面是美国有自己特殊的国情。我跟学生讲，美国经验有许多并不适合中国，因为它就像20世纪80年代的深圳，深圳的第一代人都是自己把自己的铁饭碗砸了，有着冒风险的精神和创造机会的能力才到深圳去发展的，如果觉得自己能力不行或者有点保守就不会到深圳去；我想美国也是这样，它作为一个移民国家，更多是依靠个人负责，自我负责。世界上有这样的现象，英国和美国在市场经济方面都是如此高度的自由，在国防、外交等方面的政策取向如此相同，但是在社会福利方面，如果把美国的社会保障制度搬到英国去，估计90%以上的英国人会反对，如果把英国的福利制度搬到美国，90%以上的美国人也会反对，这就表明，即使美国与英国，也是存在着国情不同的。在收入分配领域，美国人确实讲效益与效率，税收虽然不高，但美国人还有第三次分配，第三次分配的力度还不小，就是有钱人把钱捐献给你，许多亿万富豪都是慈善公益事业的典范，包括比尔·盖茨，金融大鳄索罗斯，实际上都是做慈善事业的典范。比如比尔·盖茨就多次声明他的财富留给他的子孙不到1%，每年都会有几十亿美元捐献出来。美国似乎没有什么仇富心理，这是因为富豪们大多自觉参与慈善公益事业。而在我们国家，个别亿万富翁出事了，许多人并不是关心他、同情他，而是问他财富是怎么来的，于是就有人归结为中国有仇富的心理。我并不完全赞同这样的看法，而是需要中国先富起来的这部分人要树立社会形象，担负起社会的责任。比尔·盖茨到中国来，大家把他当英雄，不需要保镖，我们有些地方的富豪却只能过着狼狗看守、保镖跟随的生活，因为存在着安全问题，存在着不协调问题，先富起来的群体中有许多具有社会责任并关心公益与慈善的典型，但也有一些人不是如此。整个先富起来的人群的整体形象，我认为还需要改善，正是因为如此，我们几乎没有第三次分配。1998年我了解到一个数字，美国的慈善公益机构掌握的资源达到6700亿美元，我计算了一下，大约占美国当年GDP的9%，其中2000亿美元是个人捐献的，约占美国GDP的2%以上，我也这样计算我们国家那么多的慈善公益机构，包括中华慈善总会、中国青少年基金会、中国人口福利基金会等，我们每年能募集到50亿元人民币就不错了，也许你们会说，我们跟美国的发达程度差距很大，但我要说，爱心可以没有差距，相对指标还是可以比较的。如果我们按照GDP的2%来计算，我们2003年是11万亿GDP，个人捐献的公益慈善资源应该有2000多亿元，现实中的50亿与2000多亿显然不仅仅代表经济发达程度的差异，同时也代表着爱心方面存在着差异；如果慈善公益机构掌握的资源能达到GDP的9%，则我们国家2003年的慈善公益款项应当达1万亿了，显然这是一个天文数字，是慈善公益机构连想都不可以想象的数字。可见，我们的收入分配是有问题的，初次分配是劳动者所获得的收益偏小，再分配的比例小调控力度也小，基本上没有第三次分配。这里和大家说收入分配，我只说收入分配领域的问题很多，民生之源的问题并没有得到很好的解决，现在是越来越突出。

再一个就是社会保障问题。社会保障的现状怎么样，我常和外国的朋友讲，中国的社会保障制度改革成就巨大，举世瞩目，就这个成就来讲确实是前无古人、后无来者，因为过去没有一个国家能够把一套完整的社会保障制度加以全面的变革，甚至是颠覆性的变革，西方发达国家虽然也在改革自己的社会保障制度，但我们看到即使是微小的局部调整也会导致很大的社会风波与政治风波，甚至带来重大的经济危机、社会危机与政治危机；而发展中国家本来就没有建立过完整的社会保障制度，大多只有很少一部分人享受社会保障制度，他们在社会保障方面是不断地添砖加瓦，是做锦上添花的事情。因此，我说像中国这样的社会保障制度改革是前无古人、后无来者的事业。在计划经济时代，我们国家的社会保障制度可以说是全面的，当然提供的方式与运行的机制不同，但责任主体都是国家与集体单位。那时农村居民也并不是完全没有社会保障，农村有合作医疗并覆盖了95％以上的农村人口，有五保户制度，有集体福利事业，所有的农民实际上在参与收入分配时也享受了福利分配的份额；城市居民就更不用说了，离开了通过单位提供的社会保障，基本生活就成大问题。现在的情形不是，现在社会保障的覆盖面还不大，制度也还在改革中不断完善。过去20多年来的改革，我们保持了社会的基本稳定，经济的持续增长，这当然是最大的优势与成就，世界上任何国家也做不到。然而，如果从另一个视角来看社会保障，我们同样可以把我们主管部门公布的数字作为依据，就会发现社会保障领域的问题很多，这一制度或体系的建设真正是任重而道远。比如养老保险，基本养老保险，由过去覆盖3000万人、8000万人到2003年底的1.5亿人，参加基本医疗保险、失业保险的人士也均超过1个亿，享受到最低生活保障的城市低收入家庭人口在1999年只有260万，到2003年达到2240多万，大家看这个数据是很大的，但是反过来说这个数字也反映了社会保障严重不足的程度，这个话2003年我在全国政协常委会的一个专题会上就专门讲过。当时我听了两位委员的发言，都讲我们国家要警惕犯福利病的问题，我说你们两位恐怕是民营企业家，民营企业家持这个观点我不感到奇怪，但是我要指出这个观点是错误的，它将对我们国家社会保障制度改革与发展产生不良影响，因为我们国家还根本没有资格犯所谓的福利病。按照福利国家的标准是全民享受养老保险，我们只有15％不到20％的人参与了养老保险，所有人享受养老保险肯定是我们的发展目标，大家看看离这个目标的差距有多大；我们的医疗保障在计划经济时代几乎是覆盖全民的，城市是公费医疗与劳保医疗，农村则是合作医疗，不管保障水平的高低，但那个时候大家确实都享受到了保障，现在虽然基本医疗保险覆盖人口已经达到1个亿，可我们中国有13亿人口，这意味着还有10多亿人没有起码的医疗保险，这个差距有多大。再从工伤保险来看，所有的市场经济国家的工伤保险肯定是要覆盖到所有劳动者身上的，至少要覆盖到所有的非农产业尤其是制造业等的劳动者身上，因为工伤事故、职业病对劳动者的伤害是非常严重的，而我们国家参加工伤保险的劳动者还不到5000万人，2003年统计表明在7.4亿从业人员中从事非农产业的劳动者占50%强，而参加工伤保险的还不到5000万人。再以济贫政策为例，城镇居民虽然建立了最低生活保障制度，农村数千万贫困人口却得不到有效救助，你能说社会救助制度就好了？还有我们国家的老年人能够享受多少福利，现在有多少老人院，有多少床位；城市的部分残疾人可以享受部分福利，而乡村的残疾人基本没有福利可言，青少年有多少福利！可见，社会福利这一块现在来讲应该说是滞后于社会发展的需要，它离我们应当达到的目标不是有一点距离，而是非常遥远的距离。所以，我讲我们国家社会保障面临的问题，根本不是要解决福利病的问题，我们还根本没有资格犯这样的富贵病，还差得太远，我们面临的主要是社会保障不足的问题，这是基本的民生问题，安全网没有保障的问题。

还有其他问题，比如刚才谈到的国民的物质生活方面，我们解决了衣食之忧，但是住、行方面还没有解决好。还有社会地位问题、政治地位问题、农民工受歧视问题、劳资力量对比失衡问题，等等，这样一些问题，可以反映出“后改革开放时代”的民生问题是深层次的，是全方位的，当然，从另一个视角来讲，到了深层次的、全方位的民生问题出现的时候，也标志着我们国家进入到了一个新的发展阶段，是到了一个新的发展平台，因为只有发展到一定的阶段，这些问题才产生并成为问题。

我要讲的第四个部分是影响中国民生的因素到底有哪些？我认为，影响我们民生的因素，实际上是多种因素综合影响的结果，而不再是过去单一的经济因素。改革开放二十多年来，改革开放前一个时期，大家在研究中国问题的时候，很容易归纳到经济因素上，经济因素几乎成了决定一切的因素，但现在看起来，实际情形并不是这样。

对中国民生问题的影响，起码有这么几大因素：

一个传统因素，包括历史贫困、城乡差距、地区差距，也包括计划经济的后遗症、僵化的思想观念等，实际上都在今天对民生问题及民生问题的解决产生影响，不过，这个影响是在逐步的弱化，但是没有完全消除。

在现实因素中，比如政治因素，政治因素实际上是对执政党与政府执政与施政能力的检验，它包括政治体制、行政效能、民主与法制等。党的十六届四中全会专门研究提高执政党的执政能力，还有行政效能，实际上都在影响“后改革开放时代”的民生问题和如何改善民生问题。再就是社会因素，社会结构变化、阶层分化，还在持续进行之中，有的经济学家讲，我们的社会阶层分化现在是一个洋葱头型的，即贫困人口或者低收入人口还是最大的组成部分，将来的发展目标应该是橄榄型的，即两头小、中间大，现在离这个目标的差距还很大，所以，社会因素，社会结构的分化，社会阶层的分化，这个影响是很大的。当然，我说经济因素的影响在相对下降并不是否定经济因素的影响，而是单一因素影响民生问题的时代确实已经过去，其他因素的影响在持续上升，但经济因素的影响仍然是非常重要的，包括经济发展水平、市场经济、经济结构、收入分配体制，都对民生产生非常重要的影响。还有文化因素、道德问题、价值观、劳动者的心理素质等，都对民生问题产生影响，因为这个时代的价值观、道德倾向直接影响着财富的分配，也影响着我们以什么样的心态来看经济发展成果的分配问题。所以，市场经济发展到今天，改革开放发展到今天，我们看到了我们处在一个道德或者价值观多元化时代，在某种程度上甚至存在着惟利是图的倾向，这是不利于我们国家健康的、和谐的、可持续发展的，价值观对民生问题的影响，甚至也包括地方官员，如广西南丹事件，八十多位民工死掉，矿主与地方官员却勾结起来一起隐瞒，直到记者暗访才得以揭露，这是什么样的价值观，部分地方的领导者走上了一个追求局部利益、追求个人利益的极端，当然就影响对民生的保护和民生问题的解决。为什么农民工受歧视？为什么拖欠工资？为什么许多企业没有劳动保护？我觉得除利益驱动外，也是可以从道德、社会责任、价值观这些方面来找到答案的。还有全球化、国际化因素的影响，包括国际政治的风险、经济风险、能源风险等，实际上都对一个国家的发展起到直接和间接的影响，对民生问题的发展与改善也会起到相应的直接或间接的影响。在全球影响中既有正面的，也有负面的，刚才谈到的风险是负面的，但是全球化进程中的劳工标准却可能有利于我们改善中国的民生。比如现在西方国家推行一个叫 SA8000 的运动，发达国家的进口商检查我们国家广东、浙江地区的企业发现存在着违反《中华人民共和国劳动法》（以下简称《劳动法》）等的现象，于是停止进出口合同，这件事的本身我更愿意从正面角度去看待，因为我们国家一些地区的企业确实存在着严重违背《劳动法》及相关政策的现象，劳动者的正当合法的权益被侵害。就人类社会的发展进程而言，使用健康产品的共识已经得到确立，使用人道产品、文明产品、守法生产出来的产品也正在达到广泛共识的过程中，我认为这样有利于我们使劳动者得到更多的保护，从而也有利于更好地保障与改善民生。

从前面我所讲的内容，可以看到影响“后改革开放时代”的民生的因素是多元的，也是非常复杂的，但是历史因素的影响越来越弱化，经济因素影响的重要性也在下降，而现实因素中的政治因素、社会因素、文化因素、全球化因素的影响却在持续上升。“后改革开放时代”的民生问题，已经不能算在改革开放以前的账上了，有些是改革开放以前产生并不断发展起来，有些是新的时代的客观环境使然，有些则是改革开放进程中出现的新情况、新问题，有些还是过去摸着石头过河时所走弯路造成的后遗症。这是我要讲的第四个问题，就是在“后改革开放时代”，影响中国民生的因素到底有哪些。我强调是各种因素综合影响的结果，历史的或者传统的因素正在弱化，经济因素也在相对地下降，而政治的、社会的、文化道德的、全球的因素的影响力却在持续地上升，因此，我们要解决起来也需要有新的思维、新的举措。

第五个问题是解决中国的民生问题，我觉得需要智慧。从前面我讲的过程中间，大家已经看到了"后改革开放时代"的民生问题的严重性和致因的多元性与复杂性，因此，要解决"后改革开放时代"的民生问题，未来中国的民生问题，我觉得就特别需要我们政府领导人的智慧。现在大家已经注意到了以人为本的执政理念日益深入人心，而以人为本必须关注民生，只有关注民生才能重视民生，只有真正的重视民生才能有效地保障民生，只有在有效地保障民生的基础上才能不断地改善民生。所以，我在最近也提出来一个讲法，就是政府有关注民生、重视民生的义务，有保障民生、改善民生的责任；作为专家学者来讲，也有关注民生、重视民生的道义，有研究民生和提供解决民生问题方案的责任。在这里，我不可能在今天晚上系统地谈我的看法或见解，但我会简单的发表几点想法：

第一点就是必须不折不扣地贯彻科学发展观，一定要把协调发展、全面发展落到实处，而最高的目标，我始终认为是社会的和谐发展和可持续发展。现在看起来，我刚才谈到的不和谐、不协调，民生问题的复杂化，在很多情况下是一种错误的发展观和不正确的政绩观所导致的，很多地方为什么拖欠农民工的工资，就与我们不正确的政绩观有关，为什么农民工是二等公民、三等公民，劳动者受不到应有的尊重，也与我们过去的发展观和政绩观有关系。我提出来一个观点，就是我们在评估一个地方的政绩的时候，应该把这个地方的劳动关系是否协调、社会状态是否和谐作为重要的指标来考虑。地方领导追求政绩是理所当然的，就像企业家讲利润最大化一样，如果企业家不是尽可能地使利润最大化就不是真正的企业家，但追求利润最大化一定要合法、守信，反之，企业家的行为就应当受到制裁。对地方的评价也是一样，想追求政绩是理所当然的，但是每一届地方领导同时还要讲社会责任、追求社会和谐，甚至还要讲官德，什么是官德，难以全面界定，但至少不要把后任的钱花光。我们的调查表明，很多地方的政绩工程就是拖欠农民工的工资换来的，有的城镇为了追求现在的政绩，这一届领导将下几届的钱都用光了，现在全国有很多县、乡财政严重亏空，许多是追求所谓政绩造成的，这不是真正的政绩。

第二点是要把民生问题摆在首位。如果改革开放初期重在解决温饱问题，那"后改革开放时代"显然不是这样。我对科学发展观的理解是，民生问题应当摆在国家发展与政府工作中的首位，政府是人民选举出来的，官员是人民的公仆，所以毫无疑问政府的头等责任就是不断地改善民生，因为人民在乎的是生活的好坏。十六届四中全会研究执政能力建设问题，提出执政为民、以人为本的发展理念，我觉得执政党与中央政府已经懂得了这样的规律，并且尊重这样的规律。

第三是要重点解决好教育、就业、收入分配与社会保障等重大民生问题。这就是我前面提到过的四个方面的问题，现实的民生问题当然不止这四个方面，但这四个方面的问题确实是"后改革开放时代"应该重点解决的。在教育方面，我主张政府应当维护教育的福利性，不能轻易地市场化，不仅义务教育应当成为国民福利，职业技能教育也应当有福利性。2004 年 7 月我到美国去参加一个国际学术会议，在做大会主题报告中提到中国的福利教育走向多元混合型教育体系，因为我在报告中针对中国的现实较为突出地提到了政府的责任与教育的福利性问题，2000 年获得诺贝尔经济学奖的美国芝加哥大学经济学教授海克曼首先提出问题，他在肯定我给他提供了很多有用信息的同时，说在美国更多的是讲企业的人力资本投资，劳动者的职业技术教育应该不是政府的责任。我告诉他，你对中国的情况可能不太了解，在中国，家庭与个人对教育的投入不仅是普遍性而且大多是不惜代价的，有的家长甚至可以卖血来供子女上学，不管是有钱的人还是贫困的人，送子女接受教育是非常自觉的，但现实却是政府的财政性教育经费拨款仍然偏低，义务教育还不到位，从而需要强化政府责任；至于劳动者的继续教育，我赞同企业应当成为投入主体，但在中国来讲至少有两个群体是离不开政府介入的，一个是国有企业的下岗、失业职工，因为它不是一般的劳动力市场竞争所淘汰的，而是国有企业大规模的改制、改组导致的，这里面职工个人的责任有限而政府的责任却很大，政府在提供相应的经济保障的同时，我认为也有义务提供相应的技能培训。我今天还要指出的是，我们的下岗、失业职工往往年龄偏大、素质偏低，这样一种状态的职工队伍也不能把责任完全追究到劳动者个人身上，因为国有企业下岗职工在过去那个时代，受教育程度低，接受并固定下来的观念也都是要做老实人，要当螺丝钉，要做一块砖头，把你放哪就放哪，现在搞市场经济，一下子要你进入劳动力市场去自由竞争，这对下岗职工而言显然不是自由权利的扩张，而是风险的扩大化，在这种情况下政府当然要帮助他们、培训他们，让他们获得新的技能并寻求到新的工作岗位，我们国家现在已经开始这样做了，我们不仅有下岗职工的基本生活保障，还有技能的培训。第二个特殊群体是农民工，我们国家要跨进先进国家的行列，不能总是农民把锄头丢掉就变成了工人，这样就不可能提高产业工人的素质，就必然会影响我们国家竞争力的提升。在这里，我还要强调我经常讲的一个观点，就是我不赞同劳动成本低是我们国家的竞争力或者优势，最近有些报纸讲劳动成本低是我们的优势、是竞争力，我认为这只是一种短暂的现象，因为国际竞争力真正强的国家一定是劳动成本很高的国家、工资很高的国家、福利很高的国家，因为在劳动成本高的背后是教育投入高，教育投入高所带来的一定是劳动者的素质高，只有劳动者的素质高，生产出来的产品的技术含量才高，生产出来的产品技术含量高才具有真正的国际竞争力。要进入世界先进国家行列，绝对不是生产低档产品、初级产品、低技术含量的产品就有竞争力的，绝对不是维持低劳动成本能够实现的，因为非洲、南亚国家的劳动成本可能还要低于中国。不能这样说，农民工简单地把锄头一扔变成工人，要靠他自己进行职业技能的培训，自己进行投资，这很难，因为农民工收入低，他们外出只是想多挣一点收入补贴家用，再用来教育投入，能力有是限的，也普遍缺乏这样的意识；同时，中国也不像美国，企业老板负责员工培训，现在许多企业连工资都拖欠，怎么可能给你教育投资，一些企业把员工培训作为社会负担，只想在劳动力市场上寻找到不需要教育投入的劳动力，在一个缺乏社会责任的市场环境中也不能指望企业大规模地培训员工，尤其是农民工。然而，从我们国家的可持续发展的需要出发，从提升我们国家的核心竞争力的需要出发，要真正跻身到国际先进国家的行列，就必然毫无疑问地要大大提高劳动者的素质包括农民工的素质，要让大量的农民工通过技能培训真正变成合格的产业工人，因此，我是主张政府介入农民工培训的，这不只是农民工个人的利益，而且也是一种国家利益。大家看看，国有企业下岗、失业工人与农民工的继续教育或者技能培训，是不是也应当具有一定的福利性?!

在就业方面，我不仅主张继续采取积极的就业政策，而且主张把积极就业政策由政策主导上升到法制规范的层面，改革开放前一个时期给大家的感觉就是市场经济讲的是劳动者与劳动力市场的就业竞争，似乎政府可以不介入或者尽量少地介入。不要说中国劳动力资源严重过剩，即使是西方国家劳动力短缺也不是这样。如西方国家包括美国的总统竞选，可能不承诺 GDP 增长多少，但通常会强调失业率会降低多少和创造多少就业岗位，这样才能赢取更多的选票，因此，创造就业岗位不仅是企业的责任，同时也是政府的责任，不是市场经济不需要政府提供就业岗位，而是政府有责任解决民生之本的问题。二十多年的改革开放，我讲有矫枉过正的明显倾向，不能总是要求劳动者当个体户。我记得在武汉工作的时候，我到汉口去经常会看到失业、下岗职工因找不到工作，自己就在大街上提着煤炉子下点面条换点收入，因秩序混乱通常影响到市容，一搞卫生检查就把他们赶回去了，卫生检查完他们又回来了，政府有什么办法，因为他们要生活，现在总不能继续让越来越多的人到大街上下面条。因此，怎样创造更多的就业岗位，我更愿意看到有组织地推进，让劳动者组织来成批开发就业岗位，比如社区需要保姆，一个社区里面可能只有 20%左右的家庭不管什么情况下都是需要保姆的，离开保姆这个家就无法正常运转，也可能有 20%的家庭是根本不需要保姆的，但是大多数居民家庭可能需要半个保姆或者临时工，尽管是一个零碎的就业市场，是一些不充分的就业岗位，但如果不是由户主与保姆在劳务市场上自由组合，而是通过建立真正意义上的家政服务公司组织起来，肯定会更有利于劳动就业供求方的有效匹配。作为居民来讲，找一个正规的家政公司更加放心，既可以固定一个保姆，也可以零散地雇用，从而享受到更多的方便；而作为保姆来讲，她有了一个劳动组织，劳动保护的权益也能够得到有效的维护，而政府在推进劳动保护、社会保险等方面亦会更加方便和有效。这就是将劳动者组织起来开发就业岗位，它较完全让劳动者个人寻找机会，更有利于挖掘就业岗位的潜力。当然，从就业方面来讲，不是我今天跟大家一下子能够讲清楚的，因为时间很有限。

刚才还讲到了收入分配，我们应当强调在初次分配中充分体现出追求效率的精神与原则，而在再分配中则应当充分地体现出公平的精神与原则，第三次分配则反映了社会文明程度与道德水准。我觉得这三个层面都需要同时下工夫。现在应当将重点放在理顺初次分配的关系与提高再分配力度上，我主张提高劳动者的收入在国民财富中所占的份额，至少现在就要制止劳动所得的份额在 GDP 中所占比重持续下降的态势，提高工资、提高劳动成本应当成为保障民生、改善民生的必要且重要的举措；同时强化再分配的力度，包括地区之间的转移支付、阶层之间的转移支付，社会保障制度的建设应当加快。于后，通过开展社会责任运动，通过政策引导大家参与慈善公益事业，也逐步地把我们国家的第三次分配水平提到了一个新的高度。

我刚才已经不止一次强调要加快建设社会保障制度，是因为社会保障要与经济发展水平相适应，我国国民经济持续二十多年高速增长，而社会保障制度建设却始终处于滞后甚至是严重滞后的位置，这样一种格局怎么可能促使民生问题得到更好的解决。因此，我感觉到应当加快建设这一制度，我们现在加快社会保障制度步伐，可以是低水平的社会保障体系，但一定要是一个没有漏洞的网络，不能有一部分人因为陷入生活困境而绝望。现在，我们这个社会保障体系是有漏洞的，不要说乡村贫困人口得不到援助、有病不敢看医生，城镇居民也存在着害怕生病、有病不敢看的现象。因此，应把构建完备的社会保障体系提到更高的高度，即促进社会和谐与可持续发展的重大举措。

还有民主与法制的问题，其实也已经成为民生问题，因为人们在解决了衣食之忧后，在获得了相应的住行条件后，很自然地要追求社会、政治权益，体面劳动与享有尊严、公平参与社会生活与政治事务等，亦成为“后改革开放时代”的更高层次的民生问题，所有这些，都需要新的智慧、新的办法。由于时间关系，我今天也不可能全面地给大家介绍我的意见。有一点应当引起注意的是，新一届政府主政以来，在科学发展观的指导下，解决民生问题的措施开始取得初步的成效。如“三农”问题被提到了政府工作重中之重的位置，在2004年上半年国务院提交给全国人大常委会的工作报告中，有一个指标引起了我的高度关注，这就是农村居民的收入增长首次达到了两位数，超过了城镇居民收入的增长，这是自1985年以来的惟一例外，这个指标非常重要，表明城乡差距有可能缩小，城乡之间在互动。另外，近期许多媒体大篇幅地报道广东、长江三角洲出现了民工荒，即在乡村劳动力如此丰富的中国居然有企业招不到民工了。这是什么原因呢？有人说这是民工在用脚投票，我则认为这不完整，虽然一些企业待民工太苛刻，造成了民工不去，但为什么民工前几年不用脚投票，到2004年上半年才开始用脚投票？我认为这是国家解决“三农”问题取得初步成效的一个正面的效应，因为过去农民种田没有多少收益，甚至是亏本买卖，农民工外出只要有点收益就行，现在通过各种优惠政策，农民种田有了相应的收益，农民也就可以考虑一下自己的劳动权益与尊严了。因此，农民收益的快速增长和民工荒现象的出现，我把它们看成是国家解决“三农”问题的政策与措施取得初步成效的结果，也是城乡开始出现良性互动的起步，这是根本的民生问题的改善。

国内外已经普遍注意到十六届四中全会，对这次会议的评价很高，我也是如此。我曾经这样讲过，在中国，国民的民主始自中国共产党的党内民主的进程，国家的理性发展取决于执政党的理性执政，现在执政党讨论执政能力建设问题，应当是能够继续鼓励我们发展信心的重大事件，执政能力建设当然要受民众生活状态的检验，民生问题解决得好坏很自然地成为检验执政党执政能力与政府施政能力的重要标尺。

基于执政党的成熟和政府越来越理性，我觉得我有理由期待：公平的教育机会与政府对教育投入的持续增长，将使民生之基即国民立足社会的基础得到巩固；积极的就业政策及其进一步完善，将使民生之本即国民生存与发展的根本得到扶持；完备的社会保障体系，将构建起民生之安全网并使国民的多种生活风险与后顾之忧真正得以解脱；而合理的收入分配政策将使全体国民共享国民经济发展的成果，真正迈进共同富裕的新时代。在科学发展观的指导下，我们有理由相信，民生问题一定会引起进一步的关注与重视，并在以往的基础上得到更为全面的改善。

最后我讲几点结论：

第一个结论是我们确实已经进入到一个新的发展时代，这就是与改革开放前一个时期有重大区别的“后改革开放时代”，它既是前一个时期的延续，更是前一个时期的深化。

第二个结论是民生问题是我们国家在未来发展中面临的最为重要的问题，中国的稳定，中国的发展好坏，将在很大程度上取决于对民生问题解决得如何。

第三个结论是中国的民生问题也在发展中进入了新的时代，民生的内涵和外延都发生了根本性的变化，解决"后改革开放时代"的民生问题需要更高的政治智慧、更雄厚的经济基础、更现代的政治文明、更有效能的政府。

第四个结论是人民普遍在乎的是生活。谁能够解决好民生问题，谁就一定能得到人民的拥护；反之，谁不能解决好民生问题，谁就不会得到人民的拥护。

第五个结论是我对"后改革开放时代"的发展充满信心。因为新一届领导集体提出的执政与施政理念，事实上已经将解决民生问题列为首要的目标，并且开始采取多方面的措施来推进这一目标的实现。就像我刚才讲的"三农"问题取得的初步成效，表明我这个乐观并不是没有依据的。我始终抱着很乐观的态度来了解、来观察、来研究我们国家的发展。

今天的演讲就到此结束，谢谢大家!

主持人：谢谢郑教授的精彩报告，我们将用很有限的时间给同学们提问题，大家可以提最短的问题、最难的问题、最复杂的问题。

听众提问：第一问题是，对中国民生问题的关注和民生问题的解决，您有一套什么样的思想做指导？第二个问题，您是替谁说话，站在谁的立场上？

郑功成：对第一个问题，实际上我赞成科学发展观，赞同以人为本，并主张将其具体化而不是只当作简单的政治口号，我刚才讲了希望是实实在在的行动，这既是党和政府主张，也是我研究中国经济社会发展进程的主张。至于第二个问题，有人认为我是代表困难群体说话，我在2004年"两会"期间有过声明，说我就代表我自己说话，为什么这样说，因为我的目标是立足中国的国情，强调整个社会的和谐发展，并不是只代表一个社会群体。换言之，并不是说我代表低收入阶层就反对高收入阶层，我一直强调的是建设一个和谐的社会，这是我所追求的目标。从现阶段出发，差距也好，矛盾也好，不和谐与不协调也好，更主要的是因为困难群体的基本利益没有得到很好的维护，他们带来的是经济社会发展的不和谐，解决好困难群体的问题也就有利于推进社会的和谐发展，因此，我在这里考虑得更多的是困难群体与低收入阶层的利益问题，它的目标仍然是追求社会和谐发展。

听众提问：郑教授，您好。刚才您提到有一些外商拒绝要我们广东的产品，要人道产品，我觉得这一方面是好的，能促进我们民生问题的解决，但是另一方面也会影响到劳工成本低的优势的发挥，进而会影响经济的发展。总的来讲，您觉得是利大于弊，还是弊大于利？

郑功成：不管发达国家的企业出于什么考虑，就我们国家的现实而言，我更愿意将这种约束视为有利于纠正已失衡的劳资关系，有利于推进我们社会文明的进步和整个社会的和谐发展，理由我已经在前面的讲演中分析了。至于是不是影响到我们国家的竞争力，我刚才讲过这样一个观点，我不太赞成劳工成本低是一个竞争优势，劳工成本低如果作为一个优势也只能是一个暂时的优势，同时，我也注意到，劳工成本极低的企业并不是参与国际竞争的企业，不出口的企业可能对劳动者更为苛刻，这些对国际竞争力没有任何好处，反倒是有害处。我觉得我们在分析问题时，要注意时代背景下的现实情形，我在前面已经讲到了 GDP 增长及其分配格局，劳动者的工资所占比重不仅没有因为拿工资的人多了而上升，反而是持续下降的，这就意味着资本的所有者获取的报酬在急剧地攀高，甚至是恶性地攀高，部分亿万富豪财富的急剧扩张不能完全归结于市场机会与经营天才，而是劳动者获得的份额太少。同时，我们也不能说改善劳动者的境遇就有损我们国家的经济竞争力，因为我们所谓的提升劳工成本其实只是要求雇主或用人单位遵守《劳动法》及相关法制规定，尽到其应当尽到的义务。如在任何国家，劳动者的劳动时间是有法律规定的，劳动者获取劳动报酬是理所当然的，为劳动者提供相应的劳动保护也是有法律规定的，社会保险的参与通常都是强制的，这些基本的权益是市场经济条件下通过法制来规范的，所以，我感觉我们的雇主和企业不是一个良心和道德的问题，而是一个守法和违法的问题。劳工标准在世界上并没有统一的标准，没有任何一个国家要求我们中国的劳动者的工资像美国、德国一样高，也不会有任何国家要求中国的社会保障水平像英国一样，但劳动者的基本权益应当得到维护，现在已经是 21 世纪了。所以我并不是认为西方企业关注与重视我国的劳工保护都是出于对中国劳动者的好意，但客观上有利于改善对我们劳动者的保护，并使失衡的劳资关系趋向平衡。

听众提问：郑教授，您好。我听您刚才讲“三农”政策已经让农民得到实惠，一个最重要的指标是农民的收入呈两位数增长，我是从农村来的，我同样知道现在农村的化肥就是农业生产资料价格的上涨速度也比较快，我也做过简单的调查，小范围的。我估算一下农民收入的增长并不是很快，请问您是否注意到这种现象？您怎样看待这种现象？谢谢！

郑功成：对这种现象，不仅我已经注意到了，政府也已经注意到了，国家发展与改革委员会等部门已经下发了有关控制农业生产资料价格上涨的文件。我在上次全国人大常委会上的发言，也谈了这样的问题，首先应该肯定农村居民两位数的增长是就全国农民的收入而言，它确实是一个期望已久的奇迹，是政府解决“三农”问题取得的客观成效；同时，我确实注意到了粮食主产区的农民收入的增长幅度要高于全国农村居民收入平均增长水平两个百分点，对粮食主产区而言，由于收入增长幅度较大（政府的投入与补贴较大），即使农业生产资料的价格有所上升，其最后得到的实惠依然较大，但不是粮食主产区的地区的农民，因为享受不到相应的政策优惠与补贴，农业生产资料价格的上涨就可能导致收入增长停滞不前，甚至个别地方还可能出现实际收入下降，这是发展中新出现的问题，是政府在解决“三农”问题进程中新冒出来的一个新的民生问题，它确实需要有新的政策来调整，否则，在农村内部就会出现新的不协调。因此，现在不但要考虑城乡差距、地区差距，还要考虑农村内部粮食主产区和非主产区的农民的收入差距问题，应当尽可能公平地让全体农村居民享受到政府对农业、农村、农民的扶持与优惠政策。这确实是一个新的民生问题。

听众提问：我想顺着郑教授刚才的一个思路引出一个顺序，刚才你的主张是要有一个和谐的发展，大家是和谐共进的，不是偏向哪一方，也不是替哪个群体来说话，但总体上讲社会保障应当是关注困难群体。然后，你刚才在分析中国社会阶层结构的时候，曾经解释了一个我们国家阶层大分化的时代，而且你把它看成是一个走向“后改革开放时代”的标志，阶层分化，现在这个问题是阶层分化之后肯定有阶层矛盾发生，在存在阶层矛盾的情况下，有些阶层在这里非常活跃，比如民营企业家，他们有自己的渠道，而更多的困难群体在这种情况下没有自己的发言渠道，或者声音非常小，只能通过在这样庙堂之高的学术机构里，自上而下往下看的同情来表达一些呼声，在这样的前提下，我们呼吁出来的政策在多大程度上是有效的，或者在实际推行中会遇到一些什么样的阻力，我不知道郑教授是否考虑过这样的问题？

郑功成：社会和谐不等于消除差距，而是在可以容许的差距下求得共同发展，对社会和谐的解释，我认为简要地说就是既要让高收入阶层的人生活得好，也要让低收入阶层的人能够过好生活，能够分享到经济社会发展的成果。我不太赞同社会保障只是有利低收入阶层或者贫困居民的制度安排，而是全体国民都从中受益的事情。比方现在有钱人住到城市不安全，要喂大狼狗，要把住宅的窗户做成铁窗户，后面要跟着保镖，他想过这样的生活吗？我认为这并非其真实意愿。他为什么这样害怕？因为可能不安全。为什么不安全？因为有人生活不下去。社会阶层的分化是一个发展的必然，但过度的分化却可能增加社会治安风险，如果收入分配相对均衡一些，差距虽然存在而不是走向极端，所有的人就都会有安全感，这里获益的就不只是低收入阶层者。我到欧洲一些国家问过许多人，包括政府高官和一般职工，问他们对高福利下的高税收是不是反对，得到的回答都是合理的负担，反而问我为什么有这样的问题，因为高税收带来的是高福利，大家都能够更加合理地分享经济社会发展的成果。在慈善事业中，获益的也不止是受助者，同时也包括捐献者，因为受助者得到的是物质的帮助，而捐献者得到的是快乐与尊重。谁来反映社会各阶层的声音，我们国家现行的体制与国外有很大的不同，如工人的声音要通过工会，妇女的权益则通过妇联，私营企业主的权益通常由工商联来维护，贫困群体与灾民的声音通常由民政部门反映，劳动的就业与社会保险则通过劳动保障部门来反映，这样一种体制也是中国的特色，但我也认为应当改进，也有改进的余地，如媒体可以代表不同社会阶层的声音，现在媒体的功能日益强化，影响力也在增加，这应当被看成是社会进步的一种标志。

听众提问：郑教授，您好。我是来自中国劳动关系学院的学生，我想请问郑教授，在改善和提高中国民生问题过程当中，工会应该扮演什么样的角色？如何加强工会的功能？谢谢！

郑功成：说句老实话，现阶段我们中国的工会是处在一个比较尴尬的地位，这是 2004 年我两次参与全国人大工会法执法检查中所获得的一个较强烈的感受。工会既是共产党联系工人群众的桥梁，同时又是工人阶级自己的组织，摆在工会第一位的任务当然是要维护工人的权利，但是我们看到许多现象，当工人的代表在维护这种权益的时候，有时候被老板炒了鱿鱼。不仅工会维护职工的权益难，在非国有单位中组建新的工会也难。我个人认为，工会在维护职工权益方面承担着十分重要的责任，工会应当以维护职工的权益为根本出发点，因为工会的力量应当来源于职工群众，而不是来源于其他。因此，我主张工会的根本职责是维权，同时还应当参与国家事务尤其是社会保障、劳动就业方面的法制建设与政策设计方面，应当发挥出重要的作用。在现行政治体制下，实际上法律已经给我们工会发挥作用留下很大的空间，比方说劳动保障政策的制定，全国总工会是要参与的，要发表意见的，他们的意见对制度的确立是很重要的。在我们国家，许多问题的解决不是通过街头的抗议、示威反映出来的，我们是通过我们体制内部不同的渠道反映出来的，比如说妇女的声音谁来反映，全国妇联；工人的声音谁来反映，中华全国总工会；贫困人口的声音谁来反映，民政部；劳动者的声音谁来反映，劳动和社会保障部；这个跟西方国家是不一样的，应当说过去体制内的声音反映及其效果是不错的。然而，现阶段工会作用的发挥在地方上又确实受到了不同程度的影响，在转型过程中，不正确的政绩观甚至影响到工会的正常作用的发挥。我于 2003 年到某地去调查，了解到当地的工会主席很能干，在动员一家外资企业组建工会时遭到抵制，市工会想采取进一步的行动时，市里领导却认为这样会吓跑外商，因此，不建工会、放任损害劳工权益便成了有利于改善投资环境的因素，这当然是非常错误的。总之，我认为在市场经济条件下，我们国家的工会既面临着严峻的挑战，也有着真正的发展机会，这样工会就将成为职工群体自己的维权组织，并在国家事务中理直气壮地主张自己的权益，但目前还需要探索，因为中国的工会毕竟不同于西方的工会，其所扮演的角色与承担的任务也不同于西方国家的工会。从国家最高利益出发，我是主张工会既要尽心尽责地维护劳动者的权益，又不希望导致恶性的劳资对抗，因为严重的对抗会带来双损并损害国家利益，我认为应当力争双赢，这将有利于我们国家的和谐发展；即使在西方国家，劳资之间严重对抗的时期也已经过去了，我们同样经受不起大规模的劳资对抗。因此，我个人认为，工会需要扮演维权者与协调者的双重角色的，在现实情形下，主要的当然是适度的节制资本势力的过度膨胀，扶持劳工，促使失衡的劳动关系趋向平衡。

主持人：感谢几位听众的提问，更感谢咱们郑教授的精彩的回答，今天的这场报告，我在想有八个字可以简单概括，“顶天立地，发人深省”，这个“顶天”不是从他的身份而言，而是从涉及的问题，站的层面很高，直接从国家的政策走向、制度的建设方面来阐述；“立地”就是立足于民生，立足于我们基层的老百姓。所以，我感觉到“顶天立地，发人深省”，不管赞成也好，反对也好，疑问也好，都会引起你的思想波澜，引发你的思考，我想这个报告非常有价值。我们希望大家不仅参与这个报告会，今后的“人文视界”也在继续期待着大家的光临。让我们再一次以热烈的掌声感谢郑教授！

关注民生问题，构建和谐社会[①]

非常高兴跟各位网友见面，我这是第三次在“两会”期间在人民网和大家互动。大家知道，和谐社会的构建是2005年“两会”的焦点和热点问题，我个人在2004年和2005年出版了两本书：一本是《关注民生》，另一本是《构建和谐社会》，前面一本是访谈录，后面一本是演讲录，我始终关注民生问题，始终希望能构建和谐社会。这次和大家互动，是想交流一下我对构建和谐社会的一些看法。

我个人觉得，因为中央将建设社会主义和谐社会确定为我们国家的既定的发展目标，这应该是国家主动发展自主的适应时代要求的一次重大转变。从发展内容和目标来讲，因为过去我们知道改革开放20多年来，这个时代的关键词最重要的是增长和效率。如果按照构建和谐社会来讲，应该是民主、法制、公平、正义、平等、共享、文明进步、协调、和谐，这应该是和谐社会的关键词。一个和谐的社会，不是没有差别的社会；和谐社会仍属有差别社会，但这种差别是所有社会成员都可以接受的。也就是全体国民在这里面可以保持创新的活力，而且每个人都能活得很好。所以，我认为和谐社会应该是自然的、理想的、良性的发展状态，是值得我们为之努力奋斗的目标。

提出构建和谐社会是一个伟大的社会发展目标和构想，这跟我们国家所处的时代背景应该有着非常密切的联系。在国际上讨论拉丁美洲现象，简称为拉美现象。拉美现象说明拉丁美洲国家在20世纪发展很快，但是由于只注重增长，不重视分配，只注重效率，不注重公平，结果造成贫富两极分化，城乡发展失衡，国内社会矛盾、社会伦理问题不断爆发，社会冲突越来越激烈，从而造成了社会的政治危机、经济危机、物质危机。所以，一个国家在发展当中不注意均衡发展，不进入和谐社会状态，那么很有可能出现拉丁美洲国家的现象。

我们必须承认，改革开放20多年是我们民生问题不断得到改善的进程。所谓民生问题无非讲的是衣食住行以及社会经济相关的政治生活问题。所以按

① 本文系作者于2005年3月4日下午做客人民网强国论坛的“两会专区”，与网友在线交流的文字整理稿。

照衣食住行来讲，早就过了贫穷的时代。但是随着时代的发展，民生问题也在发展。虽然现在有一部分人仍然有衣食之忧，更多的人却在住、行以及在平等的权益以及社会分配等方面都有自己新的要求。所以，我们现在面临的民生问题，实际上比改革开放前一个时期的民生问题更加深刻，更加全面，更加复杂。要解决新时期的民生问题，也更需要政治智慧，更需要合理有效的政策措施。

我最近几年来一直非常关注的有几大问题，我提出几大问题的基本观点是：教育是民生之基，就是教育是国民立足社会的基础；就业是民生之本；收入分配是民生之源；社会保障是民生之安全网。这四大问题实际上都是民生的基本问题，解决好这四大问题，民生问题就基本能够得到解决。所以，我总认为在构建和谐社会的进程中，需要始终将改善民生、保障民生放在首位，并且始终以民生问题为核心。

联系我们国家的现实，跟民生有关的新时期出现的一些社会问题，应该说有以下几方面：一是收入分配不公带来的贫富差距的持续扩大；二是劳动关系失衡带来的劳动者的权益不断受损；三是传统户籍制度下的流动人口和城市固定户籍人口的利益分歧带来的对农民工的歧视现象；四是城乡差距的扩大化和地区差距的扩大化；等等，这些矛盾、这些问题的客观存在并且持续发展，正在影响着我们国家经济、社会的协调发展，影响着我们国家社会生态的和谐。

因此，要构建和谐社会，就必须先解决好这些问题。这是我的主要观点。如果要解决好这些民生问题，要推进和谐社会的构建，我觉得应该要确立这个时代一些新的关键词。这些时代关键词由过去单纯的增长与效率向公平、正义、共享、民主法制、文明进步等扩展。从当前来看，我认为要按照科学发展观重新确立新的政绩评估体系，在衡量政府政绩时，不仅要看经济增长和财政收入，还应当看所在地区贫困人口的生活能不能得到保障，公共卫生能不能满足城乡居民的需求，社会保障是否覆盖到越来越多的人口，人民群众在居住和生活环境方面是否得到了普遍的改善，政府财政用于改善民生的支出是否达到了较大的份额，以及所在地区人与人之间的关系是否和谐，劳资之间是否有对抗性的冲突，这些指标都是基本的民生指标。这些指标的改善程度，我认为可以作为和谐社会的发展程度。所以，政绩评估体系的重构可以说是非常必要的，也是非常重要的。

在重构政绩评估体系的同时，我近两三年一直强调要重视收入分配，因为我们国家经过20多年的发展，我们一直追求把财富蛋糕做大，现在已经有了较大的规模。2004年的GDP已经达到13万多亿元，财政收入也达到了2.6万多亿元。国民财富到了这样一个平台上，我个人认为就要重视收入分配，要避免拉美现象。应该尽快地确立合理、公平、共享的收入分配原则。比方说在初次分配中就应该提高按劳分配的份额，要让劳动者的工资报酬能够随着国民经济的增长有不断的提高，并且让劳动者的福利也随着经济的发展而不断地发展，使新增的财富在资本的所有者、劳动者和国家三者之间能有一个合理的分配。

在再分配中，应该强化政府的调控职能。政府财政在实力不断增强的同时，应当持续地、不断地增加对改善民生问题的投入。同时，要构建健全的社会保障制度，通过社会保障制度安排，来解决城乡居民的后顾之忧。在这个方面可以说是非常重要的，比方说社会救济可以避免贫困人口的生存危机，缩小贫富之间的差距；社会保险能够解决劳动者在养老、医疗、工伤、失业等方面的后顾之忧，同时使劳资关系得到改善，使失衡的劳动关系趋向平衡；而各种公共福利事业的发展又能够确保全体国民分享到经济发展的成果；所以，再分配是非常重要的。在我们国家，当前再分配的力度不够。所以，由于初次分配的不公，由于没有再分配的调节，造成了贫富差距扩大化的现象。

除了初次分配和再分配之外，实际上还有第三次分配，在很多国家建立了发达的慈善公益事业。它通过高收入阶层的自愿捐献，利用社会的机制来援助低收入阶层和不幸者。可以说，是一项道德事业。所以，到现在这样一个阶段，应该是多从收入分配方面下工夫，甚至还包括提高个人所得税的纳税起征点，要减免利息税，开征遗产税等。通过对收入分配的了解，就能够实现在确保经济发展和效率的同时，让全体国民分享到经济发展的成果。只有这样，民生问题才能不断得到改善，社会矛盾才能在公平的、合理的、共享的分配机制下得以化解。

总体概括起来，就是分配财富跟创造财富目前已经到了需要并重考虑的时代；经济增长和促进就业也到了应该并重考虑的时代；追求效率和追求公平，同样到了需要并重考虑的时代。在这样一个时代，尤其需要关注困难群体，比如确保贫困人口的基本生活，确保所有的人都能享受到最基本的教育，确保越来越多的人都有社会保障，最终向全民保障发展。

研究思考：请问郑功成教授，中国的社会保障体系中排除了农村人口，是不是一种社会不公的表现？

郑功成：刚才网友提到中国的社会保障体系中排除了农村人口，是不是一种社会不公的表现？我想这肯定是社会不公的表现之一，这是毫无疑问的。因为社会保障是以追求公平为天然的目标。如果市场经济是天然地以追求效率为目标的话，那么，社会保障则是以追求公平为本源的职责。只有城镇人口享受较多的社会保障，而农村没有，这显然是社会不公的表现。

从构建和谐社会的要求来讲，构建覆盖全民的社会保障体系是毫无疑问的。当然，要实现这个目标还是要有一个过程，就像和谐社会是我们提出的目标，但也不是说是今年、明年能实现的事情，还需要我们不断努力。只能说，现在就应该考虑农村人口的社会保障需求，并且采取有力的措施去不断地满足农村人口的社会保障需求。在这方面政府也采取了一些措施，比如说一些地方开始为乡村的贫困人口建立最低生活保障制度。中央政府在全国范围推进新型农村合作医疗，以及在城市实施的工伤社会保险也将进城务工的农民工纳入进来，我想这些都使社会保障的公平性初步地得到了体现。但是就我个人来讲，我觉得进展还是慢了一些。我希望能够加快社会保障体系的建设。这个意思实际上有两层：一是在整个国家的层面应该有更多的资金投入到社会保障建设中来，因为城市的很多人实际上也没有社会保障，或者也没有享受到他应该享有的社会保障；比如很多的城市居民看病很难，害怕生病，害怕看病也一样，城市也有贫困人口，农村就更严重了，所以从整个过程来讲应该加快社会保障建设的步伐。二是要重点考虑困难群体，要用公平的理念来推进农村的社会保障体系的建设，我是主张首先至少在城乡贫困人口的救济制度方面做到统一的。其次，农村的合作医疗还应该加快建设，因为它涉及解决农民疾病后顾之忧的问题。但是，新型的农村合作医疗很难像计划经济时代一样完全由农民自己来办理，需要政府的调整，需要政府的支持。

此外，我还主张农村的义务教育应该实行免费教育，要增强教育的福利性和公平性。总的讲起来，社会保障应该覆盖城乡所有的人口，应该以公平、平等的原则来构建，但基于历史的原因，我们可以允许循序渐进，但是发展的步伐应该加大。

湘乡人：请问教授：全国人大能够让每一位人大代表都能正确认识与理解构建和谐社会的内涵与外延吗？

郑功成：对和谐社会的构建，我觉得不仅是党和国家提出的政治主张，也应该是越来越多人的共识。从全国人大来讲，从我们参加会议的讨论来看，大家对构建和谐社会是非常拥护的，很多人是非常向往的。因为谁都愿意在和谐社会生活，只有在和谐社会生活，生活才谈得上有质量。所以，大家支持构建和谐社会，和谐社会成为“两会”的焦点，我想就反映了这样一种普遍的价值取向。如果要讲每一个人都能正确地理解构建和谐社会的内涵和外延，这恐怕也要有一个过程。比方说在一些地方，在一些人的心目中，效率和公平有时候就被放在一个对立的而不是一个统一的体系里面考虑。有的地方关注的依然是经济增长或者 GDP 增长，而忽略或者忘记需要解决的民生问题。比方说有的人可能对失衡的劳动关系熟视无睹，对劳动者权益受侵害的现象漠不关心，甚至漠视劳动者的生命和健康权。

我想，这样的想法或者考虑，在现在这个时期恐怕是难以完全避免的。所以，我只能说：主张构建和谐社会并主张以民主、法治、公平、正义、共享等原则来构建和谐社会的人越来越多。从我参加全国人大的有关会议来看，大家都赞成我们国家尽快地按照构建和谐社会的要求来调整我们的法律、政策，来化解现在已经出现的或将要出现的各种民生问题、各种社会矛盾与社会冲突。

如苍生何：和谐社会与法治社会的异同点在哪里？

郑功成：和谐社会一定是法治社会，因为和谐社会不是讲绝对统一，仍属有差别的。但这种差别是有规则的。只有通过法律制度来确立规则，大家才能安守其分。通常来讲，由于法律的制定是处在公开、透明的和受监督的条件下，现在法治追求的是平等的理念。所以，法治的本身就应该是平等、公平原则的体现，这恰恰是构建和谐社会的很重要的要素。所以，也可以这样说，和谐社会必定是法治社会。当然，法治社会是不是一定是和谐社会？这还不能简单地等同。这要通过法律制度中间的公平、平等、正义来确保。当然，法治社会不光是强调立法一个层面，同样重要的是执法。对我们国家来讲，按照构建和谐社会的要求，我们的法律制度还有完善的必要。比方说劳动者的平等的劳动就业权，劳动者和资本所有者的平等的协商或签订劳动合同权，在《中华人民共和国劳动法》（以下简称《劳动法》）里面还没有得到充分的体现，劳动者分为城市劳动者和农村劳动者，是分等级的，所以法制还要完善。更重要的是，我们现行的法律在某种程度上得不到很好的贯彻实施，目前社会上出现的一些社会矛盾、社会冲突，有相当多的现象，实际上是有法不依、执法不严所造成的，包括有很多群众上访的现象，有很多事情并不是找不到法律依据，都是有法律依据的。所以，我想，法治应该是构建和谐社会的一个基准和基石，它里面应该充分体现出公平和正义。在完善我们国家法治的同时，应该强化执法，严格执法。这样才会为和谐社会的构建提供法的依据和法的保障。

黄河飞流：郑教授，印度都能实行全民免费医疗，我们为什么就不能?!

郑功成：毫无疑问，全面医疗保障是我们的目标。我不太赞成医疗改革的目标是政府的责任，医疗保障的健全是为了解决国民疾病医疗的后顾之忧而建立起来的。所以医疗保障改革的成效，应该以城乡居民是否解决了这个后顾之忧来作为评判的标准。如果我们的医疗保障体制的改革，仍然使人们害怕生病、不敢看病，这项改革就很难说是成功的。所以，我个人认为，医疗保障制度最终的目的一定是要覆盖全民。最公平的医疗保障制度是全国统一的，并且是所有的国民都能享受同样待遇的医疗保障制度，这样的制度通常也是最有效率的，因为所有人的疾病医疗风险都是在一个制度里面进行分散的。但是，走向全民医疗保障制度同样需要一个过程，就像我们国家现在，城市为劳动者建立了基本的医疗保险，在乡村推进合作医疗，但在城市里没有被基本医疗保险覆盖的人口还需要建立相应的疾病医疗保障制度，所以，我国的医疗保障制度总体上是一种多元化的、多层次的医疗保障体系。对我们国家医疗保障体制总的评价，我觉得是不能满足城乡居民的需求，滞后于我们国家经济发展的要求。我觉得这项改革尤其应当加快推进，因为看病难已经成为城乡居民共同面临的问题，它又是一个基本的民生问题。在城乡居民中，甚至有一些人是因病致贫，所以变成了导致贫困的很重要的原因。

所以，我主张全面推进城乡社会的医疗保障制度的建设和发展。在这里面，我感觉到有两点是尤其要注意的：第一点，政府在医疗保障制度中承担着很重要的责任，这个责任是无法推卸的。第二点，医疗保障的改革还必须有医疗卫生体制的改革和医药体制改革的配合，如果没有医疗体制和医药体制的改革，医疗保障制度便很难真正确立起来。因为疾病医疗的费用不是由医疗保险机构控制的，而是由医疗机构或医生掌握的。医院的收费通常又和药品的流通相关，所以这项改革实际上是一个牵涉面非常复杂的一项改革，也是需要其他改革相配合的一项改革。

老标：嘉宾，大家现在普遍反映看不起病、上不起学、养老无保障，请问在这种社会如何构建和谐社会？

郑功成：这位网友谈的是社会的现实。我们之所以提出构建和谐社会，正是因为现实社会确实存在着不和谐，这种不和谐是发展进程当中的不和谐。在改革开放之前，计划经济时代是普遍贫穷的时代，现在在发展进程中，社会分化加剧，收入分配差距扩大，这是发展当中的问题。正因为收入分配差距扩大，社会阶层的分化，所以有一部分人，尤其是低收入阶层的人，没有社会保障制度的人，看不起病，上不起学，养老没有保障，这是客观存在的问题，构建和谐社会正是要解决这些问题，这些问题是必须解决的。看不起病的现象，在我们国家是比较普遍的，因为城镇基本医疗保险制度只覆盖了1.1亿人左右的城镇劳动者，农村的合作医疗也只覆盖了6000多万人，所以两项加起来也就1.7亿人左右，这意味着还有85%的人是没有医疗保障的。这是需要通过健全社会保障制度来加以解决的问题。

至于上不起学的现象，既有教育体制方面的问题，也有教育发展理念的问题，像前一段时期，主张教育产业化，教育领域中的市场化倾向就有点过度，使教育的福利性和公平性受到了损害。即使是城市里面的孩子上学，实际上家庭的负担也不轻。在农村，教育实际上很大程度上是农民自己在办教育，所以，教育的福利性受到了损害。福利性受到损害，再加上贫富差距，就进一步使教育的公平性受到了损害。所以，要解决这样一个问题，我感觉到必须加大政府对教育的投入，必须恢复教育尤其是义务教育的福利性，进而实现教育机会的公平。对于这个问题，每年“两会”的代表委员都有很多提案，有一个很重要的指标，主张财政的教育经费应占到GDP的3%、4%、5%，从目前来看还有一定的差距。所以政府加大教育的投入是必要的，在加大投入的时候还要让教育资源得到合理的配置。我个人认为应该更多地向农村倾斜，向贫困家庭的贫困孩子倾斜。只有这样，才能恢复教育的福利性，通过恢复教育的福利性，才能维护教育的公平性，才能真正解决有些贫困地区、贫困家庭子女上不起学的问题。

至于谈到养老问题，养老问题是我们国家面临的一个日益严重的重大社会问题，因为在进入老年型国家行列以后，老年人口会越来越多。我们现在的老年人大概是1.3亿左右，真正有养老金的是4000万人，是比较有限的，人的寿命越来越长，反过来单个家庭的人口越来越少，所以家庭保障的功能不可避免地要持续下降。有人说农村的土地可以养老，但实际上农村土地的保障功能也在持续下降。所以，养老问题也越来越变成了一个社会问题，已经不是个人或者家庭的问题。在人口老龄化的背景下，必然要求我们加快建设养老保险制度，发展老年人福利事业，这样才能确保每个人都老有所养。否则，长寿并不是一件很好的事情。幸福的晚年是一定要有相应的老年保障体系来保障的。

从上面讲的几个问题来看，我们国家建设社会保障制度的任务应该说是非常繁重的。目前总的评价是社会保障严重不足，而不是过剩或者像某些学者所讲的我们就要患上北欧国家的福利病。因为我国现阶段存在的主要问题还是大多数人还没有享受到相应的社会保障，我们应该有的社会保障制度还没有建立或还正在建立之中。

研究思考： 请问郑功成教授，面对巨大的就业人口，政府有没有实质性的解决办法？

郑功成： 就业问题的严重形势在我们国家是一个长期的问题。2005年3月3日有记者找我，说2004年10月下降了0.1个百分点，广东出现了民工荒的现象是我们就业状况出现的拐点，我坚决地否认了这样的看法。就业的严重形势并不是因为失业率下降或者上升0.1个百分点能作为依据的。整个讲起来，我们国家劳动力的供求关系根本的格局没有改变，劳动就业的形势依然十分严峻，并且预计可能会持续十年以上。

基于这样庞大的就业人口和就业压力，政府当然应该采取切实有效的措施来促进就业，甚至在某种程度上，政府应该将努力创造新的就业机会作为自己的追求目标，这在所有的西方发达国家、在市场竞争的条件下，都是政府很重要的宏观调控目标。在这个方面，我近几年一直提出，应该把就业增长和经济增长摆在同等重要的位置上。因为在劳动力资源严重过剩的情况下，我们还需要从经济增长方式、从产业结构的调整来寻找尽可能多的安排人就业的机会。

改革开放以来，在改革开放初期，我们GDP每增长一个百分点，就能带来240万个就业岗位。在20世纪90年代GDP每增长一个百分点，能带来120万个左右的就业岗位，但是现在GDP每增长一个百分点，已经下降到只能带来70万—80万个就业岗位，表明就业弹性是在下降的。经济增长了，规模越来越大，相对增加的就业岗位反而越来越少，我们的经济增长主要是靠技术进步来实现的，而不是靠劳动力增长来实现的。所以，现在应该采取多管齐下的措施，来解决好严重的就业问题。这些措施包括完善我们的劳动就业法制，确保劳动者的平等就业权，明确政府在促进就业方面的责任，加大政府的财政投入，构建公共的就业服务体系，对劳动力市场进行适度的干预。政府推行积极就业政策，应该常抓不懈。而且应该将新的就业岗位的增加作为评价政府政绩的重要指标。这也是科学发展观的要求和体现。

简超：郑教授，生产事故除了不可抗力的因素外，很大程度上也跟腐败有关，不消灭腐败能成吗？但是假如消灭了腐败，这个世界会不会因此而失去和谐？

郑功成：我们国家的生产事故可以说是日益严重，有这样一种感觉。我经常收集生产事故的个案材料，有时候觉得触目惊心。全国每年有将近20万人左右死于各种事故，有将近200万人因为灾害事故而伤残，所以，形势是非常严峻的，危害是非常严重的，后果是非常惨烈的。我针对这个问题也做了专门的研究，基本的结论是，这样一种严峻的安全生产形势实际上是多方面原因综合影响的结果。在你的疑问当中已经谈到了两个原因：一个是不可抗力的因素，指的是天灾；一个是腐败。所谓腐败，包括政府有关部门的失职以及官商勾结可能恶化了安全生产的形势。除此之外，我感觉到一个大的社会背景，就是过分追求效率，效率优先变成了效率至上。这样就必然导致一些地方的领导人漠视劳动者的生命与健康权，一些雇主惟利是图。此外，还有劳动者素质不高也是一个原因，因为我的调查表明：有很多事故，农民工实际上是其中最大的受害群体。农民工由于没有经过专门的技能培训或安全教育，在很多情形下是违章操作所造成的惨祸。当然，政府部门在这个问题上也负有不可推卸的责任，劳动监察、安全监管都还没有完全到位。所以，基于安全事故的严峻形势，我在2004年通过全国政协提交了有关重视安全生产并且解决安全生产事故形势严峻的提案，看起来效果不错。包括最近中央已经决定将国家安全生产监督局升格为安全生产监督总局，赋予它更大的权威和更多的责任。要解决这个问题，同样要多管齐下，必须要把安全生产的事故发生的危害性作为评估和衡量政府领导人的重要指标，必须强化劳动保障部门、安全生产监管部门的职责，必须对安全生产事故的发生单位或者不法雇主实行严格的责任追究制。同时，强化预防机制，包括采用先进的防灾技术与防灾实施，对劳动者进行安全生产的教育和培训，严格安全生产的管理，建立健全的工伤保险制度，等等，有可能使我们国家严峻的生产事故的形势得以缓解。

天涯糊涂客：郑教授：《反就业歧视法》是否列入“两会”议程？它是构

建和谐社会的重要内容！

郑功成：《反就业歧视法》是我2003年和2004年在全国人大会议上提出的提案，提出以后产生了一些反响，并引起了有关部门的重视。劳动保障部门、人事部门都给予了相应的答复。目前的进展，可以讲主要是在政策层面上做了一些相应的调整。比方说，有的地方取消了公务员考试中有关歧视性的规定。在劳动就业的进程中间，一些带有歧视性的条款也可以说有所收敛，整个社会舆论对公平就业、反就业歧视的氛围形成越来越有利。但是，要制定这样一部专门的法律还是很困难的。我觉得目前可以选择的就是通过制定其他相关的法律或者修改《劳动法》来实现反就业歧视的目的。在这个方面，应该已经有所进展了。比方说2004年实行的工伤保险条例，就已经没有了过去只限于城市劳动者的限制，同时也覆盖了农民工，这就是由过去的带有歧视性的政策向一种平等的保障政策转换的一个例子。我也希望大家都来关心就业歧视的问题，都关注解决就业歧视的问题，使劳动者更好地享有平等的就业权。

生产方式：郑教授，如果你的提案不能落实甚至得不到重视，你怎么办？

郑功成：每次参加“两会”，我都会提出有关的议案和建议。应该说，每一个议案或建议案都会交给有关部门，有关部门都会答复，有一些建议是被相关的法律和政策所采纳的，有一些建议对推动有关的工作是有帮助的。但是，也有一些建议没有得到重视，个别部门提供的答复有点应付的感觉。对此，我只能是继续发表我的意见，继续提出建议。有些问题解决起来当然也是复杂的，但是作为全国人大代表，我们关注的问题会一直关注下去。我的主要研究领域是社会保障、劳动就业、灾害保险等方面，这些问题既是我长期研究的领域，也是我长期关注的领域。

构建以民生为本的和谐社会①

改革开放以来的20多年，实质上是民生问题不断得到改善的20多年。然而，在我国社会分化加剧的现实背景下，已经出现的各种社会问题、社会矛盾又几乎均与发展中的民生问题直接相关。与改革开放初期所面临的衣食之忧相比，新时期的民生问题无疑更加复杂，除了需要继续改善城乡居民的衣、食、住、行等外，尤其突出地显现了教育作为民生之基、就业作为民生之本、分配作为民生之源和社会保障作为民生之安全网的必要性与重要性，只有做好强基、固本、理源、健网的工作，才能适应和谐社会的发展需要并继续使民生问题得到改善，进而实现人与人之间的和谐与整个社会关系的和谐。

教育是民生之基，是国民立足社会的基础。众所周知，没有公平的教育机会便不会有公平的就业与发展机会。针对当前城乡教育资源配置失衡、教育支出日益构成城乡居民家庭沉重的负担、贫困地区与贫困家庭子女受教育的机会被相对剥夺的局面，必须认识到教育机会的不公平正在成为社会不公平的加速器。因此，国家有必要牢固树立公平、均衡发展的国民教育观和大教育理念，尽快落实财政性教育经费拨款占GDP的5%以上的目标，切实强化国民教育的福利性与公平性，尽快将义务教育作为国民最低教育保障目标，并实行全国义务教育免费，同时对社会、企业、个人等投资教育实行优惠政策，利用财政专项拨款、失业保险基金、再就业基金等开展城市失业、下岗职工与农民工的技能培训。

就业是民生之本，是民生问题不断地得到改善的根本途径。没有工作意味着没有收入，同时还会带来不利于财富创造、影响消费增长和发展的连锁效应，而就业机会的公平与劳动关系的平衡又构成了巩固民生之本的基本条件。针对我国长期严峻的就业形势和已经失衡的劳动关系，有必要尽快扭转重增长轻就业、重招商引资轻劳工保护的局面，应当将就业岗位的增长摆到与经济增长同等重要的地位并列入评估各级政府政绩的重要指标，政府有必要进一步巩固积极促进就业的政策措施，同时用平等的理念来打造我国的劳动法制，通过依法维护劳动者的公平就业机会来矫治歧视现象普遍、劳动力有效匹配不高的

① 原载《瞭望》2005年第15期；该刊记者采访、整理。

就业市场，通过依法维护劳动者的正当权益来纠察失衡的劳动关系。

分配是民生之源，分配不公必定损害民生之源并激化社会矛盾。针对现阶段初次分配格局不合理、再分配力度不足、第三次分配几乎没有的局面，有必要按照公平、合理、共享的原则三管齐下地理顺收入分配关系，真正让分配公正成为构建和谐社会的政策选择。在初次分配环节，目前急切需要打破行业垄断局面，扭转劳动者收入持续相对下降的局面，适当放慢财政收入连年大幅增长的步伐，将投资回报调整到合理合法的位置，最终形成资本所有者、劳动者与国家利益的合理分配格局；在再分配环节，应当强化再分配的干预手段与分配力度，在国家财政收入规模持续扩大的基础上，突出公平取向，切实加大对贫困地区、低收入阶层的援助力度，同时扩大对教育、公共卫生与社会保障事业的投入。此外，还需要积极引导建立在自愿捐献基础之上的第三次分配。

社会保障是民生之安全网，是解除国民诸多后顾之忧、增强国民信心与安全感的制度安排。发达国家的实践表明，社会保险可以调节劳资关系，是缓和劳资矛盾与社会冲突的不可替代的机制；社会救助能够缩小贫富差距，缓和贫富阶层对抗；各种社会福利事业则可以普遍性地增进国民福利，实现共享发展成果的目标。我国的社会保障建设已经滞后于经济社会发展的需要，保障不足是主要问题，大多数国民缺乏应有的社会保障的局面急切需要改变。因此，尽快健全社会保障制度是构建和谐社会的重要内容，而尽快促使社会保障制度从试点走向成熟、进一步明晰社会保障责任分担机制显然是我们面临的紧迫任务。

总之，在构建和谐社会的进程中，必须始终坚持将改善民生放在首位，这既是执政为民、以人为本的具体体现，也是化解新时期的社会矛盾、社会问题和促进整个社会得以和谐发展的根本前提。

附件：构建以民生为本的和谐社会[①]

2005年2月19日，中共中央举办的省部级主要领导干部“提高构建社会主义和谐社会能力专题研讨班”在中央党校开班。胡锦涛总书记在开班式上指出，构建社会主义和谐社会适应我国改革发展进入关键时期的客观要求，要在推进社会主义物质文明、政治文明、精神文明发展的历史进程中，扎扎实实做好构建社会主义和谐社会的各项工作。

时值2005年“两会”即将召开之际，本报记者就构建和谐社会主题，专访了长期关注民生问题并对构建和谐社会有相当研究的社会保障专家、第十届

① 原载《第一财经日报》2005年2月20日；该报记者徐奎松采访、整理。

全国人大常委、中国人民大学社会保障中心主任郑功成教授。

《第一财经日报》：您认为构建和谐社会应该以什么为重？到目前为止，经济社会中还存在着哪些不和谐的问题？

郑功成：在构建和谐社会的进程中，我认为，必须始终将改善民生放在首位。因为在我国社会分化加剧的现实背景下，已经出现并正在激化中的各种社会问题、矛盾与冲突几乎均与民生问题直接相关，如贫富差距持续扩大、教育机会不公平、劳动关系日益失衡、流动人口因受歧视带来的利益冲突仍在扩张，城乡之间与地区之间的发展差距还在持续拉大，效率优先在某种程度上演变成了效率至上，而社会公平与正义却并未随着经济发展而成为普适性的核心价值追求。所有这些，均表明我国发展进程中的不和谐确实与民生问题的发展密切相关，因此，继续不断地改善民生显然是化解诸种社会问题、社会矛盾并避免冲突与对抗的核心所在，这是整个社会得以和谐发展的前提。

《第一财经日报》：教育机会不公平正在成为社会不公平的一个关注点，您如何看待这个问题？

郑功成：教育是民生之基，即国民立足社会的基础。针对当前城乡教育资源配置严重失衡、教育支出日益构成居民家庭沉重的负担、贫困地区与贫困家庭子女受教育的机会被相对剥夺的局面，必须认识到教育机会不公平正在成为社会不公平的加速器。因此，政府有责任和义务牢固树立公平、均衡发展的国民教育观和大教育理念，有必要尽快明确承诺实现全国义务教育免费、财政性教育经费拨款占 GDP 的 5%的目标，同时对社会、企业、个人等投资教育实行优惠政策，利用财政专项拨款、失业保险基金、再就业基金等开展城市失业、下岗职工与农民工的技能培训。

《第一财经日报》：2005 年的“两会”即将召开，您对现阶段劳动关系失衡的问题有何建议？

郑功成：劳动关系失衡已经成为我国社会冲突的最大的潜在因素，重增长轻公平、重招商引资轻劳工保护的现象需要尽快得到扭转。为此，用平等理念来打造我国的劳动法制和健全社会保险等相关制度，适度抑制资本势力的过度膨胀，通过维护劳动者的正当权益来对劳工的弱势地位加以扶持，应当成为现阶段完善就业政策及促进社会和谐的基本理念。政府有必要强化劳动监察制度，明确劳动保障行政部门的权利与责任，尽快让失衡的劳动关系走向平衡。

《第一财经日报》：针对收入分配差距持续扩大的不合理趋势，您有什么样的主张？

郑功成：分配是民生之源，分配不公必定损害民生之源。因此，我主张三管齐下地理顺收入分配关系，真正让分配公正成为构建和谐社会的政策选择，国家需要尽快改变收入分配格局不合理的局面，通过理顺收入分配关系来调控收入分配差距。在初次分配环节，目前急切需要进行的是彻底打破行业垄断局面，扭转劳动者收入增长持续相对下降的局面，提高劳动者的报酬及相应的福利待遇，放慢财政收入的增长步伐，适度降低收入偏高的投资回报，使资本所有者、劳动所有者与国家的利益在效率原则下合理分配；在再分配环节，应当强化再分配的干预手段与分配力度，突出公平取向，在国家财政收入规模持续扩大的基础上，切实加大对贫困地区、低收入阶层的援助力度，同时扩大对社会保障与公共福利的投入，以此实现全民共享经济社会发展成果。此外，还需要积极引导建立在自愿捐献基础的第三次分配。

《第一财经日报》：您作为研究社会保障问题的著名专家，如何看待社会保障对构建和谐社会的意义？

郑功成：社会保障是保障民生之安全网。发达国家的实践表明：社会保险制度可以调节劳资关系，缓和劳资矛盾与社会冲突；社会救助制度可以缩小贫富差距，缓和贫富阶层对抗；各种社会福利事业可以普遍性地增进国民福利，实现共享发展成果的目标；而慈善公益事业则可以在自愿的基础上实现富人与穷人之间的利益调节和情感沟通；等等。可见，社会保障及相关制度安排作为建立在社会公平基础之上并以追求社会和谐为目标的特别制度安排，也是构建和谐社会的核心制度安排。我国的社会保障建设非常滞后，保障不足是主要问题，大多数国民没有相应的社会保障，这种局面急切需要改变。因此，政府仍然有必要将社会保障列为重点工作加速推进，在明确公平、公益发展理念和建立健全完备社会保障制度的建制理念的条件下，改变社会保险制度长期试而不定的做法，尽快按照中央与地方分责制原则建设社会保险法制，真正实现社会保险制度的定型发展和强制性全面覆盖；同时，加速构建城乡一体化的综合型社会救助体系，引导发达地区不失时机地发展公共福利事业，扶持民间慈善公益事业的发展。

让全体人民合理共享经济发展成果[①]

各位网友好，我这是“两会”期间第四次到人民网做嘉宾，所以非常高兴跟各位网友就如何共享经济发展成果来交换一些看法，为什么就这个问题来交换看法呢？我想因为我们国家经济已经持续增长了20多年，GDP在2005年已经达到了18万多亿元，国家财政收入超过了3万亿元，人均GDP已经超过了1700多美元，说明我们的经济已经发展到了一个较高的平台。

但是近十年来的一些现象表明，贫富差距在拉大，劳资关系在失衡，流动人口与固定户籍人口之间的这种利益分歧相对突出，城乡差距也在持续扩大，这样现象表明，现实中间的差距、矛盾、冲突，在很大的程度上，与以往没有很好地让全体人民合理分享经济发展成果有关。我觉得必须承认，这是一个不容忽视的问题。在这个方面，其实有很多的数据，比如基尼系数就是一个很重要的指标。当基尼系数为零的时候那是绝对的平等分配，当基尼系数为1的时候就意味着一部分人享受了全部财富，另一部分人就根本没有分享到任何财富，所以这两种现象都是不可能存在的。所以从0到1就表明着一个社会财富的分配由公平到差距之间的这样一种比例关系。我们国家在1984年的时候，基尼系数是0.26，近几年来基尼系数上升到0.45以上。应该说这种差距是持续拉大的，而且有继续拉大的趋势，这是一个很重要的指标，它表明贫富差距事实上在持续扩大。

第二个指标就是劳动所得和资本的回报，资本所有者的所得这个比重关系，应该说长期以来是失衡的。资本所得的回报从总体上来讲是长期畸形偏高。劳动者的劳动的报酬，可以说是长期畸形偏低。比方说我看到过一则调查资料，在珠江三角洲的农民工近十年工资只上涨了60多元。而珠三角的经济一直是持续高速增长，如果扣除物价上涨的因素，农民工的工资实际上是下降了，所以这个指标就反映了至少农民工没有很合理地分享到珠三角地区经济发展的成果。还有一些指标也能够说明一些问题，就是根据国家统计局的统计年鉴，全国的职工工资总额在1989年的时候，大概要占到整个GDP的近16%，

① 本文系作者于2006年3月9日晚做客人民网强国论坛的“两会专区”，与网友在线交流的文字整理稿。

到1997年以后，下降到百分之十二点几，为什么说工人阶级的队伍壮大了，领工资的人多了，领取的工资总额在GDP中所占的份额反而下降了，所以这个指标也反映了劳动者没有很合理地分享到经济发展的成果，确实存在着一些问题。

在城市和乡村之间，国家经济发展的成果更多地是被城市享用，而农村、农民所占有的份额相对来讲是偏少的，所以这就是我们今天城乡差别越来越大的一个很大的原因。

我想不需要再举出其他太多的指标，前面所举的现象表明我们的确需要更好地处理好国民财富的分配问题，尽可能让全体国民都能够参与经济发展成果的分享。在2006年全国人大会议上，温家宝总理在《政府工作报告》中，已经明确提出了让全体人民共享经济发展成果，胡锦涛总书记在2006年3月9日上午参加我们黑龙江代表团的讨论时，也明确指出，发展是为了人民、发展要依靠人民、发展的成果要让全体人民共享。大家也看到了，在国家制定的“十一五”规划中也已经明确提出来，要把让全体人民共享经济发展成果作为构建和谐社会的一个很重要内容来给予重视。

讲到这里，我想表达的实际上是三层意思：第一层意思是我们现在确实存在着没有能够让所有的人来合理分享经济发展成果的现象。第二层意思是，我们国家的经济发展已经到了一个较高的平台，如果不能够很好地让全体人民合理参与经济发展成果的分享，就有可能会影响经济社会的健康和正常发展。第三层意思是，党和政府已经明确提出让全体人民共享发展成果的这样一个目标，并且开始在相应的制度安排和政策措施上采取行动。

作为人大代表，我感到比较担忧的是城乡居民的差距在近几年来还在拉大，贫富之间的差距也还有持续拉大的趋势。这从个人的观点来看，我觉得在“十一五”期间应该把这个作为一个特殊的问题，来引起高度重视并且有切实的措施来缓解现象的差距、矛盾。

我一直主张需要确立新的价值观，就是从鼓励部分人先富起来，从鼓励效率优先、鼓励创造财富，应该转换到追求公平、正义、共享这样的价值观。只有一个公平的社会、一个有正义的社会、一个能够让全体人民共享发展成果的社会，才称得上是一个健康的社会、文明的社会，才是能够协调发展和持续发展的社会。在这样的价值观的指导下，一个核心的指标，就是社会财富的分配要坚守公平正义。所以，我一直主张，这个时代不仅需要创造财富的英雄，也需要承担社会责任的英雄。那么，如何来促使全体人民共享发展成果呢？我有一些不太成熟的想法可以跟各位网友交换一下，我也希望能够听到网友的一些意见，因为现在要解决收入分配领域中的问题，是特别需要智慧的。虽然造成今天现实生活中的收入分配格局有着非常复杂的原因，但是只要确定了公平、正义、共享的价值观，抓住了收入分配这个核心的领域，就能够取得相应的成效。

我个人的看法就是要从三大环节下工夫，哪三大环节？第一个环节就是初次分配的环节，应该改变以往重积累轻消费，重视投资者的收益回报、轻视劳动者收益权利这样一种格局。第二个环节就是再分配环节，再分配也要下大工夫，应当充分体会社会公平与正义的原则，按照公平正义的原则来通过财政的转移支付，通过各项福利制度的安排，弥补初次分配的缺陷与不足。第三个环节就是，在很多国家，甚至包括我们国家的香港、澳门、台湾地区，都有一个第三次分配环节，也就是说人们自觉、自愿地参与慈善公益事业、参与捐献。像世界首富比尔·盖茨已经捐献给慈善事业的金额就达250多亿美元，他不仅被整个世界捧为创造财富的英雄，也是慈善家的典范，所以，通过第三次分配也能够对社会财富进行调节。我们国家需要从上边三大环节来下工夫。

我还认为要通过四大制度安排来促进共享发展成果：第一是工资机制，第二是财政制度，第三是税收制度，第四就是社会保障制度，通过这四大制度安排，可以促进全体人民共享发展成果。在四大制度安排的同时，还需要多管齐下来调整我们现行的制度安排和政策措施，才能更好地让全体人民共享发展成果，这就包括：

第一，主张最低工资标准或者说法定的最低工资标准，应该随着当地经济的增长和发展逐步提高。在确保最低工资标准作为工资底线的同时，还应当建立政府、劳方、资方三方协调机制和工会与雇主的谈判机制，确保劳动者的工资能够正常增长。

第二，税收制度，税制也可以进一步加以改进。2006年国家提高了个人所得税的起征点，就是由过去的800元提高到1600元，这在保障低收入阶层和贫困家庭的利益上应该说向前跨进了一大步，但是力度还不够。比如，国家还可以对利息税加以调节，我是主张确立利息税的起征点的，利息税也应该有起征点，不能说低收入阶层好不容易有一部分存款，也要承担较高的利息税负担，这不利于维护低收入阶层人的利益。还应该开征遗产税、物业税、特别消费税等，来节制高收入阶层，让高收入阶层多承担社会责任。

第三，就是财政体制要进一步转化成为公共财政，公共财政应该谋取公共福利、增进国民福利，财政资金的支出分配应该有利于改善民生、保障民生。

第四，是公共卫生与医疗保障应该引起进一步的重视。公共卫生体系的建设和医疗保障体系的建设，都是为了解决城乡居民的疾病的后顾之忧。这实际上也是一种社会公平，这个公共卫生和医疗保障体系的建设，就是让全体人民分享经济发展成果的一条途径。

第五，国民教育，尤其是义务教育，应该通过加大政府财政投入，恢复它的公益性和福利性，让所有家庭的孩子都能够享受到免费的、公平的教育机会。如果教育机会是公平的，那就为整个社会的公平奠定了基础，如果教育机会是不公平的，那么它就会放大社会的不公。所以，对国民教育的福利性和公益性的维护，本身就是让全体人民分享发展成果的一个必须的举措。

第六，要建立城乡一体化的社会救助体系，就是让城乡所有的困难家庭，或者困难人口，都能够通过这样一个体系来获得帮助，而我们现在只有城市的最低生活保障制度，农村绝大多数地区还没有这个制度，这是需要努力的方向，也是“十一五”期间应当完成的任务。

第七，应该尽快健全社会保险制度，并且覆盖到所有劳动者的身上，如果社会保险制度得到了全面的确立，劳动者的养老、医疗、工伤、失业等后顾之忧就得以解除，也就直接参与了企业发展成果和整个国家发展成果的分享。现在这一制度还有很大的差距。

第八，要努力地促进各项公共福利事业的发展，包括老年人福利、残疾人福利、妇女儿童福利等。这些福利事业的发展就能够让老年人、残疾人、妇女儿童参与分享经济发展的成果，在这个方面我们的差距还有很大。

第九，要大力发展慈善公益事业，应该有强有力的政策来引导人们主动积极地参与慈善捐献，使大家在一个互助的社会里，促进国家和谐发展。

这就是我的一些基本观点，也是对共享发展成果的基本看法，我始终认为现在与改革开放初期相比是很不同的两个发展时代，那个时候比较关注财富的创造，比较重视效率优先，各项政策相对来讲更多的是鼓励部分人先富起来，但是进入到现在这样一个时代以后，就必须在科学发展观的指导下真正维护社会公平正义和促进国民共享发展成果，只有这样才能够逐渐地缩小不同社会阶层的利益差距，才能逐渐地化解现实中的各种社会问题和社会矛盾，我们国家才可能发展的更加健康、更加文明、更可持续发展。

郑华淦：近年中央提出改革发展成果惠及全体人民，是否意味着过去没有注意过这一点？

郑功成：对这位网友提出的问题，我觉得2006年中央提出要让全体人民共享发展成果，过去对这个问题也是有所关注的，但是我们知道，一个国家由共同贫穷的时代到共同富裕的时代中间有一个必然存在的发展过程，就是只能鼓励部分人先富起来，因为财富的创造是有限的，所以改革开放的前一个时期更多地是为了鼓励财富的创造，但是当经济发展到一定时期以后，我们才有可能更多地考虑到也更有能力考虑到解决好贫富差距的问题和收入分配差距的问题。当然，这并不是对过去发展的一个否定，一个社会不同发展阶段的发展任务必定有它的时代性、有它的阶段性，就像过去我们的财政收入只是个吃饭财政，根本不可能具备通过财政来实现让全民共享发展成果这样一种财力。现在，一方面是因为贫富差距与收入分配差距越来越大，再不加以重视就有可能出大问题，不仅贫穷的生活不好，甚至也会影响先富起来的生活质量，进而会阻碍我们国家的经济发展；另一方面当然是我们的经济已经发展到了一个较高的平台，我们应该更加理性的发展，只有在大家普遍受惠的这种条件下，这个社会才有可能继续地健康地发展下去。否则，这个社会就要出问题，经济发展就要受挫，最终反过来又会影响到高收入阶层人的生活质量。所以，提到共享发展成果时，不要把它等同于劫富济贫，也不要把它等同于只是有利于低收入阶层和贫困群体的事情。

犁：没有干活的人能不能共享社会发展成果？

郑功成：这位网友提的问题比较有意思，我觉得没有干活的人能不能共享发展成果，要分两种情况：一种情况就是如果是残疾人、老年人、儿童，没有干活也应该有相应的制度安排来让他参与经济发展成果的共享；另一种情况是如果有劳动能力又不劳动的人，又当另论。但是，作为一个健康文明的社会，任何情形下，都应该维护人的生存权，我想这应该是社会公平正义的底线，这里谈到的共享经济发展成果，我讲的是合理分享经济发展成果，不等于平均主义，不等于平均分配财富。一般情况是在财富的初次分配环节，应该是效率优先的，就是谁对财富创造的贡献大，谁分享的份额就多，这个毫无疑问应当坚持。我们谈到是在再分配环节和第三次分配环节，就恰恰是为了弥补初次分配的不足加以调节的。它维护的是社会公平和正义，保障的是人们的生存权以及相应的发展权，这不仅是一个社会发展的道德底线，也是一个国家能够和谐、协调和持续发展的基本保障。所以，我个人认为按劳取酬的原则和共享发展成果并不矛盾，当然，在这里要注意的是合理分享而不是用平均主义的方式来分配财富。

灵山：按照社会主义多劳多得，复杂劳动是简单劳动的倍数的理论，会不会造成社会分配的失衡？

郑功成：我还是刚才提的那个观点，财富的分配有三个环节，在初次分配的环节就应该按照对财富创造的贡献大小来分配财富，因为只有那样，才能激励人们努力创造财富，实现共享既需要在初次分配这个环节按照生产要素合理分配，更需要在再分配和第三次分配环节上下工夫，应该说复杂劳动的报酬肯定比简单劳动要高，这应该是不存在争议的，那么谁是复杂劳动、谁是简单劳动？这要根据个人的工作岗位和个人素质来决定的。另外一位网友也谈到这个问题，共享是要享受发展权，我们共享从什么时候开始，我觉得首先要从教育机会的公平开始，就是一个人一生下来就能够享受公平的教育机会，那就意味着他从小就参与了发展成果的共享，也为以后他参与公平的就业和财富的创造及财富的合理分配奠定了基础。所以，从共享发展成果的角度来讲，应该把公平教育作为首要的共享发展成果的途径，教育机会的公平为我们提供了共享发展成果的途径。还有一个可以跟它并重的，就是对遇到生存危机的困难群体的社会救助，也是一个底线。因为有些人遭遇到特殊的困难，遭遇到生存危机，如果得不到政府和社会的帮助，就可以陷入绝望的境地，遇到这种情形就只有通过社会保障制度以及其他的相关制度安排，来解除他的生存危机，这实际上也是让困难群体共享发展成果的过程，是人道主义的底线。所以，一个是教育机会的公平、一个是保障任何一个人不因为生活困难而陷入绝望的境地，我觉得应该是作为共享经济发展成果的两个最基本的、最基础的制度安排。

临顶揽众山：公平是共享的保证，嘉宾你认为怎样才能兼顾公平？

郑功成：我基本赞成这位网友的观点，公平是共享的保证、也是前提，共享的目的实际上也是为了这个社会更加公平。如何才能兼顾公平？在目前的现实条件下，就我们国家而言，首要的是要尽可能地保证、确保起点的公平，这个起点的公平一个是教育机会、教育权；另一个是生存权，就是不让人因为家庭困难上不起学，不让人因为生活困难而看不起病，处于挨饿受冻这样的生存状态，这应该是确保的，应该是政府的基本责任。

其次就是要维护过程的公平，这就需要有相应的制度安排，来保障人们能够参与公平竞争。如创造公平就业的机会，使劳动者能够在就业市场上参与公平竞争，这也是过程公平的一个方面。通过医疗保障来解决人们的疾病后顾之忧，实际上也是恢复那些由于疾病有可能丧失劳动机会和工作岗会的人的就业能力。建立失业保险制度，实际上是维护劳动者在就业过程中间的公平，提高他的再就业能力，等等。通过这样的制度安排，它能够维护过程公平，实际上也是让人能够有更多的机会参与发展成果的分享。

在确保起点公平、维护过程公平的同时，还应该合理地缩小结果的不公平。结果的绝对公平在现实世界里面是不存在的，因为人们创造财富的能力有差异，个人分享财富的机会有差异，所以结果的绝对公平是不现实的。但是，一个健康的社会、一个负责任的政府，它是负有缩小结果不公平这样一种责任的。当然，在这里，我们要更加突出地强调公平，政府要起到很重要的作用，承担着很重大的责任，但除了政府之外我还要想强调一点的就是，我们还需要形成一个人人都要有社会责任感的社会氛围。这样，才有利于我们在做大财富蛋糕的同时，更加合理地分配好这个财富蛋糕，按照我过去的话讲，就是允许差距存在但这个差距应该是在社会各个阶层都可以接受的范围之内。我们尊重不同阶层的人，通过自已的合法的手段，来积累自己的财富。但我们也要保障能够让每一个人都能够快乐地创造和生活，我觉得这就是和谐社会最终的目的。

qqy：有这样的政策我们能共享成果吗？

郑功成：我不知道这位网友谈的是什么样的政策，但是按照我的理解，就是以往的政策更多地注意效率，注意鼓励部分人先富起来，近几年我觉得这种政策正在大幅度地调整，调整的结果就是向有利于全体人民合理分享发展成果的方向迈进。我就从 2006 年中央财政资金的流向上来看，在 1.9 万亿元的财政收入预算中，有 3397 亿元是投入到农村的，这个投入的力度可以说是前所未有的，它当然是基于“三农”问题的严重性，市民和农民收入差距的扩大，农民的收入水平长期偏低，农民的消费需求长期不能变为现实的购买力，这是中央财政的一笔大钱，应该说是有利于缩小政府财政资源在城乡之间的分配失衡局面的，所以，我觉得这是让农村居民更好地分享发展成果的一个重要标志。

第二个指标在 2006 年的中央预算中，中央财政安排社会保障的补助资助和就业与再就业资金达到了 1860 亿元，我们知道，就业与再就业工程实际上都是帮助下岗、失业职工的，社会保障补助的也都是城镇最低收入阶层的人群，所以，财政资金这样的安排实际上也是让这一部分困难群体能够更好地分享到国家的经济发展成果。我还可以列举很多的指标，比方说 2006 年国家推进农村合作医疗，中央财政预算是 47 亿元，虽然平均到 8 亿农村居民的身上很少，但是相对于 2005 年它却上升了 7 倍，完全是个超常规的增长。再举一个例子，就是农村五保户制度，大家知道，城镇里的孤寡老人都是进国家的福利院，农村的五保户过去都是由农民供养，那么，从 2006 年开始，五保户也开始吃皇粮，就是由国家财政来保护五保户的生活。可见，从这些政策的调整和国家财政支出结构的变化来看，应该说跟过去已经有了很大的不同，这是国家在促进社会公平的显著标志。

常五峰：您认为在共享经济发展成果共同建设国家的同时，是公平优先还是效率优先？

郑功成：这位网友提出的问题实际上是大家有很大争论的问题，我觉得这个问题永远也达不成共识，各人有各人的理解。按照我的理解，公平优先和效率优先这对于一个国家一定的发展阶段，是所有政策的一个总体取向，它并不意味着每一项政策都符合公平优先或者是效率优先，我对这个问题的理解有以下几层意思。

我觉得公平和效率是一个问题的两个方面。没有公平的效率是不可持续的，没有效率的公平同样是不可持续的。所以公平效率作为一个问题的两面实际上是要长期兼顾的。

第二层理解，我需要强调的是，市场经济天然地追求效率，毫无疑问市场机制和市场领域的事情，应该是效率摆在优先的位置上，因为只有这样才能激励人们参与财富的创造，但是在社会领域，比方说社会保障，这种制度是天然地追求公平的，因为只有公平这个制度大的目标才能实现，如果能使这种制度在公平的追求方面与市场机制对效率的追求方面相辅相成，我们就能够避免过分地突出效率而忽视公平，或者是过分地强调公平而否定效率所带来的非良性发展现象。

从国际上来看，一个国家在经济落后的时代背景下，通常更为注重财富的创造，也就是注重效率；当一个国家发展到一定的阶段和时期，通常会更加突出地关注公平。在我们国家，可以肯定地说，要继续保持国民经济持续高速增长，但同时也必须解决现实中的实际问题。一方面，是因为经济增长、经济发展的目标，它的目的只能是社会发展和人的全面发展，如果偏离了这个目标和目的，经济增长就失去了意义。另一方面，从我们国家的现实出发，如果社会是处在良性发展状态，一定会更加有利于国民经济健康、持续地发展。

我举一个例子，比方说社会保障，由于大多数人都没有相应的社会保障，人们的后顾之忧很多，即使是收入在增加，却缺乏对未来的安全预期，所以不敢消费，导致内需不旺，进而成为国民经济健康、持续发展的重大制约因素。如果社会保障制度健全，人民的后顾之忧减少了，那么潜在的消费需求就能转化成为现实的购买力，如果内需旺盛，我们国家的经济就一定会在健康正常的轨道上继续保持高速增长。如果我们国家的内需继续是这样一种不旺的状态，那么我们国家的经济对外贸的依存度就会继续偏高，这是很危险的。所以，我强调的就是在公平和效率之间，确实应当合理地处理好这两者之间的关系，就目前的社会现实来讲，更加突出社会公平是完全必要的，这也是为了追求更高层次的效率，更可持续的经济增长。

三楼楼长：郑嘉宾能否多说一些现实的东西，少说一些理想的东西？

郑功成：我要对这位网友说的是，你觉得我是在谈理想中的东西，我却认为自己谈的都是现实中的东西。一方面我们承认未能让全体人民合理分享经济发展成果这样一个事实，这是很现实的东西；另一方面是谈到追求让全体人民合理地分享到经济发展的成果，这并不只是一种理想。我个人长期以来一直是在研究、推动如何更好地合理分享社会财富，我刚才已经讲了很多的指标，实际上每一个指标都是实实在在的。刚才谈到教育机会的公平，呼吁了好些年，但是最近两三年来，我们看到政府采取措施的力度在加大，我相信短期内就能够实现让每一个贫困家庭的孩子都能够享受到公平的教育机会，这绝对不只是一个理想，而是可以马上变成现实的东西。在疾病医疗方面，农村的合作医疗，中央政府的投入在2005年只有3亿元，我记得当时我跟一位领导同志讲，我听到这个事既高兴又辛酸，我就明确地讲，就是拿钱太少，希望能够加大这个财政投入的力度，因为中国有8亿农村居民。大家可能已经看到了2006年中央财政预算报告数字，为了推进农村合作医疗，中央财政由2005年的几亿元预算，增加到47亿元，按照“十一五”规划，到2010年85%以上的农村居民都应该能够享受合作医疗，现在政府每年为农民补贴40元钱，农民只要交10元钱，从这里面我们也能够看到，让全体农民都能够享受到合作医疗即将变成现实。

我想这样的事实，还有很多。这表明我们这个时代在发展、在进步，也可以看出来政府对民生问题在进一步关注，确确实实是在推动着全民共享发展成果。当然，我希望城乡差距的缩小还能够走得更快一点，更远一点，我希望社会保障制度的建设步伐还能走得更快一点，更好一点。如果能让全体国民通过多重的制度安排和多方面政策措施的调整，合理共享到国家发展的成果，我相信我们国家的发展一定是健康的、文明的、良性的、可持续的。那将是我们国家向和谐社会和世界强国迈进的重要的标志。

郑功成：由于时间的关系，今天晚上我跟网友的交流只能到此为止了，谢谢大家的热情参与，我想以后还会有机会进一步探讨这样的问题。我最后要讲的一句话就是：“国家的发展人人都有责，只有在人人都参与的条件下，国家才会发展得更好，发展得更快。”我对我们国家的发展始终是很有信心的。

科学发展与民生问题的改善[①]

一、新发展观与就业及社会保障

第一，2003年上半年“非典”期间，我曾几次参加讨论国家的经济发展问题，始终都抱着乐观的态度。我觉得，支撑中国经济发展的基本局面根本就没有动，只是局部受损，经济发展的上升通道不会改变。工业的增长、经济的增长、财政收入的增长，都超出了我个人的预期，形势比较好。现在我们需要讨论的，恐怕还不完全是经济增长的问题，还应当关注经济是不是有可能出现过热的问题以及重复建设等问题。在计划经济时代，全国的经济布局是按照计划来进行配置的。改革开放20多年来，国家对于经济布局基本上处于放任自流状态，各个地区有潜力、有动力了，就自己发展去。但我认为，现在应该是国家重新出面规划全国经济布局的时候了。如果出现经济过热和重复建设问题，对整个国家经济的可持续发展就会不利。因此，我们国家的经济发展已经到了统筹规划、完善布局的新阶段。国家发展改革委员会有必要认真考虑这样的问题。

第二，应当确立新发展观。我们国家改革开放20多年，目前确实进入到了一个新的发展时代。我有一个讲法，就是已经从改革普惠时代到了利益分割的时代。20世纪80年代的时候，不管是农村的改革，还是城市的改革，所有的人都在改革当中得到了好处，但是20年以后的今天，不管怎么发展，怎么改革，总是有一部分人得到越来越多的好处，一部分人受到的损失越来越大，所以说已经到了利益分割的时代。在这样一个时代变更的背景条件下，如果没

① 本文第一部分摘自作者2003年8月25日下午在十届全国人大常委会第4次会议审议国务院关于国民经济与社会发展报告时的发言；第二部分摘自作者2003年10月27日下午在十届全国人大常委会第5次会议审议国务院有关工作报告时的发言；第三部分摘自作者2003年12月26日上午在十届全国人大常委会第6次会议审议国务院关于南水北调工程建设情况与下一步安排的报告时的发言；第四部分摘自作者2004年8月27日上午在十届全国人大常委会第11次会议审议国务院有关工作报告时的发言；第五部分摘自作者2005年8月26日上午在十届全国人大常委会第17次会议审议国务院关于2005年以来国民经济和社会发展计划执行情况的报告时的发言。

有新的发展观，就会出大问题。“非典”期间已暴露的一些问题表明，尤其要有新的发展观。过去我们将发展是硬道理等同于经济发展是硬道理，甚至等同于GDP增长是硬道理，这种发展观已难以适应时代要求了。这届政府上台以后，应该有一个新的发展观：发展是硬道理应该是全面发展是硬道理，协调发展是硬道理，城乡统筹发展是硬道理，可持续发展是硬道理。我希望，以后发改委的报告能够有更多的篇幅来介绍非经济领域或社会发展领域的成就、问题与对策，把社会发展指标放到重要的位置上。

第三，关于就业问题。现在就业问题是越来越严峻。我想这不是现在才严峻的问题，只是由于2003年“非典”的原因造成的一些冲击，影响了一些新的岗位的增加，一些行业因受“非典”影响将发展壮大的设想延后了，所以影响了就业岗位的增长。实际上，就业问题在相当长时期内都将是非常严峻的，因为压力源大，如城镇每年新增1000万新劳动力，每年还有上千万的下岗失业工人需要重新再就业。更重要的是我们国家处在由农业社会走向工业社会的进程中，农村转移出来的劳动力，不是我们有些学者讲的1.5亿。1.5亿是当前甚至是前几年的静态指标。我们说2020年全面建设小康社会，全面小康社会一个很重要的指标是城市化率，保守的估计应不低于65%。如果2020年左右全国总人口是15亿左右，就应该有10亿以上的城市人口，所以农业人口转为非农业人口的规模不是1.5亿，起码是5亿以上。中国的就业压力是非常之大的，不是2003年才很严峻，也不是2003年可以解决这个问题。有什么办法解决中国的就业问题？我认为，现在还没有立竿见影的办法。因为就业压力是长期的，10年、20年都是很重要的问题，就业的增长应该跟经济增长放在并重的位置上。我既不同意将就业增长放在经济增长之后，也不同意一些学者说的将就业增长放在比经济增长更优先的地位。我认为两者应当并重，使之相得益彰。在解决就业问题方面，我感觉到有一些思路是需要进一步完善和调整的。比方说，我们现在安排城市的下岗失业工人的一个目标是让他们充分就业，而在中国劳动力资源绝对过剩的条件下，这样的再就业目标就必然越来越难实现。所以，在我们的再就业政策方面，能不能打破充分就业的单极目标，有时候也可以考虑一下不充分就业，关键是有可能给劳动者一个稳定的岗位，有一笔稳定的收入。这个稳定的岗位是全日制还是半日制，其收入是否足够高，则是第二位考虑的。有些地方的政府掏钱出来卖公益岗位，我觉得，在目前情况下，公益岗位2个人的活安排3个人干也是可以的，每个人做4天。这虽然是不充分就业，但确实能够解决更多的下岗失业工人的就业问题，是一种稳定的岗位，从而也就有了稳定的生活来源。另外一个需要转变的政策观念就是不能单纯强调下岗失业工人自谋职业，做个体劳动者。因为改革开放20多年来，个体户的就业潜力好像已经趋向饱和了，作为政府来讲，要真正挖掘就业潜力，还应该增加有组织推进的举措。我们做过一个调查，一个社区里面，居民对保姆或家政服务员的需求总是分为 3 部分人：一部分人不管你什么情况下都是需要保姆的；一部分人不管什么情况下都是不需要保姆的；还有大量的是中间层次，方便的情况下我需要一个家庭服务员。政府现在掏那么多钱扶持就业，能不能支持一些有组织的就业方式，如帮助组织一些家政服务公司？如果把个体劳动者变成有组织的劳动，就可以放大服务行业的就业岗位。再有就是我们的劳动密集型就业模式，尽管现在政府开始重视，但是重视的力度仍然不够。劳动密集型产业在我们国家应该始终是政府关注、扶持和支持的重要方面，劳动密集型产业也不光是指传统产业，还有新兴的劳动密集型产业，如果给予一部分扶持的话，还是能够容纳相当多的劳动力的。我的看法是，在相当长的时间里，就业都是影响我们国家经济和社会发展的一个很大的问题。如果没有思路的调整，继续采取充分就业的目标，继续只关注和鼓励大家干个体户，继续对农民工进城就业进行种种限制来缓解城市职工的再就业压力，是长久不了的。

第四，关于社会保障问题。上一届政府给予了很高程度的重视，做了大量的工作，成就是主要的。总的看起来，我感觉到社会保障还应该引起进一步的重视，但是这个重视应该增强理性。2000 年，国务院在辽宁进行社会保障改革试点以后，现在已经进入第 3 年了。我到辽宁调查发现，中央花了很多的钱，解决了辽宁省的现实困难，但是新制度还没有真正生长出来。因此，对以往的社会保障改革应该进行一些理性评估，就是改革成本到底有多高，哪些代价是不应该付的，哪些代价是应该付的，应该有一个评估了。从 1986 年改革到现在这么多年了，社会保障当中任何一项制度的改革都是应该进行评估，并且要站在理性的角度给予重视。现在新增的财政收入重点用在出口退税上，这跟上一届政府几年的政策取向是不同的，因为以往谈到的新增财政收入确定的重点主要是用于社会保障方面。现在国家财政增长速度快，表明政府直接掌控的社会财富份额在持续扩大。我认为这个财富应该反馈于民，应该更多地用于保障和增进国民的福利。如果说因为“非典”的缘故，2003 年多用于出口退税是权宜之计还是可以的，但是如果以后也这样，我认为是不合适的。另外，还有农村的社会保障问题，政府一直不谈农村的社会保障，我觉得是不妥当的。按照全面、协调发展观和城乡统筹发展观，不考虑农民的社会保障问题是有缺陷的，也不可能实现全面小康。不考虑农民的社会保障问题，“三农”问题也是解决不好的。在这方面，我尤其主张将农村计划生育政策与农村社会保障政策有机地结合起来。我们进行过大规模的调查，农村中响应国家计划生育的号召是吃亏的。党和政府曾经承诺解决计划生育夫妇的后顾之忧，但现在并非如此。这样一个基本国策在农村的实施，正面临着巨大的压力与挑战。因此，只有通过建立相应的社会保障制度来解决计划生育户的后顾之忧，即用福利机制来引导人口政策，将可能取得相得益彰的效果。

二、就业促进与老年人权益保障

关于国务院的三个报告，我感觉到非常重要，不管是就业问题还是老年人权益保障问题，还是农村富余劳动力的转移问题，都是非常重要的民生问题。讲到重要性，我觉得应当置于现在这个时代背景下来认识。

我认为，我国的改革开放已经进入了一个新的时代，我称之为“后改革开放时代”，跟过去20多年相比，情况有很大的不同。摸着石头过河的时代已经过去了，现在全面建设小康社会的目标非常明确，社会主义市场经济的方向和路径也很明确。过去的20年是改革普惠时代，绝大多数人均得到好处。现在则是到了利益分割的时代，一部分人在发展中会得到越来越多的好处，而另一部分人却可能在发展进程中付出的代价越来越大。因为发生了巨大的变化，单纯强调经济发展的时代也已经过去了，所以现在应当进入全面发展、协调发展和持续发展的时代。鼓励一部分人先富起来的时代也过去了，因为改革开放以来，城乡差距越来越大、贫富差距越来越大、地区差距也越来越大，所以现在应该是鼓励或者促进城乡居民走向共同富裕时代的时候了。这是讨论民生问题的一个大的时代背景。在这样一个时代的背景之下，对就业、社会保障、农村劳动力转移等问题给予高度重视是非常必要的。

关于就业问题，我发表一些看法。第一，我们国家的就业形势实际上是非常严峻的，2003年新增劳动力是2000多万，根据我们的研究，这是一个高峰。在未来7—8年，会保持在2000多万新增劳动力的大规模平台上，8年以后可能会往下降，新增劳动力的数量会减少。也就是说，未来8年，我们每年得创造2000多万个新的劳动就业岗位，还要消化农村富余劳动力的转移和随着劳动效率提高而被挤出现在就业岗位的劳动力，因此，总体而论，就业形势非常严峻。这个问题应该进一步引起更高程度的重视，应该进一步加强积极就业政策的力度，应该进一步完善促进就业的各项具体政策。同时，我还认为就业问题是一个社会工程，绝对不是一个劳动保障部门就能做好的。如小额贷款问题，劳动保障部就没有办法。因为商业银行没有利益驱动，商业银行是以利润最大化为追求目标的，而小额贷款业务成本高、风险大、收益低，劳动保障部也不能强制商业银行搞小额贷款。这不是一个简单的配合与不配合的问题，实际上它是一个社会工程。因此，解决就业问题应该上升到整个政府的宏观调控目标层次，并且作为考核政府绩效的重要指标，不仅经济要增长，新的就业岗位也要创造，所以不能把它定位为劳动保障部门一个部门的工作。现在就业形势越来越严峻，就业的弹性在持续下降，劳动保障部门的责任是一方面，但是其他部门的配合和各级政府的重视程度也是与其直接相关的。举一个很简单的例子，就是小额贷款。我主张小额贷款应该由政策性银行来解决，而不是商业银行，商业银行不应承担过多的社会职能，所以这也是要考虑的。第二，必须把就业问题和社会保障制度统筹考虑。现在我们的政策太分割了，就业政策是一个庞大的政策体系，社会保障也是一个庞大的政策体系，财政又是另外一个体系，几大政策体系实际上密不可分，互相有着关联。各个政策体系非常有成效，不等于综合效能高，就业政策与社会保障的配合不够好就是一例。比如说现在讲灵活就业，但这意味着就业者的社会保障权益受损。因此，必须统筹考虑就业与社会保障问题。第三，还必须统筹考虑城乡就业问题，必须统筹考虑经济增长和就业增长的问题，努力提高就业弹性。现在 GDP 增长一个百分点，跟 20 世纪 80 年代增长一个百分点相比，绝对量要大得多，但是新增劳动岗位却下降了 2/3。这跟我们的经济结构有着密切的关系。如北京市中关村 GDP 增长很快，能够拉动全市 GDP 的增长，但是对北京市劳动就业岗位增长的贡献却是非常有限的。北京市就要统筹考虑，既要发展中关村，也要创造更多新的劳动岗位。所以经济增长并不意味着就业增长。第四，政府、企业和个人都要承担起相应的责任。过去的几年，我们更多地强调政府和个人在就业方面的责任。我们对企业要求不高，甚至提出减员增效。对政府来说，这个提法是不妥的。因为政府应当鼓励企业多用人、少裁人，尽可能地多用人、少减人。西方市场经济国家的很多企业在遇到困难时，会把职工 8 小时工作制降到 4 小时，全日制降到半日制，但不会轻易把负担推向社会。在鼓励企业用人方面，我发现鼓励不够，还需要强化。

关于老年人权益保障的问题，我也有同样的感觉，老年人权益保障形势非常严峻。农村五保户，又面临着农村税费改革可能导致财源短缺的问题。农村五保户在 20 世纪 80 年代初期实行承包责任制以后，一些地方甚至曾经出现过五保户自杀的现象。税费改革之后，五保户的财政来源在哪里？又到了很重要的关头。农村的老人，实际上也是权益在受损。从民政部的有关统计来看，城市新增贫困人口中有相当一部分是退休人口。社会保障的严重不足，加上家庭保障功能持续弱化，我国老年人面临的生活保障局面确实比较严峻。这是一个大的方面。对老年人权益保障问题，我想讲几个观点：第一个观点是应该加快建设与经济发展水平相适应的社会保障体系。党的十六届三中全会里面明确写上这句话，我感到很高兴。我们几年来一直提这个问题，不能只讲效益优先，尤其是对老年人权益的保障，应当让老年人分享经济发展的成果。第二个观点是维护老年人的权益，首先要通过立法。所有国家社会保障制度的建立，无一例外都是立法先行，只有我们国家例外。我国香港地区 1996 年就通过了强积金法案，2000年年底才实施。没有哪个国家在社会保障方面是先实施后立法的。我国的社会保障法1992年由劳动部起草，至今已12年，劳动保障部2001年提交国务院法制办，至今也已有2年多，10多年为什么出不来？关系到那么多人的利益，到底是什么原因？我觉得还是对社会保障立法重视不够。如果没有社会保障方面的专门法律，《中华人民共和国老年人权益保障法》（以下简称《老年人权益保障法》）实际上很难保证老年人的权益。第三个观点是解决老年人权益保障的时候，一定要把我们的计划生育政策，也就是人口政策和社会保障政策结合起来。现在是两张皮，尤其是农村，搞计划生育的是搞计划生育的，搞社会保障的是搞社会保障的。我们做过调查，有些地方政府对计划生育还是掏钱补贴的，但是养老问题并没有解决。中央在鼓励大家搞计划生育时是有承诺的，现在响应国家号召实行计划生育的第一代人都开始进入老年了，有部分计划生育夫妇的独生子女夭折了，现在生活无着落。在市场经济情况下，多一个子女就多一个劳动力，多一份养老经济来源，多一份养老服务保障，所以，计划生育造成的农村老年人生活困难问题应该引起重视。因此，我主张计划生育和社会保障应该紧密地结合起来。这在农村可能为老年人的权益保障和社会保障体系建设找到一个突破口。第四个观点是一定要将老年人的权益保障法和传统道德结合起来。我听到一些意见，有一些地方为了促进计划生育就强调养儿不能防老。这个观点是错误的。因为《中华人民共和国婚姻法》、《中华人民共和国继承法》、《老年人权益保障法》，都明确规定子女有赡养老人的义务，子女养老不只是传统，因此，有必要将传统道德和法制教育有机结合起来。这个在目前也是两张皮。我们做过调查，农村中子女不孝的，不尽赡养义务的，并不是个别现象，任其下去可能导致道德危机和民族危机。第五个观点是我们尤其要重视社区的保障，发挥社区的功能。老年人生活在社区，管理也在社区，和单位脱钩了。社区工作做不好，老年人权益就保证不了。第六个观点是在巩固家庭养老方面我还建议建立一种特殊的养老储蓄。如果政府暂时还不能解决养老问题，应有优惠政策来鼓励老年人或者家人存一笔钱来养老。如确定一个额度，在这个额度内不收你的利息税。这样他个人存款养老，子女也会孝顺他一部分。另外，还可以规定一个特别的利率。这是调动各方面的资源，来解决养老问题的有效措施。

有关小城镇的建设问题，这个问题也非常重要，一是农村走向城市化、工业化，避免不了城镇的发展，所以应该积极引导，合理布局。我非常赞成有重点地支持一部分小城镇，但是小城镇也应该向城市发展。只有转化为市了，有市才有市场，有市才有服务业，有市才有更强的经济辐射功能并带动经济的发展。所以，小城镇建设应是基于一定的经济区域来发展，不能只单纯解决农村富余劳动力的问题，还要带动经济向着更高层次发展。农村富余劳动力的转移是一个大事情，不是有关部门讲的 1.5 亿人，而是五六亿。2020 年建设全面小康社会，城市化目标至少达到 65%，那时候中国的城市人口应该是约 10 亿。现在我们有 5 亿城镇人口，意味着还有四五亿的农村人口要转化为城镇人口。这是一个动态的、不断增加的数字，也是非常重大的问题。因此，对农村富余劳动力的转移，应该与城乡劳动力市场的一体化与户籍制度的改革紧密结合起来。这个工作任重而道远。

我总的感觉，这三大问题都是重大的民生问题。这些问题解决得好，全面建设小康社会就有指望了，哪个问题解决不好，全面建设小康社会的计划就可能落空。

三、南水北调与移民利益

我完全赞成实施南水北调工程，三峡工程不好跟它比，三峡工程是一个电站的问题，而南水北调工程涉及中华民族子孙万代的事情，因为它的实施可以从根本上解决中国水资源的地区布局，必然对整个国家经济社会产生巨大而长久的影响。但是还有三个问题值得引起进一步的重视和关注：

第一，要强调工程质量，对南水北调施工单位设置专门的准入标准是十分重要的。四川的都江堰已经二千多年了，还在造福人民，南水北调的工程能不能保几千年？由于施工单位要拿到许可证现在是很容易的事，为确保南水北调工程质量，从方案设计到施工，均有必要严格标准，可以向世界招标，这一点应该引起注意，是对子孙负责任。

第二，资源、环境与地区利益兼顾的问题。就拿湖北的问题来说吧！如果我们放在大的背景来讲，它就不仅仅是一个湖北的问题，水资源从输出地方引来，必然对当地的资源、生态、经济发展产生相应的影响。过去认为所有资源都是国家的，东部地区在享用中西部的资源，但是付出的成本和代价都较低。在资源属于国家的前提下，还须同时尊重资源的自然分布规律。就像我们讨论北京的风沙，说要限制内蒙古养羊，内蒙古不养羊了，草长起来了，北京是享受了风和日丽，但是内蒙古人怎么办？要考虑北京人的利益，就必然要同时考虑内蒙古人的利益。要让内蒙古少养羊，就一定要给予其他的补偿并确保受限制养羊的损失小于这种补偿，这样才是合理的。水资源的调度也是一样，所有涉及水资源调出的地方，都应该考虑它的利益，不应该增加当地的负担，应该有利于当地的发展、可持续的发展。所以这个问题应该引起高度的重视，报告里面这方面不是很明朗，也许有一些具体的宏观政策还没有出来。

第三，移民的问题。我要进一步强调这一点，移民在历史上是有教训的，过去一些水利工程中，存在着谁对国家有贡献谁就受到损害，贡献越大损害就越大的问题，其后果是移民成为利益受损者，也造成了一些社会不安定。从理论上讲，移民对于国家公共利益是有重大贡献的，他在作出贡献时自己也应该获得福利增加而不是福利减少。我觉得，在移民过程中，不能增加地方的负担，就像湖北的几十万移民不能只让湖北来承担一样，需要中央承担更多、更大的责任。应该把增加移民的利益和福利作为最基本的标准，如果移民的生活反而不如原来，那就是一种掠夺和剥夺，所以必须考虑到改善和提高移民的生活和福利。同时移民的补贴一定要真正确保用到移民的身上，如果国家掏钱中间被挪用或贪污了，移民就得不到实惠，这个问题应该引起足够的关注，因为三峡工程中都有过一些教训。总的来讲，对移民应该重视，要贯彻以人为本的原则，确保移民的利益。这三个问题对南水北调工程的实施至关重要，应该引起高度重视。

四、宏观调控与改善民生

听了国务院的两个报告以后，第一，首先感到两个报告用大量的事实，表明了中央的一系列宏观调控措施是非常及时的、正确的、有效的。我认为从另外一个方面也证明了这一届政府的执政能力非常强，国内外的评价也非常高。当然宏观调控不是这一届政府能够完成的，因为我国的发展很不平衡，所以宏观调控不是一个短期的任务，而是长期的任务。第二，两个报告中的一个亮点，就是解决“三农”问题初见成效。现在不仅粮食的产量增长了，而且农民的收入程度也有较大增长，中央的转移支付对于农业、农村发展的支持力度也开始加大。城乡之间开始走向良性互动，这是20世纪80年代初农村实行联产承包责任制以来的首次互动，如果持续下去，城乡之间的差别就可能逐渐缩小。2004年以来，广东等地出现了“民工荒”，为什么会出现这个现象呢？有人说这是民工在用脚投票。即这儿的老板刻薄，我就走到别的地方去，是用脚在选择务工机会，我不赞成这个说法，为什么2003年不用脚投票，2004年开始用脚投票？我觉得这是中央解决“三农”问题初见成效带来的一个延伸效应，因为2003年以来，农民的收入在较快增长，他们在打工条件恶劣的情形下可以选择务农，由于农业增收，农民工也可以与雇用单位谈条件，工资太低、条件太恶劣，他就可以走。实际上这是在维护农民工的权益，过去因为他们在家里种粮一年只有几百钱的收入，他们再苦再累也要外出务工。现在来讲，“三农”问题得到了初步的缓解，一些地区农民得到了收入增长的实惠，民工也就可以更有选择地保护自己的权益，因此，我对因“三农”问题的缓解所带来的“民工荒”效应非常高兴，因为这种效应将促使雇主逐步重视劳工权益，打破一味强调劳工成本低的所谓优势，最终必然是促进城乡之间的良性互动。第三，我还想谈几点需要注意的问题。这两年我国的经济形势非常好，但是存在的问题也非常多。比如宏观调控的问题不是短期能够完成的。

通过对两个报告的审议，我认为有几个具体的问题值得注意。

1. 宏观调控是非常必要的，但千万不能“一刀切”，因为宏观调控的目的是为了进一步促使我国经济良性发展。在宏观调控中，对投资应该是有缩有扩，既要有限制，也要有鼓励。比如对西部地区的投资就不宜缩，而是应该进一步扩大，对于发达地区则可以减少一些投资，因为发达地区资本开始过剩，还存在着盲目扩张的现象，而西部地方是投资欠缺，西部和东部发展差距相当于20年。所以，对于西部我认为应该是扩大投资、鼓励投资，这样才可以缩小地区发展差距。同时，对于城乡之间也应该控制城市的投资，扩大对乡村的投资。所以我不赞成“一刀切”，主张宏观调控要有利于缩小地区差距与城乡差距，推进协调发展，要把投资引向需要的地方去。

2. 要客观分析财政收入增长。2004年我国的财政收入形势非常好。到2004年7月就已经达到了16810亿元，比2003年同比增长30%，我算了一下，它相当于同期GDP的29%，这个比例是改革开放以来最高的。它表明政府控制的GDP份额已经相当大，同时，我还注意到在整个的GDP中，劳动者的报酬占GDP的份额自改革开放以来是持续下降，劳动者报酬的增长大大地滞后于GDP的增长，这种态势并不一定是好事。过去政府的财政收入只占GDP的10%－20%，现在接近30%。过去劳动者拿的份额是持续相对下降的，政府拿得也不多，而投资者拿到的回报则相对较多，这是一种不合理的分配格局，现在政府在GDP这一蛋糕的分配中控制的份额已很大，我觉得就应该考虑如何反馈于民了。政府可以通过优先发展社会保障，优先推进医疗保障与教育事业，适当调整税制（减税），在财政收入增长过程中逐步扩大返利于民的份额，将有利于我国财富蛋糕的合理分配。同时，国家财政收入占GDP的近30%，意味着这些钱如果使用不当，如果缺乏效益，国民经济肯定也会走向消极的一面，所以，我主张财政收入的增长应该在尽可能多地反馈于民、不断改善民生和增进国民福利的同时，完善公共财政，追求财政效益。

3. “三农”问题的解决要注意粮食主产区与非主产区农民收入差距的扩大化。2004年以来全国农民的增收幅度平均达到了10.9%，但粮食主产区的农民增收超过了平均水平2.1个百分点，这是一个新的现象，就是粮食主产区和非粮食主产区的农民的收入的差距突然拉大。粮食主产区的农民收入增幅大，不仅可以抵消农业生产资料价格上涨所带来的负担，而且净收益较大。而非粮食主产区因为政策上的收益小甚至没有，反而由于农业生产资料价格的上涨，而导致收入增长持续缓慢甚至下降，因此，应当看到农民、农村之间差距扩大化的问题。这会带来新的不协调。

4. 产业结构通过宏观调控在优化，但是整个经济布局还需要重新规划。近两年，煤电油运是我国国民经济持续健康发展的一个瓶颈。这与国家的政策有关，更与经济的布局有关。打比方来说，我国的煤炭资源转换为电力是通过大规模地运输到全国各地去发电来实现的。这就是一个经济布局的问题，为什么不能就地发电？2003 年全国南方省市的用电很紧张，而黑龙江的电用不完，也调不出去。改革开放 20 多年来，原来让各地区自由发展、自由改革是对的，但现在已经到了全国统筹规划经济产业布局和整体调控的时候了。国家应该纠正以往的经济布局的偏差，纠正改革开放 20 多年来地方发展的盲动。

5. 政府现在越来越重视民生问题，改善和保障民生应该是政府的一个重要任务，政府应该更加重视对低收入家庭的收入增长的考虑，这是扩大消费、刺激生产的必由之路，应该优先建立社会保障制度，这是增强国民信心和预期的必由之路，优先考虑教育发展，包括义务教育、职业教育、技能教育等，职业技能教育是培养劳动者，将农民转化为高素质的工业劳动者的一个重要的途径，政府也应该发挥积极的作用。

6. 看了发改委的报告，还感到有一点不太满意的写法，就是对统筹发展、协调的发展观理解体现得不够。比如市场经济中的就业问题，应该是统筹考虑的，但报告中写就业时只有城市就业，把农村的劳动力分割开来了。再比如社会保障也应该统筹规划的，但这一部分只有城市社会保障，而农村的合作医疗、救灾救济等社会保障工作等并没有统一纳入。这样的写法仍是二元分割。因此，建议以后的报告应该按照统筹发展和协调发展的科学发展观的思路来加以调整，至少在劳动就业、社会保障等方面不要再是城乡分割，让大家将就业与社会保障继续视为城市事务。

五、经济发展与民生问题

国民经济在平稳发展，社会发展的步伐在加快，如农村的教育在最近两三年已由农民自己办教育转变成以政府为主导办教育，农民的疾病医疗在计划经济时代有合作医疗，但那是农民自己办的，现在政府也在关注农民的合作医疗问题并开始投入，所以整个社会事业最近一两年确实发展很快。我觉得，这是应当充分肯定的。

然而，我国的改革事业已进入了深水区，现在改革所面临的问题，恐怕主要不是计划经济时代遗留的问题，主要的是改革开放以来出现的新问题，是渐进改革中留下的一些后遗症，或者是没有解决好的问题，现在的局面可以说是越来越复杂。改革开放之前及改革开放初期是人心普遍思变，大家能在改革中普遍受益，现在已经不是普遍思变和普遍受益的格局了，而是一个利益分割格局，既得利益者作为以往改革的受益者，包括既得利益阶层、既得利益部门、既得利益地区、既得利益单位，在某种程度上，成为进一步深化改革的阻碍了。还有，我们奉行的是渐进改革，必然在改革中产生新的路径依赖，这个路径依赖又直接影响着改革的深化。所以我感觉到，改革确实已经进入深水区和关键期，改革的任务不仅仅是继续改旧体制，而是要建设新制度。这是对于目前改革时代的一个基本判断。下面，我谈几点建议：

第一，国务院应该继续紧紧抓住宏观调控，千万不能有所放松，宏观调控实际上是着眼于国家利益、全局利益、长远利益以及兼顾社会效益和社会利益，但其面对的则是局部利益、地方利益、短期利益和经济利益，报告中反映的各种各样的问题，我觉得实际上局部利益、地区利益、短期利益在和国家利益、全局利益、长远利益在较量。因此，宏观调控绝对不能放松，还应该有更大的魄力、更得力的手段、更强有力的干预，才能促进我国经济社会健康与可持续发展。

第二，我认为财政体制改革应该成为这个时期改革的一个核心内容，调整财政支出结构则是核心的核心内容。2005 年 8 月的 11 日、12 日，一位国务院领导同志找我去谈社会保障及相关问题，我就讲，为什么经济发展这样快，国家财力增长这样快，中央对社会发展也这么重视，但拿出来的钱却还是很少？我说 2005 年 3 月听总理的《政府工作报告》时，听到国家拿钱支持农村合作医疗，我感到很高兴，但是又有一点辛酸，高兴的是政府终于开始投入农民的疾病医疗保险了，辛酸的则是财政的预算只有 3 亿元。这点钱拿去给 8 亿农民搞合作医疗，显然是太少了。因为我国财政收入 1997 年时是 8000 多亿元，2005 年将达到 3 万多亿元，而拿给农民搞合作医疗的钱却只有 3 亿元，仅占万分之一。那么，人们会问，增长的 2 万多亿元财政收入干什么去了？我认为，这是财政体制与财政支出结构出了大问题，在这种背景下，财力再怎么增长，也不可能为老百姓办好事。因此，建议国务院把财政体制的改革、财政支出结构的调整作为一件大事来抓。否则财力再增长，还是干不了大事，社会发展短腿现象还是无法改变。

第三，社会发展的步伐还应该继续加快，包括教育、就业、社会保障、公共卫生，实际上都是民生问题。这两三年已引起中央政府高度重视，社会发展的步伐也在加快，但总感觉到依然偏慢。就像刚才谈到的农村合作医疗一样，2003 年开始运行，按照政府的承诺，到 2010 年应该覆盖 85%以上的农村人口，但照现在的情况，5 年以后能不能真正覆盖到 85%以上的农村人口还很难说，因为投入还是太少了。

第四，改革发展还需要有一些新思路。比如现在整个国民经济的结构比例出现了严重失调的情形，积累畸高，消费畸低。国民经济的增长对外贸的依存度很高，依存度达到了70%以上，像美国、日本这样的贸易大国的外贸依存度才百分之十几，而中国却是70%以上。经济发展对外贸依存过高，不仅表明国内人民生活改善会过慢，而且只要国际上有风吹草动，就会影响我们的经济发展，这些都是重大的结构问题。因此，在经济发展过程中应该有新的思路，应该以扩大消费、扩大内需为重点，这是国民经济健康、可持续发展的基本保证。其次，经济社会协调发展应该以收入分配的调节为重点，我也研究了一下我们长期以来的分配格局，可以说是不合理的，基本格局就是资本收益畸形偏高，劳动者的收入畸形偏低。这个格局怎样调整？应该说，财政要平稳增长，老是过快增长也不是好事情，更重要的是调节资本所有者与劳动者的收入分配格局。就像原来孙中山先生讲过的，“要节制资本，扶助劳工”，在中国一些富豪发达得太容易了，就像前段时间广东的矿难，矿主居然开会说要拿出三亿元来化解矿难，那么这3亿元是怎么来的？为什么平时对劳动者那么苛刻，矿难时却有大量钱财来化解，这就是收入分配格局中的问题，不能只是再鼓励部分人先富起来。只有增加老百姓的收入才能增加消费，才能促进生产，才能经济稳定、实现持续增长。再次，是要增强人民群众的安全感，这就需要有健全的社会保障制度，现在很多人看不起病，孩子上学交不起钱，房子供不上，后顾之忧日多，这对经济发展的影响是非良性的，所以，社会保障制度应该引起更高重视。包括事业单位的改革，涉及3000多万人，因为社会保障不健全，事业单位改革就遭遇瓶颈。因此，在国家财力快速增长的条件下，需要加大投入来推进社会保障改革，构建能够解除人民群众诸多后顾之忧的社会安全网，不断增进国民福利。此外，也还要转变一些过去形成的思维定势，比如教育的发展，就应该以职业技能教育为重点，因为学历教育已经很普遍，而我们更需要掌握各种技术的高素质劳动者。再比如，前几年政府一直倡导灵活就业，我是持反对意见的，我认为政府应该提倡正规就业，尽可能地创造正规的就业岗位。因为灵活就业对劳动者而言是一种无奈，是以付出劳动权益和福利代价为条件的。所以，积极就业政策取向也需要调整，由过去的灵活就业，主张大家当个体户，转变为创造正规的就业岗位。

从观念更新到发展实践[①]

国家“十一五”规划是在通过全国经济普查把握国情和广泛吸取专家建议、集中公众智慧的基础上，在科学发展观指导下制定的非常重要、非常关键的发展规划，它站在新的历史起点上，吹响了建设社会主义新农村和创新型国家的号角，突出体现了以民为本、统筹协调、理性发展以及突出公平、注重民生、追求和谐的特色，可称之为从强国之梦跨上强国之路的科学蓝图。

强调“十一五”规划的重要性，是因为经过以往 20 多年的改革与发展，我国发展的起点已经较高，这一时期的发展特别关键，改革任务特别复杂，既要清除传统的体制性障碍，又要促使符合市场经济体制与社会发展要求的新制度基本定型，面临的挑战也相当严峻，对发展目标的追求具有高层次性，从而确实需要有高度的历史责任、强烈的忧患意识和宽广的世界目光，需要运用高超的政治智慧来实现国家从此走向强盛的目标。这里，我针对“十一五”期间的发展谈几点感受：

一、全面落实科学发展观是将“十一五”规划由蓝图变成现实的前提与保证，应当用科学发展观来检讨现行和将要出台的制度安排与政策措施，并矫正现有或可能出现的不符合科学发展观的制度安排与政策取向。我认为，落实科学发展观是一场必须引起更高程度重视的深刻的观念革命，其意义甚至不亚于改革开放初期的思想解放运动。改革开放初期的思想解放运动，是针对严重阻碍国家正常发展的极“左”思想的，它促使我们国家走上了改革开放的发展道路，今天的发展成就首先得益于那一场思想解放运动。现阶段落实科学发展观，则是对以往的效率至上、GDP 至上与发展失衡的指导思想的矫正或者改进，它将促使我们国家迅速走上健康、文明、可持续的发展道路。科学发展观落实得好与坏，直接决定着未来的制度安排、政策取向以及具体的发展实践。突出地强调这一点，是因为现实中对科学发展观的落实还存在着多方面的差距，以往渐进改革中形成的有碍经济社会正常发展的思维定势仍很深厚，并对进一步深化改革产生着阻碍。如只重 GDP 增长而轻视环境保护、只重效率而忽视社会公平、只重城市发展而忽视乡村建设、只重财富创造而忽视财富共享

① 原载《光明日报》2006 年 3 月 28 日。

等现象，均客观地表明要真正全面落实科学发展观并非易事。因此，在实施“十一五”规划时，有必要将落实科学发展观作为前提与保证条件，并尽快让科学发展观在人们的头脑中尤其是在领导干部的头脑中牢固地树立起来。

二、全面建设社会主义新农村是将“十一五”规划由蓝图变成现实的关键，应当确立部门问责制，防止新农村建设中出现新的失衡。“十一五”规划明确建设社会主义新农村是未来五年政府工作的重中之重，只有建设好社会主义新农村，才是真正意义上的现代化。在此，我觉得需要强调的是，在突出扶持农业发展的同时，需要充分注意新农村建设的全面发展，不能在新农村建设中因顾此失彼而造成新的失衡，它应当是在科学发展观的指导下追求全面发展，包括经济建设、民主建设、文化建设与社会建设，应当制止或防止一些农村地区出现的非正常现象，即经济发展了而社会文明却滑坡了，物质生活提高了而幸福感却下降了，收入增加了但赌博、吸毒等不良社会现象却蔓延了，等等。建设新农村不等于只有农业生产，而是全面建设。基于全面建设，就需要国家财政对农村的投入力度进一步加大，公共资源应当按照公平原则在城乡之间配置甚至有必要向农村倾斜，所有政府部门均在新农村建设中承担着直接的责任，因此，我建议明确新农村建设的部门问责制，即新农村建设中的所有问题均应当问责于相应的政府部门，这就要求任何政府部门都必须改变只见城市不见乡村、只重市民而忽略农民的政策取向，只有这样，新农村建设才可能得到全面推进，最终获得健康发展。

三、加快经济增长方式的转变是将“十一五”规划由蓝图变成现实的根本途径，应当通过增长方式的转变而达到减耗、提质、增效，进而使国民经济实现理性发展与可持续发展。我认为，转变经济增长方式的紧迫性不仅在于我国以往经济发展格局中确实存在着非良性的不可持续的发展现象，而且还事关我们国家向世界强国迈进的国家形象与国家竞争力。因此，国家需要通过相应的税制与标准规范，对经济增长方式的转变进行强势引导。如对于资源消耗、环境保护应当有约束，这种约束应当由政策引导走向政策规范，进而上升到法制规范约束。对招商引资应当有相应的质量与效益评估，避免低档产业、污染产业等入境，并需要采取有力的措施来对现有的企业进行改造。

四、让全民共享发展成果是将“十一五”规划由蓝图变成现实的核心目标，应当通过树立共享价值观、调整初次分配格局、改进现行税收结构、公平配置公共资源、健全社会保障体系等系列政策措施与制度安排来实现这一目标。我国已由一个落后的农业国进化到了日益繁荣的工业国，国家财力薄弱已经成为历史，这是20多年来改革开放带来的巨大成果。在经历了一个改革普惠时代并将共同贫穷送进了历史后，我国的发展中还存在着诸多问题与矛盾，包括贫富差距过大、劳资关系失衡、流动人口与固定户籍人口的利益冲突以及城乡之间的差距扩大化等，这些差距、问题与矛盾，均与近十年来未能够让全体国民合理分享国家经济发展成果有着密切关系。这些现象的产生，既有历史原因，也有渐进改革中的制度缺漏、失范与失衡等原因。如果“十一五”期间不能很好地解决这些问题，社会风险将因积累而放大。从缩小差距、协调利益分配、平衡劳资关系、促进社会和谐的目标出发，我认为必须将共享国家发展成果放到“十一五”发展目标的核心位置上考虑。为此，需要确立共享的价值观，通过提高劳动者的工资收入与福利来让工薪者更为合理地分享到发展成果，通过对现行税制的改进来实现增加中低收入阶层收入的目标，通过公共财政的构建和公共资源的公平配置让农村与困难群体合理分享到国家发展的成果，通过社会救助、社会保险与各项社会福利事业的发展来让全体国民参与国家发展成果的分享。

我国已发展到了一个崭新的历史阶段，此阶段面临的挑战、肩负的使命、需要解决的问题与采取的措施，都决定了国家发展必须有更高层次、更加理性、更为文明、更可持续的追求，“十一五”规划已描绘出了这样的远景。只要能够真正全面落实科学发展观、全面建设新农村、尽快转变经济增长方式、保障让全体国民能共享发展成果，这张蓝图不仅能变成现实，而且结果会更加美好。

Promoting Scientific Development and Sharing Social Harmony

第二篇

收入分配与共享和谐

收入分配要确立分配正义原则[①]

“努力增加城乡居民收入，要调整收入分配关系，规范收入分配秩序，增加中低收入者的收入，政府工作报告中的这些表述，意味着我国将加大对收入分配关系的调整力度，而这需要具体的政策措施加以落实。”今天，全国人大代表郑功成接受记者采访时这样表示。

郑功成代表认为，我们国民财富初次分配格局的问题主要在于：重积累轻消费，过度向资本所有者倾斜，当前我国贫富差距、城乡差距、劳动者所得与资本所得差距都在持续拉大，必须采取切实措施加以缓解。

郑功成代表认为，要从政策措施上保障收入分配调整、规范收入分配秩序、确保收入分配正义，需要从以下方面着手。

“调整收入分配关系，根本出发点是要使最低工资标准随着经济发展的水平而不断提高，这是一个刚性标准，这意味着如果违背了这个标准，就是违法。”

郑功成表示，要通过政策推动，建立正常的工资增长机制，让广大劳动者分享到发展的成果。“机关事业单位每两年涨一次工资，执行得已经比较好，目前最大问题是企业劳动者工资上涨没有机制保障。”

郑功成举例说，有调查显示，过去10年在广东经济持续增长的情况下，广东农民工工资10年才增长了60多元钱，扣除物价上涨因素，实际上工资是下降的，还不如10年前。

“劳动者回报长期畸形偏低，投资者回报长期畸形偏高，差距越来越大。”郑功成认为，对这方面政府应该发布指导价，采取刚性的约束机制。

在确保企业劳动者报酬方面，要引用三方协商机制：即政府、劳方、资方。“这一制度在西方国家已行之有效。我们国家形式上已经建立起来了，但实际所起的作用不大。”郑功成解释说，其实政府可以在其中发挥很大的作用。如老板赚钱赚得很多，而工人的工资却丝毫不涨，那政府和劳方就可以通过和资方协调，来确保工资的正常增长。工会也要用与雇主的谈判机制来维护职工权益。

---

① 原载《中国青年报》2006年3月8日；该报记者潘圆、崔丽、武卫强采访、整理。

此外，还要推进集体合同。“现在实行老板和个人签订劳动合同，工人个人与老板谈判力量明显处于弱势，实行集体合同，就是说，你如果雇 1000 个人，这 1000 个人集体和老板签一个合同。这在强资本、弱劳工的格局下，通过集体合同的方式，也能维护好劳动者的利益。”

在规范收入分配秩序方面，郑功成认为，需要对税制作进一步完善和改造，通过税制调节达到进一步维护低收入阶层利益，保障中等收入阶层利益，节制高收入阶层的作用。

“我是不太赞成现在的利息税的。”郑功成说，“我存 1 元钱，也要交 20%的利息税。存 1 亿元也是 20%。而那些低收入家庭存上几万元钱，可能是看病的钱、养老的钱、孩子上学的钱，本来利率就低，还要交 20%利息税，负担确实很重。”

郑功成说，利息税应确立一个起征点。比如可以假定 10 万元以内免交利息税，这样就可以有为数不少的低收入者从中受益。

另一方面，基于收入分配公平正义原则，还应强化对高收入阶层的税收征管，开征新的税种，如用奢侈性消费税替代简单的禁止或指责某些畸形的奢侈性消费，通过开征物业税来约束房地产的过度消费，开征遗产税和非公益捐赠税来规范财富转移，还可以通过减免公益捐赠税引导先富起来的群体承担社会责任。

“只有国家的税制安排真正体现出了分配正义原则，才能使全体社会成员共享改革发展成果。”郑功成说。

“分好蛋糕”与“做大蛋糕”同样重要①

建设和谐社会涉及未来中国政治、经济、社会、文化等方方面面，但老百姓最关注、最需要解决、也最可能突破的是哪一方面呢？2005年“两会”前，人民网调查显示，80.7%的人选择“关注社会公平，缩小贫富差距”，列关注度之首。为此，记者就收入分配的公平问题专访了全国人大常委、中国人民大学教授郑功成。

一、收入分配领域存在五大突出问题

记者：您觉得现在我国收入分配中还有哪些方面不太公平？

郑功成：现阶段收入分配领域存在的突出问题主要表现在以下五个方面：

1. 贫富差距持续扩大。如北京市高低收入户人均可支配收入就由2000年的3.1∶1扩大到2003年的4.7∶1，而2004年全国最富有的10%的家庭与最贫穷的10%的家庭人均可支配收入差距则超过了8倍，基尼系数已超过0.4的国际警戒线并向0.47逼近，这表明收入分配不当带来的贫富差距扩大化形势非常严峻。

2. 劳动者所得持续下降。近十多年来，在领取工资的人数持续增长的条件下，职工工资总额占GDP的份额却从1989年的15.7%下降到2003年的12%多；据对珠江三角洲地区农民工工资水平的调查，近10多年的工资只增长了68元，与物价上涨水平相比，实际工资收入是负增长，近两年部分地区出现的“民工荒”实质上并非劳动力供求关系发生了变化，而是劳动所得过分偏低的结果。这一格局不仅强化了强资本弱劳工的格局，而且进一步恶化了普通劳动者尤其是农民工的就业环境，是导致劳动者各种正当合法权益受损害的重要原因，其结果必然是劳动关系日益失衡，劳资冲突正在成为可能引起社会冲突与对抗的重大潜在因素。

3. 收入分配领域失范问题严重。如一些地区最低工资标准形同虚设，劳动者的工资被拖欠；公务员的收入因欠透明而未成为阳光工资；单位在参加社

① 原载《职业》2005年第5期；该刊记者杨生文采访、整理。

会保险时任意降低缴费工资基数的现象不乏罕见；所得税的计征因收入的不规范而存在着较多漏洞；一些人通过各种手段获取的灰色收入、非法收入仍然是社会财富分配的一个引人关注的社会问题。

4. 公共福利严重不足，再分配力度明显不够。如社会保障体系残缺不全，漏洞仍然很大，绝大多数乡村居民与相当数量的城市居民还缺乏必要的社会保障；教育机会因公共投入不足而导致福利性持续下降，进而损害了教育的公平性；公共卫生投入不足而且资源配置失衡。换言之，公共资源的分配长期重城市轻乡村的格局并未改变。

5. 税收等相关政策不利于调节收入分配差距。如个人所得税起征点低和开征利息税等实际上不利于低收入阶层人士，而不开征遗产税则明显有利于高收入阶层；政府的公共资源配置包括教育资源配置、公共卫生资源配置等均不利于农村居民、不利于低收入群体。

记者：您认为收入分配的改革对构建和谐社会有何意义？

郑功成：不可否认，我们都从改革开放中得到了实惠。但近几年的经济社会格局表明，普惠式的改革时代已经过去，利益分割的时代已经到来，投资者期待着更多的利润回报，富人们担心自己的财产安全，劳动者希望薪酬能够提高，贫困人口希望摆脱贫困陷阱，老年人希望晚年生活有保障，农民工要求不再受歧视。构建和谐社会就要正视这些社会风险的变化，并客观地对待社会发展进程中的各种社会问题、社会矛盾、社会冲突和社会对抗。

我认为，这些问题均可以归结为民生问题，所以，构建和谐社会的核心是民生问题。只有民生问题解决好了社会才能和谐。要解决好民生问题，收入分配是个基石。我一直讲“四句话”，即教育是民生之基，就业是民生之本，分配是民生之源，社会保障是民生之“安全网”。所以，收入分配不公平，就意味着经济地位不公平，经济地位的不平等，必然带来社会地位、政治地位的不平等。因为经济基础决定上层建筑。只有构建公平、合理、共享的收入分配机制，才能构建和谐社会。

二、收入分配制度改革应该有更大动作

记者：国务院总理温家宝于 2005 年 3 月 5 日在十届全国人大三次会议上作政府工作报告时强调：“要推进收入分配制度改革。整顿和规范分配秩序，抓紧完善个人所得税制度，加大收入分配调节力度，逐步理顺分配关系，努力解决部分社会成员收入差距过大的问题，促进社会公平”，这段话是不是预示着中央 2005 年在收入分配制度改革方面会有更大的动作？

郑功成：按温总理报告所讲的，我觉得在整顿和规范收入分配秩序方面应

该加大一些力度。包括合法收入、非法收入、劳动收入、非劳动收入，都要进行规范。同时，在初次分配上，报告中已明确提出了“要抓紧完善个人所得税制度”。这实际上是提升个人所得税的起征点，这一政策的调整有利于工薪阶层和中低收入劳动者，也会保护中低收入者收入，是我们调整初次分配的一个很重要的突破口。“加大收入分配调节力度”，可以理解为再分配的力度会加强，主要是通过国家财政的转移支付和社会保障制度的建设。

从温总理的这段话，我们可以解读到的是，一是国家会把收入分配制度的调节和理顺，当作构建和谐社会的一个很重要的内容，并将逐渐地采取相应的政策措施来推进。二是在初次分配环节，是以提高个人所得税的起征点为突破口的。三是强化再分配的力度。但是，收入分配机制的改革还远不止这些，理顺收入分配关系和改革收入分配体制的任务还非常艰巨，总体上讲应该是劳动者的收入要提高，而不仅仅是提高个人所得税的起征点。我觉得在 GDP 的初次分配中，劳动者劳动所得的份额要提高。政府的财政要平稳地增长，还有一点就是对资本的所有者的回报要适度地控制，而不是长期的畸形偏高，这是初次分配格局需要调整的基本内容。再次分配是通过中央财政转移支付与健全社会保障制度来完成的。第三次分配应该通过相关的财税政策来引导大家自愿捐献，它也是收入分配领域的一种有益的调节机制。如比尔·盖茨将 54%的钱都捐献出来了，这既不是税收，也不是非法所得，而是将合法所得通过自愿捐献来调节收入分配的方式。

记者：现在一些垄断行业（如石油石化、电力、电信、金融）的收入偏高，群众意见很大，中央“构建和谐社会”的战略目标是否会触及这些高薪行业的利益，中央 2005 年有没有具体的行动？

郑功成：垄断行业的收入偏高现在已经成为一个越来越严重的问题。实际上这些行业从改革的趋势上看，只有打破行业垄断，才能清除垄断行业带来的分配不公格局。打破行业垄断是我国既定的决策，只是一个快和慢的问题。但我估计中央 2005 年大的动作不会有，而会循序渐进地来操作。比如电信、金融等行业正在逐步地放开，更多的民营资本可以进来，当有更多的市场主体进入市场后，就会使垄断行业变成一个竞争性行业，这样这些行业的工资就会在市场平均工资水平上下波动。

三、理顺收入分配关系需要做到四个“尽快”

记者：您认为理顺收入分配关系、推进收入分配制度改革应该从哪些方面入手？

郑功成：第一，尽快确立合理、公平、共享的收入分配原则，并按照这一原则尽快从初次分配、再分配与第三次分配三个层次上理顺整个收入分配关系。

第二，尽快提高劳动者收入在GDP中的比重，促使初次分配趋向合理化。国家需要采取切实措施，提高劳动者尤其是农民、农民工及城市普通工薪者的劳动报酬及福利待遇，让劳动者所得在GDP中所占比重达到50%以上；适当降低资本所有者的回报，同时控制财政收入的增长速度。最终在资本所有者、劳动者与国家或政府三者之间真正实现合理分配。

第三，尽快强化再分配手段，明确承诺主要社会发展指标，确保财政的公共性和满足攸关民生事业的教育、社会保障、公共卫生等方面的快速发展。财政分配是国家干预收入分配和维护社会公平的基本手段，也是再分配结构中的主体。在国家财力从2000年1.3万多亿元增长到2004年2.6万多亿元、财政收入占GDP比重由14%上升到20%以上的基础上，政府负有解决各种民生问题更大、更直接的责任并需要优先承担起这种责任。因此，针对财政实力持续增强和再分配环节公平不足的现状，需要加快构建公共财政体制，并在公共财政框架内优先满足事关民生的教育、社会保障、公共卫生等方面的需求。其中：

针对教育机会不公平正在成为社会不公平的加速器的现实，需要从速确立公平、均衡的国民教育观，明确承诺2007年或2008年实现全国城乡义务教育免费、财政性教育经费占GDP4%的目标，同时制定社会、企业、个人等投资教育的优惠政策，利用财政专项拨款、失业保险基金、再就业基金等开展城市失业、下岗职工与农民工的技能培训，从根本上改变教育资源配置严重失衡、教育机会不公和城乡居民家庭或个人教育负担日益沉重的现状。

社会保障是和谐社会的核心指标，针对绝大多数城乡居民缺乏相应的社会保障的事实，建议国家在扩大财政投入的前提下迅速完善制度和扩大覆盖面。国家财政用于社会保障的开支，应当实现国家十五计划已经承诺的占财政收入的15%—20%的目标，并保障在“十一五”期间持续上升到25%左右。

针对城乡居民看病难、负担重的现实，同样需要国家加大对公共卫生事业的投入。在公共卫生资源配置方面，需要有具体的措施确保向城市社区与乡村倾斜，尤其是乡村所占份额应当力争在五年内达到整个公共卫生资源的50%；在完善城市医疗保险制度的同时，放开医疗服务市场，尽快改变乡村医疗卫生民办化的格局，走官民结合的发展道路。同时，统筹城镇医疗保险、医疗救助、各种补充医疗保险及农村合作医疗。

此外，还需要强化国家财政促进就业和调节地区收入分配差距的功能，维持公共就业服务体系的建设及技能培训体系，通过转移支付弥补落后地区尤其是贫困地区的收入，促使落后地区的民生问题不断得到改善。

第四，尽快创造便利条件和确立相应的财政与优惠税制，引导第三次分配，扶持社会慈善公益事业快速发展。慈善公益事业的发展，可以在自愿捐献的基础上实现不同社会阶层之间的利益调节和情感沟通，是对收入分配的有益调节机制。

四、构建和谐社会需要消除一些误区

记者：构建和谐社会需要消除哪些误区？

郑功成：我觉得先要澄清几个问题：一是和谐社会不等于平均主义，它允许差别存在，但差别应当控制在能够接受的限度内。二是稳定不等于和谐，和谐是社会发展的一种自然的良性状态。三是经济发展是社会和谐的基础，但市场经济条件下的发展并不能够自动实现社会和谐。四是和谐社会必然以平等与公平为基本准则。五是协调是和谐社会的基本标志。

在此基础上，我认为构建和谐社会还需要有观念上的重大变革。我认为，“要把分配财富与创造财富摆在同等重要的位置上”，“把分好蛋糕与做大蛋糕放在同等重要的位置上”。在GDP达到10多万亿元、国家财政达到2万多亿元的今天，我们需要针对经济发展与社会发展的失调、贫富差距的扩大等现实，树立起合理分配财富与分好蛋糕的观念，因为时代发展到今天，只有分好财富和分好蛋糕，才能更有利于创造财富与做大蛋糕。

记者：“缩小社会差距、兼顾社会公平”与以前我们提出的“让一部分人先富起来”是否矛盾？怎么理解和实践？

郑功成：“让一部分人先富起来”不是我们追求的目标，而只是我们从共同贫穷走向共同富裕的一个过渡。因为那时大家都害怕致富、不敢露富，从而是在非正常的社会背景下提出来的。当这个特殊的害怕富的时代走过了以后，如果仍然只是鼓励部分人先富起来，就会将这种非正常原因导致的结果进一步异化为损害社会公平的原因。因此，我认为现在不宜提倡鼓励部分人先富起来了，而要提倡合法地富起来，尽可能地让更多的人富裕起来，而不是“让一部分人富起来”。在市场经济条件下，应当追求的是致富机会的公平，同时有相关的政策措施来调节贫富之间的差距。

记者：“两会”上报道：“国企老总工资收入不得超过员工平均工资的14倍”，这是根据什么算出来的，这个数字对企业员工和企业老总来说，是否是合理、公平的？

郑功成：是否合理、公平，关键取决于对“国企老总”的定位。如果他是企业家，“14倍”的规定其实是不当的，因为他的报酬应该完全取决于企业家或者职业经理人的市场价格，也可能没有这样高，也可能比这还要高。如果他是公务员身份，那这个“14倍”就明显偏高，因为公务员的职业是非常稳定的，还有一些相应的待遇，当了老总还可以去当市长、局长，几乎没有职业风险。因此，如果国企老总是公务员，那他就只能拿公务员的工资，不能比部长、总理的工资高吧？如果他放弃了公务员的身份，完全按市场操作，那就应该按他对企业的贡献来定报酬，而不是用几倍来衡量。所以，一定要把角色定位和担当的风险来作为评估公平与否的依据。

记者：您认为“效率与公平孰先孰后”？“济贫”与“策富”有没有矛盾？

郑功成：我觉得从历史角度来讲，效率与公平不存在孰先孰后的问题，有效率没有公平是持续不了的，有公平没有效率也是持续不了的，它们实际上是一个问题的两个方面，不能对立起来。在经济全球化的背景下，作为我们国家来说，在一个时期强调效率可能是正确的，但在长时间内，只有强调公平才能维护效率的可持续性。公平问题在经济相对落后的情况下，可能不是大家关注的问题，但是在经济发展到一定程度的时候，一定会成为大家重点关注的对象。也可以理解为，在经过了20多年的效率优先甚至效率至上的年代后，我们现在必须开始解决公平问题，并在解决公平问题的前提下来促进效率的提高。在改革初期，我们提倡效率优先是可以理解的，因为那是共同贫穷的时代，大家急于增加财富。但到了现在，人均GDP到了1500多美元的时候，贫富差距持续扩大，各种社会问题开始尖锐化，就必须更多地来关注公平，要通过确立公平才能继续维持效率的可持续性。一些发达国家都是非常强调公平的，他们都是通过确立公平来维持效率的可持续性的。

“济贫”与“策富”应该是没有矛盾的。因为富人讲生活质量，穷人讲生活得下去。所以，“济贫”不一定损害富人的利益。

工资要涨，更要规范[①]

公务员加薪一直是一个敏感的话题。最近，传说北京市正在准备实施一个公务员加薪的“3581”阳光工程，即科员至局级公务员分别可以拿到3000元至10000元不等的月薪。这一消息虽然还没有得到北京市有关部门的证实，但北京市已开始对公务员工资、奖金进行规范却是事实。因为中央各部委的绝大多数公务员都在北京，无疑，北京市公务员工资制度的改革将牵一发而动全身，对全国公务员工资制度改革产生重大影响。为此，记者采访了全国人大常委、中国人民大学教授郑功成。

一、公务员加薪要看“四大背景”

记者：每一次公务员加薪都会在社会引起一些反响，您认为应该如何看待公务员加薪的问题?

郑功成：在讨论公务员工资问题的时候，必须先看这个问题的时代背景并且应当在大的背景下来加以分析。

第一个大的背景，就是劳动者的收入也包括公务员的工资，在整个GDP所占的比重是多少。自改革开放以来特别是近几年来，我国的GDP增长很快，但是劳动者的劳动报酬包括公务员的收入在GDP中的比重却是下降的，是递减的。因此，我主张在整个GDP的财富分配中提高劳动工资这一块，否则，经济虽然持续高速增长，改善民生的步伐却可能放慢。这是一个大的背景。在这个大背景下，包括公务员也包括其他普通的劳动者，其工资报酬均应适当提高。

第二个大的背景，就是我们需要一支什么样的公务员队伍。要跻身世界先进国家行列，应该走精英治国的道路，不仅要保证社会精英能进入到政府里去，而且应当提供较好的物质待遇以保持对精英人才的吸引力。但目前公务员的待遇显然还尚未达到这样的吸引力。

第三个大的背景，是我们国家的公务员的工资现状。我觉得这不好评估。

① 原载《职业》2004年第9期；该刊记者杨生文、实习记者刘怡采访、整理。

一方面是要搞清楚有多少人属于真正的公务员，有多少人在吃财政饭？另一方面是公务员的名义收入与实际收入的差别到底有多大？现在来看这个队伍很庞大，大约有 4000 万，但真正在政府中任职的工作人员实际上只有 800 万。从整个机关事业单位吃财政饭的这支队伍所消耗的财政资源来看，我国在世界上是相当高的。也就是说，我们国家吃财政饭的总额在 GDP 中的比率是偏高的。但是，平均下来它又只有中等甚至中等以下的水平。所以，从总体上讲提高公务员的工资水平是必要的。当然，同时也应该精兵简政，真正保证精英治国。比方说一个区长很称职、很优秀，给他 5000 元、8000 元的工资，在北京并不能说是一个很高的数字。尤其需要指出的是，我们公务员的名义工资与实际工资收入是有很大出入的，或者说制度内的收入与制度外的收入是有很大出入的。一个处长、局长如果只靠政府工资单上发的那部分工资是很难保证体面地生活的，有的公务员甚至无法解决一般的民生问题。所以，依靠制度外收入甚至靠贪污腐败等手段来弥补，便成了社会常态。因此，如果在增加名义工资的同时真正规范公务员的实际收入来源，那就意味着并不一定增加国家财政负担，而是让公务员的工资收入逐渐规范化，而这显然是理顺收入分配关系所必须的。

第四个大的背景，是公务员的工资跟其他行业和系统的工资应当适当挂钩。目前北京市以至全国的公务员的工资都是处于中等状态。这个中等状态表明它有往上涨的空间，但是，要注意与其他行业人员的差距不要太大。事实上，现在从机关事业单位离、退休的人员与企业退休人员的差距过大已造成了一系列的社会问题。因此，在公务员的加薪过程中要注意两者的协调。

我前面所讲的四点，就是要客观地看待公务员加薪的问题。我们国家的公务员因为队伍庞大，消耗国家财力的总额也很大，现在是要做到精兵简政，提高管理效率与提高薪酬水平并重或相结合，相互推动。应该是用这样一条思路来考虑加薪的问题。

如果我们的加薪能换来管理效率的提升、人员的精简，能带来精兵简政、提高效能，能实现精英治政，这个加薪就是合理的。比如说建国初期几个人就管一个乡，现在到了几十甚至上百个人，我们能不能削减 1/3、1/2 的人员呢？如果削减 1/2，就等于同样的财政支出可以让公务员的工资翻上一倍，原来的财政负担并没有加重。所以，我一再强调公务员的加薪一定要与效能的提高和人员的精简和精英化相结合。

二、规范收入并不是真正增加收入

记者：北京市的这一计划涉及公务员工资的大幅度增长，您认为北京市的财政是否有能力实施这一计划？

郑功成： 具体谈到北京市的方案，我个人认为就北京市的财力应该是能承受的。因为北京市的人均 GDP 水平虽然低于上海却高于广东，而广东的公务员的薪水应该说要高于北京。因此，就政府财力而论，我觉得北京市这次对公务员加薪是可以承受的。当然，前提条件是如何合理地评估和统计公务员的薪酬水平，如果将制度内的工资和制度外的收入加起来，现在北京恐怕有很多公务员已经达到这个水平了。所以，这里又有两个可能：第一个可能是精兵简政、提高效能和增加工资相结合，如果做到这样一个结合，财政负担并没有加重，但公务员的工资由于精兵简政和效能提高而不仅名义上增加了，实际收入水平也增长了；第二个可能就是在维持现有人员队伍的条件下增加公务员的名义工资，而逐步消除那些制度外的工资收入即各部门、各单位创收带来的收益，这实际上是规范了工资收入，把制度内的工资和制度外的收入合并起来，其结果可能不是真正增加收入。这是两个概念。北京市的目标如果是以取消制度外的收入为代价或为条件，那么这种加薪实际上不是加薪而是规范公务员的收入，换言之，是让公务员的收入更加规范化、合法化、透明化，这是全国各地均应当推行的做法。

我在主张总体上 GDP 分配中提升劳动所得的份额并将公务员的工资收入调高到社会平均工资水平之上的同时，也不赞成过多地调高公务员的收入，因为公务员的薪酬待遇既要有利于吸引精英人才进入政府，也不能带来社会的不安定。尤其是在政府未能提高效能的条件下，公务员薪酬待遇的增加要审慎而稳妥。

记者： 据了解，在这一计划出台之前，北京市已开始对公务员工资发放进行规范，即清理整顿津贴、奖金，各单位不允许再私自发放奖金等，改由市财政统一进行发放。这一措施重在解决公务员的工资存在部门和单位差距较大、不同职务间的工资差距过小的问题。您认为这对于解决目前一些单位存在的收入不公是否会有积极意义？是否会防止在公务员薪酬制度上的一些腐败现象？

郑功成： 这种做法我非常赞同。在我们国家，现实中往往是在不同部门工作的公务员的收入差距很大，而同一部门不同岗位上的公务员的收入差距却很小，前者扭曲了不同政府部门公务员的收入分配的公平性，后者抹杀了不同岗位工作人员收入分配中的效率原则，所有市场经济国家都不会出现这种状况。目前，在公务员系统反映较多的是，由于不同部门掌握的权利不一样，在不同部门工作的公务员的收入差异很大，更令人忧心的是，各个部门都在竞相创收，这实际上是在把国家利益政府化、政府利益部门化、部门利益小团队化甚至个人化，这对整个国家机器的运行和公务员队伍建设的损害是相当大的。所以，通过北京市这样的改革，先规范收入，再提高名义工资，然后由财政统一发放，就能够保证在同一职位上的人享受到公平的薪酬待遇，即无论去当哪个局长、哪个部长，同一级别的人都能拿到同样的报酬、同样的待遇，这应该是我们公务员薪酬制度改革的必然方向。

第二点是一些官员普遍性的腐败与薪酬分配不合理大有关系。长期的名义工资偏低，那么一些人就会在名义之外想办法。比如一个局长或一个厅长一个月就两三千元的工资，一般的公务员工资更低，依靠名义工资实际上很难维持其本人与家庭成员的体面生活，从而导致了各个部门各显神通创收。所以，我觉得规范公务员的薪酬收入、适当维持并且提升公务员的薪酬水平，是建立一支廉洁的公务员队伍的必要物质条件。

记者：您赞成高薪养廉吗？

郑功成：高薪养廉我不赞成。因为高薪养廉不知道要高到什么程度，这是没有边界的。但是我赞成给公务员以较优厚的待遇，他们获得的薪酬与福利要能够维持公务员的较为体面的生活，并且这种待遇能够吸引到精英人才加入政府。其实，高薪养廉不是市场经济国家普遍奉行的，但给公务员以较为优厚的待遇是较为普遍的。所以，在薪酬和福利之间一些显性的收入不应过高，可以给他补充养老保险和补充医疗保险。给公务员以较为优厚的福利可能要比完全的货币工资化更加合理一些。比如说公务员退休了，比其他行业多拿一份养老保险金，那么大家就会严于律己，就会很珍惜公务员的岗位。所以薪酬体系里应适当考虑显性的工资收入和隐形的福利、现阶段的收入和长期的收益，在进行制度设计时应该予以兼顾。薪酬体系的结构应该合理，不能说现在我们给一个局长 10000 元钱一个月，也不考虑到他将来退休怎么样，那与其给他 10000 元，不如只先给他 9000 元，那 1000 元钱给他上补充养老保险。那样他就知道了自己在公务员队伍里兢兢业业奉公守法工作 40 年，退休以后自己的晚年还有一种预期的收益，他就会比较珍惜这个饭碗；如果没有这些福利，预期的收益没有，他可能干一段挣几万、甚至想法儿贪污一点就走人，所以高薪养廉不能解决问题。

三、效仿是会有的

记者：您觉得公务员加薪会不会引起企、事业单位的效仿？

郑功成：我想公务员加薪以后，参照公务员待遇执行的事业单位是要仿效的。这是以财政拨款为基础的，比如教师、医生，这样就不可能只给局长、区长加工资，肯定还要给校长、教授涨工资。所以在这个问题上，政府所花的成本不能只考虑到机关干部，也应该包括其他财政拨款的事业单位。财政拨款性质的事业单位肯定要跟上去，但是那些企业化的事业单位却不一定。企业会不会也水涨船高呢？对这一点我有两点想法：一是企业的工资取决于劳动力市场，并不必然地要跟公务员的工资挂钩。企业劳动者的工资和公务员工资的挂钩取决于政府的宏观调控，他们虽然要保持相应的联系，但是哪一部分人先涨哪一部分人后涨，应该取决于市场，当然如果两者之间的收入分配差距拉到了极大，所有企业职工都不能忍受政府官员拿太多的工资，那又会成为社会问题，但是我想现在还不到那样一种程度。我不太主张非得让企业职工与公务员把薪酬水平拉平，是因为在很多市场经济国家，很多企业员工的收入要超过公务员，在北京也可以发现这种现象，一些研究生毕业时首选的就不是政府机关而是企业，这是很正常的。所以我认为我们不要事先设定企业职工的工资跟公务员的工资是一样的，或者是略低还是略高，因为那是市场价格所决定的。公务员的工资则取决于我们的财力和所需要岗位承担的职责。这两个方面从宏观上讲有一定的联系，但从微观上讲，这两个方面又有区别，我主张把公务员单独地拿出来，甚至把事业单位也分出来，当然这就取决于我们国家公务员法律的制定和颁布，明确界定哪些是公务员哪些是非公务员，以后将有公务员、公职人员、从业人员等几个不同的概念，他们之间的薪酬水平应当是不完全一样的。

记者：你觉得北京市这个计划如果实施的话，会不会引起其他省市的效仿？中央国家机关公务员是否也会跟进？

郑功成：北京市的这种做法，我想有些省市已经在做了，广东那边的公务员工资是比较高的，吉林和其他一些省市也在进行政府雇员制试点，雇员制的年薪最高甚至可达20万元。我要说的是，北京这种做法的好处就是有可能规范公务员的工资收入，使其合法化、透明化、统一化、公平化，这样也能够杜绝部门利益、部门创收与部门干部利益挂钩的现象，这样政府的乱收费现象和其他的非法行为就失去了利益驱动机制。这一点其他地方可以研究和借鉴。北京公务员工资如果实质上增加了，中央和国家机关也肯定会跟着上调，因为北京的公务员加薪，北京的事业单位肯定也会跟着加薪，那就意味着北京市相当一部分人的收入都要往上涨，如果中央、国家机关工作人员不调整，两者之间的差距就会越来越大，所以，北京市的加薪也会带来连锁的效应。当然，如果这种加薪只是规范收入而并非实际增长收入，其效应就不会是如此。

记者：您认为公务员加薪是否需要听证？

郑功成：公务员加薪当然要考虑到社会的反响，但就这件事本身而言，更重要的是应当经过人大的审批，因为从法理上讲，政府虽然可以提出加薪的预算，但对预算的批准权却在人大，况且人大本身就是民意机关。因此，公务员加薪问题不是所谓听政会可以解决的问题，群众通过了最后还是要由人大常委会审定，由人大批准预算后才能执行。我是赞成由同级的立法机关——人大机关来审查政府的加薪方案的，因为这涉及预算的制定和批准的问题。当然，接受社会的监督是另外一回事，我只是从决定这件事的法理与权限来讲的。

记者：与经济发展水平相当的国家相比，我国公务员的工资相对是高还是低？

郑功成：我们的名义工资与发达国家相比肯定是较低的，但从实际含金量来讲又不算低，事实上我们各方面的工资分配并没有理顺、理清，比如名义工资与实际工资有很大的差异，制度内收入与制度外收入也有很大的差异，工资收入与职务消费之间的差异也是不规范的，对于公务员的工资状况，我用两个字来概括，就是"混乱"。

记者：您对职务消费有何看法？

郑功成：从我国的实际情形出发，公务员的体面不是靠工资收入在维护，而是靠职务消费在维持。现在不是要搞公车改革吗？车辆的配置与使用就属于典型的职务消费。比如现在不要说省长、部长、市长、县长都有专车，有的地方科长、乡长都有自己的专车，一个乡长、科长一个月可能只有上千元的工资，但他有个车还得配司机，这样整个国家的钱就不知道要花多少。可见，目前公务员的薪酬问题不单是加薪的问题，还应该理顺公务员工资分配的机制，规范工资的合理构成，这是目前一个很重要的问题。

四、公务员工资制度改革的方向是什么

记者：你觉得我国目前公务员的工资制度改革该向何处去？

郑功成：我觉得公务员工资制度改革应该是向规范化、透明化、货币工资加福利的方向发展，要明确界定工资收入与福利待遇，以实行工资收入为主、职务消费为辅，进行结构调整。在福利方面，兼顾短期的福利和长期的福利，使公务员能有预期的利益追求。

记者：请您预测一下未来几年我国公务员薪酬制度的改革会是什么样的？

郑功成：我觉得步伐会加快，因为现在这种混乱不堪的局面不仅影响到整个公务员队伍的建设，而且社会影响也不好。但有几个问题要解决好，第一就是要对公务员进行界定，哪些是公务员。目前，还没有明确的界定。因为《公务员法》要在2004年下半年才能提到全国人大常委会审议，2004年能不能出台还不能确定。按照草案，主要是政府部门、人大机关、政协机关、检察机关、法院机关、党的机关这六大系统，其他的比如学校怎么算，要分门别类。只有明确界定了公务员的范围才能制定合理的公务员薪酬制度。第二是转化政府的职能。所有的部门都不能收费，所有的钱都来自财政，这就涉及政府职能的转换和建设国家公共财政的问题。如果我们国家的财政不是公共财政，而是

经济财政，就不能保证满足公务员工资的拨款，那么政府职能也不能转换，薪酬改革也就不具备条件。第三是要有计划、有预测。公务员是个稳定的制度，公务员的薪酬制度也应是个稳定的制度。让大家在选择职业的时候，就能够明确到了机关会有什么样的待遇，在那里干 20 年或 40 年还能够预期哪些待遇。当知道自己现实的收益加上预期的利益还不如下海做生意的时候，很多人就不会到公务员队伍里面去了。因此，公务员的工资收入应该是制度化的、规范化的、相对稳定的，这就是公务员工资制度改革的方向。

规范收入分配秩序与公务员工资改革①

在我国构建和谐社会的进程中，改革收入分配制度和规范收入分配秩序，建立科学合理、公平公正的社会收入分配体系，始终是解决不同社会阶层或群体利益分歧和社会矛盾，促进整个社会和谐、健康发展的重要基础，而规范公务员的收入分配秩序无疑是夯实这一基础的第一块基石，这不仅是因为公务员的收入分配源于公共财政，源于纳税人的供款，应当首先符合科学、合理、公平、公正的要求，而且公务员的收入分配制度对其他社会阶层的收入分配有着直接且显著的示范效应。因此，规范公务员的收入分配秩序便成了公务员工资制度改革乃至现阶段重建合理、共享的社会收入分配体系的关键。

强调规范公务员的收入分配秩序，是因为现行公务员的收入分配确实存在着失范与不公现象。如公务员的实际收入与名义工资不一致，制度内的收入差距很小，制度外的收入占实际收入的比重及由此导致的收入差距却越来越大，各单位依靠各种途径创收且无序地发放各种津贴、奖金或者补贴的现象甚为普遍，不同部门和单位之间因其掌握的权力大小不同而呈现出明显的差距，而不同职务间的工资收入差距又明显偏小。从全国来看，不同地区之间公务员的工资收入亦处于某种失衡状态，公务员的工资收入与职务消费之间同样存在着失衡现象，我曾经指出过公务员的工资状况基本上可以用“混乱”两字来概括。这种现象不仅严重地妨碍了国家对公务员工资进行统一、正常、有效的调控与管理，而且在扭曲不同部门、不同地区公务员收入分配的公平性的同时，又抹杀了不同岗位（职务）公务员收入分配中的效率原则，模糊了工资收入、职务消费与职业福利之界线。更令人忧心的是，各部门、各单位竞相创收，这实际上是在把国家利益部门化、部门利益小团队化甚至个人化，其对整个国家机器的良性运行和公务员队伍建设的损害是相当大的。所以，对公务员工资制度必须改革，而通过改革来规范公务员的收入分配秩序，显然是改革这一制度的重要且基本的目标。

当然，造成公务员收入分配秩序混乱的原因是多方面的，如制度自身不能适应经济社会发展的要求、效率观的异化、对不当利益的追逐、制度外收入的

---

① 2006年7月初应人事部领导之约，就公务员工资改革问题提交的一篇书面评论文章。

相互攀比以及职业福利的刚性化等均是重要致因，但还必须承认，机关事业单位长期存在的名义工资偏低，也是一个不容回避的重要致因。比如一个局长或厅长一个月就两三千元的工资，一般公务员的工资更低，依靠名义工资实际上很难维持公务员及其家庭成员的正常、体面的生活。从我国的实际情形出发，公务员的体面一般难以靠制度内的工资收入来维护，而是靠制度外收入与职务消费在维持。在制度内工资偏低和个人追逐利益最大化的双重影响下，加之转型期国家对机关事业单位收入分配秩序的某种程度的失控，从而导致了各个部门各显神通创收，一些部门或机构的权力被滥用到谋取一部门之私与一己之私上，一些官员的腐败亦与公务员收入分配不合理大有关系，这种现象既严重损害了国家利益与人民利益，也直接恶化了社会风气。可见，现行的公务员工资制度，已经与经济社会的发展和政府改革的需要不相适应，其暴露出来的日益严重的问题表明，不改革这一制度，就不可能建设一支高效、廉洁、精干的公务员队伍。因此，通过公务员工资制度改革来规范公务员的收入分配秩序，同时适当提升公务员的薪酬水平，不仅是建立一支高效、廉洁、精干的公务员队伍的必要条件，也是理顺整个社会收入分配关系和贯彻公平、合理、共享的新收入分配原则的关键。

规范公务员收入分配秩序，我认为应当以《中华人民共和国公务员法》（以下简称《公务员法》）为依据，制定并切实推行国家统一的职务与级别相结合的公务员工资制度，让公务员的工资收入真正合法化、规范化。为此，首先要对公务员进行界定，《公务员法》规定凡依法履行公职、纳入国家行政编制、由国家财政负担工资福利的工作人员均为公务员，包括政府部门、人大机关、政协机关、检察机关、法院机关、党派机关等系统工作人员。其次是必须取消所有部门的收费，各种合法的收费或者非税收收入，均应当直接纳入国家财政收入并接受立法机关与权力机关——人民代表大会及其常委会的监督，所有部门的经费只能来源于国家财政，这是公务员工资制度步入合法化、规范化的基本前提与保证。再次是要有计划、有预测。公务员制度是个稳定的制度，公务员的收入分配制度也应当是个稳定的制度，能够让人们在择业时就能够明确自己的待遇及预期。此外，还需要明确界定公务员的工资收入与福利待遇，实行工资收入为主、职务消费为辅，进行结构调整。在福利方面，兼顾短期的福利和长期的福利，使公务员能有预期的利益追求。只有这样，才能够杜绝部门利益、部门创收与公务员利益挂钩的现象，权力部门的乱收费现象和其他的非法行为也就失去了利益驱动的机制。

规范公务员收入分配秩序，必须贯彻按劳分配原则与明确体现出公平公正的政策取向，既保持不同职务、职级之间的合理收入差距，又真正保证在同一职位上的人享受到公平的薪酬待遇，即无论去当哪个局长、哪个部长，同一级别的人都能拿到同样的工资并享受到同样的福利待遇，同时逐步缩小地区间的收入差距，向基层公务员与落后地区的公务员倾斜，并确立公务员工资的正常增长机制。只有真正贯彻按劳分配原则与落实公平公正的政策取向，新的公务员薪酬制度才可能造就一支整体高效、廉洁、精干的公务员队伍，并成为激励这支队伍不断进取的强大力量。

规范公务员收入分配秩序，还必须坚持公务员工资政策的统一化与公务员收入的透明化。一方面，公务员的工资制度必须全国统一规范，并真正做到令行禁止，即使新的工资制度有不完善之处，也要经过国家层级的相关程序并对其统一修订完善后才能改变，在完成修订程序前，绝对不能允许各地区、各部门乃至各单位自行其是，乱开口子，以避免重蹈失范与失控的覆辙；另一方面，必须实现公务员收入的透明化，阳光工资应当成为新的工资制度改革的内在要求，为此，所有公务员的工资均应当做到名义工资与实际收入相一致，并由财政部门统一发放，坚决取消各机关、各单位内部的各种形式的货币或实物形态收入的发放。

规范公务员的收入分配秩序，还需要合理地统计和评估公务员的薪酬水平，在维护公务员基本利益的前提下，尽快取消各种制度外的收入。如果将制度内的工资收入和制度外的收入加起来，公务员的现实收入显然会超过现有的名义工资收入水平，从维护公务员的基本利益和保证公务员工资制度改革的顺利进行上，我认为可以通过增加公务员的名义工资来消除那些制度外的收入（即各部门、各单位通过创收等途径带来的收益），如果以取消制度外的收入为条件，那么工资制度改革即使增加了公务员的工资水平，实际上也不是加薪而是规范了公务员的收入分配。换言之，是让公务员的全部收入均纳入统一的工资分配制度，其结果必然是公务员工资收入走向合法化、规范化、透明化。需要指出的是，我不赞同所谓高薪养廉的观点，但赞成给公务员以较为优厚的待遇，他们获得的薪酬与福利要能够维持公务员的较为体面的生活，并且这种待遇能够吸引精英人才加入到国家机关中来。所以，在公务员工资和职业福利之间可以设定合理的比例，为公务员提供相应的补充养老保险和补充医疗保险，并设计可以预期的年功退休金制，当公务员退休时可以比其他行业多拿一份养老保险金，那么大家就会严于律己，就会很珍惜公务员的岗位。所以，在公务员工资制度改革中，应当适当考虑显性的工资收入和职业福利、现阶段的收入和长期的收益，并需要在进行制度设计时予以兼顾。

规范公务员收入分配秩序，还需要处理好公务员与国有企事业单位工作人员的收入分配关系以及不同地区之间公务员的收入分配关系，属地原则即同城同待遇的原则应当成为我国公务员收入分配制度走向完善的重要标志。以北京为例，北京市的公务员如果较中央机关公务员的工资高，则中央机关公务员的收入与生活水平实际上是降低了，这种同城不同待遇的差距与按劳分配及建立公平公正的公务员薪酬体系的目标是相背离的。因此，公务员工资制度的改革应当逐步消除这种现象。

规范公务员收入分配秩序，还应当有相应的制度保障。除公务员工资制度应当科学合理外，还需要有国家立法机关与权力机关——各级人民代表大会及其常委会的有效监督。因为从法理上讲，政府虽然可以提出公务员工资增长变化的预算，但对预算的批准权却在各级人民代表大会及其常委会。当然，还需要接受社会与舆论的监督。

总之，公务员工资制度改革作为我国整个社会收入分配制度改革的重要内容，不仅事关公务员的切身利益，而且攸关整个社会收入分配的公平正义。对公务员收入分配制度的规范，既是治理我国收入分配领域混乱局面和矫正分配不公的重大举措，又是建设一支高效、廉洁、精干的公务员队伍并激励其努力奋进的必要举措，还是根治公务员队伍中的贪污腐败现象的治本之策，它对于强化党风廉政建设和建设社会主义和谐社会有着极为重大的意义。

构建规范、公平、共享的收入分配体系①

"十一五"规划中明确提出要加大收入分配调节力度，所以在今后的几年中，收入分配制度改革应该是力度最大、涉及面最广、影响也最大的改革项目之一。那么，能否稳妥、深入地推进改革，会不会在社会上引起大的震荡，改革能否达到预期的目的呢？为此，记者采访了中国人民大学郑功成教授。

一、收入分配制度改革的重点在于规范

《职业》：在收入分配制度改革方面，2006年是否有具体的操作办法出来？

郑功成：2006年肯定要对收入分配制度进行相应的调整与规范，从目前的政策来看，它主要表现在两个方面：一是机关事业单位工作人员的分配制度改革。2005年的国家财政预算已经为这一改革预留了一笔钱，2006年的财政预算又考虑了一笔钱，所以从财政的角度来讲，已经有了相应的准备。对公务员与机关事业单位工作人员的工资制度改革，主要是规范，同时也将强化监管，事业单位还需要进行分类管理。二是适度提高最低工资标准，这是对劳动者以往参与分配份额偏小的必要补偿。至于公务员工资制度的调整，则是为了理顺公务员工资分配制度。因此，上述两个方面的改进，应该是我国整个收入分配体制改革的较好取向，它带来的效果值得乐观。

《职业》：规划提出，要"坚持各种生产要素按贡献参与分配"，如果各种生产要素按贡献参与分配，可能就是让资本、技术等参与分配，这样分配的话，是否会引起没有资本和技术的困难群体收入水平相对来说更低？

郑功成：我认为这里讲按生产要素、按贡献参与分配，应该把它理解为对劳动的进一步重视。因为以往在考虑生产要素时，资本与技术的相对不足使我们在收入分配中对这两大因素考虑较多、分配也相对优厚，劳动力资源的严重过剩则又使我们对劳动因素的贡献考虑不足，这当然是欠合理的。所以，现在按各种生产要素分配，首先应该是尊重劳动对社会财富创造的贡献。因此，现阶段按生产要素、按贡献参与分配，应该有新的解读，这就是"劳动者要能参

① 原载《职业》2006年第5期；该刊记者杨生文、实习记者黄琼、宋薇采访、整理。

与社会财富的合理分享”。

《职业》：规划提出，要“规范个人收入分配秩序，强化对分配结果的监管，努力缓解行业、地区和社会成员间收入分配差距扩大的趋势”，2006年是否会因此采取一些具体的行动，又如何规范和监管？

郑功成：就整个收入分配制度改革而言，包括调整与规范，目前的重点应当是规范。在规范个人收入方面，2006年将实施修订后的《中华人民共和国个人所得税法》（以下简称《个人所得税法》），其中有两个重要的内容：一是将个人所得税的起征点由过去的800元提高到1600元，这有利于低收入阶层和一般工薪阶层。二是强化了高收入阶层的税收申报制度，税务部门将重点监控高收入阶层，同时对于一些高消费也开始征收相应的税收或者调高税率。

在城乡之间、地区之间的收入差距控制方面，我觉得可以通过加大公共财政的转移支付力度，以及调整社会保障制度等措施来促进这种差距的缩小。当前一个令人乐观的事实是，政府已经注意到这一问题并在采取相应的措施，如粮食直接补贴政策，农业税费的免除，农村基础教育的福利性（免除学费与杂费等）的增进，农村合作医疗步伐的加快，农村五保户由过去农民供养改为国家财政供养，以及强化落后地区的开发与扶贫，等等，均可以看到城乡差距、地区差距扩大的趋势正在得到有效的控制。

《职业》：规划提出，要“建立规范的公务员工资制度，规范职务消费”，有人说这样由“暗补”为“明补”，使公务员的收入水平更高了，职务消费、多拿多得更有理由了，您怎么看这一问题？

郑功成：我并不认为公务员现在的工资过高，但公务员的收入分配确实还欠规范、欠透明。因为公务员的工资与企业的工资分配不一样，他们用的是纳税人的钱，不仅需要接受立法机关的监督，而且应该接受社会和公众尤其是纳税人的监督。只有公务员的工资是规范的和透明的，才能够使我们国家整个收入分配体系早日走向规范。所以，我非常赞成由“暗补”变成“明补”，职务消费能够跟公务员的工资收入关联起来。现在确实存在一些严重问题，比如说，不同部门的工资标准不同，实际收入差别很大；同一个岗位或级别，在不同部门的实际收入差别很大，这样的局面其实是需要尽快改变的。第二，工资分配一定要规范化。政府公务员的工资，不应该因部门而异，只能因级别而异，不能说这个部长比那个部长重要，这是不合理的。关于公务员的职务消费，这也是社会普遍关注的大问题。我认为高薪养廉很难说，但工资水平应当能够维护公务员的尊严和体面，而目前的工资显然做不到这一点，这就是工资外收入比重过大的真实原因，这是应该解决的一个问题。

《职业》：要“控制和调节垄断性行业的收入，建立健全的个人收入申报制度，强化个人所得税征管，坚决取缔各种非法收入”，这个提法很好，现在是否可行?

郑功成: 这是国家在"十一五"期间确定的一个目标，我觉得是可以实现的。但就最近一两年来讲，只能逐步向这个目标迈进。比如说控制或调节垄断性行业的收入，首先要把垄断行业应不应该垄断搞清楚。个人收入真实的申报制应该是在社会收入分配相当规范、收入所得非常透明、分配环节没有暗箱的时候，才能做到。它需要有很多相关的、配套的政策措施，只有这样，国家的税收才可能实现一分也不会少，只有这样我们才能评估收入分配差距是不是在一个合理的区间。强化个人所得税的征管也是我们的目标，从 2006 年来讲，主要是两个领域：一是对正规就业者基本工资的监管，如教师等，这个难度不大；另一个是高收入阶层，税务机关对高收入者实行重点监控，维护合法收入，打击非法收入。不过，取缔非法收入的目标任务比较艰巨，这不是一件短期内就能完成的事。我认为，现阶段的重点应当是打击走私、贩毒、洗钱、商业贿赂等产生的非法收入，全国人大正在考虑制定有关如《反洗钱法》等法律及政策，还有《禁毒法》也在起草之中，对于这些严重的非法收入必须严厉打击。对于灰色收入的提法，我不赞成这个概念。因为收入无非是两种，要么是合法的，要么是非法的，法律之间不应当有灰色即两边都不沾的空间地带，这只是转型时期特有的现象，我认为国家应当通过完善法制来消除这个灰色收入地带，将灰色收入中的合理部分转变成合法收入，不合理部分明确为非法收入，这样，灰色收入地带也不存在了，收入分配也就规范了。因此，收入分配的真正规范应该是看有没有灰色收入这个地带。

二、收入分配制度改革的关键在于公平

《职业》: 规划中还有一个新的提法，就是要"更加注重社会公平，特别要关注就学、就业机会和分配过程的公平"，您觉得应该采取哪些措施来达到这一目标?

郑功成: 这种提法一是基于我国在这几个领域的不公平的社会现状，二是这几个领域的公平实际上是整个社会公平的基础或者核心要素。教育机会不公必定会放大整个社会的不公，所以把教育机会的公平摆在首要位置，2006 年能够看到一些明显的政策迹象，如公共教育资源开始向农村倾斜，政府主管部门明确提出要在城乡之间均衡分配公共教育资源，义务教育的福利性正在通过免除学费与杂费等方式得到恢复，教育部门开始努力采取相应措施来促进城市公立学校的均衡发展，均衡教育、公益教育已经成为我们国家教育发展的基本目标，高等教育乱收费现象亦正在得到治理。如果再强化助学金、贷学金管理，在支持贫困生就学方面扩大投入，国民教育的公平性就会得到恢复。

在就业方面，我们强调就业机会公平。就业领域中的歧视现象依然是影响我国劳动力市场健康发育的致命缺陷。当然近年来也看到一些改进，如对农民工的就业限制在绝大多数地区消除了，公务员招聘中的地域歧视现象也有所淡化，2006 年中央国家机关招考公务员就没有北京市户口的限制，政府已经开始干预事业单位招聘过程中有没有歧视、不公的现象，这些都表明在进步。如果机关事业单位尤其是公务员就业机会是公平的，它就会引导、主导整个社会就业机会的公平；如果进城务工人员的就业机会是公平的，那么整个就业机会就是公平的；这两个指标都很重要。当然，就业机会的公平也不是短期内能做到的，因为劳动力供大于求的格局在短期内不会改变，在这样的背景下，劳资双方的地位也很难从根本上走向平衡和平等，这就特别需要政府承担起相应的责任，即要当好裁判，真正维护就业公平的底线，规范就业市场，消除就业歧视如学历歧视、年龄歧视、性别歧视、身高体重歧视、地域或户籍歧视、相貌歧视等。

收入分配过程的公平应当包括分配结构的相对合理、分配过程的程序规范。保障低收入阶层能够合理参与发展成果的分享，扩大中间阶层的比重，适当节制高收入阶层，应当是我们国家走向共同富裕所必须的政策取向。强化高收入者的税收征管，征收高消费税，就能够将高收入者的收益控制在一个相对合理的状态。对于低收入阶层，在初次分配中需要提高最低工资标准并确定相应的工资增长机制，同时通过最低生活保障及其他福利制度来增加其收益并减轻其负担。还有一点，就是机关事业单位退休者和企业退休者的退休金差距悬殊，这个问题已经引起关注，国家应当控制两者之间的差距，目前适当提高企业退休人员的退休金标准是必要的，否则，很容易造成社会矛盾的尖锐化。

《职业》：规划提出，要“严格执行最低工资制度，逐步提高最低工资标准”，这样对普通劳动者当然是好事，但会不会给企业的生产经营带来新的压力？

郑功成：我想在同样的条件下，提高工资标准当然会给老板带来一定的压力，但这恐怕要从两个方面来考虑：一是企业生产经营者的投资回报是不是在一个正常的区间，如果现在是一个超额的回报，而且这种超额的投资收益是在劳动者付出超额劳动的情形下获得的，那么不给劳动者提高工资就没有道理了。我了解到山西有些年产 20 万吨煤的小煤矿，年纯利润达到 2000 万元，而工人所得甚少，还要付出生命与健康的巨大代价，这就涉及一个合理地分享企业发展成果的问题。因此，从宏观出发，提高最低工资标准，只不过是将以前 GDP 分配中劳动者收入偏低、资本所有者的回报偏高的畸形格局恢复到较为正常的状态，从而不应当等同于给企业的生产经营带来压力，而是使企业生产经营的成本、结构更趋合理，使企业的生产经营成果能在劳资双方相对合理地分配的一个必然的要求。二是在提高劳动者最低工资的同时，还需要有正常的工资增长机制，这是一种压力，但它应当被看成是良性的压力，即企业应当通过提高劳动者工资，促使劳动者素质提升，进而促使产品技术含量提升，结果必然是企业产品的技术含量高，竞争力强，盈利空间也必然扩大。对此的正确理解是，产品的盈利空间取决于产品的技术含量，产品的技术含量又取决于劳动者的素质，劳动者的素质又与劳动者的收益是相关的。所以，现代企业应该从这个方面下工夫，而不应像过去那样很简单地通过降低劳动成本来占有超额利润。

《职业》：您认为要完善国有企事业单位收入分配规则和监管机制，应该采取哪些措施？

郑功成：目前国有企业收入分配不公现象也是令人关注的领域。一方面，国有企业跟国家或政府的关系还不清晰，它的税负比非国有企业重，同时却不需要向国家上缴利润。另一方面，国有企业管理者的年薪跟工人的收益相差太大正在激发一些矛盾。此外，国有企业中的垄断与非垄断行业之间的收入分配差距问题也需要解决。对于国有企业收入分配制度改革，我觉得可以从三个方面下工夫：一是国有企业对国家的分配即对国家这个股东的责任要尽到；二是国有企业管理者的身份属于公务员还是职业经理人，需要明确定位，由他的职业风险来决定他的薪酬；三是垄断行业的工资应以社会平均工资为基准，而不是由这个行业、这个企业来无限地扩大。

至于国有事业单位的收入分配体制改革，则取决于它的定性。就是说，要分清公办、民办，是盈利的还是非盈利的，需要分类处理。比如说是民办的、盈利的，就应该纳入到企业分配体系中去；如果是公办的、非盈利的，就可以参照公务员的分配体系。现在的问题就是公私不分，包括学校、医院，既有国家财政拨款，自己又收费，就因而造成一个混乱格局。

三、收入分配制度改革的目标在于合理共享发展成果

《职业》：您为何要提出“共享经济发展成果”？难道现在存在着没有能够让所有的人来合理分享经济发展成果的现象吗？

郑功成：提出要共享发展成果，是因为我们国家现实中的很多社会矛盾、差距、冲突，很大程度上是未能让全体国民合理共享经济发展成果所导致的。我提出过一个观点，即让全民共享发展成果是将“十一五”规划由蓝图变成现实的核心目标。包括贫富差距过大、劳资关系失衡、流动人口与固定户籍人口的利益冲突以及城乡之间的差距扩大化等，如果“十一五”期间不能很好地解决这些问题，社会风险将因积累而放大。从缩小差距、协调利益分配、平衡劳

资关系、促进社会和谐的目标出发，必须将合理共享国家发展成果放到“十一五”发展目标的核心位置上考虑。为此，需要确立共享的价值观，通过提高劳动者的工资收入与福利来让工薪者更为合理地分享到发展成果，通过对现行税制的改进来实现增加中低收入阶层收入的目标，通过公共财政的构建和公共资源的公平配置让农村与困难群体合理分享到国家发展的成果，通过社会救助、社会保险与各项社会福利事业的发展来让全体国民参与国家发展成果的分享。

《职业》：“共享经济发展成果”会不会被理解为“一个新的平均主义”？

郑功成：“平均主义”在经济学中是一个不太好的词，但是让收入分配趋向合理和公平却是理性的政策选择。共享经济发展成果正是基于社会公平与分配合理来讲的，不是基于平均主义来讲的。事实上，共享发展成果绝对不是平均主义，共享发展成果是在允许有差别的条件下，能够使所有的人不同程度地分享到经济发展成果。这里面的共享不等于平均分配，而是根据不同人的贡献和需要来合理地、公正地分配社会财富。所以它们是两个不同的概念。

《职业》：“共享经济发展成果”会给企业和普通劳动者带来什么样的变化和影响？

郑功成：我觉得共享经济发展成果给企业带来的变化，是压力与动力并存，这个压力就是说劳动者要参与企业发展成果的合理分享，不能使企业在快速发展而劳动者的工资却长期得不到提高；所谓动力则是只有在压力增加的情况下，企业才能努力提高劳动者素质，促使产品的技术含量升高，能够带来产业升级和经济增长方式的转变，这应该是符合企业长远发展利益的。所以，让劳动者参与企业发展成果的合理分享，对企业应当是动力大于压力。对劳动者来说好处起码有两个：一是劳动者的收益会随着企业发展而提高，二是劳动者在收入提高的过程中，本身的素质也会得以提高，从而帮助雇主创造更多的财富。因此，我认为共享发展成果其实既是劳资双方创造双赢的起点，也是实现双赢的终点，它符合国家最高利益。

《职业》：收入分配的改革会不会对近年来收入分配的结构和形式产生颠覆性的影响？

郑功成：应该承认，收入分配体制的改革与完善必然对现行分配体制产生影响甚至是重要影响，但还不至于是颠覆性的。为什么呢？在企业内部，现在是资本投资的收益回报偏高，劳动者的所得偏低。通过收入分配改革，劳动者的收入可得到提高，但并不意味着资本投资回报就下降得很厉害，改革的目标一定要是投资者有钱可赚、劳动者也有合理的报酬，而不是说通过保护低收入阶层的利益来损害高收入阶层的利益，这实际上是一个逐渐调整的过程。至于城乡之间的公共财政资源的分配，农村的上升幅度要比城市快得多，但并不是说城市不增长；在高收入阶层与低收入阶层之间，低收入阶层肯定要比高收入阶层的增长幅度快得多，但并不意味着高收入阶层不增长。我想，收入分配制度的改革与完善应当是在比较恰当地维护较高收入阶层利益，在维护原来的那种利益分配格局的同时，来弥补那些物质财富分配份额不足的地区和阶层。因此，它只会将收入分配格局调整到合理的区间。

财政收入再分配与增进国民福利①

一

近几年，经济发展很快，形势很好。财政工作的成效也很大。我国 GDP 平均年增长是 8%左右，而财政收入年均增长达 15%多，这表明了政府控制的财富越来越大，而居民直接分享的财富在相对下降，而且非常不平衡。政府控制的财富越来越大，说明一个问题，就是过去的财政资金只是维持国家机器的一般运行，现在不单纯是维持运行的问题。财政资金越来越大，意味着财政在整个国民经济中间运行的作用，在整个公共事务与收入分配中的作用越来越重要。所以，应当加快我们国家公共财政的构建进程，使国家财政的重心转移到公共事务中，包括国防、教育、公共卫生和社会保障等方面，同时加大对财政资金的硬约束。

1998 年以来，中央财政在社会保障方面的支出增长幅度非常快，确实解决了许多社会问题，维护了社会稳定。但是，中央财政 2002 年的社会保障支出仍只占到中央财政收入的 12.5%，我们国家的“十五”计划期间曾明确提出，国家用于社会保障方面的支出应该占到国家财政的 15%－20%，现在中央一级只占到 12.5%，地方用于社会保障的支出就更少，比率更低。全国统计起来可能只占国家财政的 10%－11%，比“十五”计划提出的 15%－20% 差距还很大，一些需要通过社会保障才能解决的问题仍然很严重。我每年都要收到很多退休人员、下岗失业人员及困难人员的信件反映这个问题，有的甚至是 300 多人联名。

我个人认为，国家财政对社会保障的支持力度不够，虽然增长很快，但是

① 本文第一部分摘自作者 2003 年 6 月 25 日下午在十届全国人大常委会第 3 次会议审议国务院决算报告和审计报告时的发言；第二部分摘自作者 2004 年 6 月 24 日上午在十届全国人大常委会第 10 次会议审议国务院财政与审计工作报告时的发言；第三部分摘自作者 2005 年 6 月 29 日在十届全国人大常委会第 16 次会议审议国务院决算报告与审计报告时的发言；第四部分摘自作者 2006 年 6 月 28 日上午在十届全国人大常委会第 22 次会议审议中央决算报告、审计工作报告时的发言。

力度不够。我觉得政府职能的转变，一个重要甚至主要的方面就是提供社会保障，不断改善国民的福利。在欧洲，政府财政福利支出达到40%以上，我们“十五”期间定的目标是15%－20%，现在距这个不高的目标还有相当的距离，这表明财政在公共福利和社会保障方面的支持作用发挥得不够。应当承认，财政部门的成绩很大，但是财政资金的规范和使用效率问题依然值得高度重视。

二

听了财政部的报告感到很高兴，听了审计署的报告心情很沉重。财政部的报告令人高兴的是国家财力在持续、快速地增长，如果说过去国家财政收入5000亿元财力不足，现在2万多亿元了，就显示了国家财力日益趋向雄厚。财力的增长，当然是财政部门的成绩，但更重要的是党和政府正确领导经济工作和实施了正确的经济政策带来的结果，这是我的一个认识。财政收入的增加，表明国家财富在增加，过去长期讲中国贫穷落后，主要指标就是财富蛋糕太小了，现在财富蛋糕做大了，财政再分配的这一部分也加大了，所以政府干预社会分配的力度，应当是不断强化的。如何分配好这个蛋糕？如何行使好再分配的权利？我认为是财政部的重大职责。

针对目前财政工作的状况，我感觉有三个问题是必须考虑的：

第一，国家财政应该加快向透明的公共财政方向转化。这不是一句空话，应该采取切实的行动。因为政府是公共政府，掌握的是国家的公共权力，承担的是公共责任，控制的是应当全民共享的公共资源，所以应该谋取公众福利，这也是“三个代表”重要思想和执政为民理念的要求。为此，应当加快调整财政支出结构，主要应用于就业、社会保障、公共卫生、教育等公共开支，现在财政的钱用在就业和社会保障、国民福利方面的太少！2002年，卫生部一位同志跟我谈到建立新型农村合作医疗制度时，说中央文件规定对中西部地区的农民由国家财政给予每个人补贴10元钱，同时要求地方财政再补10元钱，他们大喜过望，因为他们曾经提出过政策研究报告，只敢开口为每位农民要5角钱补贴，当时还以需要补贴的农民全国有8亿人，一个人补5角钱，就是4亿元，财政部门可能不会同意，现在中央如此英明确实令他们大喜过望。卫生部门主管全国的公共卫生，只敢为农民要5角钱补贴，是不是国家财政确实如此紧张？听了审计署的报告，感觉不是这么一回事，国家财政的钱有些确实用得不是地方，财政资金的使用效率也还不是很高。就业和社会保障不仅安排的资金有限，而且有的使用不到位。这跟我们执政为民的宗旨和“三个代表”是不符合的，审计署的报告中所点的个案，动辄几亿、几十亿、几百亿，而对于解决贫困人口的生活保障问题及劳动者的社会保障问题、再就业问题，都明显不够。2004年5月我到香港去，了解了一下香港政府的预算，用于贫困人口的综合援助开支是200多亿港币，我们内地的预算却不到100亿元人民币。香港总人口是600多万，内地是13亿人口！这些事实均反映了一个问题，即我国财政的公共性并不强，用于直接为民谋福利的钱还不够多。因此，财政确实应该加快向透明的公共财政方向转化。

第二，我完全赞同审计署的报告及对解决财政资金使用中存在的问题而提出的改进措施，我认为全国人大应该支持审计署，人大对政府工作的监督核心是对预算的监督，这方面无疑应当强化。

第三，我对财经委员会提一个建议，即全国人大对政府工作的监督重在对预算的监督，而财经委则代表着全国人大直接而具体地担负着这种职责。在问题重重的现阶段，财经委员会也应该有针对性地监督，这应该是财经委员会承担的责任。

总之，财政工作中的问题要得到解决，除了财政部门自己努力工作，审计部门尽职尽责以外，人大强化监督不仅必要而且紧迫。我们在监督的手段和方式上还要有所改进，这样将更有利于用好国家的财政资金。国家财政的盘子不小了，已超过2万多亿元，如果财政资金的使用更规范一些，效益再提高一点，监督机制再硬一些，老百姓将受益更多。

三

我对（2004年中央财政的）决算报告谈几点看法：

第一，近几年来国家的财力增长很快，GDP大的分配格局发生了较大的变化。过去国家财政占GDP10%多一点，现在达到了20%，整个的GDP分配格局发生了很大的变化。这表明国家财力开始雄厚起来，宏观调控能力也增强了，同时也是反映国民经济发展势头良好的很重要的衡量指标。财政变厚实了，不再是当初一穷二白的状态和吃饭财政了。我记得1997年时的国家财政收入只有8000多亿元，2004年增长到26396亿元，1997年只相当于现在的1/4，因为2005年的财政收入可能超过3万亿元，财力增长速度越来越快。因此，我想如果1997年只有8000多亿元的财政收入也能够维持国家机器的正常运转，那么现在达到2.6万亿元、3万亿元财政应该做什么事情，如何把这些钱用得更好？2004年和1997年相比只差7年的时间，财政收入就增长了18000亿元。从理论上讲，国家财政应该有更多的钱反馈于民，增进国民福利和公共福利，但是实际情况并不是这样。研究发现，这和我们国家的财政分配格局有着密切的关系，虽然财政增长幅度很大，但是还是延用原来的惯例在分配。每年真正能够进行调整的财力，恐怕要小于每年新增的收入部分。2005年财政收入将超过3万亿元，但2.6万亿元已经分配完了，因为2004年的财政分配就是2.6万多亿元。传统的财政分配格局，不发生重大变革，财力虽然在增长，国家每年调控的财政资源的余力却很小，因为传统格局正在成为一个消耗财力的低效黑洞。因此，应重新考虑我们的财政结构改革。以救灾经费为例，它在我们国家财政中占的比例相当少，既然是救灾经费，那就是有灾才能救，但数十年来，分配格局却一直未变。先是财政部预算，民政部不管有没有灾，先把其中的大部分分配到各地区，导致有些遭灾的地方救灾款却不够，而某些未遭灾的地方却仍然会得到一笔救灾款。救灾预算的这种分配格局，只是一个小的缩影。因此，原来的财政分配格局确实有问题，如果不能从财政的分配结构上研究出好的办法，不能从公共财政的需要，在财政支出架构上考虑，并确定新的分配方式，不重新设计，并按照公共财政的需要来分配财政资源，那么，即使我们的国家财政收入达到5万亿元甚至更多，仍然会显得政府的财力不足。比如，温家宝总理在2005年的《政府工作报告》中提到，2005年的农村合作医疗预算已经增加到了7亿元，但是我也听到反映，2004年只用3亿元来补贴合作医疗，2005年增加了但仍然是太少了，因为农民太多，看病太难，而政府的投入却如此之少。它反映出来的不是财力问题，也不是中央领导不重视的问题，而是现有的财政支出结构已经使财政支出的传统格局刚性化了，很多地方你都不能动它。因此，在财力急增的大好形势下，应该着重从财政支出结构大调整入手，让财政的钱真正用好。

第二，2004年国家对“三农”的支持力度是较大的，产生的效应也很好。如2004年长三角、珠三角，还出现了局部地区的“民工荒”。我认为这是对“三农”支持力度较大而产生的良性效应。现在农民的收益开始增加，那么，他们自然开始考虑到底要不要出去打工了，同时也会选择收入较高的务工单位。这是支持“三农”效应的延伸，是城乡之间、工农之间开始出现良性互动的迹象，非常好。但是我也感觉到，去年对社会事业的支持力度仍然不足，有的方面只有百分之零点几到百分之几的增长，还没有做到党的十六届四中全会提出的构建和谐社会、社会事业要补上去的明显迹象，照此下去，社会发展和经济发展的不协调还会持续下去。另一方面，无效益的财政支出部分也在增加，各种以所谓“工程”为名义的财政支出名目繁多。现在只要是部门有一种新的名义向财政部要钱，只要名义越新鲜，钱就越容易要到，这种现象令人忧虑。

第三，在财政资金的使用方面，要讲安全性、规范性和有效性，这无疑是对的，但我认为做到这些还远远不够。现在国家的钱已经很多了，与1997年相比已经有了很大的变化，这就要求理财方面还要讲合理性、公共性、公平性，要有新的理财理念，应当建立财政支出的绩效评价体系。要分析国家财政支出结构的公共性，只有强调并突出财政的公共性，才是真正有效的财政。

对审计报告，我也谈几点想法。社会各界都在关注审计报告，我认为这是国民进步的表现，是大好事。它表明人们由过去只关注私人利益正在转向关注公共利益。审计报告对中央部门、专项资金及国有企业的审计，反映出来的问题是很严重的……这些事实反映出一些部门实际上起到了很坏的示范作用，也反映出国家利益部门化、部门利益小团体化、团体利益私人化的现象确实严重……这是整个社会只强调效率优先乃至于效率至上的必然结果。包括医药卫生、教育方面也是这样……没有铁腕手段，恐怕难以扭转。在对10家中央企业的审计也是这样……反映了问题的普遍性和严重性，没有任何诚信，这是比"非典"更可怕的问题。最后，我认为审计署做了大量的工作，他们是要承担压力的，这个工作不太好做，会得罪很多人。所以我完全赞同审计报告，完全支持审计署的工作。

我还有个建议，就是国家要把经济审计、法律责任以及对领导人的政治安排结合起来，如果这些都脱钩的话，那么问题还是无法解决的。因此，要把经济审计、政治任用和法律责任结合起来，审计报告才能真正硬起来。只有这样，财政资金的使用才会有效，国家财力的增长才能更多、更好地造福人民。

四

我个人认为，人大常委会对政府工作的监督，重要的是对预算进行监督，包括预算本身的科学性、合理性及其执行情况进行监督与约束，这实际上是对国务院的支持。因为在一个家庭，家长都不愿意自己的子女乱花钱，在一个单位，单位的领导也不愿意下属机构或个人瞎花单位的钱，我相信国务院领导一定希望管好、用好财政资金，并要求财政部门把钱用得恰到好处。因此，人大常委会的有力监督，实质上是对国务院的支持，是对全国人民和纳税人负责，对国家的经济发展是有好处的。

听了决算报告、审计报告有很多感受。我们的成绩更多地表现在财政收入的增长上，这是很大的成绩。当然，也不能老是这么大的成绩，每年老是近20%的增长也是有问题的，因为GDP蛋糕总是有限的，政府拿的部分如果一直这样大幅度增长，老百姓、劳动者就拿得少了。政府财政收入越来越多，应该怎么用？怎么反馈于民，增加我们的国力？这是应该多多考虑的问题。所以，对于决算报告，我感觉到好的地方有很多，成绩也很大。但是，说老实话，现在的预算还是一种粗放型的预算。我认为，现在国家财政的钱多了，不能只看主流，如99%的钱用好了是主流，即使1%的钱用不好，3万多亿元的财政收入中就意味着有 300 多亿元的钱没有用好。这是个什么概念呢？现在国家财政用于城市低保制度一年的支出不到 200 亿元，农村的几千万贫困人口的救济也只花几十亿元，城乡 5000 多万贫困人口一年也就花国家 200 多亿元，所以说，1%的财政的钱就等于能够保障全国 5000 多万贫困人口的最低生活。因此，财政收入的增长，不能掩盖预算及其执行中的问题，这些问题存在于财政资金使用的全过程中，我感觉到现在的问题是比较大的、比较普遍的，也是比较严重的。

第一，预算的科学性、合理性和约束性很有问题。从中央财政决算表上看，一个是增收，每年十几个百分点的超收，近几年年年如此，拿到任何国家和政府，都应当怀疑预算的科学性和预算部门的水平。在中央财政支出决算表中，有的支出超过预算数的 10%以上，而科教文卫支出只完成预算的 88%，支农支出只完成预算的 94%，支援不发达地区支出只完成预算的 70.6%，还有 29.4%没有完成。有些数据就更没法理解了，像外贸发展基金，决算数仅是预算数的 5.8%，土地有偿使用基金支出的决算数仅是预算数的 1.2%，等等，类似于这样的现象，明明白白地表明了现行预算的科学性是有问题的。如果预算本身缺乏科学性，约束性就不要说了，犯规也就不可避免了。

第二，目前的财政管理体制是有问题的。现在的财政管理体制是过去体制的延续，在财政收入有限的时候，因为可供分配的财政资金有限，各地、各部门都不得不把钱用在刀刃上，这种体制不会出大问题。但是，当财政收入大幅度增长，国家财力日益丰裕后，这个体制便会出现越来越大、越来越多的问题。这一点在报告中看，确实有很大的问题。中央和地方的事权和财权应当统一，财政部门跟其他政府部门在用钱的体制方面也应该有重大调整。审计报告反映出了很多财政方面的问题，实际上是管钱的体制还是沿用了过去的模式，发改委甚至几万元的项目也要管，一个乡长也可以到北京来“跑部钱进”，财政管理体制不改革，这些问题就不可能解决，财政的钱也就用不好。

第三，关于财政资金的使用效益问题。过去钱少，我记得 1997 年，国家财政收入才 8600 多亿元，到 2006 年可能超过 3.5 万亿元，增加额达 2.7 万亿元，钱多了，如何用好就是问题。财政资金的使用效益，从审计报告中看是有浪费的，或者是低效的、无效的，效益财政还没有提到议事日程上。我记得上次讨论审计报告时，我就提出希望从财经法纪审计转向财政效益审计，财政资金不能光看量大，最重要的还是财政资金的使用效益问题。

第四，财政领域中违法乱纪现象普遍化问题。从近几年的审计报告看，几乎没有部门是没有问题的，法难责众，法不责众。除了要检查各部门的问题，我认为更要考虑为什么各部门都如此，它其实与预算的科学性不够、财经管理体制有欠缺及法纪刚性不足直接相关。

第五，关于预算的约束性问题。年年审计监督，但是监督还是不硬。年年审计，年年有问题，一些部委年年被点名，已经麻木了，这就有预算监督与约束的问题。我们并未将预算约束列为人大监督的主要项目，年年发生决算与预算出入大的问题，这种现象只能通过人大监督来约束，否则也是一种放任和不负责任。所以，我认为，财政部门的责任重大，首要的就是要增强预算的科学性，预算不科学，监督就没有科学的依据。其次，是要把财政管理体制的改革提上日程，否则，大量的问题将不可避免，应至少避免发改委管几万元项目等现象。再次是要将关注点转向财政资金的使用效益，要建立效益财政，这是财政部门应当调整的大事。

对于审计报告，我很支持审计部门，赞同人大加大对审计工作的支持力度。我对审计报告提三点建议：第一，建议表扬审计中没有问题的单位。审计完了以后，对没有问题的单位进行表扬，遵纪守法者应当表扬。第二，应当对出现问题的部门进行分类，哪些问题是基于预算的不科学造成的，哪些是管理体制不合理造成的，哪些是违法乱纪的，作为人大的监督也应当分层次，没有问题的要表扬，问题是由于预算本身不科学的，那就是财政部门的责任。如果是违法乱纪的问题，那就必须追究责任。第三，还是要加大对重要职能部门的审计监督，尤其是财政部门，因为财政部门无问题，其他部门也会受其约束。

《个人所得税法》修订与收入分配调节①

《个人所得税法》进行修改我完全赞成，提高个人所得税的起征标准，有利于缓解收入差距和贫富分化，维护低收入者的利益，是构建和谐社会的一个必要措施。目前现实中的许多社会问题和矛盾乃至于社会冲突及对抗，根源在于收入分配领域中确实存在着不公平、欠规范的问题。因此，调节个人收入所得税法应当体现出保障低收入阶层的利益，扩大中收入阶层群体和节制高收入者阶层的总取向，应该是一个保低、扩中、节高的取向。当然现在修改草案中是提高起征点。起征点的标准还可以考虑，保证低收入者利益得到了体现，但对高收入者的节制以及其他突出问题，在这次的修改草案中没有得到体现。因此，这还不能算是一个很好的修改，仅仅简单地把个人所得税起征点由800元提到1500元，只解决了一个问题，而没有解决其他的问题。下面谈几点建议：

第一，应该简化个人所得税的级数，现在分9级，通过简化级数，可以使中等收入和低收入阶层的利益在现有的条件下得到维护，对于高收入者应该继续提高其税率。目前的9个级数非常复杂，随着起征点的提高，应该把级数简化。建议将9级简化到5级左右，在简化的同时调整税率。

第二，对于已经出现的新情况、新问题应有规范。一是年薪制的个人所得税怎么解决？现在国有企业和一些非国有企业中已实行年薪制，对此如何处理，这个问题在这次修改中没有提到。二是私营企业主的收入问题。在我国有一种现象，有的私营企业的盈利是很高的，企业主几年就可以成为亿万富豪，但是他个人是不拿收入的，其所有开支都打入了生产成本，因此在纳税方面，看不到那些真正的亿万富豪私营业主来缴个人所得税，这里面实际上存在着偷税、漏税、避税、逃税的问题，实际上是个人所得税的一个很大流失，希望通过个人所得税法的修改，使这方面的问题能够得到解决。三是目前非正规就业，也就是灵活就业者，他们的个人所得税如何来征收？这部分劳动者也许这个月拿的收入很高，但是下个月就没有收入了。他们的收入是算劳务报酬还是算工薪收入？这三大突出现实问题是《个人所得税法》修改和个人所得税征收

① 本文摘自作者于2005年8月24日上午在十届全国人大常委会第17次会议审议《个人所得税法修正草案》时的发言。

中无法回避的问题。我非常希望通过这次对个人所得税的修改对以上三大问题有所规范。否则，分配不公、征缴失范、税收管治漏洞等无法彻底根治。

第三，《个人所得税法》的修改，还应该有利于支持我国慈善公益事业的发展。根据我的调查统计，我国的慈善公益事业募集到的善款一年100亿元人民币左右，目前社会上畸形消费现象愈演愈烈，但是热心参与慈善公益事业的时尚却未形成。我计算过美国的慈善公益机构的收入，总量大概要占GDP的8%—9%左右，其中个人捐献要占GDP的2%—3%。如果我们按照GDP的2%来进行个人捐献的话，我国的慈善公益事业每年筹集到的资金应当在2000多亿元人民币，而现在我们公益事业的收入相当低，表明人们参与慈善公益事业的热情不高，其中一个很重要的原因是国家税收制度对此缺乏鼓励和引导。在许多国家，税收政策都是全力支持慈善公益事业的，因为慈善公益事业不仅是道德事业，而且是在帮助政府做事。如希望工程救助失学儿童实质上部分替代了政府的责任，所以我觉得，《个人所得税法》的修改应该有利于支持、引导、扶持个人做慈善事业。这件事需要有两个措施：一是如果有人捐献了，应该免税，怎样免，应该有具体措施；二是对高收入或超高收入阶层，应该提高税率，比如每月工薪超过10万元以上的，税率可以达50%，这样如果捐献，个人花50元钱就做了100元钱的善事，对政府来讲，我减少了50元钱的税收，却获得了100元钱的公益资源。因此，在《个人所得税法》的修改中，不仅要提高起征点，而且应该全额扣除慈善捐款的应计纳税额，并解决好已经出现的突出问题，真正实现保低、扩中、节高的收入分配调整目标，这比简单地提高起征点有更大、更多的好处。

收入分配与农村低保制度建设①

农村低保继城市低保之后，成为政府和专家学者关注民生的又一论题，各地也正在探索适合自己的低保之路。截至2006年第一季度末，全国已有18个省市、849.7万农民领取农村最低生活保障金。而2005年，政府的财政收入就已经达到3万亿元，仅增收部分就达5000多亿元。中央财政是否已有实施农村低保的能力？农村是否有必要实行低保？农村低保对财政的影响又何在？

一、"后改革开放时代"，公平与和谐成为社会发展的要义

记者：郑教授，您在2003年即提出中国进入了"后改革开放时代"，当时为什么提出这样一个比较新颖的词？

郑功成：之所以提出"后改革开放时代"，是因为我们现在已经进入到理性、公平、文明、制度建设的阶段，这和前20年的改革开放"摸着石头过河"是完全不同的。这是我们制定政策、考虑问题的背景和依据，农村低保亦不例外。

记者："后改革开放时代"具体含义指什么？

郑功成：确切地讲不是含义，也许说特征比较合适：

首先，中国由改革开放初期的多数人或几乎所有人都能够受益的普惠时代已经过去了，正在进入一个利益分割的时代。

其次，中国改革已实现由"摸着石头过河"到目标明确、路径清楚转变。随着市场经济体制的确立，我们国家提出了全面建设小康社会和构建和谐社会的战略目标，积极融入经济全球化进程，加入WTO等，表明中国摸着石头过河的改革年代已经过去了，已经形成自己的发展思路。

再次，由"先富"到"共富"的转变。我们国家提出"先富"是方式、手段，而"共富"是目的。而中国现阶段基尼系数逐步上升，表明中国的贫富差距在拉大，说明鼓励一部分人先富起来的时代正在成为历史，而促使城乡居民生活水平普遍提高，并且最终走向共同富裕的时代已经到来。

---

① 原载《中国社会报》2006年7月18日；该报记者鲁丽玲采访、整理。

最后，变被动到主动。中国主动加入 WTO 并积极融入国际经济社会，表明被动对外开放的时代已经过去，积极主动地与世界各国共同发展的时代已经到来。

综上所述，中国在“后改革开放时代”，就是要注重公平、正义、理性、和谐与文明。这基于经济社会的不协调及由此而引发的深层次问题，表明单纯强调经济发展，乃至只论 GDP 增长的时代已经过去，而追求全面协调发展的时代已经到来。

二、开发式扶贫已经不能解决某些人的生存问题

记者：郑教授，农村低保和“后改革开放时代”有必然的联系吗？

郑教授：农村低保与“后改革开放时代”当然密切关联，因为改革开放前一个时期不仅国民财富有限，而且突出强调效率优先乃至于效率至上；而新的时代不仅有了国民经济持续 20 多年的高速增长与积累，更要求国家发展必须适应时代要求确立科学发展观，突出社会公平取向，构建能够让每个人都能够快乐地创造和生活的和谐社会。在这个新的时代，包括农村在内的民生问题很自然地会成为党和政府、成为国家、成为民众日益关注的重要问题。我曾经指出，民生问题的核心是人的全面发展，包括人的各种正当权益受到尊重和保护，治国理政要突出以人为本。人的生命价值、健康价值、尊严价值等均应当越来越受到尊重，整个社会应当和谐发展。在这样的时代背景下，无论是从社会公平的发展取向出发，还是从已经具备的物质基础或者经济基础出发，均决定了全面推进农村低保制度的建设是新时代的应有之义。

目前，社会各界普遍认为我国城乡、地区、行业，以及部分社会成员之间收入差距偏大，这已形成共识。我们国家基尼系数在 1991 年的时候是 0.282，到 2001 年上升到 0.459，这表明中国的贫富差别处于明显偏大的状态。中国到底有多少贫困人口？按照官方的公布，就是农村的绝对贫困人口，即未解决温饱问题的人口还有 2600 万。而在 2003 年“两会”的时候，温家宝总理说，如果把好几年前定的农村贫困线标准提升 200 元钱，那么农村贫困人口要增加 6000 万，从而需要帮助的农村贫困人口总数应当是 8600 多万。可见，尽管中国已经走出了普遍贫穷的时代，但农村贫困人口的规模仍然庞大，贫困程度仍然深刻，这是一个严重的社会问题。如何解决农村特别困难的人口的生活问题，低保制度无疑是免除困难村民生存危机进而解决这个社会问题的必要且积极的措施。因此，我仍然坚持我前几年提出来的观点，即改革开放前一个时期强调解决的是效率问题和如何做大国民财富蛋糕的问题，而在“后改革开放时代”则必须考虑社会公平问题并合理地分配好国民财富蛋糕的问题，农村低保

应当是新时代最能够体现国民财富分配正义、让农村困难居民也能够合理分享国家经济发展成果的制度安排，这是构建和谐社会的最基本的内容，因为和谐社会不能没有农民、农村。

记者：建立农村低保有利于促进社会公平，保障农村困难群体的起码生活，对于促进整个社会的和谐发展有着特别重要的意义。可以这么讲吗？

郑功成：对。过去由于资源有限，加上发展经验不足，经济政策与公共资源配置长期采取区域倾斜具有必然性、必要性、重要性。但这种长期倾斜的经济政策与公共资源的失衡配置也带来了城乡差距与地区差距的持续扩大化。中国的城乡差距在最近20多年间只有20世纪80年代初期是较小的，那时是城市进步小，而农村因实行承包责任制发展极快，但此后则是城乡差距持续扩大的时期。在城乡差距持续扩大的条件下，中国的经济就不可能走向一体化，城乡的市场就不可能一体化，包括这个消费市场、商品市场、劳动力市场等。最终的结果不光是损害不发达地区和农村，而且损害中国经济社会的协调、健康发展。

尽管国家自1986年起实行开发式扶贫并获得了显著的效果，贫困人口也大幅度减少了。但是，农村还有很多的贫困人口，贫困程度非常深，开发式扶贫不可能全面解决农村困难人口的生存危机。在这种状况下，建立农村低保制度就不仅具有必要性而且具有紧迫性，这种制度首先维护了农村困难群体的生存权利，也让农村困难群体能够享受到与城镇困难群体一样的救助待遇，从而是和谐社会的内在要求，也是缓和贫富阶层矛盾进而促使整个社会和谐发展的最基本的制度保障。

三、慈善不能救农村，政府财政支持很必要

记者：国外的社会捐助非常流行，我们听说过比尔·盖茨把自己的财产都捐给慈善机构了，我们国家是不是也可以用这种方式解决财政的负担？

郑功成：我看到美国的一份资料，1998年的时候，美国慈善公益机构掌控的资源达到6700多亿美元，当时我计算了一下，相当于美国GDP的9%，其中有将近2000亿美元是个人捐献，这个也不得了，相当于美国GDP的2%以上。如果按照我们GDP的2%，我们可以计算一下，我国2005年的GDP是18万亿元，2%应该有3600多亿元。

但据我的调查研究，我们一年能筹到100亿元的慈善捐款就不错了，这对整个收入分配几乎没有调节作用。我曾经讲过中国的先富群体形象似乎不太高，他们需要在努力创造财富的同时，通过多参与慈善公益事业来树立对社会与公共利益更负责的形象，而这即可以调节差距、化解冲突，是值得大力倡导

的行动。我认为，解决农村低保的问题绝对不能指望社会捐赠，这不仅是其数额有限，更重要的是它属于自愿捐献，具有不确定性，解决农村特困群体的最低生活不能指望一种自愿的不确定的方式，而是必须通过可靠的稳定的制度安排，这主要靠政府财政的支持，而政府也肩负着这方面的责任。

四、财政拿钱解决，资金应不成问题

记者： 2005 年的 GDP 达到 18 万多亿元，国家财政收入达到 3.1 万多亿元，其中仅增收部分就达到 5000 多亿元，中央财政加大支持农村低保的力度应该不成问题吧？

郑功成： 这个问题，可以辽宁为例加以说明，2005 年辽宁省农村低保的补差金额人均是 30 元左右，即使辽宁省补差金额增加到 40 元，全省农村低保的支出也不过再增加 1.5 亿元。

如果按辽宁的标准计算，农村没有享受低保的 2600 多万特别困难人口每年大约需要 100 亿元，这笔钱仅相当于 2005 年财政收入的 0.33%，即使再宽松一些，所有支出占国家财政收入的 0.5%足够矣，这对于国家财政而言应当是一个很小的数额。所以说，我认为，解决农村低保的资金问题根本就不是一个经济问题，因为它只是从国民财富蛋糕与国家财政中分享到微不足道的一点点而已，而这一制度解决的却是 2600 多万特别困难人口的最低生活保障问题。因此，农村低保实际上是一个如何落实科学发展观的政治问题，是一个如何缩小社会不公平和促进社会公平的问题，它应当成为检验各级政府是否真正执政为民、为民谋福利的试金石。

五、农村低保：收益大于成本

记者： 您刚才谈到农村低保所需要的资金仅相当于国家财政收入的 0.33%，即使宽松些也不会超过 0.5%，这不会对财政构成负担，那么产生的效果有哪些？

郑教授： 我认为，建立农村低保制度的这笔资金，数额不大却能够满足 2600 多万农村特困群体的最低生活保障，其效益绝对不是可以从经济上来衡量，它增强了人民的安全感，使农村特困群体免除了生存危机的恐惧，从政府的角度来看是在政治上保持了稳定的局面。因此，对这笔投入绝对不能只算经济账，还要算社会公平账、政治稳定账，用 100 多亿元财政资金换来 2600 多万农村特困人口的生存保障和农村社会稳定，进而促进整个社会的和谐，我可以肯定地讲，这是最有效益的财政资金。

针对那些将社会保障投入视为负担的人我还要特别指出的是，在我国现阶段，社会保障投入更多地具有投资的功能。以农村低保制度而言，救助的对象是特困群体，发放的资金通常会全部转变为当期的消费资金，进而又转换为促进生产发展的资金来源，它当然是一种投资。我们国家经济发展中的不良现象就是经济增长对外贸依存度严重偏高，这种非良性状态即是农村消费能力有限造成的，不改变这种状态，我国经济实际上具有不可持续性。因此，建立农村低保制度，将有限的财政资金投入农村，换取的是农村消费能力与现实购买力，它可以促进中国经济良性发展。因此，农村低保是一项福利工程，也是一项经济发展工程，值得我们努力去做好。

六、让农民分享经济增长的蛋糕

记者：农村低保的建立需要财政支持，那么会不会给财政带来很大的负担，影响社会的运转？

郑功成：首先，我想说为农村、农民提供财政支持是政府的责任。例如，现在城市居民的家庭财富多了，但由于贫富差距的客观存在，要保持财富就有风险，所以，富人就把住宅窗户用铁栏杆封起来，自己好像坐牢一样，然后家里还养着大狼狗。为什么？因为不安全。为什么不安全？就是因为有的人生存机会、生存条件受到了抑制或者是不具备，那么他就有可能产生反社会的行为、冲动、心理。对农村和城市也是这样。如果一个社会是不和谐的，对抗性矛盾就会加剧，社会也就不会有安全感，这种不安全感首先会使富人生活在风险之中，因此，建立农村低保不能只被看成是解决低收入人口或者贫困人口或者不发达地区人口的生存问题，实际上对农村和整个社会来讲都是一个双赢的事情。

其次，我要讲的就是收入分配。收入分配涉及社会财富如何分配的问题。我们过去有一个观点，就是中国的财富太少了，就是可供分配的蛋糕太小了，那我们就拼命地把这个蛋糕做大，做大了不就多了吗？经过20多年的持续高速增长，我们确实把蛋糕做大了。2005年的GDP达到18万多亿元，人均GDP也达到了1703美元，这是非常了不起的成就，它表明中国已经到了一个非常重要的发展阶段。但如果只是一味地做大蛋糕，并不见得所有人都能从里边分到很恰当的一部分，如果分配不好就会引起甚至加剧社会矛盾。因此，我一直认为，建立社会保障是合理分蛋糕的必要选择。农村低保就是使农村的困难群体接受救助，分享国民财富蛋糕。

记者：如果农村也像城镇一样建立了覆盖全体农村居民的最低生活保障制度，您会有何评论？

郑功成：如果农村也像城镇一样建立了覆盖全体农村居民的最低生活保障制度，其发展方向应当是非常明确的，这就是：城乡最低生活保障制度一体化，即在对贫困人口的救助方面消除城乡分割与不平等的制度障碍，这既是中国社会发展进步的内在要求，也是中国社会发展进步的一个重要标志，同时也是再分配功能强化与增进社会公平的表现，但还不能指望一个低保就能够缩小贫富差距，因为社会救助的功能毕竟是有限的。

我还想补充的是，我更愿意提综合性的城乡一体化的社会救助体系，因为最低是个绝对化的用词，它对应的当然只能是绝对贫困人口，提供的也只能是满足最低生存条件的保障，而我国国民经济在持续高速发展，城乡居民的收入水平与生活水平也在快速提升，绝对贫困人口在急剧减少，而相对贫困人口却会逐渐成为政府救助对象中的主体部分，况且，城市发展的经验亦表明，受助家庭或个人所得到的救助正在由最低生存保障向更宽广的范围拓展。

记者：您对农村“五保”制度的发展有何评价？

自 2005 年年底国家颁行新的农村五保供养政策后，我认为这一在我们国家持续半个世纪并惠及过千万计农村孤寡老幼的特色制度就发生了根本性的变化。

将农村“五保户”由农民分担供养责任转向国家福利，体现了国家以社会福利名义提供的公共福利资源由过去完全投向城镇转向城乡兼顾，从而可以视为财政资源再分配公平性的一种体现，而这恰恰是新时代构建和谐社会、突出社会公平的要求。

还需要指出的是，与我指出最低生活保障中的“最低”一词将来会成为历史名词一样，“五保”一词也即将成为历史。回顾“五保”制度所走过的历程，可以发现，当时的“五保”是指保吃、保穿、保住、保用、保葬（孤儿则是保教），简言之，就是避免农村孤寡老人与孤儿免除生存危机的恐惧，然而，时代发展到今天，不要说发达地区的“五保户”早已摆脱了衣食之忧，而且还能够过上较体面的生活，并享受到其他的福利，这一制度所保障的早已不是五个方面的保障而可能是六个以上方面的保障。我想表达的意思是，包括“五保户”在内的农村困难群体所获得的援助，必定会随着我国经济社会的持续快速发展而持续得到提升，政府与社会的责任不仅是要免除其生存恐惧的问题，还要满足其相对生活需求，真正合理地分享到国家发展的成果。

建立共享经济发展成果的长久机制[①]

改革开放以来，我国国民经济保持了近 20 多年的持续高速增长。2005 年 GDP 已达到 18 万多亿元（人民币），人均 GDP 超过了 1700 美元，国家财政收入亦超过了 3 万亿元，这三组数据十分清楚地表明了我国经济已经跨上了一个较高的平台。国家经济实力的持续增强，不仅使城乡居民的基本民生问题持续得到了改善，而且亦为国家进入更高层次的发展阶段奠定了日益雄厚的物质基础。然而，普惠式的改革时代已经成为历史，贫富差距的扩大、劳资关系的失衡、流动人口（以农民工为主体）与固定户籍人口之间的利益冲突和公共资源配置的失衡、社会保障制度的残缺、分配正义在某种程度被扭曲，以及城乡之间的巨大差距等，又揭示了现实中的利益分配格局日益突出地表现为全体社会成员尚未能合理地共享经济发展的成果。因此，在推进社会主义和谐社会的建设中，必须适应时代发展的客观要求，顺应人们对社会公平与分配正义的呼声，切实解决好经济发展成果的合理共享或分享问题，这已经成为新时代赋予国家的重大使命。

基于新的时代要求和国家未来发展的科学定位，我认为，国家需要通过相应的制度安排与政策措施，真正建立起能够让全体社会成员合理分享经济发展成果的长久机制，这是确保我们国家沿着健康、文明、协调、持续发展的道路迈向共同富裕新时代的基本保证。

1. 必须在维护社会公平与分配正义的原则下，真正确立让全体社会成员合理共享经济发展成果的价值观，并将其作为迈向共同富裕新时代的道德基础。中国改革开放以来所取得的巨大发展成就，一个主要的客观标志就是将共同贫穷的时代送进了历史，经过近 20 多年的持续快速发展，我们国家正在经历改革开放以来鼓励部分人先富起来，再到开创共同富裕的新时代的历史性转变。如果说改革开放前一个时期基于国民财富“蛋糕”太小而需要突出强调对财富积累的追求和只能鼓励部分人先富起来，那么，在国民财富“蛋糕”持续做大之后，国家的健康、文明、持续发展就需要建立在让全体社会成员合理分享经济发展成果的基础之上。因此，必须确立全民共享经济发展成果的价值

① 本文于 2006 年 3 月“两会”期间列为全国政协正式提案。

观，并将这一价值观落实到相应的制度安排与政策措施中。换言之，新时代要求国家在维护社会公平与分配正义的基础上，清晰地体现出让全体国民共享经济发展成果的价值取向与制度或政策取向。为此，在科学发展观的指导下，国家发展的宏观取向就需要按照构建社会主义和谐社会的内在要求，由单纯的经济效率优先转向突出社会公平与分配正义，由放任自由的价值多元取向转向大力鼓励承担社会责任，由只算单纯的经济增长账转向算经济社会乃至政治与道德文明协调发展的综合账。与此相适应，评价国家发展水平的指标，也需要由以单纯的经济增长与财富积累转向以经济社会协调发展、良性互动以及国民共享发展成果作为核心指标。唯有如此，才能真正确立能够符合新的时代发展要求的新型价值观，并引领着我们国家走上健康、文明、和谐、可持续的发展之路。

2. 需要对国民财富的初次分配格局进行适度调整，扭转以往国民财富重积累轻消费和过度向资本所有者倾斜的做法，真正让劳动者更好地参与经济发展成果的即期分享。针对改革开放以来资本长期畸形偏高和劳动者经济与福利收益长期偏低的客观事实，提高劳动者的劳动报酬与福利待遇客观上已经成为实现共享经济发展成果的必要举措。在这方面，国家应当通过强制性的制度安排来维护劳动者的工资增长权益、职业福利权益及其他经济权益。如在完善最低工资制度的基础上，建立有约束力的正常的工资增长机制，确保劳动报酬能够随着国民经济的持续发展而不断提高；进一步明确劳动者在劳动时间、劳动条件、教育培训、休假及其他福利方面的权利，摒弃改革开放前一个时期将劳动者职业福利视为用人单位社会包袱的旧观念，强化用人单位为劳动者提供相应职业福利的责任与义务，通过职业福利机制的重建而使劳动者在经济持续发展中获得更多的收益。同时，还需要将劳方、资方与政府三方协商机制落到实处，让劳动者享有与资本所有者同等的谈判与协商权力，通过严格的劳动合同制并推进集体合同制度等措施来维护劳动者的权益。适度抑制资本所有者的投资回报，提升劳动者的劳动报酬及职业福利，将是维护社会公平与分配正义并实现让劳动者参与经济发展成果合理分享目标的必由之路。

3. 对现行税制进行合理改造，着力维护社会公平与分配正义，利用合理的税制安排来推进全体社会成员分享经济发展成果。在这方面，我认为，国家需要从两个方面调整现行税收制度。一方面，还有必要通过进一步完善现有税制，如对个人所得税可以通过缩小征税级差等办法来进一步完善，对利息税可以通过减免低额（可以确定一定额度）存款户的利息税等来保障促进低收入阶层的经济利益，等等。另一方面，基于公平正义原则，还必须再强化对高收入阶层的税收征管，开征新的税种，包括用奢侈性消费税来替代简单的禁止或者指责现阶段畸形的奢侈性消费现象，通过开征物业税来规范与约束房地产领域的过度消费，通过开征遗产税和非公益捐赠税等税种来规范财富的积累与转移，还可以通过减免公益捐赠税收来引导先富起来群体多承担社会责任。在社会阶层分化加剧和利益分割加剧的发展背景下，只有国家的税制安排必须真正体现出了分配正义的原则，才会促进全体社会成员合理共享经济发展成果。

4. 加快构建公共财政的步伐，确保公共资源的公正分配，实现全体社会成员共享经济发展成果。众所周知，国家财政是调节国民财富分配以实现共享经济发展成果的基本途径，我国的财政实力随着国民经济的持续高速增长也在高速增长，国家财政等于“吃饭财政”的时代已经被送进了历史，在财政资金日益丰裕的条件下，用更多的财力来谋取公众福利和进一步改善民生不仅是必要的，也是可能的。因此，国家需要尽快确立公共财政体制，同时基于社会公平与分配正义原则，强化财政收入的再分配力度，确保财政支出结构向教育、卫生及其他各项社会保障与公共福利事业倾斜，并实现财政性公共资源在城乡之间的公正分配。在现阶段，对财政支出结构需要有硬性约束，构建和谐社会必须确保国家财政用于改善民生的支出，用于教育、卫生、社会保障及其他公共福利的支出，用于向落后或贫困地区的转移支付和用于救助低收入阶层或者困难群体的支出等有较大幅度的提升。在这方面，我认为有必要树立效益财政观念和大财政观念，公共支出不能简单地等同于纯消费支出，它同样可以转化为生产力并推动着国民经济的持续发展和整个社会的和谐发展。

5. 必须加快健全社会保障制度，为社会各阶层与不同社会群体共享经济发展成果提供制度保障。许多国家的经验表明，社会保障是实现全体社会成员共享经济发展成果、促进社会和谐发展的最重要的制度安排，其所具有的缩小差距、化解矛盾、缓和冲突以及保障民生、改善民生与解除社会成员后顾之忧的独特功能，决定了它是不可替代的制度安排。如社会救助制度能够在维护低收入阶层尤其是贫困人口最低生活权益的条件下缩小收入分配差距，进而缓和贫富阶层的冲突，促进社会和谐；社会保险制度可以在维护劳动者法定权益的同时，促使失衡的劳资关系走向平衡，进而改善劳资关系，促进劳资关系走向和谐；而各项福利事业的发展，则是老年人、残障人、妇女儿童享有参与分享国家经济发展成果的平等机会的不可替代的合适途径。因此，如果没有一个健全的社会保障制度，就不可能实现共享经济发展成果的目标。针对现阶段我国社会保障制度残缺不全、保障不足、责任不清，以及维护社会公平正义、促进社会和谐的功能得不到充分有效发挥的现实，必须看到建设健全社会保障制度对于实现社会成员共享经济发展成果和促使整个社会健康、和谐地持续向前发展的重要性、必要性和紧迫性。有鉴于此，我认为，国家有必要将社会保障作为实现国民共享经济发展成果和构建和谐社会的基本制度来建设。一方面，需要按照普遍性与广覆盖的原则来完善现行的社会保障制度，尽快构建起一个覆盖全体社会成员的社会保障体系，这个体系的保障水平可以低一点，制度结构也可以是多元化的，但必须堵塞漏洞，真正避免社会成员因生活困难而陷入绝望的境地；另一方面，需要按照社会公平正义的原则来重视农村居民及其他未纳入社会保障网的社会成员的社会保障权益，在继续推进城镇社会保险制度改革与逐渐完善城镇困难群体保障体系的同时，救助乡村困难群体、推广新型农村合作医疗、确保困难家庭子女享受平等教育机会、完善农村五保制度、推进农民工等流动群体的社会保障体系建设，以及化解城镇居民疾病医疗等方面的后顾之忧，所有这些，无疑应当成为我国“十一五”时期的重要且应当努力完成好的任务。

6. 针对我们国家所处时代与面临的各种挑战，推进相关配套改革，尽快消除各种政策歧视，亦构成了全体社会成员共享经济发展成果的必要举措。因为政策歧视既破坏了社会公平与分配正义，也直接妨碍着社会成员共享经济发展的成果。因此，国家有必要清除现行法律、法规、政策中的歧视性规定，为全体社会成员共享经济发展成果创造符合公平正义原则的共享平台。如户籍歧视、就业歧视、社会保障制度歧视等就必须尽快消除。

总之，我们国家已经进入了一个崭新的发展阶段，让全体社会成员共享经济发展成果不仅是时代发展的内在要求和解决现实中诸多社会问题的迫切需要，也是构建社会主义和谐社会的核心内容。我曾经指出过，无发展即无共享之物质，不能共享必导致社会之对抗，有对抗断无社会之和谐。反过来则是，越发展就越具有可供分享的丰厚物质基础，能共享即可以消除社会之冲突，无冲突则能实现社会之和谐。因此，尽快构建让全体社会成员合理共享国家经济发展成果的长久机制，对国家发展有着特别重大的意义。

Promoting Scientific Development and Sharing Social Harmony

第三篇

社会保障与共享和谐

社会保障制度改革必须确立公平的价值取向①

自1986年以来，中国的社会保障制度改革已有17年，1998年以后，这项改革更是成为党和政府的工作重心之一，作为这一制度变革自始迄今的见证人和研究者，我对此项改革的独特价值有着切身的感受，总的看法是，中国社保体制改革的巨大成效与诸多问题并存，整个制度的改革方向至今仍处于政策选择之中。

一、社会保障制度改革不应由经济政策左右

中国社会保障制度改革经历了从自下而上到自上而下、从自发到自觉、从单项到全面综合改革的历程。第一阶段（1986—1993年）是为国企改革配套服务，原体系在延续，新机制在生长；第二阶段（1993—1997年）将社保明确为市场经济体系的五大支柱之一，新旧政策并存但此消彼长，改革有明显的效率取向；第三阶段（1998年以来）则将社保作为一项基本的社会制度加以建设，两个确保、三条保障线成为重中之重。

十多年的改革结果，便是社会保障观念已经转变，从依赖国家到个人责任的逐渐回归；旧的社会保障制度已向新制度转型，一个政府主导、责任分担、社会化、多层次化的新型社保制度正在全面取代原有的国家负责、单位包办、板块分割、封闭运行、缺乏效率的社保制度；新制度的实践效果也日益明显，如政府与单位责任得到控制、新体系的框架渐成、新制度覆盖人口在持续扩展。能够在维系经济持续增长和社会基本稳定的同时，使原有社会保障制度整体转型，迄今为止除中国外还没有任何国家做到过。

不过，通过评估以往的改革历程，我们发现社会保障改革的价值取向与经济政策的价值取向日益混为一体，新制度的建制理念亦长期未能找到准确的定位，这是社保改革至今无法定型的深层原因。

渐进、双轨并行、试点先行的改革方式，虽然可以减少震荡、避免大范围失误，在总体上符合中国整个改革事业渐进发展的要求，富有自己的特色，但

① 原载《南方周末》2003年1月1日。

也存在着立法滞后、路径依赖、成本偏高、试而难定的缺陷，它在“摸着石头过河”时期具有合理性，但并不等于现阶段仍具合理性。

目前看来，以往改革的不足主要表现在以下几个方面：一是片面强调社会保障改革为国有企业改革配套；二是社会保障改革决策的理性不足，如统账结合模式、国有股减持等重大政策的出台均缺乏对这些举措能否与本国国情相适应的充分论证，结果造成了较严重的后果；三是决策与管理权限分散，导致政出多门、各行其是、矛盾下移；四是建制权责统放不分，中央与地方实际上处于分工与职责不明的状态；五是长期忽略乡村社会保障制度建设，滞后于工业化与城市化进程；六是对民间与市场的功能认识不清，有心理上期望过高和具体利用不够的倾向；七是舆论宣传与理论导向存在着某些偏差，如夸大个人责任损害国民信心、夸大社会保障对经济的负面作用以至影响决策。

在以上不足中，有些是“摸着石头过河”时期难以避免的，有些则是可以避免或者至少应当尽快得到纠正的。否则，上述不足造成的影响，将继续增加确立新制度的障碍。

二、效率优先与社会保障制度的内在要求

十多年来，人们的注意力通常集中在制度设计与资金不足等方面，而对至关重要的社会保障责任的划分始终未给予足够重视，社会保障的历史责任与现实责任迄今是一笔糊涂账，国家、企业与个人的社会保障责任缺乏界定，政府与社会或民间责任边界始终不清，中央与地方政府的职责分工始终不明。这种责任模糊，严重地影响到社会保障法制建设和体系建设，同时也直接损害着新制度的有效性和对市场、对地方政府、社会与社区积极性的调动。

因此，我们看到的是这样一种局面：社会保障领域的改革仍然是政策主导而未上升到法制主导；安全网的漏洞大，大多数公民缺乏必要的社会保障，即使有保障也是需求满足度低，人们的安全预期呈现下降；应当发挥作用的慈善公益事业、商业保险乃至社区等难以发挥出作用。尤其是建设中的新型社会保障制度的有效性不高，它在实践中导致的职工之间、企业之间、地区之间的不平衡性正在损害着这种制度维护公平竞争的效能，亦使社会保障资源的利用效率达不到最大化。

因此，社会保障制度改革的价值取向与建制理念还需要重新确定，效率优先显然不符合社会保障制度的内在要求，而制度残缺更无法满足国家发展进步的需要。在肯定新制度方向正确、框架渐成、覆盖人口持续扩展等成就的同时，还必须看到下列问题：

在基本养老保险方面，世界银行的“三支柱方案”（政府资金、个人账户、

商业保险）并不符合中国的现实国情与需要，统账结合模式还需要修订甚至是重大变革。因为在基本养老保险制度得不到确立的条件下，企业年金、商业寿险等也很难发挥作用，因此，它对政府承担责任和发挥家庭功能存在着误导。

在医疗保险改革中，个人账户作用不大，医疗保险改革的目标事实上日益偏离保障劳动者身体健康和提高全体国民身体素质的目标，而是单纯地走向对医疗费用的控制。

在失业保险方面，是全面覆盖所有劳动者还是有选择地覆盖部分人口，是为失业者的生活保险还是为了促进就业，同样需要认真检讨。

在住房制度改革方面，单一的住房自有化、私有化目标同样不适合中国，已出台经济适用房政策、廉租房政策等修补措施，这意味着必须从制度上修订原有的目标。

在贫困救济方面，客观上需要一个综合援助系统，而不只是最低生活保障，不考虑贫困人口的住房问题、疾病医疗问题与子女义务教育问题。

在其他社会保障项目的改革中，同样存在着类似的问题。

因此，我们可以得到一个基本结论，即建设一个什么样的社会保障制度，中国仍在选择之中，改革的任务并未完成。

三、只有公平的社会保障才能化解风险、保证效率

社会保障制度在各国的发展实践表明，它是经济、社会、政治乃至历史文化与民族传统等多种因素交互影响的结果。在中国社会保障政策选择的过程中，尤其需要理性的判断，并在此基础上矫正以往的一些认识误区。

中国已经进入了一个社会风险持续扩张的时期。现阶段，失业率持续攀升的局面难以避免，收入分配差距随着按要素分配政策的推行还将扩大，而国民的生活权益保障意识也日益强烈，经济全球化及由此带来的强资本弱劳工格局可能放大国内风险。因此，这是一个特别需要社会保障的时代。

与此同时，改革已经由普惠时代走向利益分割或损益并存的时代，不同社会阶层在未来时期所获收益将在大势向好的同时呈现出二律背反的规律，这样的背景表明我国不仅需要追求财富增长，而且需要争取整个社会和谐、健康地发展。

因此，非经济因素与经济因素对中国社会保障政策选择具有同等重要的影响力。如人口问题、工业化与城市化趋势、社会政策与政治目标、公众意识与价值偏好等诸多因素，还有经济发展、经济政策等均会对社会保障制度提出相应的要求，地区发展不平衡亦从另一个侧面影响着社会保障制度的建设，所以，中国社会保障政策选择所面临的局面正在日益复杂化。

中国需要建立健全社会保障体系，因为它是化解社会风险、促进社会经济协调发展的必需举措，也是建设全面小康社会的必由之路。目前已经到了制度建设的关键时期，因为新制度若长期试而不定，负面影响必然日益巨大。

只有建立公平的社会保障制度，才能确保制度的效率，欠公平的社会保障只会适得其反。

在树立上述理性判断的同时，还需要澄清以下一些认识误区：一是在社会保障领域借鉴国外经验不等于与国际惯例接轨，因为各国均有不同国情，不同的国情下的社会保障制度差异极大；二是利用民间力量和市场机制不等于社会保障要走私有化道路，社会化才是这一制度的发展方向；三是维护经济发展不等于只服从于经济增长，因为社会保障的功能超越于经济领域；四是强调个人责任不等于政府可推脱自己的责任，对具有集体主义传统的中国而言，政府主导社会保障的角色不可能因制度改革而改变；五是城乡分割不等于可以不考虑农村居民的社会保障，制度建设可以有先有后、保障水平可以有高有低，但任何拒绝建立农村居民社会保障的制度都是错误的。此外，社会保障对经济发展的负面影响不应当被夸大，社会保障不是经济衰退的原因，而对经济发展的促进作用却应当得到认可。因此，中国需要根据自己的国情走理性而又中和的社会保障发展道路。

四、完善社会保障制度是下一届政府的重要使命

前面的分析其实已经给出了这样的结论，即中国现阶段必须建立一个健全的社会保障制度，这一制度应当包括规范的项目体系、监管体系，以及完善的服务体系，近期目标可以是低水平、多层次，但应无漏洞，保证人民在遭遇困境时免于绝望；中期目标应是体系完整、覆盖全民、水平适度，以不断增进国民福利；长期目标则是制度统一、覆盖全民、推进社会公平，最终实现整个社会的和谐、健康发展。

为此，必须确立社会保障制度的公平价值取向和协调、可持续的发展理念，明确国家立法规范、政府主导的发展思路，在划清社会保障的历史责任与现实责任、政府责任与民间责任、中央责任与地方责任的基础上建立合理的责任分担机制，并尽快建立高效的决策机制和社会化管理机制。

在社会保障制度的构建进程中，应当城乡统筹考虑、经济保障与服务保障协调推进，确保政府、企业、社团、家庭和市场的作用均能够得到有效发挥，实现其他相关领域改革（如医疗卫生体制与医药体制、资本市场、户籍政策等）同步发展。

总之，中国已经走到了这样一个时期：没有健全的社会保障制度将难以解

决发展进程中的贫困、失业、下岗等诸种社会问题，而不迅速健全新型的社会保障体系则难以理顺收入分配秩序和调节城乡居民的收入差距，也不利于建立和谐、健康的全面小康社会。因此，推进社会保障制度建设既是时代发展的需要，也是下一届政府的重要使命。

和谐社会与社会保障①

大家知道和谐社会近两年来已经成为我们国家的流行话语。它其实代表了中国进入了一个新的时代。在党的十六届四中全会开完以后，我在北京参加一个讨论会，我说我对整个党的十六届四中全会决议最关注的就是"和谐社会"这几个字，这几个字的提出代表着党和国家对我们国家未来发展的一个科学定位，这个定位与我们国家改革开放前一个时期的发展追求是截然不同的。所以我愿意把我个人的一些心得跟大家做一个交流。

我想和谐社会对于一般的人来讲是一个很新的词，但对于研究社会保障问题的人来讲它应该不算一个很新的词。所以，我 2005 年 3 月在人民出版社出版的一本演讲录就叫《构建和谐社会》，这是我近十年来 40 多次演讲稿录音的一个整理。对于研究社会保障的人来讲，追求的就是整个社会的和谐发展。因为社会保障制度，不管是哪一项社会保障制度都是基于化解社会矛盾与社会问题、促进和谐、促进协调，最终促使整个社会健康、文明、可持续地发展。所以，社会保障不仅与和谐社会是密切相关，而且是和谐社会的应有之义。我最近一两年就提出过社会保障是和谐社会的一个核心指标。

现在我按照自己的思路，给大家讲四个问题。

一、构建和谐社会有四个基本原因

在我们国家，实际上有很多人都在思考这么一个问题：为什么要构建和谐社会？我想主要是有四个方面的原因：

第一个原因就是中国时代变革的需要。按照我在 2003 年香港凤凰卫视的一个演讲，我说实在是找不出一个更准确的词来概括我们现在所处的这个时代，它虽然仍然强调改革开放，但是我可以肯定地讲现在这个时代跟改革开放前 20 年有着截然不同的意义，它所面临的问题、面临的挑战和需要采取的措施与策略，跟改革开放前 20 年是截然不同的。所以，那次在电视上我说我找

① 本文系作者 2005 年 5 月 19 日在南京大学做的学术演讲，由南京大学据录音整理，经过本人审阅；回答提问从略；原载《公共管理高层论坛》，南京大学出版社 2005 年版。

不出一个更准确的词，我就把它称之为“后改革开放年代”。为什么这样讲？因为经过20多年的改革开放，我们国家确实发生了翻天覆地的变化。在面对改革开放取得的巨大成就时，我们还要看到我们所面临的社会矛盾、社会问题以及各种困难，这些矛盾、问题及困难和过去的20年是不同的。也正是因为中国的改革开放取得了巨大的成就，才促成了我们国家在社会、经济、政治各个领域的转型。

过去20多年我们取得了哪些成就呢？我最近几年也到过很多国家，包括与多个国家的政府官员、学者进行交流，我发现，只要不是敌视中国的人，即使是抱有偏见的人，只要到中国来看一看，都会高度评价中国改革开放20多年的辉煌成就。这个成就有很多的指标可以说明。比如说“GDP”，1978年是3000多亿元，到2004年是13万多亿元；国家财政收入1978年是1132亿元，2004年达到26000多亿元，今年可能突破30000亿元。就凭这两个指标，我都不太赞成继续说中国是一个贫穷落后的国家，虽然我们还称不上是一个富裕的国家。但是对国家的定位，因为20多年改革的成就，一穷二白的帽子已经被我们的改革与发展抛在脑后并且离我们是越去越远了。除了我刚才说的两个指标，民生问题也得到了持续的、极大的改善，改革开放20多年的过程就是中国亿万人民的民生问题不断得到改善的过程。城乡居民各种收入指标、生活消费指标，乃至家庭财产结构、资产结构指标等，都非常充分地表明了共同贫穷的时代已经成为历史，鼓励部分人先富起来的时代也正在成为历史。此外，中国的国际地位也发生了翻天覆地的变化，计划经济时代提高中国的国际地位，是立足于世界上有一个社会主义阵营的基础之上的，但那个时代中国的进出口总额不足200亿美元，几乎可以忽略不计，其实际影响根本不能与现在相提并论。现在的中国，国际地位是经济实力等日益强势支撑的，这种变化只要跟外国人打交道就能感觉到。我最近几年跟国外的学者有很多的交流，跟一些国家的政治家也有一些交流。我得到的一个基本结论是，改革开放的前20年是中国需要世界，现在中国虽然也需要世界，但是世界同样需要中国。2004年我到美国去访问，一位美国参议员跟我见面，就讨论中国应该加入到七国集团里面去，他觉得中国不加入七国集团，对中国不利，对七国集团也不利，中国现在具备这个实力和资格加入到七国集团中去。我上个星期去日本，会见几位日本的众议员、参议员时，人家也在讨论中国的经济发展与中国应该加入七国集团的问题。加拿大也认为中国应该加入七国集团，2004年加拿大外交部副部长哈德先生访问中国，我应邀到加拿大驻华大使馆与其相见，同样提出中国应该在七国集团中发挥重要的作用。我们知道七国集团是富国俱乐部，七国集团的决议向来影响着整个世界经济的发展，其影响波及国际经济、政治及许多领域。七国集团欢迎你，富国俱乐部需要你，七国集团没有中国的参与，其影响力就会下降，我认为这应当算是一个很硬的指标。20多年的改革开放，给我们国家带来的翻天覆地的变化还远远不止这些，中国已经不是过去那个中国了，不是改革开放初期那个中国了。

在取得巨大成就的过程中间，我们也看到经济社会发生了转型。经济体制已经由计划经济体制变成了市场经济体制，国有经济一统天下已经被经济结构多元化所取代。过去一个工农联盟就把全国人民都包括进去了，现在的社会结构却非常复杂，即使是工人也可以分成蓝领、白领、金领，甚至还有灰领、黑领、无领之说，一个工人阶层都能够分成若干层，更不要说其他社会阶层的发展，所以社会结构的变化、社会阶层的分化跟改革开放的前20年、前10年是截然不同的。在意识形态方面，思想解放运动彻底打破了观念僵化、守旧的传统，自由与创新成为思想解放的硕果，还有民主、法制、公平、正义等代表社会文明进步的现代观念日益形成，等等。在整个社会的转型进程中，主要的当然是进步的、发展的，但也出现了很多新的社会问题、新的困难、新的挑战。我认为，我们现在面对的是一个处于更高发展层次上的更加复杂的时代。这个更加复杂的时代，也许普通人一般不大感觉到，但实际上我们蕴涵着巨大的风险，因为这个时代已经发生了很大的变化，这是一个非常敏感的时代，也是一个非常关键的时代。因为影响发展的因素日益复杂化，人民的追求与要求较前一个时期更高，2005年温家宝总理在《政府工作报告》中提出来：要让我们的人们呼吸新鲜的空气，要喝上干净的水。有人说这是诗人的浪漫，但我说不是，这只是对人民群众在发展进程中日益提升的追求的一种回应，它表明了政府也在努力的一个新的目标。在这样一个时代，在这样一个已经取得巨大成就的时代，如果我们还是在经济增长、经济发展的层面上来推进中国的发展，那就是滞后于时代发展的要求。而要适应时代的发展，就必须确立超越经济发展的局限，而代之以更理性、更健康、更文明的发展目标，这就是构建和谐社会，只有构建和谐社会才能全面地满足这个时代发展的要求。因为它不光包括经济方面，也包括社会方面、政治方面、精神文化乃至于伦理道德方面，所以，和谐社会作为一种理想的、良性的社会发展状态，其实是时代呼唤的结果，也是党和政府对时代呼唤作出的理性的、科学合理的回应。

第二个原因是现在存在的社会矛盾、社会问题，必须引起我们的高度关注。这些矛盾、这些社会问题只有通过构建和谐社会的努力，才能得到有效的化解和解决。什么矛盾、什么问题，概括起来就是：差距、冲突、失衡、不协调。表现在哪里？最近几年我一直讲五大基本矛盾。改革开放之前以及改革开放的前一个时期，我们要解决的问题实际上是20世纪80年代初的两大基本矛盾，一个是先进的生产关系与落后的生产力之间的矛盾。我们在20世纪50年代就宣称已经进入了社会主义，但还有许多人没有饭吃，中国城乡仍然是共同贫穷的局面，生产关系太先进而生产力却极端落后，经过20多年的改革开放，这个矛盾我认为从根本上得到解决了。对生产关系，我们重新赋予了它新的含义，我们把社会主义分为若干阶段，将现在所处的时代称为初级阶段，并明确提出即使是社会主义初级阶段也要经过几代人、十几代人、几十代人的努力才能完成，是最低层次的社会主义，改革开放以来通过招商引资来发展经济，按照田纪云同志的一个讲话实际上是补资本主义工商业的课。而近20多年来，我们国家的生产力却获得了持续高速的发展，所以我认为这个矛盾已经从根本上得到了化解。改革开放前与改革开放初期的另一个基本社会矛盾，是人民群众日益增长的物质文化需求与供应极度短缺之间的矛盾，那个年代是票证年代，各种物资极度匮乏，大家看看现在的商场货柜，市场异常繁荣，物品供应非常充足，这一矛盾当然从根本上得到了解决。所以，我个人认为，当初促成我国改革开放的两大基本社会矛盾，经过近20多年来的发展，确实已经得到解决了。那么，现在面临着哪些矛盾呢？我近几年经常讲的主要有五个基本矛盾：

第一个是贫富差距的扩大化，或者说是低收入阶层与高收入阶层之间的矛盾。改革开放前，我们国家虽然也有收入差距，但不过是有的人日子过得好一点，有的人过得差一点，谈不上贫富差距。改革开放以来，我们事实上处于从共同贫穷走向共同富裕的过程，在中间这个很长的过程中，贫富差距事实上被逐渐拉大，贫富差距的拉大意味着贫富阶层之间的矛盾的客观存在。贫富差距有多大没有人精确统计过，也无法精确统计。但是我们知道有一个指标是可以计算出来的，即基尼系数，国际上公认的贫富差距的警戒线为基尼系数0.4，而我国的基尼系数已经达到0.47，属于明显的贫富差距偏大。我记得2003年“非典”的时候，农民工在城市里根本不可能去看病，但是那一年的房地产业与私家车的发展极快，这两个行业的税收异常增长，这说明当时私人买房、买车的越来越多，这当然是先富起来的那个群体买的。虽然没有确切的数据，但是这个富人群体是客观存在的。穷人到底有多少，现在民政部最低生活保障制度覆盖的城市贫困人口，在最近两三年保持在2200万到2300万人。我们就以此为依据，认为城市里有2300万左右的极端贫困人口。那么农村里面有多少贫困人口呢？官方公布的数据是3000万人，现在降到了2600万人，但是不是只有这么多？许多社会学家，也包括我本人在内，是不太赞成这个数据的。因为这个数据是依据625元的贫困线计算的。这个贫困线是远远不能满足现在这个时代起码生活水平的需要的。我记得2003年温家宝总理在记者招待会上就提到过这个问题，他说只要把贫困线提高200元，中国的乡村将要再增加6000万贫困人口。所以说贫富差距，贫富之间的矛盾是一个应该引起高度重视的矛盾。它涉及很多人的切身利益，这跟我们的分配机制有关，当然也跟我们的社会保障制度有关。

第二个是基本矛盾就是劳资之间的矛盾。这是基于改革开放以来，经济结构的多元化和劳动关系的日益失衡而出现的新的社会矛盾。在改革开放前，国家、企业与工人的利益高度一致，国有企业工人与国有企业厂长完全平等。改革开放 20 多年来，我们看到中国的劳动关系发生了深刻的变化。在全球性的强资本弱劳工背景下，随着非国有经济的高速发展，劳资关系也已经成为中国最基本的也是最重要的社会关系，中国的劳资关系也处于资本的势力越来越强、劳工的地位持续下降的强资本弱劳工格局，20 多年改革开放以来劳资关系失衡的格局是很明显的。前两年，我用国家统计局编辑出版的统计年鉴中职工工资总额/GDP 这样一个指标计算过，在 1989 年的时候这个指标是 15.7%，到 1997 年的时候下降到 12%左右，到去年还在不断下降。不仅如此，应该说 1997 年到 2003 年领工资的人比 1989 年要多得多，然而工资总额占 GDP 中的比重却在持续下降，这个指标能说明一个什么问题，它只能表明劳动者的经济地位在持续下降。最近又看到一个材料，珠江三角洲地区农民工的工资近十来年只涨了 68 元，如果扣除物价上涨的因素，实际上是负增长，而珠江三角洲的经济发展速度异常惊人却是有目共睹的。还有农民工的工资被拖欠、国有企业下岗职工基本生活得不到保障、失业工人找不到工作等等，均可以看出劳动关系是处于一个失衡的状态，劳资矛盾成为改革开放以来的一个基本矛盾。这个矛盾要解决不好，就不可能有社会发展的和谐。

第三个问题是流动人口与固定户籍人口之间的利益分歧，这个也是很严重的。现在不光是农民工在城市受歧视，外来人口在本地人口面前也受歧视。他们存在着利益的分歧，存在着利益的冲突。如果说在改革开放前 20 年这个是正常的、必然的现象，是中国工业化进程、城市化进程、现代化进程中难以避免的现象，那么，现在这个现象就不能再持续下去了。不能在同一个城市或地区产生若干等级的居民，进而形成新的以本地人与外地人为标志的群体对抗，那是要出大问题的。所以现在就必须考虑流动人口和固定人口、外地人口与本地人口之间的矛盾。在 21 世纪前 20 年这个问题解决不好，我认为是要出大问题的。

第四个基本矛盾是城乡之间的矛盾。这个矛盾不能说在计划经济时代就不存在。计划经济时代城乡之间的鸿沟很深，可以说是二元社会。但城乡之间的发展差距的进一步扩大却是近 20 年来的城乡发展失衡的一个客观结果。有关统计数据表明，在 20 世纪 80 年代初，城乡之间的差距是较小的。1984 年以来的经济体制改革重心在城市，随之便造成了城乡差距的持续拉大。这一届政府高度重视“三农”问题，我觉得并不仅仅是为了中国的农民，同时也是为了中国的市民，因为中国的经济发展需要依靠庞大的市场，农民收入的提高有助于中国的工业化和城市化，有助于城市的市民有更稳定的工作和更高的收益。因此，我认为政府重视“三农”问题也就是重视市民的问题，也就是重视整个国家的持续、健康发展问题。

第五个是地区之间的矛盾。地区之间的矛盾，地区之间发展的差距自改革开放以来也是越来越大的。改革开放 20 多年了，特殊的经济政策倾斜都是放在沿海、沿江、东部发达地区，西部甚至东北被忽略，这样一来地区之间的发展差距就进一步扩大了。这种差距不仅会引起地区之间的矛盾，而且会构成威胁国家安全的一个重要因素。即使不从国家安全的角度来考虑，从中国经济的可持续发展的角度来看，我们也必须保持地区之间的协调发展。所以西部开发不只是为了西部，是为了中国。东北的振兴，也不光是为了东北，是为了中国的发展。中国的经济必须保持高速的增长，有的经济学家算过，如果我们的增长率低于 7%，我们是要出重大危机的，因为那意味着城市失业率会大幅上升，然后就可能出现把农民赶出城市、再把城市就业大门关起来的现象，然后便会进入一个恶性循环的怪圈。过去 GDP 5 万亿元、6 万亿元的时候，我们国家可以依靠像江苏、浙江、上海等长三角、珠三角地区来拉动中国经济的马车，还可以跑得很快。现在的 GDP 是 13 万亿元以上，那么长三角、珠三角地区拉动中国经济的力量就必然地相对下降。所以最近几年来，国家提出要在继续做好西部开发的同时把振兴东北地区作为国家发展的重点，现在又提出了中部崛起的战略，它可以为我们国家经济的持续发展增加新的动力源和火车头。

贫富之间、劳资之间、外来人口与本地人口之间、城乡之间、地区之间这五大矛盾都在持续拉大，这五大矛盾处理不好，将影响整个国家的发展。所以这样一些矛盾摆在我们面前就要考虑一下，城乡之间要协调，地区之间要协调，贫富差距要可控，劳资关系要平衡，这些都是基于一个协调与和谐。现实中面临的问题与挑战，告诉我们不能再像过去那样单纯地强调 GDP，单纯强调经济增长，或者只将发展的注意力集中在某一地区，集中在城市。

第三个原因是国际环境日益复杂，这是必须要考虑到的。应该说中国经济实力的增强为我国在国际上的生存和发展提供了更好的基础和条件。但是也并不都是正面的，因为有些国家总认为中国的发展要威胁世界、威胁到其他国家的利益，因此，并不是所有的国家都愿意看到中国发展的。在经济全球化时代，我们国家越来越密切地融入世界主流体系，但国家的发展也会日益受到国际因素以及国际风险的影响。一些国家包括拉丁美洲的一些国家和苏联、东欧国家的事件表明：如果一个国家的内部不能和谐，从外部是很容易颠覆、很容易攻破的；前几年的东南亚金融风暴也表明了这个世界正在变得相互影响与相互牵制，一旦处理不好，国家的发展就会遭受挫折，最后受害的还是广大人民。我觉得我们国家也面临着这样一个容易遭受国际影响包括正面与负面影响的关键时代，如果刚才说的五大矛盾得不到化解，在国际上某些因素越来越对我们不利，那么我们的未来发展就并不一定总是光明的。因此，面临的国际环境不是简单的，而是复杂的。国际上对中国如何发展的关心也是普遍的，我2005年初访日时，应六位日本众议员、参议员之邀出席他们举行的晚宴，就遇到他们关心的这样的问题，我说中国的发展可以用一个“和”字来概括，即国内求和谐发展、两岸求和平统一。在这个复杂的国际背景下，如果我们国内的矛盾持续恶化，不协调发展状态持续下去，那么我们就没有办法应付复杂的国际环境。复杂的国际环境、经济全球化都要求我们必须要使国家和谐发展，以国内和谐社会求国内稳定与繁荣，以国内和谐发展来推进世界和平发展。

第四个原因我认为是执政党的自觉追求。新一届领导人提出了科学发展的新理念与构建和谐社会的新目标，民主、法制、公平、正义等新的词汇已经流行开来，这些都不是简单的政治口号。由经济增长、经济发展、效率优先、效率至上到提倡科学发展观的转变，以及提出提高执政党的执政能力，都表明了执政党与新一代领导集体在自觉追求更高的目标。因为虽然我们国家发展中的问题不少，但改革开放20多年所取得的辉煌成就，已经证明执政党的能力在中国是无可替代的。构建和谐社会目标的提出，当然是党和政府自觉提出的一种更高追求。

基于所处时代的发展变化，基于所面临的问题和挑战的变化，基于所处国际环境的变化，加之执政党与新一代领导集体的更高追求，和谐社会就不仅成为时下的流行语，而且成为决定整个国家大政方针的指导思想，是我们国家在新的发展时期、在更高的层次上追求的一个更高的目标。这是我要讲的第一个问题。

二、构建和谐社会要注意六个不等式

构建和谐社会目标的提出，已经得到了举国上下的关注，并正在成为全民的共识，近两年来国家的相关政策乃至于全国人大的多项立法中，亦不同程度地体现出了构建和谐社会的原则精神，但这并不意味着人们已经全面认知了和谐社会。在构建和谐社会的进程中，要注意些什么呢？我在应北京市委邀请为北京市的领导同志讲构建和谐社会专题时，曾经讲过六个不等式，我觉得这是需要注意的。因为和谐社会是要通过长期的努力才能达到的目标，所以现在讨论和谐社会还是有一些模糊的看法。我谈到过的六个不等式包括：

第一，构建和谐社会不等于一场政治运动、一句政治口号。它是由许多具体的、客观的指标及实质内容来支撑的一个理想目标。和谐社会的衡量指标，虽然也包括经济发展的指标，但是更重要的是社会发展的指标。比如，社会保障制度的健全与否，社会保障制度的覆盖人口多寡，国民的保健程度、受教育程度等等，都是社会发展的很重要的指标。这些指标实际上是和谐社会里面最主要的指标，它是要由客观的数据指标来反映的。这些指标都应当是非常实在的，如我所说的社会保障制度健全不健全，城市有最低生活保障，农村有没有，等等，就拿这样的指标去衡量，这种指标的计量就会直接地、客观地反映出社会和谐的程度。因此，不要把构建和谐社会当成一个政治运动或政治口号，而是要扎扎实实地做好各项具体的工作，解决好一个个社会问题，这才是正确的取向。

第二，和谐社会不等于现实社会，而是要经过长期努力才能实现的理想的社会状态。改革开放的过程其实就是我们国家由不和谐迈向和谐社会的一个过程。我在一本书的序言里面写过，改革开放之前是计划经济时代，我们国家看起来好像非常和谐，什么都强调一致，什么都是一致通过、一致同意、全民拥护，但实际上是很不和谐，是一切以阶级斗争为纲的时代，表面的一致掩盖着的是你死我活的斗争。改革开放以来，我们看到的好像是不和谐，因为人们的生活好了，意见反而多了，这其实是不能够这样简单地进行比较的，现阶段虽然社会矛盾确实比较尖锐，但却是处于走向和谐的进程中，因为你死我活的斗争年代已经成为历史了。孔夫子讲的："君子和而不同，小人同而不和。"非常有道理。当然，我说的是我们走在通向和谐社会的路上，但这并不意味着我们的现实社会就已经是和谐社会了。前面提到的各种困难、冲突、矛盾、挑战的存在，甚至还是比较严重的，我们要实现构建和谐社会的目标，就需要化解好这些冲突、矛盾与挑战，这是需要付出不懈努力才能实现的。所以，不能把和谐社会等同于现实社会。

第三，和谐社会不等于消灭差别，不等于平均主义。就中国所处的时代而言，我们还需要发展，发展确实是中国的第一要务，而允许差别的存在恰恰是国家发展的基本动力源泉，因此，不能将和谐社会理解成消灭差别的社会和平均主义的社会。在肯定这一结论的同时，还必须理解和谐社会的差别或差距又是有限的差别或差距，和谐社会允许的差别与差距是必须能够被社会各阶层都可以接受或者能够承受的差别或差距。有时候研究社会保障的人很愿意提孔夫子的"大同社会"，我们现在这个社会还不可能是大同社会，大同社会是一个非常遥远的目标，我们在相当长时期内追求的也不可能是大同社会，而和谐社会是可以实现的，因为和谐社会是可以有差距或者差别的。针对我国现阶段的现实，提出构建和谐社会不是为了消灭差别或差距，而是为了缩小差别或差距，将某些被扩大或者不能够为社会各阶层接受的差别或差距调控到适当的范围内。

第四，和谐社会不等于不要增长、不要效率。它是在追求增长的效率的同时，实现共享发展成果。现在有些学者、有些官员在担心，提构建和谐社会好像不要增长、不要效率了。事实并不是这样的，因为和谐社会也要有日益丰厚的物质基础，而丰厚的物质基础是要靠经济增长、靠效率提升才能创造出来的。然而，与改革开放前一个时期的经济增长与效率至上相比较，和谐社会增长出来的财富应该要能让全体国民共同分享或者说是不同程度地共同分享。回顾改革开放 20 多年来的经历，我们看到的是一个由改革普惠的时代转变到一个利益分割的时代。在改革开放初期，几乎每一项改革措施都是在维护绝大多数人的利益的条件下推进的。比方说农村联产承包责任制，尽管中央、地方政府并没有相应的财政投入，但是一纸红头文件就解放了亿万农民的生产力，几乎所有的农民都从中得到了好处。由于所有农民都得到了承包责任制带来的好处，合作医疗等传统福利保障机制的崩溃才被忽略，因为从联产承包责任制得到的好处超过了合作医疗崩溃带来的损失，所以农民是高兴的、接受的。城市自 20 世纪 80 年代中期开始改革，也是在维护城市居民既得利益的条件下实行的改革，无论是价格改革还是粮油体制改革等等，大多如此。但是最近 10 年来，这个改革普惠的格局就发生重大变化了。GDP 的财富蛋糕是越做越大，但同时也出现了一部分人拿得越来越多，一部分人拿得越来越少。刚才我用一个职工工资总额占 GDP 比重的指标就表明了一般劳动者拿的份额是越来越少了，所以这是一个利益分割的时代。在利益分割的时代，我们当然不可能将它抹平，但也不能再让这种利益分割的格局继续在不受控制的、不受规范的、不受约束的态势下发展下去。概括起来，就是和谐社会需要发展、增长与效率，但这种发展、增长与效率是要让全体人民共享发展成果或者说不同程度地共享发展成果为目标的。

第五，社会公平不等于劫富济贫，而是和谐社会的核心价值追求。我最近看到一些文章、一些议论，一些人一谈到和谐社会一谈到社会公平正义就想到是要劫富济贫。甚至在今年的“两会”期间，也有些人不主张提改革收入分配体制，仍然要求继续采取以往的效率优先甚至效率至上的政策取向，认为贫富差距还不大，增进社会公平为时尚早。这不仅是一个误解，而且是一种社会责任缺失的表现。在和谐社会，公平、正义、共享是核心的价值追求，公平不等于劫富济贫，而是分担社会责任，有能力者多承担，无能力者少承担，但社会是大家组成的，当然只有大家均能够不同程度地分享社会经济发展成果，才能和谐相处、和谐发展，并共同推进社会文明的进步，这应该是毫无疑问的。如果我们一谈起社会保障制度，一谈开征“遗产税”，就看成是要劫富济贫，这只能是某一个既得利益集团的利益反映，如果一些人一谈社会保障与社会公平就认为是劫富济贫，只不过是一部分人过分自利的价值观的反映，这些绝对不是符合人类社会发展与文明进步的普世价值观。为什么这样说？因为如果按照这样一种观点，你就会看到美国岂不是更在劫富济贫，因为美国的老年人都是有养老金的、有医疗保障的，所有低于贫困线下的人口都是能够得到政府救济的。至于西欧、北欧和加拿大、澳大利亚等福利国家，大张旗鼓地宣传并努力追求的目标就是收入均等化，其福利水平足以让全体国民共享发展成果。所以，在我们国家，许多市场经济的价值观被引导到了另一个极端，就是不能提公平，只能提效率。把效率优先演绎成了效率至上，甚至是惟利是图。过去国有企业办职工福利把它完全等同于社会成本，国有企业改革似乎就是要把职工福利抛弃，改革也被说成了甩社会包袱，结果造成许多企业不承担社会责任，殊不知发达国家的企业为职工提供相应的员工福利也是天经地义的事情。可见，将社会公平视为劫富济贫，确实不过是部分人自利性的反映，我们这个时代缺乏的就是社会公平与社会责任，这恰恰是构建和谐社会必须矫正过来的。

第六，社会稳定不等于社会和谐。应该说我们过去常说的是追求社会稳定，许多人把它简单理解成为稳定而稳定。我则认为，在构建和谐社会的进程中，还有必要重新确立社会稳定观念，为什么社会稳定不等于社会和谐呢？因为社会和谐是良性的、在很大程度上是很理想的、很自然的一种社会状态。而社会稳定却可能是社会控制的结果，和谐的社会一定是长久稳定的社会，控制出来的稳定却只能是短暂的稳定。和谐社会实现的社会稳定是在解决社会问题的基础上实现的社会稳定，而为稳定而稳定则是着眼于社会控制以避免不出现动乱的稳定。我们可以举许多例子，如农民工被拖欠工资那么多，我们没有看到大的社会动乱，我们的社会还是稳定的，但农民工因为讨不到工资而跳楼或集体自杀，你能够说社会和谐吗？农民工跳楼或自杀就意味着有不和谐的现象，因为他们的权益受损了，得不到维护；再如一些地方不解决当地人民群众的问题，导致集体上访事件发生，一些集体上访事件因有关部门事先获得信息而被及时制止，没有造成社会动乱，但一些问题却长期得不到解决，这仍然不能说是和谐。所以，我说社会和谐与社会稳定追求的目标是两个层次的。过去我们是为稳定而稳定，包括社会保障的改革，都不是基于追求社会的和谐，而是基于维护社会的稳定，作为国有企业改革的配套机制，作为市场经济的支柱，在很多情况下都是采取头痛医头、脚痛医脚的办法，都是基于维护社会稳定。到今天这个时代来讲，我认为就不能光是维护社会稳定，当然稳定与和谐是互为条件的。但我始终认为，和谐社会的稳定因为立足于解决问题，才能够带来长久的稳定，当然我们要创建和谐社会要先维护稳定，但是这个稳定是解决问题下的稳定。大家也注意到了最近公安等部门已经开始采取行动，全国的公安局长都要到一线接待信访，并且要处理信访问题，这就是积极化解矛盾的维护社会稳定，是积极的维护稳定，是符合构建和谐社会的维护社会稳定。反过来，如果采取一种惯性的思维，有上访我们就用车子把上访者押回去，或者在上访路上把他拦回去，这些只能是消极的稳定，是被动的、防堵式的稳定。概括地讲，社会稳定应当是社会和谐发展带来的必然结果。

这就是我说的构建和谐社会进程中应该注意的六个不等式。不要一说和谐社会就是劫富济贫，也不要简单地把维护社会稳定与构建和谐社会等同起来。

三、社会保障与和谐社会是正相关关系

第三个问题是社会保障与和谐社会是什么关系？我认为它们是一种正相关的关系。社会和谐离不开社会保障，社会保障能促进社会和谐。研究社会保障的人都知道社会保障制度的产生就是立足于化解社会矛盾、社会冲突，促进社会和谐发展的。

比方说社会保险是1883—1889年在德国产生。那时其实是反社会主义的死硬分子"铁血"宰相俾斯麦当政时代，社会保险制度之所以在德国被创立，就是基于德国的工人运动风起云涌，基于德国的劳资矛盾尖锐。德国皇帝和俾斯麦都表示过社会保险是消除革命的必要成本，他们说一个等着领养老金的人是不会起来反政府的。资产阶级的政治家在一百多年前都认识到了社会保险是化解社会矛盾、化解阶级对抗的很重要的、不可替代的制度安排。近一百多年来，我们可以看到这样一个客观的事实，凡是有健全的社会保障制度的国家，贫富之间的对抗、劳资之间的对抗几乎不怎么存在，社会关系通常是和谐的；凡属社会保障制度不健全的国家，其国内社会矛盾与社会冲突通常都较为尖锐，不稳定状态会相对明显。刚才提到的德国社会保险制度的产生，就有效地化解了当时德国劳资之间的尖锐对抗。德国的社会保险制度已经有了一百多年的历史，在社会保险制度创立之前，经常是工人运动、罢工、示威、游行，劳资之间的严重对抗也严重地损害着国家利益，在社会尖锐对立的条件下国家当然不可能走向强盛。而在社会保险制度普遍建立以后，西方资本主义国家劳资之间的关系便由过去的尖锐对立走向妥协与合作，过去劳资关系中的单赢格局，经过社会保险制度的确立走向了劳资双方双赢的格局，在此，你完全可以清晰地看到社会保险制度就是创造和谐的、化解矛盾和冲突的。

社会救助也是一样，社会救助制度实际上是高收入阶层多贡献一点、低收入阶层多收益一些，它调控了贫富之间的收入差距，当然也缩小了贫富之间的差距，在不破坏高收入阶层的生活质量的同时确保了低收入者也能够有起码的生活保障，从而能够有效地化解贫富之间的对抗与冲突。

社会福利起什么作用呢？社会福利就是让所有的人不同程度地共同分享到经济发展的成果。比方说老年人的社会福利，能够使老年人在离开劳动岗位后仍然能够获得福利收益；虽然残疾人不能参与社会财富的创造或者创造财富的

能力要比正常人弱得多，但残疾人福利却能够让残疾人参与发展成果的分享；妇女、儿童福利事业的发展，则使不参加社会劳动的妇女儿童也能够参与社会财富的分享。因此，社会福利事业是人类社会公平正义、人道主义、人性伦理的彰显。

从社会保险化解劳资矛盾，社会救助缩小贫富差距，社会福利实现共享发展成果，这三大基本的社会保障制度，就构成了造就社会和谐发展的稳固基石。

在我们国家，现阶段存在的很多社会问题都可以说跟社会保障制度不健全密切相关。

比方说贫富差距日渐扩大就与社会保障力度不足密切相关。对贫困人口，社会救助还未真正制度化，我们还缺少有效救助的制度安排及手段。对高收入阶层，我们缺少完善的税收政策。我近两年在一些论坛上常讲一个观点，鼓励部分人先富起来在改革开放前一个时期是一个非常英明的发展理念，它对鼓励创造财富、积累财富是一个非常好的政策取向。因为在当时的条件下，我们国家不可能一下子由共同贫穷走向共同富裕，由共同贫穷到共同富裕必须要经历一个过程，通过鼓励一部分人先富起来是必由之路；第二则是当时的中国人都害怕致富，不敢致富，我们需要一批致富的典型或者说是创造财富的英雄；所以，我们就鼓励一部分人先富起来，这里面蕴涵着只要你致富，我们不管你怎么致富。我记得在 20 世纪的 80 年代以后，全国都在讲哪个地方有万元户，一个省有多少万元户，大家都在比这个东西，而较为忽略的则是不太问他如何致富的。现在不能这样了，现在不能只鼓励部分人先富起来了，现在我们只有鼓励所有的人都通过合法的手段致富，才能顺应时代的发展，因为现在的许多人，不仅不再害怕致富，而且在某种程度上已经异化成唯利是图了。因此，我们对各阶层都鼓励致富，但必须是守法与合法致富，同时制止、禁止、剥夺他非法致富。比方说遗产税，现在连讨论都不太敢讨论，一有学者提出设置遗产税，有关官员就要站出来澄清说国家不打算开征遗产税，这当然不能算是正常的。关于开征遗产税能不能讨论，我个人是赞成讨论的，是否开征当然要选择好的时机并综合评估其利弊再决策。但至少利息税的开征应当有限取消，即对有限额度的存款不应当征收利息税，对个人所得税的起征点也应当有较大幅度的提高，这些都可以调节收入分配差距，使收入分配体制更趋公平，等等。这些措施现在显然利用得还不足，税收的作用发挥得不够，社会救助、帮助低收入阶层的财源就不会充足。所以我说在社会救助制度不健全的条件下，不可能缓解贫富之间的差距。现阶段贫富差距扩大化与社会救助制度不健全是密切相关的。

劳动关系的失衡则与我国社会保险制度的不健全不完善是密切相关的。很多劳动者没有养老、医疗、工伤等保险。根据官方的数据，我们社会保险的成就似乎很大，但是每一项社会保险制度的覆盖人口跟其应当覆盖的人口一比较，就可以看出差距非常之大。例如，世界上的工业化国家，工伤保险一定是优先安排并必须覆盖到全体劳动者身上的，因为它涉及劳动者的健康和生命权益，这是最基本的人权，但我国参加工伤保险的人数只有几千万人，许多工人遭遇工伤事故或者得职业病后得不到保险赔偿，状况其实很惨；很多农民工受到工伤以后，成为残疾人，成为家庭的负担和累赘。其他各项社会保险制度均离劳动者的要求有很大距离。因此，我说劳资关系的失衡跟我们的社会保险制度不健全是密切相关的。

前面还讲到城乡差距和农民工受歧视的问题。我一直讲农民工的出现是中国改革开放的重大成果和社会发展进步的显著标志，因为没有改革开放，农民就只能依附于土地，不能摆脱土地的束缚，也没有自由选择职业的权利。农民工的出现，能够在城市或外地自由打工，至少可以摆脱对土地的人身依附关系，扩大了自由择业的空间与发展空间，他们从打工得到的实惠比起种田要大得多。在肯定这一结论的前提下，我们再来关注一下现实：农民工确实受到各种各样的歧视，现在也到了应当逐步解决这个问题的时候了。其中一个非常关键的问题，就是农民工的社会保障问题，社会保障制度的缺失使农民工不能拥有相应的权益。还有一个城乡差距，也与社会福利资源分配的失衡直接相关，因为政府的公共福利资源绝大多数分配给了城市，极少一点在农村，公共卫生资源是如此，教育福利资源是如此，直接的社会福利资源更是如此，这样，就直接放大了城乡之间的差距。

从前面我所讲的可以看出，社会保障对于促进社会和谐的作用是直接的，而中国现阶段存在的各种社会问题尤其是几大社会矛盾又均与社会保障制度不健全直接相关，中外历史与现实实践都表明社会保障与和谐社会是一种正相关关系。所以，要构建和谐社会，就必然要建立健全的、完善的社会保障制度，并且把它作为化解社会矛盾、促进成果共享的必要和重要的制度安排。

四、需要用社会保障制度来促进社会和谐

社会保障制度的功能是多方面的，我们过去只是简单的把它理解为稳定功能。稳定当然是它的最基本的功能，因为社会保障制度产生之初就是基于实现社会稳定。在正式的社会保障制度产生之前也是基于维护稳定。我曾经抽出过一段时间来研究中国的农民起义，发现历次农民起义都是以大灾荒为背景、以农民抢米抢粮为前奏的，所以农民起义从它产生的直接原因来看不是我们常说的阶级斗争、阶级压迫，而是大饥荒、大灾荒发生后，导致人民陷入生存危

机，然后再起来造反，农民起义的直接目的是为了活命，中国的历代皇朝为维护社会稳定和政权延续，都会有一些救灾济贫的措施，这些救灾济贫的措施完全是为了统治秩序的维持。所以社会保障的稳定功能，是不可否认的。然而，在当代社会，在社会文明高度发展进步的当代社会，在公平、正义、共享已经成为普世价值追求的当代社会，如果只把社会保障的功能理解为社会稳定的功能那就是远远不够的。社会保障的促进功能、调节功能、促进功能都是非常强大的。在社会保障制度的建立过程中，这些功能的发挥一定是有利于促进社会和谐的。所以我提出一个观点：社会保障是构建和谐社会的核心指标，社会保障制度的健全与完备，在很大的程度上代表一个社会的和谐程度。

联系到我们国家的社会保障，我把 1986 年作为社会保障改革的起始年。我不太赞成从 1978 年算起，因为 1986 年之前没有明显的社会保障制度改革的事实。一些地方的所谓改革实际上都是在维护计划经济时代的社会保障做法，或者是在维护传统制度的条件下做点小的改进。但是在 1986 年起了一些实质变化。那就是当时的赵紫阳总理在向全国人大报告的国家第七个五年计划中专门写上了社会保障的内容，而且出现了社会保障社会化管理的提法。社会化管理是相对于 1986 年之前的单位管理、企业保障而言的，这当然不仅是出现了社会保障这一新名词，而且是有了向社会化发展的考虑。1986 年国务院还颁布了《国营企业职工待业保险暂行规定》和劳动合同制法规，这不仅表明打破了就业终身制，而且公开承认了失业现象的存在，并确立了失业保险制度的框架。当时的劳动人事部还对在中国的外方机构规定了为中方雇员投保社会保险的政策，规定了雇主缴费。可见，1986 年确实是有明显的迹象表明了中国进入了社会保障改革的起始年，这是一个有着多个明显标志的年份。社会保障制度自此开始改革已经经历了 20 年，我把它分为三个阶段。

第一个阶段是 1986 年到 1993 年，这个阶段社会保障改革整个的指导思想，就是为国有企业改革配套，就是为稳定而稳定。还是以计划经济时代的保障为主，但是随着国有企业改革的逐渐推进，新的社会保障制度开始生长，所以这是新旧制度并存的阶段，以传统制度为主，新制度为辅。

第二阶段是从 1993 年到 1998 年，我们国家对社会保障制度的定位是社会主义市场经济的五大支柱之一。这比前一个时期有进步，因为前一个时期只认为它是国有企业改革的配套机制，附属在国有企业改革机制里面，现在把它扩大为市场经济的一个支柱，就意味着这个制度不光为国有企业服务，也为非国有企业服务。但是以现在的眼光看，这个阶段的指导思想仍然是片面的、错误的，因为它让社会保障打上了越来越深厚的经济政策的烙印，效率优先的不当取向留下了今天我们社会保障改革中的众多难题，甚至有些是非常严重的后遗症。

第三阶段是1998年以来，国家把社会保障作为一项基本的社会制度加以建设。这个阶段发生了很大的变化，它首先是超越了市场经济或者经济领域的范围，不再强调单纯为市场经济服务或者服从于市场经济，它开始逐渐恢复社会保障制度维护社会公平的功能。1998年中央政府提出“两个确保”，对社会保险实行收支两条线管理，随后建立城镇居民最低生活保障制度和下岗职工基本生活保障制度等等，所有这些都是跟1997年前的政策取向完全不同的。在1997年前，是按照社会主义市场经济的效率优先兼顾公平来考虑社会保障改革的，所以在社会保障改革的过程中我们看到的不是公平而是所谓的效率。效率观在社会保险改革中的体现就是社会保险机构采取的一个很重要的措施叫做“差额拨缴”，这是典型的效率取向的体现。差额拨缴的意思就是你这个企业如果应缴多少保险费就必须缴足，你缴足了，需要多少退休金时我给你多少退休金，缴不足时就通过计算将差额拨给你，这就造成了很多老人退休了领不到养老金的现象。到1997年的时候，好像最高的时候有150多万老人不能按时足额领到养老金，可见，极端的效率观严重地损害了劳动者的社会保险尤其是养老保险权益。在极端的效率观指导下，大量的下岗、失业职工也得不到基本的生活保障。我们有的经济学家说，下岗职工应该到市场上去就业，应该自谋职业，为什么农民工能够干苦活、脏活、累活，城市失业下岗职工不能干。这其实是一种不讲道理的逻辑，国有企业的下岗、失业工人，他们为什么年龄偏大、素质偏低、就业竞争能力偏低？客观而论，主要还是社会的原因，是制度的原因，是传统体制下的受害者，当国家要进行国有企业改革时，当然也就不应当简单处理了之，而是应该对他们进行相应的补偿。但是单纯从效率的角度出发，当时国家确实没有拿出相应的财政资源来进行补偿。从1998年以后，“两个确保”成为各级政府的一号工程，促进下岗职工再就业也成为各级政府工作的重中之重。中央财政在1997年拿出来弥补养老金不足和下岗职工基本生活保障的资金是24亿元，1998年增长到200多亿元，1999年是300多亿元，2000年是400多亿元，后来一直到700多亿元。因此，自1998年以来，政府开始从过去回避责任到承担责任，我们也开始看到社会保障正在逐步恢复它维护社会公平正义的本来面目，所以这就是第三个阶段。

那么20年来的改革到底有什么成就呢？应该说中国社会保障改革的成就是巨大的。我经常讲三个方面。第一个方面就是国民社会保障观念的深刻变化，因为社会保障的改革，人们由过去完全依赖国家、依靠单位到现在大家接受风险分担、责任分摊，这个观念的变化是个了不起的成就。第二个方面就是把传统的计划经济时期的社会保障制度转化为现在的新型的社会保障制度，用我的一句话概括，就是由过去国家负责、单位包办、全面保障、板块结构、封闭运行、缺乏效率的社会保障制度改造成为现在这个政府主导、责任分担、社会化的、多层次的社会保障体系，这是一场对旧制度的颠覆性革命，应该说最艰难的任务已经完成了，新制度的原则和框架也已经确立了。第三个成就是新制度被创新，所起的作用也越来越大。从最低生活保障制度就可以了解到，在1999年最低生活保障制度建立之前，民政部救济的城市人口历年都只有几十万人，最近两三年，从最低生活保障制度得到救助的城市人口达到了2300万左右，并不是说中国现在的城市贫困人口比20年前、10年前、5年前更多，而是中国的贫困人口能在新制度下得到更好的保障。我过去对中国社会保障制度改革取得的成就讲得不多，我是从2000年才开始逐渐讲成就的。那是2000年国务院在通过我国城镇社会保障制度改革综合试点方案，就是现在东北试点的那个方案之前，请了30多位专家来讨论这个中国社会保障改革问题，主要是来自国外的专家，只有2位中国的专家，外国的学者、机构都在谈中国社会保障制度的问题，我说中国社会保障改革中的问题是客观存在的，也是严重的，但是中国社会保障制度改革取得的成就同样是巨大的，因为中国社会保障制度改革是世界上空前绝后的改革。所谓空前的改革，那就是在此之前，确实没有任何一个国家能把一套惠及亿万国民的社会保障制度进行颠覆性的革命，而且是以损害所有受保障者的保障待遇、保障权益为代价为前提的革命。我说西方资本主义国家要对社会保障制度进行小修小补都要遇到重大的阻力和挑战，而我们国家是全面的制度转型。如城市养老保险制度的改革和过去的退休金制度相比，就是以降低劳动者的退休权益为标志的，因为过去不要缴费，现在要缴费了，过去退休金的替代率很高，现在替代率降到60%以下；医疗保险方面，过去的公费医疗和劳保医疗，不仅自己是免费的，子女、家人也享受半费，现在的改革不仅职工家属全部拿出去了，职工个人也要缴费，不仅要缴费，而且你的医疗费用自己还要分担，哪一个国家能够做这样的改革？所谓绝后，是指资本主义国家的社会保障制度不管怎么改，都不会动摇它的根本，而发展中国家的社会保障制度，是过去没有的现在给人们，是做福利加法而不是做社会保障减法。所以，从这个意义上来讲，中国社会保障制度改革的难度与复杂性可想而知，它所取得的成就再怎么评价也不为过。最近两三年来，我发现一些国外的学者谦虚了，他们觉得中国的社会保障制度改革同中国的经济发展一样值得总结经验。去年，我把国际社会保障协会秘书长霍斯金先生请到中国人民大学，让他介绍国际经验，他说我们应该研究中国的改革经验，他想了解为什么中国对社会保障制度进行如此颠覆性的改革，却没出现大批人上街游行和大的社会动乱；2005年4月我请英国伦敦经济学院的著名学者彼特·汤森教授到中国人民大学来做报告，这个人是世界上研究贫困问题的大专家，他也谈到在关注着中国社会保障制度的改革，认为中国的社会保障制度改革应当是很有经验的。他问我有什么经验，我说我们的经验可能就是没有经验。不像西方的改革，在改革之前就知道改革的结果是怎样的。西方的改革，一方面政策的取向是非常透明的，另一方面是人民的维权意识与觉悟很高，这样就有一个博弈，因为任何一个变动可能这一部分人收益了，另一部分人受损了，那你就会遭到受损方的强烈反对。我们国家的经验，过去可以说经验，现在我说不是经验。因为社会保障制度改革长期采取的是试点先行，试点先行可以算作一个经验，在试点先行的过程中间我们实际上是模糊前进，谁都不知道这个社会保障制度改革后我们受到多大的损失，大家都模模糊糊的，只知道往那个方向走是好的，走的过程中间并不清楚。如果我们在改革的过程中间告诉每一个受保障的对象，让每一个对象都清楚自己的权益得失，我相信我们的改革也是无法进行下去的。我在此要表达的意思是，中国社会保障制度改革应当是有自己的经验的，因为成就是客观的。那么有没有问题呢？问题也是很多的，改革中间的失误也是很多的。

首先讲失误。2000 年我到北京的时候，我首先提醒我们劳动保障部的领导，我们要改变当时不良的舆论导向。当时的舆论导向是过分的强调效率、过分强调了个人负责，不提社会公平，不提互助共济，好像公平就是平均主义，就是大锅饭，包括社会保障在内的一切领域都应当走市场化、效率化道路。所以，我们看到城乡居民的不安全感明显增加，对社会保障的信心急剧下降，政府的信用与信誉均受到严重的损害。1997 年前后，中国的物价不仅没有上涨，反而下降；这时的人均收入也在不断上升，但是消费在下降；国有企业生产形势一片大好，产量大增，但是库存积压，人们都不买了，是典型的消费低迷时期。这种局面当然是非常危险的，因为经济可能崩溃。后来中央连续多次降低银行存款利率，希望通过利率杠杆来拉动需求，促进消费，进而刺激生产，因为大家已经注意到了银行存款不断上涨，人们就是不买东西。所有的市场经济国家，利率都是非常灵敏的调控经济的杠杆，但是在我们国家结果是完全失效。这个在市场经济国家最有效的杠杆在我们国家居然完全没有效率，那是为什么呢？当时有的经济学家在分析供求关系的时候，50%供求平衡，30%供过于求，只有 20%还有点供不应求。当时举的最多的是彩电的例子，有人说我们国家生产这么多彩电怎么消费得了，库存积压是正常的。我说我不赞成这个观点，我说根本不是这样一个局面，那时我讲 12 个字“内需不旺、生活风险、社会保障”，我说是因为后顾之忧太多啊！我说彩色电视机再生产几亿台，中国也有足够的市场，现在的关键是大家买不起，想看都看不起，根本不是什么供过于求的问题，因为我们中国有近 4 亿个家庭，尤其是农村 2 亿多个家庭需要多少彩色电视机啊。那么为什么大家不买呢？那就是后顾之忧太多。因为 1997 年的时候有 100 多万人不能按时足额领到养老金，千万计的下岗、失业职工缺乏基本生活保障，城乡贫困人口没有制度化的社会救助，舆论界还在一个劲地讲教育要产业化、住房要自有化，如此一来，大家只能把钱积攒起来，就是说整个的生老病死子女教育都要自己承担，所以谁也不敢消费。所以我说是后顾之忧太多。找到了根本的原因，大家看到1998年以后，上一届政府采取了两大措施：一个就是“两个确保”，两个确保其实就是通过强化社会保障来恢复这一制度的信用，并借此增加人民的安全感及对未来的信心，同时也恢复政府的信用和信誉；另一个是推行积极的财政政策。这两大措施，一个增加了人民的安全感，一个起到了直接拉动经济的作用。没有这两大政策，没有两个确保，中国的局面不可能像现在这样。

第二个是改革过程中的理性不足。我举两个例子。一个就是我们现在非常熟悉的基本养老保险制度。基本养老保险在1995年的时候，抛出统账结合模式，即社会统筹和个人账户相结合的模式。应该说是非常不理性的，是论证非常不充分的，是没有做任何的财政准备或基金筹划的。我不是说这个方向是错误的，而是这个时机是不合适的。在没有做任何财政准备的情况下，提出统账结合模式而且中央拿出的是两个不同的方案，还允许各地自行拿出第三方案、第四方案等等，这当然是极不严肃的，也是极不理性的。这样，全国一下就冒出了若干个方案，造成了今天养老保险制度无法统一的严重后遗症。这个制度本来是应该维护和创造公平的，结果变成了破坏公平的制度，并且已经很严重了。我们在没有把企业保险制过渡到社会化养老保险制就在没有任何准备的条件下选择了统账结合的模式，一步没走好，后患就无穷。由于各地区养老保险的缴费高低差异很大，不公平的效果就出现了。像东北沈阳这样的老工业基地，养老保险单位的缴费率达到工资总额的25%以上，而北京是19%，深圳只要6%，珠海、东莞是10%。仅仅就这一项缴费，对劳工成本的影响就很大，这难道不是在破坏公平竞争吗？它不仅破坏了市场经济的公平竞争的环境，而且使养老保险这一本该全国统一的制度安排进一步地方化了，现在在一些地方开始成为阻碍劳动力自由流动的一个壁垒，损害了劳动市场的一体化。为什么这样讲？我去年就收到过南京的一位老工程师的来信，他说他在南京某国有工厂工作了31年，1995年到深圳去，2002年退休时发现没有地方领养老金了，深圳那边说你在深圳只工作了7年，缴费只有7年，不符合领取养老保险金的资格条件，所以没有养老金；南京这边说，你人都走了7年，又没有参加南京的社会养老保险，我们怎么可能给你发养老金，一个工作了38年的老同志就这样在两个地方均有法规政策依据的合法条件下丧失了自己的养老保险权益。我们可以思考一下，为什么会出现这样的问题？如果是一个全国统一的制度会不会出现这样的问题？所以养老金制度现在变成了地方利益。但是我们也不能说南京错了或者深圳错了。在深圳，你在我这里只工作了7年，如果你活到80岁，你要在我这儿领20年养老保险金，那我深圳当然吃亏了，因为现在是地方统筹；南京可以说你过去是在我这儿工作了31年，但过去没有养老金积累，现在你要领养老金，也许要领20年，这钱我从哪里来？可见，这个制度已经变成了地方利益，它进一步固化了地方利益。从研究的角度讲，如果全国各个地方的政府都很精明，这个制度、这个问题将来可能不得了。为什么？像深圳它现在即使一分保险费也不收，也可以维持发放养老金，因为它现在结余上百亿，如果考虑到将来需要省级统筹甚至全国统筹，那我现在就不收企业的钱，最好把这些钱用光。那么地方之间都这样，这个制度将来是个什么样的制度？个人账户的空账问题讨论了10年，这十年费了专家学者们不少的心血，但是价值都不大。因为它就是个空账，再怎么研究它也是一个空账。当初如果不是过早提出这样的制度安排，如果事先经过充分的论证并考虑好相应的财力储备，肯定不是现在这样一个严重的局面。

我再举一个例子，就是2000年国务院颁布国有股减持和社会保障基金筹集的重大政策，当时的舆论都认为是对股市的一大利好消息，有关部门的负责也大言是利好消息。当时我是持保留意见的，因为大家知道当时是社会保障资金不足，国有股减持与充实社会保障基金相关，当然是要从股市上套现，股市上本来钱就不多，你现在要套现，从股市上把钱拿出来，进一步减少了股市上的钱，股市必然下跌，这个道理岂有其他的解释。我当时认为，国有股减持应当将改革国有企业与完善证券市场作为首要目标，而不宜与社会保障基金筹集密切挂钩，并肯定短期一定是利空消息，会损害股市，所以这个办法一出台，直接结果就是股市迅速陷入低迷状态无法自拔了，这一重大政策实行半年后暂停，一年后停止。这就是改革过程中的理性、科学性不足。

当然我还可以举出以往改革中的一些例子，包括部门之间的协调，整个管理体制等等。记得1997年我参加国际劳工组织的一次会议，当时与国际劳工组织聊到中国的医疗保险改革问题，卫生部的一位官员说，我们国家对医疗保险的改革非常重视，我们是四个部——国家体改委、劳动部、卫生部、财政部都在抓医疗保险改革。国际劳工组织的两位专家听了很惊讶，说我们工作了几十年，到过世界那么多国家，还没有哪一个国家像中国这么重视医疗保险改革的，四个部一起抓医疗保险改革一定能够抓好。我说不一定，因为中国有古训，是龙多不治水，还有一个和尚挑水喝、两个和尚抬水喝、三个和尚没水喝。结果医疗改革在四个部门的高度重视下，越改百姓越害怕生病，越看不起病。我认为，评价社会保障制度改革是否成功的一个关键指标是，百姓的后顾之忧减轻了没有。医疗保险改革的成败关键就看老百姓怕不怕生病，能不能看得起病。部门的分割，从原来的导向到决策的不理性，到部门利益的分割、政策的分割，乃至对农民社会保障的忽略，应该说都是以往改革中的失误，是值得我们吸取的教训。

那么中国的社会保障制度存在一些什么问题呢？问题很多，但是我觉得主要的可以概括为四个方面，当然这还不包括价值取向不明问题：

第一个问题就是保障不足，并且是严重不足。有些人一提中国的社会保障改革，就是要警惕北欧国家的“福利病”，不能高水平，不能统一化，不能怎么怎么样，甚至还有人主张中国可以不要社会保险只要社会救助。我觉得这个观点是极端错误的，是非常不利于我们国家社会保障改革与制度建设的。因为讲这些话的人都无视中国社会保障严重不足的事实，80％以上应该被养老保险覆盖的人还没有被养老保险覆盖，10多亿人口还没有基本的医疗保险，乡村数以千万计的贫困人口还没有制度化的社会救助，更不用说1亿多老年人、6000多万残疾人以及亿万妇女儿童能够享受什么社会福利，这怎么能跟福利国家的所谓福利病相提并论？现在我们国家不仅没有资格得福利病，也没有资格讨论福利病，因为所谓的社会病其实是拿着显微镜来照福利国家的制度，是夸张的。也许过20年以后可以讨论福利病的问题，但现在的问题是如何迅速改变绝大多数人没有社会保障或者没有应有的社会保障的问题。救助制度是如此，社会保险制度也是如此，社会福利更是如此。所以我说我们现在面临的最大问题是社会保障不足，是严重不足，我们面临的紧迫任务就是要加快这个制度的建设，大幅度提高政府对社会保障事业的投入。改革开放20多年了，我国的GDP从3000多亿元增长到2004年的13万多亿元，2005年可能超过15万亿元，财政的钱也从1100多亿元增长到2万多亿元甚至3万亿元，应当说国民经济与国家财力已经具备且应当提供社会保障的财政支撑。经济社会发展与城乡人民生活水平的快速提高，更加反映出社会保障现在已经严重滞后于经济社会发展的需要了。所以，我要强调的第一个问题就是保障不足，我们现在所要做的不是警惕福利病，恰恰相反，是要改变保障不足的问题。

第二个问题就是责任不清。因为责任不清，影响了制度的顺利转型。一是社会保障的历史责任与现实责任不清，刚才所举的南京的退休工程师的遭遇，就是历史责任和现实责任不清的一个例子，结果是劳动者利益受损，陷入困境。历史责任到底有多大，拖欠了多少的历史债务，我们是不清楚的。去年有一位美国学者找我，告诉我说，他在中国的上海和辽宁做了调查，想以这两地为例评估中国现行的基本养老保险制度。我说你如果以中国的上海和辽宁的养老保险制度为例作出评估，得出的结论一定是错误的，因为这两个地方统账结合养老保险制度，都与计划经济时代中老年人的退休金是连在一起的，没有办法理清历史的责任，也就没有办法正确评估新的基本养老保险制度是个什么样的状况，这就是第一个责任不清。二是政府责任与民间、企业、市场、家庭乃至个人之间的责任不清，所以政府现在有一些担心，好像政府的责任越来越大了。市场的力量没有充分利用，社会的力量又不想充分利用，包括我们的慈善事业，这个慈善事业我近10年一直在呼吁，但是你会感觉到政府没有真正的支持慈善事业的发展，有些政府部门甚至认为这钱不应该捐给慈善机构，而是应该捐给政府机构。1998年江淮大水灾发生后，有的部门甚至发文件要求捐给民政部门，中华慈善总会募捐的钱要民政部来支配。2004年我在全国人大审议《传染病防治法》草案时，也发现草案中写上了县级以上的卫生行政部门管理和使用捐款，我当时坚决反对写上这一条，我说这是严重超越政府职能、权限范围的规定，它将损害了我国慈善公益事业的发展，各国政府只有收税的权力而没有接受捐献的权力，这一条后来当然没有写上。但它表明了一些政府部门确实存在着这样一个意识，那么，我们民间组织如何发展起来，社会资源如何能调动，结果必然是政府责任愈重，民间资源被浪费，这种政策取向显然是不适当的，说明责任没有划分清楚。政府与市场的责任划分不清，政府与社会的、政府与企业的责任也是这样，国有企业缴费那么高，就是国家责任向企业的转嫁，因为现在的国有企业承担着历史的负担，历史的责任划不清，社会、市场有力也用不上。第三个责任不清就是中央政府与地方政府的责任不清。前几年有的地方领导以维护社会稳定为由要中央政府拨款，因为地方政府不知道要担什么责任，全国各地都向中央政府要钱，中央政府的压力就很大。前两年国务院有过一次对社会保障改革的检查，有关养老金的补贴、下岗职工的补贴各地大多依靠中央政府拨款补贴，有一个省的政府居然一分钱都没有掏过。可见，中央政府和地方政府的责任不清其实也在损害着这个制度的改革与发展。所以我说责任不清和保障不足是两个最大的问题。

第三是法制滞后，立法机关没有到位，司法机关没有到位。现行社会保障制度都是政府自己制定并实施、监督。为什么要强调立法机关立法呢？所有国家社会保障制度的建立都是立法先行，这是一个基本规则。立法先行可以使立法机关兼顾各个集团或社会阶层的利益。因为即使政府是公正的，但也不能否认政府也有它的自利性。政府只是整个社会保障制度责任主体的一方，还有企业、劳动者等。现在我们的企业、劳动者在社会保障改革中有多大的发言权，我这里不是说政府一定不公正，政府可能是公正的，但是在好多问题上可能失之偏颇，因为另外的责任主体如果不能有效地参与改革，制度建设的理性就可能受到损害。在20多年的改革中，我们看到大家考虑得更多的是在想尽办法控制政府责任，减弱政府责任，而较少看到如何增进国民福利，如何合理地减轻企业的负担。所以，法制滞后影响了这个制度的合理性、稳定性、可靠性和权威性。同时，没有法律的规范，有些企业就可以参加也可以不参加；参加的企业可以按时缴费也可以拖缴、欠缴社会保险费。有的地方把欠缴社会保险费的企业告上法院，法院就无法受理。因此，立法机关不到位，司法机关就不可能到位，没有法律与司法保障，社会保障改革与制度建设仅靠政府推动当然不可能完成。

第四个是新制度的有效性还不高，几乎各项现行社会保障制度都是如此。如养老保险没有实现全国统一，其负面影响已经显现；医疗保险统账结合，并不能真正解除人们疾病医疗的后顾之忧；失业保险促进就业的功能不足；工伤保险只有保险赔偿功能而且覆盖面非常狭窄；最低生活保障制度好像看起来是一个相对成熟的制度，但是缺陷也非常之大，因为它只有实物保障，面向贫困人口的还有廉租房、医疗救助、教育补助等等，现在面对贫困人口的社会救助制度是分割的，待遇标准是不合理的，它很容易使贫困人口陷入贫困陷阱无法自拔，等等。所以我们看到最低生活保障在全国各地的实践，土政策是五花八门，这个地方规定低保户妇女如果有一个戒指或者耳环就取消领取低保金的资格，那个地方规定低保户家里养狗也不能再领取低保金，另一个地方又规定凡是邻居举报他在饭店里请过一次客的不能领取低保待遇，还有的地方是强迫低保户到社区劳动，等等，各项政策简直是五花八门。

综上可见，我国社会保障改革与制度建设所面临的问题还很多，要完成这一繁重任务不仅需要有更大的投入，还要有更高程度的重视与法制的保障。

最后，我简单地讲讲中国社会保障改革与制度建设的未来发展，我认为有几点是肯定的：

第一是社会保障制度在整个国家的经济社会发展过程中间，必然占据越来越重要的位置，在政府工作中必然占据越来越重的分量，在政府的财政结构中必然占据越来越大的份额。这是毫无疑问的。因为它是构建和谐社会的核心指标，社会保障制度的健全能化解很多的社会矛盾和社会问题，也能够促进经济社会的和谐发展。

第二个能肯定的就是社会保障一定是追求社会公平、促进共享发展成果的。市场经济天然地追求效率，社会保障是天然地追求公平。所以它的公平色彩必然越来越浓厚。随着我们改革的深化，这个公平首先表现在它的覆盖面，它的规模上。歧视的色彩不断消去，所以越来越公平。一个衡量的基本指标应当是这一制度首先必须实现没有漏洞，之后逐步提高保障水平。

第三个当然是统筹考虑，包括城乡统筹考虑，不同社会群体统筹考虑，可以有差别，但会逐渐走向统一化。

第四个是需要新的改革的推力和得力的措施。中国当前的社会保障制度改革比过去条件更加具备。我们的经济基础日益雄厚，我们的财政实力在不断增强，政府的钱应当通过社会保障与各项福利机制真正反馈于民，只有不断增进国民的福利才能促使社会和谐发展。

用社会保障促进社会和谐[①]

构建社会主义和谐社会是中国共产党在十六届四中全会提出的战略目标，也是对国家未来长期发展的科学定位。我坚持认为，和谐社会的核心是人与人关系的和谐和人与社会关系的和谐，让每一个人都能够快乐地创造和生活是构建和谐社会的最高标准，而这显然要以经济社会协调发展和全体国民共享经济发展成果为前提条件。

构建和谐社会，实际上是要在经过近20多年的改革开放后，在中国经济社会发生巨大变革并取得国民经济持续20多年高速增长成就的时代背景下，进一步提供为什么发展和为谁发展问题的科学答案。人类社会发展迄今的经验告诉我们，经济发展与经济增长本身并不是发展的目的，经济发展与经济增长的最终目的无疑是为了促进社会发展和人的全面发展。偏离了这一发展目标，经济发展与经济增长的意义就必然要大打折扣；违背了这一发展目标，经济发展与经济增长也就失去了它的核心价值；因此，为什么发展的问题其实已经在中国的改革发展实践中找到了日益清晰的答案。同时，贫穷不是社会主义，只有少数人富裕起来也不是社会主义，社会主义市场经济所追求的应当是能够让全体国民共享经济发展的成果，这是检验社会主义以及一切社会文明进步的基本标志。在促进社会全面发展和人的全面发展以及实现全体国民共享发展成果方面，社会保障显然是不可替代的基本制度安排与保证。

一、社会保障的独特功能决定了它是和谐社会的重要内容与核心指标

所谓社会保障，其实就是国家依法建立并由政府主导的各种具有经济福利性的社会化的国民生活保障系统的统称，是用经济手段来解决社会问题进而达到特定的政治目标的重大制度安排，它超越家庭、社区及组织或单位之上，又与家庭、社区和组织或单位形成相互支持的关系并共同促进着人的全面发展。

---

① 原载《社会保障研究》，2005年第1期（创刊号），中国劳动社会保障出版社。稍后发表于《人民日报》理论版2005年9月16日。

在我国，社会保障不仅包括各种社会保险、社会救助、社会福利、军人保障等基本社会制度，而且也包括教育福利、住房福利以及各种补充性保障措施。就像市场机制天然地追求效率一样，社会保障也天然地追求社会公平，社会保障对社会公平与正义的追求，恰恰是构建和谐社会的核心价值取向。在市场经济条件下，要促进社会和谐和实现社会公平，在很大程度上其实需要依赖社会保障，因为许多社会问题、社会矛盾只有依靠社会保障制度安排才能获得解决，个人及家庭的诸多生活风险只能依靠社会保障制度安排才能获得化解。

社会保障作为能够让全体国民共享发展成果的基本制度安排，近百年来构成了世界上大多数国家社会发展的主体内容和社会文明进步的重要标志。纵观国外，可以发现这样一个有目共睹的现象，即凡是追求社会公平并想获得和谐发展的国家，必定高度重视社会保障制度的建设；凡是社会保障制度健全、完备的国家，都可以说是和谐发展的国家。反之，凡是不重视社会保障或者社会保障制度残缺不全的国家，通常也是社会矛盾相对尖锐、社会排斥与社会对抗相对严重的国家。

作为现代社会保障体系主体内容的社会保险制度，19 世纪 80 年代在德国的产生，就是为了化解当时尖锐对抗的劳资矛盾与缓和德国工人阶级的反抗，结果因增进了工人阶级的福利和减轻了工人阶级的风险而促成了劳资双方由全面对抗走向妥协与合作，社会保险制度也因此而为众多国家仿效，迄今全世界已有 170 多个国家不同程度地建立了自己的社会保险制度。

20 世纪 30 年代美国将建立社会保障制度作为罗斯福新政的重要内容，于 1935 年通过综合性的社会保障立法并由此确立其社会保障制度，不仅有效地化解了全球性经济大危机带来的一系列国内社会问题与社会矛盾，而且推动了美国经济持续多年的高速发展和社会文明的进步。

20 世纪 40 年代末英国率先建立福利国家，迅速化解了第二次世界大战期间因纳粹德国狂轰滥炸等放大了的各种国内社会矛盾与阶层对抗，更是将社会公平正义与社会文明程度提高到一个崭新的高度，福利国家亦风靡一时，被西欧、北欧等欧洲国家和加拿大、澳大利亚等众多国家所仿效，并成为这些国家走进和谐社会、实现社会公平的制度保障。尽管福利国家遭到了一些经济组织与部分人的攻击，但福利国家确实是福利国家民众引以为自豪的成果。

日本在战后的经济发展奇迹，事实上也与其迅速建立、健全自己的社会保障体系密切相关，因为接近福利国家水平的社会保障制度为日本经济的起飞和持续增长奠定了稳定与公平的社会基础。

即使是韩国、新加坡等新兴工业化国家，以及中国台湾、香港地区，也都在通过努力健全自己的社会保障体系来促进社会公平与社会和谐，那种单纯、片面地追求经济增长的时代已经被这些国家或地区摒弃。

许多国家或地区的发展实践表明，社会保障制度与经济社会协调发展构成了密不可分的内在关系，它与社会和谐更是一种正相关关系。在当代世界，尤其是在市场条件下，没有社会保障，便不可能有社会和谐。在中国构建和谐社会的进程中，同样离不开社会保障制度的保障与维系，社会保障制度客观上构成了和谐社会的重要内容和核心指标。

社会保障对构建和谐社会之所以如此重要，是因为它作为国家干预收入分配和协调经济社会发展的重要工具与基本手段，具有缩小差距、化解矛盾、实现共享发展成果等多方面的独特功能。例如，包括最低生活保障（贫困救助）、灾害救助等在内的社会救助，以国家财政为经济基础，通过对低收入群体或者贫困人口、灾民的援助，不仅可以帮助这些群体摆脱生存危机，也事实上起到了缩小贫富差距、促进社会公平正义的重要作用。包括养老保险、医疗保险、工伤保险、失业保险、生育保险等在内的社会保险，以雇主或单位与劳动者个人缴费加政府补助形成的社会保险基金为经济基础，不仅有效地解除了劳动者在养老、疾病医疗、职业伤害、失业、生育等方面的后顾之忧并事实上增进了劳动者的福利，而且客观上平衡了劳资关系，缓和乃至化解了劳资之间的利益冲突，并可以起到防止与减少贫困的作用。而包括老年人福利、残疾人福利、妇女福利、儿童福利等在内的社会福利事业，则通过政府、社会的投入，可以真正实现让这些群体共享经济发展成果的目标，这种共享发展成果的机制在现实社会中具有不可替代性。

此外，由政府主导的教育福利不仅是提高国民文化教育素质的基础，而且是创造和维护着市场经济与社会发展的起点公平。包括企业年金、互助保障、慈善公益事业等在内的其他各项补充保障措施，也都不同程度地起着润滑社会关系、促进社会和谐、增进国民福利的作用。

可见，无论是法定的社会保障制度安排还是非法定的社会保障措施，其出发点都是为了满足人的生活保障与发展需要，进而促进人的全面发展，从而真正全面地体现了以人为本的新发展理念和构建和谐社会对社会公平正义的核心价值追求。

二、健全、完善社会保障制度是促进社会和谐和构建和谐社会的必由之路

社会保障与和谐社会的正相关关系，要求我们在构建和谐社会进程中必须高度重视社会保障制度建设，并通过健全、完善社会保障制度来化解现实社会问题和社会矛盾。在充分肯定改革开放以来已经取得的巨大成就和我国近 20 多年来总体上是一个从计划经济时代的阶级斗争年代逐步向和谐社会迈进的进

程的同时，还必须承认现阶段确实存在着差距、矛盾、冲突，经济社会发展不协调的格局日益显现，部分社会矛盾甚至正在日益尖锐化，我们国家面临的是一个难得的战略机遇期，同时也是一个社会分化加剧的敏感、复杂时期。

在中国现阶段面临的诸多引人关注的社会问题中，几乎均与社会保障制度的残缺不全、有效性不高有着直接的关系。

贫富差距的持续扩大，与社会保障调节收入差距的功能不能得到充分发挥直接相关，即高收入者未能够承担起应有的社会责任，而低收入者则得不到应有的保障，面向城镇贫困人口的最低生活保障制度的单薄功能与乡村贫困人口制度化社会救助的缺乏，决定了社会保障对贫富之间收入再分配的调节并未发挥出应有的功效，而对低收入者缺乏必要的、综合性的保障实质上直接放大了贫富差距。

劳动关系的日益失衡，与劳动者的社会保障不足直接相关。如多数劳动者既没有养老、医疗、工伤等社会保险，也缺乏应有的职业福利，有的甚至连劳动报酬权也得不到有效保障，社会保障与职业福利的缺失既损害了劳动者的利益，更可能导致日益严重的劳资冲突与对抗，任其发展下去，必将损害社会和谐发展。

农民工遭受歧视，在很大程度上又与社会保障政策歧视或者不健全直接相关，如农民工从事的职业与城市居民一样，所面临的人生风险亦与城市居民大致相同，却没有相应的社会保障，或者虽然政策没有歧视但因受户籍因素与工作不稳定的影响而并不能真正享有社会保障，乡村流动人口与城市固定户籍人口之间的利益冲突因社会保障权益的不平等而在持续扩大。

城乡之间差距的持续扩大，也与国家福利资源分配的不公直接相关。如国家财政中的公共福利资源（包括教育资源、公共卫生资源、住房福利资源等）主要用于城市居民，占总人口40%的城市居民至少占有70%以上的国家公共福利资源，而占总人口60%的农村居民只占有不足30%的国家公共福利资源，这种长期畸形的公共福利资源分配体制进一步弱势化了农村居民的经济社会地位。教育福利资源与公共卫生资源配置的失衡，揭示了这两种基本福利制度的非公平性，它已经成为拉大城乡差距的重要因素。

而经济社会发展的不平衡以及效率与公平关系的失衡，也均与社会保障体系残缺不全直接相关，社会保障体系建设的滞后及不成熟，既是效率优先走向效率至上的结果，又进一步导致了对效率追求的异化。

可见，在充分肯定我国近20多年取得的巨大发展成就的同时，只要客观分析发展进程中存在的贫富差距偏大、劳资关系失衡、流动人口与固定户籍人口利益冲突、城乡差距与地区差距持续拉大等问题，就可以发现它在很大程度上与社会保障制度的不公平、不健全、不完备直接相关，而要缓和乃至真正化解这些问题，必然离不开建设健全、完备的社会保障制度。因此，构建和谐社会的过程，同时也应当是社会保障制度走向健全、完备的过程，健全、完善社会保障制度是促进社会和谐和构建和谐社会的必由之路。

三、应当通过加快改革步伐来建设健全、完备的社会保障制度

自1986年国家真正主导并推进社会保障制度改革算起，我国社会保障制度改革已历经20多年，已经取得的成就不仅包括国民单纯依赖国家与单位的传统保障观念发生了深刻变化，而且事实上将计划经济时代形成的国家负责、单位包办、全面保障、板块结构、封闭运行、缺乏效率的传统社会保障制度转换成了政府主导、责任共担、社会化的多层次社会保障体系，这一成就毫无疑问与经济改革的成就同样为世界所瞩目。

然而，实事求是地讲，我国社会保障制度改革长期试而不定，体系残缺，漏洞很大，目前面临的困难与问题还不少，而绝大多数城乡居民缺乏必要的社会保障表明，保障不足是我国社会保障制度面临的主要问题。这种滞后发展的社会保障体系，在一定程度上对和谐社会的构建产生了日益负面的影响，因为迫切需要通过社会保障来解决的许多民生问题与社会问题仍然无法或者不能全面地通过社会保障制度安排得到解决，有的制度如养老保险因地区统筹所产生的缴费率高低悬殊现象甚至还在制造着新的不公平或者破坏着社会公平。因此，现阶段特别需要加快社会保障体系建设步伐。只有建立起健全、完备的社会保障制度，社会才能实现和谐，经济才能持续发展，文明才会不断进步。

我国社会保障制度建设的当务之急，我认为主要有如下几个方面：

第一，必须澄清社会保障领域中的一些似是而非的认识误区，尽快确立公平的价值理念与政策取向，并真正体现在各项社会保障制度之中。那种所谓"天下没有免费午餐"的效率观念并不适合于社会保障，那种所谓"劳工成本低是中国优势"的经济观点其实有害于国家的长远发展，那种一提社会保障就要求警惕"福利病"的主张显然是无视中国社会保障严重不足的神经过敏，那种一提社会公平就认为是"劫富济贫"的思维其实不过是一部分人唯利是图的反映。因此，在构建和谐社会的进程中，中国现阶段还不可能在社会保障制度上实现全民公平，但必须确立社会保障制度建设的公平价值取向，根据社会公平正义与共享发展成果的原则来推进社会保障制度建设，逐步缩小这一制度的不公平，无疑是完善这一制度的基础。

第二，尽快弥补社会保障制度的缺漏，推进社会保障体系一体化、完备化，即在统筹考虑并满足城乡居民不同群体的社会保障需求的原则下，构建覆盖城乡所有贫困人口的一体化社会救助制度，将社会保险制度覆盖到全体劳动者，运用公共财政与民间及市场资源来推进各项公共福利事业，并发展各种补

充保障事业，完备的社会保障体系将成为和谐社会的基础性保障。

第三，高度重视对困难群体的综合援助与激励，有必要从现行相互分割的贫困救助走向综合型的社会救助机制，还需要通过相应的激励机制来帮助困难群体从贫困中走出来，解除生活困难并促使贫困人口脱离贫困陷阱是社会救助制度追求的目标。因此，在困难群体援助方面，还特别需要强化制度安排，整合政策体系与资源，在保障困难群体生活的同时有效地引导其摆脱贫困。

第四，尽快构建覆盖全民的多元化的医疗保障体系，真正解决城乡居民疾病医疗保障问题，其中尤其需要重视乡村与社区为主体的基层公共卫生体系的建设，在开放医疗服务的同时推进各种医疗保障制度的快速发展。改革公费医疗、劳保医疗制度的目标绝对不是为了缩小保障范围，放大城乡居民的疾病医疗风险，而是为了在完善医疗保障机制的同时更好地解除人们的疾病医疗后顾之忧，任何偏离了这一方向的改革都将不会取得成功并必然遭到反对。因此，构建覆盖全民的医疗保障体系其实是我们不可能放弃的追求目标，现阶段可以是多元化的制度安排，但应当努力用不同的制度安排来覆盖全体国民，最终向全民医疗保障迈进。

第五，加大财政投入，维护教育的福利性与公益性，进而通过实现教育公平来推进社会公平。教育是国民立足社会的基础，教育的公平性需要立足于福利性与公益性的基础之上，即没有福利性与公益性便不可能有公平性。在我国财政实力持续增强的条件下，教育无疑应当成为公共财政支持的重点领域，而摒弃以往教育领域对产业化、市场化的过度追捧，通过加大财政投入来维护教育的福利性与公益性，各级政府显然责无旁贷。

第六，在提高现行社会保障制度的有效性的同时，促使社会保障制度尽快走向定型。应当承认，我国社会保障制度改革中的长期试验已经造成了新的路径依赖，现实中的许多问题均与这种路径依赖有着密切的关系，因此，社会保障制度需要尽快定型，而这种定型的制度安排又必须以提高现行制度的有效性并加速通过社会保障立法为条件。在提高现行制度的有效性方面，几乎各项现行制度均须努力。如基本养老保险需要尽快向全国统筹迈进；医疗保险急切需要提高保障水平与覆盖面；失业保险需要强化促进就业功能；工伤保险需要急切覆盖全体劳动者；生育保险需要重建；最低生活保障需要向综合型社会救助机制转化；各项社会福利事业需要走官民结合的发展道路；等等。

总之，社会保障与社会和谐是一种正相关关系，构建和谐社会离不开社会保障，我国必须建设健全、完备的社会保障制度，并通过这一制度来化解现实中的诸多社会问题，满足国民的福利增长需要。社会保障制度的健全、完备程度，将是我国向和谐社会迈进的重要标志。

中国养老保险制度的未来发展①

一、发展目标的设定

1. 决定发展目标的相关因素

在设定中国养老保险制度的发展目标时，有必要清醒地认识到相关因素的影响：

第一，人口老龄化趋势加快。人口老龄化是一个世界性趋势，中国虽然还是一个发展中国家，但以 60 岁及以上人口占总人口比重达到 10%的标准计，已于 2000 年进入老龄化国家行列。不仅如此，老龄化趋势的发展速度还非常之快。以 65 岁及以上人口占总人口的比重指标为例，1982 年为 1.9%，1990 年为 5.6%，1995 年为 6.2%，2000 年达到 6.96%；而据人口学家的预测，2020 年我国 65 岁及以上人口占总人口比重将达到 11.3%，2050 年这一指标将达到 21.2%。在人口老龄化加剧的条件下，养老保险制度的建设与发展将不再是老年人的事情，而是必然进一步转化成整个社会的事情，并必然地对整个经济社会产生重大影响。

第二，家庭的养老保障功能弱化。家庭是天然的和基本的社会单元，并应受社会和国家的保护。家庭同样是社会成员天然的基本的老年生活保障单位，它所具有的内在保障功能从古至今一脉相承，中国人向来喜欢大家庭，形成这一传统的根本原因并非传宗接代，而是大家庭所固有的提供老年生活保障的功能，中国的现行法律（包括《中华人民共和国婚姻法》、《中华人民共和国继承法》、《中华人民共和国老年人权益保障法》等）亦明确规定了子女对上一代的赡养义务。然而，随着社会的发展尤其是计划生育政策的推行，中国家庭的人口结构与规模已经发生了巨大的变化，小家庭或核心家庭已经取代传统的大家庭格局，家庭的老年生活保障功能也在持续弱化。一方面是子女数量的减少使下一代人赡养上一代人的经济承受能力迅速下降，如果没有相应的社会机制来维护老年人的收入保障，老年人将因退出劳动岗位而陷入贫困境地；另一方

① 原载《劳动保障通讯》2003 年第 3 期。

面，家庭规模的小型化，亦必然使相互服务尤其是为老年人服务的功能迅速遭到削弱，而人口老龄化甚至高龄化的趋势又使老年人的生活服务需求持续增长，如果没有相应的经济支撑或社会福利供给，晚年生活的担忧便会愈加沉重。因此，与家庭保障相对应，老年社会保障制度的建立与发展，恰恰是家庭保障功能弱化的结果。

第三，老年人分享经济社会发展成果的权益日益被肯定。在当代社会，老年人分享经济社会发展成果的权益早已是许多国家的法律规范并受到相关制度安排的保证。一方面，在一定时期内的物质财富主要是由在职劳动者创造的，但这种财富的产生与积累却离不开上一代人创造和奠定的经济社会基础。同时，"劳动是财富之父，土地是财富之母"，老年人与年轻人对资源的权益应当是相同的。凭此两点，确保老年人分享经济社会发展成果的权益显属天经地义。另一方面，全世界有 170 多个国家建立了养老保险制度，并普遍采取弹性养老金制，确保养老金能够随着物价变动与收入水平的提高而提高（商业性人寿保险恰恰缺乏这种弹性机制），这种惯例正是让退出劳动岗位的老年人分享经济社会发展成果的一个基本标志。

此外，在劳资关系方面，世界性的强资本弱劳工格局已经形成，它尤其需要发展中国家建立相应的强制性的社会保险制度来调整；而国际经验亦表明，作为工业化产物的社会养老保险制度，也会随着工业化、城市化的发展而不断发展，尽管制度模式可能不一，但这种趋势却不可能逆转。对中国而言，建设新型养老保险制度不是在白纸上写字，而是在原来已经建立了一套完整的退休养老制度基础上变革，对原制度的路径依赖与惯性，使得新制度不可避免地要受原有制度的影响和牵制。

根据上述因素分析，一个十分肯定的结论便是，建立社会化的养老保险制度不仅是必要的，而且是社会发展进步的重要标志。社会养老保险制度在所有工业化国家和大多数发展中国家得以建立和持续发展的事实，应当能够打消中国对这种制度的必要性的疑虑。尤其是在进入老年型社会后，通过民主方式形成的公众意愿也会促使社会化的养老保险制度不断得到完善。

2. 构建多层次的老年保障体系

人类寿命延长所带来的养老责任的持续加重与家庭保障功能（或个人负责能力）的持续弱化，不仅使社会养老保险制度成为必要，而且也促进了多元化的老年保障体系的形成。从国际上看，解决老年人生活保障问题的制度安排早已走过了单一层次的时代，发挥有关各方的积极性并让各方共同分担养老保障的责任，以及实现经济保障与服务保障及至精神保障相结合，已经成为这种社会制度发展的必由之路。

按照责任的承担主体与承担方式，可以分为以下几个层次：

自我保障层次：家庭或自我保障构成了整个老年保障体系的基础或第一层次，是国民自己（或者通过家庭）对自己的养老问题直接负责的方式，其经费来源于家庭或个人的储蓄，现阶段的绝大多数中国老年人实际上只有这一层次的保障。家庭或自我保障不仅符合中国数千年来的历史文化传统，而且是中国社会的现实格局及法制规范使然，从而是值得肯定并继续发挥的老年保障机制。在这一层次上，政府并非无所作为，而是可以通过相关福利政策的实施来维护甚至放大家庭保障的功能，如对家庭养老提供政策优惠乃至补贴等，社会化的老年保障制度的建立与推进应当有利于巩固这个基础。

政府负责层次：普惠式国民养老保险构成整个老年保障体系的第二层次，政府是这一层次的直接责任主体，制度的出发点是面向所有老年人提供最基本的收入保障，经费来源于税收，待遇标准与工资脱钩但与物价水平挂钩，并随着整个社会平均收入的提高而提高，它体现着老年人分享经济社会发展成果的权益，是具有公平性的养老保险制度安排；与此同时，政府负责的贫困救济制度（中国现阶段是最低生活保障制度）亦覆盖着老年贫困人口。

政府主导、责任分担层次：差别性职业养老保险构成整个养老保障体系的第三层次，它同样由政府主导，由雇主与劳动者分担缴费责任，待遇标准因与劳动就业及缴费相关而存在着差异，从而是兼顾公平（政策统一规范、统一的税制优惠与雇主分担缴费）与效率（与个人工资水平与缴费年限直接相关）的制度安排；政府主导且由社会分担责任的老年保障机制还应当包括老年福利体系。

单位负责层次：补充养老保险（企业年金或非企业单位提供的补充养老保险等）作为职业福利的重要组成部分，构成整个老年保障体系的第四层次。在这一层次上，政府会鼓励单位提供补充养老保险，但不会干预企业及其他单位建立补充养老保险的自主权，其经费既可以全部由雇主提供，也可以由雇主与劳动者分担，它服从单位的发展战略和劳动力市场的竞争需要，从而应当属于单位负责的保障层次。此外，单位提供的其他职业福利（如住房福利等）亦可以对老年人的生活保障起到一定的作用。

市场提供层次：商业性人寿保险以及其他通过市场获得的老年保障，构成整个老年保障体系的第五层次。它由市场提供，通过市场提供、市场的自由交易来完成，从而在实质上仍然属于个人自我负责，只不过与家庭或自我保障相比，市场提供的方式具有了社会化的意义。

3. 基本养老保险制度的目标定位

首先，需要对基本养老保险制度的架构进行合理定位。在上述老年保障体系中，能够强制实施的只能是普惠式国民养老保险与差别性职业养老保险，因此，这两项养老保险可以组合成中国未来的基本养老保险制度。当然，由现在的统账结合模式向这一目标发展，只需要采取相应的措施来逐步推进。

其次，需要合理确定基本养老保险制度的保障目标。能够达成共识的观点是基本养老保险只解决老年人自己的经济保障问题。所谓基本经济保障，应当综合考虑当时的平均工资水平，人均可支配收入、人均消费性支出及恩格尔系数等指标，尤其是人均消费性支出与恩格尔系数作为衡量居民基本生活水准的重要指标更是具有重要的参照意义。以 2000 年为例，城镇每一就业者负担人数为 1.86 人，职工平均工资为 9371 元，城镇居民人均可支配收入为 6280 元，人均消费性支出为 4998 元，恩格尔系数为 39.18。对这一组指标可能作如下分解：职业平均工资收入包含了所负担的人数的需要，人均可支配收入包含了家庭或个人储蓄的需要，而对于退出劳动岗位的劳动者而言，从理论上讲是不再具有赡养他人的负担和再度储蓄的需要，而 2000 年城镇居民消费的恩格尔系数为 39.18，应当属于小康型或舒适型生活了。因此，我认为以恩格尔系数为 40%左右的人均消费性支出为依据来确立基本养老保险水平是较为合理的。如果按照这样的思路，则基本养老保险金的水平只要相当于职工平均工资的 53.33%（4998÷9371），即普惠式的国民养老金与差别性的职业养老金之和相当于职工平均工资的 53.33%，就能够维持现阶段老年人正常体面的生活。如果随着经济社会的持续发展，平均工资、人均消费性支出再进一步提高，恩格尔系数再持续下降，则替代率还可以适当降低。因此，50%左右的替代率可以作为中国未来基本养老保险的保障水平目标，换言之，按照本文建构的普惠式国民养老金与差别性职业养老金之和能够达到职工平均工资的 50%就可以实现这一制度所要达到的目标。

然后，需要确立基本养老保险的财务机制。国际上主要有两种：一种是现收现付模式，支撑它的是养老责任在群体之间的代际转移，即下一代人承担对上一代人的养老责任；一种是完全积累模式，它实现的是个人责任的纵向平衡，即自己年轻时积累资金并对自己的养老问题负责。对中国而言，现收现付模式不能应付已经出现并在未来半个世纪必然加剧的人口老龄化趋势，而完全积累模式必然导致一代人承受双重负担且存在着缺乏互助互济功能的内在缺陷。因此，中国的养老保险制度便不可能是两者必居其一的选择，而是必须从部分积累制寻找出路，不过，理论上的单一层次制度安排中的部分积累模式还未有真正成功的实践，而中国的社会统筹与个人账户相结合模式，或许提供了一种新的发展思路，这就是通过两个层次的制度安排来构建特殊的部分积累模式。

毫无疑问，通过强制性的养老保险制度安排，确保劳动者退休后有基本的收入保障和正常体面的晚年生活，既是解除国民养老后顾之忧和确保老年人分享经济社会发展成果的重要标志，也是中国基本养老制度的最终目标。

二、宏观政策取向

1. 明确界定政府在不同养老保险层次中的责任

从国际范围考察，各国政府在养老保险制度中的直接责任是无法推卸的，虽然在个别国家存在着养老保险私营化取向，但并非是政府负责的终结而是政府承担责任方式的一种力度较大的调整。从养老保险制度的内在规律性和社会发展进步的要求出发，采取单一的私人养老金制度，就像采取单一的公共养老金制度一样，肯定最终是要失败的。因此，建设中国新型的养老保险制度时，关键在于明确界定政府的责任。

政府负责的出发点与最终目的，是解除国民的养老后顾之忧并确保老年人分享到经济社会发展的成果。在前述多个层次构成老年保障体系中，政府的责任并非是独立的，而是既集中又分散，但到底承担什么责任却应当是明晰的。

政府负责的重点在于基本养老保险制度，其中：普惠式的国民养老保险无疑应当由政府承担起全部责任，它通过国税的方式来解决资金供给问题，并采取现收现付（即实现年度平衡）的财务机制。在差别性的职业养老保险中，应当努力追求自我平衡（不是年度平衡，而是长期或者周期平衡，如以一代人即40年左右为一个周期），政府承担的是对公务人员的（雇主）缴费责任、承担这一养老保险制度的管理与运行成本拨款责任、保证这一养老金获得最低回报率的责任。政府对这两种养老金承担责任，是基本养老保险制度安全、可靠的根本保证。

政府对基本养老保险制度承担直接责任，并不意味着对其他层次的养老保险没有责任。例如，在家庭或自我保障层次，政府就可以透过相应的政策措施来维护家庭并放大其承担养老责任的能力，如台北市将2002年定为“珍爱家庭年”，并通过家庭减压政策、家庭脱贫政策、家庭健康政策、家庭扩展政策、家庭安心政策、家庭互助政策、家庭服务政策和家庭补助政策等来补充或扩充家庭保障的不足，就受到了市民的欢迎。在单位负责的老年保障层次（即补充性养老保险或企业年金），应当取决于单位的发展战略与劳动力市场竞争的需要，但如果政府认为值得鼓励，可以通过适度的税收优惠等政策来加以引导；在市场提供的老年保障层次，则主要取决于市场供求关系与市场竞争，政策可以通过创造公平的竞争环境和规范市场竞争行为来发挥市场主体的主动性和积极性。

综上，政府的责任主要体现在基本养老保险制度上，其他由政府负责的救济穷人的政策和老年福利政策同样可以覆盖所有有需要的老年人口；但其他层次的老年保障，政府亦可以给予明确的信号，但不宜承担直接的责任，尤其是直接的财政责任。

在明确政府责任的同时，还应当明晰中央政府与地方政府的责任。

2. 将统账结合模式发展成普惠式国民养老保险与差别性职业养老保险

在充分肯定统账结合模式养老保险制度具有创新性的同时，有必要认识到这种制度还存在着调整与发展的必要。首先是在现行制度结构中，社会统筹与个人账户因统账一体造成职责不清进而导致统筹账户透支个人账户基金已经使制度变形，因而自 2001 年 7 月 1 日在辽宁进行的新一轮改革试点已经走向统账分离——社会统筹基金与个人账户基金分账管理；其次，现行统账结合模式作为一个层次的制度安排，要求整体推进，而劳动就业格局却发生了前所未有的变化，非正规就业人数逐年大幅度增长，这种格局造成现行统账结合模式要么难以推进，要么成本高昂，可见，已经流行的非正规就业是现行统账结合模式的养老保险制度必须应对的新的并且是长久的挑战；再次，这种制度虽然现阶段只覆盖拥有城镇户口的劳动者，却不能将农村劳动者尤其是已经非农化的农村劳动者排斥在外，城乡劳动者不仅在解除养老后顾之忧方面的需求日益趋同，而且必然要求享受同等的养老保障权益，因此，目前的统账结合模式养老保险制度还需要进一步调整才能适应经济社会发展的需要和劳动者对解除养老后顾之忧的需要。

有鉴于此，本人主张在现有基础上，将统账结合中社会统筹部分与个人账户部分分解并发展成为普惠式国民养老金与差别性职业养老金，辽宁试点中的社会统筹基金与个人账户基金分账管理已经为这种制度调整创造条件。如果做这样一种调整，则既能够解决现行制度所遇到的问题，亦能够适应经济社会发展尤其是劳动就业格局发展变化的需要。

在这种制度架构中，普惠式的国民养老保险覆盖所有正规就业与非正规就业劳动者，它以国税为基础，采取现收现付财务机制，显著地体现出国家责任和社会公平属性，最终目标是发展成为全民化养老保险制度。差别性的职业养老保险因为主要是雇主与劳动者分担缴费责任，从而主要面向所有正规就业劳动者，但不排斥非正规就业劳动者参加，它以按照工资的一定比例强制征缴养老保险费为基础，采取个人账户式的完全积累财务机制，体现雇主责任与劳动者个人责任的结合，同时也是效率与公平的结合。

毫无疑问，在现阶段，中国政府的工作重心应当是基本养老保险制度的构建与完善，即在统账结合模式的基础上，促使其向普惠式的国民养老金与差别性的职业养老金发展，而补充性养老金（企业年金）显然还不是目前整个养老保险制度构建与发展的重点所在，它应当在已经搭建的基本养老保险制度平台上发展。如果在缺乏统一的基本养老保险制度的条件下过分推进补充养老保险（企业年金）等的发展，必然导致制度构建中的混乱，西方国家的所谓先有补充养老保险（企业或职业年金）之后才有公共养老金的做法并不适用于中国，因为中国确实是先有公共养老金制度并已经实施了数十年，况且基本养老保险确实充当着整个社会化养老保险体系的基础。

在统账结合模式向普惠式国民养老金与差别性职业养老金组合模式的过程中，重要的是明确正规就业与非正规就业的界限，以及重新确定有关各方的责任尤其是缴费负担。

3. 经济保障与服务保障相结合

随着家庭结构小型化和独生子女双就业格局的形成，对老年人而言，仅有经济上的保障依然不能解除其后顾之忧，服务保障将日益成为老年人安度晚年的必需品。因此，在建设主要提供经济或收入保障的养老保险制度时，宜适时推进老年服务保障的发展。如建立健全的社区服务网络，可以承担发放养老金、管理退休人员和满足退休人员对社会服务的需要（因为改革的目的正是为了让退休人员与在职时的单位完全脱钩）的责任；同时，一个完善的老年服务系统，还可以提供大量的劳动岗位，更可以直接减轻企业办社会的负担，从而是一举数得的举措。

三、若干政策建议

1. 统一决策并进一步理顺管理机制

在基本养老保险制度的确立与发展进程中，有必要吸取以往改革中分散决策与管理权限分割并导致诸多不良后遗症的教训。

一般而言，养老保险制度应当由立法机关在广泛讨论的前提下通过相应的立法来确立，国家立法机关是这一制度的最高决策者。但在立法规范的条件下，对养老保险具体政策进行修订与完善的责任，却应由养老保险主管部门来承担；在没有法律规范的条件下，基本养老保险改革方案的设计亦应由养老保险主管部门负主要责任，多部门可以参与协商，但决策的权力却不能分散；否则，必然会出现混乱并导致政策权威受损的局面。

在管理体制方面，虽然 1998 年对职能部门的分工已经明确，但并不等于管理体制已经完全理顺，养老保险主管部门的权力实际上受到其他部门的极大牵制，如一国之内两套征缴养老保险费的系统并存就是部门牵制的直接后果；将国有股减持与社会保障基金直接挂钩进入证券市场并遭遇失败亦有着证券部门牵制的影子在内；而中央有关政令不能在地方畅行亦是受到地方政府牵制的结果，等等。因此，有必要进一步理顺养老保险制度的管理体制。基于基本养老保险制度统一性的要求，必须确保养老保险主管部门管理的权威性。

强调统一决策、权威管理、并不是排斥部门之间的协调与合作，而是为了明确各部门的职责与权限。唯有如此，各部门的职权与责任才能统一，养老保险主管部门也才能真正承担起养老保险制度改革与发展进程中的成败责任，并促使其积极、主动、审慎地对养老保险制度的改革与发展负责，而这恰恰是这一制度健康发展的组织保证。

2. 对历史欠账需要明算账、细分账

养老保险之所以成为整个社会保障制度中的主体项目，原因在于它是一种积累型保险制度，其目的不仅是为了解除劳动者的后顾之忧，而且直接为市场竞争环境的公平化和劳动力市场的一体化服务，从而需要保持地区间费率负担水平的公平并尽可能提高统筹层次。目前省级统筹难推开，各地费率高低差距大，地区之间利益矛盾加剧，部分地区出现养老金支付危机，以及部分地区个人账户空账运转等，并非是新制度造成的，而是在新旧养老保险制度转型中因计划经济时代中老年职工缺乏养老金积累而形成的历史欠账造成的。因此，对历史欠账进行明算账，同时进行责任分解、多途径补偿，客观上已经成为新型养老保险得以建立并实现良性运行的至关重要的条件。

一方面，国家应当通过中老年职工养老金历史欠账的精算，尽快查清需要补偿多少钱才能真正完成制度的转型。为此：一是确定需要补偿的对象群体，限定为国有单位职工，包括已经离退休的职工、即将退休的职工、退休养老保险制度改革前已工作的职工，由此计算出需要补偿的职工人数；二是确定补偿的基本政策，在明确划定补偿时点的条件下，可以对已经离退休或即将退休的职工实行全额补偿，对新制度实施前参加工作的其他职工，则根据工龄长短扣除已经缴费的年限进行不同的补偿；三是确定补偿标准，其依据包括现有离退休待遇水平（计算不变数）、现有的缴费水平、人均领取退休金年限及其他相关因素（如待遇水平随着经济发展而提升、养老金的保值增值等），按年度或按职工个人计算出所需补偿额度，最终形成这种历史欠账的理论总额度。

另一方面，根据国家、企业和个人分担的原则，采取按责分账的办法来解决上述历史欠账。国家既不能继续将中老年职工的养老金历史欠账作为一笔糊涂账，也不可能完全由财政来消化这笔历史欠账。前者是因为对历史欠账若不划清责任并加以解决，便会进一步激化地区矛盾，导致养老保险制度运行偏轨，甚至会造成新制度崩溃；后者则是各项改革成本事实上均是由国家、单位和个人分担的，养老保险改革的成本也不可能超越这种模式，尽管由国家单方面对中老年职工的养老金进行补偿在理论上具有合理性，但在实践中又几乎不具有现实性。因此，由国家、企业和个人共同分担历史欠账并按照一定的比例对责任进行分解，是较为理性的可行的政策方案，其中政府无疑应当承担主要责任。

主张明算账、细分账，并非是近年内立即清偿全部养老金的历史债务，而是在明确负担、分清责任的基础上，准确把握新制度良性运行所需要的现实成本及其地区、行业分布差异，让各级政府、企业和职工个人明了各自的责任，并通过有计划的、稳妥的、多管齐下的方案来化解；同时，还可以让部分老工业城市和国有企业的负担有所减轻，使劳动者对基本养老保险制度树立起足够的信心。可以肯定，如果从理论上阐清了中老年职工养老金的历史债务及其责任归属，计算清楚所需的补偿数额，采取多方分担、分级负责的方式，就能够妥善解决这种历史包袱，从而也为基本养老保险制度的顺利推行和健康发展奠定坚实的基础。

3. 基本养老保险制度广覆盖要与制度多元化相结合

中国的基本养老保险制度要由现行的统账结合模式走向普惠式国民养老保险与差别性职业养老保险组合，还有一个过程。

在这个过程中，不断扩大基本养老保险制度的覆盖面已经作为国家社会保险改革进程中的一项既定政策，并且已在全国各地推行；但从各地的实施来看，扩大覆盖面的工作首先遭遇的就是费率偏高的障碍，尤其是随着非正规就业人数的增加和失业率的持续上升，更使扩大覆盖面的工作不容乐观。对此，不应怀疑基本养老保险制度广覆盖的政策取向，因为这既是世界性潮流，也是中国经济改革与社会发展进步使然；应该考虑的是采取什么样的制度安排来推进基本养老保险广覆盖。

经过近 20 多年的改革，尤其是在市场经济体制逐渐得到确立并带来经济结构与社会阶层结构的巨大变化的条件下，如果简单地将传统养老保障全面直接转制成一元化的基本养老保险制度，其成本之高、阻力之大都将前所未有。例如，在城镇，公务员是否一定要与企业职工采取统一的养老保险制度，还尚未取得共识；非正规就业劳动者急剧增加，是否能够被覆盖进来，还是一个疑问。个体私营企业或者小型、微型企业等雇员队伍年轻，但用同样的制度去要求，也会因现阶段较高的缴费率而使其成本剧升，从而必然导致其裁减雇员数量、加剧失业现象的不良后果；流动状态的农民工在部分城市已经被纳入养老保险体系，但实践效果并不理想；乡村则因乡村劳动力的急剧分化和大规模的非农化、职工化，其养老保障社会化问题亦不可能被继续忽略。可见，基本养老保险制度所面对的绝对不只是有城市户口并在正规国有单位就业的职工，而是包括公务员队伍、日益壮大的非国有单位职工群体、非正规就业群体和已经或正在职工化的乡村劳动者群体，以及乡村老年人口。面对规模如此巨大、层次如此分明的不同保障对象群体，在现阶段要想用一元化的基本养老保险制度来覆盖全体职工，在相当长的时期内都是不可能的。因此，尽管一元化的基本养老保险制度安排更具公平性、更易操作，但现实条件却决定了基本养老保险制度在现阶段必须跳出制度一元化或单一化的圈子，就好像市场经济改革其实是补资本主义工商业发展严重不足的课程一样，多元化的养老保险制度并存也是一个必要过程。

综上，政府宜以现行制度中的社会统筹部分作为基本养老保险制度统一的平台，在化解历史债务，降低缴费率的条件下，设计不同的制度组合来推进公务员系统及其他群体的养老保险制度建设，这样做的直接效果是有利于分散社会统筹基金压力过大的风险，并真正与劳动力市场的一体化创造条件。

4. 积极、主动地推进乡村养老保险制度建设

乡村人口老龄化趋势及家庭保障功能弱化趋势均十分明显，农村居民承包的土地虽然具有一定的生活保障功能，但不可能真正解决农村人口的养老问题；况且，摆脱一家一户的分散经营格局代之以农业产业化、规模化经营，已经成为农村改革与发展的必由之路。因此，继续单纯地依靠家庭与承包土地来解决农村居民的养老问题显然具有巨大的风险；而指望通过商业保险的途径来解决农村居民的养老问题更不具有现实性，因为商业保险公司的营利性和市场性决定了迄今大多数仍是低收入阶层的农村居民不可以依靠的，即使是发达国家，也绝无高收入阶层还未普及商业人寿保险而低收入者却可以由保险公司来解决养老问题的先例。

在农村居民对社会养老保障需求日益增长而传统的家庭养老、土地养老方式持续弱化而商业保险又无力消受的条件下，国家不能继续忽视农村养老保险，而是需要在回顾总结以往农村养老保险改革经验教训的基础上，尽快研究农村居民的养老保险方案，以便争取时间，消除农村养老问题可能酿发的社会风险。不过，在考虑和推进农村养老保险制度时，还需要充分考虑中国农村居民职业身份的分化和地区发展的极不平衡。

一个较为合理的政策取向是，对农村居民的养老问题进行分类处置，优先考虑已经非农化、城市化的农村户口劳动者，优先考虑响应国家号召的农村计划生育夫妇，优先在发达地区推进农村养老保险制度的建设与发展。例如，对于那些已经在城市有稳定职业、稳定住所的农村户口劳动者，应当通过改革传统的户籍制度让其进入城镇相应的养老保险系统；对于乡镇企业及其他非城镇企业单位工作的农村户口劳动者，可以考虑建立低水平的养老金制度（如以城镇职工基本养老保险制度中的社会统筹部分为参照）；对真正的农民则可以稍后考虑，东部沿海地区及其他经济条件好的地区可以先行一步。

5. 建立独立的养老基金管理系统，探索与资本市场结合的方式与途径

由于养老保险是积累性保障项目，基金的管理与保值增值便构成为整个养老保险制度中十分重要的内容，因此，对养老保险基金需要采取既审慎又积极、既封闭又开放的管理政策。

一方面，应当对养老保险基金实行单独管理。根据社会保险项目的属性，

各项目所筹资金只能用于该项目，在采用基金制的条件下，养老保险更是整个社会保险制度中唯一需要长期积累的项目，它追求的是长期收支平衡；而失业保险基金、工伤保险基金、医疗保险基金等则以追求周期平衡或即期平衡为目标；同时，养老保险一般要求实行省级乃至全国范围内的统筹，目的在于确保这种保险能够适应劳动力的自由流动，为建立统一的劳动力市场并实现劳动力资源的优化配置服务，而其他保险项目却并非一定要如此。可见，对养老保险基金实行单独管理在理论上是必要的，在实践中则是可行的。目前的全国社会保障基金理事会因并未将基本养老保险所筹基金纳入进去，从而并不能替代单独的养老保险基金管理系统。因此，国家应当建立专门的养老保险基金管理组织，可以设置中央与省（直辖市、自治区）两级养老保险基金管理机构，分担管理责任。如将劳动和社会保障部所属的社会保险事业管理中心明确为中央一级的养老保险基金管理组织，或改称国家养老保险基金管理中心等，专管中央一级养老保险基金；在省一级同时建立相应的养老保险基金管理组织，一方面作为中央养老保险基金管理组织的直属机构，另一方面作为省一级的社会保险基金管理组织，发挥双重作用。

另一方面，养老保险基金通过投资运营来实现保值增值的目标在国际上是一个必然趋势，中国也不可避免地要走这一道路，否则，就完全没有必要将现收现付式养老保险改革成社会统筹与个人账户相结合模式（这是一种部分现收现付＋部分完全积累模式，而非国际上流行的部分积累）或基金制，在目前基金规范不大、基金运营管理机制不健全、资本市场不成熟等现实条件下，采取以购买国债为主的政策具有合理性，但也有必要探索与资本市场结合的方式与途径。在这方面，国家可以采取有偿运营额度限制的方式开展养老保险基金投资试点，为今后养老保险基金的商业营运提供示范。

值得强调的是，养老保险基金要与资本市场有机结合，社会保险行政管理部门和基金管理机构要与投资主管部门及投资机构加强沟通与协作，但也应当保持自主性和独立性，因为养老保险基金作为最重要的社会保障公共后备基金，安全性的维护仍然是摆在首位的任务，也是社会保险管理部门的基本职责所系。因此，不能轻信证券机构的诱导，而要在理性、稳健之中掌握并使用投资工具。

6. 推动单位负责和市场提供的养老保障事业的发展

建立多层次的老年保障体系，是分散养老社会风险、控制政府责任的重要条件。尽管多层次的老年保障体系不是近期内可以形成的，但政府采取相应措施来逐步推进其发展却是完全有可能的。为此，国家应当在迅速推进基本养老保险制度建设的条件下，审慎地研究和制定补充养老保险（企业年金或职业年金）政策，包括规定承办者的基本资格条件、明确国家财税可能优惠的额度、规范这一制度的一般运行程序以及风险监管机制等，以便使企业与非企业单位有章可循。

与此同时，还应当充分发挥营利机构的作用，包括继续增加商业人寿保险公司的数量，鼓励保险公司公平竞争，对参与商业性人寿保险的个人减免领取养老保险时的所得税（相当于免除利息税）以刺激投保欲望，使人寿保险逐渐成为基本养老保险的重要补充。不过，现阶段在这两层次上，政府不宜介入太深，推进力度亦不宜过大，而是应当让各个行业、各个单位自主发展补充养老保险（企业年金或职业年金等），让保险公司通过市场竞争来发展人寿保险业务，切忌一刀切和拔苗助长。

失业保险制度：从象征到有效实施①

前不久，中国人民大学劳动人事学院郑功成教授在他主持的一项中国失业保险制度政策评估研究中，对1999年国务院颁布《失业保险条例》以来这一制度的发展给予了很高的评价，他认为失业保险实现了从制度象征到有效实施的制度转变。记者日前就此评价专门走访了郑功成教授。

一、失业保险制度的建设是从象征意义开始的

"我国的失业保险制度应该从1986年开始算起，当年国务院颁布实施的《国营企业职工待业保险暂行规定》是这一制度在中国开始确立的标志。从那时起，政府在推进城市经济体制改革中开始承认国有企业有破产的现象，在国有企业工作的职工同样有失去工作的可能。虽然这项政策是国有企业改革的配套措施，但是已经说明改革深入到了我国经济的核心部分——国有企业，可以说计划经济体制逐步淡出历史舞台。"郑功成措辞非常简练。

"但是，那时的失业保险制度只是一个象征。因为它本身设计不像社会保险制度，不要求享受待遇的人缴纳相应的保险费，受益人的覆盖范围也仅局限于国有企业待业职工，从而更像一项国家主导的救济制度。因此，当年《国营企业职工待业保险暂行规定》的颁布与实施，只是顺应了当时的时代背景与经济改革对失业保险制度的需求，所做到的亦仅仅是勾画出了失业保险的草图。"他对当年的失业保险制度作了一个精当的总结。

二、失业保险逐步成为有效制度

郑功成告诉记者："从1986年颁布的《国营企业职工待业保险暂行规定》算起，我国失业保险制度的发展应该划分为三个阶段：1986年到1993年为第一阶段，这一阶段的功能属于救济性质；从1993年国务院颁布并实施《国有企业职工待业保险规定》，到1999年国务院颁布《失业保险条例》为第二阶

① 原载《中国劳动保障报》2002年4月11日；该报记者武唯采访、整理。

段，这一阶段失业保险制度完成了由救济向社会保险的转化，但仍然局限于国有企业职工，从而并未成为社会化的真正有效的制度；第三阶段则是从1999年到现在，失业保险在这一时期不仅具备了社会保险制度的基本功能，而且实现了从制度象征到有效制度的转变。”

为什么是有效制度，他说：“制度的有效性主要表现在以下几个方面：一是失业保险制度因超越了国有企业的限制而真正成为社会化的失业保障机制，从而不仅使失业保险基金的筹资能力大为提升，而且使劳动者的失业风险能够在更大范围内分散；二是基本实现了按社会保险原则组织运行的目标，包括保费分担、属地管理、依照程序运行等等，制度建设逐渐成熟亦保证了制度安排在运行中的有效性；三是失业保险的覆盖人数已经逾亿。据劳动保障部公布的统计结果，到2001年年底，全国参加失业保险的人数达到10354.6万人，它与基本养老保险同时成为我国新型社会保障体系中覆盖面最广的保障项目；四是享受失业保险待遇的人数也在急剧增长，2001年失业保险机构共向468.5万人发放了失业保险金，同时还组织了大规模的劳动技能培训活动等，失业保险制度减轻了数以百万计失业工人的生活压力，也就直接减少了失业人员反社会的潜在风险。所有这些，均表明失业保险制度的有效性正在得到充分的展现。”

三、失业保险制度还有待完善

虽然郑功成对失业保险制度的建设尤其是近几年来的改革评价很高，但是他同时也认为这一制度本身还需要改进与完善。他说：“加入WTO之后，我国的经济结构与产业结构调整将越来越需要考虑国际产业分工和本国的比较优势相结合的问题，调整的力度将显而易见地加大，可以预见，短期内失业率将会持续上升。失业人群的构成有两类：一是结构性失业人员会持续增加；二是下岗职工近几年将走出再就业服务中心，在无法实现再就业后亦会迈进失业者的行列。因此，失业人口数量的持续增加将对失业保险基金的支付能力提出更高的要求。”

他同时还指出：“结构调整带来的失业问题，不能简单地视同一般意义上的失业问题，它是经济转型期间出现的特殊现象，如果只采用正常的筹资手段显然难以真正解决结构性失业问题。”因此，他主张：“国家应当采取特殊的措施来筹集失业保险基金，以增强基金的支付能力。如像解决基本养老保险基金不足一样，利用财政资金及其他方式筹集到的资金加以弥补，方可解决失业人数与失业率持续攀升所带来的基金不足的问题”。鉴于地区发展的不平衡和加入WTO后对不同地区造成的失业冲击波将会不一致的现象，他建议，“国家可以建立失业保险中央调剂金，以帮助进入失业高峰期的地区应付急剧增长的失业人口对失业保险金的需求。不过，这种调剂金虽然也可以向地方失业保险机构征集一部分，但主要应当通过其他途径来保证供应，如源于财政预算拨款、源于全国社会保障基金等等。”

他接着指出：“失业保险制度本身还存在着需要完善的地方，如失业保险与养老保险的覆盖范围是否应当一致、失业与就业的界限如何进一步规范、失业保险的功能还有必要向促进就业转变等等。总之，失业保险制度虽然已经实现了从制度象征到有效制度的转变，但要真正走向完全成熟，还需要付出努力。在加入世贸组织和经济全球化的大背景下，在劳动就业压力持续增长的现实条件下，政府有必要更加重视失业保险制度的建设与发展，并真正运用这一制度来维护失业人员的权益，促进就业的发展，最终实现整个社会经济协调稳定地持续发展。”

男女平等与生育保险①

一、建立社会化的生育保险制度的必要性

从理论上讲，生育保险制度不仅是工业社会的产物，而且是现代社会文明进步的一个重要标志。其必要性表现在：

1. 男女平等（包括政治的、社会的、经济的乃至家庭中的地位等各个方面）是现代社会追求的一个基本目标，尤其是作为社会主义中国的一项基本国策而受到党和政府的高度重视，而为女职工提供生育保险则是实现这一目标的非常重要的条件。

2. 女职工肩负的特殊使命及其所付出的特殊代价需要有相应的分担机制。即女职工承担着繁衍下一代的特殊使命，为此必然要付出收入、健康及就业机会等方面的代价，但这种使命既是家庭或个人的使命，同时也是国家与社会的使命，为此付出的代价显然不应由女职工单方承担，而需要由整个社会尤其是男职工来分担，生育保险正是全体劳动者共同分担这种代价的最好方式。

3. 有关法律的规定需要通过生育保险才能真正得到落实。如我国的《宪法》就规定了国家保护妇女的权利和利益，《中华人民共和国妇女权益保障法》、《劳动法》等均对妇女的劳动保护与生育期间的保障有相应的规定，但若没有生育保险制度，则对妇女保护的法律规定便很难得到落实。

4. 市场经济需要生育保险。市场经济的最大特点就是通过市场机制来优化配置包括劳动力在内的各种资源，并由此实现高效率的追求目标；如果没有生育保险，妇女在就业方面就会存在着障碍，进而给劳动力市场的整体素质带来消极影响。因此，生育保险是确保妇女进入劳动力市场并参与就业竞争、促使劳动力资源得到最优配置的重要条件，从而为市场经济条件下所必要。

5. 缓和社会乃至家庭的矛盾均离不开生育保险。在没有生育保险的条件下，妇女就业处于劣势地位，并必然损害其经济地位，导致男女事实上的不平

① 本文系作者1998年10月在劳动部有关座谈会上的发言摘要，由于以往著作遗漏，本次系首次发表。

等，进而损害其已经获得的社会地位、政治地位乃至在家庭中的地位，使新中国成立后经过数十年努力才取得的男女平等观念走向倒退，同时亦会葬送已经取得的男女权益平等成果。

如果我们考虑到生育保险制度的受益者限于妇女，同时根据现有的计划生育政策（绝大多数都是一胎化），每个受益者的受益均为一次性，时间亦较短，则可以肯定它在整个社会保障体系中应当是费用最低的一个项目。然而，它的实施却可以达到或帮助实现如下目标：一是男女平等的政治目标；二是促进人口再生产与保护下一代健康成长的社会目标；三是促使劳动力资源得到最优配置和创造公平竞争环境的经济目标；四是推动相关社会政策的目标，如有助于推进计划生育政策，有助于实现社会保险体系的完整化，有助于维护家庭的稳定等。

因此，生育保险制度不单是一个社会保障问题，同时也包含着政治的、社会的、经济的要求在内，它作为整个社会保障制度中代价最低而又能够同时实现多重目标的项目，应当引起政府的高度重视。目前应当讨论的即是如何适应我国改革发展的需要，尽快建立起社会化的生育保险制度的问题。

二、生育保险现状及问题的严重性

应当肯定，在计划经济时代，由于城镇是清一色的国有经济与集体经济，由企业负责实施的劳动保险制度对妇女生育保障权益的维护是全面、有力且具普遍性的。但改革开放以来，我们虽然已开始建立社会化的生育保险制度，但总体上却处于一种严重滞后的局面。如从生育保险制度的覆盖面来看，到1998年虽然已有1412个县（市）实行了生育费用社会统筹，但纳入统筹的职工只有2776.7万人，仅占城镇国有单位职工的26%、占城镇劳动者总数的13%，如果再加上已经职工化的乡村非农劳动者，这一比例将降低到8%左右，它表明绝大多数劳动者并未被这项制度所覆盖，从而是具有普遍性的计划经济时代职工生育保障的一种倒退。

经济改革的实施使包括生育保险政策在内的传统劳动保险制度已经无法继续维持，而社会化的生育保险制度又未真正确立，其带来的问题便日益严重。其严重性表现在：

1. 导致了男女平等观念的倒退。在多数女职工被摒弃在生育保障网外的条件下，妇女因生育行为导致就业期望的下降，经济地位与社会地位也在下降，男女平等在事实上已经失衡，进而导致了观念上的倒退，如有人就主张让妇女重新回到厨房去，实际上一些妇女在家庭中的地位已经下降，封建社会形成的男女不平等经过新中国数十年的努力得到根本改观的成就，正面临着严峻的考验。如果不正视这一点，将会导致整个社会文明的倒退。

2. 影响了妇女的正常就业。由于市场竞争讲求优胜劣汰，而女职工因身体素质及生育行为的特殊性给企业造成的损失，均要用人单位自行承担，导致了相当多的单位对女职工采取不欢迎甚至歧视的态度。一方面，用人单位宁愿降低标准招收男职工也不愿招用女职工，导致了妇女就业难，而女大学生甚至女研究生的分配亦面临着日益严峻的形势，女职工的正常调动亦往往成为难题；另一方面，就是大幅度裁减女职工，这可以从许多单位裁减员工的具体做法及目前失业、下岗职工的性别结构失衡得到证实，从而表明了女职工即使已经就业也面临着比男职工更大的失业风险。因此，企业利益和女职工生育行为或女职工生育保障企业化的矛盾，驱使着许多单位排斥女职工的行为，严重地影响了妇女的就业，而这恰恰是需要引起政府高度关注并出面解决的问题。

3. 造成了企业间负担的不平等，损害了竞争环境的公平性。一方面，在国有企业之间，由于女职工人数的不等，对生育费用的负担就畸轻畸重，尤其是育龄妇女多的单位更需付出较大的经济代价，并直接影响到企业的劳动生产率与利润水平；另一方面，非国有企业绝少有为女职工生育行为提供保障的，从而并不需要在这方面支出成本。这种状况充分表明，生育保险制度的非社会化、非普遍化，直接损害了企业之间的公平竞争环境，这与市场经济的要求是相背离的。

4. 损害了女职工的合法权益。国家有多部法律明确规定了企业对女职工的特殊保护，但在没有社会化的生育保险制度的条件下，女职工的合法权益被损害。如有的企业对在怀孕期、产期、哺乳期的女职工减发工资或解除劳动合同；有的企业利用实行合同用工制度，采取避开生育期招用合同工的办法，不承担女职工的生育费用；有的企业不答应怀孕期女职工合理的工作变动要求，甚至还有要求临产期妇女上班的案例；有的企业以各种借口解除与生育期女职工的劳动合同或辞退、开除生育期女职工；有的企业虽然保留劳动合同关系却要求生育妇女缴纳管理费；有的企业则因效益不好或发生财务危机甚至破产，而使女职工的生育保障权益无处落实；多数非国有单位没有相应的生育保障待遇。这一切均反映了女职工生育保障权益在许多企业里受到了严重损害。

5. 增加了职企纠纷和社会矛盾。在没有生育保障待遇的单位或没有很好地落实生育保障待遇的单位，女职工与企业之间的矛盾扩大，一些企业或地方还不时出现女职工集体上访事件，个体恶性事件亦时有发生，这表明生育保障制度的不健全正在恶化着职企关系并增加新的社会矛盾。

综上，目前对女职工生育行为的保障是不力的，问题是严重的。我们可以容许经济增长速度的暂时放慢或周期调整，却不可以承受男女平等观念和妇女就业权益的倒退，因为后者付出的代价并非仅仅是经济上的。因此，生育保险问题应当引起政府的高度重视。

三、建立我国生育保险制度的几点建议

我已经分析了生育保险是付费不多而效果甚大的一项社会保险制度，既然生育保险制度的不健全导致了日益严重的社会问题，而这种问题的出现又不能简单地归结于企业或用人单位只考虑自身利益所致，那么，加快建立生育保障制度的步伐，促使生育保险沿着社会化、普遍化的方向发展便很自然地成为政府与社会的应尽责任。对此，我有如下建议：

1. 确立生育保险社会化、普遍化的目标。市场经济条件下没有生育保障企业化的生存空间，也不能容许部分企业建立而另一部分企业不建立生育保险制度的非公平竞争环境，而过去已经存在数十年的生育保障制度以及现阶段已经在相当多的地区试行的生育费用社会统筹，又表明了建立生育保险制度的经济价值与社会乃至政治的价值。因此，社会化、普遍化应当成为生育保险制度的追求目标。

2. 实行多部门联合推进。目前存在的问题表明，生育保险仅仅依靠社会保险部门的推动是不够的，它需要多部门联合推进。因此，在以社会保险部门为主的条件下，尤其需要联合财政部、国家计生委、全国妇联、全国总工会、共青团中央（青年女工尤其需要生育保险）等部门或组织，多部门共同努力将有利于推动生育保险制度的确立。

3. 在推进方式上选择地区推进与系统推进相结合。中国是一个大国，又是一个发展很不平衡的国家，改革实践已经证明，要在这么一个国家同步推进一种涉及利益分配问题的制度几乎是不可能的，生育保险也不例外。因此，不要企望一步到位，而是采取重点地区重点推进与有条件的系统先行推进的方式，尽快确立较发达的地区和效益较好的系统与机关事业单位先行一步，然后再全面推进。

4. 在改革进程方面应争取与其他社会保险尤其是医疗保险改革同步推进。一方面，如果只是对国有企业其他保障项目进行社会保险改革，而生育保障仍然按原制度实行，则这种不彻底的改革仍然会影响其向现代企业迈进；另一方面，从试行生育保险地区的实践来看，生育保险所费不多，缴费标准在1%以内还有较多的基金积累，即使与其他社会保险改革同步推进，它对企业社会保险费用负担水平的影响也不大，而延后推进不仅会影响企业改革而且付出的代价可能更大。因此，应当努力争取同步推进。

5. 在经费来源上，仍然要坚持国家、单位和个人合理分担的原则。其中：用人单位与职工个人既可以按固定标准缴费，也可以按规定费率缴费，对半分

担或以用人单位缴费为主均属可行；国家的责任是补贴某些缴费水平超过平均标准或尚无缴费能力的老国有企业，这方面财政投入不多却可以促使生育保险政策的顺利实施；反之，若无该项政策配合，则生育保险会遇到更大的阻力。如据我们对武汉市部分企业的调查，部分女职工人数众多的国有企业（如棉纺企业等）对生育保险持反对态度，原因是该企业女职工多过生育期，而企业还在大规模裁员，几乎不再招收未婚女青年，加之企业效益不好等，如果我们的政策不事先考虑这些情况并采取某些补救性措施，则生育保险制度的建立不会顺利。

6. 确保生育保险制度与有关政策相互配套。一是与就业权益相结合，避免生育保险行为的社会化而损害女职工的就业权益；二是与计划生育政策相结合，对一胎化或符合政策规定的二胎化育龄妇女负责，对违反计划生育政策规定的女职工不负责；三是与医疗保险政策相衔接，如允许地区将生育保险并入医疗保险中考虑或将生育保险作为医疗保险的一个特定内容考虑等。

此外，生育保险不是积累型保险项目，其基金收支目标宜确定为年度收支平衡、略有结余，不宜结余过多。在基金结余过多的情况下，应当考虑降低费率或扩大覆盖面或提高生育保险待遇。因为生育保险制度的目的，不是为了积累基金，而是为了补偿生育妇女，并使用人单位的女职工生育费用负担通过社会化的统筹得到减轻。

总之，生育保险不仅是男女平等就业的重要条件和国民福利的重要内容，而且是社会发展与文明进步的重要标志。

社会保障与弱势群体保护①

社会保障以保障国民的基本生活为本源职责，有鉴于此，社会保障中的弱势群体应当是指依靠自身能力难以摆脱生活困境的社会成员构成的特定群体，它包括收入水平低于贫困线的贫困人口、就业市场竞争中的失败者、遭遇天灾人祸难以自拔者以及因身体原因、年龄原因乃至政策歧视原因等而在生活及就业中处于显著不利地位的社会成员，他们通常对超越家庭（族）、单位之上的社会保障有着内在、迫切的需求。

尽管现代社会保障并非只是面向弱势群体的制度安排，而是以增进全体国民的福利为己任，但如果我们以客观的、历史的眼光来考察社会保障在世界各国的产生与发展，可以发现它与社会弱势群体之间一直存在着不可分割的内在关联。一方面，社会弱势群体构成了各国社会保障实践活动的最基本的具体对象，并持续地推动着社会保障向前发展；另一方面，各国社会保障制度又均以保护弱势群体的最低生活为最基本的职责，进而促使全体社会成员在免于沦为弱势群体的同时尽可能地过上平等幸福的生活，最终实现整个社会的和谐发展。因此，关注中国现阶段的弱势群体与社会公平，便不能不重点关注中国社会保障制度的改革与发展。

在中国历史上，有着数千年之久的救灾救济活动，即以遭遇自然灾害袭击且生活陷入生存困境的社会成员为救助对象，并以赈谷（物）、赈款及以工代赈三大救灾方略作为基本手段的社会保障措施。新中国成立后，人民政府一直很重视为社会弱势群体提供相应的社会保障。例如，1949 年 12 月中央政府颁布《关于生产救灾的指示》，1950 年 6 月中央政府与劳动部分别颁布《关于救济失业工人的指示》和《救济失业工人暂行办法》，随后确立了城乡贫困救济政策，建立了城市孤老残幼集中收养（福利院）制度和面向乡村孤老残幼的五保户制度等，这些社会保障措施作为新中国成立后建立起来的基本社会保障制度，就是以处于弱势地位的灾民、失业工人、贫困人口及孤老残幼等社会成员为保障对象，并以解除其生存危机或者保障其基本生活为具体目标的。与此同

① 原载《中国社会发展研究报告：弱势群体与社会支持（2002）》，中国人民大学出版社 2002 年版。

时，国家还于1951年2月确立了面向城镇劳动者的劳动保险制度以及其他相关福利政策，在乡村则建立了合作医疗等制度，它从社会保障的角度使绝大多数社会成员免于沦为社会弱势群体。

进入20世纪80年代后，弱势群体因收入分配差距的扩大和新的贫困群体的形成而被放大，近几年更是引起广泛关注。与此同时，中国的社会保障制度也伴随着经济体制改革和社会结构的变化而发展、变化，但保护弱势群体作为其最基本的职责并未改变。本文将对改革开放以来尤其是近几年的社会保障改革及其弱势群体的保护进行回顾、总结与评估，并期望在理性思辨中寻求更为合理且有效的发展路径。

一、新时期的弱势群体及其对社会保障的需求

改革开放以来，经过二十余年的发展，中国的经济社会已经发生了巨大的变化。

一方面，国有经济一统天下已经被经济结构多元化所取代，计划经济体制已经被市场经济体制所取代，中国经济爆发出前所未有的活力。随着国民经济的持续高速增长，城乡居民的收入与生活水平也获得了持续提高（见表1）。

表1　改革开放以来城乡居民收入与生活状况

年份	农村人均纯收入		城镇人均可支配收入		恩格尔系数（%）		城乡居民储蓄存款年底余额（亿元）
	绝对数(元)	指数 1978=100	绝对数(元)	指数 1978=100	农村居民家庭	城镇居民家庭	
1978	133.6	100.00	343.4	100.00	67.7	57.5	210.6
1980	191.3	138.99	477.6	127.02	61.8	56.9	399.5
1985	397.6	268.94	739.1	160.39	57.8	53.3	1622.6
1990	686.3	311.20	1510.2	198.10	58.8	54.2	7119.8
1995	1577.7	383.67	4283.0	290.34	58.6	49.9	29662.3
1998	2162.0	456.21	5425.1	329.94	53.4	44.5	53407.5
2001	2366.4	503.79	6859.6	416.30	47.7	37.9	73762.4

资料来源：国家统计局编《中国统计摘要（2002）》，中国统计出版社2002年版，第91页。

另一方面，随着农村承包责任制的推行和城镇劳动就业体制、收入分配体制等的改革，在打破“铁饭碗”、“大锅饭”、“平均主义”等的同时，城乡居民亦从普遍贫穷的时代走向了贫富差距日渐扩大的时代。市场经济条件下新的致贫因素的影响力趋向强化。传统的以城乡孤寡老人、极端贫困人口、残疾人与灾民为主体的社会弱势群体，开始向部分离退休人员、失业及下岗职工家庭扩展。以民政部提供的2002年6月底享受城市最低生活保障待遇的对象为例，传统的“三无”人员（指无生活来源、无劳动能力、无法定赡养人或抚养人的

孤老残幼）仅占5%，而特困职工、失业人员及其家属却占到了95%。① 因此，新时期的社会弱势群体在结构上正在发生着重要变化，他们对社会保障有着急切的和有差异的需求。

1. 城乡贫困人口

贫困人口是构成社会弱势群体的主体组成部分，它一般因收入极低或无收入来源造成，包括传统的城镇"三无"人员、乡村"五保户"以及人均收入低于城市最低生活保障线或乡村贫困线的贫困人口。这些人口由于缺乏收入来源，其生活往往处于极端贫困状态，通常需要国家和社会提供相应的救助才能维持最低或最起码的生活。根据不同的途径综合估算，中国城镇需要救助的贫困人口约2000万—3000万人，乡村极端贫困人口约3000万人。② 城乡贫困人口构成了中国社会弱势群体的主体。

贫困人口对社会保障的需求，不仅仅是基于最低营养标准的最低生活保障，还有疾病医疗、子女教育及住房等方面的救助需求，他们需要一个相对综合的社会保障机制。

2. 经济结构调整过程中的失业、下岗人员

在市场经济条件下，正常情形下的失业人员并不一定构成弱势群体，为其提供失业保险的目的主要不是将其作为弱势群体来保障，而是为了促进其尽快恢复就业（许多国家的失业保险向就业保障转化表明了这种政策取向）。但在中国经济结构调整过程中，已经出现的大量失业、下岗职工却因年龄相对偏大、知识技能相对较低、家庭经济条件相对较差、就业竞争能力弱等原因，不仅整体上处于就业竞争的不利地位，而且事实上处于社会生活的不利地位，他们中的许多人客观上沦为社会弱势群体。根据国家民政部2002年6月底的统计，享受城市居民最低生活保障的失业人员达299.3万人，占享受低保的城镇居民的15.5%；③ 而下岗职工中的困难户虽然缺乏精确的统计，但相当一部分陷入生活困境难以自拔则是一个有目共睹的事实。因此，经济结构调整过程中出现的失业、下岗人员，并非完全是由个人的原因造成的，他们中的相当一部分人迫切需要通过社会保障援助才能维持最低或基本生活。中国政府在现阶段面向失业、下岗人员提供相应的社会保障既是对弱势群体利益的一种保护，同时也是国家对经济结构调整而非本人完全原因导致的失业、下岗人员的一种政策补偿。透过表2和表3，可以了解中国的失业、下岗职工基本情况。

---

① 参见张瑞等：《城市低保的历史进程》，《中国社会报》2002年7月20日。

② 参见郑功成：《中国的贫困问题与NGO扶贫的发展》，《中国软科学》2002年第7期。

③ 参见张瑞等：《城市低保的历史进程》，《中国社会报》2002年7月20日。

表 2　1994—2001 年城镇登记失业人数、失业率表

年份	登记失业人数（万人）	登记失业率（%）
1994	476.4	2.8
1995	519.6	2.9
1996	552.8	3.0
1997	576.8	3.1
1998	571.0	3.1
1999	575.0	3.1
2000	595.0	3.1
2001	681.0	3.6

资料来源：1986—1999 年的城镇失业人数与失业率源于《中国劳动和社会保障年鉴（2001）》第 488 页；2000—2001 年的资料源于国家统计局《中国统计摘要（2002）》第 38 页。

表 3　1998—2001 年全国企业下岗职工情况表

单位：人

年份	1998	1999	2000	2001
上年末结转下岗职工人数合计	9954228	8712986	9417458	9109000
其中：国有企业	6918442	5916800	6527281	6573000
城镇集体企业	2665011	2502977	2632674	233800
其他企业	370775	293208	257503	19800
本年新增下岗职工人数合计	7389228	7814733	5122882	2831000
其中：国有企业	5622148	6185709	4452293	2343000
城镇集体企业	1569775	1485201	577081	445000
其他企业	197305	143823	93508	43000
本年减少下岗职工人数合计	8574142	7155954	5447152	4523000
其中：国有企业	6592683	5577343	4407764	3762000
城镇集体企业	1720500	1399073	888232	712000
其他企业	260959	179538	151156	50000
本年末实有下岗职工人数合计	8769314	9371765	9113104	7417000
其中：国有企业	5947907	6525157	6571845	5154000
城镇集体企业	2514286	2589115	2341404	2071000
其他企业	307121	257493	199855	192000

说明：(1) 下岗职工是 20 世纪 90 年代后期出现的一个特有名词，它是指失去工作岗位但仍与原企业保持着劳动关系，并接受企业再就业及其他服务的职工，根据中国政府的计划，下岗职工作为一个过渡性的名词，将在 2003 年完成其使命；与此同时，下岗职工基本生活保障政策亦自 2001 年起向失业保险制度并轨。(2) 本表系根据劳动和社会保障部编辑出版的《中国劳动和社会保障年鉴》整理，本年度“上年末结转下岗职工人数”与上年度“本年末实有下岗职工人数”统计结果不一致现象系照录原始资料。(3) 本表中的国有企业包括国有企业、国有联营企业、国有独资公司；本表中减少的下岗

职工人数包括实现再就业人数、解除及终止劳动合同人数。(4)根据劳动部编辑出版的《中国劳动年鉴》(1998)资料,1997年底全国国有企业分流及下岗职工人数总数为12741517人,报告期末分流人数为6398457人,年末下岗未就业人数为6343060人,录此数据以供参考。

资料来源:1998年的资料源于《中国劳动和社会保障年鉴》(1999)第487—488页;1999年的资料源于《中国劳动和社会保障年鉴》(2000)第639—640页;2000年的资料源于《中国劳动和社会保障年鉴》(2001)第678—679页。

从表2、表3可见,自1993年正式确定市场经济为中国经济改革目标模式以来,尤其是自1998年深化国有企业改革以后,中国的失业、下岗人员群体规模庞大。

3. 残疾人

残疾人是指因先天或后天的原因,导致心理、生理、人体结构上某种组织、功能丧失或者不正常并全部或部分丧失以正常方式从事某种活动的人,包括视力残疾、听力残疾、言语残疾、肢体残疾、智力残疾、精神残疾、多重残疾和其他残疾等。根据1987年的全面普查,全国残障人口共有5164万人,1992年为5600万人,[①] 残障人口约占全国总人口的5%;近10年来,导致残疾的原因更加复杂,尤其是在乡村工业化进程中,后天致残的现象趋向恶化,竞争激烈导致的精神疾病患者明显增加。即使以5%计,中国的残障人口亦达6000多万人。这一群体与健康人相比,在就业与生活中无疑处于不利的或者弱势的地位。

残疾人作为一个群体,对社会保障有着较健康人更多、更迫切的需求,但不同的残疾人对社会保障的需求亦有着差异,如社会救助、就业保障、康复治疗、特殊教育等等。

4. 天灾人祸中的困难者

中国是一个多灾国家,每年不同程度地遭遇各种自然灾害袭击者达2亿多人次,还有数以百万计的意外事故受害者。根据以往的经验,在遭遇不同灾难事件的人中,约有20%左右的受灾居民抵御灾害的能力很弱,如果没有国家和社会的援助,贫者会因灾愈贫,即使所谓小康或中产阶层人士也可能难以很快摆脱困境。因此,全国每年需要国家和社会给予不同程度的援助才能摆脱灾难困境的城乡居民约有4000万—5000万人。当然,受灾居民对社会保障的需求主要是灾害紧急救助机制。

5. 农民工

农民工是指具有农村户口身份却在城镇务工的劳动者,是中国传统户籍制

① 参见正言、爱民:《天地人心》,《新华文摘》1992年第10期。

度下的一种特殊身份标识，是中国工业化进程加快和传统户籍制度严重冲突所产生的客观结果。[①] 农民工的农村户口阻碍着其真正融入城镇社会和工业劳动者群体，并被面向拥有城镇居民的相关制度（主要包括社会保障制度等）所排斥；同时亦形成了与传统的、真正的农民群体日益加深的隔阂；这种被排斥、被隔阂的状态决定了农民工作为一个整体事实上处于弱势地位。据农业部统计，2001 年中国有 7800 万农村劳动力外出打工，占农村劳动力总数的 16.3%；在农民工所事职业中，80%的人从事工业、建筑业、餐饮业和服务业。[②] 这表明农民工不仅已经成为一个不容忽略的庞大社会群体，而且因缺乏相应的保障更易遭遇各种意外风险以及陷入生活困境等。近几年不断增长的农民工工伤事件（许多甚至是恶性事件）以及许多农民工处于孤立无援或生活贫困的境地，反映了农民工是中国工业化与城市化进程中的弱势群体，他们对社会保障有着多方面的客观需求。

6. 老龄与高龄人口

中国已经进入了老龄化国家行列，尤其值得注意的是，中国的老龄化还同时伴随着高龄化现象。在现实中，除乡村老年人外，城市中的一部分老龄、高龄人口亦因养老金水平低或不能按照足额领取、子女不在身边或身体疾病等原因而存在着生活困难，处于需要社会援助才能正常生活的状态，这一部分困难者亦可以归入到弱势群体中。

二、政府的努力：社会保障改革及其对弱势群体的保护

1. 社会保障制度改革与发展的轨迹[③]

在弱势群体结构发生重大变化的同时，中国社会保障制度改革亦在走向深化。近十多年来，中国社会保障制度改革经历了从自下而上到自上而下、从为国有企业改革配套到成为市场经济五大支柱之一的历程，1998 年后开始作为一项基本的社会制度加以建设。以国家有关立法和国务院有关社会保障法规或重要改革文件的发布、实施为主要依据，可以发现中国社会保障制度的变革是以维护经济改革及市场经济条件下弱势群体的最低或基本生活权益为主要目标的，它与弱势群体之间的内在关联尤其明显。

在贫困人口的救助方面，中国政府一方面继续维持传统救济政策，另一方

① 参见郑功成：《农民工的权益与社会保障》，《中国党政干部论坛》2002 年第 8 期。

② 参见《去年 16.3%的农村劳动力外出打工》，《光明日报》2002 年 2 月 28 日。

③ 参见郑功成：《中国社会保障：制度变迁、评估与发展》，劳动和社会保障部办公厅《专家通讯》2002 年第 16 期。

面自 1986 年起在全国范围内掀起大规模的乡村扶贫运动，国务院于 1987 年 10 月 30 日发出《关于加强贫困地区经济开发工作的通知》，农村扶贫工作成为国家发展进程中的重要任务，国家自此开始投入大量的财力扶助贫困地区和贫困农户；1994 年在完成第一阶段的乡村扶贫任务后，国务院于 4 月 15 日又发出《关于印发国家八七扶贫攻坚计划的通知》，正式实施八七扶贫攻坚计划；2000 年国务院又决定实施 2001－2010 年十年扶贫纲要；1994 年 1 月 23 日，国务院还通过制定《农村五保供养工作条例》，将乡村孤老残幼的生活保障政策进一步制度化、规范化，以适应农村承包责任制推行以后的形势变化。[①] 在城市，针对传统救济政策的不统一、欠规范和随意性大，1993 年起由上海首创城市最低生活保障制度，1994 年由民政部推动，1997 年 9 月 2 日国务院下发《关于在全国建立城市居民最低生活保障制度的通知》，1999 年 9 月 28 日国务院正式发布《城市居民最低生活保障条例》，救济城市居民的社会保障措施自此走向制度化、规范化；2001 年 11 月 12 日，国务院办公厅发出《关于进一步加强城市居民最低生活保障工作的通知》，有力地推动着这一社会保障制度的发展。[②]

针对国有企业改革出现的失业、下岗人员，国家亦先后采取了多种社会保障措施来加以化解。例如，1986 年作为中国进入社会保障改革时代的一个标志性年份，当时的背景是城镇经济改革的序幕已经拉开，劳动体制改革力度加大，部分国有企业面临破产危机，一些国有单位职工丧失了工作岗位，为了保障这一群体的生活权益，国务院于同年 7 月 12 日发布了《国营企业实行劳动合同制暂行规定》、《国营企业职工待业保险暂行规定》，前者基于合同制工人相对于固定职工的弱势地位，明确规定国家对劳动合同制工人的退休养老实行社会统筹制度，退休养老基金的来源由企业和劳动合同制工人缴纳，退休金收不抵支时国家给予补贴，并具体规定了缴费额及养老保险待遇等；后者明确规定了对国有企业改革进程中失去工作的职工的待业（失业）保险，这是新时期直接保障就业竞争失败者利益的重要象征。1993 年 4 月 12 日，国务院根据发展变化了的形势，又在原有法规基础上经过修订后颁布了《国有企业职工待业保险规定》；1999 年 1 月 22 日，国务院颁布《失业保险条例》，中国的失业保险从制度象征变成了一项真正有效的、制度化的社会保障。当 1998 年进入国有企业改革深化阶段时，针对下岗职工迅速增长的现象，中共中央、国务院于 1998 年 6 月 9 日发出《关于切实做好国有企业下岗职工基本生活保障和再就业工作的通知》，一项具有显著中国时代特色的过渡性社会保障制度——下岗

① 郑功成：《中国的贫困问题与 NGO 扶贫发展》，《中国软科学》2002 年第 7 期。

② 朱晓超：《城市最低生活保障：谁来填平缺口》，《财经》2002 年第 14 期。

职工基本生活保障制度自此确立。①

针对企业中的困难职工群体，国家也给予了特别的关注。1993 年 11 月 5 日，国务院办公厅发出《关于做好国有企业职工和离退休人员基本生活保障工作的通知》。1996 年 10 月 25 日，中共中央办公厅、国务院办公厅又印发了《关于进一步解决部分企业职工生活困难问题的通知》。此后，更发布了一系列有关保障困难职工生活的政策。

在残疾人保障方面，经国务院批准，于 1988 年 3 月 15 日成立了中国残疾人联合会，并于同年实施《中国残疾人事业五年工作纲要》；1990 年 12 月 28 日，第七届全国人民代表大会常务委员会第 17 次会议通过《中华人民共和国残疾人保障法》，1991 年 5 月 15 日起施行。1992 年 5 月 25 日，国家计委、劳动部、民政部、中国残联联合发布《关于在部分城市开展残疾人劳动就业服务和按比例就业试点工作的通知》。

在社会保险方面，为了解除离退休人员的后顾之忧和职工的疾病医疗问题，养老保险与医疗保险改革成为整个社会保险制度改革中的重点。1991 年 6 月 26 日，国务院发布《关于企业职工养老保险制度改革的决定》，对全民所有制度企业的职工养老保险改革进行了规范，明确由劳动部、人事部、民政部分别管理城镇企业职工、机关事业单位职工和农村养老保险；1995 年 3 月 1 日，国务院发出《关于深化企业职工养老保险制度改革的通知》，确立了社会统筹与个人账户相结合的养老保险制度模式；1997 年 7 月 16 日，国务院颁布《关于建立统一的企业职工基本养老保险制度的决定》，各地不同的社会统筹与个人账户相结合制度模式自此走向统一。1998 年 12 月 14 日，国务院发布《关于建立城镇职工基本医疗保险制度的决定》。

在其他方面，通过立法和相关政策的颁布与实施，对有关弱势群体的保护也得到了强化。例如，1991 年 9 月 4 日，第七届全国人民代表大会常务委员会第 21 次会议通过《中华人民共和国未成年人保护法》，自 1992 年 1 月 1 日起施行；1992 年 4 月 3 日，第七届全国人民代表大会第 5 次会议通过《中华人民共和国妇女权益保障法》，自 1992 年 10 月 1 日实施；1996 年 8 月 29 日，第八届全国人民代表大会常务委员会第 21 次会议通过《中华人民共和国老年人权益保障法》，该法自同年 10 月 1 日起施行。

2000 年 12 月 25 日，国务院发出《关于印发完善城镇社会保障体系试点方案的通知》，同时附《完善城镇社会保障体系试点方案》，并决定在辽宁全省及部分城市进步深化改革试点，它标志着中国社会保障改革进入到一个新的

① 参见劳动和社会保障部、中央文献研究室编：《新时期劳动和社会保障重要文献选编》，中国劳动社会保障出版社、中央文献出版社 2002 年版。

阶段。

2. 现行制度框架与社会保障工作重心

尽管中国的社会保障制度还未最终确立，中国社会保障政策在总体上还处于政策选择阶段，但中国社会保障制度的基本框架却已初步确立。它可以分为三个层次：

第一个层次是直接面向弱势群体的各种社会救助制度，包括城市最低生活保障制度、下岗职工基本生活保障制度、乡村扶贫政策、灾害救济、城乡福利院以及其他社会救助措施（如医疗救助、教育费减免、房租减免等）。这一层次社会保障制度的出发点是解除因各种原因陷入生活困境难以自拔者的生活危机。

第二个层次是面向劳动者的各项社会保险制度，包括基本养老保险、基本医疗保险、失业保险、工伤保险、生育保险等。这一层次社会保障制度的出发点是在解除劳动者的后顾之忧的同时促使其免于沦为社会弱势群体。

第三个层次则是各种社会福利制度，其目的在于不断改善和提高服务对象的生活质量。

此外，还有一个正在形成之中的补充保障系统，如企业年金、补充医疗保险、互助保障、慈善事业等。

1998 年以来，中国政府虽然在全面推进社会保障制度改革，但与此前相比，社会保障制度建设的重心却由社会保险改革转为面向城镇弱势群体的"两个确保"（确保下岗职工的基本生活、确保企业离退休人员养老金按照足额发放）和"三条保障线"（下岗职工基本生活保障线、失业保险线、城市最低生活保障线），它们构成了整个社会保障制度建设中的重中之重。

当时的背景是，一部分企业离退休人员不能按照足额领到养老金，越来越多的下岗职工的基本生活缺乏必要的保障，离退休人员与下岗职工构成了城市新贫困人口的主要来源，而中央政府决定进一步加大国有企业改革力度，所面临的必然是下岗职工越来越多，离退休人员养老金发放局面更加严峻。因此，1998 年 5 月，中共中央、国务院召开国有企业下岗职工基本生活保障和再就业工作会议，明确了国有企业下岗职工基本生活保障制度和深化企业职工养老保险制度改革的主要政策措施，将确保下岗职工基本生活和确保企业离退休人员养老金按照足额发放作为各级政府的重要工作任务；同年 6 月 9 日，中共中央、国务院联合发出《关于切实做好国有企业下岗职工基本生活保障和再就业工作的通知》。1999 年 2 月 3 日，国务院办公厅发出《关于进一步做好国有企业下岗职工基本生活保障和企业离退休人员养老金发放工作有关问题的通知》；同年 7 月 11 日，中共中央、国务院又发出《关于转发〈国家发展计划委员会关于当前经济形势和对策建议〉的通知》，明确规定提高三条保障线的待遇水平，增加离退休人员的养老金；8 月 7 日，国务院办公厅发出《转发劳动和社会保障部等部门关于做好提高三条保障线水平等有关工作的意见的通知》；同年国务院还先后颁布了新的《失业保险条例》、《城市居民最低生活保障条例》。2000 年 2 月 3 日，国务院办公厅又发出《关于继续做好确保国有企业下岗职工基本生活和企业离退休人员养老金发放工作的通知》；同年 5 月 28 日，国务院发出《关于切实做好企业离退休人员基本养老金按照足额发放和国有企业下岗职工基本生活保障工作的通知》。2001 年 11 月 12 日，国务院办公厅发出《关于进一步加强城市居民最低生活保障工作的通知》。2002 年 2 月 5 日，中共中央办公厅、国务院办公厅联合发出《关于进一步安排好困难群众生产和生活的通知》，提出了落实两个确保和城市最低生活保障，以及创造就业岗位等七项重要措施。

上述法规及政策性文件的发布，无疑强有力地推动着以企业离退休人员、下岗职工、失业工人、城市特困人口等弱势群体为对象的社会保障政策措施的实施。

在以“两个确保”和“三条保障线”为重心的同时，乡村扶贫运动的力度不断得到强化，乡村最低生活保障制度亦开始引起关注，这种政策取向充分体现了社会保障制度维护社会公平、保护弱势群体的本源职责。

三、对弱势群体的保护：已经取得的成效

1. 弱势群体的社会保障权益逐渐得到确立

尽管社会保障方面的立法在总体上滞后于改革需要，但弱势群体的社会保障权益却逐渐得到了确立。一方面，建立在责任分担机制之上的社会化、多层次社会保障体系框架已逐渐形成，安全网原有的巨大漏洞正在得到修补；另一方面，1999 年以前制定的《农村五保工作条例》和 1999 年以后制定的《失业保险条例》、《城市居民最低生活保障条例》、《完善城镇社会保障体系试点方案》及有关养老保险、医疗保险等的一系列改革决定，以及劳动保障部、民政部、财政部等主管部门发布的一系列有关社会保障方面的政策文件，不仅有力地推进了各项社会保障政策的制度化建设，更促使弱势群体的社会保障权益逐渐得到了确立，这显然对推动社会公平、促使经济社会协调发展有着非常重要的、进步的意义。

与此同时，各地还制定了最低工资标准，它为维护职工权益并尽可能地使其免于沦为弱势群体发挥了积极的作用（各地标准参见表 4）。

表 4　全国各地最低工资标准表

省、市、自治区	标准实施时间	最低工资标准（元）									
北京	2001	435									
天津	2001	412	402								
河北	2002	350	300	250							
山西	2002	340	300	260	220						
吉林	2000	270	240	210							
上海	2001	490									
江苏	2001	430	360	300	250						
浙江	2000	410	390	370	340						
其中：宁波	1999.7.1	380									
福建	2001	450	420	380	330	325	280	235			
其中：厦门	2000	420	330								
山东	2001	370	340	310	280	260					
其中：青岛	2001.7.1	370	340								
河南	1999	290	260	240	220	190					
湖北	2002.1.1	400	340	310	280	240					
湖南	2001	325	305	285	265	245	225				
广东	2001	574	480	430	380	340	310	290	270		
其中：深圳	2001	574	440								
海南	2001	400	350	300							
重庆	2000	290	270	250	230						
四川	2000	270	240	215	190						
贵州	1999.7.1	260	234	208	182						
云南	1999.7.1	300	260	220							
陕西	2001.10.1	320	295	270	245						
青海	1999.10.1	260	250	230	220						
宁夏	1999.7.1	300	270	240							
新疆	1999.10.1	390	340	300	280	270	260	250	230		
内蒙古	1999.7.1	273	247	221							
辽宁	2000.3.27	360	320	310	300	290	280	260	250	240	230
其中：沈阳	2000.11.6	380	320	250							
大连	2001.11.4	420	380	300							

（续表）

黑龙江	1999.12	325	299	286	260	234	221				
安徽	2001.1.1	340	320	310	290	260	240				
江西	1999.10.1	250	230	210	190						
甘肃	2000.3.1	289	260	240							
广西	2001.6.9	275	260	235	210						
西藏	尚未颁布标准										

说明：表中各省、市、自治区所列的多个最低工资标准，是其管治区内不同地区的最低工资标准。

资料来源：本表资料由劳动和社会保障部于 2002 年 4 月直接提供给作者。

2. 越来越多的弱势人口获得了社会保障

由于党和政府的高度重视，社会保障对弱势群体的覆盖范围和援助对象规模均在持续扩大。以面向城市贫困人口的最低生活保障制度为例，1996 年享受最低生活保障待遇的城镇贫困人口为 84.9 万人，1997 年为 87.9 万人，1998 年为 184.1 万人，1999 年上升到 265.9 万人，2000 年为 402.6 万人，2001 年达 1170.7 万人，2002 年 6 月底达 1930.8 万人（各地受保人数参见表 5）。①

表 5　2002 年 6 月底各地享受最低生活保障的城镇居民人数表

（2002 年 6 月底）　　单位：人

地区	低保人数	地区	低保人数	地区	低保人数	地区	低保人数
黑龙江	1530973	山西	584486	河南	1116173	贵州	361964
吉林	1493938	宁夏	131820	江苏	223734	云南	550027
辽宁	1297000	青海	168159	浙江	42500	海南	79134
内蒙古	620769	西藏	37612	安徽	904127	广东	230836
北京	88454	甘肃	466823	上海	360300	广西	448306
天津	256326	四川	1258737	湖北	1220906	福建	153000
河北	670172	重庆	647902	湖南	1507931	新疆	454000
山东	631231	陕西	591324	江西	1079876	新疆兵团	99628

资料来源：《中国社会报》2002 年 7 月 20 日。

在下岗、失业工人的生活保障方面，随着 1998 年以来“两个确保”、“三条保障线”的强力推进，基本实现了政策要求达到的确保目标。据劳动保障部提供的资料，1998－2001 年四年间，全国合计国有企业下岗职工人数达 2552.6 万人，进入再就业服务中心的国有企业下岗职工有 2400 多万人，实现

① 参见张瑞等：《城市代保的历史进程》，《中国社会报》2002 年 7 月 20 日。

再就业人数为1687.7万人，四年间国有企业下岗职工基本生活费发放率分别为93.2%、97%、97.3%、99.4%。[①] 领取失业保险金的人数也从1995年的1964633人、1997年的3190445人、1999年的2714046人，增加到2001年的4685470人。[②] 享受最低生活保障待遇、领取下岗职工基本生活保障金和失业救济金的人数的增长，表明了社会保障安全网对弱势群体的保护功能得到了强化。

3. 对弱势群体的社会保障力度持续增强

自1998年以来，国家财政通过调整支出结构，加大了对社会保障的投入力度，如中央本级财政对企业离退休人员基本养老金、下岗职工基本生活保障基金、最低生活保障保险金的补贴，1997年只有20多亿元，1998年达到200多亿元，1999年为360亿元，2000年为458亿元，2001上升到730亿元，[③] 2002年该项补贴预算更增长到860亿元。[④] 以城市居民最低生活保障制度为例，1999年中央财政专项拨款仅4亿元；2000年全国各级财政共投入低保资金29.6亿元，其中：中央财政8亿元，地方各级财政21.6亿元；2001年全国各级财政共投入54.2亿元，其中：中央财政23亿元，地方各级财政31.2亿元；2002年全国预算安排低保资金105.3亿元，其中：中央财政46亿元，地方各级财政安排59.3亿元。[⑤] 财政投入的增长，为提高弱势群体的社会保障待遇奠定了基础。

1999年在中华人民共和国成立50周年前夕，中共中央、国务院即决定大幅度提高全国各地的最低生活保障、失业救济、下岗职工基本生活保障三条保障线的待遇，其中最低生活保障待遇普遍在原有标准上提高30%，离退休人员的养老金标准也做了相应的调整。近两年来，绝大多数地区又进一步提升了最低生活保障标准（见表6）。同一时期，失业保险救济金每人次平均领取金额亦由1999年的751元上升到2001年的1200元。[⑥] 与此同时，一些城市还出台了诸如廉租房、贫困家庭子女学费减免等配套政策。

最低生活保障标准、下岗职工基本生活保障金、失业救济金和基本养老金等社会保障待遇的提高和相关配套措施的实施，表明了社会保障制度对弱势群

① 向劳动保障部培训就业司调查获得的资料。

② 从劳动和社会保障部失业保险司调查获得资料。

③ 参见郑功成：《加入WTO与中国的社会保障改革》，《管理世界》2002年第4期。

④ 参见朱晓超：《城市最低生活保障：谁来填平缺口》，《财经》2002年第14期。

⑤ 根据劳动和社会保障部失业保险司提供的领取失业救济金人数和发放失业救济金金额换算而成。

⑥ 参见李薇薇、李永峰：《阳光，洒满贫困角落——我国城市居民最低生活保障工作综述》，《团结报》2002年7月30日。

体保障力度的增强，同时也日前明显地体现出政府在保护弱势群体方面的责任。

表6 全国主要城市居民最低生活保障标准简表

（1999年底、2002年6月） 单位：元

地区	金额		地区	金额		地区	金额		地区	金额	
	1999	2002		1999	2002		1999	2002		1999	2002
北京	273	290	西宁	155	155	海口	221	221	昆明	182	190
上海	280	290	西安	156	156	南京	180	220	广州	201	300
天津	241	241	兰州	156	172	合肥	165	169	长沙	169	180—200
哈尔滨	182	200	太原	156	156	拉萨	169	170	杭州	215	270—300
长春	169	169	银川	143	160	南昌	143	143	大连		221
沈阳	195	205	济南	206	208	福州	220	220	青岛		200—210
乌鲁木齐	156	156	郑州	169	180	重庆	169	185	宁波		260
呼和浩特	143	153	成都	156	178	南宁	195	195	深圳		290—344
石家庄	182	182	武汉	195	210	贵阳	156	156	厦门		265—315

说明：（1）本表反映的只是1999年底和2002年6月底全国直辖市、省会城市及计划单列市的最低生活保障标准。据民政部2001年9月提供的材料，截至当年7月底，全国享受最低生活保障待遇的市民为604万人，各级财政支出最低生活保障资金为21.9亿元；同期全国最低生活保障标准平均为144元，其中东部沿海地区较高，12个中心城市（3个直辖市、4个省会城市、5个计划单列市）在月人均200元以上，其他23个省会城市和1个直辖市的保障标准在140—200元之间；地级市的保障标准为130元左右，县和县级市的保障标准为100元左右，最低的城镇为50元。2002年多数城市提高了保障标准。

资料来源：1999年底的资料源于2000年1月民政部救灾救济司提供；2002年6月的资料源于《人民法院报》2002年7月10日。

4. 社会保险制度覆盖面在不断扩大

社会保险是面向劳动者的社会保障制度，它覆盖的对象并非等于社会弱势群体，但社会保险制度的建立却意味着被保险对象在遇到年老退休、疾病医疗、失业、工伤等事件时具有了相应的经济保障，从而一方面解除了劳动者的后顾之忧，另一方面亦会大大增强受保对象的抗风险能力。如在1998年以前，一部分企业离退休人员未纳入基本养老保险，因所在单位效益不良而出现领不到养老金或不能按时足额领到养老金的现象，进而成为城市新贫困人口；到2000年底，因政府大力推进“两个确保”，企业离退休人员几乎全部纳入社会统筹，其基本养老金有了保障，为防止老年贫困化提供了有力的保证。因此，社会保险制度明显地具有保障劳动者免于沦为弱势群体的功能。从表7中可以发现，基本养老保险制度已经覆盖了1.4亿多在职职工和离退休职工，失业保险的保险对象亦已逾亿；医疗保险、工伤保险和生育保险等的覆盖面也在

扩展。

表 7 全国历年参加社会保险情况

单位：万人

年份	参加基本养老保险人数			参加其他社会保险人数			
	合计	在职职工	离退休者	失业保险	医疗保险	工伤保险	生育保险
1989	5710	4813	893				
1990	6166	5201	965				
1991	6741	5654	1087				
1992	9456	7775	1681				
1993	9847	8008	1839		268	1103	557
1994	10573	8494	2079	7968	375	1822	916
1995	10979	8738	2241	8238	703	2615	1500
1996	11116	8758	2358	8333	791	3103	2016
1997	11204	8671	2533	7961	1589	3508	2486
1998	11203	8476	2727	7928	1510	3781	2777
1999	12486	9502	2984	9852	1509	3912	2930
2000	13618	10448	3170	10326	2863	4350	3002
2001	14183	10802	3381		5471	4345	3455

说明：(1) 本表数据经过整理和重新计算而成；(2) 1992—1998 年的国有单位职工仅指参加了基本养老保险的国有企业在职职工与离退休人员；1999—2001 年的国有单位职工还包括了参加基本养老保险的机关事业单位在职职工与离退休职工；(3) 医疗保险中仅指在职职工，未含参加医疗保险的退休人员，如果加上离退休人员，2001 年底则达到 7630 万人。

资料来源：养老、医疗、工伤、生育保险资料源于劳动和社会保障部社会保险事业管理中心编《中国社会保险年鉴（2002）》第 3—59 页；失业保险参保人数源于《中国劳动统计年鉴（2001）》第 442 页，中国统计出版社。

四、当前面临的问题

尽管改革开放以来尤其是 1998 年以来，中国政府采取了强有力的措施来保护弱势群体的生活权益，但因各种因素的影响，仍然面临着许多问题与困难。

1. 弱势群体规模庞大

改革开放以来，中国即处于社会大变革时期，在一部分社会成员尚未摆脱贫困地位的同时，又有一部分社会成员因不适应变化而被甩到边缘地带，在新的利益分配中被弱势化。因此，在国民经济持续增长、广大人民生活水平持续提高的同时，弱势群体亦被放大。如果对城乡贫困人口、经济结构调整进程中出现的失业和下岗职工、残疾人、灾难中的求助者、农民工等各类处于弱势地位的人口加总，然后再扣除重叠部分（如贫困人口中有失业、下岗职工和农民工等）和非弱势人口（如下岗职工、残疾人、农民工等中间的自强自立者），中国的弱势群体规模即需要社会保障援助才能摆脱生活困境（包括短期与长期）的城乡居民总数当在 1.4 亿—1.8 亿人左右，约占全国总人口的 11%—14%。这是一个需要特别引起关注的弱势群体，他们对社会保障的需求较其他群体更为迫切。

面对着一个如此规模且存在着不同需求的弱势群体，社会保障制度的建设不仅具有必要性，更需要有相当的财力才能支撑。以城市居民最低生活保障为例，据民政部测算，2002 年全国低保对象大约 2000 万人，每个低保对象平均一年的补助金额约 840 元（月人均约 70 元），这样当年需要财政拨款 160 多亿元，而 2002 年中央财政与地方财政用于城市居民最低生活保障的财政资金分别是 46 亿元和 59.3 亿元，仅此一项的资金缺口即达 50 多亿元。① 如果要真正满足 1.4 亿—1.8 亿弱势人口的最低或基本生活保障要求，所需资金将达到 1000 亿元以上，政府财政所面临的压力是显而易见的。

2. 社会保障制度还存在着诸多缺漏

由于传统的社会保障体系已经被完全打破，而能够适应市场经济体制和社会发展要求的新型社会保障体系又未全面确立，应当为城乡居民提供生活保障的社会保障安全网事实上还有很多漏洞。因此，现行社会保障制度还不能真正实现全面保护弱势群体的最低或基本生活，某些制度或政策缺漏甚至还在导致新的弱势群体的出现。

第一，社会救助制度的缺漏。自 1999 年国务院颁发《城市居民最低生活保障条例》以来，城市居民最低生活保障制度在近几年尤其是在 2002 年的进展很快，根据民政部门提出的“应保尽保”指标，收入低于当地最低生活保障线的城市贫困人口有望实现全部纳入这一制度的援助范围；但这一制度主要是保障居民的最低生活而未能充分考虑到贫困人口的住房需求、疾病医疗需求、子女教育需求等，因此，部分城市贫困人口还存在着住房极度紧张、有病不敢医、子女无法享受同等义务教育机会的特殊困难，这些困难进一步加剧了贫困人口的贫困深度。不仅如此，不少地方和单位仍然存在着将下岗职工的“虚拟收入”和困难企业职工不能按照领到的工资作为实际收入计算的现象，致使部分低收入居民不能进入最低生活保障体系。

在乡村，中国还未真正建立制度化的贫困人口救助制度，绝大多数地区仍

① 参见朱晓超：《城市最低生活保障：谁来填平缺口》，《财经》2002 年第 14 期。

处于传统的临时性、非规范化救济阶段，低于乡村贫困线的乡村贫困人口应当获得的最低生活保障权益无法真正落实。

第二，社会保险制度的缺漏。社会保险制度不健全、覆盖面太窄，是一部分劳动者及其家庭成员在市场经济条件下沦为社会弱势群体的重要因素。以2001年底的数据为例（参见表7），全国城镇居民进入新的医疗保险制度者仅5471万人，约占全体城镇劳动者与进城务工的乡村劳动者总数的15%，占全部城镇居民与进城居住的乡村人口总数的10%弱，更不论乡村人口。部分居民在遭遇疾病尤其是重大疾患时，因缺乏必要的医疗保险而极易陷入难以自拔的生活困境，因病致贫的现象并不罕见。全国参加工伤保险的劳动者仅4345万人，只占需要工伤保险的非农劳动者总数的10%左右。因工伤保险制度尚未最终确立并全面覆盖有需要者，部分劳动者因工伤事故或职业病致残或致死，不仅个人生活陷入困境，而且整个家庭亦随之陷入生活困境。因养老保险制度的缺漏或缺乏，部分老年人口已经构成了新的贫困人口来源。而新型养老保险制度因难以适应不同群体（如非正规就业群体）的需求，扩大覆盖面已经面临着现实困难。因生育保险制度的缺乏，妇女与男子的就业地位并不平等，进而影响到育龄妇女的收入与生活。可见，中国的社会保险制度远未成熟，这一制度所覆盖的人口还非常有限，它应当起到的解除劳动者后顾之忧、维护劳动者在遭遇特殊事件时的基本收入与基本生活的作用还未能真正发挥出来。

第三，社会福利制度的缺漏。在各种福利制度均未真正确立的条件下，老年人福利体系与残疾人福利体系显得尤其滞后于社会需要。根据国家统计局最新统计资料，以2000年进行的全国第五次人口普查资料计算，中国的人均预期寿命已达71.4岁（男性为69.63岁，女性为73.33岁），这一指标较世界平均水平高5岁，比发展中国家和地区高7岁，处于中等发达国家的水平；[①] 而中国每户家庭人口数却在持续减少，从1985年的3.89人下降到2001年的3.10人。[②] 在这种人口老龄化和少子高龄化的双重背景下，不仅老年人的护理体系还未提到老年人福利制度的建设日程，而且老年人的经济生活亦仅有少数人享受社会保障。

第四，对乡村及流动人口的社会保障缺乏。在计划经济时代，中国农村不仅奉行劳动所得与福利所得并重的分配制度，而且建立过覆盖95%以上的农村人口的合作医疗制度。而改革开放以来，随着承包责任制的推行，合作医疗制度因失去集体经济支撑而迅速崩溃。因此，就全国而言，虽然大规模的乡村扶贫运动取得了重大成效，但除乡村五保户制度被规范和保留了一些传统的救

① 参见赵承：《中国人十年增寿2.85岁》，《信报》2002年9月26日。

② 参见国家统计局编：《中国统计摘要（2002）》，中国统计出版社2002年版，第92页。

灾救济外，真正面向乡村居民的社会保障却异常缺乏，国家财政的社会保障投入90%用于城市居民。在缺乏社会保障的条件下，乡村人口更易沦为弱势群体。尤其值得指出的是，以农民工为主体的流动人口规模日益巨大，而社会保障制度尚未考虑将其纳入到有效的社会保障制度之中，这意味着社会风险正在持续累积。

3. 社会保障制度的完善还面临着许多现实困难

应当肯定，中国政府一直以负责任的态度在积极推进社会保障改革与制度完善，但社会保障制度的完善却还受制于多种因素，许多现实困难构成了中国推进社会保障制度建设的拦路虎：

第一，巨额历史债务需要消化。中国的养老保险制度从单位保险转向社会保险、从现收现付的财务模式转向社会统筹与个人账户相结合财务模式，很自然地会形成巨额历史债务，因为计划经济时代的中老年职工并无任何养老基金积累，而现在的一代人却要在承担上一代人的养老金的同时，还要为自己积累部分养老金。这种历史债务虽无精确测算，但估计在4.5万亿—5万亿元，[①] 它构成了整个社会保障制度的沉重负担，并影响着新型社会保险制度的定型发展。

第二，地区发展不平衡。在2001年，上海、北京、天津、广东、江苏、浙江、福建、山东等东部地区的人均GDP均在1.2万元以上，其中上海更高达37382元，北京达25300元；湖南、湖北、江西、河南等中部地区同一指标在6000—9000元之间；而贵州、云南、青海、甘肃等西部地区的同一指标却在2000—6000元间；以2000年的居民消费水平而论，上海为11546元，北京为7326元，广东为5007元，湖南为2723元，广西为2147元，甘肃为1734元，贵州为1608元。[②] 上述两组指标反映中国地区发展不平衡绝对不是短期内可以解决的问题，尽管国家通过西部大开发正在努力缩小东、中、西部地区的发展差距。在地区发展极不平衡的条件下，中国很难迅速有效地确立统一的社会保障制度并将这一制度推行到全国。

第三，资金供应体系尚未形成。任何社会保障项目的确立都需要有相应的经济支撑，资金供应体系构成了社会保障制度的现实基础。然而，中国的社会保障制度在现实中还缺乏完整的资金供应体系。在财政性资金供应方面，尽管中央财政对社会保障的补贴拨款自1998年以来逐年大幅度增长，但地方财政普遍未到位或尚未全部到位，中央的拨款甚至还被一些地方挪用；在社会保险费征缴方面，由于立法的欠缺和监管的不力，大多数非国有单位并未参与，部分国有企业拖欠社会保险费的现象屡禁不绝；其他筹资渠道亦很不畅通，如通

① 参见郑功成：《对历史欠账要明算账、细分账》，《社保财务》2000年第3期。

② 参见国家统计局编：《中国统计摘要（2002）》，中国统计出版社2002年版，第22、33页。

过国有股减持来筹集社会保障基金的尝试遭遇挫折，发行彩票等途径因规模太少亦无济于事，等等。因此，面对社会保障制度建设的资金需求，当前的筹资措施显得乏力。

第四，一些认识误区阻碍着社会保障制度的完善。在中国社会保障制度改革进程中，还存在着许多认识误区。包括：一是对社会保障的客观功能与有益作用认识不清，仅仅将其作为一项配套措施而不是一项基本的社会制度来建设；二是在减轻政府责任的同时，忽略了社会保障制度追求社会公平的本质取向，存在着将社会保障视为经济政策或经济政策补充措施的倾向；三是对商业保险与保险公司寄予了超越现实的期望；四是在推进社会保障制度改革时，将注意力集中在体制转型而忽略了中国的工业化、城市化进程，进而仍然采取传统的方式将社会保障视为城镇居民的专利；五是在强调社会保障水平过高带来不良后果的同时，亦存在着对社会保障水平过低或不足带来不良后果的忽视。此外，甚至对社会保障立法的必要性与紧迫性还存在着误区，认为制定成熟的社会保障法律还不具备条件，而忘记了所有的法律都是在修订中不断完善的。认识上的误区必然影响到政府的社会保障政策及相关政策的选择，进而阻滞着社会保障制度改革的推进与完善。

五、值得考虑的政策取向

从前述分析中可以得出的一个基本结论，便是中国社会保障制度改革及其对弱势群体的生活保障确实取得了很大的成就，但新型社会保障体系却还未最终确立并完善，中国的社会保障政策还处于选择之中，目前的社会保障体系仍然是一个残缺的、有漏洞的安全网。因此，现阶段社会保障制度建设的任务，就是在通盘考虑弱势群体的利益和市场经济及社会发展对社会保障的需要的条件下，迅速健全、完善整个社会保障体系。

1. 尽快建立综合性的城市社会救助系统

从现阶段最低生活保障制度的实践内容及保障效果出发，面向城市贫困人口的社会救助制度主要是最低生活保障，它所解决的只是根据当地消费水平确定的最低营养需求问题，而事实上，相当多的贫困人口需要的是一个综合性的社会救助体系。因此，我们认为，应当在积极推进户籍制度改革的条件下，以政府财政为后盾，以现行城市居民最低生活保障制度为基础，在全国城镇构建一个包括最低生活保障、公共房屋、疾病医疗救助及其他相关救助措施在内的综合性社会救助体系。

第一，进一步完善城市最低生活保障制度。最低生活保障面向城乡贫困人口并以确保贫困人口的最低生活为目标，它承担着解除贫困人口生存危机的责任。在城市，可以城市最低生活保障制度为基础，但应在坚持维护最低工资标准的条件下取消“虚拟收入”；还应当建立一个有效的家计调查系统，居民受助的标准不仅应以当期收入状况为条件，而且应当考虑其资产及其他收益状况，以便在确保有需要者获得援助的同时杜绝不符合条件者分享；同时，还需要完善相关程序，明确贫困居民申请救助的法定权益，在严格监管中维护受助者的尊严与体面。

第二，尽快确立城市公共房屋政策。针对贫困人口居住条件恶劣的现实，在继续推进住房制度改革并引导居民购房的同时，政府应当建设公共房屋，帮助贫困居民改善其居住条件。目前部分城市推出的廉租房政策应当作为全国性的公共房屋政策出台，并将其纳入社会救助体系。在制定统一的公共房屋政策时，应当坚决遵循公平、公正、公开的原则，坚持低标准和统一人均住房面积（每一城市的公共房屋分配标准均应统一），不能延续计划经济时代的实物分房等级制，以便既保证满足住房条件极端困难的低收入居民能够获得有限的住房保障，同时使其他居民自愿放弃这种待遇。

第三，建立城市贫困人口疾病医疗救助制度。贫困人口的疾病医疗是一个日益突出的社会问题，疾病不仅使贫困人口的生活状况更加恶化乃至陷入绝望境地，而且容易使一般城乡居民陷入贫困之中。因此，建立一个面向贫困人口的疾病医疗救助制度既是缓解其生活压力的必要举措，也是社会发展进步与社会公平的基本内容。当然，在选择型的医疗保险制度下，面向贫困人口的疾病医疗救助的目标只能是减轻贫困人口的医疗负担，而不可能是免费医疗。

第四，其他相关援助措施。在义务教育还未能真正成为免费教育的条件下，基于部分贫困家庭的未成年子女因贫失学的现实，政府有必要制定贫困家庭子女义务教育补贴或教育费减免的政策，并通过这一政策实现义务教育机会均等的目标。针对遭遇天灾人祸的贫困人口，还有必要建立紧急救助机制。通过前述制度安排和上述政策措施，即可以构建一个完整的最低保障网。

2. 迅速、全面推进社会保险制度建设

社会保险并非以弱势群体为中心，但社会保险通过向劳动者提供养老保险、疾病医疗保险、失业保险、工伤保险、生育保险等，有效地解除了国民的后顾之忧，并为避免受保者沦为弱势群体创造了条件。因此，必须摒弃只要社会救助不要社会保险或者只重贫困救助而忽略社会保险的倾向，根据现实国情和就业格局新变化，在完善现行制度的条件下迅速推进各项社会保险制度建设，力争再经过一届政府任期的努力，使社会保险制度覆盖到符合法定资格条件的所有劳动者。

第一，完善基本养老保险与失业保险制度。中国的基本养老保险采用的是社会统筹与个人账户相结合模式，这种模式在世界上独一无二，其探索性决定了它不可能一蹴而就，统账结合的方式还需要完善，而加上历史包袱重、就业方式变化大的影响，基本养老保险制度自诞生之日起就在遭遇挑战，目前还面临着扩大覆盖面难度剧增、资金压力持续增大的困难。因此，我们主张：一是划清历史责任与现实责任，对历史责任采取其他措施加以化解，以免危及新制度的安全；二是在此基础上降低缴费率，将统筹层次迅速提升到以省级为本位；三是整个养老保险制度的重点宜放在构建制度平台上，国家可以逐步将现行的基本养老保险改造成普惠式的国民养老金和差别性的职业养老金，前者将逐渐成为全体国民共享养老保障的制度平台，在这一平台基础上，现阶段很难实现养老保险制度的一元化，从而可以考虑多元化的养老制度安排，① 以适应就业结构、就业方式的发展变化。

失业保险几乎是与基本养老保险同时并进的又一项重要的社会保险制度，它已经从 1986 年的制度象征发展到现阶段的有效制度安排，覆盖劳动者已逾 1 亿人，但同样面临着完善的必要。一方面，随着下岗职工基本生活保障制度向失业保险并轨，这一制度面临着增强抗风险能力的内在要求，应当开辟新的资金供应渠道而不能将结构调整带来的高失业率风险由正常的失业保险基金来承担；另一方面，鉴于中国劳动力资源在相当长时期内均属严重过剩，以及经济结构调整和工业化、城市化进程中大量劳动力（尤其是乡村劳动力）转移所带来的就业压力，现行失业保险应当强化其促进就业的功能，包括：一是适当收缩覆盖对象范围，以适应各种非正规就业的发展；二是强化失业保险的培训功能；三是应当强化就业服务系统等。失业保险促进就业功能的强化，将使这一制度在维护失业工人利益的同时，由消极干预转向积极干预，其效能将因此而大幅度提升。

第二，从速确立并强制推广工伤保险制度。从层出不穷的工伤事故到规模惊人的职业病群体（据有关部门调查统计，有 83%的乡镇企业存在着不同程度的职业病危害，其中 60%的企业没有配备任何保护措施；② 其他非国有单位的工伤事件和职业病危害也非常惊人，中国的职业病发病率还在持续上升），以及由此而导致的数不清的劳资纠纷，均表明了工作伤害与职业病已经构成现阶段工业劳动者尤其是农民工的重大风险，这种风险不仅直接损害着劳动者的健康与生命，也往往造成受害者及其家庭陷入难以自拔的生活困境，因此，在传统的劳动保险制度已经退出现行社会保障体系、多数单位未执行原有的工伤保障政策的同时，针对工业及其他非农产业劳动者尤其是农民工的工伤保险制度应当作为中国最基本的社会保险项目优先得到确立，急切需要尽快确立农民

---

① 参见郑功成：《中国养老保险制度：跨世纪的改革思考》，《中国软科学》2000 年第 3 期。
② 参见《六成企业没有保护措施，我国职业病发病率上升》，《北京晚报》2001 年 11 月 2 日。

工及能够覆盖所有工业及其他非农产业劳动者的工伤保险制度，政府在工伤保险中的责任主要是制度设计和依法强制推行。

第三，尽快推进医疗保险改革。在计划经济时代，公费医疗、劳保医疗与农村合作医疗制度共同构成了一个几乎覆盖全民的医疗保障网络；改革开放以来，中国打破了传统的医疗保障体系，但新型医疗保险制度到2001年底还只覆盖7286万人（其中在职职工5471万人，离退休人员1815万人），[①] 占城镇人口还不到20%。在这种背景下，城乡社会均存在着低收入家庭有病不敢医、部分居民因病致贫的现象，疾病风险已经成为加剧弱势群体生活困难的重大因素和导致新的贫困的重大致因。因此，应当尽快推进医疗保险改革。在这方面，我们认为，值得考虑的深化改革措施包括：一是在医疗保险政策中真正注入福利公平原则，取消按人身份确定等级待遇的旧规定，在发展私立医院和私人医生的条件下促使部分高收入群体自愿放弃医疗保险待遇，以便让更多有需要者享受医疗保障；二是坚定不移地实行医疗保险、医疗（医院）体制、医药体制三项改革同步推进，在割断医疗方借医牟利的利益链条的同时，适当引入竞争机制以便实现公共卫生资源的优化配置，对药品供应进行计划调控；三是在医疗保险改革中摒弃片面的效率观念，应当以全民健康保障作为长远目标来确实，在现阶段可以采取多元化的制度安排，以适应不同群体的疾病医疗保障需要。

3. 进一步完善社会保障责任共担机制

在中国新型的社会保障体系中，责任共担的原则已经得到确立，但利益各方的具体责任划分并不明晰，责任分担的模糊状态已经对整个社会保障制度的建设产生了很大的消极影响。因此，完善责任共担机制已经构成了现阶段推进整个社会保障制度走向完善的必要条件。

第一，建立固定的财政拨款机制。毫无疑问，政府承担着保护弱势群体和主导整个社会保障制度的当然责任，这种责任不仅体现在推动社会保障立法、监管社会保障运行等方面，尤其直接、具体地体现在政府承担的财政责任上。尽管国家通过调整财政支出结构，在不断扩张社会保障支出比重，但这种投入还不是一种固定拨款的机制。鉴于现阶段社会保障基金支出形势严峻，我们认为，国家不仅应当明确财政中的社会保障投入比重，而且宜在“十五”期间落实20%的投入比重，并明确相应的增长机制。与此同时，合理划分中央政府与地方政府在社会保障方面的财政责任已经成为迫在眉睫的任务。从近几年中央财政对社会保障的投入持续大幅度扩张而地方政府仍然缺位或半缺位的现象出发，应当通过立法明确地方政府的社会保障财政责任，摒弃劳民伤财的所谓“政绩工程”、“形象工程”，将有限的财政资金用在促进就业和保护弱势群体身

---

① 参见劳动和社会保障部社会保险事业管理中心编：《中国社会保险年鉴（2002）》，第7页。

上，这是一个负责任的政府必须承担的公共职责所系。

第二，明确界定企业的责任。企业缴费是支撑社会保险制度的重要经济基础，但目前的企业缴费率不仅极不公平，而且畸高，构成了市场经济公平竞争环境的破坏因素和企业竞争力的损害因素。以基本养老保险费率为例，一方面是参加养老保险的国有企业负担沉重而未参加的企业却无须支付社会保险费用；另一方面由于历史负担的不同，各地企业的负担亦极不平等，深圳企业的缴费率仅为工资总额的6%、北京为19%、沈阳等老工业基地却高达24%以上，高低之间相差竟达18个百分点。[①] 因此，应当尽快明确界定企业的责任并迅速实现企业负担的平等化。在这方面，我主张在划清历史责任与现实责任的条件下，新型社会保险制度应当按照一个统一的费率标准向所有符合法律规范的企业征收社会保险费，包括企业应当承担的基本养老费、失业保险费、医疗保险费、工伤保险费、生育保险费等，总费率宜控制在工资总额的30%以内，住房公积金宜纳入工资范畴。同时，鼓励但不强制企业建立企业年金、补充医疗保险等机制。在控制企业责任的前提下，应当根据社会保障资金的需要量提高政府财政负担的比重和个人负担的比重，或者在支出剧增的现阶段采取发行长期国债的办法来弥补，以保护企业的竞争力并实现就业增长。

第三，落实个人承担的责任。增强国民的自我保障意识和个人责任，既是世界社会保障改革潮流，也是中国社会保障制度改革的重要目标。因此，让劳动者分担相应的社会保险费是必需的举措，目前需要落实的措施包括：一是规范工资统计范畴，根据实际工资收入征收各项应当征收的社会保险费，杜绝瞒报、漏报收入的现象；二是扩大社会保险覆盖面，让年轻的劳动者分担起中老年职工的部分责任；三是在维护孤老残幼等极端弱势群体的生活权益的同时，按照不营利的原则对相关社会福利收取服务费。此外，通过完善个人所得税、利息税及制定遗产税、赠与税、特别消费税制等措施来适度调节国民个人收入分配，借此让先富起来的居民更多地分担一些社会保障责任。

第四，引导社会各界分担相应的责任。在明确政府、企业、个人责任的同时，国家应当积极引导社会各界分担相应的社会保障责任。在这方面，政府可以扩大彩票发行规模，并积极、稳妥地尝试赛马之类的博彩业，同时用税收优惠的政策来调动各界参与慈善公益事业捐献的积极性。这种非强制性的筹资方式将能够筹集到大量的资金，它们是补充政府、企业、个人直接负担能力不足的重要且有益的补充，值得政府考虑与充分运用。例如，慈善事业在国外的发展有很长的历史，并在许多国家及中国的香港、澳门及台湾地区十分发达，它们对弱势群体的保障作用十分突出，对所在国家或地区社会保障体系的完善和

---

① 参见郑功成：《加入WTO与中国的社会保障改革》，《管理世界》2002年第4期。

整个社会的协调发展起到了不可缺少的重要作用，但在中国大陆却还未引起足够重视。虽然中国青少年基金会发起的“希望工程”、中华慈善总会开展的扶危济困活动、中国扶贫基金会组织的各项扶贫事业等已经产生了广泛的社会影响，但所起作用仍然十分有限。因此，我们主张大力发展慈善事业。国家应当对慈善事业进行合理定位，将其作为弘扬中华民族传统美德、促进道德文明建设、完善新型社会保障体系的重要事业来发展；同时，从速制定相应的财税政策如制定遗产税法和社会捐献方面的免税规则，对个人所得税严格执行累进税率制，将能够促使高收入阶层尤其是先富阶层关心并热心慈善事业。

第五，尽快分化历史责任。基于中老年职工老年保障的历史责任已经成为困扰整个社会保障制度改革、发展的重大因素，国家应当找到分化历史责任的途径。在对历史责任进行合理测算的条件下，一方面通过积极、稳妥地推进国有股减持来筹集相应的资金，另一方面还应当发行长期国债来消化这种历史责任。前者体现的是国有资产存量对中老年职工老年保障的责任，后者则是利用未来经济发展所带来的增量消化历史责任，同时也是年轻一代职工对中老年职工历史责任的分担。现阶段社会保障（主要是基本养老保险）制度所遭遇的困境表明，对历史责任与其继续模糊化而心中无底、无所适从，不如合理界定、清晰测算、合理化解。对历史责任的处理，已经成为整个社会保障制能否健康发展的关键。

4. 分类分层保障农民工等流动人口的权益

以农民工为主体的流动人口，已经成为中国现阶段一个人口数量达 1 亿多的规模群体，他们的共同特点是流动性强、非正规就业者多并处于相对弱势地位，与流动性较弱的传统型正规就业者在社会保障需求方面存在着较大差异。因此，有必要对流动人口采取分类分层保障的办法，才能逐渐有效地保障这部分弱势群体的生活权益。① 我们主张：应当从速确立工伤保险制度并强制覆盖全体工业及其他非农产业劳动者，尽快建立面向农民工及其他流动劳动者的大病或疾病住院保障机制，并为农民工等流动人口建立相应的社会救援制度（包括遭遇天灾人祸时的紧急救济、特殊情形下的贫困救助、合法权益受损或遭遇不公待遇时的法律援助等）。对于养老保险，则可以先对包括农民工在内的流动人口进行适当分类，对达到规定居住年限及有相对固定住所或单位的流动人口，正式纳入当地的养老保险体系；对不符合上述条件的流动人口，则有必要根据制度多元化的原则来设计相关方案供其选择，并作为全国性政策出台。

---

① 参见薛小和：《分层分类保障农民工的权益——访中国人民大学劳动人事学院郑功成教授》，《经济日报》2001 年 11 月 29 日；参见郑成功：《农民工的权益与社会保障》，《中国党政干部论坛》2002 年第 8 期。

5. 积极推进农村社会保障制度建设

对农村社会保障问题的忽略，是改革开放以来中国社会保障制度建设的一大失误。[①] 城乡居民收入差距的扩大化和农村居民地位的相对弱势化，既体现了农村对建设社会保障体系的客观要求，也反映了农村居民生活风险的累积与社会风险的累积。因此，我们认为，要真正保护农村居民中的弱势人口并促使绝大多数农村居民免于沦为弱势群体，就有必要积极推进农村社会保障制度建设。

我们的原则建议包括：以乡村最低生活保障制度的确立并促使城乡最低生活保障制度一体化为基础，以互助合作为原则构建新型的乡村医疗保障体系，以农村计划生育户夫妇为突破口构建乡村社会养老保险制度，以农村五保户集中供养为基础逐步发展乡村福利事业。在对待乡村社会保障制度建设方面，应当摒弃包袱论等偏见，对现阶段农村土地保障功能持续弱化和商业保险在乡村还无法发挥很大作用应有十分清醒的认识，政府同样应当担负起建设乡村社会保障体系的适度责任。

六、结 束 语

面对弱势群体的发展变化与现实需求，中国必须坚定不移地推进社会保障制度改革，尽快构建一个没有漏洞和使人在生活困境中免于绝望的社会保障安全网。这个安全网不仅应当以保护社会弱势群体为基本目标，同时还应尽可能地为使城乡居民免于沦为弱势群体作出重要贡献，最终促使整个社会公平、和谐地健康发展。

① 参见郑功成：《中国社会保障制度改革 20 年的若干反思》，《经济学消息报》2000 年 12 月 1 日。

保障底线公平，增进国民福利[①]

构建和谐社会是党和政府对我们国家未来发展的科学定位，是值得举国上下为之努力的健康、文明、可持续发展的战略目标。我始终认为，和谐社会的核心价值追求就是维护社会公平正义与实现共享发展成果，现阶段最为重要的任务应当是维护底线公平并不断增进国民福利。借此机会，我就三个方面发表一下看法。

一、对时代的基本判断：我们国家已进入了一个新的发展时代

众所周知，改革开放以来，我们国家实行以经济建设为中心，对计划经济时代的平均主义、大锅饭体制实行了革命，代之以效率优先与GDP至上的政策取向，这种政策取向确实使我们国家的经济获得了持续20多年的高速增长，GDP已经由1978年的3600多亿元快速增长到2005年的15万多亿元，国家财政收入也从1978年的1132亿元快速增长到2005年的3万多亿元，城乡居民的收入水平与生活水平同样快速提升，无论从人均收入还是从家庭财产结构与生活质量均已经进入到了一个崭新的层次，中国的对外贸易（进出口总额）已从1978年的206亿美元快速增长到2004年的11547万多亿美元，中国实际利用的外资也从1989年的100亿美元快速增长到2004年的640亿美元，高等教育也实现了极少数人的精英教育向大众化教育的转化，等等。中国近20多年中取得的这些辉煌成就，举世瞩目，世所公认。这些成就的取得，既标志着改革开放前及改革开放前一个时期所面临的挑战与需要我们解决的问题已经得到了很好的应对与解决，同时也标志着我们国家的发展已经进入到了一个全新的发展阶段。

按照我前几年的讲法，就是：改革普惠的时代已经过去，利益分割的时代已经到来；单纯强调经济发展乃至于GDP至上的时代已经过去，促进经济社

① 本文系作者2005年12月3日在全国民政系统工作会上的发言摘要；原载《中国社会报》2005年12月5日。

会协调发展乃至于政治文明、道德文明协调发展的时代已经到来；共同贫穷的时代已经成为历史，只鼓励部分人先富起来的时代正在成为历史，促使全体国民通过合法手段迈向共同富裕的时代已经到来；只需要考虑解决低层次的以温饱为目标的民生问题的时代已经成为历史，必须适应人民群众不断攀升的追求，统筹考虑更高层次的民生问题和民主、法制、公平、正义等诉求的时代已经到来；中国单纯需要世界的时代已经成为历史，中国继续需要世界与世界需要中国并重的时代已经到来。我还可以列出一些时代变革的标志，但上述标志与结论已经足以表明我们国家当前所处的时代绝对不是改革开放前一个时期所能够完全比拟的。

然而，我们必须承认，国民经济的持续高速增长，并不会自动地解决好所有社会问题，在国家发展取得巨大成就的背景下，我们所面临的环境和城乡居民的追求也会发生相应的变化。我个人认为，现阶段我们面临的挑战更为复杂，应对挑战的任务也更为繁重、更需要智慧。因为计划经济体制的痕迹仍有残留，而20多年的渐进改革又产生了新的路径依赖，现阶段乃至未来相当长一段时期内我们的改革不仅需要继续消除计划经济体制遗留的阻碍如户籍制度、垄断行业等等，同时还要消除改革开放前一个时期由于各种原因留下的不良后遗症，以及解决好发展进程中出现的新的社会问题。新时期的改革是深层次的改革，是在前一个时期以打破旧体制为主要任务的基础上建设新体制，进而促进整个社会协调、健康、文明、和谐发展的更高层次、更加深刻的改革。

二、保障底线公平与增进国民福利是构建和谐社会最首要的任务

我曾经论述过改革开放以来出现的新的社会问题与社会矛盾主要有五个方面：一是收入分配不公或失范导致的贫富差距日益扩大化；二是强资本弱劳工格局下的劳动关系的日益失衡；三是以农民工为主体的流动人口与当地固定户籍人口之间的利益冲突在加剧；四是城乡差距的扩大化；五是地区发展差距的扩大化。当然，国家发展事实上还面临着其他各种问题，如我近几年讲得很多的四大民生问题，即教育是民生之基、就业是民生之本、收入分配是民生之源、社会保障是民生之安全网，它们的实际情形均很严峻；还有国际环境的日益复杂化，等等。可见，全新的发展阶段所面临的挑战与任务是与改革开放前一个时期截然不同的，需要采取的应对措施也必然是不同的，新时期的发展更加需要政治智慧。

在众多的挑战中，我认为，保障底线公平与增进国民福利是时代发展赋予的最紧迫的任务，当然也是构建和谐社会最首要、最基本的任务。所谓底线公

平，主要是指所有人的生存权能够得到平等维护，只有生存权得到平等维护，才谈得上其他，它需要通过健全的社会救助体系来保证；所谓增进国民福利，其实是指不断地提高国民的生活质量，它需要通过各项社会福利事业的发展让全体国民分享到经济社会的发展成果，并在分享发展成果的过程中提升其生活质量。

贫富差距扩大化已经成为我国现阶段必须正视且需要解决的重大现实问题，贫富之间的矛盾在加剧，这种社会问题的出现既表现在先富群体的形象不鲜明、社会责任不够强方面，更表现在国家与社会对贫困人口与弱势群体的基本生活权益缺乏有效的保障。如最低生活保障制度仍然停留在面向城市居民而未能覆盖到乡村贫困人口，其他面向困难群体的社会救助机制（如廉租房、教育救助与医疗救助等）更是未成为有效的制度安排。因此，面对低收入阶层尤其是生活困难的社会阶层的社会保障体系，不仅存在着巨大的漏洞，而且是一个支离破碎的制度体系，这一维护社会公平底线的缺漏，必然使一部分社会成员存在着遭遇生活困难时陷入绝对境地的风险。因此，维护社会公平的底线事实上成了构建和谐社会的首要任务。

同时，随着经济社会的发展进步，城乡居民对各项福利事业的需求也日益高涨，福利保障需求层次的上升正是社会发展进步的必然结果。但如果不能适时地满足这种需要，其结果必然是人们的收入水平虽然在提高，而生活质量却可能下降。如越来越多的老年人享有退休金，但如果没有相应的老年人福利服务保障，老年人的晚年生活就会因子女减少以及子女不在身边而陷入困境，人口老龄化使老年人福利事业的发展变得越来越紧迫；在绝大多数国民生活状态得到很大改善的条件下，数以千万计的残疾人也应当分享到国家与社会的发展成果，这使得发展残疾人福利事业成为衡量我国社会发展与文明进步的重要标尺；妇女回归家庭的比例在持续增加，如果没有社会化的妇女儿童福利的配合，女性的社会地位完全可能下降，等等。

综上，我认为，通过社会救助制度安排来保障社会公平的底线和通过发展各项福利事业来满足人们的需求并使国民福利增加、生活质量提升，确实已经成为我们国家现阶段的重要且紧迫的任务，当然也是构建和谐社会的首要任务。否则，维护社会公平正义和共享发展成果就无从谈起。

这样的新时代，这样的发展需求，可以说是对民政工作也提出了新的挑战，这种挑战当然同时是民政工作尤其是社会救助与社会福利事业大发展的良好机遇。

三、民政肩负着保障底线公平与增进国民福利的重要使命

我在2005年全国民政论坛上曾经强调民政工作应当强势化，这是时代变革的需要，也是构建和谐社会的应有之义。当前，科学发展观正在统率国家发展全局，构建和谐社会已经成为举国上下的行动指南，民主、法制、公平、正义、共享已经成为新时期流行的关键词，社会氛围正在由对效率的推崇而转向对公平正义的关注，由注重财富的创造转向注重财富创造与如何实现共享发展成果并重，这是中国发展与时代变革的必然，也是新时期民政工作发展的大背景；而社会发展对包括社会救助、慈善公益、社会福利、社会管理等各项民政事业的发展更是提出了全面而广泛、具体而又紧迫的要求，国民经济与国家财力的持续大幅增长也为民政事业的发展奠定了日益丰厚的经济基础。因此，我的基本结论是民政工作正面临着最好的发展时期，因为要完成构建和谐社会的任务，在很大程度上需要依靠出色的民政工作。

基于保障公平底线和增进国民福利是构建和谐社会的首要任务，而这两个方面的工作又都主要属于民政工作的范畴，这意味着它既是民政部门必须肩负起的重要使命，也是民政部门必须认真应对的现实挑战。为此，我提几点建议：

首先，我认为，在民政工作中急切需要确立公平、正义、共享的核心价值观，消除社会救助中的城乡分割现象和某些有损受助者人格尊严的做法，确保这一制度实现其维护人的平等与尊严而不是相反，推进城乡社会救助一体化；同时，不能再抱着社会保险与社会救助才是当务之急的过时想法，而是需要客观面对城乡居民对各项福利事业的迫切需求，尤其是人口老龄化加剧、残疾人规模庞大以及妇女儿童福利需求持续高涨的事实，真正树立福利社会化的发展观念，并充分调动政府、社会资源来促进社会福利事业的大发展。新的时代是一个对社会救助、社会保险与福利事业有着同等需要的时代，唯有三大制度并举并兼顾发展，才能在化解现实社会问题和满足城乡居民安全保障与福利需求的条件下，促进整个社会和谐发展。

其次，广泛动员社会资源，合理配置公共福利资源。毫无疑问，政府负有解除所有国民生存危机和增进国民福利的重大责任，政府财政在快速增长的条件下，应当让社会救助经费拨款与各项公共福利事业的拨款超速增长。我就主张财政要算大账，民政部门则要帮助国家财政算大账，在社会救助与社会福利事业方面，财政的支出往往能够带来更多的社会资源和直接的社会消费，它也能够拉动生产增长与就业岗位的增长，进而又会促使税收增长，这是一个良性循环，而现在的格局是税收政策并不利于调动社会资源，财政支出亦对社会救

助与社会福利事业支持乏力，我主张民政部门要帮助财政部门算大账，算经济社会协调发展账，为我国公共财政体制的构建和财政支出结构的重大调整做贡献。当然，我也强调过，人的需求层次是不断上升的，人们的福利需求是无限的，政府财力却总是有限的，而社会资源却是可持续的。因此，当务之急应当是在协调相关政策的前提下广泛地动员社会资源，包括通过对慈善公益事业的实质支持来调动各界积极参与，以及进一步发掘彩票筹集福利资金的无穷潜力，这是世界各国完善社会救助体系和发展福利事业的经验，而民政部门在动员社会资源方面可谓得天独厚。在推动国家财政快速扩张对社会救助与社会福利事业的投入并广泛动员社会资源的同时，我认为还需要有公平合理配置公共资源的机制，如政府福利资源的分配应当兼顾民间慈善、福利机构，这是广泛动员社会资源并使之实现良性循环的必要举措。

再次，尽快推进城乡一体化的社会救助制度建设，同时完善这一制度，真正确保社会公平底线。贫困人口生活在社会底层，很易遭遇自下而上的危机，无论城乡居民，如果缺乏制度化的社会救助保障，就可能因生活困难而陷入绝望的境地；如果这一制度是分等级的，那就不仅无法维护社会公平，而且破坏了社会公平的底线。因此，必须尽快赋予所有国民平等的社会救助权，尽快实现城乡社会救助一体化，这是检验构建和谐社会和促进社会公平正义的最低标准，因为国家完全具备实现这一目标的财力。当然，在推进城乡社会救助一体化的进程中，还必须完善现行的社会救助制度，包括将现行分割的最低生活保障制度、廉租房政策、子女教育救助政策、城乡居民医疗救助政策整合起来，形成综合型的社会救助体系，以避免政策分割形成的真空或漏洞并使财政资源得到高效配置；同时，就最低保障制度而论，还需要改变强迫劳动的做法代之以确立受助家庭收入扣除的政策以利促进其就业，需要将按人头均分的待遇标准改进为根据家庭人口的多寡来调整救助标准，需要确立对骗领低保待遇的处罚机制，还需要制度化的社会救助政策与慈善事业之间建立良性互动的关系，等等。在构建和谐社会的进程中，确保社会公平底线应当看成是最首要的任务。

最后，重视社会福利事业的发展，增进国民福利。如果说改革开放前一个时期国家社会保障制度变革的首要任务是需要配合国有企业改革而突出社会保险，那么，在我国发展已经进入到一个新的发展阶段和城乡居民的需求更上一个层次的背景下，促进各项福利事业的大发展就日益成国家和社会面临的紧迫任务。因此，不能再忽略城乡居民对福利事业的发展需求，如人口老龄化对老年人福利事业的需求就急剧增长但社会能够满足的程度却十分有限，残疾人群体涉及6000多万人却仍然缺乏相应的福利保障体系，妇女回归家庭者日益增加却无法建立社会化的女性福利体系，儿童成为家庭的宝贝也难以满足其多元化的、多层化的服务需求，等等。因此，我们国家发展中面临的一个日益重大的任务就是需要通过大力发展各项福利事业来增进国民福利、提升国民生活质量。因此，老年人福利事业、残疾人福利事业、妇女儿童福利事业等应当成为我国第三产业中的重要组成部分，它们的发展不仅能够满足城乡居民的需求，而且也能够改变当前畸形的第三产业格局。

当然，这里谈到的还只是一些粗浅的想法，一个中心的意思就是要保障社会公平的底线和不断增进国民的福利，而民政部门在这两个方面毫无疑问是肩负着义不容辞的责任。

农村社会保障的误区与政策取向[①]

在我国，社会保障制度长期以城镇居民为核心，这一方面是中国城乡二元经济结构导致的结果，同时也是国家以有限的国力来优先解决城市紧迫问题的一种政策选择。因此，农村居民向来较少感受到国家社会保障制度的安全可靠性，只有非常有限的救灾济贫，再加上乡村集体解决的五保户保障等，以至于社会保障在一定程度上成了中国城镇居民的专利。改革开放以来，农村不仅未能够像城市一样确立新型的社会保障制度，而且计划经济时代形成的农村合作医疗制度亦已崩溃。因此，对农村社会保障问题的长期忽略事实上是中国社会保障制度改革中的一个失误。[②]

一、需要澄清的几个重要问题

要探究农村的社会保障问题，我认为首先需要澄清如下几个重要问题。[③]

第一，不能以政府对农村居民没有承诺为借口来拒绝建立相应的社会保障制度。有一种流行观点是中国政府以往并未承诺过解决农民的养老、疾病医疗等问题，从而可以不予考虑。然而，现代社会保障既不再是传统的恩赐式官办慈善事业，也不是以契约为基础，而是建立在社会发展进步和社会公平的基础之上，是基于人们对平等、幸福、和谐生活的追求和保障全体国民共享经济社会发展成果的正义举措。就像城市居民一样，在1951年建立面向城镇劳动者的劳动保险制度前，也不存在政府事先的承诺或契约责任问题，但它却成了社会主义中国发展进步的重要标志。因此，社会保障制度的确立在本质上并非是政府承担已有的承诺，而是在社会经济发展进程中确保每一个国民均能够免除生存危机的必需举措，政府有义务根据国家财力和社会发展水平来推进社会保障制度建设，却不能将社会保障视为“包袱”，因为保障民生是政府的当然责任，也是政府赖以存在的基础。

---

① 原载《理论与实践》2003年第9期。

② 参见郑功成：《中国社会保障改革20年来的若干反思》，《经济学消息报》2000年12月1日。

③ 参见郑功成：《农民工的权益与社会保障》，《中国党政干部论坛》2002年第7期。

第二，不能对土地的生活保障功能估计过高。根据现行政策，农村土地的所有权并不属农户所有，农民也没有自由转让土地的权力，加之土地的数量有限、种地成本不断上升，而农产品的价格随着国际农产品市场的冲击还可能下降，单纯依靠有限的土地越来越难以维持农村居民的生计，一些农民宁愿抛荒土地或者无偿转让他人耕种也要外出打工，充分表明了土地的生活保障功能早已不能与改革开放初期相提并论；同时，农村还需要继续深化改革，一个必然的趋势将是通过土地的相对集中来实现农业规模经营与规模效益。因此，土地提供生活保障的可靠性在持续下降，再以传统眼光来看待农民与土地的关系，将土地承包视为可以保障农村居民基本生活（包括养老、疾病医疗等等）的制度安排或者用它来替代农村居民的社会保障制度，显然只能是一种不切实际的妄想。

第三，不能过分强调财力不足和过高估计农村社会保障制度建设的代价。有人认为政府承担的城镇居民社会保障负担已经异常繁重，对农村居民的社会保障无力承受。这种单纯从经济视角来看待农村社会保障问题的观点，显然违背了一个基本常识，即中国政府是全民政府而不只是市民政府，城镇社会保障负担繁重并不构成不建立农村居民社会保障制度的正当理由；况且，中国经济持续高速增长了20年，国家财政收入更是从1990年的2937亿元增长到2000年的13380亿元，2001年又增长到15700亿元，2002年上半年已达8600多亿元。[①] 国家财力的快速增长表明政府承受能力在增强，以财力不足作为不考虑农民与农民工的社会保障的理由越来越不充分。同时，对农村居民社会保障代价估计过高也是一个误区，虽然政府承担相应的财政责任是必要的，但主要责任却可以通过制度设计和现实政策的引导来调动农村集体组织与农民自己分担责任的积极性，还可以动员社会资源。

第四，不能忽略农村居民日益增长的社会保障需求。以农村居民的养老为例，2000年中国农村（包括农民工在内）的总人口为8.33亿人，其中65岁及以上的老年人占7.36%，而城镇的同一指标才达到6.29%，它表明农村的人口老龄化程度较城镇还高；据预测，到2030年时，6.64亿农村人口中的65岁及以上的老年人口比重将达到17.39%，而城镇的同一指标为13.1%。[②] 在人口老龄化加剧的同时，农村的家庭保障功能也因家庭规模的小型化和子女外出务工而持续削弱。如果不看到这样一种事实，不及早进行养老保险的制度安排，必将埋下重大的社会隐患。

第五，在现阶段不能将商业保险视为农村居民可以依靠的生活保障机制。

① 参见郑功成：《农民工的权益与社会保障》，《中国党政干部论坛》2002年第8期。

② 参见严厉文：《谁为21世纪农民养老》，《经济工作导刊》2001年第2—3期。

在任何国家，商业保险的营利性质均决定了它是有益于维护富人既得利益的保障机制，它的发展，完全取决于保险市场的开发与竞争，取决于保险业务能否给保险公司的股东带来利润回报，迄今为止，还没有任何一个国家（包括发达国家与发展中国家）在城市居民还不能依靠商业保险的背景下能够用商业保险来解决农村居民的生活保障问题的实例。因此，那种指望商业保险来保障农村居民的生活至少在现阶段是不懂商业保险常识的看法。

综上所述，可以得出如下结论：农村需要社会保障，政府负有主导农村社会保障的责任，商业保险在相当长的时期内不可能成为农村社会保障的替代品。

二、合理的农村社会保障政策取向

从中国的现实国情出发，要将农村居民纳入城镇社会保障体系并走向全国一体化显然是不现实的，但农村居民又确实需要有相应的社会保障制度，这不仅是农村居民客观存在的生活风险使然，也是作为中国国民平等权益诉求使然。

我们的总体政策建议是分类分层解决农村居民的社会保障问题，它主要包括如下几点：

第一，适应中国工业化进程和农村居民大规模非农化与城镇化，分类分层地解决农民工的社会保障问题。[①] 农民工是指具有农村户口身份却在城镇务工的劳动者，是中国传统户籍制度下的一种特殊身份标识，是中国工业化进程加快和传统户籍制度严重冲突所产生的客观结果。[②] 据农业部统计，2001 年中国有 7800 万农村劳动力外出打工，同比增长 5%，占农村劳动力总数的 16.3%；同年全国农民人均纯收入增长 4%，扭转了自 1996 年以来连续 4 年增幅下降的趋势，实现了恢复性增长，其中农民外出打工增收达 1 个百分点以上；在农民工外出打工所从事的职业中，80%的人选择从事工业、建筑业、餐饮业和服务业。[③] 这一组资料至少透露出如下信息：一是近 8000 万具有农村居民身份却又在城市务工的劳动者，加上其携带的家属，总人数可能接近 1 亿人口，这表明农民工事实上已经成为一个不容忽略的规模巨大的特殊社会群体，并必然导致相应的社会后果与政治后果；二是这一群体作为国家经济改革政策的直接

① 参见薛小和：《分层分类保障农民工的权益——访中国人民大学劳动人事学院郑功成教授》，《经济日报》2001 年 11 月 29 日。

② 参见郑功成：《农民工的权益与社会保障》，《中国党政干部论坛》2002 年第 7 期。

③ 《六成企业没有保护措施，我国职业病发病率上升》，《北京晚报》2001 年 11 月 2 日。

受益者，同时也是国家经济发展尤其是城市经济发展的直接贡献者，并在受益与贡献中提升着自己的生活水平；三是这一群体将不可避免地对中国现行的社会保障政策与户口政策等产生巨大的冲击，因为融入主流社会生活和希望得到相应的社会保护正在成为越来越多的农民工的共同追求。

首先，最急切的是尽快确立农民工的工伤保险制度。从层出不穷的农民工工伤事故到规模惊人的农民工职业病群体，以及由此而导致的数不清的劳资纠纷，均决定了针对农民工的工伤保险制度应当作为最基本的社会保障项目优先得到确立，这种保障项目不存在账户积累与保险关系接转问题，成本亦不高，对农民工是一种职业风险的分散机制，对用人单位则是符合国际惯例和建立在《劳动法》基础之上的工伤赔偿机制，政府部门负责组织并组织赔偿也比较容易操作，且无须政府付出特别的成本。因此，政府在农民工工伤保险中的责任主要是制度设计和依法强制推行。

其次，有必要建立农民工的大病或疾病住院保障机制。因为疾病尤其是重大疾病不仅会导致农民工失去工作，而且极易陷入贫困境地，这使得疾病保障成为农民工的现实需要。对此，可以在对农民工进行分类的基础上加以区别对待，如在本地服务时间愈长，享受的医疗保障待遇愈高，反之亦然。在这方面，政府承担的责任主要是政策规范、组织管理，在必要时给以适当的财政扶持。

再次，有必要为农民工建立相应的社会救援制度。它应当包括农民工遭遇天灾人祸时的紧急救济、特殊情形下的贫困救助、合法权益受损或遭遇不公待遇时的法律援助等。这种制度能够缩小社会的不平等，促使农民工真正融入当地社会。在建立这种制度时，有效的选择应当是官民结合，即除政府承担相当的责任并直接主导外，还需要发挥民间慈善公益事业的作用。

对于养老保险，有必要设计两个以上的方案供有稳定职业的农民工（有较长时期的劳动关系和稳定的工作岗位）和无稳定职业的农民工（经常处于流动状态）自主选择，并作为全国性政策出台；否则，养老保险可能演变成一种不确定的强制储蓄，从而失去这项政策的本源意义。政府在实施此类政策之前，还可以先对农民工进行适当分类，对达到规定居住年限及有相对固定住所和单位的农民工，给予享受本市居民权益的资格条件，并正式纳入当地的养老保险体系；而对不符合条件的农民工，则另调方案加以解决，并视情形逐步纳入。

最后，还必须规范用工，让所有用人单位均须与所雇用的农民工依法签订劳动合同，并接受政府部门的监督；同时在规范缴费工资的条件下降低费率，将费率控制在用人单位与农民工可接受的限度，以避免由于这一政策的推行而造成用人单位生产成本的急剧上升与农民工即期收入的大幅减少，以及导致用人单位大量裁减农民工的负面影响。

第二，配合国家的计划生育政策，优先考虑解决计划生育户的社会保障问题。农村计划生育成效巨大，但也不可避免地带来了一个直接后果，即农村家庭规模日益小型化、核心化，家庭的保障功能也随之急剧减弱。如果没有相应的社会保障制度安排，因家庭保障功能急剧弱化而带来的社会问题将持续恶化，进而亦必然反过来影响农村计划生育政策的实施。因此，为农村计划生育户建立相应的社会保障制度，应当成为国家实施计划生育这一基本国策的重要内容，人口政策与社会保障政策的相辅相成，取得的将是双重的社会效果。为此，我们认为，除在外务工并可能成为城镇居民的农民工外，在考虑农村居民的社会保障问题时，当务之急即是对计划生育户建立相应的养老保险制度，并逐步将其纳入到统一的国民养老保险制度中，以真正解除计划生育户的养老后顾之忧；同时，还有必要考虑建立农村社区老年服务体系。通过国家的计划生育补贴、地方政府投入、乡村集体投入、农村居民自己投入等多种途径来解决资金问题，通过发展乡村社会公益团体并发动乡村志愿服务来解决养老服务中的人力资源问题，均将获得事半功倍的效果。

第三，其他社会保障政策。包括：一是逐步实现城乡最低生活保障制度一体化，彻底消除济贫政策中的身份歧视；二是完善乡村救灾制度；三是分类建立医疗保障制度，包括医疗社会保险、合作医疗制度以及必要的乡村医疗救助；四是发展多种形式的民间扶贫济困活动，将乡村慈善公益事业作为重要的补充保障机制加以发展；五是根据农村居民的需要和保险市场的竞争发展，推动农村商业保险的发展。

总之，农村的社会保障问题已经到了必须引起高度关注并需要采取有效行动的时候了，现阶段的必要投入必定赢得以后长久的综合效益；反之，则可能陷入社会风险而难以自拔。

住房保障制度改革应有新思路①

温饱解决之后，住房已成为越来越多的人的第一生活必需品，住房福利曾经是我国城镇居民的主要福利保障项目。改革 20 多年来，原有的单位分配住房的福利保障制度逐渐被摒弃，而以住房自有化或商品化为目标的改革却未能顺利完成。在这种背景下，北京市出台了《城镇廉租住房管理试行办法》。廉租房与业已存在的商品房、经济适用房共同构成了相对完整的住房供应体系，而廉租房与经济适用房更被较多的人视为住房保障制度的重要支柱。那么，由廉租房和经济适用房所构成的住房保障制度的框架能够满足中低收入者对社会保障的需求吗？构建住房保障制度应该遵循怎样的指导思想呢？为此，记者日前采访了社会保障资深专家、中国人民大学劳动人事学院的郑功成教授。

一、居者有其屋并不现实，廉租房的出现是对原定目标的修订

对于廉租房的出台，郑功成教授的第一句话就是“这是对原有住房福利制度改革目标的修订”。他认为，我们过去所确定的住房福利改革目标是住房的自有化与商品化，即人人都拥有自己的房子，企图以此完全化解政府与单位在住房福利方面的责任，但事实上，这种单一目标的改革在相当长的时期内都是不可能实现的。

曾经对部分国家及中国香港地区的住房福利制度进行过研究及考察的郑功成教授告诉记者，新加坡早在 1986 年就达到了人均住房面积 26 平方米，该国人均国民生产总值很高，收入水平与生活水平均很高，但时至今日，依然没有完全实现人人都拥有自己住房的目标，仍有一些人需要政府提供住房或给予房租补贴。在经济高度发达的我国香港地区，尽管政府财力雄厚，人们收入水平较高，但目前仍有 45%左右的居民住在政府提供的公共房屋内，甚至还有近 2 万的“笼屋居民”，他们的居住条件极为恶劣，如同火车上铺。而在面积如此之大、人口如此之多、国力有限和地区发展不平衡的中国，要实现人人都有自

① 原载《中国经济导报》2001 年 11 月 17 日，该报记者王晓涛采访、整理。

己的房子的目标，显然完全偏离了中国的现实国情。因此，过去我们在住房福利制度改革的目标设计和舆论导向上，都存在着失误，而北京市廉租房的出现，无疑是对过去所确定的住房福利制度单一改革目标的检讨和修订。

二、经济适用房名不副实，解决住房问题需要多层次化

至于经济适用房，政府的本意是为了让中低收入者购买以改善居住状况，但结果却事与愿违，许多中高收入者成了经济适用房的住户，而在经济适用房小区内停的到处都是的轿车，成为经济适用房颇为尴尬的一幕。对此，郑功成教授认为，经济适用房在相当程度上偏离了它的既定目的，违背了其出台的初衷。他说："有的经济适用房设计面积达到 150－200 平方米，这哪里是经济适用房呀!"

在郑功成教授看来，经济适用房仍然是住房自有化单一改革目标的延伸，但它成了福利不似福利、商品不似商品的四不像。因此，他主张中国的住房福利制度改革也需要走多层次的道路。用他的话说，就是按照不同的社会群体来分门别类，使其各得其所，即：国家鼓励居民购买商品房并对此采取相应的激励措施（如对购买自用者购房实行免税或减税政策等），通过提供公共房屋来让买不起房的人有房可租，而对特别有困难的家庭可以只象征性地收点租金，确保其有房可住。同时，他特别强调，政府所提供的房屋应当体现出标准适度和维护公正的特征，通过确定不同的房屋标准来挤出效应。例如：租住公共房屋者的居住面积应根据当地居民人均居住面积来确定标准，对所有人均一视同仁；对贫困户提供廉租房或免租房，其标准又应低于一般公共房屋标准。这样，有能力的或收入水平提高的居民很自然地会努力争取购买商品住宅，因为他们永远也不可能通过公共房屋或廉租房屋实现住得舒服的目的。

对经济适用房，郑功成教授认为，经济适用房的目标定位并不明确；其次是这项改革政策缺乏严格的规范，尽管现在要求购买者提供收入证明，但一纸证明的真实性实在是太难保证了。如若硬性规定经济适用房的面积每套最大不得超过 80 平方米，甚至更低，同时加大检查力度，对出租营利者严加处罚，那么自然会将许多中高收入者拒之门外了。此外，对于国家提供多种优惠的经济适用房，郑功成教授的评价不高，他个人的意见是不应该出售，而应仿照香港的公共房屋向买不起的人出租。只有这样，才能避免住房改革的成本进一步增加。

三、住房福利分配应由政府取代单位，住房补贴宜纳入最低生活保障制度

对于住房福利制度的改革，郑功成教授认为，多年来的单位福利分房产生了很多弊病，不仅构成了人员流动的壁垒、也极大地弱化了企事业单位的中心职能等。因此，他完全赞同取消单位福利分房，但同时主张应以政府的住房福利分配（如公共房屋）来加以补充，以此实现住房福利从单位保障向社会保障的转变。他为此提出如下主张：在住房改革推行住房福利货币化的同时，政府所承担的福利住房保障应以实物化为主，以两类严格的标准来确保住房福利的公平、公正，如一般公共房屋的居住标准为人均15或20平方米以下，贫困人口享受廉租房或免租房屋的标准应当低于人均10平方米的标准。当然，在某种条件下也可以以货币来实现住房福利保障。

他还特别指出，既然拥有住房是人们的基本生活需求之一，那么完全可以将其纳入社会保障体系来加以统筹考虑。如我国的最低生活保障制度是保障贫困人们的营养标准，还应当包括人们的居住条件。因此，他建议在社会保障制度中建立针对贫困人口的房租费补贴项目，并将这种补贴项目直接纳入居民最低生活保障制度予以保障。

在总结和评价我国住房福利改革历史与现实的基础上，郑功成教授强调，住房福利制度改革必须实现制度设计和制定的创新，杜绝再出现类似经济适用房违背初衷的事情发生，否则将会付出高昂的代价。

安置保障及其改革[①]

市场经济改革是对我国传统经济体制的创新，它已经带来了社会阶层结构与经济结构的巨大而深刻的变化，改革在使社会经济向前迅速发展的同时也使退伍军人的安置保障工作面临新的考验。例如，用人单位经济利益的独立化与劳动力资源的市场化，必然冲击着传统的退伍军人的就业安置政策和观念；市场经济所要求的社会保障制度改革，正在由传统的国家保障制、企业保障制与农村集体保障制向统一的社会化的社会保障制度发展，作为其内容之一的安置保障亦必然要适应其改革发展；等等。因此，在市场经济条件下，研究我国的安置保障制度及其改革，无论对于军队的建设，还是对于社会保障制度的改革乃至整个社会经济的稳定发展，都有着特别重要的理论与现实意义。

一、安置保障的性质

准确界定并科学阐述安置保障的性质，是改革安置保障制度的必要理论前提。我认为，从安置保障的对象与内容出发，它是介于军人保障与一般国民保障之间的一种特殊社会保障制度。具体可以从以下四个方面来剖析其性质：

第一，安置保障是一种社会保障制度。从我国安置保障的实践来看，它以国家为责任主体，由国家统一管理，并依法强制实施，其经费主要来源于政府拨款，解决的是退役军人的收入保障与基本生活保障问题，目的在于杜绝军人退役后因就业难、养老难、医疗护理难而导致新的社会问题的出现，进而维护社会的稳定。可见，安置保障完全具备强制性、经济福利性、基本保障性、稳定社会性等社会保障制度的基本特征，从而是我国社会保障体系中的有机组成部分。

第二，安置保障是一种必需的社会保障制度。军队是战斗组织，年轻化、高素质化是保持并不断提高其战斗力的内在要求，用年轻的士兵不断更新年龄大的士兵、用较年轻的军官不断取代年老的军官则是军队的铁的法则。因此，让老年军人（离）退休、现役官兵退伍转业便成为不断更新军队血液、保持军

① 本文原载《社会保障财务管理》1997 年第 3 期。

队战斗力与旺盛锐气的必要举措，这一举措的必然结果就是在每年都有相当数量的年轻人入伍的同时，也会有相当数量的官兵退役。老年官兵离、退休并转入地方后亦必然需要有合适的医疗护理条件与生活保障，其他官兵退役后首要的问题就是需要有一个工作岗位。可见，有国家就会有军队，有军队便会有退役军人，有退役军人便必须提供安置保障，这是安置保障作为一种必需的社会保障制度的基本定律。

第三，安置保障是介于军人保障与一般国民保障之间的社会保障制度。一方面，安置保障面向退役军人，保障对象在享受安置保障待遇前是现役军人，享受安置保障待遇后即转化为普通国民；另一方面，军人退役即脱离了军队的各有关保障系统而在享受安置保障待遇的同时，根据安置分流的情况和权利与义务相结合的原则开始进入面向普通国民的社会保障系统，如军人转业后的疾病医疗即由部队的公费医疗转入地方医疗社会保险系统，等等。因此，安置保障既有别于军队系统内部面向现役军人的各种福利保障等，又有别于面向普通国民的社会保障，是介于军人保障于普通国民保障之间的一种社会保障制度，其目的是保障退役军人向普通国民的顺利转化。

第四，安置保障是一种特殊的社会保障制度。一是安置保障的对象特殊，即安置保障的对象限于退役军人这一特殊群体，他们为保卫国家作出了常人难以作出的奉献，具备较高的政治素质和坚强意志，但因地方毕竟不同于军队，从而又表现出对退役安置的某些不适应性；二是安置保障的内容特殊，即安置保障的主体内容是退役军人的就业保障，而普通社会保障制度中只有对失业者的失业保障，两者之间有着根本的区别；三是安置保障的实施手段特殊，即安置保障并非像普通社会保障措施一样以现金支付为主要手段，而是以提供工作岗位及养护设施、服务等为基本手段。可见，安置保障是一种特殊的社会保障制度。

综上可见，安置保障是专门面向退役军人这一特殊群体的特殊社会保障制度，它联结着军方与地方的关系，维系着退役军人从军人到普通国民的顺利转化。因此，应当将其纳入我国保障体系并在社会保障制度整体改革中加以具体体现。

二、安置保障的本质特色

安置保障的独特性质，决定了其必然具有与其他社会保障制度不同的本质特色。具体而言，安置保障的本质特色主要表现在以下几个方面：

第一，目标双重性。社会保障的目标是通过对国民生活的经济保障来维护社会的稳定发展，而安置保障则兼具有稳定军心与稳定社会的双重目标。一方面，如果没有安置保障，现役军人就存在着退役后就业无着落的风险，老年军人、伤病军人亦存在着养老及医疗护理问题的后顾之忧，从而必然导致军心不稳，军队的战斗力将受到严重影响；另一方面，军人退役后即成为普通国民，并由军营进入现实社会，如果没有相应的就业保险和养老、医护保障，其在社会竞争中就处于弱势地位，甚至可能出现退役即失业的现象，从而成为严重的社会问题，并必然影响到整个社会的安定。因此，安置保障就是要通过对退役军人的妥善安置来解除军人的后顾之忧，进而实现稳定军心与稳定社会的双重目标，这是其他社会保障制度所不具备的。

第二，待遇补偿性。一般而言，退役军人安置保障的待遇较一般社会保障措施的待遇要优厚。如城镇职工失业后最多只能享受一至两年的低于当地最低工资标准的失业保险金保障，其再就业是不受政策保障的，而军人退役只要符合现行条件就有权利享受就业保障，就业保障与失业保障相比，显然存在着根本的差别；再如军人离、退休安置后的养老金标准与生活水平，就较地方同职别的离、退休者要高；伤残军人的安置待遇亦要高于地方因工负伤或因病伤残者的保障待遇。可见，军人退役安置的待遇是相对优厚的，这种相对优厚性体现的即是国家与社会对军人保家卫国、付出牺牲的一种必要补偿，是对军人在市场经济条件下的就业竞争中处于相对弱势地位的一种政策性补偿保障。因此，安置保障具有对军人这一特殊群体为国奉献给予补偿性保障的特色。

第三，内容结构板块性。作为一种社会保障制度，安置保障是以板块结构的形式出现的，尽管其对象可以统称为退役军人，但该项制度的实施内容却是复杂的。它包括：一是属于非农业人口的退役军人的就业安置，即政府保障属于非农业人口的军人在退役后有工作保障；二是离、退休军人的养老安置，即建设军休所等集中安置达到离、退休年龄并退出现役的老年军人，并给予相应的养老保障；三是残疾军人的安置，即对因战、因公伤、因病致残的军人进行集中或分散安置，以解决残疾军人的生活与医疗护理保障问题；四是属于农业人口的退役军人回乡安置。上述四个部分各有其具体保障对象，在保障内容上亦不存在交叉性，从而实质上是互相独立的子系统。安置保障内容的板块状结果，表明它不如其他社会保障项目单纯。

第四，实施过程复杂性。安置保障的实施过程，就是军人从退出现役转为普通国民的过程。在这一过程中，安置工作除与其他社会保障项目一样地要做保障基金的收、支工作外，还在事实上包括着军人退役、退役后的设施建设与专业培训、退役安置等基本环节；同时，安置工作不仅涉及安置部门（即保障机构）与退役军人（即受保障对象），而且直接涉及军队与各接收单位。因此，尽管安置保障的对象与其他社会保障项目相比，在数量上要少得多，但在市场经济体制与利益分割化的条件下，多环节与涉及面广却在客观上增加了安置工作的难度。

此外，我国的安置保障制度与国外的类似保障制度相比，还有着自己明显的特色。如以军人养老安置保障为例，国外的军人养老保障统一称为退休制，而我国的军人养老保障却分为离休养老与退休养老两种；国外的军人退休制既有年龄限制又有军龄限制，而我国的军人离、退休制仅有年龄限制；在退役养老待遇方面，我国的待遇相对标准（一般相当于在役时工资65％—100％）要普遍高于国外的相对标准（如英国最高为50％，法国为80％等）；在养老地点安置方面，国外无地点限制，我国却有地点限制；在养老安置保障方面，国外的军官退休后一般由专门的退役军人管理机构或各级兵役局负责管理，而我国的军人离、退休后则由政府中的综合管理部门即民政部门统一管理。

上述分析表明，安置保障在保障目标、保障待遇、内容结构、实施过程等方面与其他社会保障制度是有明显区别的，这种鲜明的特色性，正是其独立存在并在我国社会保障体系中占有独特而重要地位的具体标志。

三、安置保障改革的基本原则

基于安置保障的独特性质与本质特色，在我国的安置保障制度改革进程中，必须遵循下列基本原则：

第一，适应市场经济改革发展的原则。由市场经济体制取代计划经济体制，是我国经济制度的根本创新，这种创新的基本推动力是价值规律与竞争规律，而劳动力市场化和竞争公开、公平化则是市场经济所要求的基本条件，其实践后果就是社会阶层与经济结构发生了深刻变化，并在利益分散与相对独立的同时促进着整个社会经济的不断发展。军人退出现役即融入社会，从而必然要受到市场经济体制的制约。因此，在我国的安置保障改革中，就必须将其与市场经济改革发展相适应的原则摆在首位，它主要包括：一是安置观念要适应。即要让安置对象树立风险意识与竞争观念，如退伍军人的就业安置因劳动用工制度的改革与市场竞争的激烈化，客观上不可能再有过去那样的终生“铁饭碗”，而是在取得地方工作岗位后只能平等地参与就业竞争，并需要自觉承担起可能失败的风险；二是安置保障体制要适应。即在维护指令计划与强制执行的同时增加社会调度与灵活性，通过多种手段来实现安置目标，如退伍军人的职业技能培训等就应当适应现行财政体制由分级负责取代中央包揽；三是保障水平要适应。即市场经济条件下物价上涨、通货膨胀等现象的客观存在，必然要影响到安置对象的切身利益，从而必须用较具弹性的保障水平来取代以往的标准，如军官离、退休后的生活保障标准就必须充分考虑当时当地的物价指数等因素；四是安置政策要适应。即改变以往退役军人单纯由政府或国有单位统一负责接纳的做法，允许并鼓励退役军人到合资企业、股份企业、民营企事业单位等就业。

第二，与整个社会保障制度改革协调推进的原则。社会保障制度是市场经济不可或缺的稳定机制，我国社会保障制度改革已经进行了 10 多年，由点及面、由局部到整体、从试点到改革框架的基本确立，表明了这项改革正在不断深化。安置保障作为社会保障体系中的有机组成部分，亦必须保持与整个社会保障制度改革的协调推进格局。一方面，应当重视并加快安置保障的改革步伐，尽快实现安置保障的法制化、规范化、社会化，使安置保障与已经取得重大进展的社会保险制度改革等同步推进；另一方面，尽快研究并指定安置保障与其他相关社会保障项目相互衔接的具体措施，如将退役军人的就业安置保障与地方再就业工程相衔接，离、退休军人与伤病退役军人的安置与充分利用社会化的老年福利保障体系相衔接，等等。这样，便可以使安置保障真正融入我国当代社会保障体系的主流，并作为其不可分割的有机组成部分得到有力推进与协调发展。

第三，调整军人期望值与落实地方拥军行动相结合的原则。一般而言，退役军人都希望能够在退役后有一个较好的工作岗位，如希望进入待遇好、工作稳定且有保障的单位；然而，地方限于多种因素的制约却很难满足退役军人的期望，如军官专业安置中的降级使用就是普遍现象，有的甚至降三级使用，部分退役军人被安置到待遇不好或不重要的工作岗位，从而使军人期望值与地方满足程度存在着很大的反差。对此，有必要根据发展变化的形式来教育军人调整自己的安置期望值，让其明白国家保障的实质只能是同等条件下的优先安置权，并且只是退役后的初次就业权，以此鼓励退役军人提高心理承受能力，并最终通过知识与技能的更新来主动参与劳动力市场的竞争；同时，亦应当将做好安置工作作为落实地方拥军行动的重要内容与考核标志，确保退役军人的优先安置权不受地方不正之风或其他不良因素的影响。安置保障改革中坚持调整军人安置期望值与落实地方拥军行动相结合的原则，将有利于缓和军人退役安置中的矛盾，使军方与地方的关系更加融洽化。

第四，服务军队建设与满足地方需要相结合的原则。从本质上讲，安置保障是直接服务于军队建设并以解除军人后顾之忧为直接目的的一种社会保障制度，但因安置保障的结果是退役军人地方化，即退役军人最终要由地方来消化，使得安置保障的效果好坏只能根据退役军人是否适应地方工作或地方生活来确定，而地方工作又明显有别于军队工作的特色，地方工作所要求的技能与军人服役的技能客观上亦存在着差异性。面对这种矛盾，在改革安置保障体制中，就必须注重服务军队建设与满足地方需要相结合的原则，换言之，就是在确保安置计划顺利实施的前提下努力根据地方工作的需要来培训退役军人，帮助专业军人从心理上、技能上适应地方工作，倡导离、退休的军队老同志为地方建设发挥余热。这样，既能使安置对象早日融入地方工作与生活环境，又能使地方在接收安置中得到满足发展的直接效应。

第五，兼顾军人利益与接收单位利益相结合的原则。退役后得到妥善安置是退役军人的正当权益，是国家利益的体现；然而，市场经济条件下，企业要参与市场竞争就必然追求以增加效益作为增人的前提条件，事业单位在消化富余人员的过程中也要求不能因接收退役军人而造成新的富余人员，政府机关则在不断消肿的同时正在进行着公务员制度改革，这些既是各个机关、企事业单位自身利益的体现，也是国家利益的体现；可见，在劳动力资源普遍过剩的情况下，军人利益与接收单位利益客观上是存在着冲突的。对此，如果只单纯强调军人权益或接收单位的利益，就不仅无法解决目前所遇到的安置难问题，而且可能使利益冲突趋向尖锐化。因此，对需安置就业的退役军人而言，国家不仅应当确保其初次就业权的落实，而且应当根据不同类别退役军人的特点要求其接受有关专业技能培训，对接收单位而言，国家应当区别具体情况对待，并实施相应的奖惩措施，如允许效益不好、急需减员的单位不接收退役军人，但可以征收一定的安置费，用于补贴接收单位，以便使接收退役军人的单位与不接受退役军人的单位共同分担因为突然增员可能带来的效益损失。如果在安置保障改革中坚持了兼顾双方利益的原则，努力寻求双方利益的切合点，将极大地有利于这项事业的健康发展。

第六，统一性与灵活性相结合的原则。坚持安置保障制度的统一性，是为了保障全体退役军人安置权利的平等与机会公平；而坚持安置保障实践的一定的灵活性，则是为了解决安置难问题、更好地适应现实社会来做好安置保障工作；因此，安置保障改革必须坚持统一性与灵活性相结合的原则。这一原则具体体现在以下几个方面：一是法规、政策原则规定与灵活运用相结合，如军人转业以国有单位接收安置为原则，但在不损害退役军人利益的条件下，亦应当重视开辟并充分利用各非国有单位甚至私营单位的安置途径，这是我国经济结构由国有经济的一统天下走向国有经济与多种经济成分并存发展时期的内在要求，也是经现阶段高校毕业生就业证明了的一条必由之路；二是提供基本保障与待遇差别相结合，例如，在为退役军人提供基本的安置保障的前提下，对离、退休军人按职级与贡献体现待遇差别，对伤病军人的收养按因战、因公、因病及伤病等级体现待遇差别，对需要安置就业的退役军人按立功大小、服役环境艰苦度、服役期间长短等因素综合考察并在安置政策上分等级加以区别对待，基本保障与待遇差别的紧密结合，将起到保障退役军人利益与激励现役军人的双重作用；三是分散安置与规模（集中）安置相结合，即打破现阶段对离、退休军人与伤残军人实行规模（集中）安置、对转业军人完全实行分散安置的格局，代之以分散安置与规模（集中）安置的有机结合，即在不增加国家负担与不损害安置对象利益的条件下允许并鼓励离、退休军人与伤残军人自愿分散安置，根据国家产业发展与有关机构队伍建设发展的需要亦可以探索对转业军人实行集中培训、规模（集中）安置的可行途径。

四、安置保障改革的必要举措

从安置保障的现状及其难点出发，要适应市场经济改革的需要和整个社会经济的发展变化，安置保障制度就必须在上述原则指导下加快改革步伐。当务之急主要有：

1. 单独立法，尽快完善安置保障的法规、政策。市场经济从本质上排斥政府行政权力的干预，但市场经济却属于法制经济，从而在客观上要求安置工作必须依法实施。尽管安置保障能够纳入到统一的社会保障体系，但它毕竟是介于军人保障与一般国民保障之间的特殊社会保障项目，其保障内容与双重保障目的的独一无二性，决定了其很难在其他社会保障立法中得到完整的规范。因此，国家应当在《中华人民共和国宪法》、《中华人民共和国兵役法》等法律及一般社会保障立法原则的指导下，在现有国家安置政策与多个地方安置法规（如青岛于1996年8月颁行的《青岛市城镇退伍义务兵接收安置办法》等）的基础上，单独对安置保障进行全国性的统一立法，即指定专门的《退役军人安置保障法（或条例）》，以法律的形式明确安置保障的性质、地位与作用，明确退役军人的初次就业权及养老、医疗护理等权益，规范安置部门、地方及接收或安置单位在安置工作中的职责，并将军方和民政、人事、劳动等政府职能部门的安置职责与权限具体化，以此作为军人安置工作的法律依据和约束军队与地方安置行为的准则，政府安置部门则严格依法办事并监督其实施，实现军人退役安置工作的法制化、规范化和稳定化。

2. 中央与地方共同负责，增加安置保障的投入。一方面，我国的国民经济在持续稳定地发展，政府财力在不断增强，国家具备了不断增加安置保障经费投入的能力，但现实中的安置费用仍然只在年均10亿元左右，这种局面需要改变；另一方面，在市场经济改革进程中，物价上涨将是我国相当长的时期内的一个总体趋势，退役安置因利益的分割化而日显艰难，专业培训任务将成倍加重，从而使安置保障的代价亦在不断扩大。因此，开辟安置经费的筹集渠道、增加安置保障的投入具有紧迫性。从发展角度出发，在财政分级负责的情况下，由中央财政包揽安置工作拨款的局面应当改变，各级地方财政应当共同分担起对安置保障工作的供款职责，因为军人不仅在战时保家卫国，在平时亦通过抗灾抢险、工程投入等为地方建设服务，且转业后更是直接参与地方的经济建设。因此，在国家保证安置保障经费随着社会经济发展水平与中央财力同步增长的同时，地方政府亦需要逐步建立起向安置保障供款或提供其他实质帮助的制度，以使安置保障投入有较大幅度的增长。如在地方财政预算中体现对安置保障工作的支持，以地方为主建立起退役军人培训网络，等等，将有力地维护新形式下安置保障工作的顺利开展。

3. 建立专业培训体系，强化退役军人的职业技能培训工作。市场经济要求的是劳动力市场化与就业竞争化，追求的是实现劳动力资源的最佳配置，这就使得一些有专业工作技能的退役军人如汽车驾驶兵等很受地方用人单位的欢迎；相反，缺乏相应工作技能的退役军人则面临着安置困难。可见，退役军人就业安置作为整个安置工作中的最大难点，其影响原因除利益分割、劳动力资源过剩及社会上存在着不正之风外，一些退役军人缺乏适应地方工作的技能也是重要影响因素，在这种情况下，即使强制安置，也只能保证军人退役后有工作岗位一时，而不可能保证其一生，其效果必定很差。因此，必须将加强对退役军人的各种职业技能培训提高到战略高度来考虑，政府安置职能部门与军队、地方及社会均应当高度重视建立较完整的军人转业培训体系，包括建立固定的培训基地与专业的培训队伍、制定可行的职业培训计划与方案，对退役军人转业培训体系，包括建立固定的培训基地与专业的培训队伍、制定可行的职业培训计划与方案，对退役军人在安置前集中进行相应的工作技能培训，以增强其工作岗位的适应性，而不要将职业培训的责任转移给用人单位，这是在现实条件下，从根本上解决安置难问题并消除安置对象与接收单位的矛盾的最佳途径。

4. 适应形式变化与发展需要，科学制订中、长期安置保障规划。我国的军人数量是世界上最多的，这意味着需要安置的退役军人数量也是世界上最庞大的，每年均是数以十万计，如此规模的安置任务，在地方失业率上升导致失业队伍不断膨胀（目前全国登记在册的城镇失业劳动者已达500多万人）、城镇富余劳动力已经达到近3000万人、农村剩余劳动力达到6000多万人的情况下，必然使安置计划的实施陷入越来越被动的局面。因此，未来的安置保障工作不能临时抱佛脚，不能单纯依靠政治觉悟与行政纪律，而是应当加强计划的指导性，即根据军队退役军人的数量规模趋势、结合国家的产业发展政策和整个国民经济与社会发展规划，制订科学的退役军人的中、长期安置计划，包括退役军人数量、结构、可供就业的途径、安置保障的具体政策措施等内容，并在中、长期安置计划的指导下，有针对性地开展各种专业培训工作，在以分散安置为基础的同时亦可以实现适度的规模安置。如根据我国的产业发展政策与社会发展需要，能源、交通运输、石油化工、汽车、电子、机械行业等七大产业将是国家重点发展的主导产业，“九五”期间国家将向上述产业投资5.1万亿元，上述产业必然能够提供相当数量的工作岗位；而在机关事业单位中，政法队伍及其他执法系统的建设亟待加强，且在相当长的时期内将保持对新的就业人数的需要；如果安置工作计划能够充分考虑上述趋向，在军人政治素质普遍较高的情况下，经过一定的专业培训，尝试规模转业安置显然是一举两得的举措。

5. 借鉴其他社会工作的经验，成立专门的社会化的安置保障协会。由于军人安置保障工作涉及军方与地方及多个社会单位，在利益分割的市场经济条件下，仅仅靠以往简单的行政指令方式来解决退役军人的安置保障问题是不够的，还必须有相应的社会化协调组织来协助开展工作，安置保障工作中的许多问题由社会化的安置协会出面解决，其效果甚至可能好于单纯的行政指令，这是发达国家的许多社会工作及我国现阶段多个领域已经实践过的成功经验。成立由军方代表、地方代表、专家代表、主要用人单位代表组成的安置保障协会，可以在国家安置政策与安置职能部门的指导下开展军方、地方用人单位的社会性协调工作，可以协调安置保障与其他社会保障系统的关系，可以承担退役军人的各种技能培训工作，可以及时反映安置保障工作中的各种问题并出面解决安置职能部门不便出面解决的问题，可以开展安置保障方面的专题调查研究并提供相关政策建议，能够促进安置保障理论的建设与健康发展，等等。可见，安置保障协会能够发挥政府安置职能部门难以发挥的作用，它对于减轻政府安置保障方面的压力，促进与市场经济体制相适应的小政府、大社会格局建设，保证安置保障工作的健康发展，显然具有必要性，从而应当引起决策层与有关各方的重视。

社会保障体系及相关政策发展规划①

根据时代变革的要求，国家宜将社会保障置于全面建设小康社会的发展进程，将其作为构建和谐社会的重要且基本的机制加以建设。

一、时代变革及其基本判断

进入21世纪以后，我国所处的时代已经跟改革开放前一个时期有着截然不同的问题、截然不同的任务、截然不同的目标，也需要有截然不同的措施来解决。因为市场经济已经取代了计划经济，经济结构的多元化已经取代了国有经济的一统天下，社会结构的多层化已经取代了工农群众单一层次的结构，劳动关系已经由以往的一致性转化成利益分歧与冲突，人们的观念也发生了重大变化，经济社会关系更加复杂了。当前影响我国持续、健康发展的主要社会问题有：一是社会分化导致的贫富差距持续扩大化；二是劳动关系失衡带来的劳资冲突日益显性化；三是传统户籍制度与统一劳动力市场冲突所导致的流动人口与固定户籍人口之间的矛盾（集中体现在对农民工的不平等待遇上）；四是长期的经济区域倾斜政策导致的城乡差距与地区发展差距。

上述问题的存在，客观地表明了我国已经进入了一个新的发展时代。通过对时代变革的观察与总结，我们得到了如下一些结论：一是普遍受惠的改革时代已经过去，利益分割的发展时代已经到来。二是单纯依靠经济增长乃至GDP增长的时代已经过去，强调全面、协调发展的时代已经到来，因为单纯的经济增长不仅不能自动地解决社会问题，而且导致了经济社会发展的不协调与不和谐。三是共同贫穷的时代已经成为历史，鼓励部分人先富起来的时代也正在成为历史，而促使全体国民走共同富裕道路的时代已经到来。四是摸着石头过河的改革时代已经过去，目标明确、路径清晰的发展时代已经到来。五是矫枉过正的改革时代已经过去，理性发展的时代已经到来。因为片面强调效率优先在一些地方已经走向了效率至上或者唯效率论的极端，社会公平与协调发展长期被忽略，这种状况正在损害着我国经济社会的正常发展。六是被动对外

① 原载《社会保障制度》2005年第5期。

开放的时代已经过去，主动参与全球化进程并积极争取在国际上发挥大国作用的时代已经到来，这不仅仅包括经济方面，也包括国际政治方面，包括文化方面，等等。因此，我国现在乃至未来10—20年所处的时代，确实与改革开放前一个时期有了重大的变化甚至是根本的区别，发展虽然仍然是国家的第一要务，但新时代所追求的却是理性、公平、和谐、文明与法治，而通过社会保障及相关政策的安排来化解已经出现的差距、矛盾、冲突和解决好新的民生问题，显然已经成为这一时代的根本任务。

综上所述，新时代所面临的各种社会问题，均集中地表现为各种民生问题，它迫切需要通过健全社会保障制度及相关政策体系来化解。在新的发展时代，如何分好财富蛋糕与如何做大财富蛋糕已经处于同等重要的地位，分配财富与创造财富已经构成了相辅相成的关系，而通过社会保障制度对收入分配进行调节、进而促进整个社会和谐发展具有必要性、重要性与紧迫性。

二、社会保障制度改革现状的评估

经过近20多年来的改革，中国社会保障制度改革已经取得了很大的成就。这种成就主要表现在如下三个方面：一是国民的社会保障观念发生了深刻变化，由过去单纯依赖国家、依赖单位或集体转变成为自我承担负责，这是进一步深化社会保障制度改革并使之走上健康、持续发展之路的重要基础。二是实现了新旧制度的整体转型，即计划经济时代形成的国家负责、单位（集体）包办、板块结构、封闭运行、缺乏效率的传统社会保障制度已经转换成为政府主导、责任分担、开放型的社会化保障体系。三是新型社会保障制度体现了创新特色并正在发挥越来越大的作用，各项新型社会保障制度覆盖的人口逐年增长，有效性在不断提高。

然而，因社会保障制度要受经济、社会、政治乃至历史传统因素等的影响，加之我国的改革是对已经定型并惠及亿万城乡居民的传统制度实行整体转换，同时还要受到城乡分割、地区发展失衡等客观因素的制约，社会保障制度改革仍然面临着严峻的挑战。当前存在的主要问题有四：一是保障不足，即社会保障根本不能满足城乡居民日益增长的需要，大多数国民被漏在社会保障制度之外；二是责任不清，包括社会保障的历史责任与现实责任划分不清，政府与企业、民间、市场的责任划分不清，中央政府与地方政府责任划分不清，这种责任模糊状态已经在严重地损害着新制度的正常运转；三是立法滞后，导致社会保障制度推进困难，制度也无法定型；四是新制度的有效性不高，即几乎每一项现行社会保障制度均存在着缺陷甚至是重大缺陷，急切需要加以完善。参保率不高、资金不足只是上述问题的表面现象，不解决好上述问题，便不可能建设健全的社会保障制度，从而也不可能构建和谐社会。

三、社会保障制度的宏观政策取向

从中长期的发展角度出发，我们认为，新型社会保障制度的发展目标，应当是在公平的建制理念指导下，让社会保障制度尽快定型并成为全体国民走向共同富裕的重要路径，同时在维护经济社会的持续发展中实现自身的持续发展。为此，我们提出如下4项建议：

1. 确立新理念——大协调观、可持续发展观。将社会保障作为中国整个社会经济长期协调稳定发展的一项重大战略来实施，同时在促进经济社会的发展进程，实现社会保障制度自身的持续发展。这一理念应当贯穿于社会保障立法与实践中。

2. 坚持公平优先、强化调节收入分配的基本原则。针对目前的现状，提高社会保障对收入分配的调节力度是完全必要的，在未来10－15年，我们主张社会保障开支占GDP的比重应当逐渐提升到15％－20％，财政性社会保障开支应当逐渐提高到占国家财政支出的30％左右，唯有这样，才能有效地维护社会公平和调节收入分配差距，进而促进和谐社会的构建。

3. 明确国家立法规范、政府主导、责任分担、水平适度的发展思路。尤其是迫切需要真正落实责任分担机制，国家财政要将社会保障投入增长机制固定比例化，企业缴费率应当适当降低，个人的缴费责任维持适度，同时大力发展社会慈善公益事业。

4. 采取多管齐下的改革策略。包括：

一是将新制度的多层次性与多元化相结合，将多元制度安排作为必要过渡，以满足不同群体对社会保障的不同需求，使新制度生长过程中出现的漏洞得以弥补，这样既能够减少改革的阻力与即期成本，又不会扭曲迈向最终发展目标的路径。

二是在新制度的建设中实现官民结合，政府应将民间公益组织看成合作伙伴，充分调动民间资源和社会力量，为完善新制度的体系、推进新制度的建设服务。

三是坚持统一立法与分工负责相结合，当务之急是明确划分中央政府与地方政府的社会保障职责，同时对社会保障项目实行分级负责制，如由中央政府统一管理基本养老保险制度、军人社会保障制度及重大灾害的救济等社会保障项目，并承担其中的财政责任；地方政府承担管理其他社会保障项目的直接责任，并承担相应的财政责任，以此增强地方政府的主动性。

四是将强制性制度安排与发挥市场及家庭或个人作用有机结合，在不损害受保障群体利益的条件下，对能够由市场替代的尽量由市场提供，可以由家庭提供的应当鼓励并有相应的政策支持家庭提供（如老年人的家庭扶养、居家养老问题等），在此，尤其需要始终维护家庭保障的基础作用。

五是实现经济保障与服务保障协调推进。应当尽快改变只重经济保障而忽略社会服务的片面取向，将社会服务保障纳入新型社会保障体系中加以建设，促使经济保障与服务保障协调发展，这是完善我国社会保障体系的必需举措。

六是推进面向农村居民的社会保障制度建设。农村居民的社会保障问题不能再回避，建议根据农村居民的分化（城市化、工业化和非农化）考虑建立相应的社会保障制度，重点是加速推进最低生活保障制度与合作医疗制度建设，同时采取自发达地区向不发达地区渐次推进的全面社会保障体系建设。

七是全方位地完善新型社会保障体系。包括尽快填补项目体系中的漏洞，构建健全的监督体系与完善的服务体系，真正实现项目体系、监管体系与服务体系同步发展。

八是创造有利于社会保障制度健康发展的环境条件。包括加快社会保障立法步伐，使这一制度尽快步入法制化的正常轨道；尽快完善收入统计制度，使社会保险费用的分担真正建立在合理、公平的基础之上；建立城乡居民的资产与收入统计制度及个人信用制度，为堵塞漏洞奠定基础。此外，在社会保障制度安排方面，还应当防止出现贫困陷阱和失业陷阱，更多地发挥社会保障制度的积极效应。

四、积极推进各项社会保障制度的建设

对于各项社会保障制度的建设，有如下具体建议：

1. 关于养老保险。我主张在现行统账结合（板块式结构）模式基础上，将其逐渐分解成普惠式的国民养老保险和差别性的职业养老保险两个层次，前者采用税收方式筹资和现收现付的财务机制，由政府负责提供并面向全体国民，成为显具公平性、统一性、普惠性的社会保障制度安排；后者采取个人账户式由社会主导，根据受保者的职业构成有所区别，在兼顾效率时体现出一定的层次性。这一主张符合全面建设小康社会的发展，是和谐社会的重要制度安排，现行基本养老保险制度的完善也适宜采用这种政策取向。同时，“十一五”期间应当在分清责任、化解历史负担的基础上，一步到位地实现全国统筹，这比经过地市级统筹再到省级统筹最后到全国统筹的改革路径将更为有利，是一种低成本、少动荡、少阻力的推进方式。此外，建立独立的养老基金管理系统，探索与资本市场结合的方式与途径。

2. 关于医疗保险。社会保障制度的公平性与疾病风险需要在尽可能大的

范围进行分散的特殊要求，决定了建立全民健康保障应当成为我国未来10—15年追求的目标，目前做不到这一点并不能否定全民健康保障的合理性、有效性和稳健性。在“十一五”期间，我们主张以基本医疗保险制度为核心建立政府、单位、社会及个人共同参与并分担责任的多层次医疗保障体系，包括政府负责的医疗社会救助和政府主导的基本医疗保险、公益性质的非营利医疗服务、慈善组织的医疗救助，以及保险公司提供的商业性医疗保险在内，共同构成一个虽然参差不齐却又较为完整的医疗保障网。同时，要考虑到在人口老龄化及其对社会化医疗护理服务的需求，尽早研究护理保险的需求状况、制度性质、配套机制及建立时机。

3. 关于失业保险。失业保险制度已完成了从制度象征到有效制度的转变，下一阶段的任务就是将其改造成为促进就业的机制，强化其培训与公共就业服务的功能。

4. 关于工伤保险。加速推进工伤保险的覆盖面，在“十一五”期间宜坚持较为单纯的赔偿为主的保险取向，同时完善相关鉴定等服务体系，并真正实现全覆盖。从中长期发展角度出发，则应当逐渐采取“预防优先”或“预防、保险、康复三结合”的建制理念，同时必须同步强化劳动监察和重视职业安全管理。

5. 关于最低生活保障。我国最低生活保障制度建设成效巨大，但也存在着城乡分割、制度分割、管理分割的问题，并且容易造成贫困陷阱。我们主张，在“十一五”期间，应当按照城乡一体化的思路来推进最低生活保障制度建设，同时逐渐整合食物救助、住房救助、医疗救助与子女教育救助等相互分割的现状，促进面向贫困家庭的社会救助制度向统一、综合型社会援助制度转化。在深化改革中，还应当完善家庭收入调查制度、规范救助程序，并对救助对象规定相应的收入豁免额，以使这一制度由消极被动的救助转化成积极的促进就业的制度安排，进而促使受助者摆脱贫困陷阱。

6. 关于社会福利。在“十一五”期间，发展社会福利事业应当被提到重要议事日程上来，社会福利与社会保险、社会救助的配合联动将使社会保障制度的实际功效得到大幅度提升。因此，我们主张，在大力发展社会福利事业的思路指导下，应当重整社会福利结构，使其由体系残缺向体系完整、功能全面、服务系统的方向发展。当务之急是改造政府福利、分化职业福利、鼓励民间力量发展社会化福利。其中社区服务是中国新型福利制度的重要基础，而社会化福利是整个新型社会福利制度的主体，职业福利作为企事业自主兴办的福利则构成整个社会福利制度的有益补充。

7. 关于补充性社会保障。我国社会保障制度的多层次性主要体现在补充保障措施方面。各种补充性社会保障可以最广泛地调动社会资源，国家应当借鉴许多发达国家或地区的经验，高度重视补充性社会保障的建设，并采取切实有效的措施来推进。例如，对企业年金、互助保障、慈善公益事业均应当明确相应的税收优惠政策，同时探索市场机制、民间组织及公众参与的可行途径。

五、社会保障与相关政策发展规划的协调与配合

现阶段我国面临的一个重大问题，就是社会保障与相关政策的协调与配合不够，虽然各种改革以及改革中出台的政策都很有成效，但综合效果却因政策的相互分割并不理想。因此，必须高度重视社会保障制度与其他相关政策发展规划的协调与配合，这既是完善社会保障制度的需要，也是促进和谐发展的必要举措。

在这方面，有如下原则建议：

第一，就业政策与社会保障政策需要协调配合。我认为，就业与社会保障是相辅相成的关系而不是可以替代的关系。在推进积极就业政策时应当考虑尽可能地将劳动者组织起来而不是像以往那样放任灵活就业或自谋职业，政府在就业方面的投入应当有利于劳动者组织的生存与发展；在推进社会保障制度建设时，同样需要考虑适应就业方式的转化来改造社会保险经办方式，并调整相关制度以增进其促进就业的功能。如将失业保险制度转化成为就业保障机制，在最低生活保障制度中通过设定受保对象收入豁免额来促进就业等。

第二，调整收入分配体制，将创造财富与分享财富提到同等重要的位置上。初次分配的规范性是社会保障制度规范的基础，因此，必须尽快理顺初次分配的关系，规范收入统计，提高劳动者的报酬，增强居民的承受能力；强化再分配力度，在国家财力不断增强而市场机制作用日益得到显著发挥的背景下，公共财政应当成为社会保障制度的最重要的支撑，调整财政支出结构已经迫在眉睫；同时，还有必要重视第三次分配的微调作用，即通过税收优惠等政策来引导慈善公益事业的快速发展。

第三，推进医疗卫生体制、医药供销改革与医疗保障改革协调推进。必须改变现行的医疗管理体制，实现公立、私立医院并存发展，国家应当确保公立医院承担起为居民提供社会医疗保障服务的责任，同时强化城市社区医疗服务系统与乡村卫生服务系统的建设，以此消除利益驱动扭曲医院与医生行为的现象；必须改革现行的医药供应体系，政府应当介入医药市场，对医药市场进行计划调控，以此消除药价虚高的严重问题；必须对基本医疗保险统账结合模式进行再改造，真正让个人账户上的医疗保险基金发挥作用。

第四，推进人口政策与社会保障政策的协调配合。本报告认为，农村计划生育政策与农村社会保障制度建设相互脱节，不仅不利于两种制度的实施，而

且造成了资源浪费，从而主张在乡村地区将计划生育政策与社会保障制度建设统筹考虑，通过社会养老保险等制度来引导农村居民计划生育，社会保障所具有的利益诱导不仅能够解除计划生育夫妇的后顾之忧，而且有助于推进农村居民的社会保障制度建设，进而促使城乡社会保障体系逐渐迈向一体化。

我们有能力建一个社会保障体系[①]

一、财政增加应该反馈于民

记者：最近有专家提出，从我国国情和实力来看，已到了建立初级社会公平保障体系的时候了，您怎样认为？

郑功成：我认为所谓的社会公平保障体系，其实应当是社会保障体系，因为社会保障就是天然地创造并维护社会公平的制度安排。在我国建一个较为健全的社会保障体系，就目前的情形而言，这不是能不能的问题，而是想不想去做的问题。因为在讨论这一问题时，我们必须注意两个客观的事实：一是我国国民绝大多数还缺乏应有的必要的社会保障；二是我国国民经济自改革开放以来已经创造了持续 27 年的高速增长的奇迹，而且还在继续着这一奇迹。2006 年的 GDP 可能达到 20 万亿元人民币，国家财政收入肯定超过 3.5 万亿元人民币，这与 1978 年 GDP 仅 3600 多亿元和国家财政收入仅约 1132 亿元，以及与 1997 年 GDP 不到 10 万亿元和国家财政收入才 8600 多亿元相比较，早已经不可同日而语了。如果 1997 年国家财政收入 8600 多亿元都能维护国家的正常运转，那么，现在国家财政收入增长了 3 倍时，我们应该做什么呢？当然应该更多地通过社会保障或福利途径反馈于民。因为政府是公共政府，其掌握的是公共资源，解除城乡居民的后顾之忧和不断增进国民福利是各级政府的当然责任。因此，我主张在国家财政连年大幅度增长的条件下，应该切实加大对社会保障、国民教育、公共卫生、医疗等方面的投入，这些投入都是为了维护社会公平正义，都可以不同程度地实现让全体国民共享社会经济发展的成果。

二、不能再说财政没钱了

记者：现在谈社会保障问题是不是还在于钱的困扰？

---

① 原载《人民日报·海外版》2006 年 8 月 22 日，该报记者刘泉、刘发志、徐瑞祥、陈嵌采访、整理。

郑功成：现在还有很大一部分人，不仅对绝大多数人缺乏必要的社会保障视而不见，而且还是在用20年前或者10年前的眼光看待中国的经济发展水平与国家财力。面对2006年的国家财政收入，再说贫穷落后、财力薄弱并且以此为由而不对社会保障制度建设滞后采取措施，是站不住脚的，我当然不是说建立一个高水平的保障体系或者中国可以建立福利国，但建立一个低水平而没有漏洞的社会保障体系并让全体国民免除生存与疾病恐惧应当是完全能够做到的。实际上算算账就知道，比如农村贫困人口的救济，现在还没有建立最低生活保障制度。据民政部调查统计，全国农村特困人口约2900多万人，现在已有700多万领取了低保，意味着还有2200多万人还没有享受低保。国家财政每年花几十个亿就能解决农村2000多万人的生存保障问题，这点钱只是国家财政的一点小钱，却能够建成城乡统一的最低生活保障制度，不仅实现了城乡困难人口的公平保障权益，而且可以切实解除农村困难人口的生存压力，它应当是使用效率最高的财政资金，还有什么样的财政投入能有这样的效益呢？

三、望社保投入占财政二成

记者：有专家认为，每年在初级社会公平保障体系上投入3000亿元就够了，您的看法是？

郑功成：这种提法其实是不妥当的。一是目前我国财政对社会保障的投入总量上已超过了3000亿元的规模，仍然是不够的；二是3000亿元是个静态指标，而社会保障水平是必然地要与经济发展水平及城乡居民的需求增长保持适应的。因此，我认为用“社会保障投入应该随着GDP的增长不断增长和持续提高社会保障支出在国家财政支出中的比例”这样的提法更为妥当，这个数字应当是个相对数，即占国家财政收入或支出的比重是能够衡量国家责任的。

记者：现在的投入比例是多是少？

郑功成：这个指标比较难以统计，因为社会保障还没有专门的统一预算。目前根据财政部的统计，大概占到国家财政的12%左右，这个比例显然很低。在西欧、北欧这些高福利国家，财政的钱有45%以上是用在社会保障上的，美国财政也有1/3上的钱用在社会保障方面，我国香港港府下面有11个局，单是卫生福利局和教育统筹局两个局的支出就占到香港财政的50%以上。所以，在我们国家发展到这样一个阶段后，确实应该意识到社会保障的重要性。我希望国家财政对社会保障领域的投入在“十一五”期间应当达到20%。

四、社保不是负担而是投资

记者： 社保投入比例远远不足的原因在哪里？

郑功成： 最重要的还是观念上的问题。比如，现在一些人谈到农村的社会保障，就将社会保障看作是一种负担，担心这么多的农民怎么负担得了。实际上社会保障至少在中国的现阶段不是一种负担，而是一种投资。比如农村的低保，如果发放 100 亿元，这 100 亿元马上就转化为消费，进而转化为 GDP，进而能够增加工作岗位。因此，我认为在讨论社会保障问题时应该学会算大账，即算经济持续发展与社会健康发展的大账。我曾经说过，构建和谐社会的核心价值观就是公平、正义、共享，而社会保障就是维护社会公平正义和实现国民共享发展成果的基本的不可替代的制度安排。当然，具体的社会保障政策选择也很重要。目前国家财政对社会保障的投入很大一块是投入到城市，我们应该在继续关注城市居民的社会保障的同时，向农村倾斜，特别重视农村居民的社会保障。

五、正酝酿社保专门预算

记者： 社会保障的资金来源上存在什么问题

郑功成： 主要是责任不清。现行社会保障制度责任分担的原则是确立了，但是国家、社会、单位、个人应负担多少并没有具体划分，这当然会直接影响社保资金的筹集。同时，对社会保障实行专门的统一预算也很有必要，国家正在酝酿社会保障专门预算，这样社保资金的来源就一目了然。我认为可以在目前由经常性预算和建设性预算组成的复式预算基础上，增加一项社会保障专门预算，将社会保障的收支全部纳入社会保障预算统一核算，统一管理，这样有利于将社会保障基金的筹集和运用，置于国家法律的制约和监督之下，更好地保证社会保障基金的安全和有效使用。

六、养老保险应全国统筹

记者： 目前社保基金是如何管理的，有何问题？

郑功成： 目前最大的问题在于社保基金的管理层级太低，有的地方甚至还停留在县级统筹管理，这样不仅容易失控，而且容易造成制度不统一、负担不公平。比如养老保险制度，本来是应该全国统一的，现在是地区统筹，结果成为劳动者流动的一个障碍和有损市场经济公平竞争的负面因素。因此，要让社会保障制度实现其维护社会公平正义和保障国民共享发展成果的功能，必须提高管理层级，其中养老保险应当尽快实现全国统筹，这样才能使养老保险制度真正起到维护公平正义和实现共享发展成果的作用。

七、社保基金也可投资增值

记者：社保基金的规模越来越大，如何确保资金保值增值？

郑功成：的确。这些年来我国的社保基金从入不敷出、收不抵支发展到了略有结余，一些地区的基金结余额越来越大，但简单地存放在银行就会贬值。几百亿元放在那里贬值，地方领导与主管单位就必然着急，而投资又限制过严，也缺乏规范，总是出问题，深圳、上海等社会保险基金积累丰厚的地方社保局长都出问题了，表明了需要对社保基金的投资引起高度关注并有必要适时调整政策。在目前我国资本市场发育不成熟的情况下，我觉得社保资金也要走中国特色的保值增值之路，资金增值要着重考虑实业投资。比如，投资三峡、南水北调、高速铁路等等，既安全又有较高的收益回报，这显然较只注意银行与国债或者股市要好得多。

Promoting Scientific Development and Sharing Social Harmony

第四篇

医疗、教育与共享和谐

挑战与出路：跨世纪的中国医改[①]

一、中国医改面临的挑战

尽管医疗保险改革是针对传统的公费医疗和劳保医疗而言的，但也应看到，传统医疗保障制度在当时的历史条件下却具有必然性。它对于巩固新政权、维护计划经济体制的发展、保障城镇劳动者权益和提高城镇居民的身体素质等均有不可磨灭的历史贡献。这一点并不因其已经成为改革的对象而被否认。

对传统医疗保障制度进行改革的根本原因，我认为首先是对体制转换的不适应性，即传统医疗保障制度因经济体制改革而丧失了计划经济的生存基础，其自我封闭性又日益成为市场经济改革与发展的阻力；其次则是传统医疗保障制度本身所存在的不合理性。前一个原因表明，进行改革是决定于经济体制改革且对全局产生影响的大事，不改革便会妨碍整个经济、社会的改革与发展；后一个原因则表明传统职工医疗保障制度若不改革将无法持续下去。两者均决定了推进医疗保障制度改革具有必要性和紧迫性。因此，经济体制转换构成了对传统医疗保障制度改革的第一推动力，而传统制度自身的缺陷则构成了医疗保障制度改革的第二推动力。这同时也说明了，现阶段的医改既是为市场经济服务的，也是为建立更为合理的职工医疗保障体系服务的。

医疗保险改革的目的，是根据市场经济的内在要求和我国的具体国情与国力来实现职工医疗保障制度的创新。迄今以来的医改试验，不能说已经取得了成功，甚至还存在着失误，但包括“两江”、海南、深圳、上海等在内的改革试验仍然取得了可观的收获。这些收获至少包括：一是新型的职工医疗保障观念逐渐得到确立，新制度的确立已经具有了广泛的群众基础或社会基础，从而使改革的压力主要不是来自于职工而是来自于制度设计本身的挑战；二是费用分担和统账结合的原则基本上制度化了；三是社会化目标在不同程度上得到了

① 本文是作者于1998年春参加《中国社会保险》杂志组织的系列专题讨论时所发表的看法，原载《中国社会保险》1998年第6—11期。

体现；四是经过以往的改革已经发现了更深层次的矛盾和问题，从而为深化改革指明了方向。可以说，以往的改革已经完成了职工医疗保障制度创新的部分任务，并为最终完成制度创新的任务奠定了一定基础。

以往改革的不足，主要表现在于：一是多层次的医疗保障体系未能确立，从而使医疗保险作为城镇居民医疗保障体系的单一层次孤军突进难度加大，并直接制约着医疗保险改革的深化；二是迄今仍未找到公认的、合理的、有效的医疗费用控制机制；三是医疗保险的社会化程度不高，疾病风险不能在较大的地区范围和群体范围分散；四是配套的医疗改革等严重滞后。可见，制度创新的任务还十分艰巨，还需要通过更大力度的改革才能实现我们的目的。

“统账结合”是我国养老和社会医疗保险改革的一项基本原则。它作为一种有“中国特色”的方式，在讨论它时，我觉得不能就事论事。

首先，应当考虑现实中是否有比统账结合更优的方式，我的回答是否定的。我们的改革不是在一片白纸上写字，而是在异常深厚的传统制度基础上改革，改革的目标是要打破传统职工医疗保障制度的大包大揽，大幅度地降低公费医疗与劳保医疗的负担，这一特点决定了现阶段的改革必须将降低政府的责任或负担和维护劳动者基本的医疗保障权益作为建设新制度的基本出发点。如果将传统的医疗保障简单地转化为社会统筹，则政府的责任不能减轻，职工自我保障的意识也很难确立，如果只建立低水平或大病保险性质的医疗保险，则会有许多职工的基本医疗得不到保障。以上海为例，其所以能够实现以较低的筹资来建立大病统筹式的职工医疗保险，是因为职工的一般疾病医疗还能够依靠原有的保障制度，后者其实充当了前者的基础。因此，我认为，统账结合是我们找不到更好的方式建立新型医疗保障制度时，在现实国情制约下从两难选择中做出的一种较为合理的模式选择。

其次，是要分清原则方向与具体的结合方式两个层次。在承认其原则（分担责任）是较为合理的基本前提下，相结合的具体方式却可以探讨。事实上，除“两江”的“通道式”、海南的“板块式”外，还可以产生其他结合方式。不同的结合方式往往产生不同的效果，这种效果又主要是体现在费用的控制上。因此，我觉得应当值得高度重视的是统账结合的具体方式、比例问题而不是原则或方向本身。在此，还特别需要强调，不能简单地用费用控制的标尺作为评判统账结合原则的唯一依据。因为，即使在统账结合条件下，对职工个体医疗行为的约束也需要通过医疗方的监督来实现。统账结合的最基本的目的，应当是以较低水平的社会统筹来控制政府或社会责任，同时确保个人账户上的钱真正用于职工的疾病医疗保障。

再次，统账结合是医改的最终目标模式还是现阶段的、必要的过渡模式值得讨论。我认为，医疗保险统账结合并非一定是我国医疗保障制度改革的最终目标模式。当社会观念已经革新、多层次的医疗保障体系已经建立并健全时，个人医疗账户完全可以直接转化为商业性的医疗保险，或者并入体现企业或行业特色的补充医疗保险制度，这样，新型的医疗保险制度或许更加简单明了而又发挥出重要的作用。

在医疗消费服务中，妥善处理医疗服务消费中的供求关系是医疗保险改革的关键，但它本质上并不适用于市场规律，即市场经济中的供求规律与价值规律在医疗服务领域不能也不应当起决定作用。因此，我们所讨论的其实是不能套用一般商品市场理论的特殊市场与特殊供求关系。在我看来，对这种特殊市场和特殊供求关系的管理应当主要采取计划调控的手段和严密的监督管理措施。至于职工的道德风险问题，不能用商业保险观念来解释，职工的道德风险首先是通过强制参加和公平待遇得到了化解，其次是完全可以通过供给方即医疗方来控制，如一人保险全家吃药、无病住院等实际上是供给方造成的，从而表明医疗服务中的道德风险主要来自供给方，而这是可以通过计划调控和利益分配机制等手段来化解的。因此，应当着重研究医疗服务领域的计划调控手段和利益分配机制。

在讨论职工医疗保障制度改革的深化时，我认为，实际上以往的改革已经部分地完成了医疗保险制度创新的任务，现阶段需要的是通过更加深入的改革来最终确立新型的职工医疗保险制度。深化改革的目标，概括起来就是建立多层次的、社会化的、适合国情的、并为城镇职工提供疾病医疗基本保障的新型医疗保险制度。为此，需要我们向这样一些方向努力：一是多层次的体系目标不仅要在新制度框架中得到体现，而且应当努力得到实施；二是社会化目标应当尽快实现，包括确立以城镇全部就业人口（不分所有制和城乡户口）为保险对象的原则，实现全面覆盖、属地管理和社会化运行；三是进一步完善筹资机制，包括资金筹集原则、费用分担比例、统账结合方式等；四是建立有效的费用控制机制，包括供给价格的计划调整对供给方的控制，对需求方的控制，以及对社会保险机制自身的控制（防止流失等）；五是必须将配套改革置于同等重要甚至是优先考虑的地位，如医疗体制改革、社会化服务体系的建设等。

二、新型医疗保障的目标体系

新型医疗保险制度的目标体系，就是要变传统制度的大包大揽和单一层次性为多层次性和多元化，这应当成为推进医疗保险改革的共识。目前讨论较多的是面向城镇职工的多层次医疗保障问题，它的实质只是面向同一群体提供不同水平层次的医疗保障；而在客观上，剔除乡村人口不说，城镇职工家属（非就业人口）、个体工商户、乡村进城务工人员、私营企业主等亦构成了庞大的社会群体。他们在现阶段还很难被纳入统一的医疗保险范畴，从而需要有不同的制度安排。这表明目标体系所涉及的不只是多层次化问题，同时还面临着多元化的制度设计问题。

毫无疑问，社会医疗保险制度是整个体系中最引人注目的项目。作为城镇医疗保障制度的主体，它体现着政府应该承担的责任。尽管医改应当努力追求协调发展，但这一制度的建设却是起着决定作用的项目，因为它事实上还决定着其他医疗保障制度的空间。我认为，建设此项制度一要在坚持中央原则指导的前提下，明确地方政府为直接责任主体，即由现在的“非统非放”向明确分工、统放结合发展，这是因为疾病医疗风险可以在区域范围内分散，而社会医疗保险基金不便跨区域调剂；二要将保障对象限定为城镇就业的劳动者而非城镇人口，即将传统的全民的保险变成劳动者的保险，这可以视为政府责任的一种必要的收缩；三要提供基本医疗保障；四要将统账结合看作是现阶段必要的过渡措施，并以此为设计新制度的基点；五要使医疗卫生改革同步进行。

补充医疗保险是相对于社会医疗保险而言的。社会医疗保险在保险对象、保险水平上的收缩，决定了补充医疗保险不仅是一种必要的医疗保障制度，而且应当成为新的医疗保障制度中的一个重要支柱。它与社会医疗保险的共性是受益者为同一群体，并享受相应的税收优惠政策。其差异则在于：社会医疗保险提供的是基本保障，实现的是受益群体在疾病医疗方面的社会公平，采取的是强制推行的方式；而补充医疗保险提供的则是超出社会医疗保险范围或水平的医疗保障，实现的是行业或企业内部的公平，采取的是团体或群体自愿的方式，并可以根据供给方的意愿扩展到职工家属。

建立补充医疗保险制度的前提是社会医疗保险得到了确立。就目前而言，在尽快确立社会医疗保险制度以明确补充医疗保险发展空间的同时，可以制定相应的补充医疗保险财税政策，规范运行程序，总结并提供示范性的操作规程，但不宜确立全国统一的实施方案。同时，是否建立补充医疗保险应当由实施主体自己确定，因为实施主体还可以选择商业性的医疗保险或互助性的医疗保险来替代补充医疗保险。

社会阶层的急剧分化和社会医疗保险范围的非全民化，决定了我国还需要有互助合作性的医疗保险。如果说社会医疗保险与补充医疗保险是权利与义务的相对结合，那么，互助合作性医疗保险则是社会成员互助与自助的有机结合。在建立互助合作性医疗保险制度时，政府的责任主要是政策引导而不是政策规范，因为这是互助合作组织内部的事情，应由参与的成员共同决定。它适合由工会组织按照系统或单位和社区组织按社区组织实施，即工会与社区均可以成为实施主体。在实施方上，既可以是互助方式，也可以采取合作方式。此外，我还觉得，一些单位的补充医疗保险与互助合作性保险之间，在合适的条件下应当是可以沟通的。

除了上述项目外，我认为，倡导医疗救助不仅是社会医疗保险制度建设的需要，而且也是形成新的社会文明的需要。因此，医疗救助应当引起政府的重视。医疗救助制度的本质是他助而非自助或互助，它作为医疗保障体系的一个构成部分，适宜采取多元混合型方式推进。一是政府的社会救助系统中应当有医疗救助的内容；二是社会团体提供的医疗救助；三是其他社会救助，如单位提供的、单个社会成员自发的、亲友之间的医疗救助等。当然，医疗救助是必要的，但只能在整个医疗保障体系中起不太重要的辅助作用。

还需要特别强调的是，发展商业保险必须全面认识商业保险的本质，并把握其规律。商业保险最本质的规律就是追求利润最大化，即保险公司的职责就是为其资本所有者赚取最大的利润。为此，任何国家的保险市场都是沿着竞争获利高的业务到竞争获利低的业务甚至无利润（筹资营运赚利）业务的方向发展的。就我国现实情况而言，保险公司在有利市场甚至是厚利市场尚未分割完毕、医疗体制改革滞后导致医疗风险膨胀的条件下，要想其真正积极介入医疗保险市场并尽快分担政府的医疗保障责任，至少在现阶段还只能是政府的一厢情愿。

随着商业保险市场中的厚利市场分割完毕、外部环境趋向良好，商业性医疗保险的发展与壮大将水到渠成。因此，在讨论医疗保障制度建设时，首先是要明确政府自己的责任，尽快确立社会医疗保险与补充医疗保险制度等；其次才是考虑商业性医疗保险，并在制度之外多下工夫，包括：加快医疗卫生体制改革，为商业性医疗保险的发展创造良好的外部环境；利用市场导向，加快商业保险业的发展，并促使其早日实现由分割厚利市场到低利市场的转化，这种转化将标志着我国保险业的真正成熟。总之，商业性医疗保险只能由市场来导向，并依循保险市场的内在规律发展，这是不以任何人或政府的意志而转移的。因此，不能以发达国家的商业性医疗保险作为我国现阶段的参照，我国商业性医疗保险的发展只能循序渐进地发展起来。

三、医疗保险水平的确定

医疗保险水平的确定是医疗保险改革的关键，而对现有医疗保障水平的准确评价则是合理确定新制度保障水平的基本出发点。如果说传统制度所提供的全面保障属于水平过高的话，那么，现阶段的情况则已经有了明显变化。因为个人付费在加大，部分职工漏在网外，职工家属将被排除在新制度之外。因此，城镇医疗保障水平现状可以说是“总量稍嫌偏低，结构不尽合理，资源浪费严重”。

就总量而言，以1996年为例，当年职工医疗保障支出为685.8亿元，职工工资总额为9080亿元，前者相当于后者的7.55%；职工人均支出医疗费用462元，相当于人均工资（6210元）的7.44%。如果扣除职工家属的医疗费用，上述标准显然还要低，这与国际上同类指标相比较，显然属于偏低状态。

就结构而言，首先是国有单位与非国有单位职工的水平差距很大。仍以1996年的数据资料为例，当年国有单位职工支出的医疗费用为615.7亿元，相当于其工资总额的9%，而城镇集体和其他经济单位职工的医疗费用支出仅仅为42.4亿元和27.7亿元，分别相当于其工资总额的3.4%和3.6%。差距之大由此可见。其次是不同地区及行业之间的水平差距大。如广东等省市与其他地区，银行等行业和效益好的单位与其他行业和效益不好的单位，可说是偏高与偏低并存。

就资源使用而言，由于现有城镇职工医疗保障制度存在着诸多漏洞和不合理之处，职工医疗过程中产生了很严重的医疗资源浪费，即不必要的医疗行为所导致的支出估计至少要占整个医疗费用支出的20%以上。

由此可见，我国医疗保险制度的重点，不是总量的降低，而是结构的调整，同时堵塞漏洞，杜绝浪费。

在讨论医疗保障水平问题时，我想，在过渡时期坚持统账结合模式的条件下，我们要讨论的基本医疗问题实际上应该是针对整个医疗保险新制度而言的。也就是说，首先应当将社会医疗统筹与个人账户视为一体讨论，然后才是两者之间的责任分工问题。作这种划分不仅在理论上是必要的，在实践中尤为必要。如果只考虑统筹部分，显然只是涉及了新制度的一部分。只有将两个账户统一起来考虑，才是新制度所提供的整体医疗保障水平。

对基本医疗的理解，我认为，可以分为如下不同层次：

第一，从整体新制度出发，基本医疗应当以是否解除了劳动者的后顾之忧并能够尽快恢复劳动能力或健康为评价标准，即为职工的一般性疾病医疗提供基本药物、基本诊疗技术、基本医疗生活服务设施等均应属于基本医疗，而不论大病、小病或个案费用的高低。在此，基本医疗只是排除了性质特殊的伤病（如工伤医疗、性病等）、性质特殊的医疗服务（如保健、美容等）和性质特殊的药物（如滋补品、保健品等），从而与传统医疗保障范围相距不会太远。

第二，对社会统筹与个人账户的职责进行合理分工。在统账结合模式下，无论采取何种结合方式，前者体现的都是政府和社会的责任，体现的是社会保险的互济性；后者则主要体现个人责任。目前的关键是在两者责任划分上，对前者要从严，对后者可从宽。在总体上排除性质特殊的医疗服务外，规范社会统筹部分的责任有三种方式可供选择：一是病种分类，两个账户各负其责，海南模式即为此类，当然还有完善的必要；二是服务分类，即将各种医疗服务划分为一般服务和特殊服务，在两个账户间进行分工负责；三是费用分类，即以费用为标准划分责任，统筹账户负责大病，个人账户负责小病等。三种既可以独立采用，亦可适当结合起来采用。

第三，对个人账户可以适当放宽。如果两个账户是独立平行运行，则政府通过严格统筹账户的准入标准而控制自身的责任，对个人账户则可以适当放松。即使受保障者将其中的钱用于保健开支亦应允许，因为保健会减少疾病，进而会减少对统筹账户的冲击。

综上所述，我认为，针对整个新制度而言的基本医疗，其实质内容其实与过去提供的保障相比，虽然责任在缩小，但主要体现在保障对象范围缩小（如职工家属除外）、保障费用减少（如职工自负额的确定）等方面。在实际的医疗服务上，则既会有所收缩也会随着社会经济的发展和医疗技术的进步而有所扩张，从而总体上不会相差太大。因此，目前讨论中国医改的关键并非是基本医疗问题，而应当是两个账户在基本医疗条件下的职责分工和对统筹账户的控制问题。

在讨论新制度的水平时，我还认为，首先必须确定决定水平的基本因素，这就是经费的供给能力，即经济承受力和职工的医疗保障需求。传统保障的水平基本上是由职工的医疗保障需求决定的，即使是收不抵支也要千方百计报销职工医疗费用；而现在似乎多数人主张由供给能力来确定医疗保险水平。我认为，适宜的办法应当是努力寻找供给与需求之间的平衡点，其中考虑满足需求应当略优于考虑供给。

如果说现行水平是“总量偏低，结构不合理，资源浪费严重”，那么，新制度在确定水平时，应当是“适度保障”、“基本保障”，在定量上则可以以现有水平作为基本依据，并考虑扣除浪费因素导致的不良支出和职工家属的医疗支出。由此，新制度的水平即可以在现有占工资总额7.5%左右的基础上适当降低。我们可以设想，以占工资总额的6%—6.5%为起点，以9%—10%为未来发展的高限。这样的起点水平能够满足职工的基本医疗需求，同时也为以后的水平提高留出了相当的空间。在这种设计下，减轻政府责任和提高职工自我保障能力并顺应医疗保险支出刚性增长而逐步提高医疗保险水平，是一个并不太难实现的目标。

要实现基本医疗保障和医疗保险水平适度的目标，我认为还需要有如下政策配合：一是加快医疗卫生体制改革的步伐，杜绝医疗过程中的浪费；二是尽快覆盖全体城镇劳动者，使疾病在更大的群体范围内得以分散；三是确立补充医疗保险制度和发展商业性医疗保险，使职工家属等能够从另外的渠道得到医疗保障。

特别值得一提的是，我认为不宜采用医疗费用封顶的办法。因为患病职工如果因费用封顶而无法继续治疗，不仅不人道，而且在实践中也很难推行。因此，可以考虑采取如下措施来分散风险：一是对特大疾病的医疗费用采取类似于商业保险中的再保险做法，即在社会医疗保险系统建立省级和全国性再保险基金，或者向商业保险公司办理医疗再保险，以此将特大疾病的医疗费用进行控制；二是尽快立法，允许绝症病人选择安乐死，由此在减少患者痛苦的同时，也减少无效的医疗费用支出。

四、职工医疗保障筹资机制的选择

确定合理的筹资原则是建立新的医疗保险制度的前提与基础。在讨论这个问题时，必须从实现医疗保险制度的根本目标和保障其良性运行出发。我主张坚持如下四项基本原则：

一是确保劳动者在疾病医疗方面的合法权益真正得到实现。在保障对象、目标、内容已由相关法律或法规规定的情形下，医疗保险资金应当且只能根据受益者疾病医疗的实际需要筹集。

二是用人单位和劳动者个人双方分担费用原则。政府除作为用人单位为公务员缴费外不宜再分担费用，其职责主要是提供公共卫生预防保健和医疗保险的管理费用。因此，我国医疗保险费用适宜采取双方分担型而非三方分担型。

三是收支平衡原则。医疗保险是一种即期消费型而不是积累型保险（如养老保险）。在统账结合的条件下，保险资金的筹集与支出应力求平衡。根据这一原则，资金积累太多与出现赤字均为不正常。虽然考虑到医疗费用的正常上涨（如老龄化加剧等），即期所筹资金需要略有结余，但积累太多就是对用人单位与劳动者即期利益的一种损害，在我国现有条件下也不具有可行性，从而必须适当降低费率；反之，若出现赤字则应调升费率。因此，过一定时期对费率进行适当调整是医疗保险实现收支平衡的正常且必要的做法。

四是风险分散原则。疾病是所有人都面临的一种正常风险，医疗保险就是将个人的疾病风险通过社会化的保险机制在群体范围内分散。根据统计学中的大数法则，同类风险单位集结愈多，风险愈分散，风险经营者的财务便愈稳定。因此，可以尝试在坚持以地级市为本位的条件下，建立一种大病风险再分散机制作为补充，即可以采取商业保险中的法定再保险办法来使重大疾病风险在省级乃至全国范围得到分散。

至于筹资征缴方式，我认为，首先，从国际范围看，社会医疗保险基金的征收方式主要有征税方式和强制缴费方式两种；互助合作保险基金的征收具有半强制性，商业性医疗保险基金的征收则是自愿付费方式。对我国而言，社会医疗保险不可能采取自愿付费或半强制性缴费方式，也不具备采取征税方式的条件（因为现阶段的医疗保险并非计划经济时代城镇人口的全民性福利），而强制缴费方式实为最佳选择。因此，必须增强征收医疗保险费的强制性与权威性。

其次，在具体实践中既可以由社会保险机构直接征收，也可以由地方税务机构代为征收，但确定由谁征收却不能凭长官意志，而应当遵循下列原则：一是在确保权威性的条件下，使征收者的权力与责任紧密结合，以能够实现足额征缴者为最优选择；二是考虑征缴成本，在实现足额征缴的条件下，征缴成本低者为最优选择；三是需要考虑社情民意，如有的单位或劳动者不是缺乏缴费的自觉性，就是反感采取征税方式，在确定由社会保险机构还是由税务机构来征收医疗保险费时，就需要根据多数民意来决定，尊重民意将收到事半功倍的效果。根据上述原则并结合目前现实，我认为，社保机构应当担负起征收医疗保险费用的重任。这不仅是社保机构的专业职责，同时社保系统也有了一支队伍和相当的征收经验；而地税部门组建不久，且承担着为地方财政筹资和其他必需的费改税的繁重而艰巨的职责。

再次，是按工资总额征缴还是按人头付费，亦取决于医疗保险的性质，前者体现了其所具有的社会福利性，故为各国社会医疗保险制度普遍采用；而后者因与个人收入及单位分配水平无关，在筹资环节上就失去了社会福利性，从而通常为商业性医疗保险采用。因此，我认为，我国的社会医疗保险资金筹集还是因循惯例为宜。

此外，养老保险基金和失业保险基金中理应包括职工退休和失业期间的疾病医疗保险待遇，由这两个基金来缴纳退休和失业人员的医疗保险费，应当是合理可行的选择。因此，医疗保险资金的筹集还需要养老保险与失业保险的配合。这也表明了社会保险的整体性功能。

在医疗保险政策既定的条件下，资金筹集的规模与水平实际上取决于医疗保险的支出水平，即医疗保险支出水平高，筹资水平必然高，反之亦然。因此，重要的是确定相应的评判指标，一是总量指标，即医疗保险筹资规模占国内生产总值比，这是长期的评判指标。它可以以发达国家、发展中国家的筹资规模与水平及我国现阶段医疗保险试点地区的筹资规模与水平作为参照系。根据我国城镇职工医疗保险对象范围及确定的基本医疗保障水平，医疗保险的筹资规模与水平以不超过国内生产总值的1%为宜。二是医疗保险筹资规模占工资总额比率，较为合适的是从6%－6.5%起步，以9%－10%为高限。同时，针对目前许多单位的名义工资与职工实际工资收入存在着很大出入的实际情况，社会保险部门有必要重申职工工资总额的统计范围，并严格按照统计范围内的工资额征收医疗保险费。

关于两个账户的关系问题，首先应当肯定，坚持统账结合方式对现阶段的医改而言虽然是必要的，但是必须严格区分两种制度中的统账结合。在养老保险中，两个账户均具有长期积累性，而医疗保险的统筹部分则属于现收现付，个人医疗保险账户虽然可以积累，但数量偏小和不时需要支出，从而在实质上不能视为具有积累性。因此，医疗保险中的两个账户均可以被视为即期消费型，它主要体现出的是现收现付特色而非积累特色。其次是应对两个账户的职责进行明确划分，并据此（据需支出）确定筹资比率，加大个人缴费比率，在总量和总比例既定的情形下，使之尽快达到与用人单位相应的份额。再次是记入统筹账户的份额应当大于记入个人账户的份额，以便尽可能在群体范围内分散个人不确定的疾病风险，同时保障统筹部分的财务稳定。我个人主张计入社会统筹账户的份额应不少于筹资总量的55%，计入个人账户的份额应不大于45%。

还要特别强调的是，医疗保险基金不同于养老保险基金，尽管其在收支之间有一个短暂的时间差可以用来尝试短期营运，但医疗保险筹资的目的是为了当年的医疗消费而不是为了日后积累，保值增值的压力并不大。如果政策定位中含有资本积累的因素，必然造成筹资规模与水平的膨胀。它实质上是对用人单位与劳动者应缴医疗保险费的非正常提前征收。因此，不宜将医疗保险基金当作资本，而是应当按照收支平衡的原则，据需确定医疗保险的筹资规模与水平。

医疗保险基金筹集后，还需要强化监督管理。医疗保险基金管理与监督的基本目标也是保险基金的安全，但与养老保险相比，其根本差异则在于养老保险必须将保值增值放到十分重要的位置上，而医疗保险基金管理与监督的重点却在于确保基金的足额征缴和规范运行。其重点是在如下环节上：一是征收环节规范化。包括缴费基数计算规范、征收程序与征收方式符合法规制度规范，目标则是实现足额征缴。二是财务制度规范化。包括记账比例规范、记账程序与方式规范、财务管理制度规范、有关费用的提取与使用规范等。三是杜绝浪费、提高效率。如防止医疗保险基金流失或被侵蚀，强化现代化管理手段，尝试医疗保险基金短期营运等，均应当成为基金管理中的重要内容。四是必须切实保证社会保险机构的管理。社会保险机构是我国医疗保险的法定管理部门，其对医疗保险基金负有当然的管理责任。由此，在基金管理中必须确保社会保险机构管理的权威性。五是应当接受有关机构的监督和配合。如财政部门、审计部门的监督；还需要医疗卫生部门的密切配合，尽管在政府的组成与职责划分上，医疗保险已经归属于劳动和社会保障部门主管，但它客观上离不开医疗卫生行政部门的管理与配合。

五、关于医疗保险费用上涨的控制

可以肯定，医疗保险费用的上涨是一个不可逆转的趋势。因为影响医疗费用上涨的因素中既有可控因素，也有不可控因素。如受益对象的不断扩大、人口老龄化趋势的加剧、医疗技术进步导致的医疗代价的上升等就属于社会发展的必然结果。它们对医疗保险费用上升的推动作用无法逆转，因而具有不可控性，即是医疗保险制度本身所无法控制的。因此，在医疗保险的发展中，战略上可以关注上述因素所导致的费用增长问题，战术上则必须将精力放在控制影响医疗保险费用上涨的可控因素方面。它包括医疗行为中的浪费行为、道德风险和因体制缺陷等原因带来的不合理医疗行为。这些因素可以通过严格规范的医疗保险制度、监察制度和医疗体制改革等来加以消除。目前的难点，包括传统的医药合一体制还未转变、医疗服务是非专业人士难以真正介入的工作。对此，如果能够加快医疗体制改革步伐，逐步建立独立于医疗系统之外的权威的医疗服务中介评判或监察机构，将有助于消除上述因素，并实现对医疗费用的有效控制。

从医疗保险机构的角度出发，对医疗费用的控制应当包括如下三个方面：一是对受益方的控制；二是对医疗方的控制；三是对医疗保险机构自身行为的控制。但最关键的还是对医疗方的控制。这主要是因为医疗费用是与医疗行为相伴而生的，而在医疗行为中，受益方通常处于被动状态，医疗方则处于主动状态。医疗措施是否必要，医疗费用是否合理，实际上只有医疗方才知道。因此，如果对医疗方实施了有效的监督与控制，则可以说是从根本上完成了控制医疗保险费用的主要任务。

除了强化对医疗方的控制外，我认为还需要采取如下措施：一是发挥病人自负医疗费用机制的有益作用，使之在维护自身利益的同时也能够维护医疗保险的整体利益。二是建立专门的公共卫生预算机制，从总量上对医疗费用给予约束，同时重新确定由社会统筹基金负责的统一病种目录、检验设备和医疗手段，将超越基本医疗的服务项目排除在外，或者由病人承担累进的费用责任。不过，为防止医院损害病人的利益，仍然应当纳入医疗保险的监察范围。三是重新设计社会统筹与个人账户相结合的方式。在这方面，应当重新评价全国医疗保险改革视野之外的广西平南、成都高新技术产业开发区等地创造的模式，从中找出能够产生最大综合效能的结合方式。四是应当努力降低医疗保险的运行成本，即医疗保险机构必须努力提高自身的工作效率，并选用最有效的医疗费用结算方式，同时公开接受相关部门和社会各界的监督。此外，还需要努力推动医疗卫生体制改革，早日实现医药分业、公立医院与私立医院并存发展、医疗卫生资源配置合理的格局。当然，这是一个需要专题讨论的重要问题，它本身既与医疗保险改革密切相关，又超越了医疗保险改革的范畴。

对医疗方行为的控制，在总体上需要借助于外部力量，如国家的医疗医药政策、卫生行政管理和医疗行业的自律机制等。但作为医疗保险主体力量的医疗保险机构仍然可以通过各种手段来实现对不当行为的控制：一方面，需要从法规制度上确定与医疗机构的权利与义务关系，即确定医疗方的基本义务是必须对医疗保险对象提供合理且有效的医疗服务，其权益是从医疗保险机构和病人处获取相应的收益；而医疗保险机构则主要承担支付医疗保险对象医疗费用的义务，同时享有制约医疗方行为的权益。另一方面，医疗保险机构需要尽快制定相应的制约医疗方的措施，例如，对为医疗保险对象提供医疗服务的医疗机构开展信誉评级，利用病员资源调动医疗机构的竞争，通过竞争来提高医疗保险的效率；用公开快捷合理的费用支付结算方式来调动医疗方的积极性，减少医疗行为中的浪费现象；建立定期不定期的医疗检查制度，配合有奖举报、赏罚分明的措施，以制约来自医疗方的或医患合谋的道德风险；成立由非医院系统的医疗专家组成的监察组织，对医院的医疗行为是否合理和适当做出评判，并以此作为医疗保险机构制约与监督医疗方的依据。

当然，从总体的角度和良性运行的愿望出发，医疗方与医疗保险方应当是有效合作的伙伴而非权益对抗的对手。后者只有依靠前者才能使医疗保险制度真正得到有效落实，而前者则需要依靠后者才会有良好的发展前景。双方应当在合理医疗、追求效率的前提下，实现各自的利益。

六、医疗卫生体制的改革与配合

改革现行的医疗卫生体制，不仅是包括社会医疗保险在内的各项医疗保障制度的客观要求，也是医疗卫生系统求得自身生存与发展的内在要求。因为城镇医疗系统既受到了改革以来还未来得及理顺相关利益关系的困扰，更有类似于国有企业重复建设、人浮于事、效率不高、资源浪费的通病。不改革医疗卫生体制，整个医疗保障制度将缺乏正常运行的基础，医疗行业自身也将陷入费用持续膨胀、效率持续低下的恶性怪圈。已经出现的大量的医德沦丧、惟利是图和非医疗服务竞争现象，显示了这种局面持续下去的可怕后果。因此，医疗卫生体制改革应当与医疗保险改革同步进行。这既是对重建医疗保险制度的必要配合，更是整个医疗卫生系统步入正常发展轨道的必由之路。

我还认为，医疗保险改革与医疗卫生改革应当且只能在互动中求得双效，这是改革的基本出发点。医疗保险改革要求医疗卫生系统通过改革来杜绝医疗行为中的浪费，提高效率，抑制医疗费用的恶性膨胀，在整个医疗系统的素质得以提升的条件下实现医疗保险的良性运行；同时也可以通过扩大保险覆盖面、扩充医疗费用的支付能力，为医疗改革与医院的发展提供更为雄厚的物质基础。医疗卫生系统尤其是医院，更需要借助医疗保险改革这一机遇来求得自身的良性发展。就像失业保险不能只考虑发放失业救济金还要考虑失业人员的培训以增强其就业竞争能力一样，医疗保险亦应当在制度安排中通过基金投入对医疗资源分配使用做出政策性调整。

我非常赞成许多人士提出的实行医药分业、做好区域卫生规划和强化监督机制等主张，但又觉得仅有这些还不够。因为我国的医疗保险并非全民保险，医疗行为也就不应当是清一色的非营利行为。因此，我认为需要补充如下几点：

一是医疗卫生改革必须打破传统框框，实现医疗服务系统的多元化与多层次化。即既要有公立医院，又要有私立医院，还应当有单位所属医院、社区性医疗组织和慈善性医院；既要有非营利性医院，又要有营利性医院；既要有提供基本医疗服务的医院，也要有提供超过基本医疗服务的医院等。因此，医疗卫生改革不能只在公立医院、非营利性医院的框框中转圈子而应当代之以政府医院与社会医院及单位附属医院三足并举、营利医院与非营利医院并存、公立医院与私立医院共同发展的多元化、多层次化的改革思路。否则，就有可能造成同一医院营利与非营利两制并存的畸形局面。这既会影响到医疗保险对象的医疗需求，亦无法满足高收入阶层的高水平医疗保障需求，更会因此而使医疗行业的发展缺乏必要的驱动力。

二是对医院机构进行补偿具有必要性，但通过改革重组医疗服务系统更具有紧迫性。在医疗卫生体制改革中，不能只提对医疗机构补偿而不提优胜劣汰的原则，补偿应当有助于整个医疗服务系统的重组而不是低水平的重复。同时，也不能只通过财政投入来实现补偿，还需要通过医疗服务水平的提高和规模的扩大、效率的提高来实现补偿。医疗改革应当形成一种有利于好医院发展、不利于差医院生存的机制。

三是政府应当主要通过价格手段来对医疗系统进行宏观调控，如医疗服务价格、药品价格和医疗保险结算方式等，均应当成为政府调控的重要手段。

我还愿意再三重复我的一个观点，这就是医疗保险改革与医疗卫生改革实质上是同一个问题的两个方面：它们的目标应当都是为了解除国民的疾患之忧，努力增进国民的身体健康，只不过一方提供着资金上的保证，另一方提供着服务上的保证，两者缺一不可。两项改革联动的实质是追求共同的、良性的发展，因此，在改革方式上应当加强沟通和换位思考，在改革时机上应当追求同步推进，在改革手段上则需要在分工负责的同时实现政策的配套与协调，而社会保险部门与卫生部门的密切配合将是两项改革取得成功的最基本的保证。

疾病忧患与医改困局的突破①

一、医改离预期目标还有相当距离

主持人：郑教授，您好，我们知道，医改是最近大家非常关注的话题，很多人对医改也不是特别的了解，您能不能跟我们一起回顾一下医改的整个过程？

郑功成：医改受大家关注是理所当然的，因为每一个人都免不了要生这样或那样的疾病，需要有医疗方面的保障。实际上，我们这里谈的医改包括三个方面或者三个层面的问题：一个是医疗卫生体制改革，这也是医改；第二是医药流通体制的改革；第三是医疗保险制度的改革，所以我们把它称为三项改革，它们相互之间存在着密切的关联性，简称为"医改"。这三项改革，实际上每一项都有它自身特定的含义或者内容。我们现在谈的医改，大家最关注的就是医疗保障问题，即生病了怎么看病，看病的时候费用怎么承担，然后就是医疗卫生体制的问题，医院提供什么样的服务，这是人们理所当然应该关心的。

主持人：但是国务院一个研究报告指出，咱们的医改是不成功的，您能不能跟我们谈一下判断医改成功与否是不是有一个标准呢？

郑功成：我过去对社会保障提出一个评估的标准，就是社会保障制度，当然也包括医疗制度的改革，它是不是合理的，我觉得有三个标准：第一是公平性，它是不是公平的。第二，它是不是有效的，能不能真正解决问题，像医疗保障也好，医疗卫生体制也好，是不是真正解决了老百姓的疾病医疗后顾之忧，是否有利于提高人民的身体素质。第三，是不是能够实现可持续发展。如果一个制度当时设计得很好，但是不能持续发展，依然不能称之为一个好制度。所以我说，评价一个制度，尤其是像医疗制度、社会保障制度，我很看重的就是这三个指标，即：第一是公平性，第二是有效性，第三是它的可持续

① 本文系作者2005年8月16日下午做客人民网强国论坛，与网友在线交流医改如何走出困境问题时的文字整理稿。

性。第二方面，看改革是成功还是失败，也有几个指标：第一个指标是看它对原来那套制度的缺陷和问题是不是纠正了，或者纠正到什么程度。第二个指标是看我刚才讲的这三个指标是不是同时达到了。根据这样一个评估的指标，我们可以看一看这三大改革，像医疗保险体制的改革，应该说是部分地纠正了过去公费医疗、劳保医疗的缺陷。过去是个人不承担责任，医药费用完全依赖单位与国家，而且每个单位是封闭运行，不仅造成了巨大的浪费，制度也不可持续。现在改成个人要承担一定的责任，加入了个人负责的精神，开始确立了责任分担的原则，医疗服务也从封闭走向社会化，从这个意义上讲，这个改革是有一定的进步的。医疗卫生体制的改革也是如此，过去是画地为牢，我在哪个单位工作，我就只能在哪个单位的医院看病，不能到其他医院看病。现在的医疗保险体制改革，医院都是开放的、社会化的，定点医院增加了人们治病求医的选择权力，从这一点看也有所进步。过去的医药流通体制完全没有市场机制，完全是在政府的绝对控制下，应该说是比较死板的，现在具有灵活性，从而也有了一定的进步。我这里是讲医改进步的一面。从某种程度上说，医改有进步，但改革还没有完全到位，所以产生了负面影响，像医疗保险，如果过度强调个人责任就会使其成了个人及家庭的沉重负担，所以个人责任的回归在某种程度上确实是过度了。在医疗卫生体制改革方面，一方面是公立医院接受着政府拨款，另一方面又要通过医疗行为创收来解决收益与福利问题，从而扭曲了公立医院的性质。在医药流通领域，也存在着过度市场化的现象。即使在资本主义国家，政府的对医疗与医药系统的干预也是力度较大的，现在我们几乎是处于失控状态，流通环节产生了不正当竞争，药品价格虚高等问题相当严重。从这个角度上讲，改革并未取得预期的效果。所以，我有一个总体评价，即我们的医改既不能说它是成功的，也不能说它是不成功的。我们肯定它在改革中的某些进步的同时，也看到它确实存在着很大的缺陷和很多问题。因此，一个基本结论就是，这个改革有进步，但是还没有实现预期的目标，甚至离预期的目标还有着相当的距离。

二、医疗卫生系统应分清类别——公营和私营

主持人：我们下面看一下网友的提问。

你是风儿我是沙：郑教授，有评论认为，在医疗卫生系统内实行市场化和商业化，会自动带来经济效益，这种经济效益会减轻国家在医疗方面的一些负担，这个观点您是否认同？

郑功成：这个观点不能一概而论，因为市场化和商业化会不会带来经济效益，医疗卫生系统是不是产生经济效益，这是两回事。我觉得在医疗卫生系统

里面，这个系统本源的职责还是为了城乡居民的健康，是为了提高人们的身体素质，是要解决人民疾病医疗的后顾之忧，从更重要的意义上讲，它是社会效益而不是经济效益。市场化和商业化可能会带来短期的经济效益，但是从长远的角度讲，这种经济利益又是不可持续的。我要强调的是，医疗卫生系统应该分清楚它的类别，公立医院就是承担基本的医疗保障，就一定要保证它的公益性，满足人民群众的基本医疗需求。私立医院当然可以追求经济效益，可以讲服务质量，可以让相应的市场机制和经济手段提供相关的服务来创造经济效益，这应当是可以的。所以，我把医疗系统分为公营的系统和私营的系统，公营的系统一定要立足于公益性，私营系统是服从于市场经济或者市场机制，这样来看更能够适合不同的医疗卫生系统所担负的不同使命，只有这样划分清楚、职责分明，才能完成好它的使命。

主持人：您刚才提到公立医院要更重视公益性，我就想问了，一般来说重视公益性的话，社会效益和经济效益恐怕很难两全，它的资金来源是哪里呢？是国家、政府给拨款还是地方上出资？

郑功成：公立医院的公益性一定要靠着公共资源的配置来保证的，没有政府的财政投入，公益性是很难保证的，所以对公立医院毫无疑问要加大政府的财政拨款，如果公立医院一方面要政府拨款，另一方面又让医生通过处方与检验来谋求个人或者医院的利益，这实际上是混淆了医院的性质，不利于维护它的公益性的，会扭曲了公益性，会损害它的服务的合理提供，受害的当然是患者，是广大的城乡居民。城乡居民受害，医院也不可能正常健康发展。所以这是客观存在的一种相互关联的利益互动关系。

三、医疗保障一定要覆盖到全民

主持人：您刚才提到国家还是应当在一定程度上出资资助公立医院的，我们网友“轻风刺骨”马上就提出，在医疗体制中国家应该是什么角色，起什么作用？

郑功成：讲政府扮演什么角色，还是我刚才讲的，政府的角色是在不同的医疗卫生系统扮演着不同的角色。比如说在基础卫生、基本医疗方面，毫无疑问应该是政府负责、政府主导的，财政负有当然的责任。我们为什么把政府称为公共政府，把财政叫公共财政呢？如果不建立基础的、公共的卫生系统，我们财政是干什么的？如何体现它的公共性？财政的公共性就是体现在对国民教育、公共卫生和社会保障等方面的投入上，所以基础卫生和基本医疗是要满足的，政府毫无疑问承担着主要的责任。但是，对于补充的医疗保障系统而言，政府承担的应该是引导性的责任，一家私立医院，不能完全看成是营利的企业，毕竟是提供疾病医疗服务的，政府就要起着引导的作用，如果他是为老百姓提供疾病医疗服务的，就可以给予相关的财税政策的优惠，但是有一些属于保健性质的，像现在的疗养院、美容院之类的，就可以按照市场化的运作，政府起着规范的作用。因此，从整个医疗卫生系统来讲，不能一概而论，一定要分门别类，分层次，政府在哪个层次应该承担什么样的责任，应该是有着很明确的划分，否则医疗卫生体系就有可能是混乱的，你该承担全部责任的如果只承担一半责任，医生与医院就会通过多开处方、重复检验来牟利，这应当说是政府的责任没有尽到。或者，政府只应该承担引导责任的却要拨款，结果也会加重政府的负担。所以，政府的责任与角色定位还是要按照不同的医疗卫生系统、不同的医疗制度来确定。

主持人：网友经常讨论一个问题，像印度以及其他的国家，已经实行了全民的免费医疗，我国作为一个社会主义大国，更应该如此。对这个观点您怎么看？您觉得有可能吗？

郑功成：社会主义国家应该为城乡居民提供疾病医疗保障，这是毫无疑问的，我一直主张医疗保障一定要覆盖到全民，不要说印度，我国计划经济时代的劳保医疗、公费医疗、合作医疗就曾经覆盖到全体国民了。医疗卫生体制、医疗保障体制改革的最终目的，不是为了控制政府的责任和费用，不是为了缩小保障范围，这是一个错误的理解，我们的改革是为了使这个制度更加合理，不仅能够覆盖到所有的国民身上，而且能够实现可持续发展，这个改革的目标应该是坚定不移的。当然我们现在还没有达到，我就认为要加快这个步伐，应该尽可能地实现覆盖到全民。现在可以预见的就是农村的合作医疗，国家已经有了明确的目标，到2010年应该覆盖到85％以上的农村居民，那就意味着同时也应当覆盖到全体城镇居民或者绝大多数城镇居民的身上。在城市里，目前基本医疗保险已覆盖到1.2亿的劳动者身上，还有将近4亿人，国家需要考虑制定相应的制度，让医疗保障在未来几年里覆盖到更多的城市居民身上。可以预计的是到2010年后，作为中国人，应该不同程度地享受到相应的基本医疗保障，这应该是政府努力追求的目标。

四、医改的目的就是解决城乡居民的后顾之忧

主持人：作为学者，您认为我们现在的医改最应该改的是什么？跟发达国家相比，国外是不是有一些经验我们可以借鉴呢？

郑功成：我感觉到，我们的医改改到今天，之所以有人说它是不成功的，是因为改来改去大家感觉到负担加重了，甚至在城市有很多人、农村也有很多人不敢生病，有病不敢看病，这就使我们认识到医疗保障并没有实现它的目的

和目标，问题在哪里？要根据问题来找原因，分析问题来找对策。如何走出困境？首先是医疗保障的理念问题，这个理念就是公平、共享，就是解决城乡居民的疾病后顾之忧，提高人们的身体素质，这应该是改革的目的，任何偏离了这个目标的改革，任何背离了这个目标的改革都应该是不符合我们国家社会发展的需要和人民群众的要求的。所以，首先是目标要明确，理念要清楚，一定要有公平性，一定要把公益的理念贯彻到整个医疗保障系统，这是很重要的，只有在这个理念的指导下，我们才能够反思以往的改革到底存在什么问题，比如说制度，政府干预，怎么干预是没有考虑到的，政府应该怎么干预？应不应该干预？是不到位的。在某种程度上，政府有意无意地回避了自己的责任，只考虑到利用市场调控，现在则一定要考虑到政府的责任与扮演的角色，需要强化行政干预的力度。第一方面，我主张医疗体制双轨并行，应该有一个健全的公立医疗系统，还应该有一个发达的私人医疗系统。现在公立的医疗系统既显得发展不足，又在某种程度上过度地向高档化膨胀，像一些城市里的大医院，我就不太愿意到大医院里看病，因为即使是得了一个小病，你也要坐车，要花很多时间，而社区里哪怕有过去农村那样的赤脚医生也要方便得多，我情愿不报销医疗费用，自己掏钱也是愿意在社区接受医疗服务。但是，现在的城市社区根本找不到这种医疗服务，这就是公立医疗系统在城市中畸形发展的结果。在农村，公立的医疗服务系统都崩溃了；而在城市，私立的医疗服务系统却没有建立起来。这是两个极端，公立医疗服务系统与私立医疗服务系统在城乡均没有双轨并行，没有考虑到公立医疗服务系统与私人医疗服务系统如何均衡发展的问题，既无法满足公众的需要，也满足不了一部分人的特殊需要。第二方面，我主张要公立医疗服务系统与私立医疗服务系统双轨并行，在城市里就是要把公立卫生服务系统面向社区、立足基层，同时扶持私人医疗服务系统的发展；在乡村则要强化医疗卫生服务系统的公益性。第三方面是财政投入方面，毫无疑问是应该持续增加的。1997 年的时候，我国的财政收入是8000 多亿元，到 2005 年则可能超过 3 万亿元，政府应该更多地考虑把财政收入反馈于民，用于增进国民的福利，其中解决城乡居民的疾病医疗后顾之忧应该是财政支出中着重考虑的。前几天国务院开会，明确了对农村合作医疗提高补贴标准，政府应该是注意到这个问题了，财政在公共卫生和疾病医疗保障方面还应该加大投入。第四方面，一定要“三改同步”，就是医疗保险的改革、医疗卫生体制的改革（医院的改革）、医药流通体制的改革，这三项改革一定要相互配合、同步推进，否则哪一项改革单项推进都不可避免地要遇到挫折，就像医疗保险体制怎么改革，医院都不改，医生要多开处方、开大处方、让患者重复检验，这样可以多创收、多拿点奖金，这个理念要是不改，医疗保险与医疗卫生改革就断无成功之日，所以医疗保险改革一定要和医疗卫生体制改革和医药流通体制改革配合联动。医药流通现在似乎处于失控状态，政府干预不够。现在几乎所有的医院都是公私不分，既接受政府拨款又自己争着创收，没有办法切断医疗行为和个人及小单位牟利行为的关联。大的医院不断向更高级发展，社区的医院一片空白或者非常不足，其实老百姓90%以上的疾病都是一般性的疾病，不需要到大医院去看，但在社区却得不到满足，这有一个公共卫生医疗配置失衡的问题。整个讲起来，医药流通体制也好、医疗保险体制也好，改到今天为止，各种深层次的问题都暴露出来了。有人说我们的改革过度市场化了，这个观点我不太赞同。我觉得，医改中既有国家干预计划性不强的缺陷存在，即政府干预的不足，该计划的没计划，公共性不够是一方面，市场化不够又是一方面。我倒不认为是市场化过度了，我刚才谈到我们需要一个发达的私人卫生服务系统，现在的城市就没有，就满足不了部分居民的特殊需求，比如有一些先富起来的人的需求，这样大家都来挤有限的公共卫生资源，不利于提高公共卫生资源的效率。所以城市里的医疗卫生服务市场化即私立卫生服务体系还不够，而公立医院的公益性又没有得到维护，在农村则是过度的市场化了。所以城乡之间的医改还是要有不同的政策取向。我声明一个观点，所有的社会保障制度都应该利用市场机制，但是它有一个前提，利用市场机制也好，推进市场化也好，一定是为了更好地来为城乡居民提供服务，一定是为了更有利于增进他们的福利，如果损害他们的利益、削减他们的福利，就不符合城乡居民的要求和社会发展进步的要求，这应该是一个基本的原则。

主持人：好的。因为时间的关系，我们的视频访谈就先进行到这里，网友们的提问非常热烈，现在回答不了，一会儿文字访谈的时候，再由郑教授一一为大家解答。

五、公立医院不应走市场化道路

爱党爱国爱集体：当前医疗资源配置过分向城市倾斜，农民不享受任何医疗保障的局面什么时候可以改变？

郑功成：确实，我国的医疗资源配置长期以来实际上都是向城市倾斜，但是应该说，现在已经关注到农民的疾病医疗问题了。2003年开始推行新型合作医疗制度，我能够告诉你的是，2004年开始，国家财政开始有专门的预算来扶持中西部地区农民的合作医疗。就在2005年8月10日，国务院又再次做出决定，在中西部地区每一个农民的合作医疗由过去国家财政补贴10元，上升到20元，增加了一倍，对中西部地区农民的补贴翻了一番，这是过去所没有的，国家财政为农民的合作医疗买单，这是为解除农民疾病医疗后顾之忧所做的一项努力。其次，国家财政对农村基础卫生设施的投入，最近几年开始有大幅度的提升，怎样维护农村公共卫生服务系统的公益性，真正为农民看好病，我认为是政府在解决“三农”问题中应当重点考虑的一个问题。所以，对于以后的公共卫生资源来讲，一是合作医疗的补贴，这是直接的补贴，二是农村基层卫生机构的投入。再次，当然还要通过对医药流通领域的干预，尽可能把药品的价格降下来，使农民得到实惠。现在正在形成这样一种共识，在党和政府把“三农”问题摆到首要问题的背景下，解决好农村居民的疾病医疗问题，实际上就是为农民解决了后顾之忧，同时也增加了农民的收入，这个政策倾向应该说是比较明显了。

缪论：嘉宾，我就在一家国有大型医院工作，目前将医疗问题都推给医生和医院是不公平的。

郑功成：我对这位网友的观点是赞同的，这确实是不公平的，起码有几方面，一是财政对公立医院的投入不足，这种投入不足，又要维持医院的正常运转，必然就要创收，这个创收不光是医疗系统，实际上学校和其他机构也在创收，甚至前几年政府机构也在创收，所以这是一个大的背景，国家财政对医疗卫生事业的投入不足是一个客观原因。二是社会的大背景，这个大背景就是普遍地追求效率优先，忽略公益性，所以有影响。对于医院医疗卫生方面存在的问题，我认为第一是要定性，这是很重要的，凡是公立医院就不应该允许医院和医生创收，一定要保证国家的投入是足够的。是私人医院，可以在国家的规范范围之内，开展自己的营业活动。所以首先要定性，不要使我们的公立医院“吃不饱”，只能想一些“偏方”，通过侵害患者权益的措施来创收。第二是满足公立医院发展的需要，起码要保证医生作为一个稳定的职业，有稳定的收入。所以，目前的医疗卫生问题，简单地归结为哪个方面的原因好像都是不公平的，它是多种因素综合造成的结果，所以也要采取多管齐下的措施。要维护医院和医生的正当权利，同时要取消掉他的不正当权益，这应当是改革中必须坚持的方向。

草上狂飞：郑教授好！有的学者说，医改不能走市场化道路，因为医疗是一个特殊行业，医患之间存在的信息不对称问题不能通过市场化解决；但也有学者认为，医改不成功，恰恰不是因为走了市场化道路，而是市场化不彻底，医疗市场没有真正放开，形成充分竞争，导致不伦不类，医改必须坚持走市场化道路。不知道还有没有其他解释。您是怎么看的？

郑功成：医改不能走市场化道路，或者必须走市场化道路，我觉得都讲得太绝对了。我的观点就是，不应该市场化的就要坚决维护它的公益性而万万不能市场化，而应当市场化的则要坚决推进市场化改革，目前的现实是两者未分清，两者都存在着不到位或者不足的问题。当然，从整个医疗服务体系来看，肯定是要走公共卫生为基础的发展道路，但它也需要利用市场经济，没有市场机制，跟我们的时代也是不相吻合的，但是我要讲，还是要把医疗作为一个特殊行业来重视它的公益性，强调它的社会效益，这是主要的方面。但是在某种程度上，它的公益性和社会效益也是需要借助市场机制的，所以不能绝对化。我刚才已经谈到了，我们国家医改中存在的问题，既有公益性不够的问题，也有市场化不够的问题。比如说私立医疗系统为什么不能发展起来？这实际上就不能更好地满足人们的需求。现在普通老百姓对疾病医疗的需求更重要的是立足于基层、社区，但是满足不了，这表明市场化不够。所以我觉得不要把医改和市场化绝对对立起来，当然更不能把医改简单地等同于市场化。还是坚持前面的观点，该市场化的就市场化，不该市场化的就坚决不能市场化。现在不制止公立医院的市场化取向而代之以公益化，对需要市场化的私人医疗系统又总是不让它发展起来，这就是医改离预期目标还有相当距离的重要原因。

六、医疗保险要扩展到全民还要一个过程

屋大惟：郑教授，当前最大的问题是老百姓看不起病，医疗保险和大病统筹覆盖面太窄，如何改变这种状况呢？

郑功成：我深有同感，我的学生在北京的多家医院和部分农村也做过很多的调查，发现大家对这种医疗保险、大病统筹等的满意度是很低的，许多人看不起病、不敢生病，城镇居民目前也有很大的困难，乡村居民更是困难重重。要改变这种状况，第一，要明确医疗保障制度改革要达到的目标，不是说选择一部分人给他提供保障就排斥另一部分人，而是所有的人都要进入这个医疗保障系统。但是以中国的现实，不可能建立完全高度统一的医疗保障制度，我们可以将其多元化，比如说农村推行合作医疗，覆盖到全体的农村居民，城市是基本医疗保险加上其他的医疗保障制度。总而言之，要覆盖到所有的城乡居民身上，扩大了覆盖面，实际上就是减轻了大家的负担，因为有的人生病，有的人不生病，按照保险的“大数”法则，越多人分摊，风险就越分散，财务就越稳定，所以扩大覆盖面是必然的趋势，也是最有效率的制度安排取向。第二，我再三强调，把医院分为公立医疗系统和私立医疗系统，公立医疗系统一定是为老百姓看基本医疗的，不以营利为目标，政府必须维护它的公益性，消除它的营利性。第三，控制药品和医疗服务的价格，现在药价虚高，很大程度上并不是药品价格的真实体现，而是流通环节被扭曲了，把负担都转嫁到了患者身上，这个必须要改变。第四，杜绝医疗行为中间的浪费现象。有的地方统计，说医疗服务方面的浪费现象就是开大处方、开不必要的处方以及重复检验，因此而造成的医疗浪费，有的专家估计可能要达到整个医疗费用的40%。如果杜绝了这样的浪费现象，应该说老百姓就能够接受到廉价的、高质量的医疗保

障服务，这个目标我觉得是可以实现的。

未央歌：现在有人购买外国保险公司的医疗保险，看病在先，保险公司事后买单，您认为这种保险形式在我国推广可行吗？

郑功成：这位网友问的是商业性医疗保险问题，通过购买保险来分担，这是可补充的医疗保障形式。但我要强调的是，在世界上很多国家纯粹靠商业保险来开办医疗保险，通常不能满足绝大多数人的需求。大家知道，保险公司作为企业，是以营利为目的的，所以通常参加商业保险公司的这种医疗保险费用负担是较高的，当然我不是讲每一个人的费用负担，而是总体上讲这种费用负担是要超过社会医疗保险的。从这个角度来说，我不主张城乡老百姓的疾病医疗靠商业性医疗保险来解决，我还是主张依靠社会医疗保险来解决城乡居民的疾病医疗问题。当然，由于社会医疗保险不一定能解决所有人对疾病医疗风险保障的需求，还需要有商业性的医疗保险来提供补充保障，比如说有的人要求医疗保障的水平较高，那就不是社会医疗保险能满足的。我经常讲香港的公费医疗，香港的公费医疗制度对所有人都是公平的，大家生病了住院都享受免费医疗，待遇是完全一样的，哪怕是李嘉诚先生要到公立医院看病也是可以的，但住的病房及享受的医疗服务他也不能特殊，如果他想住更好的病房，享受更好的服务，就得自己掏钱，从而他会选择私人医院与私人医生为他服务，而他节省下来的公共卫生资源又能够更好地用于普通香港居民身上。所以，这部分超过基本医疗水平之上的疾病医疗的代价通过社会医疗保险是没有办法解决的，通常可以通过商业保险来解决。当然，在我们国家，由现在只覆盖一部分人口的医疗保险，扩展到覆盖所有城乡居民的医疗保障，恐怕还要有一个过程，短则五年，长则可能还需要十年，在这个过程中间，那部分没有享受到社会医疗保险的人，我觉得由商业保险公司的医疗保险来提供保障依然是一个有效且可行的选择。不过，我要提醒的是，商业性的医疗保险往往成本较高，最好能够与现行政策主导下的补充医疗保险以及员工福利机制结合起来，这样单位承担一部分、个人承担一部分，可能更有效地解决那部分没有社会医疗保险的人的疾病医疗保障问题。

七、国家的公共卫生资源应重点向农村倾斜

法律体现人民意志：教授：公立医院与私立医院的区别，是不是穷人医院与富人医院的区别。两者之间的医疗水平、技术差距有多大？

郑功成：这位网友讲的是公立医院与私人医院的区别，是不是穷人医院与富人医院的区别，我觉得不能这样理解，因为政府的公共卫生资源总是有限的，应该是投入到公立医院里去，公立医院是解决所有居民的医疗保障问题，

公立医院通过公益性来维护它的公平性，公立医院不排斥富人来看病，但是一定要能够保证穷人就医，满足穷人的疾病医疗需求。为什么还要私立医院呢？那是市场的需求，私立医院的发展，市场有需求，就像我们开商店一样，这地方有居民，我们就开一商店，商店满足一部分人的需求，私立医院也一样，毕竟有一部分先富起来的群体，在公立医院得不到他需要的医疗保障服务，他在私立医院中能够享受到更好的服务，他可以有私人医院，可以有私人医生，他看病可以打电话请医生到家里来，这种特权在公立医院是不允许的，但是在私立医院是可以的。大家说，私立医院不是富人医院吗？我觉得这是没有关系的，如果说先富起来的群体都通过私立医院来解决自己的疾病医疗需求，实际上是节约了政府的公共卫生资源，能够让那些没有先富起来的人享受到更好的公立医院的服务，所以不要把它对立起来，它是分别满足不同社会群体的需求，但是公立医院是个底线。两者之间医疗水平的差距，根据我对一些国家及我国香港地区的考察，实际上它们的医疗水平并没有太多的差距，有的地方公立医院和私立医院一样地好，只不过是私立医院可能更方便，能够满足特殊群体的需求。我刚才已经谈到了，公立医院不可能到家里为你服务，但是私立医院可以，公立医院不可能把某位医生作为你的私人医生，私立医院可以，公立医院可以让老百姓享受的是廉价的甚至是免费的医疗服务，而私立医院是完全由享受者付费的。为什么说要两个系统？我就想，更多的先富起来的群体，通过私立的医疗系统满足自己的疾病医疗服务，能节约更多的公共卫生资源，满足普通老百姓的疾病医疗保障，所以它是既能够满足部分人的特定需求又能够节约公共卫生资源更好地让公立医院满足普通大众疾病医疗保障的制度安排。

余梦言宁一笑：请问郑教授，我觉得当前国家实行的志愿医疗队不错，能否以此为基础来进行医改？

郑功成：这位网友提的也是一个很有意思的问题，志愿医疗队当然是不错的，在很多国家它是属于慈善医疗的一种表现形式，就是通过社会援助的力量来进行志愿医疗服务，但是以此为基础进行医改恐怕是不妥当的，因为我们不可能要求整个的居民疾病医疗保障是建立在一个不确定的社会捐献基础之上的。如果要求人人都是雷锋，都自愿捐献，那个制度实际上是不可靠的，因为不可能大家都是雷锋。我只能说，我们需要这样一个志愿医疗服务，需要一个慈善医疗系统，它可以作为基本医疗保障制度的补充，这是必要的，也是可能的，因为在很多国家建立在社会捐献基础之上的这种慈善医疗机构和慈善医疗服务确实为那些低收入阶层、贫困人口、贫困家庭提供了很大的帮助，所以在这方面，我们国家应该借鉴，而且应该有相应的政策来扶持。其次，这种志愿医疗队也并不是不花成本的，大家要了解，慈善或志愿医疗服务系统的运行还是要有相应的经济基础来支撑的，这就希望能够有一个有利于社会捐献、有利于整个慈善公益事业发展的社会环境和政策环境，这样这项事业才能发展起来。所以，包括志愿医疗队在内的慈善医疗服务系统是值得弘扬、值得鼓励甚至值得扶持的，因为它能够弥补基本医疗保障的不足，同时也能够进一步净化时下的社会风气，所以我是主张发展慈善医疗服务和这种志愿的医疗服务的。

陆军少尉：农村人口在我国占有相当大的比例，专家认为农村人口的医疗保障应该如何落实？

郑功成：谈到农村居民的医疗保障，我感到是一个非常严重的问题。我刚才已经谈到了，从国家的发展计划来看，是要推进新型的合作医疗制度，要在2010年左右使85%以上的农村人口都被合作医疗覆盖，如果这个目标顺利实现的话，那意味着到2010年我国农村居民的疾病医疗基本上是有保障的，这是告诉大家的一个国家计划的目标。其次，我刚才已经谈到了正在采取的两项措施，一项就是合作医疗制度，国家财政在加大对它的扶持力度，就在2005年8月10日，国务院又把以前所定的中央财政为中西部地区的农民每人每年补助10元钱的标准提高到20元，表明中央财政在建立农村医疗保障制度的投入加大了，我相信以后还会进一步加大对农村合作医疗及农村公共卫生事业的投入，这既是政府财政公共性的体现，也是维护合作医疗制度公益性与公平性的必要措施。第二个问题是公共卫生资源，国家也开始考虑到更多地向乡村基层的卫生机构倾斜，以此维护乡村卫生医疗机构的公益性，更好地为老百姓解决疾病的后顾之忧，这个方向应该是明确了。所以通过国家对农村基层卫生服务体系的构建，通过政府对农民合作医疗的补贴，我感觉到，农村人口的医疗保障是有希望的，当然我希望力度还更大一些，财政的投入还更多一点，发展的步伐能够更快一些，真正让农村居民分享到我国经济发展的成果，真正能够让农村居民跟城市居民分享到的公共卫生资源公平化，如果这个目标能实现，农村居民的疾病医疗问题就会在很大的程度上得到解决。我还要强调一下，农村居民遇到的疾病问题是一种收益风险，解决了农民的疾病医疗保障问题，就是解决了农村居民的一个大问题，实际上是增加了农民的收入，树立了农民的信心，这样对于提高农民未来的安全预期和发展信心都是有好处的。所以，党和政府宜把解决农民的疾病医疗问题摆到解决"三农"问题里的特殊位置上来考虑和处理，国家财政应当进一步加大对农民疾病医疗的投入，提高补贴的水平，国家的公共卫生资源应该重点向农村尤其是乡村卫生服务系统倾斜。

八、医改存在的问题很多，必须做出重大调整

国王归来：医疗改革是失败的，但这并不意味着"那时候"就是正确的，也不意味着要走回头路。

郑功成：对于这位网友说的医疗改革是失败的还是成功的，我不想简单地下这样的结论，但是我赞成反思过去的改革是非常必要的，因为过去的各项改革方案都离不开中国的渐进改革这个大的背景，都离不开摸着石头过河这个指导思想的指导，所以反思过去是完全必要的，反思过去当然不是简单地否定过去，反思过去是应当总结经验教训，然后寻找更加理性的方案，我赞成反思以往的医改，并且吸取以往的教训，这应该成为我们进一步深化医改的前提条件。

下阮家牌：为什么不能否定过去？是错了就该否定，我们不是一直从否定中走过来吗？

郑功成：这位网友提出是不是否定过去的问题，我的理解就是否定等于推倒重来，所有的都不合理，就像我们对计划经济的否定一样。在医改方面，有一些方向我认为还是正确的，还是应该坚持的，包括医疗保险由过去相互封闭的劳保医疗变成社会化的医疗保险，这总不能说是失败的，过去哪个单位效益好，工人的医疗费用就能报销，单位效益不好的就不能报销，过去大家都不缴费，还造成很大的浪费，现在是责任分担，这个也是不应该否定的。过去城镇居民只能到一家医院看病，现在有多家定点医院可供患者选择，所有参加医疗保险的人有了更大的选择权，所以这个也是不能否定的。同时，在改革的过程中，要拿出一个十全十美的方案是不可能的，但是发展方向是可以肯定的，并不能说没有解决全部问题就全盘否定。我始终是这样的观点，现在需要的是进一步完善它，即使是做出重大调整，也不是推倒重来，恢复到过去的公费医疗、劳保医疗或者合作医疗，那是有问题的，那是跟计划经济时代相适应的，跟市场经济时代完全不相适应，过去国营单位，你有劳保医疗，那时候都是国营单位，现在你到私营单位了，我们就需要有社会化的保障。我的意思是说，在医改过程中，存在的问题确实很多，尤其是发展到现在，许多深层次的问题都暴露出来了，我们需要继续深化改革，甚至对现行的医改方案做出重大的调整，但是不要轻易地、简单地否定它，该肯定的还得肯定，该否定的坚决否定。

九、农村新型医疗合作制度是否有效有赖于配套措施的提升

草上狂飞：再问您一个问题。将来洋医院可否进来，如果能，对我国的医疗业及医改会有何影响？

郑功成：这位网友提出的洋医院能否进来，我觉得应该是没有问题的，不管是谁办的医院，是中国人办的还是外国人办的，只要真正为老百姓服务，能够提供优质的医疗服务，有人需要，进来就是合理的。同时，我觉得还有一

点，洋医院的职业道德和医德医风也许对我们目前的医疗卫生系统能够起一些促进作用。现在有一个同样的问题，包括在国有企业的改革中，把企业为员工办福利当成包袱卸掉了，结果是需要跨国公司来告诉我们企业应该承担社会责任，这就表明以往的某些改革是矫枉过正了。在改革初期，部分的矫枉过正还是情有可原的，甚至是必要的，但是如果长期的矫枉过正，就会走向另外一个极端，就像刚才说的企业为员工提供福利一样，过去什么都提供，现在什么都不想提供了，雇主可以肆无忌惮地延长职工的工作时间，可以不要劳动保护，相反有一些跨国公司在世界上掀起一场社会责任运动，主张企业应该承担社会责任。所以洋医院进来应该客观地评估它、评价它，我觉得，洋医院作为服务业的一部分，为中国居民提供服务，应该是允许的，至少对于我们国家的医疗卫生体制的改革、医药流通体制的改革应该有较高的、直接的参考价值，尤其是在医德、医风方面。

最早：10元钱的标准提高到20元，是医改，还是挂号费涨价？

郑功成：我刚才谈到的这10元钱的标准是指中央财政对中西部地区农民合作医疗的补助，是在2005年8月10日，国务院决定把补贴10元的标准提高到20元，那就意味着中西部地区的每一个农民所得到的中央财政的补助是20元，按照这个政策的规定，地方政府还应该有配套的资金，就是20元的配套资金，也就是说，政府由过去从来没有为农民看病掏过一分钱到掏10元、20元、30元，可见，政府对农民疾病医疗的重视程度是不断提高的，应该说它是有利于减轻农民疾病医疗负担的。但是，我也赞成，如果在农村的疾病医疗代价也跟城市一样漫无边际地涨下去，这种补贴是远远不够的，所以医疗保障制度的改革一定需要医疗卫生体制的改革和医药流通体制的改革相配合，否则，只是单独建立一个新型合作医疗制度，单独补贴20—40元钱，而医疗卫生服务价格、药品价格不断攀升，农民在合作医疗中就很难得到实质的好处。因此，一定要注意配套政策措施的联动，一定要对医疗卫生服务和医药流通环节进行有效干预，这样才能够保证政府的投入真正能够让农民解除疾病医疗方面的后顾之忧。

十、国家应控制药品价格，鼓励生产商之间良性竞争

法律体现人民意志：郑教授，药品商不降价，就加大其专项税收，直接进入社会医疗保险收入。是降价还是加税，让药品商自己选择！

郑功成：应该说，现在的药价虚高是医疗卫生系统里面的一大顽疾，这实际上与医药流通领域处于失控状态下的过度市场化有关，通常药品的生产成本并不是很高，但是到贩子的手上层层加价，到患者身上的价格很高，所以实际

上是流通领域的混乱造成的。我觉得是亟待整顿，流通的环节多了、回扣多了，是应该加以整治的。至于是不是加大税收？我个人认为，国家应该控制药品的价格，尤其是用于基本医疗的药品，应该实行计划调控，不能市场化，这是一个措施。使我们的患者付出较少的代价，享受到较为优质的医疗服务，应该是一种必然的政策取向。另一方面，通过药商之间的适度竞争，有利于降价的竞争，应该采取透明的、公开方式进行竞争，而不是目前这种隐秘性的不正当竞争，要接受政府和社会的监控。比如说采取公开的招标，也许是促使不同的药商进行良性竞争、公平竞争和药品价格回归到合理价格区间的一个措施。所以，办法总是有的，关键是要有相应的法规制度，以及政府执法的力度相配合来解决这个问题。

民喉：郑教授，您是否承认我的观点：任何改革的成果必须惠及全体人民，如果只让少数人享受，培养一个新资产阶级，改革就失败了？

郑功成：这位网友的观点我非常赞成，改革发展的成果应该惠及全体人民，如果只让少数人享受，是不符合改革发展整个取向的。我还想表达的意思是，改革开放已经到了一个新的时代，改革开放前一个时期，我把它称为改革普惠时代，几乎所有的人都能从改革中获得好处，像农村的承包责任制就让亿万农民都获得了好处，20 世纪 80 年代的城市经济体制改革也是以维护城市人民的既得利益为条件的，所以那个时候所有人都不同程度地得到了好处。但是近几年，我们已经进入到了一个利益分割的时代，有一部分人在改革发展中获得越来越多的好处，一部分人却在付出越来越大的代价，这个利益分割在市场经济的条件下，是必然的，如果放任其发展下去，必然造成贫富两极分化。所以，在利益分割的时代，就应该强化政府的干预，比如说用社会保障政策、社会保障制度来保证全体国民都能够共享发展成果，这时候就需要发挥政府的调控作用，包括收入再分配乃至第三次分配，都要发挥作用。因此，现在需要宏观调控，需要政府干预，完善我们的社会收入分配政策，在维护社会公平正义的条件下建立共享发展成果的政策体系。时代不同了，对于国家政策的要求也不一样了，政策制定的出发点也不一样了，过去是鼓励部分人先富起来，现在则应当让所有的人都能够不同程度地共享发展成果。

法律体现人民意志：郑教授，社会医疗保险要实现低水平广覆盖，就要在医疗用品流通中实现低利润高税收！

郑功成：社会医疗保险要实现低水平广覆盖，这是目前的政策取向，一定时间内是要坚持的，但是医疗保障水平是要不断提高的，低水平是暂时的，将来还是要满足城乡居民对疾病保障水平不断上升的需求。是不是要在医疗用品流通中实现低利润、高税收？这个观点我觉得可以讨论，对于有些药品、有些医疗用品不仅不能实现高税收，而且要实行低税收，老百姓需求量很大，应该尽可能降低它的成本，以满足老百姓的需求。对于有一些奢侈性的，那应该是高税收，比如说我们国家很多医院都购买这种B超、CT、核磁共振等医疗设施，大家都引进价格很昂贵、很精密的医疗仪器设备，但利用效率很低，造成公共卫生资源的巨大浪费。同时，也没有那么多病人要检验，不需要检验的患者也让你检验一下，这样就加重了患者的负担，这样一些医疗用品就应当采取限制的措施。有资料显示，在英国伦敦，某种医疗器械整个城市只有两台，而在我们国家一些中型城市却至少有五六台，需要检验的病人却是有限的，越是高级精密的仪器需要检验的患者越是有限，而价格又非常昂贵，这样，一些医院就不管患者大病小病，是否需要检验，都安排检验甚至重复检验，医生在某种程度上也得了技术依赖症，不管什么病都让你B超一下，让你在高精密仪器上检验一下，实际上有许多是没有必要的。所以，医疗用品流通中怎么处理税收和利润的关系，政府的利益、企业的利益、医院的利益和患者的利益是相互博弈的，也是需要兼顾的。我认为，凡是有利于老百姓看病的，政府就应该加以扶持，并在政策上加以倾斜；凡是加重老百姓负担的，政府就应该采取措施加以抑制，这样才能起到调控的作用。

我想，对于医改中出现的问题，大家是越来越关注了，而且正在形成一种新的共识，医改一定要从更有利于维护人民群众的根本利益，从更有利于大家解决疾病医疗的后顾之忧的角度出发，在现阶段要更多地强调政府的责任，加大财政的投入，我想这正在成为我们的共识。我们的政府实际上也在高度关注老百姓看病难的问题，从温家宝总理，从我接触到的有关中央领导同志来讲，对这个问题都是高度重视的，这个局面应该且可能尽快获得改变。我对医疗保障制度的改革抱有信心，因为现在较为深层次的问题已经得到了较为充分地暴露，在这样一种背景下，也许更容易找到有针对性的改革措施。同时，我们国家的经济持续发展和国家财力的持续增长，也可以为进一步解决好城乡居民的疾病医疗问题提供较以前更有力的财政支持。所以，我对构建一个真正覆盖全体城乡居民的医疗保障体系是有信心的。但是，医改又是一个很综合的、复杂的系统工程，我刚才谈到的“三改”同步，医疗体制、医药体制和医疗保险就涉及多个部门，这种部门的分割和政策的分割急需整合，所以难度不小，这需要上下一心，共同推进。

从福利教育走向混合型多元教育体系[①]

一、从福利教育制度走向混合型的多元教育体系

笔者一直认为，教育是国民立足社会的基础，也是国家发展的根本所系。

中国大规模的人力资本投资始自中华人民共和国成立以后的20世纪50年代。自那时候确立的教育体系是单纯的福利教育制度。

在计划经济时代，城镇教育体系包括普通学历教育与职工技能培训，均属于国家公共福利范畴，即使是企业单位举办的学校，也因国有经济一统天下并与国家财政紧密关联而事实上属于国家福利教育；乡村教育体系则是在国家支持下由乡村集体举办的一项集体福利。在这种福利教育制度下，受教育者通常享受着免费教育或者只付出极低的成本。长期以来，中国的义务教育学杂费通常在1美元以下，高中教育每学期的学杂费通常在2美元以下；即使是高等教育也是完全由政府完全负责，学生不需要缴纳任何费用，还能够享受水平不一的助学金补贴。

在20世纪50—70年代，中国的财政性教育投资约占GDP的2%（低的年份为1.7%），[②] 如果再加上乡村集体经济对农村居民子女教育的投入，这一比重还会有所上升。与当时的经济发展水平相比，应当承认国家对教育是重视的，也是有成效的。正是这种由政府与集体投资的免费与低成本教育体系，使中国国民的受教育程度迅速得到提高。

据统计，1949年时，中国人口中的文盲半文盲占80%以上，受教育成为极少数富裕家庭子女的专利；经过20世纪50—70年代的发展，到1982年全国人口普查时，全国人口中的文盲与半文盲率下降到30%以下，中国城镇劳

---

① 本文系作者于2004年7月29日应邀出席在美国亚特兰大召开的“科学技术、人力资本和经济发展”国际研讨会上为大会所做的主题学术报告，该报告是该次大会三个主题报告之一；原载《清华大学教育研究》2004年第5期。

② 参见于保平：《教育，阿喀琉斯之路踵?》，《21世纪经济报道》2003年12月31日。

动力平均受教育年限达到 7.93 年，农村劳动力平均受教育年限为 5.01 年，[①] 这种人力资本的积累不仅得益于普通国民教育，也得益于诸如夜校等非正规形式的教育。

改革开放以来尤其是 20 世纪 90 年代以来，中国单纯的福利教育制度目前正转向混合型的多元教育体系。一方面，市场经济改革促使国民对教育的需求持续快速增长，文化大革命时期的读书无用论迅速转向追求学历教育，而政府对教育的投资难以满足教育发展的需要，因此，不仅非义务教育逐步实行收费制，而且义务教育也需要向受教育者收取相应的学杂费，许多学校为弥补经费不足而创办企业及其他营利性机构；另一方面，改革开放以后，国民对教育的需求也日益呈现出不同层次性，除正规普通学历教育外，非正规的学历教育与各种非学历教育也因需求高涨而获得前所未有的发展。

从传统的政府教育投入、企业人力资本投资，到家庭、个人的教育投资、社会投入，以及学校自身创办营利性机构创收，中国自 20 世纪 90 年代以后确实自原有的福利教育制度阶段进入到了一个混合型多元教育体系阶段。在混合型多元教育体系下，中国的国民教育程度进一步得到了提升，到 2000 年全国人口普查时，农村劳动力的平均受教育程度由 1982 年的 5.01 年提高到 7.33 年；城镇劳动力受教育程度由 1982 年的 7.93 年提高到 10.2 年；全国人口的文盲率下降到 6.72%。[②]

2002 年时全国在校生总数达到 22562.8 万人，其中在校研究生 50.1 万人、大学生 903.4 万人、中等学校学生 9415 万人、小学生为 12157 万人。[③]

二、混合型多元教育体系的基本特征

中国现阶段的教育体系是一种混合型的多元教育体系，所谓混合型多元教育体系，是指在各责任主体的责任边界并不清晰的条件下，已经出现的教育投资、教育机构与教育需求的多元化格局。它主要表现在如下几个方面：

1. 教育投资主体多元化，包括政府投入、企业投入、家庭与个人投入、社会投入，以及教育机构通过兴办营利性机构创收自我投入和依靠国内外贷款。这种多元教育投资格局的形成，与过去单纯依靠国家公共投入相比，无疑

① 参见李术峰、张景勇：《教育，能否为全面小康提供足够人力资本?》，新华社 2003 年 3 月 12 日。

② 参见李术峰、张景勇：《教育，能否为全面小康提供足够人力资本?》，新华社 2003 年 3 月 12 日。

③ 参见国家统计局编：《中国统计摘要（2003）》，中国统计出版社 2003 年版，第 174 页。

使中国用于教育方面的人力资本投资大幅度增长，促进了国民教育事业的快速发展。如据《中国教育与人力资源问题透析》报告，中国 2001 年的统计分析表明，农村居民家庭恩格尔系数已经降低到 47.7%，跨入小康阶段；而城镇居民的同一指标为 37.9%，开始进入富裕阶段。家庭消费支出结构中，教育文化支出已经成为继食品支出之后的第二大支出项目，占家庭总支出的 12.6%，超过了住房与衣着支出，这种消费结构的转变意味着家庭可以且正在将更多的资源用于家庭成员的人力资本投资。①

2. 教育机构多元化。目前是公立教育机构与私立教育机构并存、正规教育机构与非正规培训机构并存。就教育机构的性质而论，尽管仍是以公办教育为主体，但私立学校（包括私立小学、中学、大学）在快速发展；就教育机构的形式而论，尽管正规学校仍然占据主体地位，但非正规的培训机构正在大发展。据统计，截至 2002 年，全国各类民办学校达到 6.2 万所，在校生总规模为 1115.97 万人，其中民办高等教育机构有 1335 所（含具有学历教育资格的民办高校 133 所）。② 北京新东方学校就是一个典型的私立教育机构，该校 1993 年由俞敏洪白手起家创办，未获政府一分钱投资，完全依靠受教育者的缴费而迅速壮大，1995 年招生 1.5 万人，2001 年招生数达 20 万人，2003 年招生数逾 35 万人，新东方学校完全是由受教育者个人的教育投资而发展起来的，是市场经济条件下民办教育的成功典范。③

3. 教育形式的多元化。现阶段是学历教育与非学历教育（继续教育）并存、知识教育与技能教育并存、正规教育与非正规教育并存、国内教育与国际教育并存。教育形式的多元化格局，恰恰是中国国民教育需求多样化的直接反映，它同时也决定了中国不可能再用一种福利教育制度来满足国民的教育需求。

4. 各种因素混合一起，形成了相互分割又相互掺杂的格局。如公立学校并不仅仅依靠财政性教育投入，还需要开辟各种收费创收的渠道；受教育者不离开工作岗位亦可享受到完全的正规的高等学历教育；等等。

综上所述，中国现阶段的教育体系既呈现出多元化的特征，又呈现出混合型的特征，多元化作为中国教育体系发展方向已经不可逆转，但教育体系中相互分割又相互掺杂的格局却需要通过深化改革来理顺关系、明晰职责并采取不

---

① 参见尹鸿祝、邬焕庆：《教育支出已成为我国城市居民第二大支出》，新华网 2004 年 2 月 17 日。

② 参见中华人民共和国教育部发布：《中国教育改革与发展及全国教育经费投入情况》，2004 年 1 月 6 日。

③ 参见罗佳媛：《俞敏洪——从绝望中寻找希望，人生终将辉煌》，《北大人》2004 年 1 月 27 日。

同的政策。

三、混合型多元教育体系存在的主要问题

在这种多元教育体系下，我们可以分析出它的主要问题：

1. 教育投入仍然不足，结构亦不合理。

表 1　中国教育经费占 GDP 比重

	1985	1990	1995	2000	2001	2002
教育经费合计（亿元）	226.9	659.4	1877.9	3849.1	4637.7	5480.0
占 GDP 比（%）	2.5%	3.6%	3.21%	4.31%	4.8%	5.4%
财政性教育经费（亿元）	224.9	548.7	1411.5	2562.6	3057.0	3491.4
占 GDP 比（%）	2.5%	2.96%	2.41%	2.87%	3.19%	3.41%

资料来源：根据国家统计局编《中国统计年鉴》2002 年版、2003 年版、2004 年版之教育经费情况计算。

由表 1 可见，中国的教育经费占 GDP 之比由 1985 年 2.5%增长到 2002 年的 5.4%，其中财政性教育经费占 GDP 之比由 1985 年的 2.5%增长到 2002 年的 3.41%。根据这一组数据及相关资料，可以揭示出中国教育经费投入中的如下基本结论：

一是中国教育经费增长虽然较快，但实际上仍然不足。在中国，除北京大学等少数高等院校和一些大中城市的重点中小学校，其他各类学校普遍认为自己属于经费不足甚至严重不足。

二是国家财政性教育经费的增长较缓慢，说明教育经费的增长主要是依靠非政府财政性投入带动增长，而作为国民教育投资最重要的主体的政府，还有待加强对教育的投入。

三是在非财政性经费投入中，社会团体、家庭或个人的教育投入均有大幅度增长，其中家庭或个人的教育投资增长幅度最大。而作为教育投资的又一重要主体的企业对教育投资却未有良好表现。据调查，中国国有企业中，有 30%以上的企业的人力资本投资只是象征性地拨一点教育培训费，年人均在 10 元以下；20%左右国有企业在教育、培训费方面年人均在 10－30 元之间；大多数亏损企业已经基本停止了人力资本的投资，而部分有能力的企业也已经放弃或准备放弃岗前与中长期的教育培训。过去附属于国有企业的职业教育机

构近几年来被撤销的占总数的45%，被合并的占总数的47%。①

四是教育投入结构不合理，对基础教育未引起足够重视。一般而言，基础教育是应当依靠财政性拨款来支撑的，中国的法律更是明确规定实行九年制义务教育。然而，财政性拨款在总量不足的条件下分配亦不合理，政府目前对基础教育的拨款只占整个基础教育总投入的58%左右，而在高等教育的总投入中却也占到了50%左右。以2000年为例，用于高等教育的经费占财政性教育经费的25.54%，用于中等专业学校及高级中学等非义务教育的财政性经费占40%，而用于初中及小学等义务教育经费仅占财政性教育经费的30%左右。②不仅如此，有关统计亦表明，中小学人均公用教育经费自1999年以来实际上呈下降趋势，乡村小学生的人均公用经费每年不足28元。③ 据中国审计署2004年6月公布的对50个县的基础教育经费调查结果，2002年50个县的公用经费中用于人员经费的开支就占到了87.3%；到2003年6月底时50个县的基础教育负债额达38.98亿元，有些县80%以上的中小学校均负债；有19个县仍欠发教师工资计达2.02亿元，相当于应发工资总额的17.7%。④ 对基础教育投入的不足，又导致了部分地区的教育机构乱立名目向学生收费的现象，进一步提升了居民尤其是乡村居民子女在基础教育方面的成本。

五是在调动民间资源方面缺乏有效措施。尽管改革开放以来，社会团体及企业、个人热心教育公益投资的不少，但政府在调动民间资源方面仍然缺乏有效的激励措施。如向教育机构捐赠虽然按照《中华人民共和国捐赠法》可以享受有关免税优惠，但实际上这一规定因具体政策迟迟不能出台而得不到落实，从而事实上抑制了民间资源投向教育事业。

2. 教育领域的非公平性明显。由于中国正处于转型期，在福利教育走向多元教育体系的进程中，法律制度的欠缺、管理体制的不适应，以及相关配套机制的不完善，使得教育领域中存在着显著的不公平性，这种不公平性正在妨碍着中国教育事业的健康与可持续发展，在某种程度上甚至直接扭曲着整个社会人力资本的投资行为，造成教育投资的失败与低效。

一方面，公共教育资源的分配极不公平。这主要是指国家财政性教育经费的投入，长期以来都是城镇重于乡村、重点学校重于非重点学校、学历教育重于非学历教育、知识教育重于技能教育。在城乡之间，以义务教育经费拨款为

---

① 参见尔东：《企业人力资本投资严重不足》，《市场报》2003年11月29日。

② 根据国家统计局编：《中国统计年鉴（2001）》（中国统计出版社2001年版）之各类学校教育经费情况（2000）表资料计算。

③ 参见程刚：《中小学人公用教育经费呈下降趋势》，中青在线2003年8月27日。

④ 参见国家审计署公布50个县的基础教育经费调查结果，国家审计署网站2004年6月22日。

例，乡村学校九年制在校生占全国九年制在校生的75%以上，而分割的教育经费却只有全国初中与普通小学占有的财政性教育经费的50%；在各类学校中，无论是小学、中学还是大学，重点学校通常成为财政性教育经费的重点拨款对象，而非重点学校的办学条件长期得不到改善；政府对学历教育往往很重视，而对非学历教育如职业技术教育自改革开放以来却长期未给予应有的支持，造成了职业教育的迅速衰落。因此，公共教育资源分配的不公，已经造成了一些不良的后果。

另一方面，国民受教育权（机会）亦存在着不公平现象。一是长期以来形成的城市人的受教育机会多于农村人的不公平现象。以1982年和2000年的全国人口普查资料为例，1982年时农村劳动力（16—64岁人口）的平均受教育年限为5.01年（仅相当于小学文化程度），城镇劳动力的同一指标为7.93年（相当于初中二年级文化程度）；到2000年，农村劳动力的平均受教育程度提高到7.33年（相当于初中一年级文化程度），城镇劳动力受教育程度则提高到10.2年（相当于高中一年级文化程度）；[①] 即使是在统一的高考制度面前和各类升学考试面前，城市青少年的升学机会也远远大于农村青少年的升学机会；城市劳动者有接受继续教育与技能培训的机会，农村劳动者则没有这样的机会；等等。这些现象客观地反映了中国城乡之间客观存在的教育鸿沟和人力资本鸿沟。

在中国教育领域还事实上存在着性别上的不公平，乡村居民对子女的教育投资通常有明显的男性偏好，女性受教育的机会要少于男性。

此外，伴随着大规模的农民工群体的出现，流动人口与固定户籍人口之间亦存在着明显的教育不公平现象。凡流动人口中的子女入学，均要承担高额的借读费，不能享受当地居民的同等待遇。全国因此而受影响的民工子女以百万计，流动状态的民工亦不能接受专门面向城市人的技能培训等。

3. 教育领域的市场化取向令人忧虑。市场经济改革带给中国教育界的一个直接效应，就是教育领域的市场化与效率取向因为缺乏相应的政策规范而发展到了令人忧虑的地步。一方面，几乎各级各类学校均存在着乱收费现象，教育乱收费已经成为中国的社会问题，教育系统甚至被人斥之为“暴利”行业；而本来应当由政府负责的义务教育，在许多地方仍然是收费教育，贫困家庭子女因缴不起学费而失学的现象仍然不乏罕见；另一方面，家庭和个人因教育投资日益昂贵而出现压力日益沉重的趋势，以中国的大学学费为例，2001年的大学人年均学费是3895元，相当于当年人均GDP的50%以上，而美国的同

---

① 参见李术峰、张景勇：《教育，能否为全面小康提供足够人力资本?》，新华社2003年3月12日。

一指标是15%左右；[①] 研究生层次的学杂费是人年均3万元，相当于人均GDP的400%；不仅如此，学费还在上涨。

在市场化背景下，公立学校也创办着各种营利机构，各种非学历教育或非正规教育成为中国高等院校办学经费和改善办学条件的重要经费来源，继续教育领域处于混乱状态。目前中国教育领域确实存在着计划管制与市场化或效率取向并行的现象。教育领域的过度市场化与效率取向，正在损害着国民教育本应有的公平性、福利性与规范性，造成了部分国民的受教育权被剥夺，从而客观上在损害着民生的基础。

4. 人力资本水平低与人力资本使用效率低并存。中国的人均受教育年限处于发展中国家的中下水平，尽管高等教育的毛入学率于2003年达到了17%左右，[②] 2004年还继续扩大招生规模，但截至2002年，大专以上文化程度的人口占总人口的比重还只有4.4%，高中文化程度的人口占11.7%，初中文化程度的人口占35.3%，小学文化程度的人口占32.7%，文盲人口还占9.2%。[③] 在全国人口人力资本水平低的背景下，由于劳动力市场不成熟和收入分配制度不合理，人力资本的使用效率却很低，近几年就出现了大学生就业难和知识性失业等现象，2003年的大学生就业率为70%，2004年政府确定的大学毕业生目标就业率仍是70%，[④] 这还是在国家出台多项保护性措施的条件下获得的就业率，这表明中国人力资本的使用效率并不高。

根据劳动和社会保障部2004年7月22日发布的信息，2004年第二季度的统计显示，初中及以下文化程度、高中、大专、本科、硕士及以上文化程度的求职倍率分别为0.96、0.92、0.91、0.87、1.42，[⑤] 即100名初中生竞争96个岗位，100名研究生竞争142个岗位，而100名本科生只有87个岗位可供竞争，本科生成为最难找工作的群体，这组数据也说明了中国人力资本的使用效率不高。

---

① 参见文志传：《学费又要上涨，大学生培养成本到底有多高?》，《中国青年报》2004年7月23日。

② 参见中华人民共和国教育部发布：《中国教育改革与发展及全国教育经费投入情况》，2004年1月6日。

③ 参见国家统计局编：《中国统计摘要（2003）》，中国统计出版社2003年版，第38页。

④ 参见何清涟：《中国的发展瓶颈——扭曲的教育资源配置》，光明网2004年7月13日。

⑤ 参见刘声：《社会保障部报告显示初中生比本科生就业机会多》，《中国青年报》2004年7月23日。

四、中国政府已经或正在采取的积极行动

针对教育体系中的问题，中国政府给予高度重视。近几年来已经或正在采取积极行动，以便推进教育事业的发展，并加快促进人力资源向人力资本的转化。中国政府采取的政策措施，大体上有如下几项：

1. 继续加大国家财政对教育的投入。在这方面，政府自 1997—2002 年间财政性教育经费年均增幅达 16.7%,① 2005 年国家用于教育方面的财政性经费投入将达到 GDP 的 4%，而政府确定的 2010 年的目标是全国财政性教育经费投入占 GDP 的 5%。

2. 开始考虑教育的公平性并采取相应的行动。一是对农村教育的重视程度明显提升并有切实措施推进。自 2002 年以来，全国财政预算内对农村义务教育经费的拨款连年增长，中央财政还通过工资性转移支付与农村税费改革转移支付等措施，促使农村义务教育初步实现了由"农民办"向"政府办"的转变；同时，国家还实施了"国家贫困地区义务教育工程"、"农村中小学危房改造工程"、"西部地区教育基础设施建设工程"、"国家义务教育贫困学生助学金计划"，国家还为贫困中小学生免费提供教科书等，这些措施的采取使城乡公共教育资源分配不公平现象正在得到扭转。

二是通过 2003 年全国人大常委会对《中华人民共和国未成年人保护法》(以下简称《未成年人保护法》) 的执法检查的推动，中国政府于 2003 年秋季明确流动人口子女的义务教育由流入地政府统筹解决，以农民工为主体的流动人口的子女开始享受与市民子女同等的教育机会。

3. 将职业教育的发展纳入国家教育振兴行动计划。中国教育部将大力发展职业教育和大量培养高素质技能型人才，以及发展多样化的成人教育和继续教育等，正式纳入了国家教育振兴行动计划；中国劳动和社会保障部亦开始行动起来，通过政府投入和对失业保险制度功能的调整，强化对劳动者的技能培训，并计划对农民工进行大规模培训。可以预见，职业技能教育将成为中国多元教育体系中非常重要的组成部分。

4. 强化义务教育的福利性，建立非义务教育成本分担机制。确保每个适龄青少年都能够接受义务教育，是中国政府近期追求的主要目标。这一目标在城市已经基本实现，因为即使是贫困家庭亦可以获得市政府提供的子女教育补贴；在农村，国家通过确立以县为主的教育管理体制，基本实现了从"农民办"教育向"政府办"教育的转化。同时，自 2004 年秋季起，全国所有省份

① 参见《教育部就义务教育和教育经费投入答记者问》,《人民日报》2003 年 11 月 3 日。

的公办义务教育均推行"一费制"，即在严格核定杂费、课本费的基础上一次性统一向学生收取费用，以此杜绝中小学校乱收费现象。一些城市已经实现义务教育免费制。因此，义务教育正在恢复福利教育的本来面目。

同时，中国政府正在探索建立非义务教育的成本分担机制，包括高等教育及其他非义务教育，均将根据教育成本来确定相应的筹资渠道与方案，家庭与个人分担必要的成本将是受教育者享受非义务教育机会的条件。这种成本分担机制的确立，将使教育收费走上规范化、制度化道路。

五、对中国教育发展的一些建议

中国将就业作为民生之本，而教育无疑是民生之基，因为教育程度客观上决定着每个国民的发展机会，教育水准则决定着一个国家的未来。因此，重视教育和发展教育，是一个国家走向繁荣富强的必要条件。对中国的教育事业，我有如下一些建议：

第一，在坚持科学发展观的原则下，国家有必要将国民教育放在优先考虑的战略地位来推进。

第二，在将教育作为人力资本投资的同时，应当维护教育的公平性与福利性。教育作为一种人力资本投资具有特殊性，其收益的滞后性决定了国家应当主导教育事业的发展，而确保每个国民能够平等地享有受教育的机会又是国家保护国民人权的重要体现，因此，国家有必要利用公共资源来维护教育尤其是义务教育的公平性与福利性。唯有如此，才能解除国民尤其是贫困家庭子女受教育的后顾之忧，并促使教育这一民生之基不断得到巩固。

第三，树立大教育观和协调与均衡发展的方针。现代社会不只是需要传统的知识教育、学历教育与正规教育，而且对技能教育、非学历教育、非正规教育也有着巨大的需求，因此，我认为有必要确立大教育观，并按照协调与均衡发展的方针来促使各种职业技能教育、非学历教育、非正规教育获得快速发展。只有形成全民重教育、终生受教育的格局，国家才能获得长足的发展。

第四，加大投入，突出重点。毫无疑问，中国政府有必要加大对教育的投入，财政性教育经费应当尽快达到占 GDP 的 4%的比重并尽可能早地达到 5%的目标。在财政性教育经费的分配中，义务教育应当成为重中之重，政府应当成为义务教育的完全责任主体，确保义务教育真正成为普适性的完全公平的福利教育；同时，对非义务教育区别情况给予相应的支持与扶持。

第五，走官民结合的发展道路。政府包办教育的时代已经成为历史，面对教育需求的持续扩张和国民不同的教育需求，有必要走官民结合的发展道路。在这方面，政府不仅应当继续加大对教育的投入，而且有必要通过相应的政策引导与制度保障来调动民间、社会与企业参与教育事业。例如，取消教育领域的投资限制，吸引内资、外资兴办教育；通过税收优惠的政策来引导企业成为劳动者继续教育的投资主体；用制度来维护各种私立教育的正当权益；鼓励社会各界捐赠教育事业，等等。只有充分地调动民间、企业与社会参与教育的积极性，才可能促使中国的教育事业获得更大、更好的发展。

第六，分级分类分层解决问题。中国教育事业正处于一个大发展时期，从福利教育到混合型多元教育体系的发展过程中，所面临的挑战和需要解决的问题很多。对此，我认为，分级分类分层的方法是应付挑战和解决现实问题的良策。一方面，有必要确立教育分级负责制，政府扮演着教育福利保证者的角色，但它首先是地方政府的责任，中央政府宜最后出台；另一方面，对公立教育与私立教育、学历教育与技能教育、学历教育与非学历教育、正规教育与非正规教育等均应当确立分类指导办法，如公立高等院校就不宜办成营利性机构，在高等院校中也不宜都举办各种具有营利性质的继续教育、成人教育等，分类指导就是要使各种教育机构办学行为规范化；此外，教育还需要分层，对博士层次要求应当苛刻化，硕士层次可以适当放松，本科层次可以大众化，高中应当适时普及，九年义务教育应当成为国民教育的最低保障，而各种继续教育、成人教育则可以充分利用社会与民间力量来发展。

总之，教育是国民立足社会之基础，也是国家发展之根本所系。政府的教育投入、企业的人力资本投入、城乡居民家庭对孩子的教育投入已经成为中国人力资本投资的重要来源。而政府投入的持续增长将使教育的福利性得到维护，家庭与个人投入的持续增长则使教育的人力资本投资功能进一步得到体现。中国的教育发展正处于一个非常关键的时期，所面临的挑战与难题很多，迫切需要政府通过调整发展思路、深化体制改革来应对。

义务教育与教育福利①

一

我有几点想法，首先是未成年人的受教育权应该得到国家财政保证，未成年人受教育权保护的重点一个是贫困人口的子女，另一个是流动人口的子女，前者要靠国家财政保证，后者要靠流入地政府来保证。不能说湖南人到北京来打工，把小孩带到北京后，就变成了失学儿童。流动人口为当地的经济发展作出了贡献，结果子女变成了失学儿童，为什么教育部和财政部不能下死命令？流入地的政府就应该解决流动人口子女的教育问题。

其次是要检讨一下我们的教育政策。我们发现农村有新的读书无用论，因为上大学要找工作不容易，而几乎所有青少年均在走独木桥，所以职业技能教育应该跟学历教育并重。我国加入 WTO 以后，大家都说要做世界制造业中心，我觉得应该造就数以千万计甚至上亿计的高素质工业劳动者，而这是学历教育培养不出来的，只能通过职业技能教育，把农民变成高素质的工业劳动者，我认为走学历教育这条路只能是死胡同。这几年出现了大学生就业难，我估计三年以后，博士要找到满意的工作也会很困难，因为这是一座独木桥。

再次，我们在执法检查中还发现，青少年犯罪大多受一些不良书刊、网络的影响，而全国众多的公益场所都不能很好地发挥作用。如河南省博物馆，那么好，一年却只有 7 万多未成年人参观，投了几个亿的博物馆就是这样使用的，太可惜了。对公益场馆，应该是参观的人越多才越有效益，那么高级的博物馆应该是人满为患才对啊，但因为收费，门票五元钱，人就自然少了。可见公益场所建设其实存在巨大的浪费和资源闲置，而青少年只能往网站上去了，

① 本文第一部分摘自作者 2003 年 8 月 26 日在十届全国人大常委会第 4 次会议审议全国人大常委会执法检查组关于《未成年人保护法》执法检查报告时的发言；第二部分摘自作者 2004 年 10 月 27 日上午在十届全国人大常委会第 12 次会议审议全国人大常委会执法检查组关于检查义务教育法实施情况的报告时的发言；第三部分摘自作者 2006 年 4 月 28 日上午在十届全国人大常委会第 21 次会议审议《义务教育法》修订草案时的发言。

只能受别的影响。

二

《中华人民共和国义务教育法》（以下简称《义务教育法》）的执法检查报告很好。我们国家的义务教育到底是进步了还是退步了？在我的家乡，我上学那个年代没有辍学率，我的同龄人没有失学的，但现在有的孩子不念初中。一些地方义务教育完成的统计率并不真实，因为只要上了初中就是完成了义务教育，至于能不能真正念完初中就不管了。

第一，整个义务教育表现出来的问题就是教育机会还不公平，教育投入仍然不足，义务教育在一些地方已经成为家庭的沉重负担。这其实是教育领域过度市场化造成的，也是把效率优先变成效率至上的结果，这不是一个简单的问题。我非常反对提“教育产业化、市场化”口号，更不主张把效率优先搬到国民教育领域。相反，我认为一定要确保国民教育尤其是义务教育的福利性与公平性。教育的公共性，决定了教育是公共产品，维护教育的福利性尤其是义务教育的福利性是政府责无旁贷的职责。我认为，首先在理念上要确定义务教育福利性与公平性至上的宗旨，义务教育应当成为我们国家的最低教育保障，并列入确保之列。其次是国家财政性教育经费投入要有保证，不仅应达到4%，还应该达到5%。

第二，有必要调整财政性教育经费的结构，在整体经费不足的情况下，应该优先确保义务教育，尤其是农村的义务教育。在教育方面，我们是对不起农民的。因为长期以来实际上是农民自己办教育，农民办义务教育应尽早彻底转变为政府义务办教育，这是缩小城乡差距、促进协调与和谐发展的基础工程。

总体上讲，就是要充分认识教育是政府的责任，一定要维护国民教育的公平性、福利性，然后是调整教育经费的投入结构。

三

我非常关注《义务教育法》，因为《义务教育法》应当是最基本的教育福利，也应当是社会保障的重要内容。现在社会更多的是保障物质生活，底线是最低生活保障，而义务教育作为基础教育应当是最低教育保障。看完草案第二次审议稿后，发现有很多地方都改得好多了，空话、套话少了，责任明确了，力度也加大了。我想对现在的草案谈几个方面的想法。

第一，对草案第2条明确“实施义务教育，不收学费、杂费”非常赞同，同时建议删除第63条为继续收取学杂费留下的活口子。义务教育作为基础教育，没有政府大的投入，不免收学费与杂费，就很难维护它的公益性与公平性，现实中的学费、杂费已经使义务教育的公益性和公平性受到了损害。因此，本法明确规定不收学费、杂费非常好，但我不同意在附则中加上一个“尾巴”，即“对接受义务教育的适龄儿童、少年不收杂费的实施步骤，由国务院规定”，这一规定实际上淡化了第2条的刚性约束，给地方留下了乱收费的余地。我国的初中生和小学生加起来有1.7亿人，根据2006年4月27日周济部长的报告，到2007年，1.48亿农村的初中生、小学生都会全面实现免收学费、杂费，这是国务院已经制定的目标，2007年在农村就要全面实现的目标，城市当然也可以实现。所以我觉得如果法律再留这么一个尾巴，可能会影响这部受世人关注的法律的执行，因为这次修改的重大意义，我认为首先就在于通过恢复和维护义务教育的福利性、公益性来实现它的公平性、均衡性。既然2006年4月27日周济部长已经讲了，2007年在农村都可以全部免收学杂费了，那么城市免收学杂费是可以实现的。如果说担心这部法律在2006年下半年实施实现不了免收学杂费的目标，那么我建议这部法律可以在2007年9月1日实施，这样，政府可以照此倒计时做相应的准备，现在的国家财力应当是有能力支撑一个福利性、公益性的义务教育体系的。因此，建议立法要干脆一点，不要为收取学杂费再留下尾巴。

第二，关于教职工编制标准问题，建议考虑地区之间、城乡之间的实际情形，适度下放或者留有弹性，国家只定底线标准。我们国家地域这么大，地区发展差距这么大，城乡发展差距这么大，由国家统一制定标准就必然难以实施且确实不可能符合各地需要，如农村的编制标准达不到，因为农村孩子住得分散，比城市困难。而上海这样的发达地区也需要超过这个标准，因为发达地区要进一步优化教育优质资源，它可能要配备很多需要的老师，如美术教师、心理咨询教师等，如果全国刚性统一编制标准就可能会限制发达地区配备这类老师，实际上限制了义务教育的优化。在农村，现在一师一校的点还有9万个。所以，一个国家定一个编制标准，在目前发展很不平衡，城乡差距还很大的情况下是无法实施的。我建议赋予省一级人民政府相应的编制权，并照顾不同地区的实际需要与发展需要。

第三，建议加上“国家发展现代远程教育和电化教育，共享优质教育资源”，这里的目的是要农村地区、落后地区的孩子来分享城市的优质教育教学资源，为什么这样提呢？因为分享优质教育教学资源也是维护教育公平的一个方面，而要共享优质教育教学资源又确实依赖于远程教育、电化教育。2003年国家已经启动了农村中小学远程教育工程，按照计划，2003—2007年中央和地方政府的投入要超过100亿元，到2005年基本覆盖了全国3/5的地区。因此，加上这一内容不仅是必要的，也是可行的。

第四，要落实经费保障机制。我们还没有做到义务教育经费的增长和财政增长一致，2002—2004 年我们国家的财政收入增长均超过 15%以上，而义务教育经费年均只增长了 13%多。因此，可以督促国家在财政预算方面对义务教育给予倾斜。

从片面追求学历到以能力为核心①

片面追求学历的人才观，扭曲了人才多元化、多层次的良性格局，影响人们的教育观念并成为“应试教育”的驱动力。建立以能力为核心的人才评价指标体系和相应的素质教育体系，迫在眉睫。

一、人才评价离不开时代背景

素质教育推进难，我认为有着深刻的社会原因。一个时代有一个时代的人才观以及与之相适应的教育观和教育体系。人才观决定着教育观，进而直接影响教育事业的发展。改革开放后，国家基于对知识与人才的渴求，在用人时高度强调知识化，突出学历要求，各种机会均向有学历、高学历者倾斜，好的岗位均向有学历、高学历者开放，正是这种唯学历论英雄的人才观与用人观，造成了千军万马挤独木桥的格局，升大学、考研究生成为青年学子的最高追求。这种以学历为本位的片面的人才观与用人观，如同经济发展中片面追求 GDP 一样，必然带来严重的不良后果。

我认为，“应试教育”积重难返和素质教育推进难的根本原因，就是不当的人才观在作祟。不改变对学历的盲目崇拜和片面的人才观与失衡的用人观，素质教育的目标就不可能实现。

应该指出的是，改革开放初期尊重知识被演绎成学历崇拜有其历史背景。当时我国高等教育规模小，发展极端滞后，人们的学历教育普遍偏低，高等教育只是极少数人的精英教育。在当时的背景下提出矫枉过正的人才观并运用到用人实践中是时代的需要，当时的“学历崇拜”对于发展我国的高等教育、提高国民受教育水平起到了积极的推动作用。但经过 20 多年的改革开放，在高等教育已经步入大众化阶段的时代背景下，对于学历与人才的关系评价也应作出相应调整。我们国家和社会的建设，不仅需要高学历人才，更需要亿万高素质、高技能的劳动者，而这些人不是靠学历教育能培养出来的。因此，对学历的过分崇拜，事实上已经成为我国新时期教育发展和培养高素质人才与劳动者

---

① 原载《中国教育报》2005 年 10 月 31 日；由该报记者汪瑞林帮助记录并整理发表。

的绊脚石。

二、片面学历观的危害

片面的学历观与人才观，必然会深刻地影响到教育领域。用人单位都希望招聘高学历的人才；家长们都希望自己的孩子能考出高分，考上名牌大学，然后还要继续深造，拿到更高一级的学历，以便找到好的工作，这样的社会氛围日益在强化。在用人单位、家长的观念驱使下，学校不得不片面追求升学率；为了给学生提供更高的学历，一些学校盲目追求“升格”，中专要升专科，专科要升本科，大学都不惜一切代价争取上硕士点、博士点，结果是学校升格了，学生的学历也升上去了，但是素质水平却不见提高，国家发展所需要的亿万劳动者仍然处于低素质状态。

教育领域中的问题是用人实践的要求与反映，学历崇拜的根源在于社会的用人观念与现实制度及政策。现在的用人单位，尤其是党政机关和事业单位，在选拔、录用人才上，过分看重学历，越高越好；一些地方、一些机关在选拔录用干部时，到哪个层级就要求具备相应的学历。曾有媒体对某地引进博士生当副区长、副处长等大加报道，这实际上是一种错误的导向。改变以学历为本位的人才评价体系和用人观，树立以能力为本位的人才评价体系和用人观，是素质教育能够得到落实的最重要的环境条件，甚至是前提条件。

根据一般教育规律，受过高等教育和没受过高等教育的人，在总体上是有差别的，但是学历、学位与能力并不是绝对等同的，许多人学历较低但能力很强，或者在某一方面有特别的才华，这种现象在中国、在其他发达国家都不少见。目前一些大学生找不到工作，而技术工人却非常紧俏，正说明了当代社会的人才是多元化和多层次的。其实，在历史上，在世界各国，对“人才”的定义和理解历来都是多元化的，很多名家都没有接受过系统的学历教育，在今天市场经济条件下，人才更是多元化的，我们不能让对学历的片面追求扭曲人才多元化、多样化的良性格局。

片面的学历观必然带来“应试教育”，忽视人的全面发展和能力培养。事实上，一些家长已经意识到了目前应试教育的危害，新的“读书无用论”在农村已经有所反映——一些家长宁可让孩子外出务工或去学一门“手艺”，也不愿让他们升学、考学。因为他们知道，一技在身，不是得到一碗饭，而是得到了一个可持续的饭碗。这是他们对“应试教育”和片面追求学历的人才观与教育观的一种消极无奈的抵抗，同时也从一个侧面说明了能力培养的重要性。

三、建立新的人才评价体系

21世纪对人才素质的要求，最重要的是能力和创新。打破对学历的崇拜和以学历、学位为本位的人才观与用人观，树立多元化的人才观、以能力为核心的公平竞争用人观和人才评价指标体系已经成为当务之急。如果能由学历崇拜转为对能力和创新的崇拜，那么这个社会就会充满生机。

一个人的能力和创新意识，不是天生的，而是需要通过科学、合适的教育方式来培养的，而这也正是素质教育的核心。教育部门自身要带头打破学历崇拜，同时采取切实行动。我认为首先应该确立大教育观，并通过大力调整教育结构，把职业技术教育放到和学历教育同等重要的地位，同时在教育投入、教育资源的配置方面进行相应的调整，取消以升学率为主体的评价指标体系，给学校实施素质教育“减压”。

其次，还应当对基础教育的功能和目标进行反思，党的十六大提出要建设终身学习型社会，教育是一个终身的过程。在基础教育阶段，重在注意和发现学生的兴趣，发掘其潜能，培养其学习能力和健全的人格。中小学应该努力营造有利于各类学生成才的环境，这个环境应该不束缚孩子的天性，真正实现有教无类；不能要求每个人都成为天才、全才，逼迫他们去做一些不愿做的事情。现在很多孩子小时候钢琴、舞蹈样样学，结果长大都荒废了。家长的这些做法看似在搞素质教育，其实是与素质教育的精神相违背的。

我们没有太多的时间来讨论了，当前片面追求学历的人才观、用人观不能再持续下去了，“应试教育”的现状不能再持续下去了，否则，不仅有更多人成为受害者，还将造成人力资本投资的巨大浪费，影响我们国家实现经济增长方式转变和保持持续发展的目标。只有确立以能力为核心的人才观与用人观，尽快由学历崇拜转向能力崇拜，才能涌现出亿万有能力的人才和劳动者，真正形成八仙过海、各显神通的人才兴旺景象，这才是我们国家和民族发展的希望所在。现在我们要做的，就是统一认识，营造氛围，把素质教育作为既定方针，坚定不移和更加有力地推行下去。

"学历崇拜"，当止①

最近，有关素质教育的话题再次引起社会关注。在众多的声音中，中国人民大学劳动人事学院副院长、中国社会保障研究中心主任郑功成教授的观点颇为独到。

"'应试教育'积重难返的根本原因，就是不当的人才观在作祟。不改变对学历的盲目崇拜，素质教育的目标就不可能实现。"2005 年 11 月 12 日，郑功成教授接受记者采访时开门见山。

一、片面的人才观导致素质教育推进难，人才应该多元化、多样化、多层次化

记者： 您认为，素质教育推进难的原因在哪里？

郑功成： 素质教育推进难，根本原因在于以学历（学位）为本位的人才观与用人观在作祟。片面的人才观，直接影响了我国的教育观、教育理念以及教育体系，并演绎成了片面追求高学历和对应试教育的崇尚，限制了人的各种潜能的发挥，同时还造成了人力资本投资（包括国家投资及家庭和个人投资）与人力资源的巨大浪费。

总的来说，我国的劳动力就业市场是欠成熟的，以学历（学位）而不是以能力为本位的人才观、用人观扭曲了劳动力就业市场。新时期，经济增长方式的转变关系到我们国家的发展前途，而这又要以千万计甚至亿万计的素质高、能力强的劳动者为基础。培养这些高素质、高技能的劳动者是应试教育模式下无法实现的目标。在任何国家、任何时代，人才都应当是多元化的、多样化的和多层次化的。与之相适应，教育体系也应当是多元化的、多样化的和多层次化的。

记者： 您怎样看待学历（学位）与能力之间的关系？

郑功成： 学历（学位）与能力之间是存在着关联性的。高学历者作为一个特定群体，其能力在总体上要高于低学历群体，但这不能绝对化，尤其是表现

① 原载《人民日报》2005 年 11 月 15 日；该报记者杨暄、傅晟采访、整理。

在具体的人才个体身上时，两者之间不能画等号。其实，除了学历（学位），决定个人能力的因素还有很多，如个人的禀赋、自学或者实践经验的积累，都是提高能力的十分重要的因素。国际上流行终身学习型社会的提法，也意味着学习是终身的，而不只是人生的某一阶段。我们应反对将学历（学位）与能力关系绝对化，摒弃依学历（学位）划等级、以学历论英雄的人才观与用人观，因为这种人才观是违背人才多样性、多元性与多层次化规律的错误取向。

二、提升人的综合素质与创新能力，用能力本位取代学历本位

记者：为什么会形成崇拜学历的社会心理呢？

郑功成：出现这种扭曲的人才观、用人观和教育观是有其深刻的历史背景和原因的。20 世纪 80 年代，国家基于对知识的渴求，在用人实践中高度强调知识化，突出学历要求，甚至在许多地方将知识化等同于学历化，各种机会均向有学历、高学历者倾斜和开放。应该说，这种做法从根本上扭转了“文化大革命”中对知识分子与正规教育、学历教育轻视的倾向，对于发展我国的高等教育、提高国民受教育水平起到了非常积极的推进作用。在当时的历史条件下，这是非常必要的。然而，这种对学历（学位）的过分强调持续至今，逐渐演变为片面的学历本位观，走向了极端。

一个时代应当有一个时代的人才观、用人观以及与之相适应的教育观和教育体系。对人才的需要与评价要服从社会、经济发展的需要，人才观、用人观有必要根据时代变化和社会发展的需要加以调整。

记者：您认为大学教育的培养目标是什么？

郑功成：是提升人的综合素质与创新能力，培养承担社会责任的精神。但现在由于整个社会都在片面追求学历（学位），单纯的学历（学位）教育似乎成了一些大学的目标。提高学历（学位）而非提高能力的取向，实质上损害了对学生能力尤其是创新能力和社会责任感的培养与提高。在以学历（学位）为本位的人才观、用人观与教育观的指导下，颁发文凭与获得文凭成了教育者与受教育者的最终目标，这实际上损害了学生的利益。许多人因为学历高而获得了别人再努力工作也难以获得的发展机会，这种很可笑的事情似乎变成了一道正常的风景。片面的人才观和用人观，造就了对学历（学位）的崇拜，这与应试教育又是相辅相成的。

三、真正做到"不拘一格降人才"，新时代呼唤正确的人才观

记者：在您看来，正确的人才观和人才评价体系是怎样的？

郑功成：良性的人才格局应该是多元化、多样化和多层次化的，与之相适应的应当是尊重人才成长规律的用人观和有教无类的教育观。目前我国的人才评价体系显然是一种一元化、单一化、单层次化的体系，这种状况不可能造就亿万高素质的劳动者，也不利于我国经济增长方式的平稳转变和整个社会的发展进步。我们应当根据科学发展观重塑科学的人才评价体系，真正做到"不拘一格降人才"，造就"八仙过海、各显神通"的兴盛局面。

记者：目前我国正在大力倡导素质教育，推行职业教育，您对此有何建议？

郑功成：当务之急是要确立新的人才评价体系，纠正片面的人才观与用人实践中的学历（学位）崇拜，对教育体系和用人标准进行强势引导，同时加大对素质教育和职业教育的财政投入。不过，在发展职业教育时也要防止一哄而上，不能说谁都可以办职业学校，一定要有门槛，职业学校的着眼点一定要落在能够提高劳动者的综合素质和能力上。在这个方面，教育部门和劳动部门的责任很大，教育部门应当对职业学校进行相应的资格审查，设立门槛，并确定相应的教学规范；劳动部门则要把好出口，即各种职业技能资格考核关，并通过劳动力市场来检验职业教育的成果。

Promoting Scientific Development and Sharing Social Harmony

第五篇

慈善事业与共享和谐

用慈善事业促进共享改革发展成果

构建和谐社会是中央提出的战略目标，而在推进这一战略目标的进程中，维护社会公平正义和促进全体国民共享发展成果毫无疑问是核心的价值取向。尽管各种制度安排都能够不同程度地体现出公平、正义、共享的核心价值取向，但制度安排的刚性特征却决定了它不能解决道德文明与心理摩擦或对抗的问题。因此，构建和谐社会还离不开具备软性调节功能和润滑社会关系的慈善事业的发展。

从国外及我国香港、澳门、台湾地区慈善事业的发展实践来看，慈善事业建立在个人自愿捐献的经济基础之上，是一种包含了初次分配（如企业捐献可列入成本）、再分配（如财政对慈善事业的直接拨款支持）及第三次分配（个人自愿捐献等）在内的混合型分配方式。其中：来自个人捐献的部分是纯粹的社会财富第三次分配，是捐献者自愿地与需要帮助者分享自己的财富的一种方式。慈善事业的特殊功能，不仅是对国民财富初次分配与再分配不足的有益补充，更是人们回馈社会和沟通不同社会阶层利益及联系的道德管道。尽管慈善事业自愿性、不确定性及规模有限性决定了它不可能对整个社会收入分配起很大的调节作用，但又确实能够对收入分配起到有益的调节作用，进而对不同社会阶层的关系起到有益的润滑作用。因此，在许多国家和地区，政府都采取有效的措施来促进慈善事业的健康发展，进而通过提升人们的公共道德与社会责任来达到缓和社会关系、促进社会和谐发展的目标。

在我国，国家已经明确将慈善事业列入社会保障体系并鼓励其发展，政府近年来亦对慈善事业的发展给予相当的重视，2005 年还以政府名义召开了中华慈善大会，这表明慈善事业确实是时代发展的需要。就我国而言，贫富差距持续扩大的现实构成了有利于慈善事业发展的社会环境，而国民经济在近 20 多年来的飞速发展又为慈善事业的发展奠定了丰厚的物质基础。我国 2005 年的 GDP 总量达到了 18.2 万亿元，人均 GDP 达到了 1700 美元，国家财政收入达到了 3.1 万多亿元。因此，我国完全具备大力发展慈善事业的社会条件、经济基础与政治环境。

然而，从现实来看，我国的慈善事业并未随着经济的持续高速发展而获得同步发展，无论是慈善组织和发育程度、社会资源动员能力和慈善事业所发挥出来的功能作用，均还相当落后。慈善事业发展滞后的局面，不仅使慈善公益性质的社会资源得不到有效发掘，而且亦难以润滑与软性调节不同社会阶层或群体的社会关系，更无法实现公民的社会责任与文明道德水准的提升，这与构建社会主义和谐社会的目标显然是不相适应的。因此，我认为，在构建和谐社会的进程中，除需要高度重视诸如社会保障等基本制度安排与收入分配政策外，而且有必要将慈善事业作为一条软性调节收入分配和推进共享改革发展成果的途径，尽快改变我国慈善事业发展滞后的局面。

为此，我提出如下建议：

1. 确立发展目标，正式将慈善事业作为共享改革发展成果的软性机制，纳入构建社会主义和谐社会的目标体系。一方面，建议将慈善事业的发展正式纳入国家“十一五”规划并明确相应的评价指标体系，到2010年时，慈善公益机构募集的慈善资源应不低于GDP的1%；另一方面，通过相应的政策扶持与舆论引导，激发城乡居民积极参与志愿者活动，促使居民参与义工的比率逐渐达到50%以上。如果经过广泛动员，能够实现上述指标，则我国的慈善事业将迈上一个较高的台阶，通过这种软性的调节机制将有效地促进共享改革发展的成果，进而促使整个社会步入和谐发展状态。

2. 多管齐下，营造有利于慈善事业发展的社会氛围。要实现上述目标，就必须从现在起努力营造有利于慈善事业发展的社会氛围。在这方面，建议领导同志应当有计划地参与大型或典型的慈善活动，通过领导的参与对人们给出明显的信号；定期评选和表彰慈善人物，让乐施好善者成为引导市民积极参与慈善公益活动的榜样；组织编写有关互助友爱与慈善故事、志愿者事迹等的课外读物，或者将古今中外的典型慈善事迹编入中小学思想品德教材，从小培养人们的互助友爱意识；在各种传媒上加大宣传慈善活动、慈善人物等的力度，通过舆论的影响逐渐将承担社会责任、参与慈善事业变为新的时尚；等等。这些将有利于改变目前某种程度上存在的利己主义泛滥和社会责任缺失的现象，形成互助友爱的有利于慈善事业发展的社会氛围。

3. 尽快确立有利于慈善事业发展的税收政策。一方面，尽快实现所有全国性慈善机构享受所募善款在税前全额扣除的免税待遇；另一方面，在地方税允许的范围内，鼓励各地对捐献者作出相应的慈善免税规范，并争取中央税务部门的支持。此外，在全国统一政策未出台之前，发达地区可以先行一步，通过相应的政策规范，允许慈善机构从慈善捐献中提取适当的管理与运行经费，以此改变慈善机构运行无米之炊的困境。在慈善事业免税政策方面，我认为，虽然中央税务部门的具体政策还未出台，但《中华人民共和国捐赠法》以及国务院在东北地区完善城镇社会保障体系改革试点方案中均已经明确了免税的原则，这些原则决定了地方对参与慈善事业者给予免税待遇并不违反法律、法规，重要的是通过地方立法或政策来加以规范。

4. 尽快确立对慈善事业的财政支持政策。要大力发展慈善事业仅靠免税是不够的，因为免税只是对捐献者的鼓励与激励，而对举办慈善事业的社会团体与个人而言，还需要有直接的财政支持。如慈善机构兴办慈善公益活动，个人举办非营利性的福利院（如收养孤寡老人及孤儿）、残疾人福利事业等，如果仅靠慈善团体或举办者自己募捐来维持运行将是非常艰难的，一些地区民办慈善机构因得不到政府的实质扶持而陷入无以为继的局面，结果是打击了人们参与或者举办慈善事业的积极性，这给我们提出了警示。因此，在国家财政持续快速增长的条件下，在政府持续扩大对社会福利事业拨款规模的条件下，我们建议应当让民办慈善机构分享政府的公共福利资源即得到政府的财政拨款，因为它承担的许多事务（如收养孤儿、孤老等）其实是政府应当承担的责任。国家财政收入在2005年已经达到3万多亿元的规模，根据慈善事业的融资倍增效应，政府只要拿出1亿元支持慈善机构，将可带动数亿乃至数十亿元的善款善物并直接激励社会各界更加积极主动地参与或举办慈善事业。提供实质性的财政支持，让民办慈善机构分享政府的公共福利资源，是促使慈善事业获得大发展的重要条件。

5. 立足社区，构建发达的慈善事业网络。慈善事业的发展离不开发达的慈善服务网络，慈善组织的根应当立足于社区，只有立足社区构建起覆盖城乡的慈善服务网，才能最有效地募集慈善资源（包括款物）并快捷地直接服务于有需要的城乡居民。在这方面，我们建议，可以将各地慈善协会的触角延伸到街道、社区及乡村，在社区或乡村建立相应的自治性质的基层慈善协会，或者将这一内容先行纳入社区居民委员会或者村民委员会的工作范围。只要建立了立足社区的慈善事业网络，各种慈善活动与慈善服务就有了稳定的根基，互助友爱活动的客观功效亦更能够直接地在市民面前得到体现，它不仅会使我国的慈善事业获得广阔的发展空间，而且将使创建和谐社区的行动有了最好的载体。

6. 在继续重视捐款的同时，高度重视善物捐献与志愿者服务，建立慈善事业发展的长效机制。慈善资源既包括金钱，也包括物质，还包括义工等。我们认为，应当改变当前只重金钱捐献忽略物质捐献与义工捐献的做法，因为尽管先富起来的群体在不断壮大，但能够直接捐献现金的社会成员还不是太多，而能够捐献善物与义工的家庭与个人却很普遍，事实上在对慈善事业有需要者中，绝大多数也是表现为物质匮乏或者购买不起相应的服务，慈善机构给予的现金救助也大多被转化成了物质供应或者购买了相应的服务。因此，我们建议，在构建发达的慈善服务网络的基础上，应当建立接受城乡居民物质捐献与义工捐献的稳定机制，如在城市市区开设若干接受捐献网点，固定每个周末接受周围地区居民的款物捐献，并随时将所捐物品发送有需要者，或者通过变卖转成善款，这方面是大有可为的。

7. 将社会保障改革与制度建设有机结合起来。慈善事业既是现代社会保障体系的有机组成部分，又有别于政府主导的正式的基本的社会保障制度安排，但在现阶段，两者的目标是一致的，都是为了解除城乡居民尤其是困难群体的生活与服务后顾之忧，因此，在发展中应当将两者有机地协调起来。如在发展慈善事业的过程中，应当以更好地补充完善城市社会保障体系为出发点，尤其是在完善社会救助体系方面下工夫。再如在社会保障改革与制度建设中也应当充分考虑与慈善事业发展的联动配合，如在推进退休人员社会化管理中可以吸收乃至发展相应的民办老年福利慈善组织，在实施残疾人福利政策时亦可以与发展民办残疾人福利组织相结合，将一部分社会保障资源用于推动慈善事业的发展将起到事半功倍的效果。

8. 促进慈善机构严格自律。我国已经有了一批慈善机构，其中既有全国性的，也有地区性的甚至社区型的慈善组织，它们不仅是独立社团法人，而且应当是社会文明与公共道德的形象载体，自律与公信是慈善机构与慈善事业的生命。因此，政府应当引导与督促慈善机构严格自律，慈善机构也应当在自治管理的同时联合起来，借鉴国外及港台地区经验，建立严格的自律机制，同时在社会监督与公开透明的条件下确立自已的公信力。只要慈善组织真正走向成熟，其资源动员能力就必然迅速得到强化，慈善事业的大发展也就有了可靠的依托。在当前慈善组织相互分割的背景下，政府应当发挥主导与督促的作用，切实帮助慈善组织快速成长起来。

9. 树立参与慈善事业、承担社会责任的典型，通过慈善公益事业改善先富起来群体的形象，进而形成整个社会热心公益的新风尚。慈善事业是大众化的事业，需要公众广泛参与，但在中国现阶段，慈善事业的发展又特别需要有能力承担社会公益责任的人起到模范带头作用，因此，鼓励并弘扬先富起来群体参与慈善事业应当成为我国近期发展慈善事业的重要举措。在这方面，尤其应当重视媒体与舆论的作用，从弘扬创造财富的英雄到向弘扬承担社会责任的英雄转化是媒体与舆论对国家与社会健康向上发展的重要责任，而前述各项措施的实施又将有利于促使先富起来群体积极参与社会公益事业。需要指出的是，在发达国家，许多家资巨富的家庭不一定将子女塑造成经营天才，因为这并非其子女可能具备的禀赋，但却一定愿意将子女塑造成承担社会责任并懂得如何参与慈善公益事业的模范，一些富豪们将子女送入慈善学堂专门学习慈善课程，其父辈的目的就是可以让其不懂得如何挣钱但应当懂得如何花钱，因为挣钱的人（职业经理人）可以在全世界寻找。我觉得国外富豪们的这种明智与通达对中国先富起来群体应当是有启示的。

总之，我认为，慈善事业作为弘扬互助友爱和建设积极向上的精神文明与伦理道德的最好途径与方式，确实具有缩小收入差距、化解社会矛盾、促进共享发展成果的不可替代的客观功效，是我国构建社会主义和谐社会不可或缺的良性机制，值得政府和全社会共同努力推进。

现代慈善事业及其在中国的发展①

我觉得在讨论中国的慈善事业时，我们有必要先行了解什么是慈善事业？慈善事业到底有哪些规律？慈善机构如何组织和运作？慈善事业需要妥善处理好哪些关系？在对这些基本问题有共识的基础上，我们再来探讨中国需不需要发展慈善事业？如何才能发展好中国的慈善事业？

一、何谓慈善事业

慈善事业在国外的发展有很长的历史，并在许多国家及我国的香港、澳门及台湾地区十分发达，对所在国家或地区社会保障体系的完善和整个社会的协调发展起到了不可缺少的重要作用，但在中国大陆却还是一项新兴事业。理论界既少有对慈善事业的探讨，亦无统一的定义。我曾经于 1996 年 9 月 26 日在《中国社会报》上发表过一篇慈善文章，提出过慈善事业作为一项有着实质内容的道德事业和现代社会保障体系中的必要组成部分，是指建立在社会捐献经济基础之上的民营社会性救助行为，是一种混合型社会分配方式。我觉得，对这一定义还可以作如下解析：

首先，慈善事业是民营的社会性救助行为。在此，一是民营性，慈善事业必须是立足于民间，经费主要来源于民间，且由民营组织而非官方机构举办，因为官方举办的救助事业是不能被称为慈善事业的；二是社会性，即慈善事业是一种社会性行为，这是它作为一种事业而与个体的、直接的慈善活动相区别的重要标志；三是救助性，即慈善事业是一种救助行为，包含有救济与扶助的双层意义。

其次，慈善事业是一种混合型社会分配方式。从经济意义出发，慈善事业实际上是一种独特的财富转移方式。它的经费来源包括三条渠道：一是企业或各种经济实体的捐献，它通常计入捐献者的生产经营成本，从而属于社会产品

① 本文系作者 1997 年春完成的一份研究报告，并在全国慈善会议上进行了报告。《中国社会报》在 1997 年 12 月到 1998 年 3 月分数次摘要发表了其核心观点。直到 2004 年底才将全文适当润色后交《学海》杂志发表在 2005 年第 2 期，同年被《新华文摘》在 2005 年 16 期全文转载。

的初次分配范畴；二是政府财政对慈善事业的拨款或援助，它通常被纳入财政预算，在部分国家或地区甚至成为固定的预算科目，这一部分经济来源显然属于社会产品的再分配范畴；三是社会成员的个人捐献，它是社会成员通过社会产品的实效分配和再分配而获得相应份额后自愿付出的份额，从而属于社会产品的第三次分配。尽管上述三条渠道来源的比重不同，但各国的慈善事业基金来源均不外乎上述三条渠道。可见，慈善事业同时也是一个分配领域的范畴，是一种混合型的社会分配方式。

再次，慈善事业是一种独特的社会保障方式。社会保障是具有经济福利性的社会化国民生活保障系统，慈善事业的性质完全符合现代社会保障的定义，其目的是通过慈善救助来解决脆弱社会成员的生存困境或特殊困难；但慈善事业又与一般社会保障制度有着重大区别，这不仅表现在经济基础和运行方式的不同方面，更体现在道德与政治或法制的差异上。换言之，慈善事业是志愿性的道德事业，它既非捐献者的当然义务，亦非受助者的法定权益；而通常的社会保障项目却体现着政府的当然责任和国民的法定权益。因此，慈善事业作为现代社会保障体系的必要组成部分，在理论与实践中均构成一种独特的社会保障方式。还需要指出的是，西方的慈善事业和东方的慈善事业在起源方面是存在着区别的，即西方的慈善事业起源几乎均与宗教有关，各种宗教尤其是天主教均将慈善事业视为自己的一种本源职责；而东方的慈善行为却是从家族内部的互助行为开始的，并根据亲疏关系由近及远，进而向其他社会成员施舍，这种行为通常能够得到政府的褒奖和鼓励。现代各国慈善事业的发展，则已经进入独成事业的格局，无论是教会和家族式的慈善事业，还是社会各界的慈善捐献，均是通过专门的社会团体或机构来组织实施，这些独立的社团组织一起构成了一个有影响的慈善事业群体；现代慈善事业的另一个显著特点，就是捐献者与受助者分离，即各种慈善事业团体充当着捐献者与受助者之间的中介与桥梁，这种分离的意义不仅在于社会分工的进化和专业效率的提高，更在于使捐献者与受助者在心理、人格方面不平等的定势得到严格的控制，捐献者少了恩赐的色彩，受助者少了感恩戴德的负担，从而是社会文明进步的一种标志。

二、慈善事业的规律到底表现在哪些方面

虽然慈善事业与政府主办的社会救助和相关社会福利事业都是为了济贫解困，都起到了缓解社会成员的生存危机和稳定社会发展的客观作用，但它作为一项民营公益事业，却有着自己独特的本质规律。

我认为，现代慈善事业的本质规律可以概括为如下六个方面：

1. 以社会成员的善爱之心为道德基础。慈善属于道德范畴，慈善行为的

非强制性和自愿性，决定了社会成员的善爱之心对慈善事业的发展起道德支配作用。一个缺乏对弱者关爱的社会，不可能有真正意义上的慈善事业；一个缺乏善爱之心的社会成员，亦不会真正无偿地向慈善机构或社会脆弱成员捐献，在我国现阶段，富人的社会捐献并不多见，而以普通百姓为对象的有奖募捐却很有成效，这表明应当成为慈善事业经济基础主要来源的富人阶层尚缺乏应有的善心与爱心。内地的捐献之风整个地要比香港地区逊色得多，更缺乏像美国那种能够捐献以亿美元计的富人典型。因此，慈善事业的存在与发展首先需要具备相应的道德基础，即慈善事业只能建立在社会成员善爱之心的道德基础之上，这是其与政府举办的社会保障属于社会政策或法制事业是有根本区别的。

2. 以贫富差别的存在为社会基础。共同贫穷的社会或时代不会产生慈善事业，因为社会成员都需要得到援助，而社会成员又都无能力来帮助他人，如旧中国虽然也有一些慈善家和慈善活动，却始终未能成就一项有益的公益事业；计划经济时代的共同贫穷，使慈善事业也无生存的土壤。共同富裕的社会或时代也不需要慈善事业，因为社会成员都具备足够的能力来解决自己可能遇到的困难，即使个别社会成员遇到特殊困难，政府与社会也能够通过相应的社会保障制度来加以解决，发达的社会主义和共产主义社会将证明这一点。唯有存在着贫富差别的社会或时代，才需要慈善事业，因为只有在这样的社会或时代，构成慈善事业两极的社会成员——有捐献能力者与需要救助者才会并存，慈善事业则成为沟通两者的良好途径。因此，贫富差别是产生并需要发展慈善事业的社会基础。因此，客观地正视我国的贫富差别，正确地认识我国的贫富差别不是短期内可以解决的这一客观事实，将是发展我国慈善事业的重要条件。

3. 以社会捐献为经济基础。慈善事业不会排斥政府的财政援助，但无社会捐献则无慈善事业，慈善事业生存与发展的经济基础只能是社会捐献，即社会各界尤其是社会成员的自愿捐献构成整个慈善事业生存与发展的经济基础，这是国内外慈善事业发展实践证明了的一条重要规律。在此，首先是有能力帮助他人的社会、经济组织和社会成员在善爱之心支配下能够做到自愿捐献，其次是所捐献的资金或实物等能够为慈善事业的正常运作提供稳定的财政来源，于后才会有慈善事业的正常、健康发展。因此，对慈善事业而言，社会成员间的贫富差别使其存在具有必要性和可能性；而社会各界的自愿捐献则使其存在与发展具有了现实性。面向全社会，立足社会捐献，是慈善事业求得发展的唯一正确的取向。

4. 以民营机构为组织基础。慈善事业虽然可以接受政府的财政帮助并服从其纪律监督，且需要与法定的社会保障事业配套发展，但由于政府干预可能改变慈善事业的性质并背离捐献者的意愿，在具体运作中又必然排斥着政府权利的干预（中国香港部分慈善机构对接受政府财政拨款过多而出现的可能妨碍慈善事业某些职责的现象已有反思）。因此，慈善事业只能由民间公益团体或公益组织来承担具体的组织实施工作，这是慈善事业之所以成为一项有益的公益事业而非单个的施舍行为的组织基础，也是与其作为一项社会性救助事业而不被纳入法定的社会保障事业或官办社会救助的重要原因所在。当然，个人或零散的民间救助行为，如邻里之间的互助等，亦是一种值得倡导的慈善行为。

5. 以捐献者的意愿为实施基础。没有捐献便不会有慈善事业，这种特殊的经济基础决定了慈善组织必须坚持以捐献者的意愿为实施基础，即慈善事业具有捐献者意愿至上的特点。捐献者有权指定慈善组织将资金用于其指定的慈善项目，即使捐献者没有指定专门的用途，慈善组织也应当将其捐献用于直接的慈善项目或与慈善有直接关系的项目，唯有如此，才不会违背捐献者的本意和慈善事业的本源职责。当然，捐献者对所捐献款物使用的意愿不能违背现行法律、法规及社会公德，而应当有益于慈善事业与慈善精神的发扬光大。

6. 以社会成员的普遍参与为发展基础。当慈善行为仅仅是少数富人的事情时，还不可能形成发展慈善事业应有的社会氛围，只有社会成员的普遍参与，才能形成一种有利的、自觉的促进慈善行为与慈善事业发展的社会氛围，而且会使慈善事业具有更加广泛、更加厚实的经济基础，最终使单个的慈善行为集约成为一项宏伟的事业。因此，慈善事业应当成为包括富人与一切有能力资助他人的社会成员在内的一项共同的社会公益事业，这是慈善事业赖以发展、壮大的内在要求与必要条件，也是慈善事业发展的一条基本规律。

可见，与政府举办的社会保障事业以稳定社会为政治基础、以财政拨款或强制筹款为经济基础、以官营或公营机构为组织基础、以法律制度为实施基础等相比，慈善事业显然存在着明显的差异。

三、慈善事业的组织与运作

从我国的港澳台地区及国外慈善事业的发展实践来看，典型的现代慈善事业是指捐献者与接受者分离、并通过专门的民间慈善组织加以实施的慈善活动，慈善事业应当由民营组织来运作，这是其本质所决定的。

从慈善事业的实践环节出发，我觉得可以将慈善组织分为募捐机构、实施机构与协调机构三种；从慈善组织所承担的任务或职责出发，则又可以分为混合型公益组织、综合型慈善组织、专一型慈善组织、协调型组织、附属型组织等形式；前一种划分可以被后一种划分所包容。这些团体或组织的性质相同，根本目标一致，但又肩负着不尽相同的任务：

1. 混合型公益组织。这类组织在提供有关慈善服务的同时，也从事着其他社会公益事业，或以慈善事业为主，或以其他社会公益事业为主。如香港已有100多年历史的最大民间慈善组织——东华三院，就是以慈善事业为主的混合型民营公益机构，它在为穷人提供免费医疗的同时，还办有中、小学校等20多所；澳门著名的慈善组织——镜湖医院亦是典型的以慈善事业为主的混合型公益组织，它同时担负着为穷人提供免费医疗和为一般市民提供收费医疗的任务。美国的福特基金会亦是一个以捐助教育事业为主并包括有关慈善事业在内的混合型公益组织。

2. 综合型慈善组织。这类慈善组织是一定区域范围内提供多种慈善服务的综合型慈善组织，尽管其开展的慈善项目在不同地方、不同时期会有不同的侧重点，并要受到财政实力及捐献者意愿的限制，但其慈善服务项目及内容却可以是多方面的，不会受到组织结构及法定职责的局限。综合型慈善组织应当成为财力雄厚、服务广阔、功能齐全、运行规范的慈善事业的代表。

3. 专一型慈善组织。这类慈善组织是专门为了某一项慈善事业而建立起来的，其特点是肩负的职责和任务较单一、援助对象较单一、目标很明确。如香港医药援助会、台湾盲人重建院、旧中国的育婴堂等即是；20世纪90年代初期在武汉出现、继而迁往福州的中华绿荫儿童村，亦是在社会各界支持下专门从事收养孤残儿童慈善工作的民间慈善组织；再如红十字会、救灾协会等亦是职责较为单一的慈善组织。这种组织能够在某一特定领域开展有效的慈善事业，从而同样是慈善事业必要且重要的组织形式。

4. 协调型慈善组织。这类组织的职能主要是协调慈善组织与政府的关系、募捐机构与实施机构的关系以及各慈善组织之间的关系，其自身一般不从事具体的慈善工作，其作用是充当慈善事业的代言人和慈善事业发展进程中的主要自律机构。在慈善事业较为发达情况下，应当有专门的协调型慈善机构，或者由有影响、有权威的慈善机构充当协调机构。我国慈善事业难以形成一支有影响的社会力量和一种能够引起社会普遍关注的事业，其主要原因不仅在于未坚持民营化而只依附于官方机构（其代表的自然是所依附的组织或机构，其产生的影响亦自然是所依附机构的影响），而且还在于缺乏权威的、有影响的协调机构，即缺乏代言人。因此，建立协调型慈善机构值得引起重视。

5. 附属于企业的附属型慈善组织。尽管多数企业对慈善事业的支持主要通过捐献来体现，但也有少数企业是通过设立附属型慈善或公益组织来直接融入慈善事业体系并发挥作用的。如香港汇丰银行设置的慈善基金会、《澳门日报》设置的读者公益基金会等均是企业附设的慈善事业机构。在国内，一些大型企业亦已开始设置有关公益基金会参与社会公益事业，如上海宝钢出资设置的宝钢教育基金会，每年即奖励全国高校的师生；一部分企业则通过工会建立了互助基金等公益组织。

从现代慈善事业的运作过程来看，它主要包括组织社会捐献、资金管理、实施救助以及接受监督等环节。在组织社会捐献环节上，慈善组织的任务包括开展慈善宣传、弘扬慈善美德，有组织地进行募捐，动员有帮助他人能力的社会成员向慈善组织捐献；在资金管理环节上，慈善组织的任务是确保每一笔资金的安全，并使之用于捐献者指定的救助项目，在此，慈善组织对社会成员捐献的资金只有看护权、管理权而无所有权，因此，慈善组织需要建立健全的财务账册，并严格财务管理制度，自觉接受捐献者、政府有关职能部门及社会各界的检查与监督；在实施救助环节上，慈善组织必须充分尊重捐献者的意愿，做好社会调查工作，对救助对象及所需服务进行摸底，然后做好与有关各方的联系工作，最后实施慈善性救助，保证将救助资金用在最适当的地方；在接受监督管理环节上，包括主动接受政府主管部门的监督管理与慈善事业协调或自律机构的监督管理，以及社会各界的监督，如定期申报情况、接受检查等。

可见，在现代慈善事业的运作中，组织捐献是整个慈善事业的基础，资金管理是关键，实施救助是最终目的，而接受监督管理则是保证。慈善组织及慈善组织中的工作人员，均应当有慈善心和奉献精神，并通过自己的工作去促进整个慈善事业的健康发展。

四、如何处理好慈善事业的若干关系

慈善事业作为一项社会化事业，不可能孤立、封闭地得到发展，它在发展中尤其需要处理好如下关系：

1. 慈善事业与社会道德的关系。慈善属于道德范畴，一个社会或地区的慈善事业状况能够从一个侧面反映出社会成员的道德状况。中华民族的传统道德包括了慈善的内容，并占有较重要的地位；计划经济时代的道德是大公无私和平均主义的混合物，慈善被作为虚伪的垃圾被扫除；20 世纪 80 年代实行经济改革以来，传统道德既未得到恢复，价值规律的导向却又打破了计划经济时代的道德观，社会道德与整个经济社会处于转型时期一样，客观上处于旧道德已去、新道德未立的失范阶段，吸毒、赌博、色情消费等畸形消费和追求享乐的奢侈消费热遍全国，不法致富、为富不仁现象不乏罕见，利己主义正在泛滥，从而急切需要重建符合社会主义市场经济的新道德。慈善事业作为道德事业，能够且应当通过倡导互助友爱、弘扬慈善道德、抨击为富不仁和畸形消费与奢靡之风，在道德失范的条件下为重建新的道德风尚作出应有的、较大的贡献。因此，慈善道德是慈善事业的基础，也是新的历史条件下新的社会道德的重要内容，慈善事业与社会道德存在着相辅相成的关系，是社会主义初级阶段值得重视的一对关系。

2. 慈善事业与社会公平的关系。从社会公平的一般理论出发，它可以分为起点公平、过程公平和结果公平三个层次，计划经济时代追求的是结果公平，结果导致了平均主义并牺牲了效率，市场经济服从于价值规律与竞争规律，从而天然地具有追求效率的属性。效率与公平虽然不能视为完全对立的两个方面，但相互之间客观上也存在着一定的矛盾性。经济改革已经彻底否定了缺乏效率的结果公平，但市场经济在追求效率的过程中却不能自动地实现社会公平，现阶段贫富差别的扩大化和某些社会不公平现象的出现已经充分地证明了这一点。先天条件的差异、后天竞争的失误等，导致社会成员生活结果的不公平是现阶段乃至相当长时期都无法改变的事实，但社会公平作为社会发展和社会成员追求的终极目标，仍然是影响整个社会经济发展进程的重要因素，即妥善处理公平与效率之间的关系已经成为我国现阶段改革、发展中的一个重要问题。对此，国家一般通过有关社会保障措施和各种宏观调控政策来努力维护社会成员的起点公平和竞争过程的公平，即将维护社会公平的重点从追求结果公平向追求起点与过程公平转变。慈善事业的目的是救助社会成员中的弱者和不幸者，尽可能地缩小因各种原因造成的社会不公平，从而是维护社会公平的一种补救性措施，它通过对社会弱者或不幸者的救助而对社会公平的起点、过程和结果均产生作用。

3. 慈善事业与社会制度的关系。慈善事业与社会制度存在着一定的关系，如发达的社会主义和共产主义是不可能也不需要存在慈善事业的，因为高级的公有制形态与按需分配方式完全能够解决所有社会成员的生存与发展问题；在奴隶社会与封建社会，虽然会有慈善行为，但肯定只是个别的、例外的行为，它很难构成为一项事业，从而也是没有慈善事业的。只有到了资本主义社会，社会结构与社会阶层走向复杂化，贫富两极分化日益严重，慈善事业作为富人、企业参与社会公益事业的重要渠道和政府社会保障事业的一种补充而得到发展。因此，发达的慈善事业往往存在于发达的资本主义社会。社会主义初级阶段虽然以公有制为主体，以共同富裕为追求目标，但它仍然属于不发达的社会主义形态，它具有的是以公有制为主体的多种经济成分并存发展的经济结构，以按劳分配为主体的多种分配形式并存的分配格局，是贫富并存、阶层复杂的社会结构，如果再加上人口众多、国力有限的现实国情，必然存在着需要通过发展慈善事业来解决相关的社会问题。可见，社会主义初级阶段与资本主义社会一样，仍然需要并且能够产生发达的慈善事业；与资本主义不同的在于，随着社会主义初级阶段任务的完成，慈善事业亦会逐渐消亡，但这是一个相当漫长的过程。

4. 慈善事业与社会保障的关系。慈善事业本身属于社会性保障事业，从而应当被现代社会保障所包容，社会保障与慈善事业的关系既是整体与部分的关系，也是基本保障与补充保障相互配合、协调的关系。在现阶段处理两者关系时，整体应当给部分留有余地，部分则应当为完善整体服务。中国的社会保障制度改革已经摒弃了相互分割、自我封闭的国家保障制、企业或单位保障制和乡村集体保障制，正在代之以多元化、多层次化的新型社会保障制度，慈善事业则是新型社会保障体系中的一个较为特殊的层次。从目前的现实出发，新型社会保障制度的设计已经给包括慈善事业在内的补充保障留下了很大的空间，它的完善需要慈善事业的发展来配合。因此，慈善事业作为我国新型社会保障体系中的有机组成部分，肩负着重要的历史使命。

5. 慈善事业与经济的关系。一是慈善事业需要以较高的经济发展水平、合适的经济体制为基础，没有经济上的贫富差别，不可能有慈善事业，没有慈善事业也很难有完全和谐的市场经济，因此，经济发展水平与经济制度是慈善事业发展的决定性因素，而慈善事业则是市场经济中特殊的润滑机制；二是慈善事业既是一种社会事业，同时也是一项经济事业，因为它是用经济援助的手段（包括现金与实物以及用现金或实物换取的相关服务）来解决需要救助的社会成员的贫困、疾病医疗等问题，其起点是接受社会捐献，终点是使用社会捐献，慈善的宗旨即蕴藏在经济性的活动中，这表明慈善事业亦应当被经济所包容；三是慈善事业中的个别经济关系，如捐献者的捐献背后可能存在着某种经济利益考虑（如税收限制、广告效应等），捐献者对捐献尤其是巨额的捐献可能还要进行财务核算等；四是慈善事业本身亦有一个追求经济效率、避免浪费的问题。因此，慈善事业与经济的关系是多层次的，也是复杂的，慈善组织应当注意慈善事业的经济关系，并妥善处理好这种关系。

6. 慈善事业与财政的关系。慈善事业从本质上排斥政府的行政干预，但不排斥政府财政的援助。慈善事业通过自己的活动减轻了政府的社会保障责任和相应的财政压力，这是慈善事业对国家财政所作出的贡献；而政府财政若想更好地利用民间的力量来减轻自己的负担，并促使社会保障真正走向社会化，也应当通过适当的方式来支持慈善事业的发展，其中最为有效的方式是直接拨款支持和利用相应的税收政策进行支持。如香港政府一直对民间慈善事业拨款，就是慈善事业成为香港社会保障体系的一个重要支柱的客观条件，而慈善事业的高度发达也是连基本社会保险制度都没有的香港能够持续发展的一个重要的稳定因素。因此，慈善事业与国家财政不是两张相互分割的“皮”，而是互为一体的两面，是相互支持、相得益彰的关系。

7. 机构自律与政府监管的关系。真正的慈善事业一定是民营的，从而在实践中应当以机构自律为主，即慈善组织应当有自我管理、自我约束、自我发展的能力；然而，由于慈善事业是慈善机构用他人捐献的钱来做事，为避免慈善机构运行过程中的失范行为，杜绝工作中的违法现象和侵害捐献者权益或受助者权益的现象，慈善机构还需要接受并服从政府与社会的监管。在机构自律方面，慈善组织应制定完备的规章制度，建立起相应的协调机构，如慈善总会或某种专门的慈善团体协会，以维护慈善事业的规范运行；在政府监管方面，应当以相应的法律、法规、制度为监管依据，确定相应的管理部门，并依法行使监管权，如对慈善组织成立的审批、对社会捐献活动和慈善基金的监督等。此外，慈善事业还必须接受捐献者和社会各界尤其是新闻舆论界的监督。机构自律在慈善事业的内部发生作用，政府监管与社会各界的监督则在慈善事业的外部发生作用，当慈善机构运行合法且规范时，外部的监督实际上不起作用。因此，政府监管只起依法裁判的作用。机构自律为主、政府监管为辅，两者的配合协调，是确保慈善事业健康发展的保证，但机构自律尤其是较高层次的自律更应值得重视。

8. 社会化与社区化的关系。慈善事业之所以能够称之为事业：一是取决于它的规模，二是取决于它的社会化程度。小规模的、零星的、个别的慈善活动构不成事业，因此，应当追求慈善事业的规模效应和社会化程度。然而，多数捐献者往往在心理上更倾向于为本社区的社会成员捐献，慈善机构亦往往认为在本地区实施救助项目更易成功，这可以称之为慈善事业由近及远的邻舍或社区效应，它较慈善事业产生时期的家族效应是一种进步，但离高度发达的社会化又还存在着一定距离。可见，慈善事业在追求较高层次的社会化过程中，应当首先立足本地化、社区化，即社区化应当成为慈善事业的基本目标，超越社区的较高层次的社会化则是慈善事业的较高目标。

9. 动机与效果的关系。在慈善事业实践中，项目实施的效果较易评判，而参与慈善活动的有关各方的动机却是非常复杂的。如政府的考虑将是如何调动民间的财力解决相应的社会问题，以便实现社会的良性发展；慈善组织的动机则是更多地筹集资金、更好地救助需要帮助的社会成员，并从中树立起慈善组织自己的形象与社会地位；需要救助方的动机则是尽可能地争取获得慈善组织的援助。而捐献者的动机却要复杂得多，从国内外捐献者的现状分析，其动机至少有如下种类：无私奉献型、同情弱者型、互助友爱型、塑造形象型、经济谋划型、政治需要型、沽名钓誉型和最终利己型等。对此，慈善机构应当采取不问捐献者动机、只求慈善项目实施效果的态度。因为慈善事业的目的是帮助社会脆弱群体解除生活痛苦，无论捐献者出于什么动机，只要其有善款捐献，就能实施有效救助，实施效果是真正评价慈善事业成败的标志。因此，慈善组织有必要将动机与效果分离，在追求慈善效果的前提下实现道德的净化。

10. 内容与形式的关系。慈善事业的内容是指各种具体的慈善项目的实施，它对于慈善事业而言起决定性作用和支配作用；慈善事业的形式则是指体现在各种慈善活动之中的形象设计和传媒宣介。慈善事业必须依靠扎扎实实的慈善工作和项目实施来支撑，但慈善组织与捐献者的形象与地位却还要通过适当的形式来确立。如中华慈善总会多年来做了许多有益的工作，包括1998年大规模的张北地震募款救灾和长江流域水灾募款救灾等，但在社会上却缺乏相应的知名度，其主要原因还在于形象设计和传媒宣介不够，这显然会影响其发展。因此，慈善事业应当将内容与形式统一起来，在追求内容扎实的同时，还要努力通过一定的形式来反映，它会起到鼓动社会成员参与、树立捐献者和慈善工作人员荣誉感的作用，最终会促进慈善事业的健康发展。

11. 专业化与非专业化的关系。慈善事业需要有大量的非专业（志愿）人士参与，但必须有相当数量的专业人士并且以其为主导来促进慈善事业的发展。如专业的、专职的项目实施人员，专业的、专职的理论研究与培训人员，专业的、专职的筹资与理财人员，专业的、专职的管理与协调人员等，都是慈善事业走向发展必不可少的条件。因此，以专业化为主导，以非专业化为基础，将两者有机结合起来，将能够推动慈善事业的发展。以我国目前的现状而论，各种慈善组织均是专业人士过少，所幸一些离退休老同志热心慈善事业，他们的志愿参与实际上构成了慈善事业发展的中坚，但从慈善事业的发展来看，还是应当以专业人士、中青年为主体，以非专业人士、退休人员为辅。

12. 榜样与大众的关系。社会成员的普遍参与是慈善事业的发展基础，这是毋庸置疑的，但慈善事业也需要有较稳定的财政来源，而公众则需要有榜样作为参照，树立典型与大众参与是慈善事业的两根支柱，富人阶层中应当有热心慈善事业的人士。如美国大众传媒巨头泰德·特纳在1997年9月18日宣布未来10年将向联合国人道主义机构捐款10亿美元，用于救助饥饿儿童与难民、扫除地雷及开展全球气候研究，这一慈善之举在全世界赢得一片赞誉；而在此前，美国超级连锁店老板凯瑟琳·阿尔伯特森女士向以自己的名字命名的基金会捐献了6.6亿美元，微软老板比尔·盖茨为公益事业捐献出2.15亿美元，等等，这些捐献者成为美国企业家与富翁阶层热心社会公益事业与慈善事业的榜样；在中国香港地区，李嘉诚、霍英东、邵逸夫等均是热心慈善或公益事业的捐献者，李嘉诚曾一次向中国残疾人福利基金会捐献1.15亿港元；但在内地还找不到亿万富翁如此热心慈善或公益事业的榜样，一般群众热心捐献的事例倒是不少。因此，内地应当有热心慈善事业或公益事业的榜样，这不仅是慈善事业发展的需要，同时也是改革开放以来新富阶层重塑群体形象的需要。慈善机构在重视社会成员普遍参与的同时，尤其应当寻求与富人合作，善于发现榜样，榜样的确立将带动更多的社会成员参与慈善事业，这对于改善慈善事业的财政状况，树立富人阶层的新形象，更好地帮助需要救助的社会成员并减轻政府的压力，都将有利无害。高度重视群众参与和努力寻找并树立典型作为参照应当是相辅相成的关系，在现代慈善事业的发展中不能失之偏颇。

五、我国需要发展慈善事业

新中国成立以后，慈善与慈善事业被作为私有制社会的产物被摒弃了40多年之久，但随着20世纪80年代开始的经济改革和1992年开始明确将社会主义市场经济作为我国经济改革目标模式以后，我国的社会经济结构与社会成员的阶层结构均发生了深刻的变化，党的十五大对社会主义初级阶段这一基本国情和公有制理论的阐述进一步预示着这种变化将会持续发展，它带来的一个重要结论就是贫富差别的存在作为社会主义初级阶段的一个客观事实，将决定着当代社会更加需要发展慈善事业。这一结论的基本依据包括如下五个方面：

1. 各种不幸者的大量存在需要发展慈善事业。构成中国社会脆弱群体的社会成员包括：一是残疾人群体。约占总人口的5%，现有残疾人数量约为6000多万人。二是贫困人口阶层。如官方公布的乡村绝对贫困人口还有3000万，失业、下岗等多种原因导致的城镇贫困人口约为3000万，如果再加上一些相对贫困人口，我国需要帮助的贫困人口总数仍可能在9000万左右。三是灾民，即遭遇各种天灾人祸的社会成员。全国年均遭受自然灾害区域的社会成员达2亿多人，如果再加上各种人为事故的受灾人口（如公路交通事故在近几年每年都使7万多人丧生，16万—20万人伤残），这一数据还要庞大，其中需要救助的受灾者年均至少在4000万人左右。上述三个群体共同构成为一个庞大的社会脆弱群体，需要政府与社会给予不同程度的现金援助、物质援助、医疗援助及其他服务援助等，而政府的财力和现有社会保障体系又不可能满足这些成员的社会性保障需求，从而决定了民间慈善及互助行为的出现并逐渐走向社会化成为必要。

2. 新型社会保障体系的建设需要慈善事业作为补充。计划经济时代选择的是缺乏效率的社会公平，这种制度能够通过国家保障制、企业或单位保障制和乡村集体保障制构成一个非常完整的保障网络，再加上平均主义的分配体制，使政府能够在低水平的条件下较为平等地解决全体社会成员最低限度的基本生活保障问题（当然，绝大多数社会成员仍是处于赤贫阶层）。20世纪80年代以来，首先是农村承包责任制打破了乡村集体保障制，接着是城镇改革的推进打破了传统的企业或单位保障制，而国家保障制限于国家财力的有限亦陷入无法大规模扩展的困境，这就使得城乡社会成员不可能再依靠所在单位或集体组织来解决生存保障或特殊保障问题，每一社会成员均有可能因不幸事件而沦为不幸者，而新的社会保障制度的建设还困难重重，尽管社会化统筹的社会保险与扶贫工程等均取得了很大成就，但社会保障的覆盖面事实上较以前却大大缩小了。如城镇社会保险改革主要局限于国有单位，而在非国有单位就业的劳动者及劳动者的家庭成员基本上被摒弃于现有的社会保险网络之外；在乡村，传统的集体保障制已一去不复返，曾经被国际上誉为“十分成功”的农村合作医疗，亦由过去覆盖95%以上的乡村人口下降到90年代以来的10%左右；许多符合政府社会救助或优抚政策资格条件的社会成员事实上得不到相应的保障待遇；仅此三个指标就表明我国现阶段的社会保障制度是不完整的，而要实现全民社会保障的目标则是一个十分漫长的过程，因为社会保障制度不可能超越社会主义初级阶段，而这一阶段是一个相当长的过程。因此，建立起多层次化、多元化的社会保障制度成为我们的改革、发展目标。在这个目标中，除政府举办的社会保障事业外，还迫切需要有非政府或民营的社会保障事业，而国外及我国港台地区等的实践表明，慈善事业是其中的重要内容和必要补充，从而应当成为我国新型社会保障体系多层次化、多元化的一种具体体现。

3. 政府难以承受的社会保障财政压力需要通过发展慈善事业来减轻。社会保障是市场经济不可或缺的维系、润滑、保证机制和社会发展的最基本的稳定、促进机制，但建立社会保障制度，实施社会保障项目需要有坚实的财政基础。目前，中国政府承担的社会保障财政压力是相当巨大的。它包括如下四个方面：一是中、老年职工的养老金因以往无任何积累而存在着巨额赤字，仅此一项即需要政府承担着5万亿元左右的赤字负担；二是旧体制下的福利欠账，如许多单位的职工在工资不高而无力购买住房的条件下，起码的居住条件还等待着政府或单位解决（即使是安居工程亦需要投入巨额资金），国家福利长期极端有限、水平低下的局面急需通过扩大财政投入来加以改变，乡村福利的空白急切需要填补等，均对政府财政造成巨大压力；三是优抚安置、救灾救济经费的严重不足，客观上要求政府扩大拨款，如市场经济条件下军人的就业安置就因国有经济缩小和企业股份化等而不可能再强行安置了，它需要通过经济补偿等方式来解决；四是新型社会保障（主要是社会保险）制度的启动需要国家投入较大的转制成本，如以往社会保险机构的管理及运行费是从征收的社会保险费中按比例提取的，而为了避免社会保险机构对社会保障基金的侵蚀，1998年起改由财政拨款，仅此一项即意味着国家财政每年将要拿出数十亿元的拨款。可见，国家承受的社会保障财政压力是相当巨大的，我曾经设计依靠通过扩大财政投入、出售国有资产补偿、通过社会保障基金运营收益弥补、现有企业和在职职工继续分担一部分的方案来逐步化解这种压力。但无论如何，政府均不可能承担起社会成员所有需要通过社会化机制来解决的保障问题，从而迫切需要调动社会各界的力量，通过有组织的民营公益事业挖掘民间财力来配合。如果慈善事业得到了发展，社会成员的捐献将在一定程度上弥补着政府拨款的不足，既使政府社会保障财政压力得到减轻，又使需要救助的社会成员得到更为充分的救助。因此，慈善事业显然有利于挖掘民间财力，减轻政府压力，从而是一项应当得到全社会关注和政府扶助的重要事业。

4. 贫富差别的扩大化迫切需要发展慈善事业。社会成员的收入水平与生活水平普遍提高是经济改革带来的最为显著的一个结果，而贫富差别的不断扩大化则是经济改革带来的第二个显著结果。在此，可以用国际上通用的基尼系数来反映个人收入差距，0.4为警戒线，我国的基尼系数已经达到了0.45，可见我国的贫富差距问题已经很严峻。再以城乡居民的金融资产为例，中国富裕阶层的人口约占全国总人口的4%，而其私人金融资产却占全部居民金融资产的40%以上。不仅如此，贫富差距还在呈现出扩大化趋势，部分高收入者因为财产（资本）所有权进入收入分配领域而将导致“滚雪球”的财富扩张效应，而部分低收入者则因为失业、下岗、疾病医疗、天灾人祸等原因而陷入更加贫困的境地。贫富差距的客观存在及其扩大化是慈善事业发展的现实基础，因为贫困的社会成员需要帮助，而富裕的社会成员则需要通过社会捐献等来反哺社会，而建立在社会捐献基础之上的慈善事业则是沟通贫富之间的桥梁和在一定程度上缓和贫富差距的一个途径，需要帮助的社会成员和需要反哺社会的社会成员对慈善事业有着共同的需要。为此，除制定相关的个人所得税收、遗产税、赠与税等政策对高收入者强制征收一部分所得并用于各项法定的社会保障事业外，还应当鼓励高收入者通过自愿捐献来救助贫民及不幸者。因此，慈善事业是市场经济条件下缓和贫富差别的一种必要的手段。

5. 新时期的道德文明建设需要继承并发扬传统的慈善美德。中国现阶段正处于从有序的计划经济时代经过无序的渐进式改革，再到有序的市场经济时代的转型时期，市场竞争机制使追逐个人价值与经济利益的实现成为社会成员新的道德准则，而政府又不能再强迫社会成员牺牲个人利益，如果没有一种新的互助友爱机制，社会成员之间关系冷漠、个人利益至上就有可能走向极端。慈善行为的本身就是社会成员之间奉献爱心的显示，如果人人都能够参与到慈善活动中去，则社会文明道德必定会得到光大，但目前的现状却是畸形消费、奢侈性消费不乏罕见，而互助友爱行为却在减少。因此，在新的历史条件下，社会文明道德建设亟待加强，而慈善事业是新的道德事业，它的产生与发展必将有利于修正市场经济条件下的个人利益观念，促进社会主义精神文明建设，使中华民族互助友爱的传统美德得到发扬光大。

综上可见，经济改革孕育了慈善事业，市场经济更需要慈善事业，因此，政府与社会均应当重新认识并研究慈善事业的功能作用，并采取必要的措施来推动慈善事业的发展，慈善事业作为一项有益的、必要的新兴社会公益事业，应当在我国现阶段得到较快和较大的发展。

六、发展我国慈善事业的基本思路

就我国慈善事业的未来发展而言，我认为已经具备了加快发展的基本条件：一是政治条件已经具备，即社会主义初级阶段是一个相当长的时期，这一时期的社会保障制度是多层次化、多元化的制度，它已经给大力发展慈善事业留下了很大的空间；二是经济条件尤其具备，中国已经有10%以上的人口进入了富裕阶层，50%以上的人口进入了小康阶层，国民手中的金融资产高达8万多亿元以上，且社会财富的分配还在向国民倾斜，从而表明具备大力发展慈善事业的经济基础；三是社会条件已经具备，社会脆弱群体构成了庞大的需求方，而精神文明建设的发展和对传统道德的弘扬亦有利于重新造就慈爱的社会氛围；四是慈善事业已经有了一定的实践经验和基础，如中华慈善总会及一些地方慈善基金会从民营的角度对寻求慈善事业的健康发展作出了贡献，中国残疾人福利基金会、中国青少年发展基金会组织的“希望工程”、以非公有制人士为参与主体的帮助贫困地区的“光彩事业”、全国妇联组织的推进中国儿童少年基金会、全国总工会组织的“互助工程”以及中国老龄协会等于1996年9月发起的“助老工程”等各种社会性救助活动则从半官方的角度对慈善事业的发展作出了贡献，这些以社会捐献为基础的慈善事业实践，均为慈善事业的发展提供了经验与教训。当然，目前中国的慈善事业也存在着必须正视的内在缺陷：一是缺乏理论基础，社会各界对慈善事业的性质模糊不清；二是缺乏社会影响，未能形成相应的社会氛围；三是慈善组织未能步入正常轨道；四是慈善资金筹措渠道不畅，各种具有慈善性质的组织及活动所筹集的资金非常有限，这一事实表明了慈善事业虽然有着日益雄厚的潜在经济基础（社会财富增加、富人增加等）却仍然缺乏畅通的筹资渠道；五是过分分散，即依靠社会捐献的各种社会性救助事业被多个政府部门或半官方部门以各种“工程”名义分解，慈善事业虽有一定规模却被人为地分割成若干小块，这是限制其影响、作用及阻碍其发展的重要因素。慈善事业的现状，决定了要发展我国的慈善事业，还必须采取多方面的措施来推动：

1. 对慈善事业合理定位。这就是：弘扬中华民族的传统美德、促进社会主义初级阶段新的道德文明建设、完善新型的社会保障体系。其中，前两者是道德文明建设的内容，第三则是制度和物质文明建设的内容，慈善事业必须通过具体的慈善行为和一定的宣传形式来推动和促进整个社会的道德文明建设。从这个意义上出发，我认为慈善事业的落脚点应当是完善新型的社会保障制度，即充当社会主义初级阶段新型社会保障制度的重要补充，并通过这种补充来促进道德文明的重塑与进步，这样定位将更加符合改革、发展的现实需要。

因此，国家应当将慈善事业定位为我国新时期社会保障体系中的有机组成部分，并在整个社会保障制度改革中体现出对慈善事业的支持。这一合理定位，将使慈善事业真正成为一项社会事业而非个别或部分社会成员的事业，并保证其得到不断发展、壮大。

2. 正面引导，政策支持。奉献爱心的慈善捐献风尚还未形成，畸形消费的现象却有目共睹，这是我国现阶段已经引起高度关注并使普通国民心理不适的日益严重的社会病。因此，必须通过理论研究和公众传媒的传播等措施来为慈善与慈善事业正名，重新唤醒并树立国民的慈善意识，使慈善事业成为一项全社会的事业。除了理论与舆论的正面引导，慈善事业还尤其需要政策引导：一方面是从正面来推动慈善事业，如对企业和社会成员的慈善捐献给予相应的免税待遇，承认慈善组织的独立社会地位，并对有关慈善组织或机构给予必要的财政扶持；另一方面是从反面来推动慈善事业，如遵循发达国家的惯例，对富人的所得或遗产征收超额累进税，以此鼓励并促使企业及富裕社会成员热心慈善事业；上述措施将极大地推动着我国慈善事业的健康发展。如美国福特汽车公司作为福特家族的企业，在 1947 年老福特去世时，按当时的税率应当征收 3 亿美元的遗产税，福特家族选择了将 90％的非表决权形式的公司股票捐献给福特基金会，家族则保留了有表决权的股票余额，这一行动使 3 亿美元的遗产税减为几百万美元。随着我国富人的不断增加，税收政策对慈善事业的发展至关重要，它虽然表面上看会影响政府的财税收入，但由于公益性质的捐献实际上均是用于社会公益事业，从而客观上仍然是公益或慈善机构在代替政府做事情，我国香港地区甚至用财政拨款来扶持慈善事业发展，而从中获益的就不仅是慈善组织和被救助者，政府甚至因许多社会事务被民营机构和民间财力解决而成为最大的获益者。因此，从中国目前的财力出发，让政府直接拨款来支持慈善事业还不现实，但促使政府制定相应的财税政策则是可行的，如从速制定遗产税法和社会捐献方面的免税规则、对个人所得税严格执行累进税率制，将能够促使高收入阶层尤其是富人阶层关心并热心慈善事业。

3. 重视法制建设，加强行为规范。一方面，国家应当加强法规制度的建设，尽快研究并制定《慈善事业法》或在《中华人民共和国社会救助法》中确定其地位、原则等，单独颁布《慈善事业条例》及相应的法规和政策，从法制上统一规范慈善事业的性质、组织形式和具体的运作程序，同时明确政府监督部门与社会协调机构，并通过政府与社会的监督确保慈善组织的运作符合法制规范。在这方面，中国香港地区与发达国家均有值得借鉴的经验，因此，在运作中应当不存在技术方面的问题。另一方面，各种慈善团体应当通过适当的形式走向联合，通过总会或联合会的形式制定出适合全国慈善工作的行为准则，如确定接受捐献、管理善款、实施救助中的纪律，抵制强行摊派，揭露借义演、义卖、募捐名义牟取私利的行为，纠察捐献活动和慈善行为中的失范秩序，等等。

4. 坚持自愿原则，维护民办本色。慈善事业是民间公益事业，必须始终坚持自愿原则，即政府可以通过政策进行正面引导和反面促进，但不能依靠行政权力等直接干预企业和社会成员的捐献行为，自愿捐献是慈善事业能够真正成为一项长远事业而不是一种"运动"的前提和基石。当然，依靠权威的影响去推动慈善事业的发展则是必要的。同时，慈善事业作为民间公益事业，必须坚持民办本色，如果将其变为官办事业或政府职能部门的附属物，将会损害民间的积极性与主动性，还会无形中加重政府职能部门的工作负担与财政压力。因此，对我国而言，尽管特定的社会背景与传统习惯使慈善事业需要借助官方的直接支持，但坚持慈善事业的自愿原则和民办本色，让官方化或半官方化的慈善事业还原成民办慈善事业，既是慈善事业的内在要求，也是在市场经济条件下实现"小政府、大社会"目标的内在要求，从而已经显得十分必要。

5. 注重形象工程，重视精神褒奖。慈善组织是慈善事业存在与发展的载体，为此，在注重宣传捐献者时，慈善组织还应当注重树立自己的良好形象，包括社会知名度、社会影响度、社会贡献度和社会信任度等，形象好的慈善组织必定更受社会欢迎，必定能够筹集到更多的社会资金，必定能够更好地为社会脆弱群体服务。因此，慈善组织虽然与企业及其他社会公共组织肩负着不同的使命，但对社会形象设计的要求却应当是相同的；慈善组织较一般企事业单位树立形象更具优势，因为慈善事业本身是高尚的，政府领导与各界人士是关注的，很好地发挥这种优势，就可以为慈善事业的发展提供强有力的推动力。同时，慈善事业是社会成员奉献爱心的表现，但又不能据此认为捐献者没有任何目的，事实上许多捐献者在作出捐献行为时会有自己的考虑，这一点可以从国外一些大富翁捐献背后的要求和国内有奖募捐之所以受到欢迎且经久不衰的事例中得到注解。慈善事业不可能像其他领域一样地对有贡献者给予优厚的物质奖励，但可以通过精神的褒奖来从道德上肯定它，这是慈善事业作为道德事业的重要标志和可供慈善组织开发的无形资源，如通过宣传典型的慈善人物、评选全国及各地区的慈善家、让慈善家享有较高的社会地位等，均将极大地激发社会成员的善心与爱心。

6. 加强沟通与合作，重视理论研究。慈善事业的发展，首先须在系统内部形成合力，如各慈善组织均应当加强协作与沟通，规范运作，加强与社会各界尤其是经济界人士的联系与沟通，将注重海外捐献和最终立足、依靠国内、本地捐献相结合。在此，我要特别强调慈善事业在发展进程中应当高度重视理论研究。我注意到这样一种现象，即实践中强大的事物必定需要有影响的理论来配合和指导，而理论强大的事业必定同时也是实践强大的事业；反之，缺乏理论或者轻视理论的事业绝对成不了大事业。在慈善事业发展之初，强调做好一项一项的具体工作是十分必要的，因为它是确立慈善事业社会形象的一个重要方面，但同时也需要有专业的、系统的慈善理论。近几年来，我注意到一些慈善组织开展过一些理论研讨活动，这无疑是好的，但如果仅仅是研讨活动，还是不可能形成慈善理论的，因为理论的形成需要有专业的人士、利用专门的时间、进行专题的调查和系统的理论探讨并通过集约性的成果来反映。因此，在这方面，需要慈善机构与理论界密切配合，一方面是理论界要有主动性，主动关注慈善事业这一新生事业；另一方面是慈善机构也应支持理论研究；单方面的行动带来的效果肯定不如密切配合所带来的效果好，理论成果不仅能够指导慈善工作的具体实践，而且必定会因其影响的深远而促进慈善事业的发展。

应该重视慈善事业的基础建设

慈善事业是特殊的社会性救助事业，它具有弘扬公益美德、促进精神文明建设和完善社会保障制度的多重功能。1998 年长江洪灾激发出来的社会各界捐献热情，使政府救灾部门和慈善团体募集到 72.9 亿元的善款，对于恢复灾区正常秩序和解决灾民的生活困难发挥了巨大的作用。然而，与国外发达的慈善事业相比，我国的慈善事业只能算是刚刚起步。如美国人对慈善事业的捐献在 1996 年即达到 1510 亿美元，有 65.5%美国家庭对慈善事业进行了捐献，人均捐献额达 695 美元，还有 40%的人口直接参与提供慈善公益服务，而我国即使是 1998 年，人均捐献额亦不到 1 美元。因此，乐于捐献、积极参与慈善公益活动的社会风尚客观上还未在我国形成。

慈善事业的特殊功能，决定了我们这个时代需要有慈善事业。经过近 20 年来的发展，一部分社会成员率先进入富裕或小康阶层，不仅具备了参与慈善事业的经济能力，而且客观上需要通过慈善公益事业来树立自己的新的社会形象；而另一部分社会成员则因为历史的、现实的、自身的或外来的原因陷入困难之中，急切需要得到社会的帮助；两者均对慈善事业存在着共同需要。可见，发展我国的慈善事业已经成为时代发展的要求。而要使慈善事业得到健康发展，当务之急便是要高度重视有利于慈善事业生存与发展的基础建设。

其一，要树立全体社会成员的善爱之心，并使之成为慈善事业坚实的道德基础。慈善事业是社会性救助事业，但它又不同于官方举办的社会保障，其显著的特征就是慈善行为具有非强制性和自愿性，从而决定了社会成员的善爱之心对慈善事业的发展起着道德支配作用。如现实生活不乏过着骄奢淫逸生活的人，而真正热心慈善事业者却不多见，这种现象表明新富阶层尚未普遍具备善爱之心，从而制约了我国慈善事业的发展。因此，有必要将慈善事业作为新的历史条件下的一项道德工程来加以建设，从弘扬传统的慈善道德开始，树立社会成员乐于奉献、互助友爱的风尚。如挖掘历史上乐施好善的慈善典范，重视传统伦理道德教育；及时表彰现实中的典型慈善人物，加大对慈善活动的宣传力度，同时掀起慈心与爱心的家庭教育运动等。只要对现实社会中择善而行者、乐于行善者给予鼓励和表彰，良好的道德社会氛围就能够形成，而国民的向善之心和择善而行即是慈善事业发展的坚实道德基础。

其二，要引导先富起来的人与一切有能力帮助他人的人积极参与慈善捐献，为慈善事业奠定坚实的经济基础。社会捐献为慈善事业的立身之本，没有捐献便没有慈善事业，而从海内外慈善事业发展已有的经验来看，富人与中产阶层人士的捐献往往构成慈善财政的主体。改革开放 20 多年来，我国人民的收入水平与生活水平有了极大的提高，越来越多的城乡居民家庭进入小康与富裕阶层，具备向慈善事业捐献的能力，但捐献并未成为时尚。因此，政府宜制定相关的税收政策，如征收遗产税，对个人所得征收超额累进税，对社会成员的公益捐赠给予免税优惠等等，同时让乐于奉献者享有较高的社会地位，并将对慈善事业的贡献大小视为评价社会名流及富人德行的重要指标，将有力地促使先富者乐于投身慈善事业。通过先富起来的人来带动全体社会成员积极参与慈善捐献，慈善事业便有了厚实的经济基础。

其三，要大力发展公益事业团体，为慈善事业的健康发展奠定坚实的组织基础。由于政府干预可能改变慈善事业的性质并背离捐献者的意愿，慈善事业在具体运作中往往排斥政府的直接干预，这样，发展民间公益团体并由承担各项慈善事业的具体组织实施工作，便成为一项国际惯例。我国目前虽然已有中华慈善总会等一批慈善公益团体，但大多规模小并依附于有关政府职能部门，并未形成独立的公益团体群体，这是制约慈善事业发展的重要因素。因此，政府应当尽快颁布有关慈善团体的法规，鼓励并规范企业、社团法人、个人兴办慈善公益团体，大力发展社区型、地区性慈善团体，实现综合性慈善团体与专门性慈善团体并举，尽快形成一个独立运行的、多层次的慈善组织系统。

其四，要尽快制定相应的法规制度，为慈善事业的健康发展奠定坚实的制度基础。在立法层面上，就是立法机关加快慈善事业立法步伐，尽快制定《公益事业捐赠法》、《慈善团体法》等法律与法规，使慈善事业的性质、慈善团体的地位和作用等有明确的法律规范，确保慈善行为得到法律的保护；在政府层面上，主管部门尽快制定相应的对慈善团体的管理政策与相应的慈善财税政策，使慈善团体的运行、社会各界的捐献及募捐等有具体的可供操作的依据；在慈善系统层面上，应当以中华慈善总会等全国性慈善团体为主体，尽快参照国际慈善界的惯例制定出我国的慈善行为准则，并严格自律；各慈善团体还需要制定完善的章程与运行程序，建立健全公开、透明的财务制度，确立公开的监督机制等。

慈善事业实践应从无序到有序

我国的慈善事业在近几年来得到了较快的发展，目前随着加入 WTO 和参与全球化进程的步伐正在进入发展快车道。但毋庸讳言，社会各界（也包括执法系统）对慈善事业的认知还非常有限，整个慈善事业的运行还很不规范，人们献爱心在很大程度上处于一种自发的无序的状态。在这样一种条件下，出现类似江苏如师附小学生黄昊的父母与其生前所在学校为黄昊死后的剩余捐款归属之争的案件也就不足为奇了。这一案例具有一定的代表性，即死者生前患有重病或特殊困难，经媒体披露和呼吁，社会各界自发地向其（通过所在学校或单位或其父母）捐款捐物，待受助者死亡或特殊困难解除后，剩余的捐款捐物便成为引发纠纷甚至官司的焦点。因此，在慈善事业的实践中，我认为有必要重新认识如下几个问题：

第一，献爱心应当从无序走向有序。我在好几年前就曾经给慈善事业下过定义，即它是建立在社会捐献基础之上的民营社会救助事业，爱心是慈善事业的道德基础，凡参与慈善捐献者都应当看成是向社会、向弱者献爱心的行动。有序的献爱心行动应当是通过慈善组织来运作的，因为慈善组织较捐献者本人更加了解有需要者的需求，并通过自己的专业运作与有效监控，实现既满足有需要者的真正需要，又避免慈善资源浪费并最终实现慈善资源最佳配置的追求目标；无序的献爱心行动则是在某种信息不充分的舆论影响下，人们自发的捐献行动，它不通过专业的慈善组织来运作，鉴于捐献者与需求者之间的信息沟通有限和事后督控的缺乏，通常会出现如下两种情形：一是无序的捐献因个体慈善资源调动能力有限而不能满足有需要者的需求，需要解决的问题同样得不到解决；二是无序的捐献因捐献者的盲目性和过度集中于某个具体的对象而超过了有需要者的需求，最终引起不必要的纠纷与麻烦；这两种情形在客观上均会对献爱心行动造成直接损害。因此，我一直主张献爱心应当有序化，即通过专业的慈善组织来运作，这样做的好处不仅表现在专业机构的集中运作一定会比分散的个体独立运作有效率，而且亦表现在社会各界只要对慈善机构进行有效监督便可以确保爱心行动的目标得以实现，而无序捐献带来的只能是爱心行动失控。在献爱心行动乃至整个慈善事业从无序走向有序方面，还需要整个社会的共同努力，包括：社会各界需要重新认知献爱心行动的有序与无序及其效果，了解只有实现献爱心行动的有序化，才有可能确保自己的爱心不会被扭曲；慈善机构（指依法成立的慈善组织）需要明确定位和明了自身的社会职责，通过强化宣传和高效率的慈善项目实施来确立自己的形象，努力扩大自身的知名度、影响力和公信度，使自己真正成为捐献者与受助者之间的桥梁；新闻媒体等在发现有需要者时应当加强与慈善机构的合作，而不是只求新闻效应；等等。如果人们在参与献爱心时想到慈善机构并通过慈善机构来实施，如果需要帮助的社会困难群体在有需要时想到慈善机构并通过慈善机构来求助，如果社会各界尤其是新闻界在发现有需要者并公开披露时能够同时披介当地的慈善机构，让所有献爱心的行动均纳入慈善事业的正常轨道，献爱心的行动便会走向有序化，最终必然使效率得到提高，并避免令人遗憾的“爱心官司”出现。

第二，捐献者的真实意愿不能被曲解。捐献者在参与慈善活动时，其意愿一般是直接而明白的，但随着捐献过程中有关环境条件的改变，捐献者的真实意愿却有可能被曲解，由于慈善机构对捐献者的真实意愿理解不透而影响慈善项目运作乃至慈善事业发展的事例并不罕见。因此，在慈善事业实践中，对捐献者真实意愿的把握便成了运作慈善项目的基本出发点。在这方面，可以分为以下几种情况：一是捐献者的捐献对象明确、捐献目标明确、对项目的运作有具体要求，在这种情形下只要捐献者的意愿是符合法律规范与慈善事业一般原则的，便应当按照捐献者的具体要求来运作；二是捐献者缺乏明确的捐献对象和明确的捐献目标，也未提出具体的运作要求，在这种情形下就需要慈善机构或慈善活动的操作者寻求最需要帮助者并实施相应的救助，充分展示捐献者的善心、爱心与社会责任心；三是捐献者有明确的捐献对象与捐献目标，但在慈善活动实施过程中捐献对象与捐献目标发生了重大变化，在这种情形下就应当根据诱发捐献者捐献的事件或动机来修订具体的实施方案。前述个案属于第三种情形，它是在无序捐献的大背景下因捐献对象与捐献目标发生重大变故而导致的纠纷，因此，修订原有的实施方案即是理所当然的事情。在该案例中，捐献者的捐献动机是单纯的，其捐献对象是小学生黄昊，捐献目标是帮助其治好白血病，当受助者死亡时，随着捐献对象的失去，捐献目标也就成了空中楼阁，此即意味着捐献者的意愿必须重新确认。最合理的处理方式当然是与剩余捐款（根据收款时间与使用捐款时间先后顺序是可以准确对应的）的捐献者直接联系，了解其新的意愿并按照其新的意愿处理其捐款，但这种处理方式可能因成本太高或其他原因而不被接受；这样，善款的管理者及利益相关方便需要根据这些捐献者的真实意愿（使用于类似对象并实现类同的目标）来处理剩余捐款。比如死者生前的治疗费用是应当继续支付的，但解决死者家属的生活困难及其妹妹的上学费用却显然不符合捐献者的捐献本意。

第三，健全相关的制度非常有必要。一方面，制定相应的慈善事业法律、法规已经迫在眉睫，健全的法律规范不仅可以迫使慈善活动尽快进入有序化轨道，而且能够使司法系统在裁定类似案件时有可供操作的依据；另一方面，由于包括慈善事业在内的各项社会事业涉及面的广泛性和各种关系的复杂性，我认为还有必要建立相应的仲裁制，它可以是官方的（如在社会事业主管部门系统内设置），也可以是民间的（一定要是独立的、中立的、权威的机构），类似的案件在司法部门无法操作时亦可以交由仲裁机构来裁定，“爱心官司”毕竟不是刑事或其他民事官司，非得要在法庭上分出是非。此外，慈善机构还需要有自律规章和公开透明的运行规则和程序，新闻媒体在参与慈善活动时亦需要有与慈善机构互动的管道和协作规程。

第四，社会捐献的接受权与处置权。从法律的角度出发，除个体对个体的直接捐献外，可以接受社会捐献的只能是依法程序设置并具有独立法人地位的慈善公益团体，只有这些团体才能享受到政府的税收优惠政策并接受政府主管部门的监管；个体对个体如亲友、同事之间的互助，邻居之间的互济，以及受某种外界因素引导出现的自发捐献行为，不能受慈善法制的约束和慈善事业主管部门的监管，即使出现纠纷亦只能作为一般民事纠纷来处理。同时，慈善活动建立在捐献基础并服从于捐献者意愿的特征，决定了对捐款捐物的支配权属于捐献人或者受捐献人委托的法人与自然人，慈善机构或者临时经手捐款捐物者只是受托管理者。在江苏如师的案件中，由于媒体的诱导，捐献者的捐款寄给了学校，由学校负责支付受助者的治疗费用等，但这并不意味着学校可以支配这笔捐献中的剩余部分，因为捐献者不会同意由学校自由支配其捐款。因此，对这一案件中的剩余捐款，我个人认为，在无法一一征求捐款者意愿的情形下，最好的办法是在支付受助者生前所欠的医疗费用等直接费用外，就是交给当地的慈善团体来处理，学校可以作为这笔捐款的监督者，确保其用于有需要者，使捐献者的善心落到实处；同时，学校在出现符合救助条件的事件时亦可以再向慈善机构申请并从中获得资助，这样学校与慈善机构之间便构成了一种特定的双向监督关系，捐献者的真实意愿便可能得到有效维护。

总之，江苏的这一个案只是慈善活动无序状态的一种表现，不论如何处理都已经使善款的使用效率打了折扣。因此，一个值得肯定的结论便是慈善事业应当大发展，慈善机构应当大发展，献爱心与慈善活动应当有序化。

法制、传媒与慈善机构的公信力[①]

一、2006年“两会”期间，慈善事业的发展成为新的热点

由于国家对慈善事业的发展定位已经明确，2006年的“两会”期间，代表与委员们对慈善事业的关注达到了一个高潮。在全国人大会议上，提出有关制定《募捐法》的议案有5件，签名的代表达159人；提出制定《慈善事业法》或《慈善事业促进法》的议案有6件，签名的代表达188人；至于有关发展慈善事业的建议还有多件，其中包括我本人提出的有关国家落实对慈善事业支持的财政与税收政策的建议。在全国政协会议上，有关慈善事业的建议也有很多，如中国民主同盟就以党派的名义提出了关于促进慈善事业发展的提案，政协委员以个人名义提出的发展慈善事业的建议亦有多件。因此，2006年“两会”期间，慈善事业的发展是一个新的热点。

之所以形成这样一个关注慈善事业发展的高潮，我认为主要是和谐社会的构建离不开慈善事业的发展，社会保障体系的完善也离不开慈善事业的完善。况且，党和政府已经明确慈善事业是我国社会保障体系的有机组成部分，温家宝总理在政府工作报告中也明确提出要发展慈善事业，2005年我国还首次以政府的名义召开了中华慈善大会。在一些地方，慈善事业的发展也引起了很高程度的关注，如中共中央政治局委员、北京市委书记刘淇同志就在2005年上半年三次专题调研北京市的慈善事业发展问题，也听取了包括我本人在内的几位专家学者的意见，北京市还出台了相关的支持措施；湖北、四川等省亦于2005年秋先后以省政府名义召开本省首届慈善大会；等等。因此，2005年政府及社会各界对慈善事业的关注度可谓是空前的，这显然为2006年的“两会”中代表委员们呼吁发展慈善事业提供了一个重要的背景。

① 原载《人物》杂志2006年第5期。

二、法制建设是发展我国慈善事业的关键因素与重要保障

尽管我国新时期的慈善事业也有了十多年的历史，局部领域取得了一些成绩，如中国青少年基金会推广的希望工程、中华慈善总会实施的1998年抗洪赈灾活动等等均给人们留下了非常深刻的印象。但从总体上讲，我国的慈善事业异常滞后的局面依然如故。从每年捐款数额仅数十亿元人民币、人均捐款不足10元这样的数据来看，国人并未真正表现出乐施好善的传统美德，反而是社会责任缺失的案例随处可见。

造成这样的落后格局当然有多方面的原因，包括政治因素、社会因素、经济因素、伦理道德因素等。

就当前中国的现实而言，发展慈善事业已经被载入的党的文件、政府工作报告，客观上已经成为党和政府鼓励与支持发展的事业，这表明了政治因素不仅已经走出了禁锢慈善事业发展的时代，而且事实上变成了促进慈善事业发展的有利因素；而改革开放20多年来，我们在将共同贫穷的时代送进历史的同时，也带来了社会阶层的急剧分化，贫富差距的客观存在及逐渐扩大化，形成了慈善事业发展的有利社会环境，因为共同贫穷的时代是不可能有慈善事业的，共同富裕的时代又是不需要慈善事业的，只有贫富差距存在的时代才是慈善事业发展的有利生成环境，现阶段显然具备有利的发展慈善事业的社会条件。至于经济因素，我国经过近20多年来的持续高速增长，已经发生了翻天覆地的变化。到2005年，我国GDP已经超过了18万亿元，超过了英国、法国而居世界第四位；人均GDP亦已经达到了1700多美元，上海、北京等地区更是达到了中等发达程度国家的水平；国家财政实力也在高速增长，1997年只有8600多亿元，2005年则达到了31000多亿元；居民储蓄存款余额达到了14万多亿元，还有数以万亿元计的其他各种金融资产，有能力帮助他人的社会成员应当可以亿计了，或者至少是数以千万计。可见，过去那种以经济发展落后作为中国慈善事业发展滞后的理由，确实是已经完全不成立了。

既然政治因素、社会因素与经济因素均是有利于慈善事业发展的，即使是市场经济改革带来了价值观的多元化，但中国人的道德水准还不至于如此低下。对慈善机构发育不良和部分企业家、先富者在捐献后不愿声张所表现出来的多方面顾忌，只有一个合理的解释，就是有利于慈善事业发展的法制环境还未形成，这必然影响慈善机构的健康发育，亦限制着社会各界积极参与慈善活动。因此，我有一个基本的结论就是必须尽快改善慈善事业发展的法制环境，通过法制的规范来给出更为明确、更加强势的发展慈善事业的信号。

作出这样的判断的一个基本事实，也就是迄今为止我国还无专门的慈善事

业法律，现行的《中华人民共和国捐赠法》（以下简称《捐赠法》）只解决了捐赠行为的定性问题，并不能解决慈善事业发展的诸多现实问题。例如，慈善事业的性质虽然在中共中央文件与政府工作报告中有所明确，但真正确立其公益福利事业性质却需要由法律来确立；慈善机构的独立法人地位要求，与现行法规和政府主管部门要求慈善机构必须有主管机构的做法是相冲突的，它实际上是限制了慈善机构的发展，而要确立慈善机构的独立法人地位，只有通过立法来明确并保证，慈善机构与政府的关系也只能由法律来明确；针对参与企业与个人的税收优惠与财政支持政策迟迟得不到落实，目前采取的个案处理办法，亦是因为缺乏具有普遍意义的法律规范造成的结果。而现实中，在慈善活动尚未普及化、大众化的情形下，还不时爆发出失范问题，如义演不义、爱心官司不断的事例时有所闻，大众传媒等非慈善机构擅自发动募捐的现象更是普遍，这些问题的存在其实对正常、健康的慈善事业的发展有损害的。因此，尽快制定和完善我国的慈善法制不仅具有必要性，而且具有紧迫性。

正是基于这样的现实，我最近几年一直呼吁重视慈善事业立法，也通过全国人大、全国政协会议提出过有关促进慈善事业立法的建议或提案。我认为在现行法规政策的基础上，国家有必要制定专门的《慈善法》或《慈善事业法》，通过专门立法来明确慈善事业的性质、慈善机构的法律地位，以及慈善事业的运行规则及相关政策原则；在严格规范慈善机构与慈善活动的同时，还需要严厉制裁借慈善之名行偷税之实、通过慈善活动洗钱等违法犯罪行为。权威与完善的慈善事业立法规范，将是慈善事业健康与可持续发展的保证。

可以告诉大家的是，有关慈善事业的立法已经引起了立法机关与政府部门的高度重视。第十届全国人大常委会已经将有关慈善事业的立法补充进了新的立法规划，民政部作为慈善事业的主管部门，亦成立了专门的法律起草小组，并已于2005年正式启动了慈善事业法律的起草工作，目前进展较为顺利。比较乐观的估计是，有关慈善事业的立法最快可于2007年完成起草工作，并可能提交到全国人大常委会审议。

三、慈善机构与大众传媒之间应该密切合作，实现良性互动

虽然前面我提到，义演不义、爱心官司、大众传媒等非慈善机构擅自发动募捐等失范现象，但我并不是不赞同大众传媒参与慈善活动，恰恰相反，慈善事业的发展一刻也离不开大众传媒的支持与帮助。凡是慈善事业发达的国家，均可以看到慈善机构与大众传媒之间的密切合作与良性互动，大众传媒可以称得上是各国慈善事业发展的重要推进力量。对于我国而言，社会各界（也包括执法系统）对慈善事业的认知还很有限，整个慈善事业的运行还很不规范，人

们献爱心在很大程度上处于一种自发的无序的状态。在这种背景下，尤其需要重视大众传媒的影响力，利用大众传媒来宣传、推进乃至于监督慈善事业的发展。而对于大众传媒而言，更是肩负着承担社会道义、弘扬社会道德的社会责任，而参与、宣传、监督慈善活动显然是其中的应有之义。

我想表达的意思是，大众传媒在我国慈善事业发展进程中负有特殊的责任，但目前存在的一些传媒不与慈善机构合作而独自发布募捐信息很可能产生误导作用。我就接到过多起爱心官司的咨询信件，且均是由于媒体的"好意为善"导致的。如江苏如师附小一受助学生的父母与其生前所在学校为受助者死后的剩余捐款归属之争的案件就是一起典型的爱心官司，这一案例的代表性在于，死者生前患有重病或特殊困难，经媒体披露和呼吁，社会各界自发地向其（通过所在学校或单位或其父母）捐款捐物，待受助者死亡或特殊困难解除后，剩余的捐款捐物便成为引发纠纷甚至官司的焦点。因此，在慈善事业的实践中，并不是所有好心都能够成为好事的，因为缺乏规范的慈善活动可能导致相反的效果。正是由于大众传媒负有的责任重大，我才认为有必要提醒其在帮助慈善事业发展时需要与合法的慈善机构合作，促使慈善活动走向有序化。

我在10年前就曾经给慈善事业下过定义，即它是建立在社会捐献基础之上的民营社会救助事业，爱心是慈善事业的道德基础，凡参与慈善捐献者都应当看成是向社会、向弱者献爱心的行动。有序的献爱心行动应当是通过慈善组织来运作的，因为慈善组织较捐献者本人更加了解有需要者的需求，并通过自己的专业运作与有效监控，实现既满足有需要者的真正需要，又避免慈善资源浪费并最终实现慈善资源最佳配置的追求目标；无序的献爱心的行动则是在某种信息不充分的舆论影响下，人们自发的捐献行动，它不通过专业的慈善机构来运作，鉴于捐献者与需求者之间的信息沟通有限和事后缺乏监督，通常会出现如下两种情形：一是无序的捐献因个体慈善资源调动能力有限而无法满足有需要者的需求，需要解决的问题同样得不到解决；二是无序的捐献因捐献者的盲目性和过度集中于某个个体对象而超过有需要者的需求，最终会引起不必要的纠纷与麻烦；这两种情形在客观上均会对献爱心行动与慈善活动造成直接损害。

因此，我在完全支持大众传媒积极参与慈善事业实践时，一直主张引导献爱心行动或者慈善活动有序化，即通过专业的慈善组织来运作，这样做的好处不仅表现在专业的慈善组织集中运作一定会比分散的个体独立运作有效率，而且亦表现在社会各界只要对慈善机构进行有效监督便可以确保人们捐献的目标得以实现，而缺乏慈善机构参与的无序捐献带来的可能是爱心行动失控。在献爱心行动乃至整个慈善事业从无序走向有序方面，还需要整个社会尤其是大众传媒的共同努力。包括：社会各界需要重新认知献爱心行动的有序与无序及其效果，了解只有实现慈善活动的有序化，才可能确保自己的爱心不会被扭曲；慈善机构，即依法成立的慈善组织需要明确定位和明了自己的社会职责，通过强化宣传和高效率的慈善项目实施来确立自己的形象，努力扩大自身的知名度、公信度和影响力，使自己真正成为捐献者与受助者之间的桥梁；大众媒体等在发现有需要者时应当加强与慈善机构的合作，而不是只求新闻效应；等等。如果人们在参与献爱心时想到慈善机构并通过慈善机构来求助，如果社会各界尤其是新闻媒体在发现在需要者并公开披露时能够同时介绍当地的慈善机构，让所有献爱心的行动均纳入慈善事业的正常轨道，献爱心的行动便会走向有序化，最终必将使效率得到提高，并避免令人遗憾的“爱心官司”的出现。

四、慈善事业的生命在于社会公信力

我曾经多次指出，公信是慈善机构与慈善事业的生命。因为慈善机构不仅是独立社团法人，而且是社会文明与公共道德的形象载体，人们参与慈善活动，是对慈善事业与慈善机构的信任，没有公信不可能有慈善事业，社会公信力构成了是慈善机构与慈善事业的生命。因此，我主张政府应当规范慈善事业的运行，引导慈善机构严格自律，慈善机构也应当在自治管理的同时联合起来，借鉴国外及港台地区经验，建立严格的自律机制，同时在社会监督与公开透明的条件下确立自己的公信力。只要慈善组织真正走向成熟，其资源动员能力就必然迅速得到强化，慈善事业的大发展也就有了可靠的依托。在当前慈善组织相互分割的背景下，政府应当发挥主导与督促的作用，切实帮助慈善组织快速成长起来。如果每一个慈善机构都具有公信力，每一次慈善活动均具有公信度，在我国现有的政治、经济、社会条件下，参与慈善事业的人必然会越来越多，慈善机构动员社会资源的能力也会得到大幅度提升，而随着慈善资源的大幅度增长，慈善事业调节收入分配、弘扬文明道德、促进和谐发展的功能必定会得到日益充分地发挥。

总之，我认为，慈善事业作为弘扬互助友爱和建设积极向上的精神文明与伦理道德的最好途径与方式，确实具有缩小收入差距、化解社会矛盾、促进共享发展成果的不可替代的客观功效，和谐社会的构建离不开慈善事业的发展，建立在互助友爱基础之上的各种慈善事业应当成为构建和谐社会的必要且重要的内容。当务之急就是从立法、政策、社会、机构、大众参与等多个层面来促进慈善公益事业的发展。可以肯定的是，慈善事业的大发展，将对我国经济社会健康持续发展与和谐社会的构建起到非常重要的、良性的、不可替代的维系、润滑与促进作用。

立法有望带来慈善事业的春天①

郑功成，全国人大常委、民盟中央经济委员会主任，中国人民大学社会保障研究中心主任。自 1993 年即开始研究慈善事业，关注慈善事业 10 多年。数年来，他一直致力于推动慈善事业立法。

2005 年 8 月 1 日，在中国人民大学劳动人事学院的一间办公室内，衣着朴素的郑功成教授在一张堆积着各种书籍和文件袋的书桌上的电脑前忙碌着，在采访的间隙，他还要转向电脑，利用记者翻阅资料的空闲时间，忙碌一会儿，因为几十分钟后，还有一个外事活动等着他。他与人握手时，热情而有力，由此也可以了解，为何在记者冒昧地打去电话，希望就慈善立法做一个专访时，他最终挤出时间接受采访。

一、慈善可以改善仇富心态

记者： 您研究慈善事业 12 年，为了全国政协十届十次常委会上的发言，在全国十多个省进行了为期两年的调研工作，您为什么如此关注慈善事业？

郑功成： 从 1993 年就开始关注慈善事业，10 多年了，1999 年出版的《中华慈善事业》被誉为中国第一本慈善专著。

研究社会保障必须研究慈善事业，从制度上来说，它是社会保障制度很重要的一部分。慈善事业能够募集社会资源，帮助有需要者，而且是建立在自觉自愿的基础上。现在的社会评价一个人的形象，不单单只看这个人的财富，还要看他的财富除了依法纳税外，怎样回报社会。一个人纳一万元的税和一个人纳一元钱的税是不存在人品高尚、卑劣之分的，只是尽他的法律的义务，但是富人为慈善事业捐献资金，与他的社会责任感和品质是有关联的。

富人应该多承担一些社会责任，这样在不同的社会阶层起到了一个相互了解作用，情感的沟通作用，富人捐献和投入慈善事业可以消除高、低收入人群的差距，在某种程度上可以消除对抗。

① 原载《公益时报》2005 年 8 月 3 日；该报记者王琦采访、整理。

二、贫富差距是慈善事业的有利背景

记者：有媒体发表文章认为，我国越来越多的富人加入到了慈善家的队伍中，认为近几年，中国的公司企业群体中也逐渐形成了一种给予式的文化氛围。但是，根据中国青少年发展基金会的一份调查显示，目前我国注册登记的国内企业超过1000万家，有过捐赠记录的不超过10万家，即99%的企业从未参与过捐赠。您认为中国的慈善事业处于什么状态？

郑功成：我对中国的慈善事业前景十分乐观，但是同时，我国慈善事业的现实是非常滞后的。

对中国的慈善事业前景乐观是因为，从经济上来看，中国有如此大的贫富差距，有一个庞大的、以亿计的需要帮助的人群。而同时，中国大多数人的生活水准达到了小康之上，具备帮助有需要者的能力。共同贫穷不需要慈善事业，贫富差距是慈善事业形成的一个有利的社会背景。

从政治上、政策上近些年有所改变，在10多年前中国可以说没有慈善事业，从1999年制定《中华人民共和国公益捐赠法》（以下简称《公益捐赠法》）、2000年国务院颁布《关于完善城镇社会保障体系的试点方案》，中国在政治上改进很多，完全是支持的态度。

但是前景乐观并不等于现实乐观，慈善事业的现实相对是滞后的。现实滞后的因素是多方面的，比如说法制滞后，没有给慈善机构一个真正独立的法人地位，没有使它真正按照慈善事业的发展规律，真正依靠自己的公信力来发展慈善事业，所以现在法制建设是当务之急。法制滞后还包括税收的优惠，我国《企业所得税暂行条例》规定："纳税人用于公益、救济性的捐赠，在年度应纳税所得额3%以内的部分，准予扣除。"超过了3%的就要个人掏腰包，不利于鼓励企业和发动社会公众参与公益事业。另外一个很重要的方面，慈善公益机构还需要财政支持。有一个企业家热心慈善事业，资助了很多孤儿，但是他得不到财政支持，投资越来越大，最终面临破产。按说这些孤儿如果民营企业不收养，就应该交到政府手中，由政府财政来拨付资金。从这方面说，财政的支持本来是可以引导慈善事业的，对政府本身也有利。第三个是我们的社会氛围。现在很多人实际上社会责任感是缺失的。自利性较强，互利性较弱。为什么中国的企业参与捐赠的很少，中国的富豪参与捐赠的少，企业参与捐赠的少？有些企业甚至对自己的劳动者也很不客气，拖欠工资，随意延长劳动时间，在这样的氛围下不利于慈善事业的发展。而慈善公益机构本身发育不良，公信力不强，成为行政部门的附属，这和法制不健全有关，和政府的支持不到位有关。

三、慈善机构不应设业务主管单位

记者：您认为政府在慈善事业中应该扮演什么角色？

郑功成：政府的角色就应该是一个支持者、扶持者、监督者，而不是领导者、管理者，应该是伙伴关系，是互利互助的关系。政府应该帮助慈善机构，慈善机构对政府是有好处的，不要把慈善机构看作是包袱，认为免税了就损失了税收，实际上是慈善机构在帮助政府解决社会问题。

记者：您曾经说过："中国与慈善机构有关的法律制度建设虽然已经起步，现有的法律、法规、规章对慈善机构的登记与组织、管理与运行、慈善公益捐赠、慈善财税政策等多个方面有所规范，但这种规范并不成熟，加上其他因素的制约，中国的慈善机构还尚未获得有利的发展环境。"

这种不成熟表现在哪些方面？有利的发展环境您认为应该拥有哪些内容？

郑功成：现在中国慈善机构面临的法律上的问题主要有五点：其一，有关机构的法制规范层次低，这就不利于提高慈善机构的法律地位并使其合法权益得到法律维护。其二，要求慈善机构必须有业务主管单位，对慈善机构的独立法人地位造成了损害，也影响了慈善机构的健康发展。在北京已经出现部分慈善机构因找不到主管单位而在社会团体登记机关不能登记，改而以企业的面孔在工商行政管理机关登记成企业，这样的慈善机构在开展慈善活动的同时，还要作为企业向税务机关承担纳税义务。对慈善机构造成很大制约。其三，慈善机构运行经费缺乏法律规范。国内除中国红十字会被允许按照国际惯例，从捐款资金中提取相应比例用于行政开支外，其他慈善机构都没有这个权力。有些慈善机构可能将捐款用作投资，这属于明显的违规行为，并且风险巨大。其四，捐赠的税收优惠政策尚未法制化。目前规定的纳税人用于公益、救济性的捐款，在年度应纳税额的3%以内的部分，准予扣除。我国现行法制对捐赠的税收优惠在国家税法中体现得远远不够。其五，政府与慈善机构的关系还需要进一步地规范。政府与慈善机构通常被看成是上下级的关系，这不符合现代慈善事业发展的要求，也与慈善机构作为一个独立法人团体的法律地位不相吻合。

记者：有人认为，《公益捐赠法》出台以后，很多慈善问题在法律方面是明确的。而且，《中华人民共和国合同法》、《民法通则》里都有对慈善的界定。认为单纯强调我国慈善事业不发达归结于法律不完善似乎不是特别恰当；有人也提出，慈善立法不能根本解决中国的慈善中捐赠少、富人捐赠冷淡、以慈善名义敛财等现象，您认为现行的有关慈善事业的法律法规是否能满足社会需要？

郑功成：我不赞成这个观点。《公益捐赠法》根本没有解决慈善机构的法律地位的问题。《公益捐赠法》对公益机构确定了税收优惠，但是怎么优惠，没有解决。我想这个法律已经颁布6年了，慈善机构的地位、性质，以及政府和慈善机构的关系没有解决；税收方面所谓的优惠措施也没有可操作性，这个法律没有都解决，也足见立法的迫切性。要发展慈善事业首先慈善机构要发展起来，慈善事业才能发展起来。慈善机构不能是政府的附属物，又得不到政府的支持，慈善机构与政府的关系如何来确定，当然是由法律规范。慈善立法也可以用法律责任来制约企业利用慈善事业洗钱、偷税漏税等问题。

至于慈善立法能不能解决慈善中捐赠少、富人捐赠冷淡等现象，不能简单理解为有一个法律就能解决全部的问题。但是法律要给慈善机构一个应有的地位，要给慈善事业一个明确的定性，才有可能带动慈善事业，立法是一个基石。完善慈善事业的法制，是慈善事业的基本条件。

四、立法有望带来慈善事业春天

记者：2005年7月21日，厦门某媒体报道称，厦门市民政局局长透露，在市人大代表的提议下，厦门市今年将着手慈善立法，以填补制约慈善事业发展的"法律真空"，解决当前社会捐赠不够规范等问题，进一步调动社会各界参与公益事业的积极性。您也曾说过"从全国来看，地方立法机关对慈善机构的法规建设还没有重视起来。"您觉得地方立法是否是解决问题的方法？

郑功成：我们国家是个统一的国家，在全国性的立法没有出来之前，地方性的立法还是有一定的促进作用的。但是真正要营造有利于全国慈善事业发展的环境，还是要全国性的立法。

全国性立法不是短期能一蹴而就的，地区开始相应的立法措施，我觉得对当地的慈善事业还是有帮助的。但是慈善事业的问题，不是地方立法能完全解决。比如，我是北京的企业，要在厦门捐助，应该享受什么待遇？如果是厦门的企业想跨出厦门做慈善事业，应该如何规范？

我国是一个集权的国家，我一贯主张推动全国性的立法，但在这个过程中，在全国性立法还不能解决问题的情况下，地方制定相应的措施，应该对慈善事业是有帮助的。

我想今年是慈善事业发展的一个关键的年份，慈善事业可能会迎来自己的春天。

在2005年的全国"两会"上，温家宝总理在《政府工作报告》中明确提出"支持慈善事业的发展"。首次在国家的中央级政府的报告中，把慈善事业写入政府报告，表明政府对慈善事业的重视，发展慈善事业是政府应该做的事情；今年还要以政府的名义召开全国慈善工作会议，也是我国政府成立以来的首次；围绕这次会议，地方政府也开始行动起来。所以说，今年我们的主管部门有可能将慈善立法提上工作日程，但是否专门立法，什么时间立法则是另一概念。我还要继续呼吁，提出我的提案来推动慈善立法工作，希望能有一个大的发展。

世纪展望：中国慈善事业的发展①

以慈善事业为主题，举办这样一个全国性的市长与企业家论坛，我认为本身即表明了慈善事业发展的希望。因为慈善事业虽然是民办公益事业，却特别需要政府的扶持，而企业家掌管的企业则往往是慈善事业的财政支撑力量。

借此机会，我就新世纪的中国慈善事业发表自己的看法。

一、背景分析：新世纪的中国所处的时代

慈善事业的生存与发展离不开一定的时代背景。就像计划经济时代摒弃慈养事业不单是政治思想“左”一样，客观上还有着高度集权的计划经济体制、平均主义分配方式和共同贫穷的社会背景；20 世纪 90 年代慈善事业之所以能够新生，亦是政治修明、经济改革、收入分配方式变迁和贫富差别扩大化等因素综合影响的结果。因此，要把握中国慈善事业的未来发展，必先得把握新世纪的中国处于一个什么样的时代。我认为我们可以从以下几个方面来把握这个时代：

1. 中国在新世纪依然处于社会主义初级阶段。中国当前正处于社会主义初级阶段，江泽民同志曾指出完成社会主义初级阶段的任务需要经过几代、十几代乃至几十代人的努力，现行宪法明确“我国将长期处于社会主义初级阶段”，这种对国家发展的政治定位已经表明新世纪的中国所处的时代依然是社会主义初级阶段，中国的政治、经济、社会制度等的发展，不可能超越这个时代的规范，中国目前所面临的许多社会问题（如贫困、失业、残疾、老年问题等）仍将是未来中国客观存在的社会问题，经济发展和社会进步所带来的只能是这些问题的逐步缓解。因此，新世纪的中国不仅需要有慈善事业，并且需要有发达的慈善事业。

2. 中国在新世纪将进一步走向经济结构多元化。近 20 多年来，国有经济与非国有经济经历了一个此消彼长的过程。如 1978 年全国只有个体工商业者 14 万人，1998 年中国的个体、私营经济从业者却达 7800 多万人；1988 年全

① 原载《构建和谐社会：郑功成教授演讲录》，人民出版社 2005 年版。

国个体经济、私营经济的注册资金达到了1.1万亿元，总产值达到1.18万亿元，从而已经在国民经济中占据重要地位。进入新世纪后，非国有经济的发展势头完全可能持续快于国有经济，并将在一些地区或领域占据主导地位。因此，新世纪的中国，将是一个国有经济、多种形式的集体经济、个体经济与私营经济、外资经济等并存发展且结构相对稳定的经济多元化时代，而这恰恰是慈善事业的有利生成条件，因为非国有经济的迅速成长，意味着一个资产者阶层的崛起，根据发达国家的经验，它们往往是现代慈善事业的重要依托。

3. 中国在新世纪初期将形成较为稳定的阶层分异。中国正在经历着社会成员阶层分异加快的时期，这种阶层分异将会在新世纪到来后的10—20年内基本定型。从有关部门对城镇居民收支状况的调查，可以看出中国社会阶层分异在新世纪的一些趋势。该资料揭示的量化指标便是，从最低收入户、低收入户、中等偏下户、中等收入户、中等偏上户、高收入户到最高收入户，1997年比1996年的收入，依次增长0.1%、3.1%、5.51%、7.47%、8.48%、9.79%和11.23%，它标志着不同收入户的收入增长差距明显拉大的趋势，即愈是低收入户，其收入增长幅度愈低，愈是高收入户，其收入增长幅度愈高，从而意味着贫富差距在未来中国还会扩大。1999年9月国家开征利息税并用于有关社会保障项目开支，表明政府想通过有关政策措施来适度调控贫富差距，但根据发达国家的经验，在市场经济条件下，有关政策虽然能够缓和贫富差距却无法真正阻止贫富差距的扩大，包括社会保障制度在内的各种制度安排亦无法完全满足处于低收入阶层的弱势社会成员的需要。贫富差距扩大化既是中国社会面临的和将要面临的严重社会问题，同时也会促使慈善事业不断发展，因为慈善事业可以成为沟通不同社会成员尤其富人与穷人关系、缓和阶层矛盾的桥梁与工具。

4. 中国在新世纪处于一个全球化时代。毫无疑问，我们已经进入了一个以经济领域先行的全球化时代，这个时代出现了许多前所未有的变化，如在经济领域，资本流动全球化、贸易市场一体化、产业分工国际化。在文化领域，本土文化与西方文化在冲突中走向融洽；在政治领域，全球化政治格局的多元化趋势非常明显。在劳资关系方面，亦已从历史上一国之内的强资本弱劳工时代经过一国之内劳资关系的相对协调，又发展到了全球性的强资本弱劳工时代；传统的社会主义引入了市场机制，私有化程度不仅被接受而且在不断提高，传统的资本主义也在发生着新的变异，公有化倾向亦很明显，如股份制使劳动者可以成为资本的所有者，而资产阶级亦从劳动力的雇佣者变成了被雇佣的劳动者。在国际上，还可以发现发达国家的政府为了使本国处于国际竞争的有利地位，一直想通过提高发展中国家的劳工标准与社会保障来削减其劳动力成本低下的比较优势，从而出现了发达国家政府帮助发展中国家劳工说话而发展中国家似乎站在发达国家资本家一边的现象，等等。对我国而言，加入WTO意味着融入国际经济主流体系和全球化进程，其带来的不仅是经济结构进一步走向多元化、国际化，而且在政治、社会乃至文化领域均会走向多元化。

在这样的国际背景下，我国政治领域已经不再排斥慈善事业，文化领域将吸收西方有益的博爱、平等与社会责任观念，社会结构将走向稳定的三部门鼎立格局，制度建设将走向有序化、规范化，如果再加上许多西方国家的跨国公司与慈善组织更加自由地进入中国所带来的慈善理念与营运经验，可以肯定，新世纪将是一个需要发展慈善事业和适宜慈善事业成长的时代。

二、中国慈善事业的发展走势

基于中国政治、社会、经济的客观走势和国外慈善事业发展的基本规律，以我国现阶段慈善事业的现状作为出发点，仍然可以对新世纪的中华慈善事业走势作出基本判断，这就是中国慈善事业在新世纪的总体走势便是多元化、大发展。

1. 慈善机构的多元化。在慈善团体迅速增加的前提下，慈善组织的多元化将主要表现出下列走势：

在组织形式上，慈善组织将由现阶段主要依附于政府机构发展演变为：以独立的民营慈善团体为主体，辅之以附属于某些官方机构、半官方机构、企业或其他社会团体组织的慈善组织，它们共同构成发展慈善事业的基本力量。这种判断的基本依据，就是随着“小政府、大社会”格局的形成，因为国家对财政预算的硬约束会自动地限制官僚系统的膨胀，目前主要依附于官方或半官方机构的各种团体必然会走向民营化，由此可以肯定，独立的民间慈善团体将无论在数量上、还是在所掌握的慈善资源以及功能影响等方面，都将成为中国慈善事业的主导者，其他形式的慈善组织等虽然还会存在，但会相对削减。

在组织名称上，慈善组织冠以“慈善会”、“慈善基金会”等含有“慈善”二字的团体会迅速增加，但采用其他名称的慈善团体亦会不断增加。如冠以“××基金会”、“××援助会、康复会、互助会”等名称的慈善团体，以及慈善学校、慈善医院等也会出现。在香港地区，还有冠以“乘风航”、“善导会”、“乐施会”等名称的慈善团体。可见，只要是从事慈善活动，名称的选择并非一定要求统一。

在组织功能上，将出现募捐机构、实施机构与协调机构并存的格局。即根据国际惯例，为提高慈善事业效率，同时避免各慈善团体自发募捐影响捐款者的积极性，许多国家或地区均有专门从事募捐的团体，其所募捐的善款全数拨付给实施慈善项目的团体，募捐与实施救助相分离的体制在新世纪的中国也将出现。此外，随着慈善事业的发展，必然促使各种慈善团体进一步走向合作，导致慈善协调机构出现，最终促使各慈善团体共同且高效率地为需要帮助的人们提供着服务。当然，兼具募捐与实施救助的慈善团体仍将是中国未来慈善组织的主要组成部分。

在服务功能上，混合型慈善组织、综合型慈善组织、专一型慈善组织及附属型慈善组织将会并存发展。其中：混合型慈善组织在提供慈善服务的同时，也从事着其他社会公益事业。如香港东华三院就是以慈善事业为主的混合型民间公益机构，它在为穷人提供免费医疗的同时，还办有中、小学校等 20 多所，亦开设有关收费医疗服务；澳门著名的慈善组织——镜湖医院亦同时担负着为穷人提供免费医疗和为一般市民提供收费医疗服务的任务。综合型慈善组织通常提供着多种慈善服务，其服务对象具有广泛性；专一型慈善组织的特点是肩负的任务和职责单一，援助的对象群体固定，服务的目标非常明确；附属型慈善组织是指附属于企业或其他社会团体的慈善组织，它们同样是中国未来慈善事业中的一个组成部分。

在行动范围和活动地域上，慈善组织亦会在新世纪发生相应的变化，即在以国内慈善团体为主体的前提下，不仅社区型慈善组织会得到迅速发展，而且外国的慈善团体亦会进入中国直接开展相应的慈善工作；同时，随着中国经济的发展和中国慈善事业的发展，国内的慈善组织也会增加对落后或遭遇重大不幸的国家和地区给予人道主义援助。换言之，慈善事业在新世纪将进一步融入国际社会。

2. 慈善财政的多元化。慈善财政实力的强弱决定着慈善事业的发展水平。跨入新世纪后的中国慈善事业，多元混合筹资将成为一种既定趋势。我们可以设想，新世纪中国的慈善财政来源将会包括：

(1) 企业或社会团体的捐献，包括捐款与捐物，既可以全权委托慈善团体实施慈善项目，也可以设立专项慈善基金。

(2) 个人捐献，包括捐款与捐物。尤其值得注意的是，接受城乡居民的旧物捐献大有可为，这是因为多数国民的收入水平还不高，要捐献现金等仍然有一定的困难，而多数家庭的家用物品汰旧换新又在明显加快，许多旧物仍有较高使用价值，接受其旧物捐献，既可以直接用于救助有需要者，又可以变卖转换成善款，还不会给捐献者增加负担，从而是一条值得慈善团体高度重视的筹资途径。

(3) 基金营运，即慈善团体对创始基金或经过捐献者同意后的慈善基金进行商业营运，以其收益壮大慈善基金，这方面需要专业人才或专业机构来运作。

（4）政府资助，即政府福利部门对一些民营的慈善机构给予直接的财政援助，这既是必要的，也是可能的，因为民营慈善团体所救助的对象有相当一部分实际上是政府应当救助的对象，因此，慈善团体的工作实质上是帮助政府解决社会问题。

（5）收费补充，即慈善团体可以适当开展一些收费项目，用以扩充慈善事业的财政基础，进而使慈善团体产生规模效益。目前一些政府的福利院也开展了收费服务，且效果良好，民办的慈善团体当然也可以这样做，实际上香港地区的许多慈善团体也是区别受益对象采取免费、低费、收费制的。

（6）发行福利彩票和有奖证券。这是已经开发的募集慈善资金的途径，需要在不断完善中扩大它的规模，并使之真正用于公共福利事业，慈善机构应当分享这一财政来源。

（7）对一些商品或票证采取适当加价的办法来增加慈善事业的基金来源。如发行慈善邮票，在原邮资的基础增加若干，所得部分充入慈善基金等。

（8）将无主财产及非法所得等充作慈善基金。如孤老的遗产、无主的银行存款、被查抄罚没的贪官和罪犯的资财等，均可通过合法手续将其充作慈善基金。

3. 慈善服务的多元化。目前慈善组织提供的服务多是款物接济，或是拨出现金委托其他团体提供相应的服务；也有部分慈善团体直接提供医疗救助（如红十字会）或慈善教育（如上海慈善教育培训中心），但总体而言，慈善服务仍较单一。进入新世纪以后，基于人民生活水平的提高，贫困程度的减轻，以及慈善团体的增加和功能的扩大，慈善服务肯定会走向多元化。一方面，现金、实物援助和劳务援助会并重发展，慈善学校、慈善医院或医疗中心等会不断增加；另一方面，在大力发展扶贫、济困、助残、赈灾等传统的慈善服务项目的同时，慈善事业也会在文化、教育、科技、卫生及环境保护领域有所作为。因此，新世纪的慈善事业所提供的服务将会是多元化的服务。

4. 慈善道德的多元化。发达国家的实践表明，市场经济并非只是利己经济，否则，我们就很难理解为什么美国等西方国家仍然会有那么多的好人，会有那么多的富人极为慷慨地将巨额财产捐献给社会而不留给自己的子女。进入新世纪后，市场经济的定型及其所带来的道德文明的变化将有利于慈善事业发展，即中国在新世纪的道德文明既不可能是传统道德文明的翻版，亦不是只言利勿言义的市侩观，而将是传统美德、无私奉献精神与市场经济条件下的利人利己（互惠）观的有机结合。这样的道德文明既给慈善事业的发展提供了条件，同时也要求慈善事业遵循某些市场法则，在这方面，西方国家显然能够为中国慈善事业的发展提供着宝贵的经验。

三、发展慈善事业的可用对策

新世纪提供给慈善事业的是巨大的发展机遇，但我国慈善事业能否在新世纪到来后得到健康发展，却取决于国家或政府的支持力度和慈善团体自身的努力。因此，确定合理的慈善事业发展对策，对进入新世纪后的中国慈善事业的发展至关重要。

1. 需要从理论与制度的高度对慈善事业合理定位。慈善事业的理论定位，就是属于一种非制度型的、具有高尚道德价值的社会性救助事业。其功能包括弘扬民族传统美德、促进精神文明建设和完善新型社会保障体系。在政府的制度设计中的定位，即是充当社会主义初级阶段官方社会保障制度的重要补充，并成为当代社会保障体系的一个必要的组成部分。这一合理定位，将促使慈善事业真正成为一项社会事业而非个别或部分社会成员的事业，并保证其得到不断的发展、壮大。

2. 需要高度重视慈善宣传工作。慈善事业需要社会成员自觉自愿参与，而具备慈善道德的社会氛围则是慈善事业走向大众化的前提条件，即慈善事业的发展在很大程度上是依赖慈善宣传工作所激发出来的公众道德责任感。因此，应当将慈善宣传工作及营造有利于慈善事业发展的社会氛围作为发展慈善事业的基础工作，并将其放到与募捐工作同等重要的位置上，充分调动各界宣传慈善事业与慈善爱心的积极性，电视、报纸、广播、晚会、橱窗等均是宣传慈善事业的良好途径；而国外在有关学校开设慈善课程、为富人及其子女建立慈善培训学堂的做法亦值得我国慈善界借鉴。

3. 尽快建立和完善慈善法制与慈善财税政策。国家虽颁布了《公益事业捐赠法》，但它只解决了慈善事业的部分问题，因此，还应当进一步推动与慈善事业有关的法制建设，包括制定《慈善事业法》、《慈善团体管理条例》或在有关社团管理法（或条例）中对慈善团体的法律地位、运行方式等进行规范，承认慈善组织的独立社会地位、客观功能及对社会发展的多重贡献。政府有关部门应依循国际惯例，根据《公益事业捐赠法》与国务院的有关文件等，尽快完善慈善事业财税政策，主要包括免税操作程序、相应的补贴政策（如慈善团体援助应由政府救济的对象，就有理由得到政府补贴）等。在这方面，有条件的地方完全可以先行一步。

4. 强化慈善团体的合作与自律。慈善事业的发展离不开慈善事业整体地位的提升，而整体地位的提升需要依靠各慈善团体的密切合作，以整体的形象造声势并赢得慈善事业的整体地位。因此，我一直主张强化慈善团体的合作，各慈善团体通过卓有成效的合作，可以确立慈善事业较高、较大的社会知名度、社会影响度、社会贡献度，进而增进社会公众的信任度等；而各慈善团体通过参与合作则成为分享慈善事业整体形象、整体地位上升好处的最大受惠者。从目前的现状出发，中华慈善总会正在且完全可以成为中国慈善事业的旗帜，重要的是需要各慈善团体的主动参与和密切配合。同时，加强自律应当提上议事日程，即需要尽快制定出慈善事业的通行准则与规章，包括慈善工作行为准则、善款管理与监察制度及失范纠察制度等，树立慈善团体令公众信任的形象。

5. 加强慈善团体自身的建设。慈善事业的成败取决于慈善团体的成败，这在慈善事业发展初期尤其如此。因此，在即将进入新世纪之际，每个慈善团体均需要迅速而准确地找到自己的位置，合理确定自己的社会功能和服务领域，有意识地培植长期稳定、有影响、有特色的优势服务项目，有目的地寻求具有爱心的相对稳定的合作群体，努力争取政府的财政支持，同时避免贪大求全等。

四、值得重视的相关问题

在解决了认识问题后，我认为还需要重视慈善资源问题、慈善事业发展中对市场机制合理利用的问题以及推动理论与政策研究等问题。

1. 慈善资源问题。在这方面，我认为有几点是可以肯定的：

一是我国的慈善资源潜力巨大。我国的 GDP 已经达到 10 多万亿，国家财政收入亦在保持着大幅度增长，经济的持续增长、政府财力的持续增强及国民生活水平的持续提高，均使政府、公司、社会各界支持慈善事业发展的财力基础亦会日益雄厚。因此，我国的慈善资源是不成问题的，从目前国民经济的发展水平与慈善事业的现状出发，慈善组织能否获得越来越多的慈善资源，主要的将不是取决于经济发展状况而是取决于慈善组织对资源的动员能力。

二是政府可以成为慈善事业的重要支撑。由于政府改革的取向是小政府、大社会，加之社会保障官民结合道路的选择和政府效率观念的提升，将促使政府由不重视慈善事业到支持慈善事业发展进而发展到直接慈善事业的发展。

三是民间的慈善资源将归属慈善公益机构，政府将不再与慈善公益团体争夺慈善资源。一方面是政府财力的增长可以使政府不需要依靠民间的资财来承担起自己应承担的责任；另一方面则是国际惯例亦没有政府与慈善公益团体争夺民间资源的现象，政府只能依靠税收手段来获得资源。

四是尽管加入 WTO 以后可能带来更多的国际慈善资源，但从中长期角度出发，我国的慈善事业只能依靠我国的慈善资源来支撑，一方面是中国在持续发展并日益繁荣富裕，西方发达国家的慈善资源会转向更为落后的国家与地区，另一方面则是中国慈善资源会随着经济发展而持续增长。因此，慈善组织应当注重对本国及本地慈善资源的培养与挖掘。

2. 市场机制问题。在市场经济条件下，慈善事业虽然不能走向市场化与商人化，但也不可避免地要受市场经济的影响，并且有必要引入相应的市场机制，这将是市场经济条件下发展慈善事业的必需手段。它包括：

一是需要引入市场营销的理念，将慈善事业作为一种特殊的道德商品来推销，如不能坐等他人上门捐献，而要开展相应的社会调研、了解我们的潜在支持者群体与需求者群体。

二是需要考虑市场营销的策略，强化对有贡献者的激励和对有潜力者的牵引。如有针对性的劝募可能效果更好，适当的非物质的回报可能带来更多的慈善资源，有趣的劝募方式可能获得更大的募捐收入等。

三是需要考虑成本效益。慈善事业是不赢利事业，但这不等于慈善事业可以不计成本，慈善事业是有成本的，这种成本决定着各个慈善组织的生存与发展。一方面，如果慈善组织缺乏成本效益观念，不可能在与其他社会部门的竞争中获得慈善资源；另一方面缺乏成本效益观念的慈善组织亦会在与其他慈善公益组织的竞争中被淘汰。因此，慈善组织需要确立效益成本观念，而提高管理效率，减少运行成本，在募捐及项目实施中精打细算、堵塞漏洞，严格财务制度等，均应当得到各个慈善组织的高度重视。

3. 理论与政策研究问题。西方发达国家的慈善事业发展告诉我们，慈善事业不仅是有理论的，更是需要理论来指导的。否则，就无法理解西方社会的富翁们为什么要将自己的下一代送读专门的慈善课堂，也不能理解像美国福特基金会那样是基于学者的研究的建议而设立并不断发展壮大成世界最著名的慈善公益机构之一。因此，重视慈善理论与慈善政策研究，支持慈善理论与慈善政策研究，亦应当成为我国慈善事业发展的重要组成部分。不仅应当欢迎企业界资助公益慈善事业，也应当欢迎企业界资助慈善公益事业的研究。慈善理论与政策研究的发达，将有利于形成有益有慈善事业发展的氛围，有助于帮助人们树立理性的慈善行为，并促使慈善事业理性地健康发展。

五、中国慈善事业的前景预测

以中国慈善事业的现状为基点，以香港地区或美国等发达国家或地区的慈善事业为参照系，我们仍然可以简单地描述一下中国慈善事业在新世纪的前景。

首先，在慈善团体的发展方面，目前成立的全国性、地区性慈善团体已经数以百计，其中中华慈善总会的团体会员即达 70 多个。可以设想，这些团体均会在进入新世纪后得到不同程度的健全与发展，而新的慈善团体包括独立的、附属于企业团体的，还会不断增加。在不远的将来，虽然我们不能指望像美国那样成立数以十万计的慈善基金会，也难以达到香港地区一个城市即有数百家慈善机构的密度，但数以万计、十万计的慈善团体或公益组织却是完全可能产生并得到发展的。

其次，在慈善工作队伍方面，目前的专业人士极少，但正持续增长。除越来越多的社会成员成为慈善事业的志愿者外，亦会有越来越多的社会成员成为慈善事业的专职工作者，慈善工作者与慈善团体的增加及慈善事业的发展呈正比例的关系。以香港地区为例，专职慈善工作者约占全香港总人口的0.3%—0.5%，即使按照其下限计算，内地专职慈善工作者亦应达400万人以上，这当然需要经过若干年的努力和慈善事业得到极大发展后才可能。但可以预见，全国的慈善工作者在新世纪初期即达到数以万计乃至百万计仍然是可能的，因为社会的需要和慈善事业服务功能的扩展，必然使慈善工作队伍不仅呈膨胀式壮大，而且会走向专业化、高素质化。

再次，在慈善财政方面，亦会随着中国经济的持续发展而呈现急剧增长的势头。以1996年为例，当年全国通过社会捐献募捐到的款物折合人民币约达40亿元，人均捐献仅3元；1998年全国接受的捐献折合人民币为115亿元，人均捐献额为9元多钱，较1996年增长二倍。这个数额与美国人均捐献近700美元相比，显然不值一提，但社会捐献在增长却是一个客观事实。何况1998年中国还发行了110亿元的福利彩票和赈灾彩票，筹集善款达30多亿元。进入新世纪后，即使按照美国人均捐献额的1%计，中国年筹善款亦可以达到750多亿元，就中国经济发展水平与国民生活水平而言，在未来10年内，将人均捐献额提高到相当于美国人均捐献额的4%左右是完全可以达到的。否则，就是中国人太缺乏善爱之心，而这是需要政府、社会、慈善团体及每一个家庭检讨的。如果慈善事业有了数以百亿元、千亿元计的财政基础，则慈善事业所发挥的功能作用将发生翻天覆地的变化。

总之，中国的慈善事业已经在一片废墟中新生，并引起了各级政府和越来越多的社会有识之士的关注，我们应当对国人的道德前景有信心，对中国的慈善事业有信心，因为政治修明、人心向善、经济发展已为慈善事业的发展创造了最基本的、也是最重要的条件，目前需要的是慈善团体与慈善工作者付出更大的努力。

Promoting Scientific Development and Sharing Social Harmony

第六篇

劳动就业与和谐发展

强资本弱劳工格局及其影响[①]

一、经济全球化带来强资本弱劳工格局的全球化

在工业社会里，劳资关系是最重要的社会关系。资方与劳工的地位强弱，不仅取决于经济实力的较量，而且亦取决于政治权力的倾向和双方自由度的大小。在西方国家工业化进程的初期，曾经经历过一个较长时期的强资本与弱劳工相持阶段，那是在政治权力主导下的格局；进入 20 世纪以后，劳工的觉醒与抗争，政治的民主化以及市场经济的失灵，使工业化国家普遍通过健全社会保障制度和完善税收政策来协调劳资关系，在这种取向下，资本的势力受到抑制，劳工的权益得到了较好的维护，从而进入了一个相对平稳的劳资关系协调时期。

然而，在当代世界，以资本的自由流动和市场的一体化为主要标志，经济全球化作为一个不可逆转的趋势，不仅进程在日益加快，而且已经开始波及政治、外交乃至文化等领域。在这一进程中，资本的自由度持续扩张，日益摆脱了主权国家的束缚；而全球发展的不平衡，又决定了资本的流入往往能够带来经济的发展，资本对投入地区的选择范围因经济全球化而持续扩大，发展中国家则成为吸收资本的竞争者，自由度的扩大与发展中国家对资本需求的增长，很自然地使资本日益居于有利地位，劳工则因为就业岗位竞争的国际化和跨境流动的限制性而陷入日益不利的境地。资本家对全球化的普遍欢迎而一些国家的劳工反对全球化倾向同时并存的现象，能够反映人们对全球化进程的客观心态。不过，经济全球化也并非只是发达国家的一相情愿，而且也是发展中国家自觉与不自觉的选择，并非只有发达国家需要全球化，发展中国家也需要全球化。因为只有积极地参与全球化进程，发达国家才能赢得新的、可持续的发展，发展中国家才有可能获得分享西方世界主导的全球成果并向工业化国家靠拢的机会。

可见，经济全球化是不以人的意志为转移的，在经济全球化条件下，主权

① 原载《劳动经济与劳动关系》2002 年第 5 期。

国家可以调节乃至控制的劳资关系，变成了服从于资本世界市场与劳工世界市场的供求关系，即取决于双方自由度的大小和供求状态。资本的强势化主要表现在它摆脱主权国家的控制之后，总是能够在全球范围内寻找到劳工成本更低的投资场所，并仍然处于供给不足的状态（发展中国家乃至新兴工业化国家均在努力争取国际资本注入），从而总是处于主动的和自主选择的地位；而劳工在发展中国家普遍过剩，在全球范围内总是处于供过于求的状态，加之不能像资本一样地在全球范围内自由流动，从而总是处于被动的和被选择的弱势地位。

如果与西方国家早期的强资本弱劳工格局相比，现阶段的强资本弱劳工格局显然超出了主权国家的范围，具有了全球化特征。一方面，先进国家因资本的大规模输出而正面临着经济发展动力不足的困境，进而带来失业率居高不下，同时迫使政府抑制劳工福利，一些国家的劳工运动兴起实际上也可以视为劳工地位弱化的一种反映；另一方面，发展中国家为了在资本市场上获得有利的引资竞争地位，亦不得不控制本国的劳工福利，以维护人工成本的比较优势，从而大多采取了向资本所有者倾斜的政策取向。因此，尽管强资本弱劳工格局并不是绝对地体现在所有国家或地区，但强资本弱劳工格局又确实是当代世界的一个客观现象，是经济全球化带来的不可避免的客观结果。从全球范围与历史纵向的双重视角出发，当代世界的强资本弱劳工格局，是在经历了一国之内的强资本弱劳工时期和一国之内劳资关系平衡时期之后，进入的一个全球性的强资本弱劳工时期，这一格局预计将持续相当长的时期，最终当然会进入到全球性的劳资关系平稳与协调时期。

二、强资本弱劳工格局在我国的具体体现

我国选择了市场经济，继而正式加入 WTO，表明了我们积极融入国际经济主流体系和参与全球化进程的决心，但也无可避免地要参与国际经济的竞争和对国际资本的竞争。我国经济建设面临资金短缺的局面将持续相当长的一个时期，从而需要大力引进外资来支撑经济的持续发展，而我国的劳动力资源总量却高达 8 亿，较所有西方发达国家的劳动力总量还要多，资本短缺与劳动力过剩成为制约经济发展的两大因素。可以肯定，在相当长的时期内，我国将面临着对国外资本的强烈需求和国内就业压力持续扩张的局面，这种局面决定了在我国同样会不可避免地出现强资本弱劳工的现象。

在 20 多年的改革开放中，我国获得了国民经济的持续高速增长，但在这种经济发展成就的另一面，亦应当承认亿万劳动者也付出了相应的代价。因为在计划经济时代，尽管实际情形是普遍贫穷，但资本的全民所有决定了劳动者

的主人翁地位，国家保障、企业保障与乡村集体保障构成了一个较为完整的国民生活保障体系，城镇劳动者更是终生享有“铁饭碗”，从而几乎不存在资本与劳工的对抗问题，也不存在资本与劳工之间的强弱关系问题。而在今天，资本已经走向了多元化，私人资本与外国资本及其支撑的经济得到了极大的发展，劳动者的地位却在持续下降。一方面，保护私有财产的呼声日益高涨，保护投资的法规政策日趋完善，资本所有者占有社会财富的份额越来越大，并在整个社会占有着越来越明显的优势地位；另一方面，国有企业大批职工失业、下岗，非国有企业职工普遍缺乏必要的社会保障，数以千万计的农民工不仅事实上处于被歧视地位甚至签订“生死合同”的现象亦不乏罕见，每年因恶性工伤事件造成劳工死亡的人数数以万计，因缺乏必要的劳动保护而导致的潜在职业病患者更是数以百万乃至上千万计，拖欠劳工工资的事件累有发生（深圳竟然有半数私人企业拖欠劳工工资，2001 年 1—11 月深圳劳动局共接到投诉 12557 件，其中有 42%的投诉起因即是拖欠工资），一部分劳动者作为低收入阶层而陷入贫困境地，许多保障劳动者的法规政策得不到执行与落实，所有这些，均表明我国劳工的地位在持续弱化，而资本的势力则在持续扩张。当然，作为处于发展中的我国，发展经济仍然是第一位的，而要想全面维护劳工的福利与利益就意味着抑制资本，这种取向不仅可能使我们丧失对外资的吸引力，而且连国内的私人资本亦可能留不住，因为我国事实上还不具备平衡国际资本与劳工关系的实力与能力。因此，从总体上看，我国的强资本弱劳工格局只是全球性强资本弱劳工格局中的一个部分而已。

强资本弱劳工格局对劳工的影响是多重的，包括就业竞争的激烈化和福利保障的削减。在经济全球化条件下，这个世界已经没有了任何稳定的工作岗位，没有风险、生活安逸的福利社会作为一种理想亦似乎离得相对遥远了。我国改革开放 20 多年来，中老年职工已经为国家的改革与发展付出了“铁饭碗”和高福利的代价，这种代价构成了国家经济社会发展的重要动力源。但我认为，随着我国加入 WTO 以后，强资本弱劳工格局对青年的影响将更大。一方面，青年劳工面临的就业竞争压力必然持续扩大，在世界上，失业青年占失业总数的 40%以上，青年的失业率一般是成年人失业率的 2—3 倍。国际劳工局的最新调查资料表明，在 98 个经济体中有 52 个青年失业率高于 15%；一些欧洲国家青年失业率为 30%或 30%以上，而一些发展中国家则攀升至 40%—50%之间，中国现阶段乃至相当长时期内，青年劳工失业率同样将持续攀升。另一方面，全球化条件下的不确定性，使非正规就业成为现阶段及未来时期青年人就业的重要出路，而青年人越来越转向非正规部门谋生，也就越来越缺乏就业保护、社会保障或未来发展前途。此外，国外的实践表明，青年劳工的就业期限因劳动力市场的分割化而不断缩短，在由非正规就业通向正规就业的过渡期在延长，就业岗位的过度流动性可能使青年劳工落入临时工陷阱而很难获得正规的就业岗位；我国的现实也是如此，青年人越来越多地进入非正规就业领域，有关方面似乎也开始倡导非正规就业，而相应的社会保障制度却跟不上就业形式的发展变化。因此，在充分肯定改革开放 20 多年来所取得的巨大成就的同时，我认为有必要对资本势力日益膨胀和劳工地位持续下降的发展态势保持关注和警惕，尤其需要注重这种格局对青年劳工未来就业的负面影响。

三、放任劳资关系失衡会损害社会经济的健康发展

在发达国家，资本过度膨胀的势力曾经带来过阶级矛盾的尖锐化和社会动荡，但自第二次世界大战以后，首先是英国等欧洲国家建成福利国家，北美、大洋洲国家和日本等亦迅速完善了自己的社会保障制度，加之所得税、遗产税、利息税、赠予税等与收入相关的税收制度的完善，使资本的势力受到了有效的抑制，健全的社会保障制度起到了平抑资本势力和扶助劳工提升地位的重要甚至是关键的作用。而全球化却使资本摆脱了主权国家的约束，即使在发达国家，资本的净输出亦带来了失业率长期居高不下，进而迫使政府通过控制乃至削减福利保障来抑制劳工成本，从而很自然地弱化了劳工的既有地位。在这种情形下，我们看到了一些发达国家削减福利的计划与方案，但付诸行动的很少，因为遭到了劳工阶层的抵抗。强资本弱劳工格局在一些发达国家的形成，已经带来了并且正在激化着社会阶层矛盾。

在发展中国家，因为需要利用外国资本来发展本国经济，政府为在国际资本市场上处于有利的竞争地位通常较多地考虑对外资的吸引力而采取自由主义的经济政策取向，却对相关社会政策与本国劳工权益的维护较为忽略，结果出现社会危机。一个很典型的例子即是地处拉美的阿根廷，从 2001 年 12 月 20 日德拉鲁阿下台到 2002 年新年伊始的杜阿尔德上台，半个月换了 5 位总统(包括 3 位临时总统)。这场严重的政治、社会危机即是阿根廷国内矛盾尖锐化的结果；其背后有着放任外国资本大规模地进入阿根廷而政府却无视社会公平与经济政策之间的关系的问题，结果使资本势力日益膨胀，而劳工地位却不断下降，其主要表现是失业率长期居高不下，2001 年阿根廷的失业率高达 18％－20％，有 40％以上的人口处于贫困状态，退休者领到的养老金在严重的通货膨胀面前很难维持正常生活。劳工地位的持续恶化，不可避免地会导致社会阶层之间的对抗。

阿根廷危机对我国的重要启示在于，在通过加入 WTO 来参与经济全球化的进程中，有必要考虑社会政策与经济政策之间的适度平衡关系，如果一个政府采取了导致各个部门大规模失业或者出现就业严重不足的政策，或者一味维

护资本的强势地位而对劳工的弱势地位视而不见，就不仅难以实现分享世界发展成果并向工业化国家靠近的目标，反而可能陷入国内危机与灾难之中。

四、理性应对全球性的强资本弱劳工格局

在强资本弱劳工的全球格局下，政府无疑处于两难之地。一方面，从我国经济发展的需要出发，在相当一段时期内，保持较低的劳动成本仍然是吸引外资和留住内资的重要且基本的条件，这种取舍并不完全取决于我国政府的选择，而是在很大程度上取决于我国与其他国家对资本的竞争程度；换言之，如果对中国的投资不能赚取资本所期望的回报，即使是国内资本亦有可能流到国外去，因为趋利是资本的天然属性。另一方面，如果政府不关注劳工的权益，目前的某些态势已经揭示出劳资之间的对抗性将不断强化，最终必然导致严重的社会危机。因此，对政府而言，需要考虑的是如何在实现经济目标与维护社会公平及劳工福利保障权益之间求得适当的平衡。

在维护劳工的权益方面，政府的责任重大。我认为在维持我国劳动成本较低的比较优势的同时，并不妨碍国家建立并严格推行如下几种制度：一是最低工资制度应当真正适用于所有企业；二是劳动监察制度应当真正得到落实，尤其是劳动用工的规范化、契约化和劳动部门的日常监督管理应当引起政府的足够重视，目前在某些地方接连发生恶性工伤事件表明有关部门难逃失职责任；三是明确雇主责任，尽快确立工伤保障制度；四是按照分类分层原则构建多层次的养老保险、医疗保险、失业保险及最低生活保障制度等，用健全的社会保障制度来维护劳动者的权益；五是确立劳动申诉制度，有相应的法律机制来接受并处理劳动纠纷；六是真正推行集体谈判制度等。七是建立相应的社会援助机制，如建立劳工权益法律援助中心等。八是社会舆论应对劳资问题保持公正立场。在对待青年劳工方面，政府有必要将青年就业纳入总体就业政策并鼓励广泛的就业密集性增长作为为青年创造就业岗位的最好手段，同时为青年人提供教育和技能培训机会，鼓励雇主考虑雇佣更多的青年人，并努力将非正规就业纳入到主流经济体系中去。上述制度的建设与推行，对抑制资本势力的过度膨胀和确保劳资关系的相对平衡不仅是必要的，而且是紧迫的。

在强资本弱劳工的情形下，还有必要发挥工会的作用。因为个体劳动者虽然处于弱势地位，而由劳动者组成的工会却具有巨大的影响力，我国新的《中华人民共和国工会法》亦明确界定工会的宗旨在于维护工人的权益。工会应当且可以通过有组织的行动来为劳工的合法利益提供强大的支持。当然，劳工利益的维护并不必然地需要雇主付出惨重的代价，如果因企业破产而导致工人失业，则可能使劳工的根本利益受到损害。因此，工会的职责并非等于与资方的

对抗，有时还需要妥协，从而要求新时代的工会不仅需要维护劳工的利益，还需要善于维护劳工的利益。

对劳动者而言，在强资本弱劳工的大格局下，首先需要明了自己的法定权益并懂得如何维护自己的权益，如在就业时要求与雇主签订合法的劳动合同，在从事有害健康的职业时有权要求雇主提供相应的劳动保护等；其次，明了自己的社会保险权并积极参加社会养老保险、工伤保险、医疗保险等，同时应当协助政府部门主动监督雇主有无违反国家劳动与社会保险政策的行为，这是维护长期权益和解除后顾之忧的必要举措；再次，遇到权益受损时敢于向执法部门提出申诉或起诉，用法律来维护自己的正当权益，或者通过组织（如工会等）来争取自己的权益。总之，在强资本弱劳工的宏观格局下，劳动者对此应当有相应的心理准备，并具备相应的权益意识和依法维权的观念。

劳资关系平衡与和谐发展①

我国劳资关系不可避免地受到全世界强资本弱劳工格局的深刻影响。改革开放初期在劳动力资源过剩而资本极度短缺下形成资本单赢的失衡格局正损害着经济社会的协调发展。劳工成本低是一种不能提高核心竞争力的短视的优势。因此，我国不再需要低劳工成本—低素质劳动者—低技术含量产品—廉价竞争的低层次发展模式，而是需要提高劳工成本—提高劳动者素质—提高产品技术含量—提高核心竞争力这样一种劳资双赢的良性发展模式。

国民经济持续 20 多年的高速增长，确实使我们国家站在了一个新的历史起点上。与改革开放前一个时期相比，现阶段所面临的发展机遇更加宝贵，而遭遇的挑战也更为复杂。在这样的背景下，《中国新闻周刊》围绕“劳资利益平衡与经济协调发展”这一主题举行专题论坛，显然是一次抓住了当前关键问题的很有意义的活动。当然，劳资利益平衡涉及的不仅是经济协调发展问题，而是整个经济社会协调发展的问题。

我曾经强调过，和谐社会的核心在于社会关系的和谐，而经济结构的多元化又使劳资关系事实上成了我国最基本的社会关系，因此，劳资关系的和谐程度在很大程度上决定着我国社会关系的和谐程度。构建社会主义和谐社会，关键在于构建平等、和谐、稳定的劳资关系，从这个意义出发，构建和谐社会和促进经济社会协调发展，需要将处理好劳资关系作为一项根本性的基础工程。

必须承认，在经济全球化的国际背景下，我国的劳资关系不可避免地要受到这个世界强资本弱劳工格局的日益深刻的影响。在改革开放初期或者说前一个时期，我们国家因为劳动力资源过剩而资本极度短缺，需要采取多种措施来吸引资本促进本国经济的发展，招商引资便成了各级政府的重大使命，各种努力的直接成效，便是使我们国家形成并保持了对国外资本的强势吸引力，直接带来了国家的繁荣与发展。然而，由于只注重招商引资、经济发展与经济增长，忽略了对劳动者的利益维护，进而日渐形成资本所有者的投资回报长期偏高甚至畸形偏高、劳动所有者的劳动所得长期偏低甚至畸形偏低的利益失衡格局，包括不依法签订劳动合同或者签订有损劳工利益的劳动合同，损害劳动者

① 本文系作者 2006 年 4 月 27 日为《中国新闻周刊》举办的新闻中国四月论坛提供的书面发言。

的休息权、劳动报酬权、劳动保护权、社会保险权等多种正当权益的现象便时有发生，劳动者与雇主或用人单位处于不平等的地位以及由此导致的劳资利益失衡格局日见深刻，中国的劳资关系和劳工权益保护问题亦成了社会各界关注的焦点。我认为，劳资利益失衡的格局正在损害着我国经济社会的协调发展，它一方面损害了社会公平与分配正义，造成了劳资对抗风险的不断累积，另一方面又使一些投资者丧失理性，资本单赢的格局有可能向劳资双损的危险境地演进。

对我们国家而言，我认为最符合国家利益的发展取向就是要在平衡劳资关系的基础上，努力实现劳资双赢，只有劳资双赢才能消除劳资对抗并实现劳资合作，而劳资合作不仅会维持整个社会的正常、健康与和谐发展，而且将带来劳资双方更大的双赢，这恰恰是我们国家利益的根本所系。而无论是劳资双赢还是劳资合作，均要以劳资关系的利益平衡为基石。因此，要避免劳资对抗与劳资双损且最终损害国家的局面出现，就必须尽快通过有效的法制与政策措施来化解现阶段已经出现的以损害劳动者正当权益为标志的社会风险。在这方面，我是主张通过完善劳动法制来促进劳资关系由失衡逐渐走向平衡的。包括制定《劳动合同法》、《社会保险法》等必需的法律，修订完善《中华人民共和国安全生产法》（以下简称《安全生产法》）、《中华人民共和国劳动法》（以下简称《劳动法》）等法律，强化最低工资标准保障机制和确立正常的工资增长机制，推进反就业歧视等措施，同时明确政府劳动保障等行政部门的行政监督之责与司法机关的司法保障之责，只有这样，我们才能够在维护劳动者正当权益的基础上，促使劳资关系走向平衡。

我想指出的是，尽管人们已经普遍认识到了劳资关系失衡及其不良的社会后果，但要真正解决好劳资之间利益失衡的问题，所面临的障碍还有很多，包括劳动力与资本供求关系的反差依然未从根本上改变，地区发展差距与城乡发展差距以及地区之间的竞争还在某种程度上继续强化着这种格局，许多政策措施要调整起来还面临着重大阻力，但关键的恐怕是以往人们已经形成重资本轻劳工的思维定势与对落实科学发展观与新的执政理念的漠视。

我赞同尽快通过立法等措施来平衡劳资关系，包括制定《劳动合同法》等法律都是十分必要的。但我不赞同将《劳动合同法》误解成偏袒劳动者的一部法律。因为劳动合同也是一种民事合同关系，劳资双方是这种社会关系的当事主体，他们的法律地位是完全平等的，法律追求的公正与平等，《劳动合同法》也不应当例外。我强调这一观点，主要是因为《劳动合同法》在维护劳动者正当权益的同时，也要保护雇主或用人单位的正当权益。《劳动合同法》对劳动者正当权益的关注与维护，并不以损害雇主或用人单位的正当权益为条件，恰恰是基于平等保护当事人双方的正当权益，将劳动者的法律地位提升到与雇主或用人单位平等的地位。有鉴于此，我在主张《劳动合同法》应当切实保护劳动者的正当权益的同时，也曾经建议《劳动合同法》也要保护好雇主或用人单位的正当权益。立法的目的是将失衡的劳资关系尽可能恢复平衡，而不是制造新的法律地位的不平衡。同时，一部《劳动合同法》虽然能够使劳资利益失衡的格局得到一定的矫正，但如果没有其他相关的法制配合、权威的行政监督与司法保障，法律的刚性约束就可能弹性化，这是值得我们注意并必须避免的。

我们国家已经进入了一个崭新的发展时期，这一时期虽然仍然强调改革开放，但新时期的改革开放要求我们更加突出社会公平与分配正义，更加要求实现理性、健康与可持续发展。新时期的基本任务不仅仅是对仍然遗留下来的计划经济体制性障碍继续深化改革，而且也是对以往改革的再改革，即对过去20多年渐进改革中的失误、错漏以及已经形成的渐进改革中的不良路径等进行再思考、再改革，其中的一个非常重要的使命，即是在继续促进经济发展的同时实现对劳动者权益的合理保护。我个人认为，经济发展与保护劳工利益是我们国家在经济社会发展到了一个较高平台上必须协调好的一个重大关系，其核心当然是促使雇主与劳动者双方的利益达到一个合理的平衡，或者说是让劳动者参与企业生产发展成果的合理分享。在我们国家，事实上已经到了这样一个时期，不对劳动者正当权益进行维护，劳资利益失衡的格局将日益恶化，劳资双损的局面终将出现，那时因劳资对抗与冲突不仅不可能维护社会稳定，更会直接损耗国民经济发展的大好机遇。因此，下一阶段的经济发展应当是理性的、健康的、文明的、可持续的经济发展，从而必然是劳资双方利益合理共享的经济发展。如何达到这一目的，需要政治智慧，但科学发展观的指导与构建和谐社会的目标，其实已经为我们解决这一问题指明了方向。

我一直认为，劳工成本低并不是一个国家的竞争优势，因为劳工成本低不仅意味着经济发展落后，而且堪称劳动者素质低下的代名词。而在世界上，真正有竞争力的国家都是劳工成本高的国家，隐藏在其背后的逻辑关系其实很简单，这就是：劳动成本高的背后是人力资本投资高，而人力资本投资高必然带来劳动者素质高，劳动者素质高必然带来产品的技术含量高，产品的技术含量高当然就国际竞争力强。因此，所谓劳工成本低的优势，只不过是短视的竞争优势，因为不具长期竞争力的优势就不能真正称之为优势，不能提高核心竞争力的优势也只不过是一种伪优势而已。况且，劳工成本低到不用支付劳动报酬、肆无忌惮地延长劳动时间、不依法提供劳动保护、不参加社会保险等，已经不是正常的劳工成本低，而是对劳动者合法权益的严重侵害了。因此，现阶段所谓改变劳工成本过低或者提高劳工成本，只不过是恢复劳动者与雇主或用人单位的平等法律地位，保障劳动者的法定权益不再受到侵害，雇主或用人单位要做的只不过是守法而已，这应当是任何一个国家的劳资关系应当遵循的底线。

我个人认为，在新的历史起点上，我们恰恰需要更换一种思维，这就是适度提高劳工成本，同时提高劳动者素质，进而提高产品的技术含量，我们的产品才会具有真正意义上的国际竞争力；而只有技术含量高的产品才是具有核心竞争力的产品，这只能是高素质的劳动者才能创造出来。因此，我们国家需要的已经不再是低劳工成本—低素质劳动者—低技术含量产品—廉价产品竞争的低层次发展模式或者说是不可持续的发展模式，而是需要提高劳工成本—提高劳动者素质—提高产品技术含量—提高核心竞争力这样一种良性发展模式。劳资关系由失衡到平衡，劳资利益分配由单赢到双赢，必定造就健康、和谐、稳定的劳资关系，这正是和谐社会最重要的稳固的基础。如果能够实现这样的转换，我们就不仅能够规避全球化带来的不利影响，而且还能够在全球化进程中博得长久的发展机会。

需要强调的是，不要把经济发展与保护劳动者正当权益对立起来，在劳动者权益严重受损和劳资利益关系失衡的现实背景下，任何理由都已经不能成为侵害劳动者正当权益的借口。我们应当以追求劳资双方双赢为目标，实现国家利益最大化。只有这样，我们国家才能跨上真正意义上的强国之路。

劳资关系失衡亟待正视①

一份报告显示，从1994年到2001年，深圳每年工伤致残的劳工人数不下1万人。

国家安全生产监督管理局公布的数据显示，2003年1月至9月，全国工矿企业共发生伤亡事故10227起，死亡11449人，同期增加525起，多死亡924人。安全生产监督管理局副局长闪淳昌透露，我国各类矿山事故的死亡人数约占全世界矿工死亡总数的60％。

报告同时显示，到目前为止，我国累积尘肺病例约54万人，尚存活41万人；每年新增约1万例，每年约有5000名尘肺病人死亡。数字显示，我国已成为世界上尘肺病最严重的国家。不仅职业病的发病率呈上升趋势，而且发病和死亡者均呈现年轻化、接尘工龄短等特点。

中国人民大学劳动人事学院副院长郑功成一直是这些数据的密切观察者。他说："这是我国劳资关系力量对比发生重大变化，劳资关系失衡并持续恶化的集中表现。"

一、强资本与弱劳工格局

40岁的郑功成是2003年当选的全国人大常委会19名"特别委员"中最年轻的一位。几年前，郑功成就提出，劳资关系随着经济全球化，形成强资本弱劳工格局，并正在对我国的劳动关系产生直接影响。

郑功成认为，目前我国确实存在着资本日益强势化与劳工地位持续弱势化的趋势。这种趋势构成了利益分配不均衡和生产事故多发的重要社会基础。大多数生产事故个案，均与执法部门失职（监管不到位）、雇主唯利是图和劳工地位弱化、不能保护自己有关。

数据显示，我国的劳动力资源达到7.4亿，相当于所有发达国家劳动力资源的总和。如此庞大的劳动力规模将持续约20年至30年。

"在稀缺的资本和绝对过剩的劳动力之间，政府官员自然会作出保护资本

① 原载《中国青年报》2004年3月13日；该报记者程刚采访、整理。

利益的选择。因为在很多地方，招商引资是衡量政府官员政绩最重要、甚至是唯一的指标。”郑功成解释说。

“资本追逐利润最大化，自然希望最大限度地压低生产成本，包括劳动用工成本。官员们则不惜牺牲劳动者的合法权益，为招商引资创造‘良好环境’。”郑功成说：“国家规定，企业必须为工人上养老、医疗、失业、工伤、生育五大保险。但一些地方却允许非国有企业不参加上述保险，或对其不履行这种义务视而不见。不参加社会保险成为降低企业用工成本的因素，从而较参加社会保险而言在引资时更具竞争优势，代价则是牺牲对劳工权益的保护。”中国人民大学劳动人事学院常凯教授介绍，目前中国的劳资争议正以每年30%的速度增长。劳资关系紧张，意味着工人有更多的要求未被满足，也意味着企业主在获得利润的同时受到更多的质疑。也意味着在中国这辆经济列车高速飞驰的同时，有一部分群体利益和社会公平被忽略或牺牲掉了。

二、劳资关系为何失衡

郑功成认为，随着劳动用工和工资分配的权力更完全地下放，企业领导者的权力出现了增长势头。但是，社会保障体系的规范建立却需要更长时间，职工的住房、养老和医疗依然要不同程度地依附于企业。相互权利不对等，使得企业和职工之间本应平等的劳动关系非常脆弱。由于本应在失衡的劳资关系间作出有效平衡的政府失责，不断增多的劳资双方的对抗性冲突正在某种程度上演变成劳动者与政府的冲突甚至对抗。

“受损职工一般是先找雇主解决问题。但每一起恶性生产事故的发生，人们往往会抱怨政府未尽到责任，对政府过度维护资方利益加以指责。尤其是恶性事故发生后因雇主逃逸，受害职工及其家属也会直接找政府承担责任。”郑功成解释说。

由于劳资双方悬殊的力量对比，更由于种种利益的相互渗透，人事仲裁申请被驳回屡见不鲜。而打赢官司依旧可能离开企业，仲裁获胜也可能仅仅成为名义上的胜者……尽管这些情况仅仅是法律介入劳动关系调整中出现的个别现象，但是，对于视法律为最后手段的劳动者而言，一次错误的或是无法兑现的仲裁，一次无力的或是丧失公信的审判，都意味着他们已经不再拥有与资本所有者对抗的丝毫能力。

“劳资关系已经成为中国社会关系中最基本的一种社会关系。失衡的劳资关系如果处理不当，将成为我国社会未来发展中最大的潜在威胁。”

郑功成认为，政府应切实承担起自己监察管理与相关制度建设的法定职责，建立起一种合作主义的解决劳资冲突的机制。在这种机制中，承认劳资双方追求自己利益的合法性并加以充分保护，就不同群体表达自己的利益作出制度性安排。“而国家的作用则在于，充当双方利益的协调者，以及解决双方冲突的规则制定者和最终裁决者。”

平等规范我国的劳动关系①

《劳动合同法》（草案）自2005年底提交到全国人大常委会首次审议后，立即引起了社会各界的密切关注。尤其是2006年全国人大正式向全社会公布这部法律草案后，更引起了公众的广泛参与。这部法律之所以受到如此的重视和关注，是因为在市场经济条件下，劳动关系已经成为我国最基本的社会关系，社会是不是和谐，和谐到什么程度，从根本上讲将取决于劳动关系的和谐程度，而《劳动合同法》则是为确立和规范劳动关系提供法律依据，因此，《劳动合同法》虽然只是我国劳动法制的一个组成部分，却在事实上具有劳动法制的基础法律地位。

我认为，劳动合同立法的核心内容，应当是以平等的立法理念，通过规范劳动合同的签订、履行、终止等程序和劳动合同当事人双方的权利与义务，以及明确相应的行政监督与司法保障措施，来确保建立平等、健康、稳定、和谐的劳动关系，它是平等规范劳动关系的基本法律。尽管基于中国强资本弱劳工格局的现实，劳动合同立法需要更多地关注对劳动者正当权益的维护，但劳动合同作为一种特殊的民事合同，劳动关系作为一种特殊的民事关系，其立法的宗旨仍然应当是“平等”，即既要保护劳动者的正当权益，也要维护雇主的正当权益。强调更多地关注劳动者的正当权益，是因为劳动者在现实中权益受损害的现象较为普遍且严重，一些用人单位或雇主不依法签订劳动合同或者签订有损劳动者正当权益的劳动合同，部分劳动者的劳动休息权、劳动报酬权、劳动保护权、社会保险权等被一些用人单位或雇主任意侵害，由于劳动合同不规范而导致的民事纠纷与法律纠纷也在大幅度增长，因此，急切需要通过制定一部专门的《劳动合同法》来规范用人单位或雇主的行为并维护劳动者的正当权益。强调以“平等”的立法理念来制定《劳动合同法》并同样保护雇主的正当权益，则是因为现实中也出现了有的劳动者不遵守劳动合同规定而擅自离职或者在劳动期间违反劳动合同规定，进而造成用人单位或雇主利益受损的现象。对此，只有通过《劳动合同法》来明确用人单位或雇主与劳动者的平等法律地位和各自的正当权益，才能确保劳动关系的平等、健康、稳定与和谐，这应当

① 原载《光明日报》2006年4月24日。

是劳动合同立法的核心所在。因此，劳动合同法不能被片面理解为偏袒劳动者的法律，对劳动者权益的重视与维护，恰恰是为了使处于弱势地位的劳动者取得与用人单位或雇主平等的法律地位。

劳动合同法的核心内容应当是明确用人单位或雇主与劳动者双方的权利与义务。对用人单位或雇主而言，在法律许可的范围内自主聘用并依据劳动合同进行使用与管理劳动者是其重要的权益，但同时承担着必须依法支付劳动报酬、提供劳动保护、参加社会保险等多项义务；对劳动者而言，其依法享有休息权、劳动报酬权、劳动保护权、社会保险权等权益，同时也必须承担尽职工作、服从管理等义务。当然，就具体的劳动关系而言，当事人双方的权利义务还不止这些，《劳动合同法》应当对此进行明确的法律规范并需要载入劳动合同之中。

明确相应的行政监督与司法保障措施，是《劳动合同法》确保劳动合同当事人双方权利义务得到履行的保证。以往劳动领域出现的许多问题及劳动者权益受损害的现象，公众对行政部门与司法机关的批评甚多，这方面确实存在着执法部门或机关不作为的原因，但也有法律规范不到位、不明确的原因。因此，《劳动合同法》的制定，无疑需要明确劳动行政部门的执法责任及执法程序，明确司法机关依法裁判劳动案件的责任与依据。只有强化行政监督与司法保障的权威，才能有效地维护好劳动关系双方当事人的正当权益，尤其是使劳动者权益受损的现象从根本上得到解决。

如何处理转型期间复杂的劳动关系及灵活的用工形式，是《劳动合同法》立法过程中面临的难点。建立在正规且稳定的就业基础上的劳动关系，是能够在法律层面上得到较好规范的。但在我国现阶段，各种非正规的、不稳定的用工形式，劳务派遣用工形式和一人受雇多处等现象，其劳动合同的订立与履行却有自己的特殊性，劳动合同立法应当尽可能对此作出明确规范，但转型期多种灵活的用工形式又确实提出了难题。我认为，指望《劳动合同法》解决现实劳动关系及劳动领域中的所有问题是做不到的，这一法律制定后还需要有能够适应现实劳动关系灵活性的实施细则来详加规范，并在一段时期后再行修订完善。因此，《劳动合同法》的制定不是完成了规范劳动关系的全部任务，而只是完成了根本或基本任务而已。

在公众广泛关注的背景下，我觉得不应当将劳动合同立法理解为只保护劳动者利益的法律，它对国家、用人单位或雇主、劳动者均是有利的立法行为。对国家而言，只要作为最基本的社会关系的劳动关系得到平等、合理的规范，劳动关系就会沿着规范、稳定、健康的轨道发展，这正是构建社会主义和谐社会的重要基石。对用人单位或雇主而言，《劳动合同法》不仅有利于用人单位或雇主控制劳工风险，而且有利于其减少乃至杜绝因劳动关系失范而导致利益受损的现象，进而促进用人单位或雇主理性经营、健康发展。因为有了《劳动合同法》，用人单位或雇主在与劳动者建立劳动关系时，就有了明确的、规范的、具体的法律依据，可以因此而明了自己在雇用劳动者中的法定责任与义务，这实际上有利于控制自己的劳工风险；有了《劳动合同法》的规范，用人单位或雇主在与劳动者建立劳动关系并履行劳动合同的过程中，其正当权益也会得到法律的保护，因劳动者违反劳动合同而导致利益受损的现象将会减少乃至杜绝，因劳动者违反劳动合同而造成的损失亦会依法得到补偿。必须承认，通过损害劳动者权益来获得超额的利润或收益是一种不理性、非长远的经营行为，因此，《劳动合同法》的制定会约束用人单位或雇主在处理与劳动者的关系时的非理性行为，通过立法对劳动合同双方当事人正当权益的维护，必然促使失衡的劳动关系恢复平衡。在法制约束的条件下，用人单位或雇主在处理劳动关系时将保持理性，这对于消除劳资对抗，促进劳资双赢格局的形成是非常有益的。因此，用人单位或雇主应当欢迎《劳动合同法》的制定。对劳动者而言，《劳动合同法》将为其维护自身的权益提供清晰的法律规范与保障，当劳动者权益受损时就可能相应的法律途径寻求保护，清晰的法定权益的确立客观上能够改变劳动者的弱势地位。而对于执法部门与机关而言，《劳动合同法》的制定将为其提供具有可操作性的法律依据，这不仅会强化执法者的权威，而且能够提高执法与司法的效率。

总之，我国制定《劳动合同法》的目的，应当是平等保护劳动合同当事人双方的正当权益，促进劳动关系平等、健康与稳定发展，它特别需要注重对劳动者正当权益的维护，但绝对不是只保护劳动者的权益而忽略用人单位或雇主的正当权益，绝对不是要偏袒劳动者，而是要确立劳动者与用人单位或雇主平等的法律地位，维护双方的正当权益，最终实现用人单位或雇主与劳动者走向合作与双赢，因此，它应当是一部符合用人单位或雇主与劳动者双方共同利益的法律。

劳动保护与弱势群体工作安全[①]

劳动首先是谋生的手段，然后才是实现自我价值的途径。在农牧社会里，劳动者的劳动安全在一定程度上受自然因素的威胁，但因自然风险较有规律，加之劳动工具与劳动方式简单，劳动中的风险一般可以通过劳动者自我规避来避免。进入工业社会后，机器大生产日益广泛地取代了手工劳工，无论是劳动环境、劳动工具还是劳动方式，都发生了巨大的变化，这种变化不仅带来了生产效率的迅速提升和物质财富的急剧增长，同时也使劳动者的工作安全面临着更加广泛的、普遍的、严重的威胁。早在 1844 年，恩格斯描述工业革命导致的机器大生产的劳动条件时，就揭示了当时作为世界纺织工业中心的曼彻斯特地区竟有如此之多的残废人，就像刚从战场上撤下来的军队一样，到处是吊着胳膊、拄着拐杖的人。[②] 不过，随着资本主义的发展，工业化国家因普遍建立了健全的劳动保护制度，日益采取科学、合理的劳动保护措施，劳动者虽不能完全杜绝工伤事故与职业病的发生，但工作安全确实得到了相应的保障。

中国现阶段正处于一个全面而深刻的经济转型与社会变革时期和大规模的工业化、城市化发展进程之中。在这样特定的时代背景下，一方面是原有产业结构与劳动就业格局被打破，城镇劳动者面临着转换工作环境与就业岗位的压力与新的职业风险，原有的劳动保护制度也不可避免地要遇到许多前所未有的新问题；另一方面是工业化的发展进程，必然促使乡村劳动者大规模地向非农产业转化，新的劳动环境、劳动工具与劳动方式，同样不可避免地会带来新的劳动风险。不仅如此，中国的职业劳动者队伍中还客观上存在着一个弱势劳动者群体，他们的工作安全令人忧虑，而劳动保护及相关制度保障的建设却离职业劳动者尤其是弱势劳动者的需求还存在着相当的距离。这些新问题与新风险的出现，决定了中国需要迅速完善、全面落实劳动保护政策体系，尤其是需要强化对职业劳动者队伍中的弱势群体的劳动保护与相关制度保障。

---

① 原载《中国社会发展研究报告：弱势群体与社会支持（2002）》，中国人民大学出版社 2002 年版。本文由我和孙树菡教授合作完成。

② 郑功成：《中国灾情论》，湖南出版社 1994 年版，第 301 页。

一、职业风险与职业劳动者队伍中的弱势群体

1. 职业风险的一般规律

国内外大量工伤事故案例表明，机器工业的副产品——工伤事故与职业病，一直在严重地威胁着劳动者群体。在各种生产活动中，劳动者的工作安全通常受生产场所（环境）、生产方式、生产资料（工具）乃至生产流程的影响，当然还与劳动者自身素质直接相关。生产场所（环境）安全性的强弱、生产方式是否先进、生产资料（工具）是否可靠、生产流程是否科学、劳动者是否适应自己的工作岗位以及有无自我保护的能力、生产场所劳动保护措施的健全与否等，均与工作安全程度呈正相关关系。因此，职业风险的大小，事实上取决于多种因素的综合影响。

从形式上划分，职业风险的后果包括显性的工伤事故与职业病两大类。[①]前者是在工作时间因发生各种意外造成劳动者的伤亡的总称，是显性的职业灾害，它存在于一切生产场所，尤其集中于采掘、建筑、冶金、运输、工业制造等行业；后者是指劳动者在工作中接触职业性有害因素而引起的疾病，包括工作过程中缓慢释放而又波及面甚广的环境危害造成各类职业中毒、尘肺病、农药及各类化学物质引起的职业中毒及变态反应、放射性物质影响遗传因子等各类职业性疾病等，职业病每年均会导致大批劳动者丧失劳动能力，甚至失去生命。

由此可见，任何职业活动都存在着一定的风险性，而某些职业的风险性要比其他职业的更大些；就职业劳动者而言，一些特定的人群则可能由于生理、心理、年龄等因素及政策歧视等而相对处于职业工作中的弱势地位，更易于发生工伤事故或职业病。

综上所述，我们可以得出两点结论：一方面，职业风险普遍存在于各种生产领域，劳动者的工作安全问题是一个具有普遍意义的社会问题，控制与减少职业风险，努力增强劳动者的工作安全性，显然是政府、雇主乃至整个社会都应当给予高度重视并切实承担的重要责任。另一方面，虽然职业风险与职业灾害不可绝对避免，但确实可以通过各种劳动保护措施及相关制度保障来得到有效控制或减轻，国内外的实践表明，劳动者的工作安全性在很大程度上取决于劳动保护政策及相应的制度保障是否健全与完善。

2. 中国现阶段职业劳动者队伍中的弱势群体

职业风险的普遍性，并不意味着所有劳动者面临的职业风险完全一样。职

① 参见郑功成：《中国灾情论》，湖南出版社 1994 年版，第九章、第十四章。

业领域与劳动保护及相关保障措施的不同，往往决定着劳动者的职业风险大小。如在国家机关工作和在一家私营小矿山工作，所遭遇的职业风险就会有很大的差别；在一家严格遵守政府的劳动保护政策的企业工作和在一家缺乏劳动保护的企业工作，所遭遇的职业风险也是完全不同的；等等。在中国的现阶段，职业劳动者中的弱势群体，是指那些在职业风险较大的领域工作且缺乏劳动保护及相关制度保障的劳动者，以及由于年龄、性别、身体原因等导致更易遭受职业伤害的劳动者，包括农民工、女职工、未成年劳动者等。

(1) 农民工

农民工是指具有农村户口身份却在城镇务工的劳动者，是中国传统户籍制度下的一种特殊身份标识，是中国工业化进程加快和传统户籍制度严重冲突所产生的客观结果，它揭示着传统户籍制度及附加在这种制度之上的其他相关政策所具有的非公平性乃至歧视性，尽管这种非公平性乃至歧视性是计划经济时代典型的二元社会经济结构的一种延续，但在市场经济条件下却显得格外引人注目。[①] 据农业部统计，2001 年中国有 7800 万农村劳动力外出打工，同比增长 5%，占农村劳动力总数的 16.3%。[②] 这一数据还在随着中国工业化进程与城市化进程的加快而持续增长，它表明农民工事实上已经成为一个不容忽略的规模巨大的特殊社会群体。

将农民工列为职业劳动者中的弱势群体，是因为农民工有别于中国城镇户籍劳动者的传统身份不仅阻碍着其真正融入工业劳动者群体并在劳动关系中处于显著不利的地位，而且大多从事职业风险较大、流动性较强的工作且缺乏必要的安全生产技能和自救常识以及相应的劳动保护，被排斥在主要面向城镇劳动者的社会保障（如工伤保险）等相关制度之外。因此，农民工处于边缘状态，事实上构成了中国现阶段的弱势劳动者群体的主体。

(2) 女职工

在全球范围内，妇女大规模地参加社会劳动源自工业革命，并随着工业社会的发展而发展，但直至 20 世纪初叶才开始有了妇女劳动安全卫生的萌芽。由于女职工在同样的生产环境与劳动条件以及各种机械伤害与职业性疾病的袭击下更易遭受伤害，很自然地提出了生产劳动中对女职工的特殊劳动保护问题。例如，国际劳工组织于 1919 年成立之日起，就颁布了《妇女生育前后工作公约》、《妇女夜间工作公约》等条约；其后，又颁布了很多项旨在保护妇女的公约和建议书；第二次世界大战期间，受战争的影响，一些参战国家的工业企业中，女工数量激增。疲劳所致的伤、病、残及职业性有害因素对女性健

① 参见郑功成：《农民工的权益与社会保障》，《中国党政干部论坛》2002 年第 8 期。

② 参见《去年 16.3%的农村劳动力外出打工》，《光明日报》2002 年 2 月 28 日。

康，特别是生殖健康的影响，引起了人们的广泛关注，许多国家战后在劳动法规中都对女职工的劳动保护做了相应的规定。在中国，妇女大规模地参与社会生产劳动是伴随着新中国的成立与发展而迅速发展起来的，计划经济时代由于是国有经济一统天下，女职工不仅能够享受到与男职工一样的劳动保护政策和相应的劳动保险，而且亦能够享受到一些专门针对女职工的劳动保护政策，从而在职业风险中并不必然地表现出弱势地位。

在中国现阶段，将女职工列入职业劳动者中的弱势群体，首先是由于女性在解剖生理方面与男性存在着差异，在许多情形下较男性更易遭受职业伤害。如物理性有害因素会导致女性的不育及生理失调，化学性有害因素对女性的损害几率与后果均要重于男性，等等。其次，市场经济改革带来的经济结构多元化和利益主体的多元化，客观上造成了女性在劳动就业中的不利地位，这种不利地位决定了女性在寻找工作岗位时可能不得不降低对劳动保护条件的要求，进而会导致职业风险的增加。再次，原有的劳动保险制度已被摒弃，包括新型生育保险政策在内的相关制度保障还未真正确立，进一步影响了对女职工的劳动保护。尤其是在一些非国有单位中，存在着对女职工歧视且对其特殊的生理保护需求保障严重不够的情形。因此，非国有单位的女职工以及一些效益不良的国有单位、集体单位的女职工正在成为职业风险中的弱势群体。

据劳动保障部门的统计，从 1994－2000 年底，全国城镇单位女性从业人员从 5799.1 万人下降到 4411.3 万人（指有单位的女职工在下降，个体劳动者在增加），其中：在国有单位工作的女职工从 3982.5 万人下降到 2952.5 万人，在城镇集体单位工作的女职工从 1451.1 万人下降到 605.8 万人，在其他单位工作的女职工则从 364.5 万人增长到 853 万人，它揭示出来的是在非国有单位工作的女职工越来越多；[①] 从女职工的从业行业来看，2000 年底的数据资料为，从事农林牧渔业者 195.6 万人，从事采掘业者 152.8 万人，从事制造业者 1425.3 万人，从事建筑业者 144 万人，从事交通运输电信业者 193.3 万人，从事商贸餐饮业者 461.2 万人，从事教育文化与广播电视业者 689.3 万人，从事卫生体育与社会福利业者 278.2 万人，从事党政及社会工作者 268.8 万人，其余皆从事其他产业；[②] 这一资料表明女职工主要从事工业生产劳动，也是职业风险较集中的行业。

（3）未成年劳动者

① 参见国家统计局人口和社会科技统计司等编：《中国劳动统计年鉴》，中国统计出版社 2001 年版，第 16 页。

② 参见国家统计局人口和社会科技统计司等编：《中国劳动统计年鉴》，中国统计出版社 2001 年版，第 17－18 页。

中国禁止使用童工，但在符合规范的条件下可以使用未成年工。根据《中华人民共和国劳动法》规定，未成年工是指年龄满16－18周岁的劳动者，由于一些工种的特殊需要，经劳动部门同意，用人单位可以招收未成年劳动者，但法律规定必须加以特殊的保护。因此，尽管中国客观上可能存在着非法使用童工的现象，但本报告却限于未成年劳动者。

由于未成年劳动者的身体发育尚未定型，从事过重的体力劳动如负重作业等可能会对其正常发育产生不良影响或导致变形，从事有毒、有害作业则会比成年劳动者受到的伤害更大；同时，未成年工普遍缺乏工作经验，神经系统正趋向成熟，肌肉相对无力并缺少某些协调性，因而特别易于疲劳，好动和懒散交替出现，对繁重和重复工作的忍受能力很低，也难长时间集中注意力，甚至因厌烦单调工作而嬉戏、打闹。所有这些，均决定了未成年劳动者的工作风险要较成年劳动者大得多。如果没有特殊的劳动保护措施，未成年劳动者遭遇职业伤害的几率与受损害程度必然大大高于成年劳动者。因此，将未成年劳动者列入职业工作中的弱势群体是有充分的依据的。在中国，城镇户籍人口中的未成年劳动者数量不大，但农村户籍人口中进城务工的未成年劳动者却有一定的数量。

(4) 缺乏劳动保护的其他劳动者

除了农民工、女职工与未成年劳动者外，中国事实上还有一部分劳动者因缺乏必要的劳动保护及相关制度保障而沦为职业劳动者中的弱势群体，如经济结构调整过程中出现的下岗、失业职工，其中一些大龄就业弱势对象（指男性50周岁以上、女性40周岁以上的下岗、失业人员）尤其处于就业竞争中的不利地位，他们的文化程度较低、劳动技能较差、年龄偏大，在劳动力市场供大于求的情况下，他们能找到的往往以体力劳动为主或危险及有害因素较大的岗位，加之他们中的相当一部分只能选择非正规就业方式，缺乏必要的劳动保护并逐渐被正式的社会保障制度所遗漏，使其在劳动过程中处于相对弱势地位。

二、弱势群体的工作安全问题

1. 现阶段的工作安全形势

经济改革与社会转型，工业化与城市化进程加快，劳动保障制度尚在重构之中，这种特定的时代背景促使劳动者的职业风险急剧增长，工作安全形势也随之日益严峻化。

(1) 工伤事故恶化的势头不减

工伤事故发生的数量及导致伤亡的人数多寡，是评估职业劳动者工作安全形势的基本指标。根据国家安全生产监督管理部门发布的信息，可以通过表1

来了解中国现阶段的安全生产形势。

表1　1999—2002年中国安全生产事故情况表

单位：件数、人

年份	各类伤亡事故情况		工矿企业事故情况		特大伤亡事故情况	
	事故件数	死亡人数	事故件数	死亡人数	事故件数	死亡人数
1999	609530	108206	13258	12587	96	1578
2000	817140	108990	10770	11681	122	2739
2001	1000629	130491	11402	12554	140	2556
2002 (1—8)	730552	87320	8513	9216	98	1785

说明：(1) 1998年以后安全生产由国家安全生产监督管理局统一管理，本表采用该局公布的数据资料，它与此前劳动部管理的范围有差别，但仍然能够看出职业劳动者的工作安全情况；(2) 本表统计的安全事故情况总数包括工矿企业职工伤亡事故、火灾伤亡事故、道路交通事故、水上交通事故、铁路事故、民航事故以及锅炉、压力容器、压力管道发生爆炸或严重设备事故；(3) 特大伤亡事故是指一次死亡10人以上的伤亡事故。

资料来源：国家安全生产监督管理局，关于全国伤亡事故情况通报（1999、2000、2001、2001.(1—8)）。

表1的数据资料表明，中国职业劳动者的安全生产形势是不容乐观的。在肯定改革开放以来工伤事故持续增长势头不减的同时，仅以1999年到2001年三年间为例，各类伤亡事故增长了64.2%，死亡人数增长了20.6%；其中工矿事故虽有减少，但死亡人数仅减少33人，而2002年前8个月的事故起数与死亡人数又明显地呈现上升趋势；一次死亡10人以上的特大事故2001年较1999年增长50%，死亡人数增长增长62%；2002年前8个月的特大伤亡事故及死亡人数均超过了1999年的全年总数。如此多的工伤事故，如此严重的工伤事故后果，揭示了中国现阶段安全生产形势相当严峻。

(2) 职业病的危害日益严重化

与显性的工伤事故相比，职业病的危害往往具有初期隐蔽性和发展渐进性。中国现阶段的职业病发病率已经进入了一个高峰期。

以尘肺病为例，在20世纪50年代初，中国每年新发病例为百位数；1956年增长到千位数；1974年达到万位数；1987—1991年间，全国县级以上国有企业每年增加尘肺病患者及可疑尘肺病人在2万—3万例左右；① 据不完全统计，全国现有尘肺病人累计达55万人，其中已死亡近13万人，新发病人

① 参见郑功成：《中国灾情论》，湖南出版社1994年版，第358—359页。

仍以每年 1.5 万例到 2 万例的速度增长。[①]

再以职业性中毒为例，1991 年全国仅 10.44 万个国有工业企业的 4390 万职工中，从事有毒有害作业的工人就达 1500 万人，占职工总数的 1/3；每年有案可查的急性中毒事故约 1000 多起，加上高达 70%的漏报率，受害职工实际上高达 8000 多人；而慢性职业中毒者以百万计。[②] 近十年来，全国每年报告各类职业中毒数千人，死亡数百人，1999 年急性中毒事故比 1998 年增加了 13%，中毒人数增加了 47%，死亡人数增加了 68%。[③]

职业性肿瘤及其他各种职业病几乎均呈现持续上升的态势。

不仅职业病发病率持续上升，中国现阶段的职业病还具有如下一些特点：接尘工龄短，发病年龄轻；急性职业中毒明显多发，恶性事件有增无减。一氧化碳、硫化氢、苯引起的急性职业中毒居前三位。[④]

2. 弱势劳动者的工作安全问题

在全国工作安全情势恶化的大背景下，职业劳动者中的弱势群体更是首当其冲。这主要是因为弱势职业劳动者所从事的工作绝大多数均是工作安全风险较高的行业，他们受雇的单位亦主要是非国有单位。

表 2　1993—1997 年中国企业职工因工伤亡事故件数分布

单位：件

年份	总数	国有企业	城镇集体企业	乡村集体企业	其他企业	无证矿
1993	27461	15680	3585	6042	1474	680
1994	25370	13839	3518	5448	1835	730
1995	21013	10294	3112	4818	1909	880
1996	20865	10499	2714	4557	2253	842
1997	18439	9310	3013	3089	2442	585

说明：（1）其他企业指三资企业、私营企业等；（2）1998 年以后，工伤事故被统一归入新成立的国家安全生产监督管理局管理，其统计指标也不再按照国有企业、集体企业、三资企业、私营企业等划分，故此后的资料无法按照本表归类。

资料来源：根据《中国劳动年鉴》（1992—1994、1995—1996、1997、1998）资料整理。

表 2 的资料揭示的是 1993—1997 年间中国企业职工因工伤亡事故件数发

① 参见卫生部：《关于 2000 年全国职业病发病报告情况的通报》，2001 年 4 月 12 日。

② 参见郑功成：《中国灾情论》，湖南出版社 1994 年版，第 360—361 页。

③ 参见卫生部：《关于 2000 年全国职业病发病报告情况的通报》，2001 年 4 月 12 日。

④ 参见卫生部：《关于 2000 年全国职业病发病报告情况的通报》，2001 年 4 月 12 日。

展变化情况，可以明显看出公有企业的事故件数在持续下降，而三资企业、私营企业的事故件数却是持续上升的，无证矿也是直线上升，1997 年的下降只是因为严厉的整顿所取得的暂时性效果。

表 3 1993—1997 年中国企业职工因工伤亡事故伤亡人数分布

单位：人

年份	总数	国有企业	城镇集体企业	乡村集体企业	其他企业	无证矿
1993	34808	18122	4327	8559	2160	1641
1994	33075	16271	4392	7855	2788	1769
1995	28513	12576	3877	7138	2909	2013
1996	29036	12801	3488	7104	3236	2407
1997	26369	11904	4066	4930	3655	1814

说明：（1）其他企业指三资企业、私营企业等；（2）1998 年以后，工伤事故被统一归入新成立的国家安全生产监督管理局管理，其统计指标也不再按照国有企业、集体企业、三资企业、私营企业等划分，故此后的资料无法按照本表归类。

资料来源：根据《中国劳动年鉴》（1992—1994、1995—1996、1997、1998）资料整理。

表 3 的资料揭示的是 1993—1997 年间中国企业职工在工伤事故中伤亡人数的变化情况，从中同样可以明显看出公有企业的事故伤亡人数急剧下降，而三资企业、私营企业等的事故伤亡人数却持续上升，无证矿的工伤伤亡人数也在直线上升，1997 年的下降只是因为严厉的整顿所取得的暂时性效果。

表 2 和表 3 均表明非公有企业的职工工伤事故件数与伤亡人数在不断下降，而非公有企业及无证采矿的生产中却在持续上升。近几年来这一规律表现得更加明显，以 2001 年为例，据国家安全生产监督管理局发布的工矿企业伤亡事故信息，当年的非公有企业共发生工伤事故 6637 起，死亡 8365 人，分别占全国工矿企业职工伤亡事故总数和死亡人数的 58.3%与 61.2%；其中，发生 10 人以上的特大事故 48 起，死亡 1002 人，分别占全国工矿企业职工特大伤亡事故总数和死亡人数的 75.0%与 75.5%。①

在职业病方面，乡镇企业的职业卫生问题尤为突出，职业病和可疑职业病患病率近 16%，乡镇企业急性中毒报告例数占全国的比例从 2000 年的 8.5%，骤升至 2001 年的逾 35%；此外，职业危害由境外向境内转移也成为一个较普遍的现象，沿海地区不断出现一些以前从未见过或极少发生的严重职业中毒事件；外资（含港澳台资，下同）企业急性中毒的起数、例数和死亡人数均有增

① 参见国家安全生产监督管理局：《2001 年全国伤亡事故情况分析》，http：//www.safety.com.cn。

加，急性中毒病死率由1999年的13.7%上升到2000年的21.5%；外资企业慢性中毒病例占全国的比例，也从2000年的1.6%，上升到2001年的14%。[①]

如果按照行业划分，在全国发生的安全事故中，采掘业、制造业和建筑业属于事故多发的行业。以2001年为例，采掘业发生事故4419件、死亡7610人，分别占工矿企业事故件数和死亡人数的38.7%和60.6%；制造业发生事故3755件、死亡2147人，分别占工矿企业事故件数和死亡人数的32.9%和17.1%；建筑业发生事故1674件、死亡1647人，分别占工矿企业事故件数和死亡人数的14.7%和13.1%；上述三个行业事故件数合计和死亡人数合计分别占全国工矿企业事故件数和死亡人数的86.3%和78.8%。[②]

前述资料所揭示的，是国有企业职工的职业风险较小，而非国有企业尤其是三资企业、私营企业及无证矿的职业风险极大，乡镇企业的职业风险事实上也极大；采掘业、制造业、建筑业三个行业的安全生产事故及死亡人数要占全部工矿企业同类指标的绝大多数。这一分布规律决定了在非国有单位工作及从事采掘业、制造业和建筑业的职业劳动者所面临的职业风险要大大高于在国有单位工作及从事其他行业的职业劳动者。而处于弱势地位的农民工、下岗职工、未成年工及部分女职工中的绝大多数均在非国有企业或乡镇企业工作，部分被国有企业雇用也是从事生产风险大的行业或岗位。

以农民工为例，其绝大多数受雇于个体私营业主、包工头或“三资”企业，或者在乡镇企业上班。他们从事的大多是建筑业、采掘业、制造业等职业，不仅劳动时间长、劳动强度大、劳动生活条件恶劣，受工伤、疾病困扰的可能性非常大，而且文化素质低、缺乏安全生产的技能和自救常识，结果一方面农民工、临时工成为工作伤亡和职业病的受害主体，另一方面他们当中的一些人往往又是事故的直接责任者。据北京市建委统计，1993年外地进京的施工队伍达28.9万人，这还不包括那些没有经过有关部门登记注册、私自进京揽活的民工队伍，在施工一线，农民工人数一般都占80%以上，而在工地上直接从事体力劳动的人，90%以上乃至全部都是农民工。[③] 下岗职工在再就业时也往往从事以体力劳动为主的作业，工作中危险及有害因素较多，加之年龄偏大，动作协调性较差，比较容易发生事故；而他们又往往受雇于个体私营业主、包工头或“三资”企业，在劳动保护监察和社会保障制度尚不完善的情况下，他们与农民工一样亦可能未被工伤保险覆盖。

---

① 参见卫生部：《关于2000年全国职业病发病报告情况的通报》，2001年4月12日。

② 参见国家安全生产监督管理局：《2001年全国伤亡事故情况分析》，http：//www.safety.com.cn。

③ 参见张敦福：《城市相对贫困问题中的特殊群体：城市民工》，《人口研究》1998年第3期。

请不要以为前述数据资料就是中国现阶段工作安全事故的全部，事实上事故的漏报率至少高达50%，一些地方甚至还隐瞒重大的安全事故（如广西南丹事件导致80多人葬身矿井之下，就被当地私营矿主乃至当地政府隐瞒不报，直到新闻记者介入后才被揭露出来）。而农民工、下岗职工等为了获得工作机会，还很难真正争取自己的合法的劳动保护权益，他们多以合同工、临时工、季节工的身份从事生产，大量接触粉尘等有害工作环境却享受不了应当享有的职业医学检查权利，潜在的职业病患者数量惊人，一些企业的职业危害真相也被掩盖。

3. 基本结论

从前述资料与分析中，至少可以得出如下结论：

第一，中国已经进入了一个安全生产高风险期。工作安全风险的剧增，不仅表现在显性的工伤事故方面，也表现在渐进式的各种职业病方面；现有的工伤事故受害人数与职业病患者数只是全部遭受工作伤害的劳动者中的一部分，因为隐瞒不报或者漏报的现象不乏罕见，而职业病患者还有一个潜伏期。因此，正如原国家经贸委主任的盛华仁指出的，中国现阶段“生产安全形势十分严峻”。①

第二，弱势劳动者正在成为安全生产高风险期的主要承受者。这是由于弱势劳动者群体主要在非公有企业就业和从事职业风险大的工作，加之他们中的大多数只能选择非正规就业方式，缺乏必要的劳动保护，也没有相应的工伤保障，从而构成了中国现阶段职业灾害的主要承受对象；中国现阶段职业灾害的持续上升以及由此而付出的重大代价不可避免地要落到他们的身上。

第三，中国现阶段的安全生产形势恶化是多种因素综合影响的结果，但主要是人祸。一方面，改革开放以来，大量农村剩余劳动力进入了工业企业，他们文化水平相对较低，安全生产素质不高，缺乏基本的劳动安全卫生知识，操作技能低下，很容易遭遇事故与职业病风险，这是客观原因。另一方面，三资企业、私营企业乃至一些乡镇企业，根本不考虑职工的劳动保护问题，既不按规定对工人进行上岗安全培训，也不对职工交代生产作业现场危害及防护，更不提供相应的劳动保护工具及采取相应的安全生产措施；一些地方的政府部门也对劳动者的劳动保护长期疏于管理，或者是将管理重点放在国有单位尤其是国有大中型企业的安全生产上，对经济改革中出现的大量非公有小企业、乡镇企业乃至无证矿山缺乏安全监管，存在着劳动安全监察力量不适应非公有经济成分量大面广的矛盾；此外，在劳动力供大于求的情况下，农民工、下岗职工及女工择业余地小，根本难以考虑就业环境及劳动保护，如不少企业在女职工

① 参见《全国人大常委会委员指出中国安全事故主要是人祸》，新华网2002年6月25日。

非自愿的情况下，任意要求其加班加点，有的甚至每天工作十几个小时，严重损害了女职工的利益（这种情况在其他民工和下岗职工中也较为常见），一些女职工甚至由于正处于“三期”（怀孕期、妊娠期、哺乳期）中而被迫下岗或解除劳动合同；而劳动保障法制化建设滞后，工伤保障制度迟迟得不到确立，已有的劳动保护政策得不到有效的贯彻落实；等等；均是影响中国现阶段安全生产形势的重要因素。因此，在九届人大常委会第二十八次会议审议安全生产法草案时，委员们普遍认为当前中国重大安全事故多为责任事故，是违章作业造成的，绝大多数是人祸。①

三、劳动保护与相关保障制度及缺漏

1. 劳动保护及相关保障制度建设的回顾

根据新中国成立后政府及立法机关制定并颁布的有关劳动保护与社会保险法规、政策，可以发现中国劳动保护及相关保障制度建设与发展的基本线索②。

在20世纪50年代，职工的劳动保护与社会保险即受到了高度重视，相关政策与制度也得到了确立。如1951年2月26日，政务院颁布《中华人民共和国劳动保险条例》，该条例作为中华人民共和国成立后第一个内容完整的社会保险法规，不仅对职工的老年、医疗保险进行了规范，而且对职工的工伤保险与女职工的生育保险等待遇做了规范。这一条例后来被修正，几乎覆盖了全体城镇劳动者，从而是对劳动者职业风险进行社会保险的重要制度保障。1955年4月26日，国务院发布《关于女工作人员生产假期的通知》，首次对女工作人员生育产假的期限、待遇做了规定。1956年5月25日，国务院发布《工厂安全卫生规程》与《工人职员伤亡事故报告规程》，对工厂的安全卫生与工伤事故报告等进行了明确规范。1957年2月26日，卫生部、全国总工会发布重点试行《批准工人、职员病、伤、生育假期试行办法》、《医务劳动鉴定委员会组织通则》的通知；同年2月28日，卫生部颁布《职业病范围和职业病患者处理办法的规定》，统一了各地区的制度及职业病的认定和处理办法。1960年7月7日，中共中央又批转劳动部、全国总工会、全国妇联党组《关于女工劳动保护工作的报告》，进一步完善了对女工的劳动保护。

1969年2月，财政部发布《关于国营企业财务工作中几项制度的改革意见（草案）》，规定国营企业一律停止提取劳动保险金，原在劳动保险金开支的

① 参见《全国人大常委会委员指出中国安全事故主要是人祸》，新华网2002年6月25日。
② 参见郑功成等：《中国社会保障制度变迁与评估》，中国人民大学出版社2002年版，第九篇。

劳保费用，改在企业营业外列支，这一文件彻底改变了劳动保险的社会统筹形式，使其蜕变为企业保险。此后，对劳动者的劳动保护及相关保障成为企业单位直接负责的事务。

改革开放以后，面对新的生产发展形势，全国人大、国务院及其职能部门对职业安全问题给予了高度关注，并制定了一系列的法规政策。见表4、表5。

表4　改革开放后全国人大与国务院制定的有关劳动保护方面的部分法律、法规

时间	法规名称	制定与发布单位
1991.09.04	《中华人民共和国未成年人保护法》(1992.1.1施行)	全国人大常委会
1992.04.03	《中华人民共和国妇女权益保障法》(1992.10.1施行)	全国人大
1992.11.07	《中华人民共和国矿山安全法》(1993.5.1施行)	全国人大常委会
1994.07.05	《中华人民共和国劳动法》(1995.1.1施行)	全国人大常委会
2001.10.27	《中华人民共和国职业病防治法》(2002.5.1施行)	全国人大常委会
2002.06.29	《中华人民共和国安全生产法》(2002.11.1施行)	全国人大常委会
1984.06.30	《矿山企业实行农民轮换工制度试行条例》	国务院
1986.07.12	《国营企业实行劳动合同制暂行规定》	国务院
1987.12.03	《中华人民共和国尘肺病防治条例》	国务院
1988.07.21	《女职工劳动保护规定》	国务院
1989.01.29	《特别重大事故调查程序暂行规定》	国务院
1989.10.05	《全民所有制企业临时工管理暂行规定》	国务院
1991.03.01	《企业职工伤亡事故报告和处理规定》	国务院
1991.04.15	《禁止使用童工规定》	国务院

表5　改革开放后中央政府职能部门颁发的有关劳动保护方面的部分规章政策

时间	法规政策名称	制定与发布单位
1984.03.19	职业病诊断管理办法	卫生部
1985.12.16	关于国营企业职工因工死亡后遗属生活困难补助问题的通知	劳动人事部、财政部、全国总工会
1986.01.16	关于重视安全控制伤亡恶化的意见	全国安全生产委员会
1986.05.30	女职工保健工作暂行规定（暂行草案）	卫生部、劳动人事部、财政部、全国总工会、全国妇联
1987.04.30	乡镇煤矿安全规程	煤炭部
1987.11.05	关于修订颁发《职业病范围和职业病患者处理办法的规定》的通知	卫生部、劳动人事部、财政部、全国总工会
1988.09.04	关于女职工生育待遇若干问题的通知	劳动部
1989.09.21	私营企业劳动管理暂行规定	劳动部
1990.01.18	女职工禁忌劳动范围的规定	劳动部

（续表）

时间	法规政策名称	制定与发布单位
1991.07.25	《企业职工伤亡事故报告和规定》有关问题的解释	劳动部
1992.03.09	职工工伤与职业病致残程度鉴定标准（试行）	劳动部、卫生部、全国总工会
1992.09.29	关于调整企业工伤全残职工护理费标准的通知	劳动部、财政部、全国总工会
1992.12.09	未成年人特殊保护规定	劳动部
1993.11.26	女职工保健工作规定 1986年发布的暂行规定同时废止	卫生部、劳动部、人事部、全国总工会、全国妇联
1994.12.14	未成年工特殊保护规定	劳动部
1994.12.14	企业职工生育保险试行办法	劳动部
1996.03.14	职工工伤与职业病致残程度鉴定标准	国家技术监督局
1996.08.12	企业职工工伤保险试行办法	劳动部
1997.10.08	关于印发《生育保险覆盖计划》的通知	劳动部

在制定中国自己的劳动保护及相关政策时，国家立法机关还批准了多个有关劳动保护方面的国际劳工公约，其中包括：1920年最低年龄（海上）公约（第7号公约）；1921年最低年龄（扒炭工及司炉工）公约（第15号公约）；1921年未成年人（海上）的体格检查公约（第16号公约）；1935年井下劳动（妇女）公约（第45号公约）；1937年最低年龄（工业）公约（修正）（第59号公约）；1951年同酬公约（第100号公约）；1973年准予就业最低年龄公约（第138号公约）等。

2. 对弱势劳动者的特殊保护政策

在中国现阶段，对弱势劳动者的劳动保护，主要体现在对女职工与未成年工的特殊劳动保护方面；处于弱势地位的农民工、大龄下岗失业人员如果没有被现行劳动保护覆盖，就没有专门的制度安排。

(1) 对女职工的劳动保护

在女职工的劳动保护方面，1951年颁布的《中华人民共和国劳动保险条例》和1953年公布的《劳动保险条例实施细则修正草案》以及1955年国务院关于女工作人员生产假期的规定中指出：女工产前产后有56天产假，难产、双生时增加14天；怀孕不满7个月流产时，根据医师意见给予30天以内的假期；产假期间工资照发。

在国民经济恢复时期至第一个五年计划期间，国家曾多次草拟和修改《中华人民共和国女工保护条例》。除陈述上述规定外，还提出“禁止使用女工担任特别繁重或有害妇女生理机能的工作；女工怀孕满7个月和在哺乳未满4个月的婴儿期间，不做夜班；女工哺乳婴儿未满 12 个月时，应根据婴儿的月份，在工作期间哺乳一次或二次，每次 20 分钟”。这个文件虽然未正式公布，但全国各地企业都已基本上参照施行。

1960 年 7 月，中共中央批转劳动部、全国总工会、全国妇联党组《关于女工保护工作的报告》中规定：应把改进女工劳动条件的要求纳入技术革命规划，积极改变有损于女工和下一代安全健康的笨重的、有毒害的劳动条件和劳累的手工操作；建立和健全女工在月经期、怀孕期、生育期、哺乳期的劳动保护制度；为了保护妇女和胎儿健康，防止因工流产等问题发生，应把从事笨重劳动和经常攀高、弯腰等工作的孕妇，暂时调做适宜的工作；对从事长久站立、蹲坐、行走等工作的怀孕 7 个月以上的女工，给以工间休息，有条件的还应不让她们做夜班。同年，国务院第 39 次会议批准的卫生部、国家科委《关于放射性工作卫生防护暂行规定》中，作出了孕妇和授乳妇一般不应参加放射性工作的规定。

1988 年 7 月 21 日，国务院颁布了《女职工劳动保护规定》，这是中国第一部综合性的女职工劳动保护法规，它对女职工的生理保护以及与之相关的就业、工种安排及工资福利等方面作出了规定。此外，很多省、市（自治区）还公布了地区性的《女工劳动保护暂行规定》。1990 年 1 月 18 日，劳动部还专门制定《女职工禁忌劳动范围的规定》，对保护女职工身心健康及其子女的正常发育和成长起了重要作用。

1992 年 4 月 3 日，七届人大五次会议通过的《中华人民共和国妇女权益保障法》，对妇女劳动保护的基本问题做了明确规定。1993 年 11 月，卫生部、劳动部、人事部、全国总工会、全国妇联等又联合发布《女职工保健工作规定》，以此替代 1986 年发布的《女职工保健工作暂行规定（试行草案）》，进一步规范了女职工的保健问题。

1994 年 7 月中国第一部《劳动法》的第七章第 13、27、59、60、61、62、63 条，对女职工的特殊保护做了全面的、原则性的法律规定。

上述法律、法规对女职工的特殊劳动保护，包括女职工的平等就业权利、产假待遇、“四期”（月经期、怀期、产褥期、哺乳期）权益、身体保健，以及根据妇女生理与身体原因的有关劳动禁忌（如禁止女职工从事繁重体力劳动和有毒有害健康的工作、禁止女职工从事接触有害生产机能的有害物质的工作）和对工作时间的特殊规定等。这些措施不仅有利于保障女职工的人身安全和健康，也是真正落实男女平等、妇女解放的前提条件。

（2）对未成年人与未成年工的特殊劳动保护

国家在明确规定禁止使用童工的同时，对未成年人与未成年工亦通过相应的法律、法规政策给以特殊保护。《中华人民共和国劳动法》第七章第 58 条规定："国家对……未成年工实行特殊劳动保护"。第 64 条规定："不得安排未成年工从事矿山井下、有毒有害、国家规定的第四级体力劳动强度的劳动和其他禁忌从事的劳动。"第 65 条规定："用人单位应当对未成年工定期进行健康检查。"

原劳动部于 1994 年 12 月 9 日颁发了《未成年工特殊保护规定》（以下简称《规定》），使劳动法关于未成年工实行特殊保护的规定进一步具体化，更便于操作。《规定》中所列示的生产性粉尘、有毒、高处、冷水、高温、低温等作业，以及高体力劳动强度作业，严格来说，都是有损、有害于未成年工成长、发育的，但若完全禁止他们从事，他们的就业范围将大大缩小，其后果不是无补于改善他们及其家庭的经济生活，就是导致他们避开国家的管理和监督，自愿接受不利于他们成长发育的有害劳动。因此，《规定》中既容许他们参加，又把他们限制在一定的限度之内，使得这类劳动对他们的发育成长可能产生的损害，被控制在可以接受的范围内；《规定》所列的井下、采石、伐木、流放、接触放射性物质、地质勘探、深潜水、高原、野外、连续负重、强振、强噪、长时间保持非正常体位、锅炉司炉等作业，都是十分艰苦、有害、繁重、有损健康的作业，属于明确禁止未成年工从事的工种。

法律还明确规定，劳动和社会保障行政部门负责有关禁止使用童工和未成年工特殊保护法律法规的执法检查工作。对使用童工的单位处以罚款等行政处罚；对使用童工情节恶劣的，提请工商行政管理部门吊销企业的营业执照；对使用童工的有关责任人员，提请有关主管部门给予行政处分，构成犯罪的，由司法机关依法追究刑事责任。对用人单位违反劳动法对未成年工的保护规定，侵害其合法权益的，由劳动保障行政部门责令改正，处以罚款；对未成年工造成损害的，应当承担赔偿责任。

3. 简要的评论

综上，改革开放以来，中国政府对职业劳动者的劳动保护是很重视的，在法制建设方面亦取得了很大的成就。对女职工的特殊劳动保护和对未成年人与未成年工的劳动保护亦算得上较为周到，虽然这方面的法制建设仍然有值得完善的地方，但至少不能说无法可依。因此，现阶段中国出现的安全生产风险高峰，我们认为主要的还不是劳动保护方面法制建设问题，而是这些法制规范不能真正得到全面的贯彻落实，或者被其他制度所扭曲所致（如农民工受传统户籍制度的影响极大）。

与政府在职业劳动者的劳动保护法制建设相比，中国的社会保障制度改革虽然也取得了很大成就，但原有的、由用人单位负责的属于劳动保险范畴的工伤待遇、生育待遇实际上已经被摒弃，而与劳动保护密切相关的工伤保障与生育保险制度却并未得到确立，目前仍然处于小范围的试点状态（见表 6），它意味着在非公有企业就业的弱势劳动者即使在工作中遭遇伤害事故或职业病也难以顺利获得经济补偿，而绝大多数女职工在生育期间亦难以获得生育保障。因此，与劳动保护相关的制度保障急切需要建立并完善起来。

表 6　历年全国参加工伤保险与生育保险的人数

单位：万人

年份	1993	1994	1995	1996	1997	1998	1999	2000	2001
工伤保险	1103	1822	2615	3103	3508	3781	3912	4350	4345
生育保险	557	916	1500	2016	2486	2777	2930	3002	3455

资料来源：工伤保险与生育保险参加人数源于《中国社会保险年鉴（2002）》第 9、11 页，劳动和社会保障部社会保险事业管理中心编印。

四、政策取向：综合有效的劳动保护制度安排

基于中国现阶段的职业风险状况，在肯定中国劳动者的职业风险必然伴随着工业化进程而持续扩张，以及政府为减轻乃至控制这种风险所付出的努力及所取得的成就的同时，尤其需要清醒地看到职业劳动者的工作安全形势的现实严峻性和潜在的巨大风险。因此，全方位的安全生产责任体系，权威、高效的劳动监督机制，以工伤赔偿为核心的工伤保障制度等，不仅是职业劳动者中弱势劳动者的迫切需要，而且事实上已经成为中国面临的十分紧迫而重要的任务。

1. 确立全方位的劳动保护责任体系

对职业劳动者的劳动保护属于公众利益维护，许多国家因重大安全事故导致不同层级政府领导人引咎辞职的事例，表明它是各国政府的一项重大职责。改革开放以来，中国安全生产形势日益严峻化，与一些地方政府重生产、轻安全、片面追求经济利益、放松对安全生产的监管，甚至与不法雇主合谋违法生产经营（如广西南丹事件等），有着直接的、密切的关系。尽管中国也有多起政府领导人因职工重大伤亡事件而遭处分的个案，如 1979 年 11 月 25 日发生的"渤海二号"钻井平台在渤海湾翻沉导致 72 名工人全部遇难，不仅石油部长被撤职，国务院主管石油工作的副总理也被记大过处分；[①] 因安全事故受处分的地方政府官员更多，广西南丹事件中的地方领导还被绳之以法。但总体而论，对政府领导人所负的安全生产责任仍缺乏明确的制度规范。因此，应当确立劳动者生命价值至上的观念，并用法律制度规范各级地方政府领导人的安全

① 参见郑功成：《中国灾情论》，湖南出版社 1994 年版，第 259 页。

生产行政责任与法律责任，各级政府领导人均需要切实承担起安全生产的领导职责及相关方面的决策责任。

政府安全生产管理职能部门更对安全生产负有直接、明确、重大的职责。1998 年中央政府机构改革后，对安全生产的管理职责从原劳动部下属司局移至新组建的国家安全生产监督管理局（同时还有国家煤炭安全监察局），这是对安全生产监督管理的强化。但目前严峻的安全生产形势并未从根本上得到扭转。因此，还有必要进一步明确规范职能部门的职责。在这方面，进一步强化政府安全生产监管部门的职责与权威并确立引咎辞职制势在必行，让管理部门与执法人员真正承担其应当承担的法律责任；同时，还需要转变安全生产监督管理方式，包括将运动式的安全监管转化到规范、权威的日常监管，将事后监管转化为以预防为主的监督管理，将机构管理转化为机制管理。此外，还需要强化劳动保障等部门的职责并发挥其作用，如对劳动合同与劳动用工的监察属于劳动部门的职责范围，采矿证的发放属于国土资源部门的职责范围，如果能够确保劳动用工合法化、矿山生产许可证的监管规范化，就不仅更有利于安全生产的监督管理，而且也有利于维护职业劳动者的合法权益。因此，政府职能部门之间还需要配合协调。

在职业劳动者的劳动保护中，雇主负有最直接、最重大的责任。尽管所有的企业都被经济利益直接驱动，但企业的生产经营事实上存在着利己利人型、利己不害人型、利己害人型、害人不利己型、害人害己型等模式。[①] 愈是只考虑自己的利益而忘记劳动者的利益甚至以牺牲劳动者的利益来换取自己利益的雇主，就愈是不考虑职工的劳动保护问题；凡工伤事故与职业病多发的单位，通常可以发现雇主未尽到劳动保护的应尽责任，这就是人们常说工伤事故属于人祸的基本原因。因此，必须通过法制的严格规范来明确雇主对劳动者的劳动保护责任，将依法保护劳动者的工作安全权益作为雇主守法经营与否的第一评价指标，强制雇主承担受害劳动者的工伤与职业病赔偿责任；同时，由于劳动保护的好坏是人命关天的大事，对违法雇主的处罚不严不足以禁止，有鉴于此，国家不仅应当从经济上对违法雇主加以处罚，以提高其违背劳动保护及相关政策法规的经济成本和经济代价，而且应当进行刑事拘禁。

2. 建立权威、高效的劳动监察机制

将安全生产重在事后管理转向安全生产重点放在过程管理，是当代社会安全生产管理发展的必然趋势。因此，需要尽快建立权威的、高效的劳动监察机制。它包括：一是劳动部门与安全生产监督管理部门的协调与配合，劳动管理部门要严格履行对合法用工、劳动合同、工伤保障等方面的监察职责，将劳动

① 参见郑功成：《灾害经济学》，湖南人民出版社 1998 年版，第 229—231 页。

保护内容载入劳动合同；二是要建立权威的劳动监察机构和专业队伍，一些地方的劳动监察机构不健全、劳动监察队伍缺乏相应的专业知识等的现状应当尽快得到改变，国家财政应当确保这一维护劳动者安全利益的职能机构的经费需求；三是在明确劳动监察程序的条件下，应当明确赋予劳动监察机构更大的处罚权力，对违法者不仅可以直接进行经济处罚（处罚的力度应当以让违法者付出较不采取劳动保护措施更大的代价为标准），而且能够直接向司法机关起诉；四是对劳动监察机构亦应有考核与惩罚机制，换言之，劳动监察机构也要接受安全生产监督管理机构和社会的监督，对其未履行职责尤其是因此而导致不良后果的事件，应当追究劳动监察机构及其领导人的行政乃至法律责任。强调劳动监察机制的权威、高效并接受制约，目的在于确保劳动者的劳动保护权益真正得到落实。

3. 强制推行雇主责任制和以工伤赔偿为核心的工伤保障制度

劳动者在从事职业工作中所遭受到的伤害，在工业化国家早就作为一种雇主责任而被强制化。在法律体系中，它属于民法，但又从民法中独立出来构成一种强制的雇主赔偿制度。[①] 不仅如此，它在许多国家采取绝对责任原则，即无论雇主是否存在着过失，只要雇员在开展职业工作中遭受到伤害且并非自杀行为，雇主均应当承担赔偿责任。中国现阶段还未制定专门的雇主赔偿法，但并不意味着雇主可以推脱对雇员工作安全的责任；谁损害谁赔偿，损害多少赔偿多少，既是世界各国民法中的通行原则，也是中国民法的基本原则。因此，在未有专门的雇主赔偿法前，按照过失原则来处理工伤事件与劳动者的职业病也是有充分依据的。在现行政策框架下，合理的政策取向包括：

第一，尽快确立雇主对雇员工作安全提供有效保障的法律责任，包括经济赔偿责任与法律责任，现阶段尤其需要体现出对遭受伤害的雇员的经济赔偿责任，这种赔偿且不得替代雇主应当承担的刑事责任。

第二，针对职业劳动者的工伤保障制度应当在整个社会保障制度改革中优先得到确立。因为它直接关系到职业劳动者的生命与健康。世界绝大多数国家建立自己的社会保障体系时，均将工伤保障制度的确立摆在优先考虑的位置。

第三，在建立工伤保障制度时，中国在现阶段不可能采取发达国家正在做的预防、赔偿和康复三结合模式，但以工伤赔偿为核心建立起工伤保障制度应当是可行的。因此，应当以雇主赔偿法律规定为基础，强制所有雇主均须参加工伤社会保险或者由保险公司开办的雇主责任保险。在短期内难以统一所有职业劳动者的工伤保障制度时，国家可以先建立多元化工伤保障制度（如针对国

① 参见孙树菡主编：《工伤保险》，中国人民大学出版社 2000 年版，第 14 页。

有单位真正全面推开工伤社会保险，针对非国有单位则借鉴香港做法先推行雇主责任保险等），然后再过渡到一元化工伤保障制度。[①]

第四，无论是一元化的工伤保障还是多元化的工伤保障制度安排，均须迅速覆盖到全体受雇劳动者，即所有职业劳动者均应在某种工伤保障制度中得到保障。劳动和社会保障部门应当成为推进工伤保障制度并监督这种制度是否得到有效实施的监督管理机构。

4. 确立重点监控对象并实行严格监控

从中国现阶段安全事故与职业病发病率状况出发，非公有企业包括三资企业、私营企业和所有的无证矿山均是安全事故多发单位；煤炭行业是所有行业中的重灾区，小企业的职业风险要比大中型企业大得多。如据国家安全生产监督管理局提供的材料，在2001年，非公有制企业发生的工伤事故与死亡人数分别占所有工矿企业事故的58.3%和61.2%，尤其是特大事故要占75%以上；在行业分布中，煤炭采选业的事故率居高不下，其伤亡起数与死亡人数分别占采掘业的69.8%和74.5%，乡镇和个体煤矿的事故起数和死亡人数又构成了煤矿系统的事故重灾区；在非金属采选业中，发生事故最多的是小采石场，占非金属采选业死亡人数的80%。[②] 2002年11月，山西省9天发生5起重特大煤矿生产事故，总计造成79人残废、16人下落不明，发生事故的5个单位中有4个是乡镇或村办企业，1个是国有地方小矿。[③] 因此，政府安全生产监督管理部门与劳动监察机构不能只将眼光放在国有企业和大中型企业身上，而是应当抓安全生产中的“重灾区”，将三资企业、私营企业以及煤炭行业、各类小企业列为重点监控和督查对象，重点监控其劳动用工是否合法、劳动合同是否合法、劳动保护措施是否达标、是否参加了工伤保障等等，这是控制安全生产风险的关键所在。

5. 进一步完善现行劳动保护政策

尽管改革开放后国家很重视安全生产方面的法制建设，尤其是1995年的《中华人民共和国劳动法》，2001年的《中华人民共和国职业病防治法》和与之配套的《使用有毒物品作业场所劳动保护条例》、《国家职业卫生标准管理办法》、《职业病危害项目申报管理办法》、《建设项目职业病危害分类管理办法》、《职业健康监护管理办法》、《职业病诊断与鉴定管理办法》等一系列规章，以及2002年实施的《中华人民共和国安全生产法》，已经提供了中国现阶段针对职业劳动者的劳动保护法律框架，这是一个巨大的进步，目前的主要问题是重

① 参见郑功成：《论中国特色的社会保障道路》，武汉大学出版社1997年版，第202—205页。

② 参见国家安全生产监督管理局：《2001年全国伤亡事故情况分析》，http：//www.safety.com.cn.。

③ 参见国家安全生产监督管理局煤炭工业经济运行中心调度处提供。

在执行。然而，这并不意味着中国的劳动保护政策体系已经完善，因为它事实上还存在着遗漏，从而有必要进一步完善。

第一，依据民法、劳动法等，尽快制定专门的雇主责任法或雇主赔偿法，明确规范雇主对雇员工作安全的损害赔偿责任。

第二，依据行政法等，尽快制定对劳动监察、安全生产监管、卫生部门等执法机构的监督与处罚制度，以此督促执法机构真正负责，并确保相关法律、法规得到落实。

第三，明确工伤事故与职业病发病的及时报告和公开披露制度，规定各种工伤事故与职业病发病率必须迅速向政府主管部门报告，规范报告与处理程序，及时向社会披露这类信息，让所有雇主均接受监督。

第四，将工伤保障制度纳入整个劳动保护政策体系，并尽快建立起能够覆盖全体职业劳动者的一元化或二元化的工伤保障制度。

第五，在法制建设中，将全体受雇劳动者均纳入国家的劳动保护政策保护的范围，不能对农民工采取身份歧视政策，对女职工、未成年工等弱势劳动者群体的特殊保护政策必须不折不扣地得到落实。

此外，还需要建立工伤事故与职业病举报制，由主管部门公布举报电话，并保护举报人的安全与利益，用制度来保障劳动者的举报权，通过举报制来促进劳动保护政策的落实。

6. 高度重视安全生产教育与培训

从中国的现实出发，农业劳动力的大规模转移和所事职业的非农化，必须有一个适应的过程，这一过程的重点不仅包括职业技能的更新，同时也包括了职业安全意识的树立与安全生产技能的掌握。从一个农业劳动者转换成一个工业劳动者，或者从一个旧岗位转换到一个新岗位，应当将安全生产教育与培训放在走上工作岗位之前进行，它应当成为防止安全生产事故与职业病的基础工作。为此，在强调雇主应当对新来的劳动者进行上岗前的安全教育与培养的同时，还应当让职业劳动者对所事职业的安全程度有充分的知情权；与此同时，为了防止雇主不重视安全生产教育与培养，政府应当投入相应的人力、物力与财力，建立一个安全生产教育与培训、宣传系统，如建立开放式的职业安全生产教育学校，在工矿区尤其是矿区建立安全生产教育培训点，有针对性地印刷、发放安全生产技能及自救知识材料，公布各种职业的职业性危害状况等。如果能够将这些工作真正纳入国家的安全生产监督管理工作范畴，一定会取得事半功倍的效果。

总之，中国现阶段的安全生产形势相当严峻，包括农民工、女职工、未成年工以及部分大龄下岗失业人员在内的弱势劳动者，在职业生涯中充满着安全事故与职业病害风险，他们迫切需要有相应的劳动保护；中国政府的努力已经取得了一定的成效，但还需要采取进一步措施，从速推进全面的、能够覆盖包括农民工等弱势劳动者在内的全体职业劳动者的劳动保护及相关制度保障体系的建设。

国企改革与职工权益①

对2005年4月27日十届全国人大第十五次会议国务院做的关于国有资产监管和国有企业改革情况的报告谈几点看法。

第一，国有企业改革和国有资产监管情况是不容乐观的，问题非常复杂。目前国有资产的流失非常严重，在国有企业改革中，可以说漏洞百出，化公为私、损公肥私的现象在某种程度上甚至带有普遍性，国有企业官员商人化和官商勾结的现象也不罕见。我2004年到有的地方搞调查的时候，发现一些民营企业脱胎于国有企业，而民营企业的高层管理者实际上就是原国有企业的厂长或负责人。在国有企业改革的过程，国有资产的流失是比较严重的，近两年这个情况也没有从根本上得到改观。我认为，在国有资产监管以及国有企业改革上，还应该有更加严密的监控机制来防止流失，同时在改革过程中，还应公开允许改革者分享一定的利益。一个经营性的国有企业，如果不给经营者一定好处，他就会由改革的推动者变成改革的阻力。在当前国有资产流失情况严重又无有效药方的条件下，要有新的思路、新的严格监控体系和新的利益分享规则。这种利益分享规则就是公开地、适当地让一部分利益给改革者，但对超过分享高度的人必须严格惩处。这样既可以避免一些人由改革推动者变成改革的阻力，又可以真正维护国有资产不受大的损失。因为有利可图和违规重罚并重，会让那些人作理性选择，他不会选择成本很高的违规，而可能选择没有风险的适度的有利可图。如果没有这种新的规则，没有利益分享与违规重罚的双重机制及严密的监控体系，国有资产的流失可能还会继续下去。

第二，在国有企业改革过程中，损害职工权益的问题还没有从根本上扭转。即使是北京地区的国有企业在改制过程中，职工的利益也没有得到保障，特别是老人的利益没有得到保障，一些中央企业，老人的医疗费用因国企改制而没地方报销，职工的利益损失比较严重。近两三年这个问题还是没有解决好。国有资产监管和国有企业改革情况的报告里只谈到了安置费的问题，实际上，社会保障问题同样要引起高度重视。报告中解决措施和工作思路中没有谈

① 本文摘自作者2005年4月27日上午在十届全国人大常委会第15次会议审议国务院关于国有资产监管和国有企业改革情况的报告时的发言。

到如何维护国有企业改革改制过程中职工的权益。现在很多地方有上访事件，跟国有企业改革损害职工权益是有关的，这一点值得高度关注。

第三，从报告中看到国有资产近两年的增长情况、利润情况是比较好的，但是只要客观分析国有资产的增长，就可以发现主要是政策因素在起作用。比如 2003 年国有资产增长了，但在国有资产增加额中，国家投入、税收返还和债转股占到了 42%。从国家的利润来说，有 75%的利润是由烟草、电力、钢铁、汽车等垄断行业得来的，如果打破垄断格局，国有企业的营利格局就不会是现在这样好的局面。而处于竞争性行业的国有企业亏损很大。因此，尽管国有资产的增长以及国有企业赢利的情况和过去相比有了很大进步，但是一经分析，状况是不容乐观的。现在实际上是在非正常的情况下，在某种不符合市场经济要求的情况下增长的，如果依靠这样一种格局来增长国有资产，是不可持续的。因此国家投入、垄断行业从长远来看是损害市场经济发展的。除了一些关系到国计民生的重大行业需要垄断以外，实际上大多数国有企业应该按照市场经济规律办事。应当尽快打破垄断，国有资产逐渐退出竞争性行业，应该加快改革速度，否则局面不容乐观。

安全生产与职工权益[①]

一

近20多年来，我一直在观察、调查、收集整理各种灾害事故的资料，总的感觉是我国的安全生产形势越来越严重，经济发展付出的生命与健康代价越来越高昂，损害造成的后果越来越惨烈。我将近几年的事故资料和我10年前出版的《灾害黑皮书——中国灾情论》（以下简称《中国灾情况》）一书中的资料相比较，发现工伤事故和以前相比更加触目惊心，除了各种显性的生产事故、交通事故外，还有日益严重的职业病问题，目前还没有引起高度关注。统计资料表明，2000年以来，我国的职业病每年都是以10%以上的速度在增长，事实上还有许多农民工不知道自己得了职业病。因此，安全生产的形势确实越来越严重，为发展付出的生命与健康的代价确实越来越高昂，损害的后果确实越来越惨烈，这种安全生产严峻局面的形成当然是冰冻三尺非一日之寒，与我们过去片面强调经济增长有关。

现在大家越来越意识到科学发展观、协调发展的正确性了。事故严重多发，原因是多方面的。我始终认为，首先是片面强调经济发展和经济增长，对生命和健康权的漠视，这是最重要的原因，好像许多人对生产事故中死人已见惯不惊了，人命并不是很值钱，而且还把人分等级。有的地方领导一听说发生事故，不问死了多少人，先问死的是什么人，如果死的是农民工，就觉得不要紧。对人的生命和健康权的漠视是一个很深层次的原因，也是一个根本的原因。第二个原因就是执法部门权威性不够，失职，雇主唯利是图，劳工地位下降，劳资力量对比发生了重大变化。这也是很重要的原因，执法部门权威性不够，这次把国家安全生产监督局升为总局，这是确立权威性的一个举措。但国

① 本文第一部分摘自作者2005年2月28日上午在十届全国人大常委会第14次会议审议国务院关于突发公共事件应急预案编制工作和安全生产情况的报告时的发言；第二部分摘自作者2005年8月26日下午在十届全国人大常委会第17次会议审议全国人大常委会执法检查组关于《安全生产法》执法检查报告时的发言。

家安全生产监督局机构的权威如何？机构和人员的配备能否承担起《安全生产法》赋予它的职责？还是有差距的。包括我们的劳动和社会保障部门，督促企业提供劳动保护，开展劳动监察是法律赋予劳动保障部门的职责，但是由于这方面的力量不够，实际上无法承担这方面的职责。我们经常讲一个指标，就是劳动监察人员是劳动警察，我们国家原来定的标准是8000个职工配一个劳动监察工作人员，现在实际情形却是一个劳动监察工作人员要覆盖2万到3万个职工，力量明显不足。雇主唯利是图，不择手段、不顾劳动者死活一味追求超额利润，走上了效率至上的极端；而劳工的地位在持续下降，经济地位也是这样，如从1989年到2003年，我国的工资总额在GDP中占的比重是一直在下降的，1989年占GDP的15.7%，到2003年下降到13%以下，领工资的人越来越多，但是工资的支出在GDP中所占比例却越来越少，这就表明了劳动者的经济地位在下降。农民工不懂得怎么进行安全防范，没有经过培训，许多生产事故实际上也与劳动者素质有关，所以不能指望农民丢掉锄头就能自动成为合格的产业工人，尤其是在工矿企业，应该有相应的技能与安全生产培训，我们现在这个措施没有，所以造成事故越来越多，越来越严重。还有就是立法依然滞后，包括《安全生产法》、《中华人民共和国职业病防治法》、《工伤保险条例》、《建设工程安全生产管理条例》等这些重要的法律法规，近几年才出台，并且还有一些缺陷。现行法律、法规对生产事故中的违法犯罪行为，怎么进行处置，还不是很明确，所以有的时候处理了省长、市长，大家会发出疑问，说省长、市长跟安全生产事故有什么关系？法制方面欠完善，对责任的归咎就可能起不到真正的威慑作用，造成大家常有碰运气的思维定势，而不是真正想办法防范生产事故。有时候一架飞机掉下来了，大家很关注，但是飞机掉下来的几率太少了。而要将全国生产事故后果统计出来则触目惊心，如2001年全国安全生产事故致死130491人，2002年是139393人，2003年是136340人，2004年是136755人，这是安全生产事故导致的人员死亡的数字。再一个原因是无知、蛮干，没有防灾意识，无论是私营企业还是国有单位，甚至是国有重大工程的建设都不注意防灾，一些工程建成后就成为了灾害事故的发源地。还有发达国家跨国资本的转移，也带来了这样的后果，他们把事故多发的低档产业或生产环节转移到我国。

二

安全生产事故这么严重，代价这么高昂，损害这么惨烈的原因是多方面的，要扭转这个严峻的形势，也不是一条措施或者一部法律能够解决的，也需要综合治理，尤其需要长效机制而不能仅仅是应急机制。我认为首先一点，要真正以人为本，要树立对人的生命价值至上，尊重人的生命和健康权的理念和社会氛围，这是长效机制中的根本。其次，安全生产一定要以预防为主，因为预防事故是低成本、高效率的做法，这在计划经济时代提得多一些，也做得好一些。现在安全生产事故预防的工作做得比较少，从发生的各种恶性事故来看，很少有预防的，比如说农民工下矿井的培训，下井以后有什么样的检查机制，企业是否经常召开安全生产会议，这些预防措施都没有，很松懈。我们往往是某地发生重大事故以后，引起高度重视，然后总结一下经验教训，多是应急处理。因此，我认为在重视应急机制的同时更要重视预防机制，尤其是安全生产更要强调预防机制，预防机制应该提高到从根本上扭转安全生产形势严重的基础性和决定性工作位置，这是真正的长效机制。再次，进一步明确事故责任追究制。现在安全生产的责任追究制，从 2003 年开始就比较明晰了，但是应该制度化，到底谁来承担责任，承担多大的责任，这个制度还有必要完善。最后，重视灾后的保障机制。从很多灾害事故来看，实际上受害人事后得到补偿是非常困难的。灾后保障较灾前预防当然是消极的，但事故不可完全避免，灾后保障机制便有必要健全完善，因为灾后保障措施如果建立起来，至少在某种程度上，在安全生产事故不能完全避免的情况下，对不幸者能够有所补偿。前几年，有一些个案，安全生产事故发生以后，老板跑了，受害人员根本得不到补偿。因此，必须尽快推进工伤保险制度，建立雇主责任制与赔偿制。概括起来，我的看法是安全生产形势日益严峻，代价日益高昂，后果日益惨烈，原因是多方面的，治理也需要综合措施，在注重应急处理时，更应立足于长效机制，包括真正树立人的生命与健康权至上的发展理念，真正确立并切实落实预防为主的方针，进一步完善安全生产事故责任追究制，迅速建立并健全灾害事故后补偿或保障机制，我们需要在以上几方面多下工夫。安全生产问题要建立的不是一个应急机制，而是一个长效机制。

三

落实科学发展观首先要实现安全生产，以人为本首先要以人的生命为本，构建和谐社会首先要构建安全社会。我对安全生产问题已经关注了 20 年，2004 年的安全生产事故和我 1994 年出版的《中国灾情论》一书中的很多指标相比是翻番的，不是一般的恶化，而是翻着跟斗似地往上翻。近两年来，我也不断建议重视健全安全生产监督机制。但现实状况是，事故频发的局面及其对生命安全及社会的危害，正在使社会正义和政府信用受到严峻考验。当前的局面是中央提出以人为本，地方却漠视人命，一些雇主则是草菅人命。我认为，安全事故不断恶化的主要原因是漠视人命，没有把人的生命安全放在至高无上的地位，投入不足、官商勾结、监管不力，均与此有关。在这样一个安全事故频发、安全生产形势严峻的局面面前，第一，还是要真正树立“以人为本”的发展理念，要树立劳动者的生命健康权至上的生产理念，要保证这一理念在法律、法规、政策以及政府监管实践及企业生产经营中得到贯彻。第二，重点重罚，要罚到草菅人命的雇主倾家荡产，还要拿掉漠视人命的地方领导的乌纱，要动真格的。像广州这种恶性的矿难事故，应该有惩罚性的赔偿。第三，对高危行业的安全监管，要高度重视，要立足于长效机制，也要打一场运动战。煤矿为什么事故频发，经济发展对此有需要，但数以万计的小煤矿为什么就不能重组成有规模的企业呢？现在的情况既浪费资源，也不便于管理，更不能维护安全生产。这个工作也是属于宏观调控的问题。第四，安全培训薄弱的局面必须尽快改变。改革开放以来，许多方面确有进步，但也有一些确实是不如计划经济时代，如计划经济时代有管安全生产的副厂长、副经理，都有专人负责，矿工的安全生产培训是必不可少的，但是现在很少有培训了，而大量事故及其惨烈后果是因为劳动者缺乏安全培训而造成或被放大的。第五，建立健全保障机制。我们需要制定专门的雇主责任赔偿法，让雇主明确自己的法定赔偿责任。还有工伤保险，尽管近来进展较快但离这一制度的要求还有很大距离，必须快速推进，全面覆盖。总之，安全生产形势异常严峻，原因也是多方面的，只要各级政府真正重视，同时制定好相关法律、法规、政策，这种严峻的局面应当是能够扭转的。

灵活就业与政府责任[①]

就业形势的严峻，推动了大学生就业观念和方式的嬗变。“灵活就业”方式开始引起人们的关注，并于2004年进入高校就业率统计范围。如何看待“灵活就业”，怎样将“灵活就业”推向良性发展轨道？日前，记者就此采访了第十届全国人大常委会委员、中国人民大学劳动人事学院郑功成教授。

一、灵活就业——主动还是被动

记者：作为就业与社会保障领域的权威学者，您如何看待目前出现的“灵活就业”现象？

郑功成：灵活就业也称非正规就业，它是与传统的正规就业相对应的一个概念。正规就业是指有长期的劳动关系、稳定的工作岗位和固定的雇主的一种就业方式。而灵活就业不具备这三个特征。一般来说，灵活就业有可能被多个雇主雇用，也有可能是临时的劳动合同关系，工作岗位通常也是不确定的。这种就业方式从改革开放以来，尤其是最近几年来，在我们国家发展很快，从全国的劳动就业情况来看，城镇职工里面有国有企业下岗职工、失业人员以及新增劳动力（也包括大学生），他们当中以灵活就业的方式实现就业的，已经达到6000多万人，这是个日益扩大的群体。灵活就业方式不仅中国存在，在很多市场经济的国家也都存在，是经济全球化背景下的一种具有普遍意义的就业现象，只是他们不称其为“灵活就业”，而是称为“非正规就业”或者“自由职业”。

记者：“灵活就业”在中国与在其他国家相比有什么不同？

郑功成：这种就业方式在西方国家主要是基于劳动者个人择业权利的扩张而来的，体现的是劳动者就业自由度的提升；而在我们国家，除了自由择业权利的扩张，更多情况下是由于劳动力供过于求、劳动就业形势严峻所带来的。

西方国家的灵活就业，由于各方面制度很健全，不会因为就业方式的改变而损害劳动者的利益，比如按小时、按周付酬，不存在拖欠工资的现象，雇员

① 原载《中国教育报》2005年5月11日；该报记者汪瑞林、实习生吴宇采访、整理。

的劳动报酬权是法律明确保护并得到切实履行的；劳动保护权也是如此，企业若使得职工得了职业病或工伤，是要赔偿的，所以无论是在哪里打工，为谁工作，雇主均须承担相应的责任，政府对企业的劳动监管也很严格。尤其需要指出的是，这些国家的社会保障制度非常健全，并不会因为你不是正规就业者，就没有养老金等保障。

然而，在我国，由于就业形势非常严峻，有组织就业的岗位有限，灵活就业从某种程度上来说就成了一种无奈的选择。客观而论，我国的灵活就业实际上隐含着以牺牲劳动者的部分权益为代价，尤其是劳动者的社会保险权益受到了损害。在劳动力市场供过于求、劳动法制不成熟、劳动监管不到位以及全球性的强资本弱劳工格局下，灵活就业的劳动者比正规就业的劳动者因缺少了群体保护而更易受到损害，如拖欠工资、延长劳动时间、无法接续各种社会保险关系，等等。因此，灵活就业在某种程度上使劳动者处于更为被动的地位，他们很难通过组织与群体的力量来维护自己的权益。

由此可见，在我国现阶段，灵活就业在权益保障方面是不如正规就业的。

二、统计指标——有待规范完善

记者：在统计各项就业情况时，是否有必要统计灵活就业率？

郑功成：统计灵活就业是完全必要的，因为它是客观存在的就业方式，如果不统计进去，那么就业状况的统计就是不全面、不准确的。这个群体比较大，只有通过灵活就业率来反映这个群体的规模，摸清他们的具体情况，才能更为有效地采取有针对性的措施，既促进灵活就业的发展，又保障劳动者的权益不受到损害。不过，灵活就业率的统计又是十分困难的。在灵活就业方式下，也有充分就业和不充分就业之别。因此灵活就业的统计，在指标的设定上也应当进行相应的分类，灵活就业的被雇用时间也要有统计，灵活就业虽然不是长期的雇佣关系，但也不能是随意性的，应当有就业时间低限标准的规定。如果没有这样的确定的指标，而是按主观理解来统计，同样会影响对就业情况的准确统计。

记者：在统计大学毕业生就业状况时，统计“灵活就业率”有何意义？

郑功成：大学生是高素质的劳动者，从正常情况来看，大学生的灵活就业应当像西方一样，是其择业自由度的增加和个人自由权利的扩张，但在非公平就业市场这样的特殊背景下，大多数大学生灵活就业与其他劳动者的灵活就业一样，具有被动性的一面。

大学生的灵活就业，无疑应当纳入统计范围，但也应当有明确的指标解释，比如初次灵活就业应该有一个时间限制（如等待工作的时间），灵活就业还应当有实质的工作内容等。否则，这一指标就可能演变成可以随意塑造的指标。

需要特别指出的是，追求100%的就业率既不现实也不正常，因为总有一部分人是不就业的，如自愿退出劳动力市场者、等待第二年考研的毕业生，这个群体较大且可能继续增大。因此，目前的就业统计并不能完全反映大学生的实际就业状况。目前公布的就业率中，在未就业的毕业生中，还有一部分是考研族或者自愿不就业的。所以，目前的统计指标悲观地估计了未就业者的比重。所以，将灵活就业单独统计是一个进步，但依然不全面，不能全面反映高校学生的就业状况。

三、维护权益——政府责无旁贷

记者：您认为政府或其他公共部门在灵活就业问题上应发挥什么样的作用？

郑功成：我个人认为，政府不应提倡灵活就业，政府的目标应当是往理性的、正面的方向引导。由于目前中国的灵活就业在一定程度上是以损害劳动者的权益为代价的，所以政府应该努力采取措施，拓宽就业渠道，努力实现大学毕业生的正规就业。

政府的重要责任还表现在切实维护劳动市场的公平竞争。我不赞同对大学生就业实行特别的就业保护措施，因为大学生在就业市场上是有较强竞争力的。目前实施保护性政策是因为就业市场存在不公平。大学生走向就业市场，与我们不能提供一个公平的就业环境产生了矛盾。事实上，在我们国家，大学生人数依然不是多了，而是少了，但由于就业市场法律不完善，劳动力市场发育不健全，包括某些潜规则，造成劳动力市场上供求有效匹配的下降。如在就业市场上存在很多歧视现象，包括女大学生受到性别歧视、年龄偏大的受到年龄歧视、学历层次低的受到学历歧视、外地大学生受到地域或户籍歧视……种种歧视现象实际上与市场经济及社会发展对优化配置劳动力资源的要求是相背离的，它扭曲了就业市场，也扭曲了人力资本的投资行为。

有鉴于此，我个人主张政府要从三个方面努力：一是尽可能地塑造一个公平的就业环境，这个问题解决了，就不需要对大学生的就业采取保护措施了，这是治本之策，因为公平的就业机会是对大学生就业的最好保护；二是尽可能引导并创造正规的就业机会，使无组织的劳动者变成有组织的劳动者，这样将使劳动者的权益得到较为全面的保护；三是切实维护灵活就业人员的权益。

记者：灵活就业者的权益怎样才能得到保障？

郑功成：灵活就业者应该清楚，采取灵活方式就业会面临多种不利因素：

一是各种劳动权益受损害的机会将大于正规就业劳动者，因为正规就业劳动者的权益通常表现为群体权益，从劳资关系的角度看，一个群体维护自身利益的力量显然要比个人的力量大得多；二是社会保险权益缺失，目前的社会保险机制还没有很好地适应灵活就业方式，作出相应转变。从现实出发，灵活就业者在劳动报酬、劳动保护、劳动时间、劳动强度以及劳动者应有的福利及社会保险方面，都更容易受到损害。既然灵活就业方式已经成为劳动力供过于求条件下的一种现实选择，并涉及数以千万计的劳动者，甚至包括日益增多的高校毕业生，就必须尽力来维护这一庞大群体的正当权益。

对于政府来说，首先是要完善劳动法制，政府要介入到劳资关系当中去，在雇主与雇员的关系中，政府扮演的应当是公平、公正的裁判角色。即使是灵活就业者，政府也可以强制要求劳动关系双方签订规范的劳动合同；同时健全劳动保障监察制度，畅通劳动者权益受损的申诉途径，对于侵犯劳动者权益的行为（如拖欠工资、肆无忌惮地延长工作时间、拒不提供相应的劳动保护等），政府有必要采取强力的干预措施。

其次，要建立健全的社会保险制度。社会保险制度不仅要法制化，而且应当适应灵活就业人员就业方式的转变。这种转变一是要加快社会保险立法，让社会保险制度真正覆盖到所有劳动者；二是要改变社会保险的经办方式，传统的经办方式只面向正规的企事业单位，这种方式并不适应灵活就业，为此，我认为应当将社会化的中介组织（如人才交流中心、职业介绍机构、家政服务公司等）也作为社会保险经办机构面向的对象；三是对灵活就业人员需要采取灵活的经办方式，如灵活就业者与正规就业者相比，显然无法做到按月从工资扣除缴费，但可以通过按季度、半年甚至按年来缴费，这样既解决了灵活就业者的参保问题，又促进了社会保险制度覆盖面的扩大，能够真正维护灵活就业者的社会保险权益。目前一些政策已经开始改革，如大学生毕业后在规定时间内未就业也能被纳入失业保险范围就是一例。

四、公平就业——构建和谐社会

记者：构建和谐社会是今年“两会”的热点话题，大学生就业对于构建和谐社会有何意义？

郑功成：和谐社会应该是追求公平和良性运行的社会。我多次提出这样一个观点，即社会稳定并不等于社会和谐，社会和谐比社会稳定的层次要高得多。在构建和谐社会的进程中，尤其要关注大学生就业机会的公平与教育机会的公平。大学生就业在一定程度上不仅关系到社会稳定问题，更关系到社会和谐问题。政府不能包办大学生的就业，但有创造公平就业环境的当然责任，这样即使依然会有大学生因为自身因素找不到工作，他也会心甘情愿地承认自己的失败，社会仍将是和谐的，但如果就业机会不公平，就业市场是畸形的、歧视的，在就业市场上失败的大学生就可能产生对社会的心理反抗，因此，只有就业机会公平，才能保证大学生群体的机会公平，在承认差别的条件下，实现大学生群体内部及其与社会的和谐。

另一方面，对当前教育领域存在的机会不公平现象应当引起高度重视，只有实现教育机会的公平，才能保证大学生群体在就业市场上的起点公平，这与就业公平同等重要。我一直主张国家应当加大对教育的投入，维护好国民教育的福利性，因为教育福利性是教育公平的保障机制，否则，便不可能有教育机会的公平。实现了就业机会公平与教育机会公平，大学生就一定会成为我们国家持续、健康发展的建设力量与稳定力量。

记者：毕业生如果选择灵活就业方式来实现就业，应注意什么问题？

郑功成：对于高校毕业生来说，采取灵活就业的方式是一种挑战与考验。第一，高校毕业生对自己的知识结构与能力应当有充分的认知，这是选择灵活就业机会的重要条件；第二是在校期间必须加强实践锻炼，多接触社会、认识社会，防止上当受骗；第三是要懂得法律，特别是《劳动法》及其相关法律知识，对于自己的劳动权益以及维护权益的申诉途径应该有一定的了解。在求职择业遭受挫折，或者自身权益受到侵害时，应该冷静、理智地思考和应对，而不是简单地迁怒于社会或采取一些过激的言行。

灵活就业与社会保护①

一、灵活就业是当代社会日益普遍的就业形式

灵活就业是相对于传统正规就业而言的就业形式。它与传统的正规的就业相比较，区别在于：传统的正规的就业具有劳动关系基本稳定、工作岗位与服务对象基本固定、劳动方式群体性、有组织性等特点；而灵活就业则具有劳动关系相对灵活、工作岗位与服务对象多变、劳动方式多样化、分散化、无组织化等特点。

在发达国家，影响灵活就业的因素主要是两个方面：一是生产或劳动方式与生活方式的发展变化；二是经济发展、科技进步与文化素质的提高。前者决定了对灵活就业的需要，如家庭作业、家政服务、外包设计、生产与加工等；后者则为灵活就业的发展提供了条件，如家庭服务员的雇用不仅取决于家庭的需要还取决于家庭的经济实力，自由职业者更是具有较高的素质和技能，计算机技术的进步及网络化也为家庭办公或者灵活就业提供了条件，等等。此外，追求个人自由也是发达国家灵活就业得到发展的一个重要的推动力量。因此，当经济社会、科学技术发展到一定程度时，灵活就业的发达程度可以被视为是社会发展的一个标志，它的意义是积极的、主动的，是劳动者个人自由选择的结果，从而在某种意义上可以说是劳动者就业方式的又一次解放。

在我国，由于正规就业的压力长期不减，灵活就业已经成为解决就业压力的重要途径，改革开放以来尤其是近几年来，不包括农民工在内，灵活就业的城镇劳动者已经达到了6000多万人以上。但从当前灵活就业的劳动者来看，多数劳动者不是主动选择而是被迫选择的结果，是被正规的劳动组织抛出来的下岗、失业工人或者不能谋求到正规就业岗位和不具有城镇居民身份的农民工谋生的重要出路，这是我国经济改革和国有企业改制、改组等客观环境下出现的社会现象。当然，从一定的意义上讲，我国当前的灵活就业虽然大多并非出于劳动者的主动意愿，但也确实表明了我们已经走出了计划经济时代，劳动者

① 本文摘自作者2003年7月25日下午应邀在全国政协社会法制委员会专题会议上的发言。

个人选择的权利在不断增加。因此，灵活就业在我国的出现，也应当被视为一种社会发展进步的表现。

二、灵活就业必然导致对劳动者的社会保护削弱

在肯定灵活就业是社会发展进步和市场经济催生的产物的同时，我觉得需要引起特别注意的是，不能不顾现实地美化灵活就业方式。

众所周知，我国灵活就业群体的出现与持续扩大，是就业压力持续扩张的现实出路，它无疑应当值得政府鼓励。因为根据我国的现实情形，就业压力来源包括一是数量几乎绝对过剩，二是质量堪忧。在数量方面，一是城镇每年新增劳动力约1000万人，二是需要再就业的国有单位下岗、失业人员1000万人，三是乡村劳动力的转移更是一个长期的规模巨大的过程，绝对不是时下流行的说法只有1.5亿乡村剩余劳动力的问题，而是随着我国工业化、城市化进程中有数以亿计的农村劳动力需要转移出来的问题。

在劳动力的质量方面，我国的劳动力则是素质较低、匹配不良。一方面，我国劳动力队伍整体上的文化教育程度还未达到高中毕业水准，高级技术工人更是严重不足，在这样一支低素质的劳动力队伍条件下，我国即使是制造业立国也不过是个制造业大国而不可能成为制造业强国，低素质的劳动者与低技术含量的产品及廉价的劳动产品构成了一条并不经济和高效的发展逻辑；另一方面，在劳动力资源过剩的同时，劳动就业的供求匹配又不良，如高学历者也开始出现就业难的问题，大学生找工作难已经成为新的日益严重的社会问题。

在这样一支劳动力队伍面前，正规就业的途径似乎随着改革发展越来越窄，从而众多劳动者只能通过灵活就业的方式来实现就业。不过，在灵活就业中，由于劳动关系不稳定、工作岗位与服务对象不稳定、劳动方式非群体性、非组织化，对劳动者的社会保护与群体保护就必然遭到削弱，从而存在着对灵活就业群体社会保护不力的现实缺陷，有的甚至是严重的缺陷。例如，灵活就业者的劳动时间是不规律的，劳动强度的分布是不利于劳动者的健康的，工作的临时性还决定了各种劳动保护与安全措施不可能规范周全，从而使灵活就业者的健康与安全权益受到损害。在社会保障方面，即使是原来有过社会保险的劳动者，一旦从正规就业的队伍中分化出来，其社会保险关系便会中断，包括养老保险、医疗保险、失业保险乃至工伤保险等多种社会保障权益等均会遭受到直接的损害。因此，在我国的现实是，在灵活就业者越来越多的同时，越来越多的劳动者也缺乏了应有的规范的社会保护，与劳动相关的社会保险与职业福利大多与灵活就业劳动者无关。在社会保障等制度安排尚不健全的背景下，劳动关系的不稳定性、工作岗位的不确定性等，决定了灵活就业不仅是多数劳

动者的一种无奈选择，而且直接付出的是经济、福利、健康权益受损的代价。我认为，至少在我国现阶段，不宜过分夸张灵活就业方式的优势性及对中国就业发展的贡献，而是在承认正规就业缺乏增长后劲的同时，必须正视灵活就业方式的缺陷及灵活就业劳动者缺乏社会保护的事实。

政府不宜大力推进灵活就业，政府的责任应当是积极推进正规就业或者有组织的正式就业，在现阶段，即使是劳动力资源严重过剩，也不能成为让劳动者处于无组织和缺乏社会保护状态的理由，因为对于城乡居民及其家庭而言，任何保障均不如一个正规的、有稳定劳动关系和相对固定的工作岗位的就业对于保障民生、改善民生更为有效。因此，我是主张政府需要将创造正规就业岗位作为考核指标的。当然，大量创造正规就业岗位需要一个发展过程，需要政府调整经济政策与产业结构，并推动劳动组织及相关服务形式的创新，但即使是在现实情形下，对于灵活就业也应当努力构建有利于减轻损害后果的社会保护体系。

三、灵活就业需要健全的社会保护

在灵活就业已经成为我们国家现阶段一种较为普遍的就业方式、灵活就业劳动者已经构成我们国家一支规模庞大的劳动队伍的背景下，构建包括健全的社会保障制度在内的社会保护体系已经是迫在眉睫的国家任务。在这方面，需要重点推进社会保障制度建设、完善劳动合同制度、推进有组织的正规就业、强化工会等社会团体对灵活就业劳动者的权益维护机制，等等。为灵活就业劳动者构建一个有效的社会保护体系将不仅是劳动者的福音，而且是维护国家健康发展的内在需要。

灵活就业方式事实上是对现行社会保险制度的挑战，因为现行社会保险制度是针对并只能面向单位的，是针对受雇于某一组织的劳动者群体而并非个体劳动者的，它根本无法适应灵活就业方式下的劳动者无组织性、高流动性与不稳定性，从而也就不可能满足灵活就业者的社会保障需求，结果当然是导致灵活就业群体的社会保障权益受损和各种生活困难的后顾之忧增加。

要解决好灵活就业者的社会保障问题，我认为应当突出强调如下几点：首先是要确立社会保障的公平理念，社会保障是公平的制度安排，它的目的不仅在于解除国民的后顾之忧和增进国民福利，同时也在于创造公平的竞争环境。这种公平的竞争环境不仅是对劳动者个人而言，也是针对雇主或单位组织而言，从而是市场经济必需的机制。社会保障制度中的效率观念不同于经济领域的效率观念，它的效率观念应当是有限的福利资源发挥尽可能大的保障功能，这种效率恰恰只能来自公平，在这方面，香港的公共房屋和公费医疗制度具有宝贵的可资借鉴的意义。其次是承认灵活就业群体对社会保障的需求具有普遍性。灵活就业劳动者的工作与生活风险要较传统的正规就业劳动者大得多，他们对社会保障的需求也更为迫切，但由于就业方式的不同、所处经济地位等的不同，他们对社会保障的需求根据其急切程度又表现出不同的层次性。再次，则是社会保障制度必须适应灵活就业现象作出相应的调整，如可以考虑直接面向灵活就业者个人而不是单位，对不同的灵活就业群体进行分类处理与分层保障（如保险、救济或福利，可以对现行政策进行一些修订等，从一定意义上讲，我国在现阶段或许需要经历一个制度多元化的时代），采取灵活的记账方式，提供便捷的社会保险关系转移服务，等等。此外，推进灵活就业群体的社会保障制度建设还需要有相应的条件或配套，如提高社会保险的统筹层次（在省级统筹的条件下，劳动者省内流动就可以不转移社会保险关系；在全国统筹的条件下，劳动者在全国范围内流动均不需要转移社会保险关系）；实现社会保障信息网络技术的升级并提供透明化的信息服务；还需要有健全的劳动监察机制，确保灵活就业劳动者的合法权益及获得收入的权益；等等。

在劳动关系方面，应当正视灵活就业劳动者与不同雇主之间的事实劳动关系，规范短期劳动合同并依法签订劳动合同，允许灵活就业劳动者在不损害雇主利益的前提下同时可以签订多个劳动合同，让不同雇主根据自己与灵活就业者的工作时间、工作内容等约定双方的权利与义务，承担其应当承担的除劳动报酬之外的社会保护义务，事实劳动关系应当成为维护灵活就业劳动者的法律依据。

我一直主张，政府有责任推进正规就业、有组织的就业，因为正规就业与有组织就业本身就是对劳动者权益的最好保护，也便于劳动监察，更有利于劳动关系的稳定和社会和谐。在灵活就业群体中，我发现有大量劳动者属于派遣用工，这在建筑行业等较为常见，一些劳务派遣单位只负责临时安排劳动者外出干活而不承担相应的雇主责任，对于这种现象，就应当通过完善我国的劳动法制来规范劳务派遣活动，完全可以通过劳动合同的约束、劳动监察的督促来将劳务派遣单位与劳动者之间的灵活关系转变为正规的劳动关系。再如家政服务公司、人才交流中心，以及建立有关协会等，均可以推进灵活就业走向正规化与有组织化。只有具有稳定劳动关系的正规就业者在整个劳动就业队伍中占到较高比重，社会的稳定与和谐才能说是建立在稳固的基础之上，这样也才能更好地维护灵活就业者的权益，并为社会保障制度的实施创造条件。

此外，灵活就业者不仅被遗漏在劳动与社会保障制度之外，某种程度也被遗漏甚至被排斥在各种社会组织之外。因此，将灵活就业劳动者纳入工会组织及其他社会团体，通过工会组织及相关团体来维护灵活就业劳动者正当权益较之灵活就业劳动者个人的维权力量显然要大得多，这也是让灵活就业者从组织游离出来后再度融入组织或群体的必要途径。

总之，在各界一致赞扬灵活就业方式、政府鼓励劳动者自谋职业和灵活就业劳动者数量规模直线上升的背景下，我对灵活就业现象做了一点粗浅而又客观的分析。我也肯定在劳动力资源严重过剩而正规就业的弹性又持续下降的现阶段，灵活就业不失为缓解我国就业问题的一种有效的就业形式，但绝对不要将灵活就业说成都是好的或者有益的，它揭示出来的问题是劳动者的权益如何在改变就业形式的条件下也能够得到保障。如果劳动者在灵活就业时也能够得到充分的社会保护，则灵活就业形式将不再是劳动者的无奈选择，而是劳动者自主就业权力的扩张，那就真正意味着就业形式的进步与社会发展的进步，而我国离这一步显然还有着一段距离，还有着许多工作要做。

大学生就业难与公平就业①

改革开放以来，尤其是近几年来，我国高等教育发展形势喜人，专业人才培养进展甚大。然而，在实现精英教育向大众教育转化的过程中，却同时出现了大学生就业难的社会问题，这一现象客观地表明了高等教育发展所面临的机遇与挑战是并重的。因此，无论是对国家长远发展而言，还是对于用人单位与培育人才"产品"的高等院校而言，均有必要研究和解决好大学生的就业问题，因为它关系的不仅仅是大学生个人及其家庭，而是整个国家与民族的重大利益。

一、大学生就业形势："十一五"期间更加严峻

自 2003 年以来，大学生就业问题已经引起社会各界的广泛关注，我国政府也在不断采取相应的措施来帮助大学生就业，但大学生就业率近三年间依然在 70％左右徘徊，大学生的就业形势依然日益严峻，这使得大学生的就业正在成为一个日益严重的社会问题。在我们这样一个劳动者受教育程度普遍不高、劳动者整体素质较低的发展中国家，在经济社会持续快速发展的背景下，大学生作为高素质劳动者却出现了就业难的问题，不能不说是一种不太正常的现象。

在讨论大学生就业问题时，人们总是将其与高等院校扩大招生规模直接联系起来，如果我们假设影响就业的其他因素不变，这当然是一个非常客观的背景。根据教育部的有关资料，2005 年我国高等教育的毛入学率达到 19％，招生规模已经超过美国跃居世界第一，这与 20 世纪 80 年代个位数的升学率相比，显然标志着我国的高等教育已经在一定意义上进入了大众化时代；在大学招生规模持续快速扩张的同时，研究生（包括博士生与硕士生）的招生规模也在持续快速扩张，从 2002 年到 2006 年，全国研究生招生规模分别是 19.5 万、26.9 万、32.8 万、37 万、40 多万人，5 年间增长一倍多。与高等院校扩大招生规模相适应，普通高校毕业生的人数也必然快速增长。根据教育部公布的资

① 本文系作者 2005 年 12 月 14 日在中国大学生就业问题座谈会上的发言摘要。

料，从2000年至2005年，我国普通高校毕业生的人数分别是107万、115万、145万、212万、280万、338万，2006年的普通高校毕业生则达410万。从2000年首次超过100万到2006年的410万，6年间净增300多万毕业生，近三年来更是每年净增70多万。[①] 这意味着国家每年必须新增数以百万计的就业岗位，而且还不能是一般的就业岗位，近几年政府确定的大学生就业率目标是实现70%以上，表明新增就业岗位并未能够真正满足大学生的就业需求，每年近1/3的大学毕业生找不到适合自己的工作，表明了大学生就业难应当是一个不争的客观事实。

根据我国高等教育的持续发展态势，大学生就业形势在“十一五”期间比“十五”期间更为严峻。因为在“十五”期间，全国高等院校毕业生人数总计是1090万人。而在“十一五”期间，全国将有2700多万名普通高校毕业生需要就业，较“十五”期间将增长1600多万人，增幅近150%，每年将净增70万—100万大学毕业生。[②] 这一数据表明，高等院校招生人数与毕业人数的持续快速增长，所带来的就业压力必然也是持续快速扩张的，这种态势将在“十一五”期间得以保持并持续扩张，其中还可能出现研究生就业难的局面。

前述得到的大学生就业形势日益严峻的结论，是在假设影响大学生就业的其他因素不变而高等院校招生规模持续扩张必然带来一定影响的分析结果。事实上，我认为更要充分注意到大学生就业所面临的大背景，因为影响大学生就业的其他因素均在发生着重要的变化。其一，自20世纪80年代以来，我国的经济增长模式带来的是就业弹性的持续下降，经济增长带来新增就业岗位的力度是持续下降的，这显然并不有利于新的就业岗位的创造；其二，国有企业改革与即将进行的机关事业单位改革又以减少冗员为重要目标，这些改革虽然提高了效率，却挤出了不少富余人员，这些富余人员又需要再就业，他们与城镇新增劳动者一样，构成了抢占新的就业岗位的庞大后备军；其三，近三年来，由于政府日益放松对农村劳动力进城务工的政策限制，一些政策歧视也在不断弱化，农村劳动力向城市转移的速率也在持续提高，从而同样构成了挤压就业机会的重要力量。在“十一五”期间，经济增长方式的转变虽然会有进步，但难以真正实现经济增长与就业增长并进的目标，国有企业改革尚未完成，机关事业单位改革将加快推进，农村劳动力还需要大规模转移出来，因此，近几年影响大学生就业的宏观背景不可能有大的改变。

在对大学生就业问题做简要分析的基础上，我认为可以得出如下几点

---

① 参见《高校应培养适销对路人才》，《光明日报》2005年12月27日。

② 参见《中国大学生初次就业率70%高出教育部官员预期》，《第一财经日报》2005年11月17日。

结论：

第一，自2006年起，每年需要就业的大学毕业生超过400万人，这一规模表明了大学毕业生客观上已经成为我国城镇就业的主要目标群体。换言之，以往下岗、失业工人作为城镇主要目标群体的就业格局，因大学毕业生规模的快速扩张及其对就业岗位的较高要求而发生了转变。

第二，大学生就业难已经是一个客观事实，在宏观背景难以发生重大改变的条件下，如果“十一五”期间没有重大的政策举措，大学生就业难将成为我国社会发展中的严重社会问题。

第三，失业的大学生将构成一个规模庞大的群体，这一新失业群体的出现将意味着新的社会风险。在现有的就业水平下，大学生如果找不到工作或找不到好工作，更多的是检讨自己的专业选择和个人能力，或者抱怨自己家庭的人际关系与个人机遇不利，但随着大学毕业人数的快速增加，找不到工作的毕业生必然形成一个新的失业群体，当失业的大学毕业生逐年累积而形成一个规模庞大的群体时，就完全可能出现失控的局面，最终会酿成巨大的社会风险。

第四，大学生的就业问题必须引起政府与社会各界的高度关注。政府与社会不仅需要采取切实有效的措施来缓解乃至解决大学生就业难的问题，而且需要理性地预测和预警由于大学生就业难的问题可能带来的社会风险与社会压力。

二、就业难的致因：多因素综合影响的结果

承认现阶段已经出现大学生就业难的现象，并不等于我国出现了大学生过剩的问题。有关统计数据表明，发达国家高等教育毛入学率的平均水平在1997年即达61.1%，同年世界的平均水平为17.8%，而我国在2002年还只有15%。[①] 近几年虽然高等院校扩大招生规模较快，毛入学率也只有19%，接近世界平均水平。以大学毕业生仅占我国劳动力5%的比例和我国经济社会快速发展对未来高素质劳动者的需求来看，在我国快速工业化、现代化进程中，在时代发展要求尽快转变经济增长方式的背景下，培养更多的大学生显然是符合我国长期可持续发展的要求的。因此，我认为，每年几百万大学毕业生对于一个正在快速崛起中的大国而言，并不存在过剩的问题。

在大学生并不过剩的条件下出现大学生就业难问题，原因是多方面的。除前面已经提到了的经济发展模式不利于就业增长、国有企业改革与机关事业单

① 参见袁贵仁：《加强指导和服务，推动毕业生就业制度建设与创新》，《中国高等教育》2003年第3—4期。

位改革在分流人员、乡村劳动力转移加快等不可避免的背景原因外，实际上还有很复杂的原因。概括起来，对大学生就业造成不良影响的原因还有如下几个方面：

1. 不平衡的发展直接制约着大学生的就业。改革开放以来，城乡之间、地区之间的发展差距在扩大，这种发展的不平衡，必然使就业环境差异扩大化，大学生择业的面也就受到了相应的限制，结果必然是就业的不均衡。如城乡之间的鸿沟，使大学毕业生只愿意考虑城市；地区之间的巨大发展差距，又促使大学毕业生更多地挤向发达地区。如果对不平衡的发展格局视而不见而简单地责备大学毕业生缺乏到艰苦地区就业的社会责任，显然是不符合每个人在择业时都不可避免地存在的自利性的自然法则。

2. 不合理的制度安排或政策措施并不能真正解决大学生的就业问题。我国就业市场的不公平与不规范现象有目共睹，而政府在解决大学生就业难问题时的制度安排与政策措施的取向却一直重在治标而非治本。即仍然采取类似于对待下岗、失业工人等特定群体的就业政策取向，每年针对大学生群体颁布有关政策措施，而不是将重点放在塑造面向所有劳动力群体的公平竞争的就业市场和提供健全的社会保障制度方面。这种政策分割、特事特办的就业政策取向，不仅不符合市场经济发展的要求和劳动力市场一体化、就业竞争公平化的客观要求，而且导致了制度安排的畸形化和政策措施的低效化，并陷入了难以自拔的怪圈。如政府对就业市场公平竞争缺乏有效管治，必然恶化大学生的就业环境；社会保障制度的残缺，则形成了大学毕业生千军万马报考公务员而难以走向非公单位和自主创业的重大制约因素；等等。因此，我认为当前促进大学生就业的一些政策措施只不过是一些临时应急的头痛医头、脚痛医脚的措施。

3. 计划体制加供给导向的教育机制直接妨碍着大学生就业。高等院校扩大招生规模并没有错误，但未能有效地调整教育体制、专业结构和突出能力培养则直接妨碍着大学生的就业。一方面，教育系统仍然残留着计划体制的色彩，对就业市场的需求变化反应不灵敏，包括学科专业和学历层次结构处于失衡状态，高等教育管理中仍然强调计划经济时代统一规划的培养要求而不能有效鼓励学校办出特色、重视学生能力与个性培养，也缺乏相应的技能培训与就业指导。另一方面，一些高校不顾条件盲目上新专业，在师资匮乏的条件下，培养的专业人才必然素质低下，根本无法满足用人单位的需求。如以人力资源管理专业为例，从中国人民大学劳动人事学院在全国率先开设这一专业算起，10 年间全国已经约 100 所高校开设了这一专业；劳动和社会保障专业是在中国人民大学劳动人事学院原劳动经济专业基础上发展起来的，1998 年全国仅有 8 所大学开设，2005 年时已经有 80 多所高校开设了这一专业；类似不顾条件滥上新专业的现象在高等教育界已经演绎成了一种普遍现象。世界著名的麦肯锡公司经过调查，预测 2005—2007 年的 3 年，大中型跨国公司在中国大约需要人才 70 万—80 万人，如果算上所有外资企业和优秀的中国公司，大约需要 200 万—300 万人，而未来 3 年中国大约有 1100 万—1200 万名大学生毕业，但他们得出的结论是：只有 10%的大学生符合跨国公司的人才要求！① 这一推断当然不能说非常科学，但在现行教育体制下培养出来的大学生与就业市场所需要的高素质劳动者确实并非完全匹配。因此，我国教育领域人才培养在计划体制下形成的劳动就业供给导向型还未能向适应市场体制的劳动就业需求导向型转化，这种观念与体制的滞后，必然影响到高素质人才的培养，进而会直接影响到大学生的供给与就业机会的有效匹配。

4. 就业市场发育不良对大学生的就业造成多方面的损害。在我国的就业市场上，一方面是片面的人才观、用人观造成了学历崇拜与学历歧视并存，它直接降低了大学毕业生与就业机会的有效匹配，也造成了人力资源的巨大浪费，扭曲了正常的人力资本投资行为。另一方面则是各种非正常现象的影响，破坏了就业市场的公平性，人际关系客观上在我国现阶段的就业中起着非常重要的作用，就业机会的不公平不仅表现在大学生之间，也表现在大学生群体与其他群体之间。正是由于政府未能有效地维护就业市场的公平竞争，导致了本来应当最具就业竞争力的大学毕业生成了特殊的就业困难群体，这是就业市场异化的直接结果。

5. 家庭与个人的原因。由于教育领域追求产业化，致使教育投资日渐巨大，家庭在对子女接受高等教育进行大投资的同时，对子女就业的期望也会随着教育投资的增长而提高，这当然是一种客观反映。就主观而言，虽然我国的高等教育已经从精英教育进入了大众化教育阶段，但家长与大学生个人始终对毕业后的就业抱着高期望值。当这种高期望值与现实中的就业岗位或机会存在落差时，大学生就可能陷入难以就业的处境。因此，愿望与现实之间的反差构成了现阶段大学生就业难的重要原因。

正是前述宏观背景与上述多种原因的影响，才造成了现阶段乃至未来一段时期内大学生就业难的问题。因此，要解决大学生就业难的问题，也需要采取多管齐下的策略。

---

① 参见高传勇、沈延兵：《用人单位对高校毕业生录用标准的调查分析》，《中国青年研究》2005 年第 2 期。

三、治本之策：创造并维护公平的就业环境

虽然导致大学生就业难的原因是多方面的，也是非常复杂的，但我认为，政府解决这一问题的不当政策取向又确实是造成这一问题难以解决的最重要的原因。从近几年各级政府不断出台的促进大学生就业的政策措施来看，可以发现国家对大学生的关心与爱护之切和期望之深，然而，这种爱护与关心同样受制于解决国有企业失业、下岗职工一样的思维方式，是针对特定目标群体采取的特定政策措施（如失业、下岗职工群体，农民工群体，大学生群体，复退军人群体，等等），其结果必然是违反市场经济对劳动力市场一体化与就业公平竞争的要求，造成就业市场与就业政策的分割及就业竞争的非正常化。我认为，解决大学生就业难问题的治本之策，应当是努力创造并维护整个就业市场的公平竞争环境，其他措施只能算是解决这一问题的治标之术。因此，政府应当尽快转变对就业市场一体化与公平就业环境的创造与维护十分乏力的现实，改变在大学生等特定群体就业方面所采取的相互分割、头痛医头的政策取向，将注意力、财力、行政强制力等转移到努力创造与维护公平的就业市场竞争环境上来。

第一，规范劳动就业市场，强化对劳动就业的监管，消除各种不正当竞争行为，维护劳动就业市场的公平性。在这方面，尤其应当强化对机关事业单位各种招聘行为的规范，同时强化对企业及其他社会组织用人方面的行为监察，真正消除劳动就业市场上的不规范、不正当行为，通过完善就业法制、规范招聘程序、公开招聘过程、接受社会监督、强化行政管治等手段，切实扭转劳动就业市场的不公现象。只要劳动就业市场的公平性切实得到维护，大学生就业问题就能够通过就业市场得到较好解决。

第二，禁止就业歧视与摒弃学历崇拜，实现所有劳动者通过公平竞争实现平等就业。改革开放以来，国家为扭转“文化大革命”造成的人才荒和国家包办就业的现象，采取了尊重知识、尊重人才、尊重自由选择的就业政策，它对于促进人才的成长和用人单位自主用人确实起到了十分重要的作用。然而，经过近20多年来的演绎，尊重知识与尊重人才却被异化成了学历崇拜与唯学历论英雄，自主用人则被异化成了用人单位可以任意设置各种歧视劳动者的用人标准，学历崇拜损害了能力本位，就业歧视则使几乎所有劳动者在就业时均处于不利的地位，两者均与国家提出的积极就业政策是不相容的。因此，国家应当尽快通过相关立法明确禁止就业歧视，通过禁止就业歧视来维护所有劳动者的正当就业权益，并创造就业市场的公平竞争环境；同时，还应当摒弃学历崇拜，确立以能力本位取代学历本位的人才观与用人观，尽快改造唯学历论英雄

的社会氛围。这样，既可以改变千军万马走读大学独木桥的局面，更能够促使高等院校与大学生本人在学习期间努力提升自己的能力，并在一个公平的就业市场上参与就业岗位的竞争。

第三，加快健全社会保障制度，构建能够保护各类就业方式劳动者的社会安全网。近年来公务员招聘竞争激烈的背后，有社会保障制度健全因素的重要影响，即公务员社会保障制度健全是吸引大学生就业的重要原因。然而，在企业单位、非公事业单位等，社会保障制度迄今仍然是残缺不全，许多单位不参加社会保险或者有选择性地让一部分员工参与社会保险；灵活就业的劳动者更是以无法参与社会保险为代价。在社会保障制度不健全的背景下，大学毕业生到非公单位就业意味着工作与生活风险会成倍上升，大学毕业生自主创业更是需要自己承担起全部的工作与生活风险。因此，社会保障制度不健全是损害大学生就业环境公平性的重大制度因素，在这方面，单纯指责大学生缺乏社会责任与献身精神是不当的，国家应当加快建设健全社会保障体系的步伐，在构建城乡一体化的社会救助体系的同时，将社会保险制度覆盖到所有劳动者的身上，这一制度的健全化无疑会有利于大学生在社会安全网的保护下走向非公单位、走向基层、走向自主创业。在特殊时期，国家还可以建立以大学生个体为对象的阶段性失业救济与失业补助计划，但解决问题的最后方式仍然是健全统一的社会保障体系。

第四，改革教育体制，强化高校责任，重点提升大学生的就业能力，实现由人才供给导向向就业需求导向的转化。在这方面，不能再用扼杀学校特色与学生个性的计划式管理来损害对大学生的能力培养，国家应当将落实高等院校办学自主权放在教育体制改革的首位，停止那些损害学校特色与束缚学生创新个性的所谓平台课、统编教材、统一模式的培养方式，真正放手让各高校形成自己的特色和人才培养的个性，同时理性控制高等教育的发展规模，大力发展职业技能教育。在落实高校办学自主权的同时，必须真正强化高等院校的责任，促使其理性办学，目前高等院校在培养质量、学科专业结构、办学模式等方面，还存在许多与市场经济不相适应的地方，过于强调学科标准、知识灌输、静态评估，对学生的实际操作能力和创新能力重视不够，其专业划分、招生结构和教学组织也过于僵化，缺乏应变性。因此，要改变大学生就业难的现状，确实需要让大学生的培养单位——高校承担更大的责任，高校要以就业市场的人才需求为导向，树立以学生能力为本位的新人才质量观，培养服务社会各级各类需要的多种人才。就业率和就业质量应当成为衡量高等院校水平与质量的核心指标。

此外，还应当营造有利于大学生就业的社会氛围。一方面，有必要加大宣传力度，通过正确的舆论来引导大学生面向基础、面向实践，降低家庭与大学生超过现实情形的就业预期。另一方面，广泛调动社会力量尤其是社会团体，共同推进大学生就业工作，将起到事半功倍的效果。

总之，大学生就业难已经是一个不容回避的客观事实，政府与社会各界都有责任来为大学生就业问题付出自己的努力。在现实条件下，政府对大学生就业实行保护政策作为治标措施仍然需要坚持一段时期，但就长远而言，政府必须要为大学生参与就业市场的公平竞争创造良好的社会环境与制度安排，创造并维护劳动就业市场的公平与公正应当是对大学生就业的最大支持与最好保护。因此，政府应当将主要精力花在创造和确保劳动就业的公平竞争上，确立了这一政策取向并落实到具体的政策实践中，受益的将不仅仅是大学生，而且包括所有的劳动者，而在公平的就业市场上，大学生一定能够由困难群体转变为强势群体。

员工福利机制与人性化管理[①]

一、劳动关系失衡不可能让单赢的局面持久

中国国有企业改革中的一个重要取向就是将过去由单位包办的各种福利通过社会化的社会保障改革来逐渐化解，它直接减轻了企业的成本负担、减少了企业的非经营性事务，但到现在的发展进程及种种迹象却表明，这种改革取向确实存在着矫枉过正的现象，即现阶段在中国，好像一提职业福利或者让雇主善待员工，就是社会包袱，许多非公企业也包括一部分国有企业及一些非企业单位，甚至忘记了自己应当承担的法定义务与社会责任。于是，本来应当充满人情味道并需要体现人文关怀的单位组织便日益演变成了一个个竞争场所，雇主对劳动者的管理有着以物为本、唯利是图乃至非人性化的倾向。

过去我们长期说工作着是美丽的，工作着是快乐的。然而，有一个证据表明这并非现在劳动者的工作结论，这就是中国人力资源开发网最近牵头在全国范围内开展的一次“工作幸福指数调查”，结果显示：50%以上的人对薪酬不满意，50%以上的人对直接上级不满意，40%以上的人对工作环境和工作关系不满意，等等，由此得到的结论是工作并不快乐，也并不幸福。在这一数据中，我还可以补充如下修正意见，即能够在网上参与调查者大多是有较高素质的劳动者，而一般工薪劳动者、失业下岗职工和逾亿的农民工，绝大多数是未参与进来的，因为对他们而言，工作更只是一种谋生的手段，如果将他们加入进来，认为工作是不快乐或者不幸的应当占绝大多数了。

我们自己可以设想一下，为什么工作着并不似文学家或者理想主义者描述的那样美丽或快乐呢，我认为是用人单位或雇主缺乏人性化的管理，即并未将劳动者作为人来对待并给以应有的尊重和福利，许多劳动者在工作中需要用自己的尊严、健康乃至生命的代价来保住自己的饭碗。而在多数劳动者工作并不快乐的条件下，各个单位组织要想保持长久的发展显然是不可能的。

---

① 本文系作者2004年11月9日在北京国际人力资源大会上的演讲，观点摘要发表于2004年11月12日《北京人才市场报》。

隐藏在许多劳动者工作不快乐、不幸福背后的深层原因是多方面的，但劳资力量对比的变化与全球性的强资本弱劳工格局的影响是最主要的因素。在全球化的国际背景下，资本可以在全球范围内自由流动，而劳动者却受到了限制，资本总是可以在全球范围内寻找到更为廉价的劳动力，而许多国家为了吸引资本或留住资本则可能不得不对资本采取过度保护的倾斜政策，于是，劳资关系便由一国之内的强弱对比经过一国之内的相对平衡阶段，又随着资本的全球化进入了一个全球性强资本弱劳工格局时代。中国作为坚定不移地奉行改革开放的发展中国家，尤其是随着加入 WTO 积极主动地融入国际经济主流体系，必然地要受到全球性强资本弱劳工格局的影响。

毋庸讳言，改革开放以来，中国的劳动关系发生了很大的甚至是根本性的变化。在计划经济时代，工人不仅是国家的主人，也是国有企业的主人翁，当工人是很自豪的职业。而在现阶段，我们看到的是资本的势力不断强化，而劳工的地位却在持续弱化。这种不断下降还有宏观数据可以支持，即在中国 GDP 的分配中，劳动者占有的份额是持续下降的。在 1989 年到 1997 年间，全国职工的工资总额占 GDP 的比重由 15%以上下降到 12%多一点，2003 年还略有下降，而与此相对应的是，近几年领取工资的人数因农民工的大规模增长较 1989 年更多，领取工资人数增加而所占份额减少，只能说明劳动者获得的报酬是递减的，这显然是经济地位的持续下降。在宏观数据支撑的同时，还存在着许多违法违规甚至是犯罪现象，比如，有的企业在肆意延长着职工的劳动时间，许多劳动者的工资被拖欠，很多劳动者是在没有任何劳动保护措施的环境条件下工作着，许多劳动者根本没有任何社会保险，更谈不上相应的职业福利，由此得到的结论便是劳动者的地位不断下降，为数众多的劳动者在工作中缺乏尊严、缺乏平等、缺乏安全、缺乏保障的现实等，体现出来的即是劳动关系的过度失衡。

在劳动关系失衡的条件下，雇主显然用低成本赢得了巨大的利润，进而迅速成为物质财富的积累者；而许多劳动者付出劳动、健康甚至生命的代价，却并没有获得应当获得的回报；劳资双方博弈的结果是雇主一方单赢，劳工一方受损。不能不承认，正是这种单赢的格局或者向雇主过度倾斜的利益格局，中国保持了对外资的强大吸引力，同时也造就了今日中国先富群体中的一部分富人，这一时期无疑是有利于资本的时期，也无疑是资本获益最多的时代。

然而，单赢或者过度地向资本倾斜的利益分析格局，必然带来劳资双方的冲突。我们不难看到，劳动者的不满与反抗情绪在日益高涨。比如，2003 年深圳发生有人因领不到工资而跳楼的个案，2004 年 10 月 23 日辽宁沈阳又发生 7 位农民工因长期领不到工资而集体服药自杀的案例，虽然被工友发现后送至医院挽回了生命，但这种反抗个案如果趋多，就反映了劳工权益受侵害的现实可能导致更加严重的社会后果。还有不断发生的规模不一的罢工事件、群体上访事件、静坐行动等，均表明现阶段劳动者的不满还主要是一种非激烈的对抗，但如果劳资关系的失衡局面任其发展下去，就完全可能变成有组织的群体性的激剧冲突与对抗，到那时，单赢或者向雇主过度倾斜的利益局面就绝对不可能维持。尤其值得警惕的是，劳资之间冲突的日益显性化，完全可能由局部风险变成社会风险，进而损害整个国家的健康发展。因此，在劳资关系失衡的背景下，单赢的局面是绝对不可能持久的，我们急切需要提升劳动者的地位，并通过人性化的管理来调节劳资关系，以求得双赢的结果，这不仅符合投资者的长期利益追求，也符合劳动者自身的利益诉求，更符合中国持续、健康发展的国家利益。

二、追求双赢需要对员工实行人性化管理

我刚才已经谈到了平抑劳资关系、争取双赢格局不仅符合劳资双方的利益，同时也符合中国的国家利益。因此，应当主张不要冲突与对抗而要合作与和谐，但劳资双方或者雇主与雇员之间的强弱力量对比持续甚至恶化，结果便只有冲突与对抗，结果便只能是由单赢变成双损，最终也会损害中国的发展。

要追求双赢，最重要的就是尊重劳动、尊重劳动者，在组织管理中尤其是在人力资源管理中突出以人为本，实现人性化管理，并通过相应的员工福利机制来使人性化管理落到实处。我认为，任何财富都是由人来创造的，劳动力资源是人，人的生产积极性只有在人性化管理下才能最大限度地发挥出来。很难想象，如果按照传统或许多单位的做法，只以物为本，只是简单地将工作过程变成掠夺劳动的过程，只是将工作场所简单地转变了劳动者的角斗场所，工作带来的一定是痛苦与不幸，劳动者的效率一定会持续降低，雇主通过强制的掠夺性措施与恶性竞争措施赢得的收益必定是短暂的。因此，在中国的企业乃至各种组织单位中，我认为急切需要推行人性化管理。

人性化管理的核心在于真正尊重劳动、尊重劳动者。人性化管理的最低标准是要守法。我近两年来做过一些调查，更经常接触到大量劳动者权益受损的二手材料，我发现，劳动关系中的许多具体内容其实是法律已经规范了的，损害劳动者权益的事件绝大多数均属于违法性质。如强迫劳动、签订生死合同、任意延长劳动时间、肆意加大劳动强度、拖欠工资、不提供劳动保护、不参加社会保险，少数案件中甚至出现雇主将劳动者视为奴隶和包身工来管制的现象，等等，所有这些，均与中国现行的《劳动法》、《安全生产法》及许多劳动方面的法律、法规是相背离的，是违法行为而不是一般的缺乏人性的管理。因此，人性化的管理首先应当从守法开始。法律规范应当成为必须遵循的刚性约

束，我们既不能指望所有雇主都是仁慈的，更不能让恶劣雇主赢取超额利润的现象持续下去，因为这类现象持续下去带来的必然是好雇主也会变坏，否则，好雇主便可能在竞争中失利。比如，两家同样的企业，一家企业完全按照国家法律规范让劳动者享有休息权、按时发放工资、提供合格的劳动保护、参加各项社会保险，而另一家企业却延长劳动者的工作时间、拖欠工资、不提供劳动保护、不参加社会保险，这两家企业在市场竞争中就处于不公平的地位，前者可能因劳工成本高而失利，后者则完全可以赚取超额利润，因此，如果法律不是刚性的，实际上就是对违法者的放纵。反之，如果大家都遵守法律、法规，则无论情愿与否，劳动者的基本权益仍然会得到维护，这虽然还称不上真正的人性化管理，但它一定是人性化管理的坚实基石。因此，中国在许多方面的问题不是无法可依，而是执法不严。

在守法的基础上，人性化管理的中间标准应当是雇主与公司应当承担起相应的社会责任。这种社会责任既包括单位内部的，也包括外部的。因为守法是无所谓情愿与否的，它是必须遵循的准则，而公司与雇主承担社会责任则应当是出于自愿的，从这一层次上讲，社会责任的提倡实际上是真正具有了人性化的色彩。一方面，在组织或单位内部，雇主及其管理者应当关心员工，并尽可能地为员工提供方便，如了解员工的要求，开展相应的集体活动，提供健康检查，满足员工的有限福利需求，等等；另一方面，公司或雇主还需要关注外部的社会问题，为有需要者提供相应的帮助，如积极参与慈善公益捐献等，这既是企业与企业家回报社会的重要方式与途径，也是展示先富群体形象的重要方式与途径。如果在守法的基础上承担起相应的社会责任，我认为就达到了人性化管理的中间标准，它一定能够有效降低乃至消除劳资之间的冲突和对抗，在人性化管理中实现妥协与合作。

人性化管理的最高标准应当是构建和谐的劳资关系。和谐是一个很文明的词，和谐一定是快乐的、幸福的，但并不是说和谐不要差距。和谐发展，对一个国家是如此，对一个企业或者任何组织单位也是如此。守法是承担社会责任的基础，但它只是在尽应尽的义务；承担社会责任是构建和谐的劳资关系的基础，但还不一定就能够构建真正和谐的劳资关系。构建和谐的劳资关系的指标，我认为是让劳动者在获得劳动报酬的同时还能够分享企业或单位组织的发展成果。西方国家企业提供的有关员工福利以及让员工持股参与分红，可以说是构建和谐劳资关系的重要方式。

人性化管理的三个层次，作为最低层次的遵守法规是需要按照法制规范来改善劳动者的劳动条件与待遇的，作为中间层次的承担社会责任也是需要通过改善劳动者的劳动条件与待遇来实现的，而构建和谐劳资关系则是要通过让员工分享发展成果来实现的。由此可见，无论是哪一层次标准，都需要通过相应的员工福利机制来实现，并真正创造双赢的合作机制。因此，人性化管理需要合作，在劳动力资源过剩的条件下，首先是雇主要有合作的姿态，需要对劳动者尊重，保持与劳动者沟通，并提供能够分享发展成果的相应福利。

依此类推，我觉得衡量地方领导的政绩时，不仅不能再以单纯的 GDP 增长指标来评价，也不能像以往那样用简单的稳定标准来判断，只有在构建和谐的劳动关系的基础上实现社会和谐才是最全面、最合理的综合指标。因为稳定并不必然等于和谐。

三、员工福利机制是人性化管理的主要实现途径

在肯定人性化管理的必要性并提出我的标准的同时，需要探讨的便是实现人性化管理的实现途径。我认为，人性化管理的主要实现途径是员工福利机制。众所周知，工资是劳动者应得的即期报酬，它是劳动者在付出劳动的条件下得到的应当得到的回来报，从而也就无所谓人性化与非人性化，根据我的调查研究，工资通常不会产生归属感与向心力，因为简单的劳动工资关系反映出来的只是简单的劳动买卖关系。而员工福利则通常体现着人性与人文关怀的精神，它是让员工分享或共享企业或单位发展成果的主要实现途径。因此，工资是冷的，福利是热的，工资是具有普遍社会意义的，福利则是具有企业或单位个性色彩的。

改革开放以来，中国传统的企业及各种组织单位，都经历了将员工福利视为包袱并尽可能争取甩包袱的过程，改革中的矫枉过正甚至损害了合理的、必要的员工福利。于是，我们便看到了这样的现象，在劳资关系失衡的大背景下，一些企业中的劳资关系便只有简单的劳动换工资的关系，不仅没有任何员工福利可言，甚至工资关系也不稳定；一些本来有员工福利的单位，亦在急剧淡化员工福利的色彩，而代之以货币化的工资支付。这样的格局并不能真正带来的稳定的劳动关系，这就是有的专家指出来的，劳动者对雇主或单位组织的忠诚度在急剧降低。不应将员工福利作为社会包袱，我认为任何单位都有必要为员工提供合理的、必要的员工福利。

在此，我当然不赞成计划经济时代中国国有企业中的员工福利模式，因为那种员工福利是只有员工福利之外形而事实上承担的是社会保障的责任，是异化的员工福利，它不仅未能给国有企业带来劳动生产率的提高，而且成了滋生懒惰的温床。因此，在市场经济条件下，员工福利机制一定要服从企业或单位的发展战略，并一定要在充分体现出人性化管理的同时对劳动者的劳动效率提升具有激励作用，并让员工产生归属感，形成向心力。因此，真正的人性化管理与合理的员工福利机制，带来的一定是双赢的利益格局而不会是冲突与

对抗。

需要指出的是，在我的理论体系中，不仅将员工福利纳入中国特色的社会保障体系之中，而且对员工福利的结构是分层次的。它可以划分为如下三个层次：

第一层次是强制性的员工福利，即由法制统一规范的各种社会保险等。在这一层次的员工福利实际上是由国家法律规范并强制实施的，企业或单位并没有自主权，但因为雇主分担了缴费的义务，从而也应当算是员工享受到的福利。不过，这类员工福利虽然给员工带来了好处，但并不一定产生激励作用，因为是法律强制的，对雇主与公司而言只是一种法定义务，对职工而言则是一种法定权益。在这一层次，雇主与单位承担的是法律责任。

第二层次是法规与政策强势引导的员工福利，它是在国家相关法规、政策的有力牵引下，由企业或单位根据就业市场的竞争需要而组织实施的员工福利。如企业年金、补充保险等，通常国家会制定相应的税收优惠政策来牵引，而就业市场的竞争亦会造成强大的外部影响力，因此，它通常具有市场规范与相对统一的特色。这类员工福利具有相应的激励功能。

第三层次是完全自主性的员工福利。它不受国家法制及外部力量影响，是企业或单位根据自身发展战略与员工需要设置的员工福利项目，从而很自然地体现出各个企业或单位的特色。如有的单位重视员工教育福利，有的重视物质福利，有的重视休假福利，有的提供出国进修机会，等等。总之，这一类员工福利是可以根据企业或单位自身需要而设置的，它是最能够体现人性化管理特色与企业追求的员工福利。

上述三个层次构成了现代企业或组织单位的完整的员工福利机制，其中第一层次体现出来的是守法需要，第二层次体现出来的是竞争需要，第三层次体现出来的则是发展需要。三个层次员工福利机制的构建，将能够创建和谐的劳动关系。

四、基本结论

通过前面的阐述，可以得到如下几点基本结论：

第一，中国已经进入了一个新的发展时代，构建和谐社会已经被确定为国家发展的基本目标，法律和政策的制定与完善都必然要以此作为出发点，以人为本的发展理念已经日益深入人心，社会发展的大背景决定了企业乃至所有单位对员工实行人性化管理的必要性与必然性，以及建立合理的员工福利机制的必要性与重要性。

第二，人性化管理应当贯穿在企业及一切用人单位人力资源管理的始终，它以确保劳动者在工作中享有平等、尊严、体面、安全和保障为要件，做不到这些就谈不上人性化管理，也就不符合社会发展与时代变革的潮流。

第三，员工福利机制并不是企业或用人单位的社会包袱，它是企业或组织发展的有效激励机制，我们需要把以往改革进程中将其简单地定义为社会包袱的观念重新加以调整，让员工福利机制遵循自己的规律健康地发展。而未来时期的员工福利将沿着多层次化方向发展，并将成为劳动者在工作过程中分享企业或组织发展成果的重要途径。

总之，中国进入了新的发展时代，平等、法制、理性、文明已经成为新时代的关键词，社会和谐与劳资合作双赢进而带来多赢已成为国家发展的最大利益所在，而人性化管理以及员工福利机制的重塑，亦正在成为这个时代的重要任务。

我们需要掀起一场企业社会责任运动[①]

一、承担社会责任是现代企业的一个基本标志

众所周知，企业是创造财富与利润的，没有利润的产生与财富的积累，不可能有人开办企业，从而也就不可能有社会财富的积累与增长，当然，企业是人办的，企业的行为服从于办企业的人的意志。因此，与其说创造财富与追求利润是企业的本性，不如说是投资者的本性，更是资本转化为投资的本性。在人类发展史上，早期的企业几乎都是唯利是图的，尤其是资本主义原始积累时期，企业更像是一架榨尽劳动者血汗的机器，正是因为这一点，尽管人们承认企业或者现代工业的出现是人类社会的巨大进步，但对于企业早期的恶劣行径迄今依然觉得不可饶恕。

人类社会毕竟是持续发展进步的，劳动者的不满与反抗再加上企业管理的日益科学化、人性化，使劳动者的权益维护也日益受到重视，各国政府在劳资关系中更是扮演着公正裁判的角色，极力推动着相关法制的完善，推进着人类社会生产文明的进步。因此，许多国家尤其是工业化国家的企业，便适应社会发展的要求而转变成了真正具有现代意义的企业，即摆脱了唯利是图和野蛮行径的企业。

时代发展到今天，对现代企业的认定，不能只以公司制等企业组织形式为标准，而是需要以企业社会责任的承担程度为标志。换言之，即使是一个组织形式与管理完全符合现代企业特征的公司，如果放弃自己的社会责任，损害劳动者的正当合法的权益，它也不应当算是一个现代企业。因此，我今天提出一个新的评价标准，这就是只有承担相应的社会责任才能算是可以代表现代社会文明的标准型现代企业。

提出这一标准有几个依据：一是当代世界早已从野蛮社会进化到文明社会，任何不负责任的企业都与这个时代所倡导与追求的文明价值标准是相悖

① 本文摘自作者2005年9月8日在中欧企业社会责任北京国际论坛上的主题演讲，《每日经济新闻》2005年12月27日摘要转载其观点。

的；二是企业作为当代社会结构中最具活力、最有创造力的组织，对于社会能否和谐发展影响重大甚至起着决定性的影响，从而毫无疑问地应当肩负起更大的社会责任；三是企业的社会责任在许多国家事实上已经上升到法制规范的层次，不承担社会责任的企业客观上都是不同程度的违法乃至犯罪行为；四是现代企业家应当是具有相当文化教养与知识背景的文明人，其领导与管理的企业也应当具有与其文明教养及知识背景相匹配；五是在经济全球化不可逆转的背景下，世界发展的趋势已经明确无误地表明，只有承担社会责任的企业才能具有真正的竞争力，这就是我们今天讨论的主题。

我还要强调的是，在经济全球化的背景下，尤其需要提倡企业的社会责任。我曾经在2001年提出过这样一种观点，即劳资力量的对比，曾经经历过一国之内的强资本弱劳工格局，经过一国之内的劳资力量对比相对均衡后，又随着经济全球化进入了一个全球性的强资本弱劳工时代。在这样的背景下，很容易产生企业不负责任的群体效应，因为劳资力量对比的失衡，恰恰是企业不承担社会责任或者较易采取恶劣行径损害劳工利益与社会公共利益的有利环境条件，尤其是像中国这样的劳动力过剩、资本仍显不足的国家，如果不提倡乃至规范企业的社会责任，就可能出现不负责任的企业，不守法、不善待员工、不注重维护社会公共利益的企业收益高，而守法、善待员工和承担社会责任的企业成本高，这种现象完全可能由个体带动进而产生恶性的连锁示范效应，进而必然恶化劳资关系，恶化社会环境。

我认为，在肯定经济全球化的进步意义和不可逆转的发展趋势时，我们应当看到隐藏在经济全球化背后的导致劳资关系失衡的现象。在肯定经济全球化能够刺激整个世界经济增长与发展的贡献，以及促使现代企业制度与生产技术及管理机制扩散和给投资者带来丰厚利润回报的同时，更应当通过经济全球化来带动和促进现代文明与企业文明化的扩展。因此，经济全球化不应当出现反文明、反人道的现象，而是要推动人道主义与社会文明的发展进步。在这方面，跨国公司尤其是发达国家和地区的跨国公司，显然责无旁贷，应起到良好的带头与榜样作用。

二、社会责任缺失构成了中国企业的非正常景象

联系到中国现阶段的实际情况，可以发现，计划经济时代的国有、集体企业都曾包揽过劳动者乃至劳动者的家庭成员的全部福利事务，那个时候企业的社会责任繁重，每个企业都是承担社会责任的模范。

改革开放以来，为了吸引资本与发展国民经济，我们国家采取了效率优先的政策取向，在国有企业改革过程中也对企业承担社会责任采取了一些矫枉过

正的做法，即把企业应当承担的对职工的起码权益保障与福利保障也当成了社会包袱，一些企业采取了一弃了之的不负责任的做法。一些跨国公司在本国能够模范地承担社会责任，但到中国投资设厂后，却出现了野蛮对待员工及不负责任的现象，一些得益于改革开放政策而快速发展起来的民办企业，同样存在着疯狂的进行资本原始积累的现象。于是，我们便看到了这样的景象：

一些企业不重视职工的劳动保护，安全事故频繁发生，职业伤害风险急剧增长，各种工伤事故以及日益严重的职业病直接损害着劳动者的健康与生命权益。

一些企业不依法与劳动者签订劳动合同，或者将正规劳动岗位转化为临时劳动岗位，不法雇主还与劳动者签订“生命合同”，将工业化初期采取过的职业伤害风险由劳动者自己承担的早期恶习沿用至今。

一些企业在招聘员工时任意设定标准，各种歧视性的招聘规定五花八门，劳动者的弱势地位在招聘环节就被确定。

一些企业肆意延长劳动者的劳动时间，让职工承担着超负荷的工作量，个别企业甚至还出现了让劳动者丧失人身自由的强迫劳动行为。

一些企业不仅将国家规定的最低工资标准视为标准工资或者最高工资标准，而且任意拖欠劳动者的劳动报酬，付劳取酬的铁的法则被严重破坏。

一些企业不为劳动者参加社会保险，或参加社会保险但拖欠社会保险费或降低缴费标准，让劳动者承担着工作与生活中的各种后顾之忧，也使国家的社会保险法规政策权威遭到严重损害。

一些企业还做假账、偷税、漏税、骗税，导致国家与公共利益受到损害。

还有一些不法企业或雇主肆意虐待劳动者，体罚劳动者、草菅人命的个案时有所闻，等等。

以上种种现象，都表明社会责任的缺失，在某种程度上已经成为中国企业界的非正常景象。从我们的调查发现，社会责任缺失的现象也存在着某种规律。一般而言，在国内企业中，国有企业承担社会责任比非国有企业要好，但也有少数国有企业在改革、改制中出现严重损害职工权益的现象；在外资企业中，又是欧美企业尤其是北欧企业要好。许多企业均存在着不同程度地损害劳动者正当权益或者合法权益的现象，其中有一些是法律明确规范或者禁止的，有一些是严重违背社会公益与政策规范的。

企业社会责任的缺失，严重地恶化了市场经济要求的公平竞争环境，并形成一种守法企业或者承担社会责任的企业成本高、不守法企业或者不承担社会责任的企业却可以赚取不法或不义收益的不良利益诱导倾向。因此，不改变这种现象，市场经济将无法在公平的竞争环境下健康发展；不改变这种现象，劳动者的权益将无从维护，社会正义将难以伸张，国家法制的权威将难以得到维护。

三、我们需要掀起一场企业社会责任运动

正是基于社会发展进步对企业社会责任的呼唤，正是基于中国企业界社会责任缺失的现实，我认为需要掀起一场企业社会责任运动，否则不足以惊醒许多误入歧途的企业与企业家，因为企业承担社会责任不仅是现代企业的重要使命，而且是人类社会发展进步的必然要求，不仅是公众对企业文明与道德的呼唤，而且正在成为刚性的制度约束。

有鉴于此，我建议：

1. 国家需要完善法制。将企业社会责任进一步上升到法制规范的层面并赋予其具体内容。首先是要完善我们的劳动法制，将失衡的劳资关系通过法制的完善与强有力的行政监督矫正过来，包括修订《劳动法》，制定《劳动合同法》等；其次，必须确立处理劳动争议的公正的司法保障制度，司法机构应当介入劳动领域并伸张社会正义；再次，形成有利于引导企业承担社会责任的法制环境，如改造税制，使善待员工和维护公共利益的企业形成竞争优势，让行为恶劣的企业渐渐式微并最终淘汰出局。法制的完善与刚性约束，将是企业承担社会责任的前提与保证。

2. 政府监督必须到位。许多企业的社会责任是有法可依的，但政府监督不足甚至缺位是中国企业社会责任缺失的重要原因，政府应当扮演公正裁判的角色，裁判应当让违法者付出代价，并重塑新的利益诱导机制。在这方面，强化政府监督权威，建立专业的劳动监察队伍，尽职尽责地开展工作，是督促企业承担社会责任的必须举措。如安全生产事故频繁发生的背后，客观上存在着一些政府执法部门不作为或者官商勾结、贪污腐败的现象，因此，掀起企业社会责任运动不仅是要企业承担社会责任，而且需要强有力的政府监督来督促企业承担社会责任。

3. 强化企业界自律机制。现代企业是独立法人，理性与人道应当是与现代企业追求利润与财富同等重要的行为准则，企业的自律除自我约束外，确实需要有各种行业协会的规范与约束，即各种行业协会都应当成为社会责任与公平竞争的倡导者与维护者。在我们国家，一个值得警惕的倾向是，行业协会的行政化与官僚化其实不符合现代企业自律机制的要求，行业协会不要官本位，要有自己的评价标准尤其是社会责任评价标准，如企业须先守法先善待员工，于后还需要参与社会事务并作出自己的贡献，用这样的标准来规范与约束企业，相信对恢复企业与企业家的理性并促进企业文明的发展会有很大的促进作用。

4. 其他方面。社会监督与舆论环境相当重要。传媒不能只见利税大户而不见承担社会责任的企业等，舆论不能总是追捧财产的创造者与富有阶层，更要追捧承担社会责任的企业与企业家，一个热衷承担社会责任的社会气氛的形成，将是中国企业走向理性与文明及可持续发展之路的重要环境条件。

总之，企业社会责任决定着企业的前途，也直接决定着社会发展的和谐，构建和谐社会首先需要企业承担起自己的社会责任，构建和谐的劳资关系。

Promoting Scientific Development and Sharing Social Harmony

第七篇

农民、农民工与和谐发展

中国农民工问题及解决思路①

郑功成教授在接受记者采访时表示，农民工问题直接牵涉到5亿人（含家属）的切身利益，从而不仅是中国现阶段发展进程中面临的重大社会问题，也是重大的经济问题和政治问题，解决农民工问题既是最终解决好“三农”问题的关键所在，也是稳妥、有序地加速推进中国城市化、工业化和现代化进程的关键所在。因此，他主张将解决农民工问题作为我国“十一五”、“十二五”期间的头等大事，并采取统筹考虑、综合协调、近中长期目标相结合的思路，积极稳妥地推进农民工问题的解决。郑功成教授认为，不能以牺牲城市人或者其他群体的既有利益来改善农民工的现状，而是要通过快速、有序的发展与提高城市公共资源的利用效率来化解农民工问题，国家应担负起提高农民工素质的任务，同时稳妥、有序地打开城市大门，给农民工提供融入城市的机会。

一、对农民工问题的整体判断

郑功成教授说，对农民工问题的整体判断首先是要准确把握这一群体的规模与结构变化。他告诉记者，我国现在进城务工农民工约1.3亿，在乡镇企业就业的农民工还有约1.3亿，扣除两者重合的部分，农民工总数当在2.1亿人左右，现在每年新增进城农民工约600万—800万人，按每个农民工家属人数平均1.5人计算，则农民工问题的直接利害关系人数实际上达5亿人，约占全国总人口近40%。如此规模巨大的社会群体，其遭遇的问题足以影响到整个国家的经济社会乃至政治文明的发展进程。因此，轻视农民工问题或者不能妥善解决好农民工问题都将导致极为严重的社会、经济与政治后果，而能否妥善地、全面地解决好农民工问题也是对中国共产党执政能力和政府行政管治能力的巨大考验。

郑功成教授说，农民工的出现无疑是中国改革开放的巨大成果与社会发展进步的重要标志，但农民工问题及其演进又确实正在向中国社会发展中的重大

① 本文系作者2006年7月3日接受新华社记者访谈整理稿，发《动态清样》；新华社内参部记者任力波采访、整理。

社会、经济和政治问题方向演化。这一群体规模还在持续膨胀，且基本完成了代际转换，即保持传统农民固有特征的第一代农民工正在消退，而缺乏传统农民固有特征的新一代农民工日益增加。根据他主持的对深圳、苏州、北京、成都等城市的大规模调查，农民工平均年龄只有28.6岁，其中：30岁以下的农民工占66.7%，25岁以下的占到了45.5%，这意味着改革开放后出生的农民工已成为这一群体的主体；与年轻化相适应，农民工的文化程度也在大幅提升，高中及以上文化程度的农民工已占到40%并呈快速上升态势。在农民工年轻化与受教育程度提升的背景下，农民工问题亦具有了更为复杂的致因与不确定的后果。一方面，农民工遭遇的政策歧视、社会排斥及各种权益受损的局面，较以往更容易引起显性的群体利益冲突与社会对抗，从而表明这一问题正在由农民工的个体及局部问题转变成为波及全局的重大社会问题；另一方面，农民工偏低甚至超低的劳动报酬与经济地位，不仅无助于进一步改善农民工及其家庭的生活境况，更直接制约着一个5亿人口规模的巨大市场的消费能力，构成了国民经济过度依赖外贸增长而难以转向国内市场的根本原因，并正在成为影响国民经济持续、健康发展的重大因素，因此，农民工问题又是一个重大的经济问题。此外，农民工的大规模流动，直接改变了乡村基层民主政治的固有版图与结构，而因其快捷地接受了现代城市文明，其民主政治与社会公平意识亦在同步提升，如果不能适时推进政治改革，为年轻一代农民工提供合适的参与民主政治的途径，数以亿计的农民工就可能陷入民主政治的真空，这不仅对国家政治文明的健康有序发展不利，而且极有可能成为影响社会和谐发展的重大隐患。因此，农民工现象确实已由改革开放的重大成果快速地转变成了当前中国重大的社会、经济和政治问题，这既是国家发展进步的可喜变化，也是党和政府必须认真考量并积极应对的重大挑战。

郑功成教授指出，农民工问题与“三农”问题密切相关，也是最终解决“三农”问题的关键所在。他分析说，大量农民工流入城市或者进入乡镇企业务工，使得农民工可以摆脱土地的束缚，而劳资关系的确立与延续，又使其可以真正从土地上解放出来，这有利于缓解我国人多地少的矛盾，有利于进一步释放农村劳动力的生产力，有利于向乡村传递城市文明，并为农村土地资源的集约化、规模化经营及农村产业结构的优化升级提供了基本条件，从而必然推动着农村土地制度的新变革和新农村的建设。

郑功成教授认为，中国城市化进程的关键在农民工，工业化进程的关键在农民工，从而中国现代化进程的关键也在农民工。根据他的研究，农民工的流动与大规模化是减少农民和循序渐进地推进中国城市化进程的根本途径，而农民工的非农化及其技能素质的提升又构成了我国走新型工业化道路和转变经济增长方式的必要且基本的条件，这两点恰恰从根本上决定着中国的现代化进程。

郑功成教授的分析结论是：农民工是从经济、社会、政治乃至文化等各个层面连接城乡的纽带，是城乡协调发展与地区协调发展的纽带，抓住了农民工问题就抓住了现阶段中国发展的关键，解决了农民工问题，就是最终解决“三农”问题和加快推进以城市（镇）化、工业化为主要标志的现代化进程的标志。

二、对农民工问题的致因判断

在肯定农民工问题形成的复杂性与多因素综合影响的结果的同时，郑功成教授强调指出，观念偏见、政策歧视与利益冲突是当前导致农民工问题日益严重的主要致因。

首先是观念问题。郑功成教授认为，长期的城乡二元经济社会分割使得作为政策制定者、执行者的城市人形成了根深蒂固的城乡分治观念，这种观念客观上放大并加重了农民工问题的严重性，也是解决农民工问题的最大阻碍因素。他指出，我国现行许多法律制度并未有排斥农民工的规定，当前农民工的许多问题也可以从现行法制中找到平等解决的依据。但由于城乡分割、分治观念或意识的顽固性，管理者乃至一般市民在执法（政策）过程与社会生活中对农民工往往自觉不自觉地带上了歧视与偏见色彩，更对农民工的年轻化与学历提升的事实视而不见。因此，农民工问题首先是城乡分割、分治的意识与观念问题，清楚地认识到这一点，对于解决农民工问题异常重要。

其次是政策性歧视与缺漏。郑功成教授指出，在现行一些法规政策尤其是在一些地方政策中，确实存在着一些仅仅适用于本地户籍居民或明确排斥农民工的规定。如对农民工的就业限制在一些地方仍未全面解除，一些地方将农民工排斥在劳动管理与劳动监察之外，一些地方的教育、社会保障、公共卫生政策等均将农民工排除在外，这种政策歧视与排斥既直接损害了农民工的权益，更助长了损害农民工权益的倾向。同时，在传统户籍制度背景下，一些法规政策有意无意地遗漏了农民工，留下了法规政策规范的真空。因此，集中清理当前法规政策中对农民工的排斥性与歧视性规定，弥补相关法规政策的缺漏，真正建立公平对待农民工的法规政策体系已具有紧迫性。

郑功成教授认为，利益分歧与冲突是导致农民工问题出现乃至恶化的深层次原因。他指出，城市人作为城市发展的既得利益者与农民工作为城市发展的重要贡献者之间的利益分歧是客观存在的，前者有着努力维护自身既得利益不让农民工分享的自利性要求，而后者却不可能一直甘于贡献。在十年前甚至几年前，这种利益冲突之所以不太明显，是因为第一代农民工给自己设定的参照系是自己在农村从事传统农业的经济收益确实不如进城务工，而新一代农民工并未充当过农业劳动者，其设定的参照系通常是同龄的城市劳动者，其对利益分配不公与利益冲突的感觉会相对敏锐，对自身权益受损的不满也会日益加剧，如果不能找到让农民工逐步分享流入地发展成果的办法，农民工与城市人的利益分歧和冲突必将持续激化。因此，农民工问题是城乡户籍居民利益冲突的客观结果，解决农民工问题也需要从缓和乃至化解这种利益冲突入手。

三、解决农民工问题的几条思路

郑功成教授认为，解决农民工问题既需要有针对性地具体问题具体分析并具体解决，更需要有科学合理的宏观思路与长远筹划。为此，郑功成教授首先建议，国家宜按照城市（镇）化、工业化与现代化的思路来解决农民工问题，积极稳妥地加快推进农民工融入城市的步伐。他主张国家应当让有能力成为城市人的农民工首先成为市民。他提出，各地可以设置让农民工成为市民的标准或条件，包括：一是农民工的就业能力，在城市中有稳定的工作岗位；二是农民工与所在城镇的融合程度，即在当地居住一定年限；三是有一定的物质积累，即有能够维持其基本生活的稳定的收入来源。郑功成教授说，设定标准哪怕开始是较高的标准也比没有标准而无所适从要好。这种标准的设定，既是对农民工的正面引导，有利于其提高自身素质，稳定心态，加快融入城市；也有利于城市人做好接纳农民工的心理准备与政策规划。他说："一种标准的确立也意味着一种秩序的建立。"

其次，郑功成教授强调对农民工问题应当有近中长期对应之策，近期对策一定要服从于中期对策，近中期对策一定要服从于长期规划。他认为，农民工问题是当前发展中的现实问题，确实需要有急用的应对之策，但农民工作为与下岗职工有着相似性的一个转型期特有的过渡性群体，即使过渡期可能还需要二十年左右（他估计农民工的过渡期是一代人约 40 年，已过去了 20 年），最终也必然要由流动性强、身份不确定的农民工转变为具有稳定性、身份确定的市民或者农民。因此，解决农民工问题必须统筹考虑并确立近中长期目标，千万要吸取以往一些改革或政策措施由于过度短视而留下的不良后遗症。他主张，近期解决农民工问题的关键在于维护农民工的经济权益与安全权益，包括平等就业权、劳动报酬权、职业安全权、社会保障权、教育培训权、子女教育权与居住权；中长期则应当将确保农民工融入城市、公平分享当地的发展成果及平等参与当地的民主政治为目标，它将同时需要解决城市有序接纳农民工和进一步改革农村承包土地制的问题。

再次，解决农民工问题不能以牺牲城市人或其他社会群体的既有利益作为代价。郑功成教授认为，农民工问题是国家发展中的问题，也只能且应当通过进一步的发展来解决，否则，将遭到强大的城市利益群体的抵制。因此，除必须确立让农民工达到规定的准入条件以直接转变为市民的途径外，还可以通过提高农民工的劳动报酬并赋予其享有相应的教育培训权、社会保障权等来让其逐步分享城市的发展成果。他强调指出，通过提高城市公共资源的利用效率，也是一条可以不损害城市人现有利益而又能够让农民工分享公共资源的有效途径。比如，政府和城市的公共卫生系统、基础教育与职业培训网络、公共就业信息网络和社会服务网络等，均应当平等地向农民工开放，它们都可以在不损害当地人的利益的条件下实现使用效率最大化。

对农民工问题的基本判断[①]

农民工问题是我近几年来非常关注的一个重要领域。记得在2001年1月的一个会上，我就提出解决农民工问题的关键是要让农民工安居乐业，不安定不可能乐业，不安定也不可能真正解决农民工问题，这一观点发表在当时的《中国市场经济报》上，不过，让农民工安居乐业的目标似乎还是遥遥无期。2001年秋我在接受《经济日报》记者采访时，又集中谈了自己对农民工社会保障问题的思考，核心的思想有两点，一是国家应当尽早介入农民工的社会保障制度建设，二是分层分类或者分类分层保障农民工的权益。当时明确提出的思路是：在农民工的社会保障制度建设中，应当遵从工伤保险优先、疾病医疗随后、再建立特殊救助机制和分类考虑农民工的养老保险问题，即首先要按照普遍性原则来确立农民工的工伤保障制度，其次是建立农民工的疾病医疗保障尤其是大病保障机制，再次是建立面向农民工的特殊社会救助机制，对于农民工的养老保险则主张在清除户籍管理等相关政策障碍的同时创造条件采取分类渐进的方式来逐步推广。这些观点不仅已经得到了广泛的认同，而且在近年来国家的有关法规政策及其取向上得到了日益充分的体现。在2003年"非典"期间，我在接受有关媒体采访时，再次明确反对那种认为农民工缺乏社会责任的提法，而是提出让农民工融入城市等主张，现在同样得到了很多人的认同。我相信，这些主张会在未来发展进程中得到验证。

从2005年以来我与香港城市大学黄黎若莲教授共同主持针对深圳、苏州、北京、成都等城市的大规模农民工调研材料的基础上，结合我以往几年的思考，谈谈对农民工问题的一些基本判断，它可以算是我对农民工与农民工问题思考的一个发展。

第一，农民工现象是中国转型期间或者说是中国现阶段社会发展进程中的一种过渡现象，是传统户籍制度、城乡二元经济社会政治分割与市场经济发展与统一劳动力市场及中国现代化发展进程相冲突的产物。虽然这一过渡期可能较长（估计还会持续20年左右），但它与下岗职工现象有相似的一面，都是中国改革发展过程中旧体制与新体制相冲突的结果。在旧体制下没有农民工问

① 本文系作者2006年7月1日上午在"中国农民工问题与社会保护"研讨会上的主题发言摘要。

题，将来完全过渡到新体制或者社会经济完成转型后，农民工作为一个特殊群体也必将分化并归入到市民或者农民群体，其职业身份将由流动的、不稳定的状态转入稳定状态。在此，我特别不赞同那种说农民工将长期存在的提法，我也很担心用这样的观点来作为继续将农民工排斥在城市社会或者相关政策法规之外的依据，因为这样不符合中国的发展取向与发展规律，就像当初有一些人谈下岗职工是一种长期现象一样，都是有意无意地将这样的特殊群体视为另类并排除在正式制度之外。现在解决农民工问题时只见当前不见长远，改革开放前一个时期的一些短视的政策所带来的严重后遗症应当让我们保持警醒。在认识农民工现象时必须保持清醒的头脑，只有这样才能在解决农民工问题时既考虑应急之策，更要着眼于长远发展。我希望农民工现象过渡说能够得到认同，这当然不是说能够一蹴而就地解决农民工问题，而是希望国家在采取针对农民工的相关政策措施时不要偏离了大的方向。

第二，农民工是中国改革开放的重大成果与中国社会发展进步的主要标志。这是我经常讲的一个观点，也是我们今天认识中国农民工问题的一个基本前提，没有这个前提或者不承认这个前提，就无法全面、准确地理解农民工出现的社会进步意义。这种成果与进步标志在于，农民工的出现，不仅直接增加了农民自由择业的机会与权力，极大地拓展了农民的发展空间，直接大幅度地增加了农民的收益，而且改变了数千年来农民对土地的人身依附关系，使亿万农民快捷地接近了现代文明。在农民工出现前，中国历史上何曾有过如此规模的自由流动人口，农民何曾有过大规模离开土地而且生活得更好的年代。我不赞同一说农民工就只提歧视与不公而不将农民工的出现视为中国发展进步的重要象征的观点，因为农民工愿意离开土地而进城市务工或者自主选择非农化职业，这本身即是一种向上与进步，因为人都具有自利的一面，农民工离开土地的最直接的目的就是增加收益、改善生活。从农民工现象也可以验证一个真理，即自由是可贵的，自由的可贵在于可以选择，而选择总是机会的增加与发展空间的扩展。因此，作为长期关注农民工问题的理论工作者，作为长期呼吁平等对待农民工并让农民工融入城市的理论工作者，我将农民工的出现视为农民的又一次解放，也是农村生产力的又一次解放。农民与农村生产力的第一次解放是 20 世纪 80 年代初期的承包责任制的推行，那一次解放的结果是绝大多数农村居民摆脱了挨饿的困境，农民工的出现则使数以亿计的农民工家庭的收入与生活状况得到了极大的改善。将农民工出现视为中国社会发展的巨大进步，符合历史唯物主义与辩证唯物主义，只有理解了农民工的进步意义，才能从更加进步的视角来研究并解决农民工问题，这就是农民工作为一个庞大的群体，只能朝着城市（镇）化、工业化的道路迈进，而不可能是再倒退回农民。如果缺乏正面的认识，就可能做出违背历史潮流的判断与选择。

第三，农民工问题已经成为中国现阶段发展面临的重大社会问题，也是中国现阶段必须正视的经济问题与政治问题。在肯定农民工的出现是中国社会发展进步的事实的同时，我们必须正视现阶段的农民工问题。农民工问题应当是伴随着农民工的出现而产生的，但过去未将其看成是一个严重的社会问题，是因为第一代农民工是具有传统农民固有特征的农民，他们参照的只能是他们在农村劳动与生活的景象，即使在城市受到不公的待遇，但相对于他们长期在农村的生产劳动及低廉的收益而言仍然是得大于失。城乡之间巨大的鸿沟也将农民进城务工视为农民占了城市的便宜而不是利益受损，这当然与城市的渐进发展与财富积累有限相关。而时代发展到现在，农民工问题就不仅仅是一个严重的社会问题，而且扩展成了日益严重的经济问题与政治问题，这种变化是我们应当承认的。当前，政府与学术界均承认农民工问题已经成为中国发展进程中的社会问题，我觉得还要认识到农民工问题同时也是严重的经济问题与政治问题。一方面，农民工长期的超低收入不仅不利于继续改善其自身及其家庭的生活境况，而且是导致2亿农民工及其背后的3亿农民工家属无法提升其购买力的根本原因，众所周知，绝大多数农村居民的现金收入途径日益依赖于外出务工，而务工收入的低廉直接制约着农村购买力，这是我国经济过度依赖对外贸易的重要原因，其直接后果是农村民生问题无法得到持续改善，而外贸风险却在持续上升，因此，从农民工收入低廉导致农村购买力低，进而直接制约着农村消费，再进而制约整个国民经济的良性健康发展，说农民工问题是一个严重的经济问题一点也不过分。另一方面，农民工均是青壮年，如此大规模流动到异地就业，不可避免地改变了原有的乡村政治版图，数以亿计的农民工事实上不可能回乡参加选举，而他们在流入地又无选举权，其民主诉求根本没有合适的途径，如何改造我们的选举制度及其相关的政策规范，让农民工享受方便的相应的政治民主权，很自然地构成了我们国家解决农民工问题必须加以考虑的重大问题。因此，农民工问题绝对不是一个单纯的社会问题，同时也是一个经济问题与政治问题，解决好了农民工问题，同时也解决好了与农民工相关的社会、经济与政治问题，它无疑有利于我们国家更加健康、文明的发展。

第四，农民工问题的复杂性、严重性与现有环境条件，决定了我们国家已经到了应当且可以逐步解决农民工问题的时期。一方面，农民工问题是严重的，这种严重性几乎可以从各个方面找到证据，包括歧视、平等就业、职业安全、社会保障乃至子女教育、发展成果分享、民主权利等等，几乎已经涉及经济、社会、政治与精神文明等诸方面，不解决好农民工的问题，国家的进一步发展无论是经济社会还是政治文明均会遭到极大的阻滞。为什么明明城市对农民工越来越重视，至少就业中的政策歧视在绝大多数地区已经消除，而农民工问题仍然日益严重化，原因是时代发生了变化，农民工群体的结构等也发生了巨大的变化。一方面，是城市财富积累日益丰厚，而作为建设者的农民工分享的仍然只是极少的一部分，社会财富分配向城市居民极端的倾斜，结果必然是社会不公的持续恶化，农民工劳动条件的恶劣乃至于超低的劳动报酬都被拖欠，表明了这种倾斜必须得到纠正；另一方面，在城市财富积累日益丰厚的同时，科学发展观作为国家在新时期发展的指导思想，确立了全面、协调、和谐发展与突出社会公平的取向，换言之，是社会与政治环境发生了向前发展的变化，而农民工维护自身权益的意识也在觉醒。因此，农民工即使现在的境况较以往要好，其遭遇的不公待遇仍然会全面地充分地被暴露出来，并引起整个社会的关注。因此，农民工问题是发展中的问题，农民工问题的严重化并不意味着农民工境遇不如以前，恰恰是中国社会发展进步的表现。需要强调指出的是，随着科学发展观的落实和构建和谐社会战略目标的提出，在国民经济持续高速发展所奠定的日益雄厚的物质基础上，国家已经具备了逐渐解决农民工问题的条件。不过，在解决农民工问题时，我不赞同采取非帕累托最优的方式即以损害城市人或者其他群体的利益为条件，而是主张通过进一步的发展和提高公共资源的利用效率来解决。坚持发展是硬道理，继续保持国民经济持续快速发展，用发展的手段来解决发展中的农民工问题，同时，可以提高城市公共卫生资源、教育资源、培训资源、公共就业服务网络等的利用效率，让农民工合理分享到进一步发展的成果，让农民工平等参与公共资源的分享，这样既可以不损害城市人的既有利益，又能够将农民工问题化解在发展进程中。

第五，中国城市化进程的关键在农民工，中国工业化进程的关键在农民工，从而中国现代化进程的关键也在农民工，这是我近几年来日益清晰的一个观点。一方面，以往 20 多年来的事实表明，农民工的流动与大规模化，是我国城市化或者城镇化进程的根本途径。农民工进城务工，不仅为城镇的发展作出了巨大的贡献，而且在务工中逐渐接受了城市文明，在城市的生活经历又使其更容易融入城市，这种通过劳务输出而渐进地推进城市化或城镇化的进程其实是符合中国的城市化或者城镇化发展规律的，除此之外，我们还不可能找到其他更好的方式与途径。另一方面，农民工的非农化或者产业工人化及其素质的提升又是我国工业化进程及其升级的基本条件，统计资料表明，农民工事实上已经成为当今中国产业工人的主体，尤其是采矿行业、建筑行业、城市饮食服务行业，更是农民工为主体的行业，而在中国劳动力资源非常丰富的条件下，高新技术产业立国虽然可以作为国家发展的方向却不可能在短期内变成现实，现实的可能只能是制造业立国，而中国要想在世界市场上占据有利的地位，必须促使制造业升级，这又取决于劳动者素质的提升，我们不能指望着农民工丢掉锄头就能够变成高素质的工业劳动者。因此，是农民工促使中国成为制造业大国，也将由农民工素质的提高来造就中国的制造业强国地位。一个城市化或者城镇化，一个工业化或者不断升级的工业化，这两点又从根本上决定着中国的现代化进程。因此，解决好了农民工的问题，便解决了中国现代化进程中的关键问题。国家宜将农民工问题放在城市化、工业化及现代化进程中加以考量，并按照城市化、工业化、现代化的思路来调整现有政策及法制。有鉴于此，在解决农民工问题时就不能短视。以农民工培训为例，如果不能让农民工安居乐业，农民工的培训效果就可能大打折扣，因为一个流动状态的农民工接受任何技能培训都将是临时的、不确定的，这种状态不仅会让农民工接受技能培训的积极性与主动性受挫，而且将使技能培训流于形式，如果能够让农民工安居乐业，农民工的培训才可能取得真正的成效，农民工的素质才可能获得真正的提升，国家发展的利益才可能切实得到维护。

第六，农民工问题正在发展中发生质的变化。在讨论及解决农民工问题时，必须充分了解并把握这种变化。这种变化包括：农民工正在完成代际转换，农民工的公平意识、平等意识、维权意识乃至民主意识等均在持续快速强化，农民工的要求在全面升级，这既是中国社会发展进步的表现，也是国家解决农民工问题必须应对的挑战。根据我们对深圳、北京、成都、苏州等地的大规模调查，发现农民工平均年龄只有28.6岁，其中：30岁以下的农民工占66.7%，25岁以下的占到了45.5%，这意味着改革开放后出生的农民工已成为这一群体的主体；与年轻化相适应，农民工的文化程度也大幅提升，高中及以上文化程度的农民工已占到40%并呈快速上升态势。在农民工年轻化与受教育程度快速提升的背景下，农民工问题亦具有了更为复杂的致因与不确定的后果，而随着时代发展与社会进步，农民工在城市遭遇的政策歧视、社会排斥及各种权益受损的局面，较以往更容易引起显性的群体利益冲突与社会对抗，从而表明这一问题正在由农民工的个体及局部问题转变，如果采取的措施跟不上这种变化，法制与政策的滞后性将不利于解决农民工问题。面对农民工的代际转换，那种仍然将农民工视为天经地义的农民的观点是完全站不住脚的，这种观点只会误导政策走向，并使农民工问题更加复杂化。

第七，近期解决农民工问题的关键在于维护农民工的基本权益。基于农民工是一个较长时期内的过渡现象，国家在解决农民工问题时就需要近期、中期与长期对策统筹考虑。我认为，近期需要重点关注的应当是农民工的经济权与生命健康权，这两个是最基本的也是最重要的权益。它包括落实农民工的平等就业权、合理的劳动报酬权、职业安全权、社会保障权、教育培训权、子女教育权与居住权等。换言之，是既要保障农民工的经济权益又要保障农民工生命健康权益，这就需要真正以平等意识来调整、完善现有法制与政策体系，必要的还要制定新的法律与法规政策，确保农民工这些基本权益得到维护。如迅速取消对农民工就业的各种政策限制，让农民工获得合理的工资报酬并且确保这种报酬符合分配正义的原则，健全劳动保护机制与劳动监察、安全监管措施来确保农民工的生命与健康权益不受损害，通过将农民工强制性地纳入工伤保险和建立相应的医疗保障、特殊救助机制以及分类建立相应的养老保险制度等来让农民工享受社会保障权益，开放城市教育培训系统并推进专门针对农民工的教育培训工程以提升农民工的技能与素质，落实义务教育法以确保农民工的子女能够在流入地享受平等的义务教育机会，推进农民工居住工程的建设，按照人性化的标准来改善农民工的居住条件等，均应当成为现阶段解决农民工问题的重点领域。

第八，中长期需要解决的问题则是确保让农民工平等融入城市、合理分享流入地发展成果和享有充分的民主权利等问题，它将需要同时解决城市如何接纳农民工和进一步改革农村现行的承包式土地制度的问题。从中长期角度出发，发展目标应当是让有能力且愿意留在城镇的农民工正式融入城市（镇），完全平等地分享城镇的公共资源与一切发展成果，并享有平等的政治民主权力，即农民工市民化，它虽然是一个渐进的过程，但现在就应当确定相应的准入标准，如规定农民工在流入地居住一定年限、有稳定的住所、有较稳定的收益就可以成为当地的正式居民，初期的标准可以定高一点，但有标准一定比没有标准要好，因为标准能够引导农民工向上发展，并可以有计划地发展。即使是不愿意或者无能力在城市长期生活的农民工，也应当保障其与城市工人同工同酬，平等与公平应当成为国家和社会解决农民工问题的基本取向与检验标志。与此同时，在解决了农民工融入城市或者城镇的问题时，还必须同步改造农村现有的土地承包责任制，即农村土地制度改革必须与农民工大规模正式融入城市或城镇同步，否则，农民工不可能真正融入城市（其拥有土地仍然会成为其成为市民的巨大障碍），农民也不可能真正减少，农村土地更难以适应农业发展的需要而走向规模化、集约化经营。因此，从长期目标出发，解决农民工问题必须同时从城乡两个方面入手。

第九，在解决农民工问题时，需要多管齐下。我在前面已经述及，农民工问题是一个复杂的社会问题、经济问题与政治问题，解决农民工问题不可能通过采取单一政策措施而奏效，而应当是多管齐下。例如，立法机关需要承担起制定与完善相关法制的责任，包括修订旧法、制定新法，确保农民工的经济、社会、政治权益有明确的法律依据与切实的法律保障；政府需要承担起确保平等对待农民工的各项法制及政策得到落实的责任，通过法律赋予的行政权力来纠正损害农民工权益的现象，同时还应当制定解决农民工问题的长远规划，真正按照城市化或者城镇化、工业化、现代化的思路来提出农民工问题的解决思路与科学合理的方案，并负责付诸实施；司法机关需要利用司法权威来维护农民工的合法权益并制裁那些损害农民工权益的违法者；社会则需要进一步开放与包容，农民工自身亦需要有长远的发展规划。当然，政府的责任无疑是最大的，因为法制的实施需要政府，农民工融入城市需要政府来推进。

第十，农民工问题解决的好坏与快慢，不仅决定了我们国家解决“三农”问题的进程，而且决定了我们国家协调、健康、文明发展的进程与现代化进程。这是我对农民工问题的一个总的判断，算是对上述判断的一个总的概括。

我们需要健康的劳务经济[①]

借这个机会，我想就劳务经济问题和大家交换五个方面的看法。

第一个方面是对劳务经济这个概念的认识。我觉得这次劳务经济论坛是在时代变革的大背景下，研究和促进城乡之间良性互动、地区之间统筹协调发展和促进乡村就业的一次十分有意义的会议。我认为，劳务经济是一个有着鲜明时代色彩的过渡性概念，与已经成熟的劳动经济相比，劳务经济可以说是伴随着我们国家农民工的出现而出现的，所以它有着显著的中国特色和鲜明的时代色彩，其含义通俗地讲就是当地人基于经济收益的目的，通过劳务输出的方式赚外地人的钱，是农村通过劳务输出的方式赚城市的钱，还是欠发达或者落后地区通过劳务输出的方式赚发达地区或者工业化发展进程快的地区的钱，所以，劳务经济是跟中国的乡村、跟中国的农民、跟中国欠发达或者落后地区有着内在关联的不可分割的一个概念，其实质上是在改革开放背景下乡村劳动者自由流动和传统户籍制度刚性约束相冲突的一个产物。如果劳动者是可以自由迁徙的，就无所谓我们今天所讨论的劳务经济，在劳动力市场真正统一和城乡真正一体化的条件下也不存在今天所论的劳务经济的问题。因此，劳务经济的核心是与农民工直接相关的，劳务经济的主体是农民工，农民工在开始摆脱对土地的依附的同时又带着传统户籍制度的束缚的流动，是基于经济的目的，所以劳务经济是与乡村、农民、欠发达或落后地区相关联的概念，农民工是劳务经济的创造者，当然也应当是劳务经济成果的享有者，讨论劳务经济也就必然要以农民工为核心。我强调这样一个观点，就是因为劳务经济是乡村劳动者的自由流动和当前户籍制度的刚性约束相冲突的产物，这只是为了指出这一新的概念是有特定的时代背景的。它是对中国现实社会市场经济要求统一劳动力市场和计划经济时代城乡社会二元结构、地区相互分割且不协调的一种特殊经济现象的客观描绘。从我个人的观点来看，劳务经济概念在中国只是一个过渡性词汇，但它确实是一个值得高度重视的经济现象，其意义就像我过去所讲的下岗职工这一过渡词汇一样，且更加重要、更加复杂，也将持续的更久。

---

① 本文系作者据2005年9月8日上午在中国（宁夏）劳务经济论坛上的发言录音整理，经作者审阅。《人民政协报》曾于2006年3月7日摘要发表其中观点。

第二个方面是我主张正确认识现阶段的劳务经济。我的看法是既要看到劳务经济发展的成果，也要看到劳务经济的不足。劳务经济的发展确实给农民工及其家庭、农民工的输出地带来了实惠和收益，它对于消化乡村过剩的劳动力资源，满足工业化快速发展地区的需要，促进乡村劳动者的就业以及逐步缓和落后地区的贫困局面，毫无疑问贡献巨大，就像农民工的出现是我们国家改革开放的重要成果和中国经济社会发展进步的重要标志一样，对劳务经济，我觉得也可以做这样的评价，它至少体现出了农民对土地的依附关系已经被打破，农民自由择业的权利和个人发展的空间在持续的扩张，直接的经济收益也在增长，因此不难理解广大乡村尤其是欠发达地区已经将劳务经济看成是当地重要经济增长点乃至重要的经济支柱，有些地方确确实实是因为劳务经济的发展改变了面貌。然而，在肯定农民工出现的进步性和劳务经济发展的意义的同时，还应当看到农民工在城市及外地遭遇到的不公待遇或者普遍存在权益受损的现象，我觉得对现在的劳务经济还不能评价过高，因为劳务经济客观上还处在一个非正常、非健康的状态。首先，比方说它的低质量、低效益，就是讲劳务经济的技术含量是比较低的；它的欠公正、缺乏共享，就是在输入地创造财富但不能公平地参与经济成果的分配；它还缺乏有效的组织，也欠规范，就是劳务经济主体——农民工的输出还缺乏组织性，这样不利于维护其权益，劳务经济的运行过程更缺乏规范，所以造成了严重的分配失衡格局。由于劳务经济的主体——农民工的素质偏低，缺乏组织性，其利益就很容易受损，乃至在输出劳务的一方与资本所有者之间、劳务输出地和劳务输入地之间，力量对比是失衡的，利益分配格局也是失衡的。农民工利益受损的现象即是劳务经济非正常、非健康的表现形态，虽然我们国家确实是劳动力资源过剩，但劳动力资源过剩并不意味着可以不要法制底线与道德底线。农民工工资被拖欠，农民工缺乏必要的劳动保护，农民工缺乏社会保障，等等，这已经不是劳动力严重过剩的简单问题，而是冲破了我们国家现行法制的底线，冲破了中国社会发展进程中的道德底线的问题。谁来维护这个底线，我认为一靠进一步完善法制，二靠我们的政府真正扮演好维护社会公平正义的裁判角色。

第三个方面是主张政府要帮助农民工，促使劳务经济得到健康发展。农民工的现象不是短期内可以消失的，劳务经济的经济形态也就不是短期内可能消失的，而是将伴随着我们国家的工业化、城镇化与现代化进程，它们将持续发展若干年，长则五十年，短则三十年，总之是一个较长的时期。既然劳务经济将是一个较长时期内的经济现象或者经济形态，就有必要研究其现实中的问题，认识其发展进化的规律，并采取相应的措施来确保其健康发展。在这方面，我认为政府应当帮助农民工，主张劳务输出的地方应该有组织的促进输出劳动力的务工，即应当将农民工组织起来，同时大规模的培训农民工，提高农民工素质。培训农民工千万不能片面地理解成只是对农民有益的事情，这种观点是非常狭隘的观点，我认为培训农民工的实质是提高我们国家的劳动者尤其是工业劳动者的素质，进而提升我们国家的核心竞争力，政府在培训农民工和帮助农民工有组织地外出务工方面显然是责无旁贷。我非常不赞成劳工成本低是我们国家比较优势的理论，我批判过这样的观点，因为在世界上没有哪一个真正的强国是劳工成本低的，世界上真正的强国都是劳工成本很高的国家，劳工成本高的背后有一个逻辑链，就是人力资本投资高，劳动者的素质高，生产出来的产品技术含量很高，这才是一个国家的核心竞争力。我们现在到了这样的一个时期，不能指望农民把锄头扔掉就变成高素质的工业劳动者，所以，培训农民工就是提高我们国家劳动者队伍的整体素质，就是提高我们国家产品的技术含量，就等于在提高我们国家的核心竞争力，这是中国走向强国的必由之路。

在培训方面，我感觉政府毫无疑问应当承担主导责任，因为农民工素质的提高虽然与农民工自己的利益直接相关，但同时也跟国家的核心利益紧密的联系在一起。在政府承担培训农民工责任方面，我认为输出地的政府和输入地的政府的责任是并重的，在劳务输出的初期，恐怕输出地政府的责任更大，输出之后则输入地的政府责任更大，中央政府毫无疑问应该起统筹、协调的作用，中央财政应该有专门的投入，这笔专门投入应该是投向劳务输出地的，不可能是劳务输入地的。如果政府在培训农民工方面卓有成效，再加上有组织地输出农民工，劳务经济一定能够获得持续健康的发展。

第四个方面是主张应当确保农民工公平、合理地分享到输入地经济发展的成果。每一个城市都承认农民工的贡献，但农民工是否真正公平、合理地分享到了输入地的经济发展成果，我想大家都有一个并无分歧的看法。如何来分享经济发展的成果，就是要提高农民工的劳动成本，这个劳动成本不仅表现在工资提高，还应当体现在劳动时间、劳动保护、社会保障、职业福利等方面。改革开放以来，在我们国家，劳动者的劳动所得在GDP结构中是持续下降的，我用国家统计局的数字计算过，在1989年的时候，职工工资总额要占GDP的15.7%，到1997年下降到12%多，近几年还在小幅下降，为什么领工资的人越来越多，工资总额占GDP的份额却在相对下降，这反映了劳工的经济地位在持续下降，其带来的连锁效应必然是农民工乃至劳动者的社会地位、政治地位的下降。这也是中国目前在某种程度上出现某些不正常现象的根本原因，所以，我认为应当提高劳动者的工资尤其是农民工的工资，同时更要在工资之外维护劳动者的社会保障与职业福利等权益，确保农民工公平、合理地分享到输入地的经济发展成果。

第五个方面是健康的劳务经济还需要进一步解决好“三农”问题，推进城乡地区之间的良性互动。2005 年有个别地方出现"民工荒"的问题，按照我的调查与观察，局部地方出现的"民工荒"现象，既有这些地方一些企业对农民工苛刻过分的原因，也与中央政府近年来着力解决"三农"问题并初见成效有关。"民工荒"现象的出现并不意味着中国劳动力供求关系近年发生了重大改变，而是城乡之间因"三农"问题得到一点缓解，可以看成是城乡之间开始出现良性互动的一种迹象。如果"三农"问题解决不好，农民工的收入仍然长期偏低，我们的政府依然把劳务输出当作当地经济增长的主要依靠，这可能产生一种错误的导向，即农民工受歧视的地位不会改变，劳务经济的非正常状态也就不会改变。因此，是中央的"三农"政策使农民的种地收获有了提高，这就使农民工在选择留在家里种地还是选择在外地务工时，有了选择的机会，对输入地及雇主也就有了更多的挑选余地。如果没有中央政府对"三农"问题的高度重视与投入，"民工荒"的现象还不可能出现，农民工的待遇还不可能得到改善，劳务经济也将仍然是一种缺乏分配正义的经济现象。因此，我认为劳务经济的健康发展，还要进一步重视"三农"问题，解决"三农"问题，使农民种地有更好的收益，这是城乡之间良性互动和劳务经济健康发展的重要基础。

总的来讲，研究劳务经济，我主张认识其特殊性、时代性，要立足于提升劳务经济的质量与效益，促进其健康发展，以便与我们构建和谐社会相适应。基本前提就是要让农民工享受平等待遇，让农民工平等地融入城市。健康的劳务经济将是我们这个时代由失范走向规范，由失衡走向平衡，由追求片面的、单方面的效率走向追求公平、正义、共享的一个很重要的标志。我们急切需要树立这样的认识，即健康的劳务经济不仅使农民受益、农村受益、欠发达或贫困地区受益，而且是城乡之间良性互动、地区统筹协调发展以及公平、正义、共享等新时代的核心价值追求的实现途径和必由之路。我主张，让农民工融入城市，发展健康的劳务经济。

农民工的工资拖欠与综合治理[①]

在讨论农民工问题时，我一直强调三句话，第一句是农民工的出现是中国改革开放的重要成果和社会发展进步的重要标志，因为农民工的出现意味着农民再次获得了"解放"，它不仅使农民能够摆脱对土地的依附关系，而且获得了择业自主权（尽管这种自主权仍然有限）和收益增加实惠；第二句是农民工确实遭受着许多不平等的待遇，拖欠农民工工资现象作为农民工受到不合理、不合法待遇的一个方面，揭示出了农民工权益遭受损害的严重性与普遍性；第三句是目前已经到了应当维护农民工正当权益的时候了，因为中国已经进入到了一个全面发展、协调发展的时代，亦具备了可以考虑社会公平、文明进步的物质基础。因此，当前讨论农民工工资拖欠问题及农民工的其他正当权益诉求时，其意义并不仅仅限于农民工群体，它代表的是中国社会经济发展的整体利益取向。

造成拖欠农民工工资现象的原因是多方面的，但拖欠农民工工资的现象发展到如此普遍、如此严重的程度，则暴露出了现阶段社会对农民工正当权益的漠视和政府对农民工正当劳动权益维护的缺失。而要真正解决拖欠农民工工资的问题，我认为不是某一项政策或一次运动就可以解决的，而是需要将长久的治本之策与应急性的治标之策有机结合，采取多管齐下的对策。

第一，必须彻底变革视农民工为农民的传统观念。在传统观念中，农民工被等同于农民，农民工进城务工被当成是城市对农民的恩赐，一些研究者、政策制定者始终抱着农民工最终仍将回到土地上去的思维定势，将农民工外出务工视为农业社会中的自然经济式个体劳务活动，甚至在潜意识中将牺牲农民工利益视为中国经济发展和保持国际竞争力的"比较优势"，进而漠视农民工应当获取的与城市劳动者一样的平等就业权、劳动报酬权、劳动保护权、社会保障权甚至农民工的生命与健康权等，在这种观念与思维定势的影响下，政府有关部门也长期未将与农民工劳动相关的权益纳入到自己的监督管理职责范畴，有的地方政府或其职能部门甚至还扮演着与不法雇主相互勾结共同损害农民工权益的不光彩角色。然而，农民工成为产业工人不仅已经是一个无可争辩的客

① 原载《中国党政干部论坛》2004年第5期。

观事实，而且也是中国向工业社会迈进和实现可持续发展的客观需要。有鉴于此，将农民工真正作为产业工人来看待，从解决拖欠农民工工资问题入手，真正赋予农民工与城镇劳动者同样的劳动权益，应当成为中国现阶段发展进程中的基本价值取向，为此，无论是政策制定者还是城镇居民，均需要摒弃既得利益者的心态，代之以与现代社会发展进程相吻合的公平理念。因此，我认为要真正解决拖欠农民工的工资问题以及维护农民工其他正当权益，必须首先对传统观念与既定思维方式进行彻底革命。

第二，必须进一步完善我国的劳动法制。对农民工工资被拖欠的问题，既不是无法可依，也不是法制完备。一方面，1995 年颁布的《劳动法》不是只面向城镇劳动者的城镇劳动法，而是面向包括农民工在内的所有劳动者的国家法律，它虽然在实践中被操作成了城镇劳动法，但法律确实为政府行使对农民工的劳动进行管理和维护农民工正当权益的职权提供了基本的法律依据，拖欠农民工工资现象的普遍化，客观上是一种违反劳动法的严重的违法现象。另一方面，农民工的劳务活动往往具有流动性强的特点，尤其是雇主与农民工的劳动关系大多没有依法建立（规范的劳动合同制），这对于解决拖欠农民工工资问题确实增加了复杂性与难度，而目前的《劳动法》在这方面的可操作性比较差，亦未确定相应的处罚机制，法律的缺陷构成了农民工权益受损的一个重要因素。当然，对《劳动法》的修订是一件很严肃、很慎重的事情，但国家可以制定相应的政策来为处罚拖欠工资行为提供具体的规范与依据。需要指出的是，我不赞成制定专门的所谓《农民工权益保障法》，因为农民工只是一个过渡性群体，而不是中国社会结构中的长期稳定性群体，农民工中的绝大多数必然成为产业工人与市民，他们所从事的劳动与城镇产业工人并无二致，他们应当享有的是平等的劳动就业权及相关权益，而不是另外的一套标准，因此，我国目前需要的是在现行劳动法制的基础上加以完善。

第三，必须强化政府的监管职责。造成农民工工资被大范围拖欠的重要原因之一，是政府有关主管部门疏于监管或者未恪尽职守，因此，必须强化政府的责任。在这方面，各级政府尤其应当树立正确的政绩观，不能在资金不能到位的条件下上马政绩工程；劳动保障部门作为主管部门更应当在维护平等劳动关系方面恪尽职守，对失范的劳动关系甚至是生死合同要坚决进行干预而不能熟视无睹，对拖欠工资的现象应当坚决按照有关法律、法规、政策的规定进行处罚；建设部门则有责任驱除“黑白合同”，保证建筑主和施工单位之间的平等关系，从而消除拖欠农民工工资的源头。需要指出的是，目前有些政府部门未能尽职，既有主观原因也有机构不足、人员不够等客观原因，如劳动部门要对数以亿计规模的劳动力市场进行监管必然需要一支庞大的监管队伍，但现在普遍人手不够。比如广东东莞市，劳动部门负责劳动监察的只有十几个人，而外来务工人员却达到500多万人，怎么可能管得过来呢？要解决这个问题，首要的是要讨论清楚“小政府、大社会”这个概念。从国外的经验来看，在市场经济条件下，政府的公共管理部门尤其是劳动就业、社会保障部门是应该壮大的，这些部门在我国本来就较薄弱，市场经济条件下更应该大大加强。然而，有些地方政府裁员却一刀切，甚至有的地方不裁别的部门，反而把维护公众利益的执法部门裁减，这显然与市场经济体制的要求是不相吻合的，应该大幅裁减的是计划经济条件下形成的影响市场机制发挥正常作用的管理部门，而需要强化机构队伍建设的则是负责劳动就业、社会保障等公共事务的部门。同时，还应当赋予劳动管理部门相应的权力与权威。只有建设好一支劳动管理队伍并赋予他们相应的责任与权力，侵害农民工权益的现象就会大幅度降下来。

第四，应当强化新闻媒体的监督。在现代社会尤其是在市场经济条件下，新闻媒体的作用是强大的，从对广西南丹矿难的揭露，到许多农民工权益受损个案的披露，客观地显示了新闻传媒在维护农民工权益方面的重要作用，有时候甚至比政府主管部门所起的作用还要大。因此，新闻媒体在维护包括农民工在内的困难群体利益方面的功能不可替代，还需要进一步得到强化。不过，对新闻传媒亦需要引导，如有关报刊曾对农民工因领不到工资无法回家被迫跳楼的现象，发表所谓“跳楼秀”的文章就是一种不负责任的表现。

第五，应当引导农民工自己维权。现代社会的发展进程表明，权益不是别人恩赐的结果，而是首先来源于有着共同利益群体的主动与积极诉求。政府虽然有着维护农民工权益的天然职责，但不能也不应当包办农民工的权益问题；同时，也不要指望某一个农民工通过告状要回了自己的工资或者某种权益得到法律保护，这只能解决个别问题，群体利益需要组织来维护。因此，有必要强化宣传，引导农民工自己组织或参与工会团体，在增强农民工自己维权的同时推进有组织的维权，只有通过有组织的维权，才能形成真正的社会压力，并使劳动者与雇主之间的劳动关系由强资本弱劳工格局逐步趋向合理与平等。

第六，应当倡导企业与雇主承担相应的社会责任。市场经济不是自私经济，也不是只求利己的经济，而是法制经济、诚信经济，甚至正在向道德经济、人道经济、文明经济迈进。我国个别地区的一些企业因严重侵害劳动者（农民工）权益而被认定为不人道企业并导致外国进口商停止进口合同的事实，表明了增强企业与雇主的社会责任不仅有必要，而且具有紧迫性。因此，中国应当掀起企业与雇主的社会责任运动，倡导企业与雇主理性经营和人道管理，至少应当恪守合法经营的道德底线，严格自律，把企业的兴旺发达建立在平等对待其他企业以及普通工人的基础之上。只要企业与雇主具有社会责任感并自觉担负起这种责任，拖欠农民工工资以及其他侵权现象就会从根本上得到治理。

总之，解决拖欠农民工工资问题是一个需要多管齐下的系统工程，但无论如何艰难，也必须尽快消除这种侵害农民工基本权益的现象。中国已经进入了一个以人为本、执政为民的新发展时代，全面、协调发展已经成为中国发展的主基调，而解决拖欠农民工工资问题及维护农民工正当权益，将是检验执政为民和科学发展观的落实程度以及推动中国社会文明进步的重要标志。

农民工的权益与社会保障①

农民工是改革开放以来中国工业化进程加快和传统户籍制度继续阻滞劳动者自由迁徙与职业选择的背景下出现的一个特殊群体，这一群体的大规模化，不仅标志着中国工业化与城市化发展的客观进程，而且很自然地产生了相应的社会保障权益诉求。对这一群体的长期忽略，是中国社会保障制度建设与发展中的显著不足，并正在累积着重大的社会风险隐患，因此，应当避免陷入认识误区，尽快按照分类分层的指导思想，解决农民工的社会保障问题。

一、农民工与农民工群体的特殊性

农民工是指具有农村户口身份却在城镇务工的劳动者，是中国传统户籍制度下的一种特殊身份标识，是中国工业化进程加快和传统户籍制度严重冲突所产生的客观结果。据农业部统计，2001 年中国有 7800 万农村劳动力外出打工，同比增长 5%，占农村劳动力总数的 16.3%；同年全国农民人均纯收入增长 4%，扭转了自 1996 年以来连续 4 年增幅下降的趋势，实现了恢复性增长，其中农民外出打工增收达 1 个百分点以上；在农民工外出打工所从事的职业中，80%的人选择从事工业、建筑业、餐饮业和服务业。② 这一组资料至少透露出如下信息：一是近 8000 万具有农村居民身份却又在城市务工的劳动者，加上其携带的家属，总人数可能接近 1 亿人口，这表明农民工事实上已经成为一个不容忽略的规模巨大的特殊社会群体，并必然导致相应的社会后果与政治后果；二是这一群体作为国家经济改革政策的直接受益者，同时也是国家经济发展尤其是城市经济发展的直接贡献者，并在受益与贡献中提升着自己的生活水平；三是这一群体将不可避免地对中国现行的社会保障政策与户口政策等产生巨大的冲击，因为融入主流社会生活和希望得到相应的社会保护正在成为越来越多的农民工的共同追求。

作为一个特殊群体，农民工的出现并迅速走向大规模化，是中国经济社会

① 原载《中国党政干部论坛》2002 年第 8 期。

② 参见《2001 年 16.3%的农村劳动力外出打工》，《光明日报》2002 年 2 月 28 日。

持续发展进步的一个非常重要的标志，它揭示着农村劳动者从缺乏自由的封闭状态下获得了解放，自由流动和自主择业不仅使农村居民的劳动就业权与生活意愿得到了尊重，更使其收益得到大幅度提升，进而使其生活境况不断得到改善；同时，进城务工的农村劳动者之所以被称为农民工，则是他们在现行制度框架下不能取得与拥有城镇户口身份的劳动者平等地位并享受相应权益的标记，它揭示着传统户籍制度及附加在这种制度之上的其他相关政策所具有的非公平性乃至歧视性，尽管这种非公平性是计划经济时代典型的二元社会经济结构的一种延续，但在市场经济条件下却显得格外引人注目。农民工有别于中国传统城镇劳动者的地方在于农村户口，这种传统的身份阻碍着农民工真正融入城镇社会和工业劳动者群体，并被面向拥有城镇居民的相关制度（主要包括社会保障制度等）所排斥；农民工有别于中国传统农业劳动者的地方在于离开土地甚至居住地而在城镇从事着非农产业，其直接后果便是在获得高于传统农业收入的同时，亦形成了与传统的、真正的农民群体日益加深的隔阂。因此，农民工事实上处于游离或边缘状态，既非传统意义上的城镇居民、亦非传统意义上的农村居民。

综上，在中国现阶段，农民工队伍规模庞大、身份特殊、地位尴尬、流动性强、未来发展的不确定性明显，是必须给予高度重视和关注的社会群体。

二、农民工的社会保障诉求与当前的认识误区

在对待农民工方面，政府过去更多的是从维护城镇居民的利益出发，既不得不承认农民工在城市发展中不可替代的客观作用，又将农民工视为不安定因素，实施的主要是管治、限制、防范为主的政策，这种消极的政策取向，显然无法将农民工与中国城市化、工业化发展道路合理地、有机地结合起来，最终结果是在农民工被边缘化的同时，农民工的个人风险也在不断累积并必然演变成社会风险，进而可能对中国经济社会的健康、持续发展造成巨大的负面影响。

一方面，农民工在城镇就业与生活，大多会遭遇到城镇居民可能遭遇的各种生活风险，如工伤事故风险、疾病风险、失业风险、其他意外生活风险以及生活贫困等，农民工遭遇上述风险的普遍性正在成为现阶段新的社会问题与社会风险累积的有利生成条件；另一方面，因户籍制度的制约，农民工处于被边缘化的境地，他们遭遇的上述风险只能依靠自己去解决，国家既没有相应的制度安排来提供援助，也缺乏必要的途径来化解。近几年不断增长的农民工工伤事件（许多甚至是恶性事件）和理论学术界将农民工视为社会困难群体的事实，反映了农民工对社会保障权益的诉求不仅是客观的，而且正当的、迫

切的。

在承认农民工的群体性、特殊性和社会保障诉求的同时，我认为有必要澄清一些思想认识误区。

第一，不能把农民工简单地等同于农民。农民是一种职业，而不是一种固定不变的身份标记，中国的农民自改革开放以来已经被分化，农民工即是被分化出来的一部分非农职业劳动者。目前中国城镇化水平仅为32%，离中等发达国家49%的比率还相差甚远，在制定“十五”计划时，有关专家即测算过农村绝对过剩的劳动力至少有1.5亿人，① 这决定了农村劳动者的大规模非农化是一条必由之路；而在有关农民工的一项调查活动中，农民工即使在城市处于失业状态，也只有14.6%的人愿意回到家乡去。② 可见，农民工中的绝大多数并不愿意回到农民队伍中去，尤其是年轻的农民工更是从思想到技能均脱离农民的职业更远。因此，那种认为农民工在城市找不到工作时便可以再回到乡村的观点，并不符合绝大多数农民工的意愿及现实选择。有鉴于此，尽管并不排除部分农民工仍然会回到乡村从事传统或现代农业生产，但可以断定农民工中的绝大多数客观上已经走上了非农化、城镇化的道路，并必然会因各种生活风险的客观存在和平等意识的觉醒而提出相应的社会保障诉求。

第二，不能以政府对农村居民没有承诺为借口来拒绝建立相应的社会保障制度。有一种流行观点是中国政府以往并未承诺过解决农民的养老、疾病医疗等问题，农民工仍然是农民身份，因而同样可以不予考虑。然而，现代社会保障既不再是传统的恩赐式官办慈善事业，也不是以契约为基础，而是建立在社会发展进步和社会公平的基础之上，是基于人们对平等、幸福、和谐生活的追求和保障全体国民共享经济社会发展成果的正义举措。③ 就像城市居民一样，在1951年建立面向城镇劳动者的劳动保险制度前，也不存在政府事先的承诺或契约责任问题，但它却成了社会主义中国发展进步的重要标志。因此，社会保障制度的确立在本质上并非是政府承担已有的承诺，而是在社会经济发展进程中确保每一个国民均能够免除生存危机的必须举措，政府有义务根据国家财力和社会发展水平来推进社会保障制度建设，却不能将社会保障视为“包袱”，因为保障民生是政府的当然责任，也是政府赖以存在的基础。

第三，不能对土地的生活保障功能估计过高。根据现行政策，农村土地的所有权并不属农户所有，农民也没有自由转让土地的权利，加之土地的数量有限、种地成本不断上升，而农产品的价格随着国际农产品市场的冲击还可能下

① 参见《农转非任务艰巨：我国农村剩余劳动力超过1.5亿》，《北京晚报》2001年3月12日。

② 参见李强：《民工无保障，市民不安全》，《改革内参》2001年第3期。

③ 参见郑功成：《从慈悲到正义之路——社会保障的发展》，《社会保障制度》2002年第7期。

降，单纯依靠有限的土地越来越难以维持农村居民的生计，一些农民情愿抛荒土地或者无偿转让他人耕种也要外出打工，充分表明了土地的生活保障功能早已不能与改革开放初期相提并论；同时，农村还需要继续深化改革，一个必然的趋势将是通过土地的相对集中来实现农业规模经营与规模效益。因此，土地提供生活保障的可靠性在持续下降，再以传统眼光来看待农民或农民工与土地的关系，将土地承包视为可以保障农村居民基本生活（包括养老、疾病医疗等等）的制度安排或者用它来替代农村居民（包括农民工）的社会保障制度，显然是不切实际的。

第四，不能过分强调财力不足和过高估计农民工社会保障制度建设的代价。有人认为政府承担的城镇居民社会保障负担已经异常繁重，对农民工的社会保障无力承受。这种单纯从经济视角来看待农民工社会保障问题的观点，显然违背了一个基本常识，即中国政府是全民政府而不只是市民政府，城镇社会保障负担繁重并不构成不建立农民工社会保障制度的正当理由；况且，中国经济持续高速增长了 20 年，国家财政收入更是从 1990 年的 2937 亿元增长到 2000 年的 13380 亿元，[①] 2001 年又增长到 15700 亿元，2002 年上半年已达 8600 多亿元。[②] 国家财力的快速增长表明政府承受能力在增强，以财力不足作为不考虑农民与农民工的社会保障的理由越来越不充分。同时，对农民工的社会保障代价估计过高也是一个误区，虽然政府承担相应的财政责任是必要的，但主要责任却可以通过制度设计和现实政策的引导来调动雇主和农民工分担责任的积极性，还可以动员社会资源。如工伤社会保险制度在各国均是雇主责任，并不需要政府付出专门代价，但却是农民工迫切需要的一种保障机制。

第五，不能忽略农村居民日益增长的社会保障需求。以农村居民的养老为例，2000 年中国农村（包括农民工在内）的总人口为 8.33 亿人，其中 65 岁及以上的老年人占 7.36%，而城镇的同一指标才达到 6.29%，它表明农村的人口老龄化程度较城镇还高；据预测，到 2030 年时，6.64 亿农村人口中的 65 岁及以上的老年人口比重将达到 17.39%，而城镇的同一指标为 13.1%。[③] 在人口老龄化加剧的同时，农村的家庭保障功能也因家庭规模的小型化和子女外出务工而持续削弱。如果不看到这样一种事实，不及早进行养老保险的制度安排，必将埋下重大的社会隐患。

---

① 参见国家统计局：《中国统计摘要》（2001），中国统计出版社 2001 年版，第 63 页。

② 财政部综合司提供。

③ 参见严厉文：《谁为 21 世纪农民养老》，《经济工作导刊》2001 年 2—3 期。

三、政府的责任：分类分层保障农民工的权益

在讨论政府对农民工的社会保障责任时，有必要实事求是地进行制度安排。就像中国整个社会保障制度不可能与所谓的"国际惯例"接轨一样，[①] 面向农民工的社会保障在现阶段也不可能与城镇职工的社会保障体系完全接轨。目前就整体而言，面向农民工群体的社会保障制度建设仍显得异常苍白，部分地区虽然出台了与农民工有关的一些社会保障政策措施，但实践效果并不理想。如北京市 2001 年制定了《北京市农民工养老保险暂行办法》，规定用人单位应为农民工办理参加养老保险手续并分担缴费责任，用人单位缴费率为该市上一年职工月最低工资标准的 19%，农民工的缴费率是该市上一年职工月工资标准的 7%—8%。这项政策虽然消除了以往养老保险制度对农民工的歧视，有助于形成真正统一的劳动力市场，但因大多数农民工的流动性强，使得社会保险部门的管理难度及运行成本扩大，加之费率偏高而造成用人单位消极对待甚至可能出现大量裁减农民工的现象，部分农民工亦宁愿多要工资而不愿缴付养老保险费或者将不被裁减放在首位来考虑，实施效果并不理想。

有鉴于此，我认为对农民工乃至农村居民只有采取分类分层保障的办法，[②] 才能有效地解除其后顾之忧。

首先，最急切的是尽快确立农民工的工伤保险制度。从层出不穷的农民工工伤事故到规模惊人的农民工职业病群体（有 83%的乡镇企业存在着不同程度的职业病危害，其中 60%的企业没有配备任何保护措施；[③] 其他非国有单位的工伤事件和职业病危害也非常惊人，中国的职业病发病率还在持续上升），以及由此而导致的数不清的劳资纠纷，均决定了针对农民工的工伤保险制度应当作为最基本的社会保障项目优先得到确立，这种保障项目不存在账户积累与保险关系接转问题，成本亦不高，对农民工是一种职业风险的分散机制，对用人单位则是符合国际惯例和建立在《劳动法》基础之上的工伤赔偿机制，政府部门负责组织并组织赔偿也比较容易操作，且无须政府付出特别的成本。因此，政府在农民工工伤保险中的责任主要是制度设计和依法强制推行。

其次，有必要建立农民工的大病或疾病住院保障机制。因为疾病尤其是重

---

① 参见张怡恬：《加入世贸组织：深化社会保障制度改革的新契机——访中国人民大学劳动人事学院郑功成教授》，《人民日报》2002 年 3 月 23 日。

② 参见薛小和：《分层分类保障农民工的权益——访中国人民大学劳动人事学院郑功成教授》，《经济日报》2001 年 11 月 29 日。

③ 参见《六成企业没有保护措施，我国职业病发病率上升》，《北京晚报》2001 年 11 月 2 日。

大疾病不仅会导致农民工失去工作，而且极易陷入贫困境地，这使得疾病保障成为农民工的现实需要。对此，可以在对农民工进行分类的基础上加以区别对待，如在本地服务时间愈长，享受的医疗保障待遇愈高，反之亦然。在这方面，政府承担的责任主要是政策规范、组织管理，在必要时给以适当的财政扶持。

再次，有必要为农民工建立相应的社会救援制度。它应当包括农民工遭遇天灾人祸时的紧急救济、特殊情形下的贫困救助、合法权益受损或遭遇不公待遇时的法律援助等。这种制度能够缩小社会的不平等，促使农民工真正融入当地社会。在建立这种制度时，有效的选择应当是官民结合，即除政府承担相当的责任并直接主导外，还需要发挥民间慈善公益事业的作用。

对于养老保险，有必要设计两个以上的方案供有稳定职业的农民工（有较长时期的劳动关系和稳定的工作岗位）和无稳定职业的农民工（经常处于流动状态）自主选择，并作为全国性政策出台；否则，养老保险可能演变成一种不确定的强制储蓄，从而失去这项政策的本原意义。政府在实施此类政策之前，还可以先对农民工进行适当分类，对达到规定居住年限及有相对固定住所和单位的农民工，给予享受本市居民权益的资格条件，并正式纳入当地的养老保险体系；而对不符合条件的农民工，则另设方案加以解决，并视情形逐步纳入。

最后，还必须规范用工，让所有用人单位均须与所雇用的农民工依法签订劳动合同，并接受政府部门的监督；同时在规范缴费工资的条件下降低费率，将费率控制在用人单位与农民工可接受的限度，以避免由于这一政策的推行而造成用人单位生产成本的急剧上升与农民工即期收入的大幅减少，以及导致用人单位大量裁减农民工的负面影响。

"三农"问题和农民的维权与增收①

一、为什么"三农"问题受到如此重视

众所周知，"三农"问题已经成为全党、全国的大事，国务院将其定为政府工作的重中之重，这样来定位"三农"问题前所未有。我想，不外乎如下几个原因：

一是自改革开放以来，尤其是自20世纪80年代中期以来，我国的城乡差距一直在持续扩大，只有20世纪80年代初期城乡差距是最小的，那时候因农村承包责任的推行解放了农村的生产力也促进了农业生产的大发展，而当时城市在停滞；但自20世纪80年代中期以后，城市经济改革迅速推进，这种改革基本上是在维护市民的既得利益条件下推进的，城市因之而快速发展，农村则因承包责任促进生产力提升的潜力逐渐耗损而日益步入发展慢车道，城乡之间的差距与不协调，已经到了严重影响我国持续发展进程的危险时期。

二是我国的社会矛盾也发生了很大的变化，贫富阶层之间的矛盾、劳资之间矛盾、流动人口与固定户籍人口之间的矛盾、城乡之间的矛盾、地区之间的矛盾等已经构成了我们必须正视的社会基本矛盾，不解决好这些社会矛盾，中国便不可能健康、持续地发展，而这些社会矛盾无一例外地与"三农"问题纠缠在一起，因此，解决好"三农"问题便是我们在新的发展时期寻求长足发展的必由之路。

三是粮食安全问题，农民因减收而丧失了种粮积极性，土地不再被视为生命般可贵了，耕地面积从1998年的17亿亩迅速下降到2003年的不足15亿亩；粮食生产从1998年的1万亿斤下降到2003年8600亿斤，为1990年以来的最低点；2003年全国人均占有粮食只有670斤，为1983年以来的最低点；2003年粮食缺口达到1100亿斤，国家动用了历年粮食库存的1/4强；局面的严峻性显而易见。

四是农村劳动力向城市转移的速率不断加快，这不仅对于城市就业形成巨

① 原载《关注民生——郑功成教授访谈录》，人民出版社2004年版。

大压力，而且亦不利于劳动关系的平衡，进而使失衡的劳资关系进一步恶化，只有稳定农村、农业的发展，才可能让农村劳动力理性的、有序的转移。

五是农民收入长期偏低，巨大的农村市场到现在为止还只是一个潜在的市场，这个市场得不到开发，影响的不仅是农村居民的生活水准，同样对城市生产的发展造成巨大压力。

六是我们国家发展至今，GDP 已经逾 10 万亿元，人均 GDP 亦已经逾越 1000 美元的重要台阶，国家较以往更有能力来解决“三农”问题。

当然，更重要的背景是新一代中央领导集体确立了科学发展观，以人为本、执政为民已经成为日益深入人心的执政理念。概括起来，就是“三农”问题不解决，中国便不可能持续发展；“三农”问题不解决，中国的发展将陷入畸形之中难以自拔，其后果将不仅仅是农村居民受损害，城市居民亦不能幸免。因此，我认为国家当前重视和解决“三农”问题，绝对不是城市对农村、工业对农业、市民对农民的恩赐，而是国家发展、城乡共同发展的迫切需要。

二、解决“三农”问题不能局限于“三农”

在这个方面，我仍然坚持我过去的基本观点：

一是“三农”问题的解决必须置于中国的工业化、城市化和现代化进程之中来考量，而不能就“三农”而论“三农”，因为就“三农”论“三农”将陷入目光短浅、头痛医头的歧路，如减少农民是治本之策，它就必须与工业化、城市化的发展进程紧密地结合起来。

二是解决“三农”问题必须以充分考虑“三农”的分化为前提。按照我过去的讲法，就是经过 20 多年的改革发展，农村已经分化成传统的农村与城镇，这一点在长江三角洲与珠江三角洲等地区已经表现得十分明显；农业也已经分化成传统的农业与各种非农产业，许多地区的农村产业结构早已经不再是农业为主，即使仍然与“农”字相关联，也是农业产业链条的工业化延伸；农民更是大规模分化成传统的农民与产业工人等。如果我们不充分考量“三农”的自然分化以及继续分化，便不可能分门别类地制定出相应的政策，而没有分类指导的政策，各种政策就必然只适合一部分地区一部分人群，其效果便可能是事倍功半，甚至对某些地区、某些人群还起负面作用。因此，“三农”的分化已经是一个客观事实，并且依然是一个并未停止的客观进程，解决“三农”问题的各项政策很需要以此为依据。有鉴于此，我不赞成笼而统之地谈“三农”，更不主张不问“三农”的分化就出台一些缺乏针对性的政策措施。

三是解决“三农”问题的核心在于维护农民的权益和增加农民的收入。只有采取法制手段来维护农民工合法权益才能真正改善农村居民（现阶段包括农民工）的社会地位，只有运用多种措施来增加农民的收入才能真正改善农村居民的经济地位，进而才可能实现中国的全面、协调发展。

三、农民权益的维护关键在于法制保障与推行民主

必须承认，农民的权益长期得不到有效的维护，侵害农民与农民工权益的现象已经见惯不惊，许多人甚至到完全麻木的程度。在某些地区发生生产事故导致人身伤亡时，有的领导同志到现场后，不是问事故原因并指挥抢救，而是先问死的是什么人。如果是农村人，就顿觉轻松下来，如果是城市人，就会感到很有压力，农村人与城市人相比连生命价值都存在着如此巨大的差异。农民工工资被拖欠和农民承包土地被肆意侵害的现象，在全国范围内已经成为十分严重的社会问题。所有这些，无一例外都是侵害农民权益的事实。因此，对农民权益的维护必须依靠法制与民主。

一方面，需要有真正维护农民权益的法制。全国人大已经将《农民权益保障法》列入立法规划，但更重要的，我认为是消除现行法制及其在执行中的歧视现象。如《劳动法》就并非只是城市劳动法而是全国的劳动法，法律中并未分出城市职工与农民工，但在执行中却往往只适用于城镇劳动者而不能起到保护农民工权益的作用。对此，我个人觉得既需要制定专门的法律与法规有针对性地维护农民的权益，更需要在执行现有法律、法规、政策时消除歧视，并需要确立对执法中的歧视现象的制裁机制。另一方面，真正赋予农民民主权利，民主是对行使民主者权益的有力维护，也是对侵害农民权益者的有效制约。从许多个案中可以发现，农民权益受损害的现象大多数发生在基层，在乡村，而这恰恰是农民缺乏民主权利制约的结果，如我国的失地农民已经达到约4000万人，主要是基层政权的任意所为导致了农民利益受损害。因此，应当加快乡村民主化进程，尽快真正实现村民自治。可以设想一下，如果乡村基层政权是民选的，必然要对农民负责，民主选举机制即是维护农民权益的良好机制。

此外，我还主张，应当支持并鼓励农民自己组织起来，即通过建立农会的方式来维护农民的权益。没有必要将农会视为社会的破坏因素，中国的工会自中华人民共和国成立以来，从来就是中国共产党领导之下的稳定社会的力量，中国的农会也可以在维护农民权益的同时，成为维护农村社会稳定的理性力量。只有农民能够真正行使民主权利，只有农民通过组织农会的方式自我组织起来，农民的权益才能真正得到有效维护。在这方面，我认为台湾的农会及其在台湾农村发展中的作用值得我们借鉴，台湾的农会就长期扮演着组织农民、推广农业科技、促进农业生产、宣示政府政策与主张等角色（当然，现在也有被台湾黑金政治污染的迹象，这是应当且可以避免的）。

统而言之，农民的维权机制就是法制与民主，它包括制定专门的法律制度、真正平等地执行现行的法律制度、充分行使民主权利和有组织地建立农会等维权组织。

四、农民增收必须多管齐下

国家已经确立了对农民要“少取、多予”的方针，但必须注意到，任何单一的政策措施都只能解决一时一地一部分人的问题，而无法改变中国农民收入长期偏低的状况。为此，我认为需要采取多管齐下的措施来增加农民的收益：

一是政策增收。如国家运用税制改革、财政补贴等使“少取、多予”真正落到实处。

二是效益增收。如继续调整农村产业结构，发展特色产业，实现农产品的区域化生产，追求农业生产的规模效益等。

三是服务增收。如提供政策性的融资服务、农资与农产品供求信息服务以及其他中介服务，政府有必要支持建立乡村公共服务体系并给予相应的财政扶持。

四是劳务增收。乡村劳动力资源丰富，应当进一步创造条件让乡村劳动力转移出来，或者就地消化，或者异地就业，在这方面，政府有必要重视劳务流动的规划、信息及培训工作，让农民工逐渐成为高素质的工业劳动者。

五是社会保障增收。建立面向乡村贫困人口的低保制度，尽快全面实施新型合作医疗制度，为福利性的义务教育提供足够的财政支撑，运用公共资源促进乡村福利事业的发展等，均可以起到促使农民实际收益增加的效果。

六是减险增收。如制定合理的农产品价格保护政策，建立政策性的农业保险制度，将有效地消除农业生产中的不确定性风险，进而为农民获得稳定的收益创造条件，从而亦是农民增收的必要措施。

七是限支增收。如坚决消除农民的各种不合理负担，限制农业生产资料价格，将农业生产技术的推广作为社会公益事业对待并给以扶持，将减少农民的生产成本，进而促使农民的收益增加。

八是技术增收。包括提供优质种子、推广适用型农业技术、开展各种技能培训，均可以促进农民增收。

九是延长产业链条，改变农业生产粗放局面，对农产品进行深加工、精加工，将使农民获得更多的实惠。

十是制度创新。通过对一些地区的调查，我发现农村土地承包责任制虽然是我国农村近 20 多年来获得发展的基本条件，但这种小农经济式的土地经营模式并不利于农村生产力的进一步提高，它甚至已经成为农村生产发展的一个桎梏，因为在经济全球化的背景下，我国农业要真正获得与发达国家农业平等竞争的实力，除走区域化、规模化、现代化的发展道路外已经别无选择，这就必然要求对农村土地承包制进行新的改良，代之以能够提高经营规模与效益的土地经营制度。

总之，由于“三农”问题关系到经济社会发展全局和国家的未来，“三农”问题便不只是农村、农业、农民的问题，它同时也是城市、工业服务业与市民的问题，“三农”的分化与“三农”问题的解决从根本上决定着中国的工业化、城市化与现代化进程，只有立足长远、统筹考虑、多管齐下，才可能使这一关系到全局与未来的问题真正得到较好的解决。

“三农”问题与新农村建设[①]

一

全国人大重视“三农”问题，不仅是对国务院工作的支持，也是对人民根本利益的重视和关注，这是人大本身应有的职责，因为这关系到8亿农村居民的切身利益。全国人大关于“三农”问题的三个报告的提出非常好，它表明人大对真正推动“三农”问题解决，已经走出了非常重要的、有成效的第一步。当然，它也仅仅是第一步，因为“三农”问题太沉重了、太复杂了，不是短期内可解决的。在此，我讲几点意见。

第一，人大对“三农”问题的解决，重点还要放在中央有关“三农”问题政策方针的贯彻落实上。中央的许多政策都非常英明，但一到地方要么打了折扣，要么打上了补丁，到农村基层就走样了。如何保证中央有关“三农”问题的政策能够切实贯彻落实，三个报告虽然发现了一些问题，提出了一些改进措施，但我感觉还是要做进一步的工作。

第二，解决“三农”问题，首先要考虑“三农”的分化并将它置于中国工业化、城市化、现代化进程中来考虑长远的解决办法。“三农”的分化，就是传统的农村已经分化为农村和城镇，传统的农业已经分化为传统的农业和工业、非农产业，传统的农民分化就更大了，如果不考虑到“三农”问题的分化，不采取分类的办法来给予指导和解决，我们的政策将难以贯彻实施并取得预期效果。比如我们探讨农民、农村的社会保障问题，若不考虑农民工的分化，农村的社会保障就不会有什么好效果；对农民工也要分类考虑，北京市前些年建立农民工养老保险制度，政府是想为农民工做好事，但结果政府部门不满意，农民工不满意，老板也不满意，好心并未办出好事。因为农民工自农民

① 本文第一部分摘自作者2004年6月25日十届全国人大常委会第10次会议审议全国人大常委会三个关于“三农”问题的报告时的发言；第二部分摘自作者2005年12月25日十届全国人大常委会第19次会议审议国务院关于废止农业税条例的议案时的发言；第三部分摘自作者2006年2月28日在全国人大常委会第20次会议审议国务院农业和农村工作情况的报告时的发言。

中分化出来后还在进一步分化，他们之中有一部分已经城市化了，还有一部分是农闲时出来打工，想尽可能多带现金回去。还有大量的是流动性很强的农民工，工伤保险是所有农民工都需要的，但养老保险却并非是所有农民工的急切需要，因为许多农民工务工的目的是挣钱解决现实生活困难。可见，不考虑到农村的分化、农业的分化和农民的分化，把8亿农村居民户籍人口统作一类，是难以很好地解决"三农"问题的。因此，解决"三农"问题一定要考虑"三农"的分化，与中国工业化、城市化、现代化进程结合起来，放在这样一个大背景下来考虑，从更高的层面上来考虑中国的"三农"问题。不能就"三农"论"三农"，不能以传统的"三农"观念来解决现在的"三农"问题，应该分类考虑、分类指导、分类解决。

第三，有关的政策还应该更加具体化，更加具有可操作性。这方面，人大可以做一些工作。比如农村土地的征用和土地的流转，我们有《土地管理法》、《土地承包法》等，但是农村土地流转方面的政策仍然不是很规范，有些农民出来务工，就造成了土地抛荒现象，如果有相关政策规范和引导，结果将是另一种。再如农民小额贷款，也与就业和再就业小额贷款一样，效果糟糕。因为小额贷款对商业银行来说是无利可图、成本很高的业务，一方面要商业银行参与金融市场的公平竞争，另外一方面政府又希望它承担政策性业务的责任，这种业务也没有一定的规矩，哪个商业银行愿意做这种费力不讨好的业务？发放一百万小额贷款，可能考虑到一百万农民的信用，要做一百万笔业务，还有一百万个风险，不像某个大企业一贷款就是几个亿，信用好评估，经营成本低，效益也容易计算。因此，让商业机构来担当这种责任，政策效果差是正常的。对此，我认为这类业务要取得好效果，只有两种选择。一是由政策性的银行来做，因为他们不参与市场竞争，农村信用社能不能担当政策性银行的角色？我认为可以且应该考虑。二是将政策性贷款额度分解到商业性金融机构，要求大家按照公平的原则来分担这种责任，就像安排残疾人就业一样，任何企业必须按照1.5%的比例来安排，不安排就要缴费。如果商业银行必须有一部分支持小额贷款，这也是可行的。因为对所有的银行都是公平的政策性的义务，不会对市场竞争影响太大，否则，没有这个规则或者没有专门的政策性银行来承担小额贷款业务，这项政策的实施结果将令我们失望。

第四，有关农业保险问题。我记得十多年前，我就作过专题研究，提出农业保险应该是政策性保险。世界上许多国家的农业保险都是政策性保险。商业保险公司办农民的农业保险成本很高，风险很大，在我国历来都是亏损的业务，在保险市场竞争日益激烈的条件下，商业保险公司怎么可能关注农民的农业保险呢？20世纪50年代，美国国会通过联邦农作物保险法，美国财政部拿出5亿美元建立政策性的联邦农作物保险公司，它不参与商业保险市场的竞争，专责就是解决农民的农业风险保险问题，虽然财政拿钱不多，但是解决了农民生产经营的不确定风险问题，也维护了农业领域的公平竞争。这是可资借鉴的经验。否则，没有政策性的农业保险公司，我相信，中国的农业保险就不可能真正有出路，农民的生产风险就无法分散。

第五，听了三个报告，我还有一个遗憾。就是在保护耕地，保护基本农田中，关于农民不珍惜自己的土地和自己占用土地建房的情况被遗漏。我在农村调查中发现，农民在自己承包的土地上建房，现象非常普遍。尽管每户农民占地不多，但大多是好地，且因农户众多，对农田的破坏非常大。我认为这个问题应该引起关注，保护耕地不仅要注意到别人或单位对农民土地的侵害现象，也要注意到农民对自己承包地的损害，因为，无论是他人还是农民自己的这类行为，减少的都是我国宝贵的耕地资源。

二

我完全赞同取消农业税，并及时废止农业税条例，真正从法律层面将农业税送进历史。同时，建议尽快研究、制定支持农业生产发展的法律，将国家扶持农业生产的一些政策措施上升到法律规范的层面，这方面包括尽快研究、制定农业保险法，以达到分散、化解农业生产经营风险的目的；尽快研究、制定农业或农户补贴法，将国家补贴农户的政策法制化。总之，取消农业税、废止农业税条例是一个历史性的进步，但还不能满足于这一步，无论是从我们国家的发展进步需要出发，还是从经济全球化进程中对农民利益的必要维护出发，均应当再进一步，即将对农业生产发展的支持、扶持、补贴政策法制化。

三

听了国务院关于当前农业与农村工作情况的报告，我感觉到很振奋。这个振奋不光是报告中列举了很多数据用量化指标说话，近两年我也到一些农村地区做过一些调查，见到的、听到的使我也有一些切身感受。我觉得，现阶段国家对“三农”问题的重视确实是前所未有的，近两年已经开始出现了城市反哺农村、工业反哺农业的迹象，这个迹象是越来越明显了。正在发生的一个重大的转变就是，我们过去对农业、农民是多取少予甚至不予，把农民紧紧地绑在土地上，现在确实开始转向“少取多予放活”，这个转变是历史性的。应该说，国家对“三农”问题的有关政策已经开始取得成效，我相信在未来几年还会取得更多更大的成效。但是，由于城乡二元结构是长期形成的，思维定势不可能立即改变，城乡鸿沟也不可能短期填平，解决“三农”问题将是一个严峻的、长期的任务。

在此，谈几点我自己的建议：

第一，我认为应该彻底摒弃城乡二元分割的传统思维定势和以往政策取向。我觉得，科学发展观的落实，堪称是一场深刻的观念革命，我曾经讲过，科学发展观的落实不应该亚于改革开放初期的思想解放运动，思想解放运动是针对改革开放前尤其是“文化大革命”形成的极端“左”倾思想而出现的思想革命，而科学发展观的提出则是针对以往二十多年形成的过分强调单纯的经济增长、过分强调城市发展、过分看重 GDP 等片面发展观而开展的观念革命。所以用科学发展观解决“三农”问题时，首要的就是要摒弃城乡二元分割的传统思维模式，应该说这个陈旧的思维模式在我们现在的很多制度安排与政策措施还存在着明显的痕迹。所以，应该有一个观念的变革，按照是否实现了城乡一体考虑和城乡公平对待的标准来重新评估我们现有的制度安排和政策体系以及正在或者将要采取的政策。

第二，统筹城乡发展的关键在于政府各部门都要统筹好城乡发展，不能再延续一些部门过去那种只见城市、不见乡村，只重市民、不重农民的习惯做法，我认为，政府的所有部门都应该对所辖区内所有的城乡居民负责。为什么讲这一点？因为从目前的工作来看，我的感觉是，农业部门解决“三农”问题的主动性是最强的，积极性是最高的，但是其他部门还没有跟上。因为人们已经习惯了就业只是解决城市就业。我认为，国家要解决“三农”问题，必须是政府所有部门的事情，“三农”问题解决得如何应当问责各个相关部门，如农村的教育问题解决得好坏应该问责教育部门，农村的卫生问题解决得好坏应该问责卫生部门，农业的发展当然要问责农业部，农村的文化呢，文化部有没有责任？农村的交通问题，交通部有什么责任？农村的治安问题，公安部门有什么责任？农村居民的福利问题，民政部门有什么责任？农村的公共资源配置问题，财政部门有什么责任？等等。因此，解决好“三农”问题应该是所有政府部门的共同责任。我觉得现在有些部门还是在用传统的思维方式考虑问题，制定相关政策时还在沿用原来的习惯思维。因此，统筹城乡发展、解决“三农”问题的关键在于政府各个部门有没有这种意识、有没有这种行动、有没有采取切实的措施。

第三，我认为，政府公共资源的配置应该在城乡之间实现公平，甚至向农村、农业、农民倾斜。当然，我们从国务院的报告及近两年出台的政策措施中已经看到了这种迹象，但是还应该强化。比如教育，教育资源应该向农村倾斜，这已经是共识。公共卫生资源还集中在城市，没有实现公平配置。公共福利资源也是如此，全国 500 多万“五保户”，过去一直是农民供养着农村孤寡老人与孤儿，而城市的孤寡老人与孤儿却是公共财政供养。还有，文化资源也应该是公共资源，农村分享了多少国家的文化资源？还有农村的公路建设等。我个人觉得，公共资源不仅要公平配置，而且还要向“三农”倾斜，因为城市的社会资源是很丰厚的，城市的社会资源动员能力是很强的，而农村不行，农村的社会资源不丰厚，资源动员能力不强，农村对政府公共资源的依赖性更高。

第四，乡村的文化与文明建设，应当在国家解决“三农”问题的方案与措施中占重要的位置。农村过去的发展解决的是乡村居民的温饱问题，现在绝大多数农民解决了温饱问题。但是据我们的调查，农民工的生活质量并没有呈现正比例提升，一些地区的农民的幸福感反而下降了。这里有一个问题，就是农村的文化建设、文明建设非常滞后，一些地方由于相应的文化建设没有跟上，文明程度在持续下降，参与赌博非常流行，吸毒的风气也在很多地方的乡村恶性蔓延。我在 2005 年与 2006 年春节后到南方的个别地方去看看，甚至发现村村都有吸毒者，非常泛滥，很多生活条件好的家庭，由于家庭成员赌博、吸毒而家道败落、甚至家破人亡的现象也不只是个案。我的结论是这种现象很严重，令人忧虑，必须引起高度重视并有切实措施。我觉得，农村经济发展的成果和农民生活水平上升的成果来之不易，但是如果文化建设、文明建设没有跟上去，不仅财富的积累不能持续，而且会引发一系列严重的社会问题。因此，文化下乡、农村的文化建设与文明建设，应该包括在解决“三农”的政策体系与具体措施中，在面向农村的资源配置中应当占越来越重要的地位。

第五，我认为还需要一些特殊的配合才能更好地解决“三农”问题。一是户籍改革要有所推进，不能因为部分地区、部分人的反对就停止改革，因为只有户籍制度改革了，才可能真正实现城乡统筹发展，走向城乡一体化，只有减少农民，才能真正实现富民目标，只有打破传统户籍的樊篱，才能真正减少农民，这才是真正解决“三农”问题的最根本出路。如果是 20 年以后，还有 8 亿人生活在农村，还有几亿农民，那么“三农”问题就不可能真正解决好。二是农民的培训工程十分重要，它不仅是农民个人的事情，而是整个劳动者的素质提升问题，是国家发展重大利益所系，我们不能指望农民丢掉锄头就可以变成合格的专业工人，尤其是新一代的农民工。2005 年我组织了一个大规模的调查，在深圳、苏州、成都、北京等地搞了大规模的农民工调查，得到一个很重要的结论，就是新一代的农民工和老一代的农民工是截然不同的两代人。我们问 40 岁以上的农民工在城市找不到工作怎么办？绝大多数人的回答是回去继续当农民。再问你在城市收入低、工作时间长，你感觉到公平不公平？年纪较大的人并不觉得不公平。因为第一代农民工是和他当农民的时候相比较，他从骨子里就是农民，不是市民或工人，或者也不奢望成为市民与工人。但是 30 岁以下的农民工的反应就不同了，如果找不到工作他不会回去当农民。他们会继续找，他们对就业、收入等问题有公平和平等要求。这说明他们的观念已经发生了变化，但是农民尤其是农民工不培训，就永远不会成为高素质的工业劳动者。所以，对农民工的培训问题，还应该像对待成市的下岗职工一样重视，要提到一个相当的高度。三是农村的民主政治也要推进，农民要有话语权，农村基层的选举要真正按照民主的程序和民主的本质要求推进，这是农民当家做主的具体体现。尽管近几年乡村民主建设进展很快，但是要真正落到实处，还要下工夫。还要真正让农民有话语权，用什么合理、合适的途径，把农民的话语与要求反映到国家的相关部门，不仅是要研究讨论的问题，还应该有具体的制度安排与切实的措施来保证。四是需要有特殊的措施来推进农村家家促就业运动。印度近年掀起了农户一家一人就业的运动，即保证农户家庭中有一个人能够就业。印度比我们还落后，但是政府推进确保农民一户有一个人就业的做法值得借鉴，因为只有就业才有固定收入。如果逐级大力推进农户就业工程，无疑对解决“三农”问题有很大的综合促进作用，这是一个重大的德政工程。2006 年春节后我到湖南去，我们的老家有个老人去世，有人告诉我他死的时候说了一句话：活了 90 岁了，死也可以了，但就是舍不得这个时代。这个时代当农民只要不懒就会有饭吃。这位老人的话反映了近几年来农村的变化和农民的切身感受。农民工吃饭问题解决了，义务教育与合作医疗也带来了很好的期待。如果推进农民就业，强化农村文化、文明建设，农村、农业、农民就将真正踏上健康、文明、持续发展之路。

农民权益需要用法律制度来维护[①]

一、损害农民权益的现象不能再继续了

在中国的历史上，农民总是处在社会的底层，损害农民权益的现象也就成为一种社会常态。新中国成立后，虽然农民翻了身，但由于计划经济体制和极"左"思想严重地束缚了农村生产力，加之城乡二元分割、分治的格局一直没有改变，农民利益依然得不到维护，从而依然处于极为贫困的状态。改革开放后，20 世纪 80 年代初期农村土地承包责任制的推行，让农民有了一次改变自己命运的机会，那个时期是中国城乡差距最小的时期，也是城乡居民之间收入差距较小的时期，但 20 世纪 80 年代中期以后随着国家经济改革重心向城市转移，农民的经济地位又随着城乡差距的扩大化而持续下降，进而导致了农民的社会地位、政治地位的降低。

近 20 年来，农民在改革开放中确实获得了前所未有的实惠，农民工的出现及其大规模化更使农村的民生问题持续得到了改善，这是客观事实。然而，在城乡二元分割、分治的条件下，各种政策与公共资源仍然是向城市与市民倾斜的，农村支援城市、农业支援工业、农民工支援市民的利益格局并未有多大改变，城乡之间的差距也在持续拉大，农民与农民工权益受损的现象在某种程度上甚至有日益严重的趋势。即使是到了新一代领导集体提出科学发展观和构建和谐社会的战略目标，中央政府高度重视和强调保护农民利益并将解决"三农"问题摆在最重要的位置的现实背景下，各地损害农民及农民工正当权益的现象仍然屡见不鲜。

一方面，在中央强调国家开始进入城市反哺农村、工业反哺农业时期的背景下，一些地方仍然不仅未做到城市反哺农村和工业反哺农业，而且农村收益反哺农村都没有做到，城市发展与工业发展仍然在继续着侵害农民权益的格局。比如，农民的承包土地在我国城市化、工业化进程中被大量地、廉价地征

① 本文系作者根据 2006 年 8 月 3—6 日参加全国人大农业与农村委员会在福建召开的《农民权益保障法》立法座谈会上的数次发言而整理的摘要，对法律草案的一些具体条文的修订建议被删节。

用或占用，数以千万计的失地农民在土地收益方面蒙受的巨大损失，成了城市发展与资本获取高额收益的客观代价；而农民工在不良的劳动环境下长期享受偏低的劳动待遇，则又构成了我国工业、资本及城市发展的另一客观代价。因此，中国的城市化进程在某种程度上是以牺牲或部分牺牲农民的土地收益权及相关利益为前提的，中国的工业化进程在某种程度上是以牺牲或部分牺牲农民工的经济利益权乃至生命与健康权为代价的，中国城市的繁荣与先富群体的不断壮大在某种程度上亦是以牺牲农村与农民的利益为条件的。

另一方面，农民应当享受的其他各种权益在现实中亦难以得到保障。如农民的土地承包权与土地收益权难以保全，自主经营权常受干扰，基层民主选举权难以完全落实，在劳动就业与社会保障方面遭遇歧视，人身权利非常容易受到侵害。从一些地方的农民群体上访事件不时出现来看，各种损害农民权益的恶性事件发生后事实上也很难得到地方政府与司法机关的公正保护，许多有法律、法规、政策明确规定的农民权益长期得不到落实或者不能全面落实，在市场经济发展进程中出现的一些损害农民权益的新现象又缺乏全面而具体的法律规范与保障。应当说，农民权益受损害的现象是严重的，这种现象的继续存在与发展，显然是与科学发展观和构建和谐社会的要求相背离的，更是不利于我国经济社会及政治文明的健康、有序、持续发展的。因此，必须高度重视农民权益受损害的现象和切实推进保障农民权益的工作。

我认为，正视农民及农民工的权益问题，即是正视中国发展进程中的核心问题，而讨论农民及农民工的权益问题，又离不开中国长期以来形成的城乡二元分割、分治的历史背景与改革开放以来以城市为中心或者重心的改革背景，这里既有积重难返的历史原因，也有现实制度安排与政策实践的偏颇或者不平等取向的影响。因此，保障农民及农民工的权益，首先是观念革新的问题，其次是矫治现有制度安排及政策实践中的缺漏与不公问题。随着科学发展观的日益深入人心和统筹城乡发展思路的基本确立，在构建和谐社会的大背景下，我认为对待农村、农业、农民及农民工问题的旧观念正处在革新之中，至少侵害农民及农民工权益的现象日益成为公众关注与抨击的对象，维护农民及农民工合法或者正当权益的呼声正在成为当代社会政府与公众的共识，即使漠视农民及农民工权益的意识仍然存在于一部分组织与个人之中，但大的趋势是明朗的。因此，当前关键的是制度安排与政策实践中的偏差急切需要得到矫治与完善，而这就需要通过完善相关的法律制度或者制定新的法律制度来加以解决。

从农民权益受损严重的现实及城乡统筹发展的需要出发，制定专门的《农民权益保障法》不仅具有重要性与必要性，而且具有紧迫性与可行性。那么，制定《农民权益保障法》到底要解决什么问题？这部法律又能够解决什么问题？这是立法过程中需要首先搞清楚的问题。我认为，《农民权益保障法》应当是明确并确保农民各项基本权益得到维护的一部基本的法律，它同时也是适用于农民这一特定群体权益维护的特别法律。这种定位赋予给《农民权益保障法》的核心任务，就是要确保农民的国民待遇与平等权利，换言之，就是逐步改变农民遭受歧视的、不平等的待遇，真正通过法律确立农民与市民平等的权利。如果这部法律只是简单地将现有法律、法规、政策中的有关内容进行整理，如果这部法律只是保护经济财产权与参与社会事务的权利，人们就可能会有些失望。

二、农民权益应当是一个内容完整的整体

从农民权益的概念出发，它应当包含农民在财产、人身、社会、政治等方面的权益，其涉及的主要内容有：

1. 农民的经济与财产权。农民的经济与财产权的核心，是农村土地承包经营及收益权、住宅权，以及其他物质权益。在这方面，现有法律、法规已经有了很多规定，但并不意味着已经完成了法律规范的使命。如农民承包土地的收益权就在土地被征用过程中几乎普遍性地受到侵害，农民住宅权实际上还未明确，当前只有产权不甚明晰的宅基地之说，既不可以自由买卖或者转让，也不能够用于抵押，从而在某种程度上丧失了作为农民主要财产的特性，等等。因此，在《中华人民共和国农村土地承包法》、《中华人民共和国农业法》以及正在制定的《物权法》的基础上，进一步明确农民以土地承包经营及其收益权、住宅权等为核心的经济与财产权，避免农民这种权益受损害的现象继续发生，显然已经成为现阶段维护农民权益的首要任务。

2. 农民的人身权。人身权是宪法赋予国民的基本权益，它应当包括生命与健康权、人身安全权、自由迁徙权等。当前突出的是农民及农民工的职业伤害与意外伤害的求偿权。突出地强调这一点，是因为现实中漠视和损害农民尤其是农民工健康与生命权益的现象不乏罕见，对损害后果处理得不公平或者说是城乡户籍居民之间生命与健康损害的补偿差异已经引起了广泛的关注，城乡居民“同命不同价”——即城乡居民在各类事故中死亡或伤残所获得的补偿额相差多倍的现象，更是对农民人身权的一种现实歧视。亿万农民工从事着职业伤害风险较大的工作，受到的健康与生命威胁也很大，后果相当严重，如果不对农民的人身权给予明确的法律规范与保障，各种损害农民工健康与生命安全的工伤事故、职业病及其他意外事故和“同命不同价”的事件就可能层出不穷，以人为本的执政理念就可能落空。因此，我是主张通过立法或者完善立法来矫正以往的漠视农民及农民工生命与健康权益的。

3. 农民的教育培训权。它包括农村未成年人的义务教育权、职业技能教

育权和职业培训权。教育是提高农民素质和改变农民命运的基础工程，因此，在维护农民权益的过程中，应当高度重视农民的受教育权。我认为，在立法中，农民的受教育权需要从三个层次上得到确立：一是义务教育层次，是政府应当确保的免费的一项教育福利，是维护社会公平的最基础性的工程；二是职业技术教育，是国家与社会应当大力发展的以培养高素质农业或非农劳动者为目标的公益教育层次；三是农民的职业技术培训，是需要国家与社会大力扶持的提升农村劳动者技能素质的教育活动。

4. 农民的劳动就业权。与改革开放前或者改革开放前一个时期相比，劳动就业权益对农民而言是越来越重要的一项基本权益，因为农民过去只能局限在土地上劳动，无所谓就业与不就业问题，而现在是外出就业或者到非农领域就业，不仅已经成为农民获得收益的重要途径，而且也成为我们国家发展市场经济和成就制造业大国及制造业强国的重要条件。因此，劳动就业对农民也就具有了与城镇劳动者同等的意义。确保农民及农民工获得公平的就业权及相关权益，应当是农民权益保障的一项重要内容。强调确立农民及农民工享有公平就业及相关权益，是因为农民及农民工在就业市场上并不能享受到真正公平或平等的就业及相关权益，农民工在劳动就业过程中遭受歧视与利益受损的现象依然很严重，其劳动报酬权、劳动保护权、社会保险权等法定权益在现实中往往极易受到用人单位或雇主的侵害。因此，通过立法和完善立法来确保农民及农民工的劳动就业权不仅非常必要，而且非常重要。

5. 农民的社会保障权。社会保障是国民相当重要的一项社会权益，它包括各种社会救助、各项社会保险及各种社会福利事业等。尽管我们国家短期内还不可能让农民享受到与市民同等的社会保障待遇，面向农民及农民工的社会保障制度建设还需要有一个渐进的过程，但社会保障是天然地追求公平的制度安排，让城乡居民享受同等的社会保障待遇无疑是让全体人民共享发展成果和构建和谐社会的必由之路。因此，通过立法明确农民及农民工的社会保障权益是必要的。当然，基于现实，对农民的社会保障权益可以实行列举式，如最低生活保障权、合作医疗保障权、孤寡老幼保障权（现行的五保制度）、自然灾害求助权等是已经或者正在得到落实的制度安排，而农村人口老龄化的加剧和农民家庭结构的小型化亦使农民的社会养老保险以及其他福利事业亦成为国家应当考虑的问题。

6. 农民的政治民主权。农民的经济权及其他权益的实现，最终均需要通过政治民主权的落实来保障，没有政治民主权的农民是不可能维护自身其他权益的。因此，农民的政治民主权需要进一步明确，它包括民主选举权、村民自治权，以及成立各种专业经济组织乃至于农民维权组织的权力。

当然，还可以列举其他方面的权益，如农民的文化权益等。但我们如果能够从法律上确立农民这样一些最基本的权益，就可能对解决中国的农民与农民工问题起到较大的促进作用，反之，法律制度的缺漏或者不完善，将导致农民权益受损现象的进一步严重化。在制定农民权益保障法律的过程中，我认为既可以将农民的上述权益集约性地进行规范并纳入一部法律的统一保障范围，也可以在明确农民基本权益的条件下突出重点地解决急切需要解决的经济与财产权益、人身权益、劳动就业权益及重要社会权益等方面的问题。如果是突出重点地解决农民的部分权益问题，那还需要通过完善其他法律、法规来确保农民的其他权益获得保障。

总之，农民权益应当是一个内容非常丰富的完整的概念，国家有必要逐步地通过法律制度的完善来促使农民权益获得全面而有效的保障。

三、保障农民权益立法的宏观思考

客观而论，农民权益受损害的问题既是历史问题，也是现实问题；既是城乡二元分割、分治的必然结果，又是改革开放以来城乡发展失衡的客观结果。从总体上判断，农民及农民工权益受损日益严重是中国发展中的现实问题，也需要通过科学发展和完善法制等措施来加以解决。

应当承认，农民的前述权益大多是有基本的或者有起码的法律依据的，但这些权益受损害的现象又表明了进一步完善法制的必要性与紧迫性。因此，制定农民权益保障方面的法律制度将为更好地保障农民的权益提供更加明晰、更加规范、更加具体的法律依据。

在农民权益保障法的立法过程中，我认为法律本身需要认真考虑如下问题：

1. 立法的价值取向。我认为，需要确立公平、正义、共享之核心价值观，突出缩小城乡差距和让农村居民也能够与城镇居民一样地共享改革发展成果的目标取向，这不仅是构建和谐社会的内在要求，也是中国持续、健康、文明发展的内在要求。

2. 立法原则与基本思路。我认为平等应当是农民权益保障立法的最高原则，法律需要确立并维护城乡居民享有各种平等的权利，同时按照平等权利、城乡一体的角度来考虑农民及农民工的权益与维护其权益。尽管现实中不可能期望一部法律就能够改变农民及农民工的不平等地位，但一定要以城乡平等的思想来指导立法，并努力采取循序渐进的方式来推进城乡平等。城乡居民享受平等权益应当成为城乡统筹发展和推进城乡一体化的基础。我们需要用法律制度来逐渐填平城乡之间、市民与农民之间的不平等鸿沟，而消除城乡二元分割、分治的制度性歧视则是前提与保证。

3. 立法的核心任务在于赋予农民平等的国民待遇，法律维护农民及农民工的基本权益应当包括享有平等的财产权、人身权、劳动就业权、教育培训权、社会保障权、政治民主权及其他权益。尽管这些权益大多已经有相应的法律规范，但仍然有进一步明确的必要，如在《中华人民共和国义务教育法》已经通过的条件下，我认为，《农民权益保障法》仍然应当明确农村义务教育属于免费教育，即免收学费、杂费，确保农村未成年人完成义务教育；还有必要突出农村的职业技术教育与职业技能培训，并将其作为农民及农民工的一项教育权益，让政府与社会承担起相应的责任。强调教育培训是农民及农民工的一项权益，既是国家与社会提高农民素质和促使农民工成为高素质产业工人的责任，更是国家转变经济增长方式，进而由制造业大国向制造业强国迈进的必须举措。在政治民主权方面，我们国家的《中华人民共和国全国人民代表大会与地方人民代表大会选举法》、《中华人民共和国村民委员会组织法》等事实上已经确立了农民的选举权与自治权，但进一步完善农村民主的程序规范等仍然有必要。同时，成立各种农村专业经济组织已经有法可依，关键在于执行法律，但同时还应当允许成立农民维权组织，就像工人有工会、妇女有妇联组织、残疾人有残疾人联合会、老年人有老龄协会等，我们不能老是让政府扮演着农民或者其他社会群体的保姆角色，而农民作为分散的个体是无法维护自身的权益的，这一点从近10年来各地发生的严重损害农民权益的现象可以得到验证。尤其需要指出的是，在现行政治架构下，农民维权组织将不仅是农民有序参与民主政治的合适组织形式，还将是维护农村乃至整个国家与社会和谐发展的重要力量。需要指出的是，农民工的出现及其大规模化，事实上对中国农村基层民主的推进产生着重大的影响，它在某种程度上改变了农村的政治版图，因为大多数农民工作为具有农村户籍居民身份的公民，却在远离家乡的异地务工，即远离有选举权的户籍所在地，而在就业及居住地又没有选举权，换言之，是居住地、工作地与选举地相分离，这其实不利于农村政治民主的推进，从而需要引起高度重视并审慎研究，与时俱进地拿出新的办法出来，以确保亿万农民不至于因这种分离现象而被排斥在中国的政治民主进程之外。

4. 立法中宜将实体与程序统一起来。之所以提出这样的主张，是因为农民及农民工在维护自身权益中缺乏必要的程序规范，从而应当通过立法来解决农民维权的程序问题。从现行法律、法规及政策来看，对农民及农民工权益方面的规范其实不少，但农民通过什么程序向谁申诉并请求维权却是不甚明确甚至是不清晰的，法定程序的不明或者不清晰，带来的必然是法律责任不清，并事实上使法律、法规等赋予农民的合法权益在某种程度上流于空泛化。现阶段农民及农民工权益受损后投诉无门或者无所适从或者有关部门不受理或者即使受理也并不作为的现象，表明要保障好农民及农民工的权益，就必须通过立法来明确规范农民及农民工维权的法定程序及相关部门与机关的法定责任。换言之，就是要让权益受损的农民及农民工在权益受损的时候能够明了申诉的途径及法定程序，并在法律规范的前提下得到相关部门或机关的负责任的处理。因此，在讨论和保障农民权益问题时，不仅要考虑农民应当具有哪些权益并将未上升到法定权益的正当权益上升到法律规范，更要考虑相应的法律程序规范，以法定的程序规范来明确执法主体及其责任。如农民工工资被拖欠，农民工可以向谁申诉？哪个机构必须承担起法律责任？如果该机构不作为，农民工还可以通过哪一途径来追究其责任并维护好自身的权益？这些任务只能通过法律的程序规范来解决。同时，农民及农民工权益保障立法还可以采取行政途径与司法途径并用，在行政途径中对主管部门必须实行直接问责制，各级人民政府则应当成为维护农民及农民工权益的责任主体；在司法途径中，也应当明确司法机关的受理范围、受理程序及相应的法律援助措施。法律不仅应当告诉权益受损的农民及农民工如何维权，而且必须明确可以操作的具体程序。因此，维权程序应当成为保障农民及农民工权益法律制度建设的重要内容。

5. 法律应当确立农民及农民工能够自我维权的机制。在这方面，我认为可以从两个方面努力：一是真正落实农村基层的民主选举权与村民自治权，如果这项法定权力得到落实，乡村基层干部不仅不可能成为农民权益的侵害者，而且一定会成为农民权益的维护者；二是应当积极探索农民维权组织的建设问题，让农民自己组织起来维护自身权益，而政府则扮演着公正的裁判角色，这应当是未来的发展方向。

四、农民、农民工、失地农民的概念与权益保障

由于农民自改革开放以来，一直处于不断分化之中，因此，保障农民的权益也面临着许多复杂的局面，一些特殊问题特别需要慎重处理。

第一，农民是农民权益保障法制指向的具体对象，从而必须清晰界定。在立法中，我认为需要根据农民的客观需要和稳定推进中国城市化、工业化及现代化进程相结合，既不能因为城市化、工业化进程加快而牺牲农民权益，也不能因为对农民权益的固态保护而影响城市化、工业化进程。客观而言，什么是农民，可以有两种解释：一是以户籍论，指的是居住在农村有农业户口居民，是一种户籍身份标识；一是以所事职业论，指的是从事传统种植业、养殖业等职业的劳动者，是一种职业身份标识。应当说，改革开放前，农民的户籍标识与职业标识是统一的，只是改革开放以后，农民随着中国工业化与城市化进程而逐步在分化中走向结构复杂化，它实际上已经分化成为三种情形：

1. 农业户口与农业职业相统一。这种类型指的是传统农民，他们居住在

乡村，从事着传统的农业生产活动。农闲时节外出务工的农民亦属于传统型农民。

2. 农业户口与非农职业相统一。这种类型指的是在户籍所在地的乡村从事非农产业的劳动者，主要是乡镇企业吸收的农村劳动力，但其职业已经发生了根本的变化，他们主要的职业身份是产业工人或者非农产业劳动者。

3. 农业户口与异地就业相统一。这种类型指的是在非户口所在地从事非农产业的劳动者，主要是进城务工的农村劳动者，其居住地与户口所在地分离，其职业身份完全是产业工人或者非农劳动者，其中的一部分实际上已经市民化了，只是农业户口的限制使其被排斥在城市社会及政治之外（也有极少量的异地承包土地、山林、牧场、水面的农村劳动力）。

此外，还有一种特殊现象就是失地农民，这是传统型农民中因失去土地又未能够成为城镇居民的农村人口，是中国城市化、工业化进程中出现的又一个特殊群体，他们的权益更容易受到损害。

保障农民权益的法律原则上应当覆盖上述全部人口，但从未来发展的角度出发，保障农民权益的重点则应当是第一种类型的人口——居住农村与从事农业劳动相统一的农村居民，其他群体应当让其逐渐融入城市。

第二，农民工构成了农民权益保障中的一个特殊群体，因为除一般农民权益外，农民工的权益更主要地体现在劳动就业权与社会保险权益等方面。因此，有必要对农民工的权益进行专门规范。我不赞成法律只规范进城务工农民工，而应该将农民工作为一个整体进行规范。我过去提出过，农民工的分类只能是如下三类：一是市民化的农民工，是指已经在城镇或者企业有稳定的劳动关系、稳定的工作岗位与稳定的居住处所的农民工，这部分农民工实际上是中国城市化、工业化的重要推进力量，从而应当积极地导引其融入城市；二是保留着传统农民固有特征，只在农闲季节外出务工的农民工，这部分农民工实际上仍然是传统意义上的农民；三是长期处于流动状态的农民工，他们缺乏稳定的劳动关系、工作岗位与居住处所，但职业角色却完全非农化了，它作为一个过渡性的群体今后必然进一步分化成市民或农民。尽管农民工只是中国发展进程中的一个过渡现象，但因这个过渡现象时期较长，如何维护这一庞大群体的权益事实上构成了农民维权的重点，也是现阶段整个国家与社会维权的难点所在，因为传统户籍制度与城市化、工业化及市场经济对统一劳动力要求相冲突，不仅导致了农民工身份的不确定性、岗位的不稳定性，而且导致其正当权益更容易受到侵害。因此，《农民权益保障法》既不能剔除农民工，也不能将其完全等同于农民，以免影响其向市民化转化。基于这一点，我主张，凡能够利用现行法律制度获得权益保障的，应当通过消除这些制度或者政策中的歧视与排斥色彩，让农民工获得与城镇居民同样的权益保障，如公平的劳动就业权、必要的社会保障权与技能培训权等；凡不能够通过现行法律制度获得权益保障的，则可以通过《农民权益保障法》等的制定来加以解决。总之，农民工问题是中国城市化、工业化进程中的关键问题，也是中国现代化进程中的关键问题，立法中既不能不考虑其农民身份的一面而规范相应的权益保障，也不能总是以固态的目光视农民工为传统农民。在这方面，我认为法律应当给城市施加一定的压力，让城市政府承担起相应的责任，最终实现让农民工或者农民工中的绝大部分在城镇安居乐业、融入城市。

第三，失地农民是农民权益保障立法必须关注的又一个特殊群体，其需要维护的权益也有其特殊性。从我国的发展实践来看，失地农民是城市化、工业化发展进程中必然出现的一个群体，因为城市化与工业化必然要以占用土地为条件，在中国快速发展的大背景下，失地农民数量已经达到了4000万人，而且这一群体还会随着城市化、工业化进程的加快而扩大，因此，如何维护失地农民的权益客观上也成了与维护农民工权益一样的重大问题。对于失地农民，实际有两种情形：一是部分失去土地的农民，一是完全失去土地的农民。对这两种情形，其权益要求其实是不相同的，部分失去土地的农民的权益重在对土地收益的合理分享，全部失去土地的农民的权益就不是一个简单的土地收益权益问题，更重要的应当是一个身份转换的问题，即应当直接转化为市民并享受与城镇居民同等权益的问题。因此，对于失地农民的权益保障，也应当分类考虑：凡部分失去土地的农民，法律应当确保其对土地收益的合理分享，国家应当保障其生活水平不下降；凡全部失去土地的农民，法律在保障确保其对土地收益的合理分享的同时，还应当实现其身份转换，这应当成为城市化、工业化的必要条件。

基于上述分析，农民权益保障立法的核心应当是居住乡村并且从事农业生产劳动的农村居民及其家属，但在国家并未很好地解决农民工、失地农民的权益保障问题时还需要对农民工、失地农民的劳动就业权、社会保障权等进行规范，否则，法律的真空将使农民工、失地农民的权益无从维护。

五、结束语

正是因为农民及农民工、失地农民的权益受损严重，而城乡二元分割、分治的格局一时又难以改变，因此，加快完善农民权益保障的法制建设步伐，不仅必要而且具有相当的难度，但无论如何，我是赞同专门通过完善农民权益保障法制来改变农民权益受损严重的局面的，它对于真正落实科学发展观、推进城乡统筹发展、让包括农民工、失地农民在内的全体农村户籍居民合理分享国家改革发展成果无疑有着十分重要的意义。

第八篇

灾害、事故与和谐发展

开展灾害问题研究，建立中国灾情学①

"明者防祸于未萌，智者图患于将来。知得知失，可与为人；知存知亡，足别吉凶"——陈寿·《三国志》

一

当代社会最严重的问题之一，就是灾害问题的全面化、深刻化和全球化。

尽管经历数千年的发展，人类的智慧和文明已经达到了相当高的水平，但是，灾害不仅未退出历史舞台，而且随着社会的进步、生态环境的人为破坏，更加倍地反馈给人类社会。自然灾害在不断恶化，人为事故层出不穷，温室效应开始出现，南极上空的臭氧空洞已经形成，等等。灾害问题在世界范围内的深刻化，表明人类社会及其赖以生存的这颗星球正在陷入灾难深重的危机之中。如果不对严重的灾害问题引起高度的警惕，并在全面认识灾情的基础上及早采取对策，那么，人类社会的未来只能是恩格斯在《自然辩证法》一书中指出的"他们活动的结果只能和地球的普遍死亡一起消失"；② 换言之，人类本身的毁灭将不仅仅是自然灾害的恶果，在很大程度上也将是人类自己造成的恶果。

中国的灾害，自古以来就十分严重。在中国浩瀚的史籍中，经常用"饥民遍野"、"饿殍塞途"、"人相食"等描述灾害的直接后果，几乎每一本史书都浸透了各种天灾人祸肆虐的血泪。在今天的中国，虽然社会主义制度保障了绝大多数人民的安居乐业，但因人口的剧增、生产的发展等多种原因，包括自然灾害与人为灾害在内的各种灾害客观上都在迅速发展。1988 年，戴逸先生在呼吁"重视近代灾荒史的研究"时，就用"怵目惊心"来概括"历史上自然灾害给我们祖国和民族造成的疮痍，瞻望将来正在迫近我们的更大灾害的阴影"；同年，于光远先生在一次全国性学术会议亦多次指出"灾害问题是一个非常严

① 本文系作者 1994 年 6 月为《灾害黑皮书——中国灾情论》（以下简称《中国灾情论》）撰写的自序，该书 1994 年 12 月由湖南出版社出版。

② 《马克思恩格斯全集》第 20 卷，人民出版社 1971 年版，第 373—374 页。

重的问题，研究灾害问题具有迫切性、严重性”。

那么，中国的灾害到底有多严重呢？1993年6月26日，分管救灾工作的国务院副总理朱镕基对外宾说：“中国由于面积很大，人口很多，年年都遭灾，对我们来讲，每年都是灾年。不是水灾，就是旱灾，或者别的什么灾害，全世纪所有的灾我们这里都有……我担心的就是要发生大的灾害。”而在此前一天，国家主席江泽民在给灾害管理国际会议的一封信中说：“我们深知，我国要实现20世纪90年代经济和社会发展的目标，不能不更加重视减灾工作”，提出要“把减灾纳入国民经济和社会发展的总体规划中去”。在中国最高决策者忧虑的背后，即是中国平均每年因各种灾害造成的人口死亡数以十万计，造成的直接经济损失少则在1000亿元以上，多则达2000多亿元，按1992年的价格水平计算，这一数值约相当于国民生产总值的5%—9%，相当于国民收入总额的6%—10%，相当于国家财政收入的25%—40%左右。

在自然灾害方面，20世纪60年代初期的连年干旱，造成过中国大面积的饥荒；1976年的唐山地震，导致了40多万人口的死亡或终生残疾；1987年的大兴安岭森林大火，摧毁了孕育亿万年的原始森林的生命活力；1991年的江淮大水，毁灭了皖、苏两省800亿元的物质财富；1993年水旱风雪，葬送了国家约20%的财政收入；等等。在人为事故方面，每年的直接经济损失也高达数百亿元乃至逾千亿元，如每年有约26万多人死、残于汽车轮下，约100亿元的财产物资葬送于火海之中，爆炸事故数以万计，空难、海难、工伤事故、医疗事故、建筑事故等各种人为灾害全面爆发。尤其令人震惊的是，建国后一度被根绝的血吸虫病、性病等又死灰复燃。环境状况随生产的工业化尤其是农村工业的迅速发展而急剧恶化，许多地方以牺牲环境作为发展经济的代价，酸雨、赤潮及新型瘟疫在不断蔓延。在科技风险方面，继“澳星1号”首次发射失败后，不久前在酒泉基地发射的一颗要回收的科学实验卫星虽在过去多次回收成功，这次却未能如计划返回中国地面；计算机犯罪和电脑病毒在大范围扩散。不仅如此，隐藏在灾情背后的各种问题更为严重。以环境污染灾害为例，全国人大常委会环境保护委员会主任委员曲格平在1992年就公开算过一笔经济账：要使中国现存的污染问题在20世纪内得到基本解决，需投入6400亿元（按当时水平计），仅此一项就占同期国民生产总值的2.4%；要实现控制污染的发展，也需要2600亿元，资金缺口相当巨大，而现阶段中国的环境污染却仍在不分城乡地、大规模地加倍恶化。

所有这一切，均标志着在社会经济高速度发展的当代中国，同时也进入了灾害事故与风险的多发时期。这种危机因减灾工作存在着经济的、社会的、政治的、科学技术的乃至思想意识方面的诸多困难，正在走向全面化和深刻化，灾情已成为国情中的重要组成部分。不研究中国的灾情，就无法全面把握中国的国情；不重视中国的灾情，我们将为发展付出高昂的代价。开展中国灾害问题的研究，采取有效的减灾对策，已刻不容缓。

二

灾害作为一种客观的自然社会现象，其过程是自然的，其前因（除少数地质灾害）与后果却是社会的。一方面，离开了人类社会，即使再大的地震、洪水、火灾也不成其为灾害，故灾害的本质就是针对人类社会而言的；另一方面，人类在由农业社会向现代工业文明迈进的过程中，各种活动不仅加剧着自然灾害的发生与危害，而且也直接制造着各种事故灾害。例如，丝绸之路已经成为历史，但沙漠化却不全是历史；洪水、干旱是自然灾害，而水患、旱灾的日趋严重却不能完全归罪于自然；在各种人为事故中，没有人的过错和无知，90%以上的灾害就能得以避免。正如恩格斯在《自然辩证法》中考察中东几个文明古国衰落的原因时分析的那样，“美索不达米亚、希腊、小亚细亚以及其他各地的居民，为了想得到耕地，把森林都砍完了，但是他们梦想不到，这些地方今天竟因此成为荒芜不毛之地，因为他们使这些地方失去了森林，也失去了积聚和贮存水分的中心”。[①] 法国人C·A·爱尔维修则肯定“每个研究人类灾难史的人都可以确信，世界大部分不幸都来自人类自身的过失与无知”。

宏观决策失误和管理失职造成灾害的日趋恶化，是中国严重的政治问题；灾害造成的数以千亿元计的直接经济损失和无法精确统计的各种防灾、抗灾、救灾投入，是中国严重的经济问题；灾害导致的众多人口伤亡，以及贫困化、社会秩序失控、精神恐惧等各种后遗症，又是中国严重的社会问题。因此，灾害不仅是社会保障与商业保险的风险基础，而且是一切政治、经济、社会活动的重要组成部分；同样，灾害问题不仅给千百万普通百姓的生活带来巨大而深刻的影响，而且对整个国家的政治、经济、社会乃至思想文化等多个方面均产生重大影响。

然而，长期以来，我们只习惯于报喜不报忧、报“红”不报“黑”的“喜鹊文化”。在学术研究中，大多只注重那些纯政治的、纯经济的、纯社会性的题材，并常常把主要精力集中在上述题材的理论印证和政策解释上，忽视对政治、经济、社会活动的负面——灾害、事故、失败与挫折及其影响的研究；即使是直接面对灾害问题，也往往是历史与现实、国外与国内、自然灾害与人为灾害割裂开来。“提到过去，每个时代都承认它是事实；提到当前，每个时代都否认它是事实”（罗素语）。提到国外，小灾可以大谈；提到国内，大灾却常

① 《马克思恩格斯全集》第20卷，人民出版社1971年版，第519页。

化小。提到自然灾害，还能客观对待；提到人为灾害，却常常讳莫如深。

中国的灾害研究起步不久，至今仍基本上局限于部分自然科学工作者的专业分割和封闭式研究之中，社会科学工作者绝少介入，国情研究中也几乎不考虑灾情。零散的、微观的灾种及个案研究现状表明中国的灾害研究尚不成熟，自然灾害与人为灾害的割裂表明研究灾害问题的宏观理论方法尚需完善，而社会科学工作者的不介入或不能介入更是造成了灾害问题研究难以弥补的缺陷。因此，一方面，中国的各种大灾、大事故年年不断、月月不断，有时甚至一天之中不同地方发生多起大灾，人人都感到中国灾情的严重；另一方面，又从未有过全面、系统阐述中国灾情的著述，甚至连部门或行业的灾情资料也没有，人民大众对灾害事故、风险的成因、规律、后果及影响所知甚少，更谈不上做到科学减灾。政府决策很少考虑灾情，社会经济发展纲要中亦没有灾害问题的体现，等等。灾情严重的现实及危害的普遍性与理论界对灾害研究重视的不够，理论成果的非宏观化、非大众化形成了鲜明的反差，这种现状应当尽快得到改变。

三

中国的灾害，因其严重而深刻，以及对社会经济发展的持久的影响，迫切需要建立一门独立的灾情科学。于光远先生从 1985 年以来，就多次指出过中国灾害问题的严重性，倡导社会科学界"把灾害作为一门科学来研究"，并将灾害研究称为"警告性的未来研究"，呼吁"灾害的研究应该在学校、科研工作中占一个位置"，还提出出版灾害学著作、在高校开设灾害学课程、建立灾害经济学等具体设想。钱学森教授则在 1986 年首倡自然科学界搞"天地生"的同志转变观念，对灾害问题的研究应"从零散到整体，从局部到系统"，继而他针对灾害学界只研究自然灾害而忽略人为灾害的现象，在给《灾害学》杂志的信中强调："不考虑人为灾害的科学是不全面的"。1993 年 11 月 3 日，钱学森教授又在给我的信中指出："我想，灾害学科是门处于应用层次的学问，它要综合自然科学和社会科学"，等等。社会科学界与自然科学界著名学者的真知灼见，不仅指出了研究灾害问题的重要性，而且也指出了研究灾害问题的科学方法。

中国的灾情学，作为以中国各种现实灾害问题为研究对象的科学，在理论上属于灾害学范畴，又可归属于国情学范畴，同时还应该是灾害经济学、灾害社会学、灾害管理学、灾害保险学等的基础。中国灾情学与自然科学中的灾害学相比较，前者侧重于灾害问题的宏观研究和对各种灾害的危害后果、经济影响及社会影响进行反映、分析，并提出管理灾害的社会对策；而后者侧重于灾害的微观（专业或个案）研究和对各种灾害的成因机理，以及规避灾害的技术手段的研究。中国灾情学与社会科学中的其他学科相比较，它不仅以研究黑色的灾害问题为己任，而且涉及各种灾害的自然要素及减灾的工程措施等方面，并需要运用系统论和数理技术等科学方法，因此，中国灾情学既是一门探讨中国现实问题的应用科学，又是一门必须坚持自然科学与社会科学相结合的多学科交叉的科学，它应该在中国的学术研究中占有应有的、独特的地位。我撰写《中国灾情论》的初衷即是为这一学科的建立与发展做些基础性工作。

灾害的凶残性，灾害的人为性，决定了我们必须有勇气正视中国的灾情，重视人的因素，做到人与自然的协调发展和人与社会的有序发展，并以此作为研究中国灾害问题和解决中国灾害问题的指导思想。在人与自然的关系上，正如《世界自然资源保护大纲》中指出的那样，“大地不是我们从父辈那儿继承来的，而是我们从自己后代那儿借来的”。自然界给予我们的是物质的精华，我们不能回赠以物质的垃圾。中国的社会经济正处在大发展过程中，即使是牺牲一点速度的代价，也必须充分考虑到发展对环境等的影响。人与自然的关系应该是亲善的、协调发展的关系，马克思在他的《巴黎手稿》中就用一种庄严肃穆而又生动亲切的情愫写道：“自然界，就它自身不是人的身体而言，是人的无机的身体。人靠自然界生活，这就是说，自然界是人为了不致死亡而必须与之处于持续不断地交互作用过程的、人的身体”。① 在人与社会的关系上，是人组成了社会，人的过错与无知往往制造着各种损人利己的事故灾害，对此，必须通过严格的法规制度和科学的管理，才能确保人与社会的有序发展。

应当肯定，灾害摧残着人类，也锻炼了人类。从一定意义上讲，灾害也是社会进步与发展的动力，因为它事实上强迫着人类去抗争、去发展。钱学森教授在 1993 年 10 月 3 日就科技风险问题致笔者的信中指出：“人通过实践是可以认识客观世界的，科技、高科技中是会有暂时不认识的东西，但可以把不认识的东西独立出来专门做试验来搞清楚。我国的‘两弹’工作就是用这个办法来消除未知风险的”；他在另一封信中，亦一再强调研究灾害问题“要注意人的因素”，“减灾是有办法的”。无数防灾、抗灾、救灾成功的事实，雄辩地表明了人在灾害面前完全可以有所作为。因此，中国的灾情是消极的，但中国的灾情学却应该是积极的！

四

《论语·宪问》有云：“邦有道，危言危行；邦无道，危行言孙。”在社会

① 《马克思恩格斯选集》第 1 卷，人民出版社 1995 年版，第 45 页。

进步、经济发展、各种改革的大好消息不断传来的当代中国，出版《中国灾情论》亦可以称之为盛世危言，但绝不是危言耸听！因为《中国灾情论》中的各种材料并非杜撰，而是中国现实灾害问题的客观写真，因而只是“从活问题和活材料中，朝夕寤寐以求之一点心得”（梁漱溟《中国文化要义》自序中语）。

我认为，忽略灾情的国情是不全面的国情，忽视灾害（或风险）的科学是有缺陷的科学，割裂自然灾害与人为灾害的理论是不现实的理论，只强调减轻自然灾害而不提减轻人为灾害的减灾活动将难以取得我们所预期的效果。我坚信，只有正视中国的各种灾害问题，让民众了解中国的灾情，让政府了解国情、省情、市情、县情中的灾情，并树立起全民的灾害危机意识，把减灾纳入到国民经济和社会发展的总体规划及每个国民的自觉行动中去，才能最终保护我们的国家、社区、家庭及亿万人民免受或少受各种灾祸的摧残，才会更有利于我们国家和民族的繁荣与发展。

成功源于失败，发展始自忧患。中国的灾害问题迫切需要得到有效的控制与减轻，中国的减灾道路充满着艰辛与困难，中国的灾情学任重而道远！

人灾互制与理性发展[①]

在科学界，一部分学者根据史前生物大灭绝的例证提出了“反达尔文”生物进化论的观点，即认为在地球生命的发展进程中，适者生存规律并无多大意义，因为大多数物种的灭绝是由大灾变引起的，是周期性的，是生物自身无能为力的，它决定了包括人类在内的各种生物的生死存亡也是机遇而不是天择说中的优越性。[②] 这一理论用于考察数十亿年来的地球发展进程，显然是成立的；但对于人类社会产生与发展的“短暂”时期而论却又十分有害，因为它指导的将是人类无论怎么发展终将摆脱不了灭绝的结局，从而可能消极地等待着大灾难的到来。因此，我认为，在人类社会存续期间不应以这种观点来指导人类自身的行为，而是应当科学地考察人灾互制的历史、现实与未来，尽可能使人类社会抗御灾害的能力超过灾害的发展，使人类社会的发展不断得到延续。这里所研究的灾害是相对于人类社会而言的各种异常的、客观的自然与社会现象。在此，我是将人类社会存续期从整个地球生命期中抽出来，并以研究当代社会的灾害经济关系为己任的，这种研究的重要结论，就是人灾互制规律是灾害经济关系的第三个基本规律（前两个基本规律是不可避免规律、不断发展规律，后一个规律是区域组合规律），即灾害制约着人类社会经济的发展，而人类则可以在一定程度上控制灾害或减轻灾害，也可能在一定程度上助长灾害与灾害损失。因此，人灾互制规律包括着人对灾害的制约和灾害对人类发展的制约两个方面的内容。

一、人对灾害的制约

人类是在同自然界的艰苦斗争中不断成长起来的。人类从茹毛饮血中走出来，发展至今，都是与自然斗争、与灾害斗争的结果。因此，人能够抵御灾

① 本文节选自郑功成：《灾害经济学》，湖南人民出版社 1998 年版，第 62—80 页。

② 参见董妙先：《多四季论——揭开大自然深层王国的奥秘》，武汉测绘科技大学出版社 1991 年版；许靖华著，任克译：《大灭绝——寻找一个消失的时代》，三联书店、天下文化出版公司 1997 年版。

害，也只有人才能改变自然环境和抵御灾害。

首先，人类通过各种防灾工程的建设使某些灾害在一定的区域范围内或程度上得到减轻或控制。如李冰父子兴修都江堰，使成都地区由水患严重的地区变成“天府之国”，迄今1000多年了，成都人民还在受益；再以“三北”防护林为例，经过1978－1995年的大规模植树造林，400多万公顷的巨型林带已经有效地阻止了沙漠的南进，从而是抑制土地沙漠化的成功例证。现在正在进行的“三峡”工程建设，建成后将有效地扼制长江中下游的水患，使长江流域的水灾在一定程度上得到抑制；类似例子不胜枚举。它们表明，在经济发展的条件下，国家和社会投入一定的人力、物力和财力进行防灾工程建设，是能够对灾害的发生与发展起到制约作用的。

其次，通过科学技术的发展与应用来控制灾害。如农作物优良品种的培育与推广，高效农药、化肥的研制、生产与使用，对防治农作物病虫害、提高农作物的抗灾能力起到了良好的作用；医学的发展为人类提供了抵御各种疾病和各种意外伤害有了更科学、更先进的方法与手段；人工降雨技术的应用能够缓解局部地区的旱情；等等。因此，科学技术的发展是制约灾害发生、发展的不可或缺的途径。

再次，通过许多非工程措施来控制灾害（尤其是人为事故灾害）的发生与发展。如宣传安全生产知识、培训安全生产技能，能够抑制工伤事故的发生；严格交通规则、加强交通管理，能够控制交通事故的发生；等等。

不过，在人灾互制关系的发展进程中，人类在早期是为了生存而斗争，现在则是为了不断改善生活质量（追求享乐生活）而向自然索取，人类社会发展的性质已经发生了重大变化。在今天的人类行为中，这些行为是必要的，如“三北”防护林工程、“三峡”工程等建设；有些行为则是不当的，其结果不仅不能减少灾害，而且可能导致灾害问题的恶化。如塑料薄膜被用来抑制低温灾害对农作物的影响，但它又是很难降解的，它的大规模应用正在造成严重的“白色污染”，进而会带来新的灾难性后果。因此，我讲的人灾互制规律中的人对灾害的制约，实质上除了包括上述积极的制约作用外，还包括着助长灾害发生、发展的方面。“人类在由农业社会向现代工业文明迈进的过程中，各种活动不仅加剧着自然灾害的发生与危害，而且也直接制造着各种事故灾害。例如，丝绸之路已经成为历史，但沙漠化却不全是历史；洪水、干旱是自然灾害，而水患、旱灾的日趋严重却不能完全归罪于自然；在各种人为事故灾害中，没有人为过错和无知，90％以上的灾害都能得以避免。”[①] 恩格斯在《自然辩证法》中考察中东几个文明古国衰落的原因时亦指出，“美索不达美亚、

① 郑功成：《中国灾情论》，湖南出版社1994年版，自序第5页。

希腊、小亚细亚以及其他各地的居民，为了想得到耕地，把森林都砍完了，但是他们梦想不到，这些地方今天竟因此而成为荒芜不毛之地，因为他们使这些地方失去了森林，也失去了积聚和贮存水分的中心”。①

历史的发展实践已经雄辩地证明，人类对灾害能够在一定的程度上起到制约作用，但也存在着助长并扩大灾害的可能。

二、灾害对人类的制约

前面已经分析了人对灾害的制约作用，而灾害对人类社会的发展也具有重大的制约作用。灾害对人类制约的后果是使人类生产、生活环境发生毁灭性灾变，造成人口伤亡、经济衰退等。

1. 灾害对人类生产、生活环境的制约。人类的生产与生活活动从正面或反面对各种灾害产生巨大的影响，而各种灾害也对人类的生产与生活环境产生巨大的影响。一般而言，如水灾毁灭农民的田地、房屋，曾经造成许多灾民流浪他乡；旱灾不仅造成农业歉收或绝收，而且使缺水城市的有关工厂被迫迁移。严重的灾变甚至直接毁灭城镇与乡村。如在中国，最新的考古发现表明，新疆塔克拉玛干沙漠中心地带在 2000 年前曾经是一个十分兴旺的绿色城市，后来却被沙漠化，古城即葬身沙海，被彻底毁灭；② 丝绸之路曾经是中国通往西域与欧洲的十分繁华的通商之路，现在已为沙漠、戈壁所取代。在国外，根据有关文献记载，公元 79 年意大利南部那不勒斯东南面的维苏威火山爆发，不仅毁灭了赫库兰尼姆、斯塔比奥城及许多村庄，而且彻底埋葬了繁华的庞贝城，使 1.6 万市民死于非难。③ 古往今来，尽管灾难并未能阻挡人类社会向前发展，但灾难造成许多城镇、村庄毁灭的事实，以及现实中对受灾区域生产、生活环境的制约，均表明了灾难对人类生产与生活发展的制约作用是很大的。唯有中国唐山市在 1976 年的大地震造成一片废墟后经过十多年的恢复重建再度走向繁荣，这是得益于中国的社会制度和集全国支援力量的例外性结果。

2. 灾害对人口的制约。造成人口的直接或间接死亡与伤残，是各种灾害事故对人口进行制约的基本表现形式。不过，在如何看待这种制约作用方面，经济学界似乎并不统一。一些经济学家在讨论人口再生产问题时，对灾害造成的人口损失不以为然，如马尔萨斯在他的《人口论》一书中阐述人口是以几何级数增长而生活资料只能以算术级数增长的理论时，甚至将瘟疫、饥饿、战争

---

① 《马克思恩格斯全集》第 20 卷，人民出版社 1971 年版，第 519 页。

② 参见刘同起等：《塔克拉玛干沙漠考古又获重大发现》，《新华社每日电讯》1997 年 6 月 17 日。

③ 参见张金鉴等编译：《世界重大灾难纵览》，东方出版社 1993 年版，第 5 页。

等灾难看成是维护人口与生活资料平衡的手段；[①] 被马克思称为资产阶级古典政治经济学崩溃和庸俗政治经济学兴起的“分水岭”时期（1830 年）的主要代表人物萨伊，亦在他的主要著作《政治经济学概论》中这样阐述着灾难对人口的制约，即“临时性灾祸虽夺去许多生命，但如果再生产来源没受损害，那么所造成的损害，与其说是对人口的致命伤，毋宁说是折磨人类。人口不久又接近年产品总量所规定的限度。”[②] “这种临时性灾难所造成的最大祸害，并不是人口的损失，而是它给人类所带来的苦难。”[③] 西方学者的类似观点还有许多，它反映了当时的经济学家们对灾难制约人口的认识。到当代社会，人类越来越重视人口的经济价值，不仅一些经济学家提出并阐述人力资本或人力资源理论，而且在世界上最有影响的经济组织之一的世界银行，还于 1995 年将人力资源（资本）作为计算国家财富的重要组成部分，根据该组织计算出的结果，人类创造的资产在大多数国家的实际财富中事实上只占 20%或不到 20%，人力资源却在高收入国家中占 67%、在原材料出口国占 36%、在其他发展中国家占 56%。[④] 这一结果与绝大多数国家对国家财富主要以创造的资产为确定财富的计算方法与结果存在着巨大的差异，我们虽然不能完全接受，但这种理论或方法给人赋予了很高的价值是可取的。在灾害与人的关系中，财富的损失与人员的伤亡都是灾害制约人类社会的最主要的表现形式，因此，在灾害经济研究中，既不能否认灾害对人口再生产的制约作用，也不能无限夸大人口的经济价值，而是必须与现实社会或者所处的社会发展阶段来评价灾害对人的制约作用。具体地讲，灾害对人的制约表现在于：

其一，造成人口的非正常死亡。包括直接致死人口和间接致死人口，如中国在唐山地震中即有 24 万多人直接死于地震灾害中，各种灾害事故中即时造成的人员死亡都是灾难直接致死人口；另一种不容忽略的制约是灾难间接致死人口，如灾难中造成人员伤残或职业病并留下后遗症而最终死亡，再如水旱灾害导致的饥荒更是灾害间接致死人口的主要表现形式。在此，可以引用如下三则资料来说明：

一则是发生在光绪初期的华北大旱灾导致的大饥荒（历史上称之为“丁戊奇荒”）。有关文献记载，“食人者死，忍饿者死，疫病者死，自尽死，生子女不举，饿殍载途，白骨盈野。”其中 1878 年 4 月出版的《申报》刊载的《山西饥民单》中更对灾害带来饥荒导致的令人毛骨耸然的饿死人口的记载：“灵石

① 参见［英］马尔萨斯：《人口论》，商务印书馆 1959 年版。
② ［法］萨伊：《政治经济学概论》，商务印书馆 1982 年版，第 423 页。
③ ［法］萨伊：《政治经济学概论》，商务印书馆 1982 年版，第 424 页。
④ 世界银行制定新的国家和地区财富计算法，《统计研究》1996 年第 1 期。

县三家村92家，饿死300人，全家饿死者72家；圪老村70家，全家饿死者60多家；郑家庄50家全绝了；孔家庄6家，全家饿死者5家。汾西县伏珠村360家，饿死1000多人，全家饿死者100多家；霍州上乐平420家，饿死900多人，全家饿死者80家；成庄230家，饿死400人，全家饿死者60家；李庄130家，饿死300人，全家饿死者28家；南社村120家，饿死180人，全家饿死者29家；刘家庄95家，饿死180人，全家饿死者20家；桃花渠10家，饿死30人，全家饿死者6家。赵城县王西村饿死600多人，全家饿死者120家；师村200家，饿死400多人，全家饿死者40家；南里村130家，饿死460人，全家饿死者50家；西梁庄18家，全家饿死者17家；洪洞县城内饿死4000人；师村350家，饿死400多人，全家饿死者100多家；北杜村300家，全家饿死者290家，现在20多人；曹家庄200家，饿死400多人，全家饿死者60家；冯张庄230家，现在20来人，别的全家都饿死了；烟壁村除40来人（外）都饿死了，全家饿死110家；梁庄130家，全家饿死者100多家；南社村120家，全家饿死者100多家，现在40来人；董保村除了6口人（外），全都饿死了；漫地村全家饿死者60多家；下桥村除了30多人（外），都饿死了，全家饿死者82家。临汾县乔村600余家，饿死1400人，全家饿死者100多家；高村130家，饿死220人，全家饿死者80余家；夜村80家，除30人（外）都死了，全家饿死者70多家。襄陵县城内饿死三、四万；木梳店300家，饿死五、六百人；义店120家，饿死了六分……蒲州府万泉县、猗氏县两县，饿死者一半，吃人肉者平常耳……。光绪四年正月念日抄。”[①] 这是一份惨不忍睹的记载，而在中国的历史上类似的记载可以说是不乏罕见。

另一则是中华人民共和国成立后的“三年困难时期”（即1959—1961年）。根据国家统计局和民政部联合发布的中国灾情报告，这三年由于全国大范围的饥荒导致冻、饿、自杀及浮肿病致死等非正常死亡人口达120多万人。[②]

还有一则是中国1996年仅因公路上的车祸，就致死人口7.4万多人。[③]

上述三则资料已经足以表明，各种自然灾害与人为事故是造成相当数量人口非正常死亡的重要原因。

其二，造成人身伤残。灾害对人的制约的第二个方面，是造成人身伤残。从经济意义出发，其共同的特征即是使人的劳动能力不同程度丧失。有的人因

① 转引自李文海等：《中国近代十大灾荒》，上海人民出版社1994年版，第89—90页。

② 参见国家统计局、民政部编：《中国灾情报告（1949—1995）》，中国统计出版社1995年版，第267页。而据国内外有关研究灾荒问题的专家研究，1959—1961年间因饥荒造成的中国人口死亡在2600万—3800万之间。

③ 参见劳动部：《1996年劳动事业发展统计公报》。

天灾人祸造成终生永久完全残废；有的终生永久部分完全残废；有的是在一定时期内丧失劳动能力；有的是留下严重的功能障碍等。严重的伤残者不仅无法自立，而且必须依靠家庭或社会的护理。例如，唐山地震除致死 24 万多人外，还使 50 多万人受到伤害，留下了 16 万多名重度残疾者；[①] 在职业病中，中国自 1949 年以来仅国有单位和大集体单位累计发生尘肺病的患者就达 50 多万人，而且还在随着乡镇企业的发展而大幅度增长；[②] 再以公路交通事故为例，从 1991—1996 年间，中国全国因车祸造成的伤残人口总数达 92.4 万人，年均为 15.4 万人（其中 1996 年为 17.4 万人）。[③] 无需再列举了，灾害造成的人身伤残，不仅是对受伤害者的直接制约，也是对受伤害者的家庭成员和其他社会成员的制约。

综上所述，灾害对人的制约是显而易见的。尽管从长期的人口发展来看，灾害并未阻止人口再生产的膨胀式发展，但具体到一定时期内的每一个国家或地区或家庭，死者却是不能复生的，从而是人力资源的净损失；伤残者因不同程度地丧失了劳动能力，亦是人体的剧降的人力资源的净损失。因此，灾害是制约人口再生产的重要因素，愈是在落后的社会里，灾害对人口的制约就愈是严厉；愈是在发达社会里，灾害对人口的制约作用则会不断减弱。

3. 灾害对生产的制约。灾害直接破坏着人类的直接生产对象与资源，如耕地因水旱灾害而毁灭，草场因病虫害而毁灭，森林因火灾而毁灭，渔场因洪水、垮坝、海水入侵、病害等而毁灭，工厂因灾害事故导致机器设备的毁灭或破坏等，其结果都是生产的中断和失败；不仅如此，灾害的连锁效应亦直接制约着生产，如农业歉收会直接影响依靠其为原材料的工业生产，导致工业生产的停顿，等等。因此，灾害对生产的制约是客观的、巨大的。

4. 灾害对交换、分配的制约。在正常条件下，产品交换与分配通常是有序的、发展的，但在灾害的条件下，由于灾害毁灭了既有的物质财富与资本，受灾地区或受灾对象原有的交换内容就必然要调整；又由于生产的中断或停顿，受灾单位提供的产品便不可能照常供应，原有的分配内容必然要加以改变。因此，灾害改变着既有的交换、分配内容与正常的交换、分配途径，它使正常的交换、分配被打乱，必然制约着交换和分配的发展。

5. 灾害对消费的制约。一方面，灾害对生产的制约影响到消费的内容与水平，如农业歉收必然导致农副产品减少，城乡居民正常的农副产品消费数量与生活质量必然受到影响；另一方面，现有财富的损失，必然带来受灾对象的

---

① 参见郑功成：《中国灾情论》，湖南出版社 1994 年版，第 62 页。

② 参见郑功成：《中国灾情论》，湖南出版社 1994 年版，第 355 页。

③ 参见国家统计局编：《中国统计年鉴》（1991－1996），中国统计出版社。

补偿性消费，如居民住宅在灾害中倒塌，原计划用于其他消费的资金便必然被首先用于恢复被灾害毁掉了的房屋。可见，灾害不仅客观上降低着消费水平，而且改变着受灾对象的消费结构。

灾害对现有物质财富的毁灭和对人身的伤害以及对生产、交换、分配、消费的制约，都是灾害对经济、社会发展的制约。因此，不能因为人类社会自产生发展至今都是不断发展的而否定灾害的制约作用。应当肯定和正视，灾害阻碍着社会经济的发展，在局部地区、一定时期内，甚至使经济、社会的发展发生倒退。如古埃及曾经是世界四大文明古国之一，曾经有着较先进的生产与发达的经济，但后来亦在日益恶劣的自然灾变（如沙漠化、水旱灾害等）中走向衰落，文明古国变成了十分落后的国家；中国也是文明古国，在中华人民共和国成立前的近两百年来的衰落过程中，有社会制度和统治腐败的原因，也有灾害严重的制约作用。以史为鉴，以灾为鉴，正确认识灾害对人类的制约作用，将有助于当代经济、社会的发展。

三、人灾互制规律发展的两个图示

从理论的角度出发，在人类社会的发展进程中，不是人类社会抗御灾害的能力超过灾害，就是灾害问题最终毁灭人类社会。从当代社会追溯到人类的产生，都是人类社会的抗灾能力超过了灾害，所以，人类能够在经受各种灾害的磨难中不断地发展、成长起来。因此，尽管灾害曾经造成过一些古老文明城市及种族的毁灭，但就总体而言，从原始社会到当代社会，人类社会已有的历史，仍然是随着社会生产力的发展和经济实力的不断增强，抗灾能力亦不断上升并持续超过灾害的发展，从而可以称之为人类社会发展的顺境时期（见图1）。

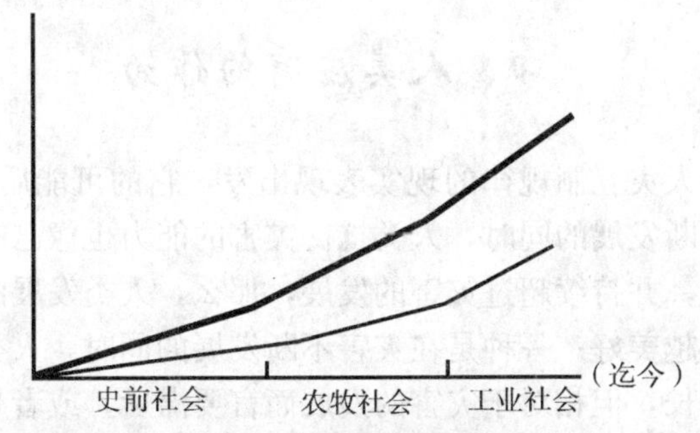

注：图中粗线条代表人类抗御灾害能力的发展，细线条代表灾害的发展

图1　人类抗灾能力与灾害发展图（一）

随着工业社会的迅速发展，因对环境的破坏和对资源的过度消耗，人类社会又正在受到全球性的温室效应和厄尔尼诺现象，以及臭氧空洞扩大等重大灾难的威胁，如果能够采取积极的减灾行动并重视对环境等的保护，协调好经济发展与灾害问题的关系，我们还会沿着原来的顺境时期持续发展下去；如果不能采取有效的减灾行动甚至是全球统一的行动，一味地追求一国或一地区的经济增长和现代化的生活方式，自现在开始进入人类社会发展的逆境时期将不是没有可能，即人类社会抗御灾害的能力增长会日益滞后于灾害的恶化进程（图2），最为严重的后果便是人类社会在获取现阶段的经济繁荣和享乐之后，将因灾害现象的发展走向消亡，即受制于灾害并在灾难中走向死亡。

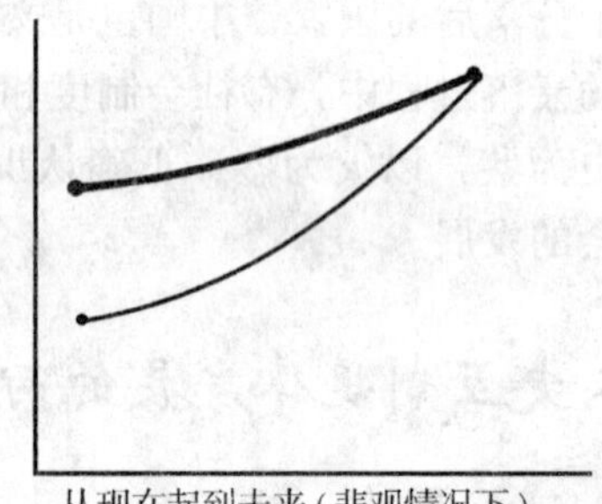

注：图中粗线条代表人类抗御灾害能力的发展，细线条代表灾害的发展

图 2　人类抗灾能力与灾害发展图（二）

图 1 和图 2 揭示了人类社会的发展与灾害的发展的关系。维持图 1 的发展趋势，避免出现图 2 的结局，应当成为全人类思考的最基本的一个命题。而要维持图 1 的发展趋势，让灾害受制于人而不是人受制于灾害，就需要提倡新观念，并采取合理而有效的措施。

四、人类应有的作为

从当代社会人灾互制规律的现实表现出发，它的可能后果包括如下两种：一种是在灾害不断发展的同时，人类抗御灾害的能力也像已有的人类发展历史那样在不断增长，并持续超过灾害的发展，那么，人类发展的未来结果将是越来越富裕、越来越美好；一种是在灾害不断发展的同时，人类承受灾害的能力虽然也在不断增长，但相对于灾害的发展而言要滞后，或者越来越不足以抵御灾害的发展，即灾害的发展快于人类抗御灾害的能力的增长，那么，人类社会的发展结果就将是一个可怕的悲剧。对此，我们必须在灾害发展的同时实现社会、经济更加合理而又快速的发展，以便通过自己的努力来选择并实现第一种结果。人类应有的作为包括：

第一，更新观念，重新调整人与自然的关系。如果我们对人类社会的发展进程作一番历史性的考察，就会发现这样一个事实，即人们的观念来源于社会实践，而人们的行动又往往受头脑中固有的观念指挥。例如，在古代社会，由于生产力水平极为落后，人类社会抗御灾害的能力也十分薄弱，人类在各种自然灾害面前往往无能为力，中国历史上"巫术救荒"曾经盛极一时，"听天由命"的观念由此形成，至今还在一些地区的一些人中有市场；随着社会生产力的发展和经济的日益繁荣，人们不满足于渐变式的发展方式，采取了大规模地改变自然环境等做法来追求经济的快速发展，"人定胜天"、"战胜自然"遂成为越来越多的人的观念，并日益成为指导国家或地区发展政策的指导思想和固有观念。农牧社会（即漫长的原始社会、奴隶社会和封建社会）的实践表明，"听天由命"观念支配下的经济、社会发展，是异常缓慢的发展；进入工业社会后，人类不再迷信，转而征服自然和战胜自然，实际上是在"人定胜天"的观念支配下进入了经济、社会发展的快车道。不过，虽然工业社会使人类赢得了短期内的快速发展（如工业社会自机器生产出现发展至今不过200余年），却又正在使我们付出日益沉重的代价，灾害问题的加剧恶化已经十分清楚地预示着全球性的大灾变正在孕育之中。因此，在这种严峻的条件下，必须摒弃过激化的"人定胜天"观念，改变对自然的掠夺，代之以人与自然协调发展的新观念并用以指导我们的发展和实践，在发展中珍惜一切自然资源，与自然界各种动、植物共同发展，等等。

第二，节制享乐欲望，改变不合适的生活方式。追求生活水平的提高与生活质量的不断改善是刺激生产、交换、分配与消费的动力基础，但追求享乐却是人性的最大弱点，也是促使人类过度掠夺各种自然资源、恶化生态环境的基本原因。如人人都追求住宅豪华、装修豪华、衣食住行都豪华，便必定需要消耗更多的资源，必定会产生更多的废物，必定会对现有的环境产生更严重的危害。以美国为例，其人口只有2亿多人，但人均拥有汽车1辆以上，其交通不仅十分便利，而且刺激着国民经济的发展，但带来的环境污染却是有12亿多人口的中国的近十倍。因此，一切享乐型产品的问世及其普及化，都标志着我们朝着灾害性的后果又走近了一步，尽管灾难性的发展后果只是部分地报复在当代人身上，但会加倍地报复在下一代甚至下几代人身上；不仅部分地报复在享乐者（如发达国家）自己身上，而且更多地报复在未享乐者（如发展中国家或贫困国家）身上。因此，我认为应当节制人的享乐欲望，并改变不合适的生活方式，这也是灾害经济研究中的重要内容。

第三，在经济发展中必须考虑保护生态环境和减轻灾害问题。通过防止生态环境的被破坏，争取环境灾害的发展得以减缓，最终使灾害中的人为—自然型灾害等得以减轻。人类社会在获得经济发展的同时，应当为减轻灾害问题做更多的工作，即在经济发展的成果中应当扣除用于减轻灾害方面的支出，且保证这种减轻灾害问题的支出能够随着经济的发展而不断增长，而不是全部用于扩大再生产或用于生活享乐。值得指出的是，多数发展中国家的经济发展都以不同程度地牺牲生态环境为代价，减灾工作尚未引起真正的重视，而许多发达国家将对生态环境破坏大的一些产业向发展中国家转移或扩散更是一种不负责任的行为，是恶化整个世界的经济发展与灾害发展关系的重要方面。

第四，改变不合理的经济增长方式。常规经济学中追求经济的增长，大多是从即期的收益率和增长率出发的，而在灾害经济学中，却必须考虑经济的长期增长问题，不合理的经济增长方式只能带来短期的经济增长效果，而可能带来长期的灾难性后果。在这方面，中国作为发展中国家，在近十多年来的经济高速度增长过程中，一些地区（主要是乡镇企业）因经济增长方式不合理，事实上已开始品尝短期经济增长后的苦果。如一些地方因低档次工业带来的严重污染造成农作物的大面积歉收甚至绝收，而且连人畜饮水等都遭到了严重破坏，经济的、生命的代价在不断扩大；一些地方因乱砍滥伐和开采小煤窑等，已经造成了日益严重的水土流失；一些地方只追求眼前经济利益而荒芜大量宝贵的耕地，使粮食生产的增长面临着日益严重的风险，等等。因此，应当改变不合理的经济增长方式，努力避免只能带来短期效益而留下长期灾难性后果的经济增长方式。如充分利用水力发电，尽可能少地采取火力发电，即能够在促进经济增长的同时也减缓着灾害的发展。

第五，加快科学技术的发展步伐，重视高新技术在各生产领域的应用。如现代化的生活方式已经使人离不开电冰箱、空调等生活设备，以往这些设备的生产都是使用氟利昂制冷，而氟利昂的大量使用会对保护地球的臭氧层造成极大的破坏，若任其发展下去，则臭氧空洞会越来越大，太阳辐射畅通无阻地进入地球表面将带来不可估量的灾难性后果；现在由于技术的进步，许多国家开始生产无氟冰箱和无氟空调，新技术的采用即会对臭氧层的尽快修补起到良好的作用。类似例子不胜枚举，它表明了人类社会要想实现既维护生产与生活的不断发展进步、又要防止灾害的持续恶化的双重目标，只有通过大力发展科学技术，并广泛地应用新的科学技术成果。

第六，采取多种防控措施，减轻人为事故灾害的危害。许多人为事故灾害（如车祸、工伤事故、医疗事故等）是可以通过事先防控来实现对灾害的制约的。如严格安全管理制度，规范科学的操作程序与方式，提高劳动者的技术素质与职业责任心，强化对违法违规者的惩罚等，均可以在一定的程度上扼制各种人为事故灾害的发展。以航空公司为例，中国国际航空公司自中华人民共和国成立以来连续保持无重大事故、无空难发生，而国内有的航空公司却多次发生空难，造成严重的人员伤亡和财产损失，它表明了人为事故灾害不同于一般自然灾害，其在很大程度上是可以受人的因素制约的。

总之，人类的发展受灾害的制约，而人在灾害面前又是完全能够有所作为的，正如著名科学家钱学森同志在 1993 年给我的有关信件中所指出的，“人通过实践是可以认识客观世界的，科技、高科技中是会有暂时不认识的东西，但可以把不认识的东西独立出来专门做试验来搞清楚。”并一再强调研究灾害问题“要注意人的因素”，“减灾是有办法的”。在促进经济发展、正确处理人灾关系时，需要注意的是，要努力做到有益无害的发展措施多采用，害小利大的发展措施适当采用，近利远害的发展措施少采用，利小害大、有害无益以及只有局部利益而危害整体利益的发展措施坚决不采用。

自然灾害与社会安全[①]

自古以来，自然灾害就是危及社会安全的重大影响因素。中国的自然灾害，历来十分严重。在中国浩瀚的史籍中，经常用“饥民遍野”、“饿殍塞途”、“人相食”等描述灾害的直接后果，浸透着各种天灾人祸肆虐的血泪。我在研究中国社会保障历史问题时，亦发现中国数千年历史中，人民或因灾陷入绝境，或贫病交加死于非命，其生存危机的爆发往往导致百姓铤而走险、揭竿而起，历次农民起义无一例外都是以大灾荒发生为背景，以抢米抢粮为前奏。灾祸或战乱导致生存危机→百姓起义→动摇统治秩序→造成朝代更迭，这是中国的历史公例。

尽管私有制下的阶级剥削与阶级压迫是导致人民反抗封建统治的根本原因，但在数千年的中国历史上，阶级剥削与阶级压迫作为一种常态从未间断，而大规模的农民起义及其带来的社会后果却并非常态，无数历史事实已经表明，中国历史上能够对社会安全带来巨大冲击的主要是各种严重的自然灾害，自然灾害的发生尤其是大灾荒的发生，往往是构成农民起义或社会动乱的直接导火索。因此，在自然灾害危及社会安全方面，历史已经为我们提供了一面客观的镜子。

新中国成立以后，党和政府高度重视防灾、抗灾、救灾工作，政府每年都要拿出相应的财力来开展减灾工程与救灾，但自然灾害不仅未消退，而且因生产的发展和对环境的破坏等原因，正在快速扩展；自然灾害引起的社会安全问题，虽然因社会主义制度保障了绝大多数人民安居乐业而在很大程度上得到了控制，但各种自然灾害的爆发仍然在不同程度上给社会安全带来危害，尤其是重大自然灾害的爆发，更是容易失去控制，对社会安全、经济安全乃至政治秩序等带来全面而深刻的危害。

有鉴于此，在今天的中国，要讨论社会安全问题必先讨论中国的自然灾害问题，要保障中国的社会安全必先解决自然灾害导致的不良后果。本文的目的，在于通过简要地描述中国自然灾害的现状及其发展趋势，客观分析导致中

---

① 原载郑杭生主编：《中国社会发展研究报告：走向更加安全的社会》，中国人民大学出版社2004年版，有关数据资料凡未注明出处者均源自郑功成著：《中国灾情论》，湖南出版社1994年版。

国自然灾害不断恶化的致因及其后果，并就如何减轻自然灾害的危害提出相关政策措施建议，帮助人们了解中国的灾情、正确认识中国的灾情并努力减轻中国的灾情。

一、中国的自然灾害及其对社会安全的危害

客观而论，自然灾害是不以人的主观意志为转移的，但进入工业社会以后，人类的行为（包括生产方式与生活方式）对自然灾害的消长又确实能够产生相应的甚至是重大的影响。中国的自然灾害作为造成旧中国长期贫穷落后的重要原因之一，每年均毁灭着巨额的物质财富和成千上万人的生命，迄今仍然是制约中国发展的重大因素。不仅如此，由于中国工业化进程的加快及发展中对环境的破坏，中国的自然灾害还在不断恶化。

1. 中国自然灾害的分类及主要灾种

中国是世界公认的自然灾害十分严重、灾种繁多的国家之一。世界上有的自然灾害几乎均在中国发生过。中国的自然灾害种类可以参见图1。

自然灾害
- 天文灾害——陨石冲击、电磁异暴、太阳辐射异常、小行星撞击等
- 气象灾害——水灾、旱灾、风灾、雪灾、冷害、冻害、雹灾、雷击等
- 地质灾害——地震、火山、地陷、泥石流、滑坡、岩崩、水土流失等
- 水文灾害——海啸、海侵、风暴潮、泥沙淤积等
- 生物灾害——病虫害、草害、鼠害等
- 环境灾害——水污染、大气污染、酸雨、赤潮等

图1　中国自然灾害种类

图1中所示的实际上是中国遭遇过的自然灾害大类，还可以做进一步的细分。如风灾就有台风、龙卷风、干热风、风沙等之分，水灾则有洪水、内涝等灾种。各种自然灾害在中国均时有发生，只不过是不同的地区所发生的灾种有别，如洪水均发生在大江大河流域并尤其集中于这些河流的中下游地区，雪灾发生在中国北方而不会出现在海南，台风危害东南沿海并可能延伸至内陆地区但绝对不会对新疆造成危害，但它们都对中国的危害很大。

就总体而言，中国的自然灾害在危害范围及危害后果等方面却又表现出相对集中性。在中国历史上，各种灾害虽然均有发生，但危害最大者莫过于水灾、旱灾和蝗（虫）灾，这三大灾种向来称为中国自然灾害之最，并无数次地给我国人民带来过巨大的灾难性后果。新中国成立以来，水旱灾害仍然是最主要和危害最大的自然灾害，但另一些自然灾害也发生了一些变化，如蝗虫灾害经过治理曾经被基本消灭，近十年来虽然在一些地区重新出现，但与历史上蝗灾的肆虐程度相比，已经从主要灾种中退位为小灾种了，而地震、台风等自然

灾害却日益趋向严重化。

对中国社会安全造成危害及影响最大的自然灾害，主要有如下几种：

第一，水灾是中国的众灾之首。据历史资料中的不完全统计，从公元前206年到公元1949年的2155年间，中国发生的大水灾为1092次，平均每两年就有一次大水灾，“治国必先治水”是祖先留下来的古训；新中国成立以后，虽然政府加强了大江大河的治理工作，但由于社会经济的发展和大江大河流域中下游地区人口剧增及财富的积聚，加之生态环境的破坏，水患不仅未见减轻反而不断加重。据统计，新中国成立后全国每年发生的大小水灾达到50多次，在各种灾害造成的损失中，也是水灾损失最巨。长江流域、黄河流域、淮河流域、海河流域、珠江流域、辽河流域与松花江流域是中国水灾常发区域，也是水患后果最为严重的地区。1950年、1954年、1956年、1963年、1975年、1990年、1991年、1998年等年份均发生过波及范围甚广、危害后果严重的大水灾。如发生在1991年5—8月的江淮大水灾，曾造成5113人死亡，498万间房屋倒塌，农作物受灾2400万公顷，直接经济损失达779亿元；发生在1998年的长江水灾与松嫩流域洪水，更是构成了当年全国的心腹大患，不仅使当年自然灾害导致的直接经济损失首次突破3000亿元大关，而且动用了30多万军队和近千万计的劳动力抗洪抢险，灾后的重建与救济亦耗费了国家相当的财力。尽管随着三峡工程的修建及一系列的治理大江大河行动，中国防范水灾的能力有较大提升，但水灾的频繁性和影响的大范围性以及后果的严重性，决定了它仍然是中国需要长期面对的重大问题。

第二，干旱是又一种影响全局的自然灾害。据不完全统计，从公元前206年到公元1949年，中国发生大旱灾1056次，导致大面积饥荒使数以千万计的灾民死亡，近代史上有名的“丁戊奇荒”(1877—1879大旱)就持续三年，波及长江以北9省，灾民达1.6亿—2亿人，由于饥荒和感染斑疹伤寒的原因而丧生者达1300多万人；1920年晋冀鲁豫陕5省大旱，赤地千里，死亡人数达505万人；1942—1943年的大旱，仅河南一省就因饥荒饿死数百万人。新中国成立以后，旱灾一直是危害中国经济社会发展的重要灾害因素，重大的旱灾甚至给国家与人民的生命带来过惨痛的损失。我在1994年写《中国灾情论》时，曾对建国后历年的旱情资料做过一个统计分析，发现从1950—1992年间因旱受灾的农田面积超过4亿亩的就有14年，1959年、1960年、1961年、1971年、1972年、1978年、1981年、1986年、1988年、1989年、1992年不仅均出现了波及数省乃至大半个中国的干旱，而且成灾面积均在2亿亩以上。以1972年为例，全国出现干旱的地方波及华北、长江中上游和华南广大地区，华北地区受旱农田占全部农田的90%，绝收面积达5%以上。

第三，风灾也是中国面临的一类主要气象灾害。由于面临海洋，加之独特的地理条件，中国不仅每年均受到台风的威胁，而且境内常发生龙卷风以及混合型灾害如干热风、风沙、风暴、沙暴等灾害。每年在中国登陆的台风少则7个，多则达到10多个，每次台风造成的直接经济损失均以10亿元计，并导致人员伤亡；其他类型的风灾亦会带来不同程度的损害后果。

第四，地震是对中国危害最大的地质灾害。中国地处环太平洋地震带和欧亚地震带之间，是世界上多地震灾害的国家。据中国地震资料年表，从有记载开始到20世纪90年代初期，中国有记载的地震达8200多次，其中破坏性地震达到1000多次；在1900－1988年间，全球发生7级以上的地震灾害1285次，中国为104次，占全球总数的8.1％；1900－1980年间全国共发生死亡千人以上的地震31次，死亡人数达60多万人，约占同期全球因地震死亡人数的50％多；中国的大陆地震占全球大陆地震总数的29.5％。上述资料已经足以表明中国地震灾害的严重性与危害性，是值得高度重视的又一类严重自然灾害。

第五，其他自然灾害。除上述水旱风震四类特别严重的自然灾害之外，在全国广阔的国土上还不时发生着冰雹灾害、雷电灾害、风沙灾害、雪灾、低温冷冻灾害、滑坡灾害、泥石流灾害、风暴潮灾害、病虫害以及与人类自身行为密切相关的环境污染灾害（如赤潮、酸雨、水污染）等，这些灾害每年均直接造成中国数百亿元的物质财富损失及不同程度的人员伤亡。例如，1981年7月9日，四川成昆铁路利子达沟发生泥石流，冲毁铁路大桥一座和422次列车两个机车头、一节邮政车、一节旅客车，造成275人死亡、数十人受伤，直接经济损失1000多万元，间接损失更大；同年7月26—28日，辽宁复县、新金县、盖县交界处的老帽山因暴雨导致泥石流，造成610人死亡、726人流浪他乡，一个村庄被淹埋，近万间房屋倒塌，4万多亩农田被淤埋，所有水利设施悉数被毁。2003年7月13日发生在湖北秭归县沙镇溪镇千将坪村的山体滑坡，亦造成14人死亡、10人失踪，直接经济损失达8000多万元。[①] 类似这样的灾害在全国范围内常有发生。因此，中国的自然灾害不仅灾种繁多，而且均不容小视。

2. 中国自然灾害概况

无数历史事实表明，重大的自然灾害一旦爆发，通常伴随而来的是大面积的饥荒与疾病流行，老百姓往往因无以生存而铤而走险、揭竿而起，爆发大规模的农民起义，整个社会就会陷入失控状态；即使是局部性的地震、台风等灾害，也常易造成心理恐慌、秩序失控，损害正常的社会秩序。因此，自古以来，自然灾害就是危及社会安全的重大因素甚至是主要因素。

① 《中国汛期地质灾害频发》，《华声报》2003年7月17日。

在中国历史上，素有“三岁一饥，六岁一衰，十二岁一荒”的说法，它客观地记录了历史上中国自然灾害的发生周期、频率及其危害后果。

新中国成立后，虽然党和政府一直重视防灾、抗灾、救灾工作，但总体而论，由于建国前的长期战乱导致防灾事务废弛，建国后又因国力有限并加上某些违背自然规律的生产活动，以及人口剧增等因素，自然灾害无论是发生频率还是危害后果，其日益严重的趋势并未得到扭转。在此，可通过表 1、表 2、表 3 了解中国近 20 多年的自然灾害基本情况。

表 1　中国自然灾害直接导致农牧产品损失统计表

单位：亿元

年份	损失	年份	损失	年份	损失	年份	损失	年份	损失
1982		1987	326.3	1992	853.9	1997	1975.0	2002	1717.4
1983	260.9	1988		1993	933.2	1998	3007.4	2003	1886.0
1984		1989	525.0	1994	1876.0	1999	1962.0		
1985	410.4	1990	616.0	1995	1863.0	2000	2045.3		
1986		1991	1215.1	1996	2882.0	2001	1942.2		

说明：本表数据仅是民政部门统计的自然灾害导致的农牧业直接损失而不包括其他损失在内。

资料来源：1982—1997 年的资料源于民政部计划财务司编：《中国民政统计年鉴（1998）》，第 189 页；1998—2001 年的资料源于郑功成等著：《中国社会保障制度变迁与评估》，中国人民大学出版社 2002 年版，第十篇中国社会保障发展数据资料整理；2002—2003 年的资料源于民政部救灾救济司提供。

表 2　中国自然灾害造成农村人员死亡统计表

单位：人

年份	死亡人数	年份	死亡人数	年份	死亡人数	年份	死亡人数
1982	7935	1988	7306	1994	8549	2000	3014
1983	10952	1989	5952	1995	5561	2001	2538
1984	6927	1990	7338	1996	7273	2002	2840
1985	4394	1991	7315	1997	3212	2003	2145
1986	5410	1992	5741	1998	5511		
1997	5495	1993	6125	1999	2966		

说明：本表仅是对自然灾害造成的农村人口死亡人数的统计，事实上，一些自然灾害尤其是一些重大的自然灾害也会造成城镇居民的死亡，因此，自然灾害实际导致的死亡人数显然要比本表中的统计数据要大。

资料来源：1982—1997 年的资料源于民政部计划财务司编：《中国民政统计年鉴（1998）》，第 189 页；1998—2001 年的资料源于郑功成等著：《中国社会保障制度变迁与评估》，中国人民大学出版社 2002 年版，第十篇中国社会保障发展数据资料整理；2002—2003 年均源于民政部救灾救济司提供。

表 3　中国自然灾害造成农村房屋损失情况表

单位：万间

年份	倒塌房屋	损坏房屋	年份	倒塌房屋	损坏房屋
1982	320.30	481.20	1993	271.64	933.15
1983	345.40	627.80	1994	512.06	1820.82
1984	274.70	453.50	1995	439.29	1620.55
1985	224.90	593.70	1996	809.00	2015.00
1986	209.71	711.70	1997	288.00	948.00
1987	180.00	776.00	1998	821.40	1662.50
1988	258.00	881.51	1999	174.50	缺
1989	194.10	677.19	2000	147.30	缺
1990	247.35	593.38	2001	92.00	缺
1991	581.51	1122.70	2002	175.70	缺
1992	196.56	716.80	2003	348.00	缺

说明：本表仅统计农村居民的房屋损失，事实上，一些自然灾害尤其是一些重大的自然灾害也会造成城镇居民房屋损失，因此，自然灾害实际导致的房屋损失数显然要比本表中的统计数据要大。

资料来源：1982—1997 年的资料源于民政部计划财务司编：《中国民政统计年鉴（1998）》，第 189 页；1998—2001 年的资料源于郑功成等著：《中国社会保障制度变迁与评估》，中国人民大学出版社 2002 年版，第十篇中国社会保障发展数据资料整理；2002—2003 年均源于民政部救灾救济司提供。

表 1 揭示的直接经济损失仅仅是国家民政部门统计的由自然灾害导致的农牧产品损失，事实上，自然灾害发生所带来的后果即使是直接经济损失也远不止这些，如水灾还会带来工业、商业等其他许多行业的损失。因此，随着社会生产的不断发展和物质财富的不断增加，自然灾害造成的直接经济损失显然要比表 1 的数据大得多。需要指出的是，同样的自然灾害在生产发展与财富增长的情形下所造成的损失亦必然要大得多。因此，自然灾害构成了物质财富的重要毁灭因素。

表 2 揭示的是自然灾害对乡村居民生命安全的威胁，虽然死亡人数在减少，但每年数以千计的人口死亡表明自然灾害迄今仍然是危及人民生命安全的

不容忽略的因素。表中所列示的数据还不包括城镇居民中因自然灾害袭击造成的生命损失，而这种损失近20多年来仍然不乏惨烈的案例。此外，在自然灾害中受伤的人数以及需要提供医疗服务的人数每年均成百万计。

表3揭示的是自然灾害造成中国农村居民房屋损失情况，这种统计是国家救灾部门实施救济的指标之一。统计反映出来的房屋损失是相当严重的，房屋倒塌每年均造成以千万计的乡村居民流离失所。而城镇居民的房屋因自然灾害袭击亦常有损失。不仅如此，随着生活水平的水平和物价的上升，乡村每损失一间房屋所导致的实际经济损失是递增的，其给灾民带来的损害也是递增的。

自然灾害造成的后果当然远不止上述三表可以概述的。事实上，中国每年受自然灾害影响的人口达到2亿多，重灾年份则有3亿城乡居民会不同程度地遭受自然灾害的影响，这使约20%以上的人口需要国家与社会提供帮助才能摆脱灾害造成的困境。而灾民外流通常是自然灾害尤其是大的自然灾害发生后的一种社会现象，由此而带来的一系列社会问题，往往是令政府与社会不安的因素。

3. 新中国成立以来的部分自然灾害案例

新中国成立以后，自然灾害频繁发生，且大灾、重大自然灾害也并不罕见，但并未酿成大规模的社会动乱，这主要依靠社会主义公有制所具有的优越性和执政党对救灾工作的重视才改变了前述历史公例。然而，毋庸讳言，新中国也不同程度地发生过因自然灾害导致社会安全受到影响甚至是严重影响的案例。前述表1、表2和表3只是从三个侧面反映了自然灾害对中国农村居民的打击，而透过一些典型的自然灾害个案，应当更能窥见自然灾害的惨烈后果及其对社会安全的危害。

1959—1961年三年困难时期。1959—1961年在新中国的历史上被称为三年困难时期或三年自然灾害时期。这三年中国连续遭遇特大干旱，1959年农作物受灾面积为4460多万公顷、1960年农作物受灾面积达6550多万公顷、1961年农作物受灾面积达6180多万公顷，1959年粮食减产幅度较大，而1960年和1961年的粮食产量进一步下降，分别减产1.43亿吨和1.47亿吨，到1962年时的粮食产量仍然不及歉收的1959年。[①] 虽然也有人评价这三年是“三分天灾，七分人祸”，但自然灾害严重确实是实情。严重的自然灾害带来的惨烈后果包括：一是粮食产量连年大幅度减产导致国民经济出现连锁反应，1960—1961年社会总产值下降了20%，直到1964年才恢复到先前的水平；二是食物供应极度匮乏，全国事实上陷入严重的饥荒之中；三是这三年间全国非正常死亡人口怵目惊心，曾任国家统计局局长的李成瑞认为1960年的非正常

① 参见彭尼·凯恩著：《中国的大饥荒》，中国社会科学出版社1993年版，第65—66页。

死亡人数达1000多万人，而多位国外学者对这一时期的研究结论是非正常死亡人口在1000多万到3000多万人；[①] 四是在不利的国际环境下国内的大灾使中国的处境更加艰难，第二个国民经济发展五年计划亦被迫推迟三年，政府的信誉受到损害。老一辈人中对三年困难时期仍余悸未尽，足见灾难之惨烈程度。

1976年的唐山地震。1976年7月28日发生在河北唐山的7.8级大地震，不仅是中国自然灾害史上的空前劫难，而且也是世界灾害史上的空前劫难。这场大地震一夜之间使一座百万人口的城市变成一片废墟，其造成的损害后果包括：一是异常惨烈的人员伤亡。这次地震共计震亡242419人、重伤164581人、轻伤需治疗者为36万多人，其中原唐山地区与唐山市震亡204984人，占总人口的2.92%；尤其是唐山市共震亡135919人，占全市人口的12.8%，其中路南区震亡率高达27.6%。二是造成房屋建筑物及公共设施的巨大损失。共计震毁公产房屋1479万平方米、民房530多万间，对建筑物的破坏率高达90%以上；城市生命线工程包括供水供电及交通、电讯等的损失率达70%以上。三是给生产造成巨大的破坏，地震使唐山市工矿业企业职工死亡25000多人，约占职工总数的9%；厂房建筑遭到严重破坏，56%的设施受损，固定资产损失了46%，流动资金损失了55%，城市工业全部陷入停顿，直接工业经济损失达30多亿元。[②] 唐山地震的损害后果还远不止这些，这里列举的仅仅是有形的财产与人员伤亡数，它揭示了自然灾害的恶劣破坏力。

1998年的洪水灾害。水灾是中国众灾之首，新中国成立后多次爆发后果极为严重的大水灾。1998年夏由于气候异常，中国的长江、松花江、珠江、闽江等主要河流均发生了大洪水灾害，尤其是长江流域与东北松嫩流域的特大水灾更是对国家全局造成了重大影响。全国有1.8亿人（次）遭受洪水灾害，4150人在洪水中丧生，倒塌房屋685万间，损坏房屋1329.9万间，农作物受灾面积2229.2万公顷，成灾1378.5万公顷，绝收529.5万公顷，水灾造成的直接经济损失达2550.9亿元。[③] 除上述严重损害后果外，这场洪水灾害造成的影响还应当包括：一是巨大的人力投入，800多万军民日夜奋战在抗洪抢险前线，其中调动解放军、武警官兵36万多人；[④] 二是巨大的经济投入，据统计，中央政府下拨抗灾救灾资金83.3亿元及大批抗灾救灾物资，其中用于灾

---

① 参见彭尼·凯恩著：《中国的大饥荒》，中国社会科学出版社1993年版，第99—106页。

② 参见王子平、孙东富主编：《地震文化与社会发展——新唐山崛起给人们的启示》，地震出版社1996年版，第5—7页。

③ 参见王振耀：《1998年水灾中国政府的应急反应和灾害救助》，《中国减灾》1999年第3期。

④ 参见邓玉梅：《"98"大洪水暴露的问题和今后防洪减灾工程治理建设策略》，《中国减灾》1999年第1期。

民生活救济资金达 41.1 亿元；地方政府投入灾民生活安排资金 27.9 亿元，加上各界捐献 72.59 亿元，总共用于灾民生活救助的款物达 141.5 亿元；[①] 三是对经济社会发展亦产生了重要影响，因为洪水灾害损害的主要是农村，所损害的对象也主要是农民与农业，因而对城乡之间的差距起到了放大的作用。

因篇幅所限，这里只能选择上述三案作为新中国成立后自然灾害对社会经济危害的一个缩影，即使如此，也无法对上述案例加以全面分析，它只是为读者进一步研究中国自然灾害问题时提供一个佐证而已。

二、中国自然灾害对社会安全的危害

自然灾害对社会安全的威胁，在中国古代社会表现得尤其突出。"在我国漫长的封建社会里，灾荒往往使广大劳动人民濒于绝境，饥饿的群众在忍无可忍的情况下揭竿而起，反抗统治阶级的斗争一直持续不断。旧中国历次发生的农民起义，无论其范围的大小或时间的久暂，实际上无一不以灾荒发生为背景，无一不以饥饿导致的抢米、分粮为前奏，这已成为历史的公例"。[②] 从西周厉王时期的农奴起义，到明朝李自成起义、清末洪秀全起义等等，都证明了这一历史公例。因此，历史上的自然灾害，往往带来人口大流动、社会骚乱、农民暴动乃至外族乘机入侵，它虽然并未推动中国由封建社会进入到资本主义社会，但确实充当了改朝换代的导火索，从而在剔除阶级斗争属性的条件下，这一历史公例就充分地表明了它对社会安全的影响程度。

新中国成立以来，自然灾害对社会安全的影响主要表现在以下几个方面：

第一，导致众多人员伤亡与财富损失。每场自然灾害的爆发无论大小，均是以导致人员伤亡和财富损失为标志的。而人员伤亡又导致诸多社会问题，如唐山地震除造成 24 万多人死亡、16 万多人重伤，有 7218 户全家死亡，新增鳏寡 15000 多人、孤儿与孤老 3043 人、截瘫患者 2200 多人，[③] 这些受害者不仅自身永陷痛苦之中，亦成为一个需要政府与社会帮助才能生存的群体。财富损失往往产生新的贫困问题，一些地区长期处于贫困状态即是因灾害不断所导致，部分居民长期摆脱不了贫困亦是因为自然灾害的连年袭击。因此，自然灾害直接导致人员伤亡与财富损失，进而带来相应的社会问题与贫困问题。

第二，造成严重的心理伤害，进而具有很大的消极社会作用和影响。自然

① 参见王振耀：《1998 年水灾中国政府的应急反应和灾害救助》，《中国减灾》1999 年第 3 期。

② 郑功成：《中国救灾保险通论》，湖南出版社 1994 年版，第 19 页。

③ 参见王子平、孙东富主编：《地震文化与社会发展——新唐山崛起给人们的启示》，地震出版社 1996 年版，第 6 页。

灾害在造成巨大的物质和生命损失的同时，对灾区居民也造成严重的心理伤害，这种伤害甚至超越灾区而扩展到非灾区。以唐山地震为例，灾后人们承受了巨大的身体与精神痛苦，悲伤、恐惧、忧愁、愤恨等情绪集中地反映在灾区居民身上，心理上的严重失衡，导致精神病患者、自杀者、犯罪者显著增多。据调查，唐山地震后14.9%的人在看到地震后的惨状后产生不想活下去的念头，17.5%的人萌生离家出走的想法，许多人对社会产生非常消极的想法。① 不仅如此，由于心理失衡，震后各种流言盛行并快速传播，全国甚至有约4亿人住进了防震棚，大半个中国陷入混乱。

第三，危害经济发展，激化社会矛盾。由于自然灾害导致劳动力减少、生产设施及供水供电供气等生产线遭受破坏，不仅造成直接的经济损失，更导致停产、停业等直接后果，并产生连带反映，给国民经济的正常运行造成重大影响。同时，由于自然灾害的发生通常具有一定的范围与面积，在自然灾害中遭受损害者往往并非个别人或个别家庭，通常是灾区数以万计、十万计、百万计乃至千万计、亿万计的受灾者，这些受灾者因遭受同样的灾难而面临着同样的生活诉求，从而极易形成相应的群体运动，如果没有有力的救灾措施与引导措施，这种群体的集合就可能产生群体性的社会对抗行动，进而引发严重的社会危机。因此，自古以来，自然灾害就是灾区人民出现群体运动的有利生成条件。

第四，造成社会失控，出现社会动乱。历史上的重大自然灾害往往构成朝代更迭的导火索，新中国成立以后的重大自然灾害虽然从未导致过灾民暴动，但局部的社会失控和社会动乱仍有发生。以唐山地震为例，震后一段时期，犯罪率明显上升，刑事案件日均发案数为地震前平均水平的5.2倍，其中地震后初期以砸抢和风俗犯罪最为突出，哄抢国家财产行为较为普遍，社会秩序一度处于失控状态；② 再如每当灾害发生，常有灾民上访、流浪、乞讨等现象，1991年江淮水灾后虽然有政府救济与社会捐献，但因救济与损失相差太远，灾后人口外流、乞讨的现象急剧增加，有关部门不完全的统计表明这一时期新增外流及乞讨人员达千万以上。可见，非常态的自然灾害袭击会破坏常态的国家或社会管理，造成秩序失控与社会动乱局面也就难以完全避免。

当然，使国内外研究者感到惊异的是，在1959—1961年三年困难时期，中国如此严重的自然灾害与大面积饥荒，并没有导致农民暴动和政府垮台；

---

① 参见王子平、孙东富主编：《地震文化与社会发展——新唐山崛起给人们的启示》，地震出版社1996年版，第73页。

② 参见王子平、孙东富主编：《地震文化与社会发展——新唐山崛起给人们的启示》，地震出版社1996年版，第73页。

1998年全国性的大洪水灾害亦还保持了社会稳定和经济发展；这是否意味着自然灾害对社会安全的威胁并不大呢？我认为，三年困难时期未致酿成农民暴动与政府垮台，应当是中国百姓在共产党领导下从旧中国走过来，对执政党保持着相当程度的信任，同时也是因为这场灾害造成的是全国性的、普遍性的灾荒，还有中国特定的组织机制等也发挥了重要的作用。因此，三年困难时期如此惨烈的灾害后果并未造成重大的社会动乱，并不意味着自然灾害对社会安全的损害程度有所下降，而是只能作为特定历史条件下十分特殊的例外。

三、中国自然灾害的发展趋势及致因分析

1. 中国自然灾害的发展趋势

通过对中国自然灾害数十年间的发展变化的观察，可以发现它客观上处于不断恶化之中。其表现主要有自然灾害的危害面积蔓延扩大、自然灾害的发生周期愈来愈短、自然灾害的危害程度日益严重、人为型自然灾害剧增。

第一，自然灾害的危害面积在蔓延扩大。发生在中国境内的多数自然灾害均存在着危害面积蔓延扩大的趋势。北方的干旱在向南方扩展，以往几乎均发生在南方的水灾也在北方甚至西北干旱地区出现，低温冷害也在向南方扩展，至于水土流失等各种地貌灾害更因环境的破坏与失衡而由局部地区向全国蔓延。在此，可以选择经常使用的一个基本指标即自然灾害对中国农作物的损害程度作为评价标志，见表4。

表4 中国农作物遭遇自然灾害受灾及成灾面积表

单位：万公顷

年份	受灾面积	水灾	旱灾	成灾面积	水灾	旱灾	成灾面积占受灾面积%
1978	5079	285	4017	2180	92	1792	42.9
1980	4453	915	2611	2232	503	1249	50.1
1985	4437	1420	2299	2271	895	1006	51.2
1990	3847	1180	1817	1782	560	781	46.3
1992	5133	942	3298	2590	446	1705	50.5
1994	5504	1733	3043	3138	1074	1705	57.0
1996	4698	1815	2015	2123	1086	625	45.2
1998	5015	2229	1424	2518	1379	506	50.2
2000	5471	732	4044	3440	432	2680	62.9
2002	4712	1238	2221	2732	747	1325	58.0

说明：根据民政部的指标解释，本表中所称受灾是指不同程度地遭受过自然灾害的农作物，成灾是指造成自然灾害导致农作物减产超过三成的播种面积，绝收是指自然灾害导致农作物减产八成及以上的播种面积。成灾面积与绝收面积是衡量自然灾害灾情严重程度的主要指标。

资料来源：1978—2001年的资料源于国家统计局编《中国统计摘要（2002）》第111页；2002年资料源于《中国减灾》，2003年第1期。

通过表4，可以发现近25年来中国自然灾害对农作物生产的危害面积多数年份在5000多万公顷以上，年均遭受水旱灾害的农作物在3000多万公顷以上，而在1970—1978年间中国年均遭受水旱灾害的农作物面积仅为2720万公顷。尤其是反映灾害危害程度的指标即成灾率也由42.9%上升到50%以上甚至到60%以上，从而表明在自然灾害的危害范围持续扩张的同时也表明其危害程度在加重。

第二，自然灾害的发生频率愈来愈密。自然灾害发生周期是衡量其危害与影响的又一个重要指标。据邓云特对中国灾荒史的研究，发现秦汉时期年均遭灾0.87次，三国两晋南北朝时期为1.52次，南北朝时期为1.86次，隋唐时期为1.62次，五代两宋时期为2.48次，元朝为5.29次，明朝为3.79次，清朝为4.2次。① 历史的资料表明了重大自然灾害的发生周期是愈来愈短的，但发展的速度并非极快。新中国成立以后，尤其是"大跃进"、"文化大革命"时期，毁林开荒，围湖造田及无约束的"三废"排泄等，对中国生态环境的破坏非常严重，各种自然灾害亦呈现出次数愈来愈多和间隔愈来愈短的趋势。在旱灾方面，20世纪60年代是三年两旱，进入80年代以后则是无年不旱、一年多旱；在水灾方面，历史上年均1—2次，进入80年代后是年均达50多次，每年洪涝面积就达几十万平方公里；在台风方面，建国初期是年均3—4次，80年代以后则是年均7次以上，有些年份超过10次。各种自然灾害发生周期的缩短，正在迫使我们付出高昂的代价。

第三，自然灾害的危害程度日益严重。表1、表2、表3、表4客观地揭示了自然灾害对中国乡村财产与人民生命安全造成的严重损害后果，表中的资料证明这种危害的程度是持续扩张的，灾害后果日益严重是一个真实的写照。尤其值得引起高度重视的是，中国自然灾害的危害程度的日益严重性不仅仅表现在对农村、农业、农村居民的损害，而且同时也表现在对城镇、工商运输服务等诸行业及城镇居民的损害在不断扩大。如洪水灾害对江河下游地区日益聚居的城镇破坏性越来越大，干旱不仅造成农作物减产甚至绝收，而且导致城镇工业用水紧缺并停产停业，自然灾害还会中断交通线并破坏城镇公共设施，造成城镇居民伤亡。因此，中国自然灾害的危害程度是在递增的，虽然人员伤亡的增长势头在减缓，但直接财产损失及各种间接损害后果却在持续扩张。

第四，人为型自然灾害剧增。如果说历史的自然灾害完全是自然界物质运动的结果，那么，进入现代社会以后，由于人类活动的升级与范围的扩展，许

① 参见邓云特著：《中国救荒史》，商务印书馆1937年版。

多自然灾害客观上打上了人为的烙印。在中国，自然灾害的一个重要发展趋势即是人为型自然灾害剧增。以环境灾害为例，工业污染已经使中国成为世界第三大酸雨区；沿海工业城市的污染，使赤潮成为危害沿海渔业生产和破坏海洋资源的元凶；水土流失面积在扩大，乱采滥挖和工程建设导致滑坡灾害与泥石流灾害不乏罕见；一些生产行为则在放大洪水灾害与地震灾害的损害后果。因此，人类的行为正在成为自然灾害的重要致因，人为型自然灾害的剧增表明自然灾害越来越具有了社会属性。

2. 自然灾害恶化的致因分析

自然灾害的成因是异常复杂的。虽然国家减灾活动确实取得了很大的成效，但自然灾害日益严重的趋势同样是摆在我们面前的客观事实。今天的灾情不能再归结为旧中国或者历史问题了，它与新中国成立以后的生产发展、人口发展、城市化、财富增长等密切相关。我曾将灾害的成因概括为自然原因与社会原因，其中自然环境及其发展变化、生产发展的负面影响、人类自身的不当行为以及防灾抗灾救灾中的问题，均是造成自然灾害及其对社会安全危害程度加剧的重要原因。

第一，自然环境的影响。自然灾害的发生与自然环境的关系极大，如水灾总是发生在大江大河流域且较为集中在中下游地区，滑坡与泥石流均需要有利的生成条件，台风来自东南沿海等等。因此，中国自然灾害的频繁发生，无疑与幅员辽阔及相应的地质结构、地理分布、海洋环境等密切相关。一方面，中国位于亚欧板块与太平洋板块相接处，不仅要受亚欧板块内部运动的影响，而且要受太平洋板块运动以及两大板块相互撞击和摩擦的影响，因此，地质灾害尤其是地震灾害较多；另一方面，中国东临太平洋，西有大山脉，南北分跨热、温、寒三带，境内地形非常复杂，气候差异很大，因此，中国的自然灾害不仅灾种数量多，而且发生频繁，损失巨大。此外，对中国自然灾害影响重大的还有来自海洋的因素，中国大陆有 1.8 万公里的沿线海岸线和众多海岛，受热带海洋风暴等的影响很大。上述三大因素，正是中国自然灾害频繁发生的基本致因。

第二，经济社会发展的负面影响。“人类在由农业社会向现代工业文明迈进的过程中，各种活动不仅加剧着自然灾害的发生与危害，而且也直接制造着各种事故灾害。例如，丝绸之路已经成为历史，但沙漠化却不全是历史；洪水、干旱是自然灾害，而水患、旱灾的日趋严重却不能完全归罪于自然。”这是我在研究中国灾害问题时的一个基本结论。在中国自然灾害日益严重的背后，生产发展的负面影响是不容忽略的重要致因。例如，中国人口的急剧增长，对自然界的索取甚至破坏的程度也在加剧，如对森林资源的过量索取使森林蓄水能力大为减弱，等等；中国工业化进程的加快，仅工业“三废”对自然资源与自然环境的破坏就很大，部分资源型城市甚至变成了地质灾害频发城市；而农药的过量使用，又造成污染土壤达数千万公顷；城镇化发展也增加了灾害损失，如部分江河中下游地区随着经济发展与人口增长而出现一大批城镇，每当水灾发生，其损害后果就会成倍加重；一些大型建筑工程的建造，同样对周围环境造成重大的负面影响，甚者成为新的灾害源。经济发展、人口增长乃至财富增加亦使自然灾害的危害对象不断增加，进而使自然灾害的损害后果不断恶化。因此，发展是一把双刃剑，既促使着财富增长与社会进步，也必然对原有的自然界及其运动产生消极影响。

第三，人类自身的不当行为。正常的发展虽然对自然环境造成一定的影响，但这种影响一般是可以控制并有可能朝着良性方向发展的；而人类自身的不当行为则往往构成放大自然灾害甚至制造新的自然灾害的直接后果。在新中国成立后的数十年间，长期奉行人定胜天的方针，以和自然界对抗来取代与自然界和谐相处，这是造成中国自然环境不断恶化的重要致因。如大规模的毁林开荒、围湖造田等运动，虽使我们获得了有限的可耕地，却酿成了严重的水土流失，进而直接加剧了水旱灾害；一些地区不顾资源的承载力而进行掠夺式生产经营，如草原放牧过度导致草原退化甚至沙化，风沙灾害亦由此而起；一些人为灾害则会直接加剧自然灾害，如 1987 年东北大兴安岭大火灾即是由当事人的过失引火所致，它使亿万年的原始森林葬身火海，亦在不同程度上改变了灾区的气候条件。还可以列举许多类似的不当行为，这些行为的后果均因违背自然界物质的运动规律，破坏了人与自然的和谐，进而使自然灾害趋向恶化。

第四，防灾、抗灾与救灾中的问题。自然灾害虽然可以通过某些措施来规避或减轻，但又确实是不可完全避免的。因此，对自然灾害在灾前预防、灾时抗御和灾后救助的好坏，在很大程度上决定着灾害的后果及其对社会安全的损害程度。在中国历史上，历次农民起义均因灾而起，但某些大灾年并未酿成大的农民起义，事实上就与统治者展开了有力的救灾活动使灾民避免了生存危机有关。新中国成立后，大的自然灾害不断，之所以没有酿成重大的社会安全危机，也与国家有力地组织抗灾抢险和救济有关。不过，客观而论，新中国成立后在防灾、抗灾、救灾工作中依然存在着不少问题。在防灾方面，国家缺乏全国统筹考虑与长远规划，近 20 多来在某些地区出现了水利基本建设废弛的现象，许多地方的防灾设施标准长期偏低或者年久失修，如全国有病险水库 3 万多座，影响城市防洪安全的水库 1000 多座；[①] 在抗灾方面，还主要依靠人海战术来抵抗自然灾害，现代科技和合理分散灾害风险的措施仍然采取得很不够；在救灾方面，长期以来依靠国家救济且主要是中央政府救灾，地方政府责

① 参见刘宝军：《水库大坝安全与对策》，《中国减灾》，2003 年第 1 期。

任迄今未能明确落实，民间与市场机制的作用未能得到有效发挥，灾民找政府、全国找中央的传统格局未有根本改变；等等。防灾、抗灾、救灾工作中的问题使我们在缓解自然灾害的危害方面受到了某种程度的局限。一个典型的例证是，自然灾害导致人员伤亡的后果在许多国家都大幅度下降，而在中国依然还很严重。新中国成立以来在防灾、抗灾、救灾工作领域中正反两面的经验与教训，表明政府对防灾、抗灾与救灾工作的重视程度及工作成效通常构成缩小或者放大自然灾害危害后果的重要致因。

四、消除或缓解自然灾害危害的对策

我主张确立标本兼治的减灾理念，将减灾活动真正纳入国民经济与社会发展中长期规划，尽快构建高效的自然灾害管理机制，进一步完善政府救灾体制，在强化个人责任的同时大力发展商业保险等，通过这些举措，相信自然灾害是可以减轻的，自然灾害对社会安全的危害亦是可以得到控制的。

1. 确立标本兼治的减灾理念

经过二十多年来的改革开放，中国已经走过了单纯强调经济增长的年代，党和政府提出了科学发展观，统筹生产发展与环境保护相结合，促使人与自然的和谐相处正在成为指导中国发展的重要指导思想。在这样的背景下，对自然灾害问题亦需要在尊重它的基本规律的条件下确立新的理念，这就是我在研究灾害经济问题时，曾明确提出并论证过自然灾害具有不可避免规律、不断发展规律、人灾互制规律、区域组合规律四大规律和周期发展原理、害利互变原理、连锁反应原理、负负得正原理、标本兼治原理五大基本原理。

在上述规律与原理的支配下，要想减轻自然灾害及其对社会安全的危害，就必须确立标本兼治的减灾理念，采取避灾、防灾、治灾、救灾等相结合的综合减灾措施。

治标的意义在于，它是通过灾害发生前夕或发生后的经济投入（包括人力、资金、技术等）来防止灾害损失的扩大化，并尽可能地以最快的速度恢复受灾地区和受灾人口的正常生产与生活秩序。如水灾来临前抢修堤防，农作物病虫害初发时喷洒农药，灾害发生后实施救助，都可以称之为治标之策。因此，治标的特点是临灾应急之策，其见效快，是解决各种灾害问题并使灾区社会秩序恢复正常的最急切的手段，但被动性明显，持效性也较差。

治本的意义在于，它是通过灾害发生前的投入（包括人力、资金、技术）来建筑各种防灾工程或化解有关致灾因素，将某些灾害与灾害损失消灭在萌芽或潜伏状态，以避免或控制某些具体的灾种与灾害损失的发生。如通过植树造林来防止水土流失，兴修水利工程来防止或减轻水旱灾害，或者在生产与建设中选择避灾措施等，都属于治本之策。治本措施的特点是预先防范，主动性强，持效性好，是长期有效的措施，但其投入往往较大。四川都江堰修建已经两千多年，从根本上改变了四川盆地的水旱灾害，至今仍然在造福成都平原，就是一个典型的治本之例。

综上，对于自然灾害，既要有临灾应急的治标之策，更要有长期防范的治本之策，只有标本兼治，才可能从根本上消除自然灾害及其对社会安全的危害，或者将这种灾害及其对社会安全的危害控制在最小的范围与程度上。总之，我们需要摒弃人定胜天的观念，在建设与发展中不能违背自然规律，但也不是完全被动地适应自然，而是可以通过多种措施来规避自然灾害，在维护经济社会持续发展进程中实现人与自然的和谐相处，进而消除影响社会安全的重大隐患。

2. 将减灾纳入国民经济与社会发展总体规划

灾情是中国国情的重要组成部分，各种自然灾害是构成中国灾情的主要方面。灾害对经济社会发展的作用无疑是破坏性的，它在经济上的后果是毁灭已有的物质财富、并导致减收增支，中国每年因自然灾害导致的损失约占 GDP 的 3%—6%；在社会方面的后果是危及人身安全并损害正常的社会秩序，激化社会矛盾；在政治方面的后果则是可能导致政治危机与信任危机。因此，无论是从经济角度出发还是从社会发展角度出发，均有必要将减轻自然灾害纳入到国民经济与社会发展的总体规划中去。只有这样，国家才可能有计划、有步骤地将减轻自然灾害的目标逐一实施，自然灾害及其对社会安全的危害才可能得到有效的控制。

将减轻自然灾害及其对社会安全的危害纳入国民经济与社会发展总体规划，需要做好如下有关工作：

第一，需要确立减轻自然灾害的中长期目标并建立相应的评估指标体系。包括减灾投入计划（如占 GPD 比和占国家财政支出比）、大型减灾工程计划、灾害损失控制指标、应付重大自然灾害的战略物资储备计划、受灾地区社会秩序，等等。

第二，坚持以人为本，将控制人员伤亡作为减轻自然灾害的首要目标。以往的自然灾害尤其是地震、洪水等灾害的爆发，往往造成众多的人员伤亡，这种惨烈的灾害后果在现代社会应当努力避免。

第三，推动经济社会自然的和谐发展。摒弃以牺牲环境为发展经济的代价的传统发展模式，实现经济发展与保护环境的有机结合，同时还应当将不断改善环境作为社会发展的重要指标。在这方面，整治环境污染、防止水土流失、保护草原湖泊、合理规划经济建设项目、大兴植树造林，等等，均应当成为中国未来发展长期奉行的行为准则。

第四，建立完善的减灾法律政策体系。包括加快建设减轻自然灾害方面的立法、完善相关减灾立法的具体政策、构建调动民间与市场参与防抗自然灾害的政策体系，等等。

第五，重视科学规划与合理使用资源。如地震区划应当成为城市建筑的重要依据，水资源的利用应当纳入到国家经济战略布局的高度来认识并规划，干旱地区需要重视农作物品种改良，等等。

3. 积极防灾、科学抗灾，构建统一高效的灾害管理机制

新中国成立后的历史经验教训表明，要想减轻自然灾害及其对社会安全的危害，必须实现防灾、抗灾与救灾的有机结合，并构建统一高效的灾害管理机制。

在防灾方面，宜采取工程防灾与非工程防灾相结合的方针，突出重点防灾领域，并充分发挥民间与市场机制的作用。水旱灾害是中国最主要的自然灾害，中国防灾的重点也应当突出对水旱灾害的防治上，在这方面，大江大河流域是防灾重点，四川都江堰是我们祖先留下的防治水旱灾害的宝贵遗产，三峡工程实质上也是一项减灾工程，正在建设中的南水北调工程同样是一项巨大的减轻水旱灾害的千秋工程，与这些工程相配套还需要高度重视大江大河流域的水土保持与环境保护工作，重视重大水利工程的施工质量，南水北调工程宜对施工单位采取特别准入资格证书，彻底杜绝水利工程建设中的“豆腐渣工程”；在注重新修重大水利工程的同时，还有必要全面检修以往的水利设施，对一些有病带险的水库等应当尽快安排治理。地震是中国面临的又一重要灾种，在防震方面，尤其需要吸取唐山地震的教训，提高地震带建筑物的抗震等级；在风沙灾害防治方面则应当首推植树造林，近几年已经启动的退田还湖、退耕还林等作为重要的政策措施亦宜切实推进。从目前的格局出发，上述工作仅靠政府投入是不够的，国家还应当制定相应的政策促使社会资金投入到防灾领域，并推动民间环境保护运动。总之，防灾是积极的、主动的减灾对策，也是治本之策，它不仅需要突出重点并有针对性，而且需要发挥政府、社会各界的积极性。

在抗灾方面，需要突出针对性与科学合理性。一方面，抗灾必须强调针对性，而不是只强调人海战术。如干旱地区农作物宜选育耐旱的作物种子而不是一味强调抗旱，洪涝灾害严重的地区宜采取合理的分蓄洪措施而不能只是加高堤防围堵洪水，对风雹灾害采取人工防雹措施也可以取得良好的减灾效果，等等。另一方面，需要重视科学抗灾。如重视对灾害性天气的预测、预报工作，实践证明它对减轻自然灾害及其危害后果作用极大，如一些地方对滑坡、泥石流等灾害采取严密监控、临灾预报就取得过许多成功的个案，从而是值得政府大投入的减灾工程。

在灾害管理机制方面，有必要建立权威的自然灾害管理机构，建议在部际协调机构国家减灾委员会的基础上建立国家自然灾害管理或控制中心，并作为一个常设机构，专司统筹自然灾害防灾、抗灾、救灾规划，并在灾害发生时承担起总协调人、总指挥部的职责。目前的国家减灾委办公室设在民政部救灾司，实际上很难承担起相应的减灾责任。在建立权威的自然灾害管理机构的同时，应当确立相应的灾害应急机制，建立根据不同灾种拟订相应的临灾应变预案，同时建立快捷的信息反馈系统，明确相关部门的职责分工，还需要有相应的物资储备等。

4. 进一步完善政府救灾体制

对灾民进行救助自古以来就是政府的重要职责，它也是在自然灾害发生后能否真正消除其对社会安全的危害的必要且最重要的举措。新中国成立以后，党和政府一直高度重视救灾工作，但在计划经济时代形成的是中央包办的政府救灾体制，这种体制客观上存在着受政府财力局限、程序繁多等缺陷，救灾投入一直无法满足灾民的实际需要，灾民找政府、全国找中央的救灾格局遗留至今。因此，改革救灾体制已经成为减轻自然灾害的一个重要方面。

我建议，救灾体制的改革应当重点落实三点：

第一，需要明确政府救灾的责任是灾后紧急救济而不是全部责任。以往政府救灾的责任相当模糊，不仅承担着灾时的应急救济，而且也包括灾后重建责任。在城乡居民收入水平持续提高和物质财富成倍增长的条件下，政府客观上已经无法承担灾后的全部补偿责任，而市场经济体制亦要求国家将自然灾害风险按照责任分担的机制来构建多层次的灾后补偿体系，包括通过市场发挥商业保险的作用，通过社会发挥慈善公益机构的作用，倡导城乡居民提高抵御自然灾害的能力等等，均将使救灾水平提高到一个新的高度。

第二，真正确立分级负责的政府救灾体制。中国的财政体制是分级负责制，但救灾主要是由中央政府拨款解决，这种财权与事权的分离不利于发挥地方政府的救灾积极性与主动性，同时也加大了中央政府的财政压力。因此，我一直主张按照财权与事权相统一的原则构建分级负责的政府救灾体制，在中央财政将救灾列入预算时，地方政府也必须将救灾纳入到预算之中，只有各级政府共同承担起自然灾害的紧急救助责任，而中央政府只在重大自然灾害发生时出面或者扮演救灾时最后出场的角色，中国的政府救灾体制才可能更好地承担起救灾的责任。

第三，利用相应的政策措施来推动和促进社会各界参与救灾与商业保险业发展。如通过大力发展慈善公益团体，通过募集救灾资金参与救灾，1998 年大水灾中，中华慈善总会等团体就共募捐到 73 亿多元的救灾款物，在当年的水灾救济中起到了十分重要的作用；同时，还应当大力发展中国的商业保险业，鼓励居民参加财产保险与人身保险，这是所有市场经济国家行之有效的化解自己灾害损失的必要且合理措施，等等。如果能够充分发挥社会团体与保险公司的作用，则中国的救灾与灾害补偿体系就会真正走向完善，受灾者的损失就可能真正得到充分的补偿，这是维护社会稳定和消除自然灾害对社会安全危害的极为重要的条件。

五、结束语

中国的自然灾害作为影响中国社会安全的重大因素，不仅未因中国的经济持续高速发展而消退，而且在某种程度上还在不断恶化。尽管国家抵御自然灾害的能力在不断增长，但自然灾害却不以人的主观意志为转移，加之人的社会化与现代化进一步暴露出人在灾害面前的脆弱性，这就决定了国家需要高度重视对自然灾害的防范并有相应的处理机制，坚持经济发展与保护环境相结合、人与自然和谐相处的发展理念，构建高效的自然灾害应急机制，改革完善自然灾害救济体系，在现阶段不仅显得必要而且具有紧迫性。

海洋灾害与多维保障机制[①]

一、发展海洋经济需要重视研究和防范海洋灾害

海洋经济正在成为我国国民经济的新增长点，发展潜力巨大，不仅值得沿海省市高度重视，同样值得国家高度重视。在讨论海洋经济的发展中，大家从海洋经济发展与海洋经济增长角度的研究较多，各种促进海洋经济发展与海洋经济增长的技术方案与政策建议也很多，许多方案与建议必然会带来良好乃至巨大的经济效益，值得充分肯定。

然而，我今天想从另一个角度来谈谈海洋灾害问题，就是人们以往从维护既有财富与财富的生产能力以及减少经济损失的角度来关注海洋的较少，而海洋灾害事实上正在成为严重威胁国民经济发展和沿海地区人民生命财产安全的风险源。我可以简单地举几例：

2004 年 12 月下旬发生在印度洋海啸，曾经夺去了约 30 万人的生命，葬送了约 100 亿美元的财产。近年来的台风更是全面而又深刻地影响着我国沿海地区的经济发展与居民生活。如 2004 年 8 月 12 日在浙江温岭登陆的强台风“云娜”被中国气象局鉴定为 1956 年以来登陆中国大陆强度最大的一次台风，其造成的直接经济损失高达 181.28 亿元；2005 年 8 月 6 日台风“麦莎”和 9 月 1 日的台风“泰利”先后在浙江、福建登陆，“麦莎”仅在浙江、江苏就造成直接经济损失 77 亿元，“泰利”则在福建、浙江、安徽等 5 省造成直接经济损失 108 亿元；同年 9 月 12 日，台风“卡努”登陆浙江，在浙江省滞留 13 个小时 25 分钟，直接经济损失初步估计约 80 亿元。而在美国，创纪录的“卡特里娜”台风横扫新奥尔良地区，造成了损失后果丝毫不亚于“9.11”恐怕事件的袭击，美国政府动用的救灾经费高达 400 多亿美元。

无须再举例了，上述个案足以能够说明，来自海洋的灾害确实是我们面临的重大风险源。其造成的损害后果至少包括如下四个方面：

一是人员伤亡。印度洋海啸创下了历史的纪录，近期全国的台风也造成了

① 本文摘自作者 2005 年 9 月 19 日在浙江杭州召开的民盟沿海省市海洋经济研讨会上的发言。

众多的人员伤亡。

二是物质财富的毁灭，这方面的损失巨大。遭遇台风袭击地区的许多家庭可能因灾陷入贫困。

三是对生产能力或者经济发展能力的巨大破坏。如对交通设施、通讯设施、生产设施以及海洋产业等的破坏是惊人的，而要重建这些不仅需要耗费相当长的时日，还需要耗费高昂的重建费用，经济发展也可能因海洋灾害的袭击而减慢。美国今年因“卡特里娜”台风横扫新奥尔良地区而拨款400多亿美元救灾就是一个例证。

四是引发许多社会问题及不良的后遗症。包括由人员伤亡、财富损失带来的心理恐慌及其他不良社会效应，印度洋海啸的社会后果非常严重，许多人对人生产生悲观乃至绝望的心态，还有众多的孤寡老人、孤儿、残破家庭，等等。

随着经济发展，海洋灾害还会持续放大，因为在同样的条件下，财富与人口在沿海地区的快速增长与高度集中，必然会持续放大海洋灾害的致灾度和后果。

综上所述，我觉得在我国由陆地大国向海洋强国迈进的过程中，在重视海洋经济发展的同时必须重视研究海洋灾害，正确认识海洋灾害，并努力寻找到减轻海洋灾害及其危害后果的方法，只有这样，才能促使海洋经济健康地发展。

二、海洋灾害分类与减轻海洋灾害

我曾与马宗晋院士组织编写过一套《中国灾害研究丛书》，我自己则独立写了一本《灾害经济学》，对灾害问题作过一点研究。我个人认为，海洋灾害可以分为自然发生的海洋灾害与人为因素诱发的海洋灾害。

前者如海啸、台风、风暴潮、灾害性海浪、海冰灾害、海雾灾害等多种，每一种都会造成相应的损害后果，尤其是海啸、台风更是近海地区最大的风险，其他自然发生的海洋灾害则对海洋作业与生产影响重大。后者如赤潮、海岸侵蚀灾害等，多是人为因素诱发。如赤潮都是污染导致的海洋灾害，严重地危害着海洋产业的发展；海岸侵蚀灾害则与沿海地区在经济发展过程中开发、利用不当直接相关；此两者均应当算成是人为灾害。

即使是自然发生的海洋灾害，其危害后果的大小也通常与人为因素直接相关。如防灾不当、救灾措施不力，乃至于建筑、设施的设计与布局不合理，等等，都会放大海洋灾害的危害后果。美国最近遭受的台风灾害及其所造成的严重后果，就包含了人为因素放大危害后果的明显色彩。

我想表达的意思是，包括自然发生的海洋灾害与人为诱发的海洋灾害，都与人类自身的行为是分不开的，与政府对海洋灾害的管理机制及其反应是分不开的，因此，对于海洋灾害及其后果，不能简单地将其算成自然灾害，不能简单地认为是偶然事件，也不能简单地认定它是不以人的主观意志为转移的，总之，是不能简单地将责任推给自然界。

如果没有海洋灾害，便不会有海洋灾害带来的多方面的损害后果，不会有重大的人身伤亡，那些损失的财富与被破坏的生产能力不仅能够得到保全，还能够为经济发展继续作出相应的贡献。如果做到了科学利用海洋资源，便不会有人为性的海洋灾害发生，海洋经济产业便可以获得健康、持续的发展。如果我们在经济发展过程中就充分地注意到可能的灾害后果，进而有合理、高效的应对灾害的预案与措施，便完全可以减轻包括海洋灾害在内的各种灾害的危害后果。

因此，在发展海洋经济时，重视防范海洋灾害，研究制定科学、合理的减灾方案与对策，应当成为经济发展中的一项无法回避的紧迫任务。我认为，人既可以放大海洋灾害及其危害后果，也可以减轻海洋灾害及其危害后果，事在人为。

我今天当然不可能拿出自己完整的减灾方案，但我仍然可以建议：

第一，要重视研究海洋灾害及其发生规律，包括综合研究与分灾种研究。尤其是沿海省市更需要有专门的研究机构、研究课题及研究投入，争取在短期内让我们全面了解、充分认识清楚海洋灾害及其发生规律。

第二，健全、完善海洋灾害的预报、预警机制，尽可能让人们提前了解灾害信息，做好防灾抗灾准备，在这方面尤其应当提高预报的水准，因为灾害预报的影响重大。

第三，建立健全完善的防灾抗灾救灾机制，并对人们临灾应变给以科学指导。

第四，要科学、合理利用海洋资源，将控制污染、永续利用作为发展海洋经济的前提，避免恶化海洋环境，放大海洋灾害。

第五，从产业角度出发，临海地区更加需要转变经济增长方式，优先发展防灾产业、无烟产业、智力或者科技产业，重点产业及城市生命线工程建设等均应当远离海岸带受灾敏感区域，并应当加以重点防范。

在海洋灾害日益严重的现实条件下，我认为非常有必要将防范与减轻海洋灾害纳入到海洋经济发展规划之中，并有相应的投入保证与切实的行动。我还认为需要提倡敬畏自然、尊重海洋的新海洋经济发展观，唯有这样才能实现人与海洋关系的和谐。

三、构建多维的灾害保障机制

无论是自然发生的海洋灾害，还是人为引发或者恶化的海洋灾害，虽然我们可以通过种种防范措施来达到减轻灾害及其危害后果的目标，但绝对不可能完全避免海洋灾害的发生及其危害。因此，特别需要构建一个多维的灾害保障机制。

1. 完善政府的救灾机制。包括紧急救灾机制与灾后重建机制，前者必须反应快捷，不仅要有有力的组织机制，还要有充分的物资储备及灵敏的调度，需要确立并落实政府分级负责制；后者需要有相应的预算及投入的规划，可以是政府主导的社会多元投入。

2. 大力发展商业保险。商业性的财产保险、人身保险是当代世界应对灾害的有力机制。这是发达国家的有益经验，也是我们国家近二十年来的有益经验。从近十年来的各种灾害（包括海洋灾害在内）导致的严重损害后果来看，保险公司的赔偿比政府的救灾投入要多得多，因此，发展我国的商业保险业，提高人们的保险意识，通过参加各种商业保险来分散灾害风险，同样是当代社会应对灾害的不可替代的必须举措。

3. 建立发达的社会援助机制。当大灾害发生时，政府的临灾救济通常是有限的，保险公司的保险并不意味着可以转嫁所有风险，国内外的实践证明，没有相应的社会援助机制，灾害尤其是重大灾害的后果将被延伸和放大。因此，包括发展慈善事业，建立灾区医疗卫生援助机制，动员社会资源与力量，尽快恢复遭灾地区的正常生产与生活秩序，也应当成为多维保障机制中的有机组成部分。

4. 单位组织与家庭或个人的自我保护机制。“祸，福之所倚。福，祸之所伏。”“天有不测风云，人有旦夕祸福。”这些至理名言表达的都是任何组织与家庭或个人，都不可能完全规避灾害与风险，我曾经在我的《灾害经济学》一书中将“不可避免”列为灾害经济学的五大原理之一。因此，单位与家庭或个人就需要有自我保护机制，包括灾害风险意识、安全自救知识、风险管理技术、风险转嫁手段及必要的积蓄等。

只有在努力防灾减灾的同时建立多维保障机制，我们才有可能在灾害频发的背景下维持既有的生活与生产格局，并获得持续发展。

总之，我们在努力通过发展海洋经济创造财富的同时，还需要高度重视海洋灾害的发展及其对经济发展与国计民生的威胁，努力采取相应的措施来防范与减轻海洋灾害及其危害，避免以牺牲海洋环境、放大海洋灾害为代价发展海洋经济的不可持续增长方式，走人与海洋和谐相处的可持续发展道路。

生产事故与社会安全[①]

如果说自然灾害的日益恶化是经济发展导致环境破坏而付出的代价，那么，劳动者在生产中因各种事故造成死亡或伤残，则是人类自身为发展所付出的身体与生命代价。早在 1844 年，恩格斯在描述当时工业革命导致的机器生产与劳动条件时，就揭示过作为世界纺织工业中心的英国曼彻斯特地区有如此之多的残疾人，到处可见吊着胳膀、拄着拐杖的人，以致那里的人们好像刚从战场上撤下来的军队一样，工业生产是在付出生命与健康代价的条件下迅速发展起来的。据国际劳工组织统计，全世界大约有 1.6 亿人患有与工作相关的疾病，每年致命和非致命事故达到 2.7 亿起，其中工作现场发生的事故和职业病每年就要夺去 200 万人的生命并且造成全球经济 12500 亿美元的损失，这一损失约占全球 GDP 的 4%。[②]

随着社会的发展进步，发达国家安全生产法制与监管机制日臻完善，加之科技进步为生产发展提供了多种多样的防范事故的工具与手段，生产事故的发展势头在发达国家亦已从根本上得到了遏制，生产发展的生命与健康代价也呈现出持续下降的趋势；不过，包括中国在内的许多发展中国家的生产事故，却随着工业化进程的加快而在普遍加剧。

这里所称生产事故，是指发生在各种工作场所并导致人员伤亡或职业性疾患的事件，它作为对人类自身安全构成重大威胁的一类社会风险，在中国近 20 多年来的发展尤其具有严重性、普遍性和深刻性。有鉴于此，本文将在分析中国生产事故现状的基础上，揭示出它的人为致因及其对社会安全的危害，并提出相应的政策建议。

---

① 原载郑杭生主编：《中国社会发展研究报告：走向更加安全的社会》，中国人民大学出版社 2004 年版，有关数据资料凡未注明出处者均源自郑功成：《中国灾情论》，湖南出版社 1994 年版。

② 国际劳工局：《安全方面的数字——工作中全球安全文化指针》，日内瓦，2003。www.ilo.org/public/english/protection/worldday/report eng. pdf.

一、代价高昂：中国安全生产形势分析

1. 安全生产立法与监管体制改革取得重要进展

应当承认，党和政府对生产事故是高度重视的，在计划经济时代对劳动者的劳动保护是较为全面并有效的。然而，中国的安全生产形势却一直较为严峻，在计划经济时代主要是由于国力贫弱、生产力水平与防灾技术落后所致，而改革开放以来的生产事故多发则不仅与工业化进程加快有关，更与片面强调经济增长与效率至上而忽视安全生产密切相关。因此，近20多年来的生产事故更加具有人为所致的人祸色彩。

近几年来，国家对生产事故的重视程度是持续增加的，在立法方面、监督管理体制方面均取得了成就。

在安全生产立法方面，国家立法与行政立法取得了新的进展。2002年，全国人大常委会通过的《职业病防治法》于5月1日正式实施，该法强调了职业病的工伤性质和劳动者享有职业卫生保护的权利，规范了对职业病的前期预防、劳动过程中的防护与管理，明确了对职业病的诊断与职业病病人的保障，严格规定了对职业病的监督管理及有关各方的法律责任；全国人大常委会通过的《安全生产法》又于同年11月1日起正式实施，该法确立了生产经营单位的安全生产保障责任制，规范了从业人员的权利与义务，明确了安全生产的监督管理及生产安全事故的应急救援与调查处理，严格了生产事故中有关各方的法律责任；同年3月15日和5月12日，国务院颁布的《危险化学品安全管理条例》、《使用有毒物品作业场所劳动保护条例》先后施行。在2003年，原国家经贸委即颁发了《煤矿矿用安全产品检验管理办法》、《危险化学品登记管理办法》、《危险化学品经营许可证管理办法》、《危险化学品包装物、容器定点生产管理办法》等行政规章；国家安全生产监督管理局、国家煤矿安全监察局亦接连颁发了《安全生产违法行为行政处罚办法》、《煤矿安全生产监察行政复议规定》、《煤矿安全生产监察行政处罚办法》、《煤矿安全生产基本条件规定》、《煤矿建设项目安全设施监察规定》、《煤矿安全监察员管理办法》等行政规章。2004年1月1日国务院颁布的《工伤保险条例》正式实施，同期国家劳动保障行政部门还制定并实施了《工伤认定办法》、《因工死亡职工供养亲属范围规定》、《非法用工单位伤亡人员一次性赔偿办法》等规章，为确立并实施工伤保险制度提供了具体的法律依据，这是解除职工遭遇生产事故经济补偿后顾之忧的一项重要制度安排；同年2月1日国务院颁布的《建设工程安全生产管理条例》正式实施，建设单位安全生产将有法可依；同年2月19日，国务院又正式颁布并实施《安全生产许可证条例》，对矿山企业、建筑施企业和危险化学

品、烟花爆竹、民用爆破器材生产企业实行安全生产许可证制度。可见，近三年来，中国的安全生产法制建设步伐明显加快，从而为缓和生产事故的严峻局面奠定了相应的法制条件。

在安全生产监督管理方面，经过两次国家机构改革后得到了强化。1998年3月九届全国人大批准的国务院机构改革方案，将原设在劳动部的安全生产监察局以及其他部委的安全生产管理职责统一剥离，组建国家安全生产监督管理局（与国家煤矿安全监察局为两个机构、一支队伍）归口国家经贸委管理，这一改革改变了安全生产分散管理的格局，为建立统一、权威的安全生产监管体制奠定了基础；2003年3月经过十届全国人大批准，国务院在拆分原国家经贸委的同时，将国家安全生产监督管理局独立出来，成为国务院主管全国安全生产综合监督管理和煤矿安全监察的直属机构，在承担起原有职责的同时，又新承担原由卫生部承担的作业场所职业卫生监督检查职责、烟花爆竹生产经营单位的安全生产监督管理职责以及组织实施注册安全工程师执业资格制度的职责等，从而不仅进一步提升了安全生产监督管理的层级与权威，亦使安全生产监督管理权责进一步集中，但有关交通安全问题等仍然是由公安部等分管。2003年10月29日，为进一步加强全国安全生产工作的统一领导，促进安全生产形势稳定好转，又成立了由国务院副总理黄菊任主任，国务委员兼国务院秘书长华建敏、国家安全生产监督管理局局长王显政等任副主任，公安部、建设部、铁道部、交通部、卫生部、民航总局、食品药品监督管理局、国际科工委等32个中央单位和总参谋部、武警部队领导为成员的国务院安全生产委员会，它负责提出全国安全生产的重大方针政策，并协调军队与武警部队参加特大生产事故的应急救援工作等。至此，由国务院安全生产委员会（含军方与武警）、国家安全生产监督管理局（国家煤矿安全监察局）及公安部等部委构成了国家层级的安全生产监督管理机制，其突出特点是安全生产监管机构层级高、职责集中、发生特大生产事故时能够与军方及武警相协调，从而标志着中国安全生产监督管理统一协调、集中管理、分工负责的格局最终形成。同时，在生产事故责任追究方面亦开始步入较为规范的阶段。

2. 生产事故居高不下的局面十分严峻

从以往的统计资料来看，中国生产事故的种类相当繁多、数量也居高不下。不仅发达国家发生过的各种生产事故在中国均有发生，而且由于生产力水平落后、安全保障技术落后，以及接受发达国家危害性较大产业的转移等原因，一些发达国家已经杜绝的生产事故在中国也不罕见。尤其是改革开放以来，一方面是中国工业化进程明显加快，国民经济保持了持续20多年的高速增长，综合国力显著增强，城乡居民收入水平与生活水平显著提升；另一方面则是由于低水平的乡镇企业与对劳动者缺乏保护的非国有经济的迅速发展，各种生产事故又频繁发生，近10多年更是进入了一个生产事故群发时期。

由于漏报、瞒报及统计失范现象存在，要十分准确地揭示中国生产安全形势客观上存在着很大难度。但从有关部门的统计与分类指标中，仍然可以看出中国生产的不安全性程度明显偏高，近20多年来一直呈上升趋势。全国每年发生的显性伤亡与隐性职业疾患不仅数量惊人，而且后果相当严重。因此，基本上可以用“事故频发、后果惨烈、形势一直严峻且仍在继续发展”来概括中国的安全生产形势。

通过表1，可以观察到进入21世纪后的头三年中国各种事故的发生及人员死亡情况。

表1　近三年中国生产事故情况简表

年份	事故总数（起）	死亡人数（人）	特大事故（起）	死亡人数（人）	工矿事故（起）	死亡人数（人）	火灾事故（起）	死亡人数（人）	交通事故（起）	死亡人数（人）
2001	1000629	130491	140	2556	11402	12554	215863	2314	773306	115266
2002	1073434	139393	128	2341	13960	14924	258315	2393	785837	118193
2003年1—11月	869109	120765	122	2168	13378	14675	226265	2091	629280	103727

说明：本表仅统计了事故导致的死亡人数，巨大的伤残人数未列入表中，如2001年仅道路交通事故中受伤者即达55万人。表中特大事故指每次事故导致10人以上人员死亡的生产事故；工矿事故是指发生在工矿企业中的生产事故；火灾事故中不含森林、草原等火灾；交通事故则是道路交通事故、铁路交通事故、水上交通事故与航空事故的总和数。

资料来源：本表资料均来源于国家安全生产监督管理局提供，部分数据经过作者整理。

表1的数据资料揭示了中国的生产事故极为严重，进入21世纪以后，每年均超过100万起；其造成的人员死亡后果极为惨烈，每年达10万多人；还有上百万计的人员受伤，以及潜在的数以十万计的职业病患者和巨大的经济损失。不仅如此，各种事故的发展势头还日形严峻，如工矿企业事故1991年造成的死亡人数为14686人，2002年和2003年同一指标均有上升；1980—1989年10年间全国死于公路交通事故者共36.54万人，年均为3.654万人，而2001—2003年公路交通事故共计造成30多万人死亡，年均致死近11万人，受伤者年均达70万人次。[①] 21世纪的头三年的事故起数与伤亡人数均有明显上升，2003年虽然最终统计数据还未出来，但1—11月的统计已经表明，生产事故尤其是工矿企业生产事故又较2002年有较大幅度上升。

与工作场所直接造成人员伤亡一样，中国的职业病同样十分严重。据卫生

① 1993年以前的资料参见郑功成著：《中国灾情论》，近三年的资料由公安部提供；本节中未特别注明出处者，均来自郑功成：《中国灾情论》，湖南出版社1994年版。

部卫生监督中心统计，从建国到1991年，全国县以上国有和大集体企业中仅尘肺病者就达472776人，而到2001年底，全国尘肺累计病例达569129例，累计死亡135951人，存活患者433178人。2000年全国共报告各类职业病较1999年增加了14.5%；2001年较2000年增加了13%；2002年又比2001年增加了12.1%。不仅职业病的发病率呈上升趋势，而且发病和死亡者均呈现年轻化、接尘工龄短等特点。

综上所述，中国的生产事故无论是显性的现场工伤事故还是有潜伏期的职业病，其持续上升的形势均十分严峻。

3. 重大、特大生产事故怵目惊心

在生产事故总量惊人的同时，重大、特大事故的发生频率相当高，其后果尤其惨烈。为使读者有个印象，这里列举1990年以来发生在中国大陆的部分生产事故个案，由此可窥中国生产事故的严重性与惨烈程度。

以煤矿事故为例，1990年5月8日发生在黑龙江鸡西市小恒山煤矿的井下火灾，造成80人死亡、23人重伤；1991年发生在山西洪洞县三交河煤矿的瓦斯爆炸事故，造成井下作业的147名矿工全部遇难身亡，另有4人受伤；2000年全国煤矿发生一次死亡10人以上的事故达75起，致死1398人；[①] 2001年发生在江苏徐州市贾汪区岗子村五副井的瓦斯爆炸，致死92人（其中女工23人）；[②] 2001年7月17日发生在广西南丹拉甲坡特大透水事故，造成81名矿工罹难，更为恶劣的是矿主竟然买通地方党政官员与部分矿工家属，将事故隐瞒半月后才在新闻记者不顾安危进行调查干预下受到调查处理。[③] 2002年6月20日黑龙江鸡西矿务局城子河煤矿西二采区发生瓦斯爆炸事故，124人死亡；2003年3月22日山西吕梁地区孝义市驿马乡孟南庄煤矿发生瓦斯爆炸事故，造成72人死亡；2003年5月13日安徽省淮北矿业集团芦岭煤矿发生瓦斯爆炸事故，造成86人死亡、9人重伤、19人轻伤。[④] 至于造成50人以内的死亡及多人伤残的煤矿生产事故不乏罕见。

以石化工业为例，1993年6月26日发生在郑州市食品添加剂厂发生化学爆炸当场炸死27人、重伤30多人；同年8月发生在深圳罗湖区清水河危险品仓库的爆炸事故，致死15人（包括深圳公安局2位副局长）、100多人重伤，直接经济损失2.4亿多元；2003年12月23日发生在重庆开县的川东北气矿

---

① 参见国家安全生产监督管理局安全监察司：《2000年1—12月全国煤矿安全生产情况》，2001年1月8日。

② 参见刘开明：《身体的代价：中国工伤索赔研究》，人民日报出版社2004年版，第15页。

③ 参见任桂瞻：《南丹矿难追踪：原南丹县委书记万瑞忠被判处死刑》，人民网2002年6月5日。

④ 参见《2002年全国特别重大事故盘点》，国家安全生产监督局政府网站。

井喷特大事故，造成了243人死亡、4000多人受伤害、6万多人被紧急疏散、10多万人受灾，不仅成为中国石油化工行业前所未有的特大惨案，而且也是世界工业事故中的特大惨案。① 此外，根据国家安全生产监督局的有关资料，2003年12月30日发生在辽宁铁岭市昌图县双庙子镇昌图安全环保彩光声响有限责任公司的爆炸事故，造成37人死亡、42人受伤，该厂厂房全部被毁。

以纺织与服装企业火灾事故为例，1990年1月，广东东莞一家香港合资制衣厂因电线老化短路酿成火灾，造成80多名外来女工被烧死；1991年5月30日发生在广东东莞田边管理区盆岭村私人来料加工企业——兴业制衣厂的火灾，当场烧死64人、跳楼摔死、受伤的工人53人（送医院后又死亡6人）；1993年11月19日发生在深圳葵涌镇智丽工艺玩具厂的火灾中有83名女工被活活烧死、47人被烧成重伤；1993年12月13日发生在福州市马尾经济技术开发区内的台商独资企业——高福纺织有限公司火灾烧死工人60人、烧成重伤致残者8人。此类事故以后又多有发生。

以道路交通事故为例，根据公安部的有关资料，全国每年发生事故约90万起，致死10万人以上，车祸中受伤者在60万人以上。据公安部交管局信息，2004年1月26日一天之中全国就发生6起重大交通事故，其中发生在云南丘北县的追尾碰撞造成27人死亡、53人受伤；发生在福建古田县的坠水事故致死8人、3人受伤。

类似上述个案的生产事故还可以列出一份长长的清单，限于篇幅，本文省却了1990年以前的惨烈生产事故个案，对1990年以来的15年中的重大事故亦只是就我掌握的资料选择了其中的一小部分，但这些个案已经足以表明了中国生产事故的严重程度与惨烈后果。

4. 生产事故种类繁多又相对集中

从理论上讲，显性的工伤事故与隐性的职业病均属于生产过程中发生的危害劳动者及公众生命安全与健康的事件。但对职业病的统计资料又确实非常缺乏，尤其是对逾亿的农民工更是空白。因此，现阶段的生产事故主要是对显性的即在工作现场直接造成人员伤亡的事故的统计，即使如此，显性的生产事故被瞒报、漏报的现象亦有不少。

从现有的生产事故案例资料，可以发现中国生产事故的种类极为繁多，包括各种爆炸事故、火灾事故、机械事故、起重事故、电气事故、车辆事故、高处坠落事故、坍塌事故、锅炉事故、压力容器事故、矿山事故、中毒事故、淹溺事故、物体打击事故、污染事故、空难事故、道路交通事故、水上交通事故、铁路事故及其他类型生产事故。上述事故均不同程度地导致人员伤亡与财

---

① 参见黄豁、陈敏：《重庆12·23井喷事故：突发灾难再检讨》，《瞭望》2004年第1期。

产损失。但统计资料同时也表明，中国的事故灾难又表现出相对集中性。以2001年为例，图1即展示了各类事故导致的死亡人数比例结构，除道路交通事故作为最严重的事故灾难已经成为公害外，工矿企业事故所占比例亦很大；图2则揭示出了工矿企业生产事故最多的是煤矿企业。

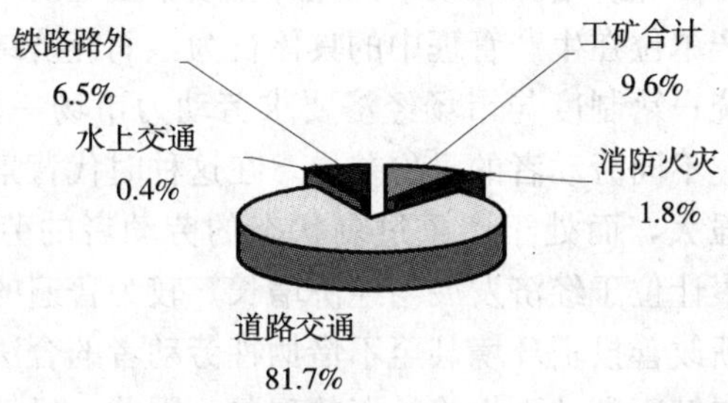

图1　2001年全国各类事故死亡人数比例图

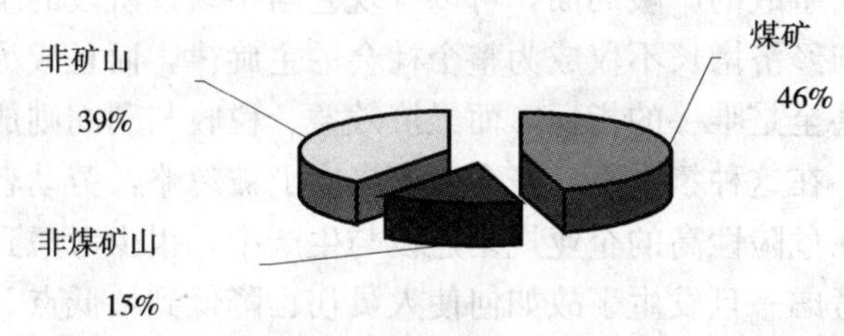

图2　2001年全国工矿企业中各类企业死亡人数所占比例图

剔除道路交通事故，生产事故最为严重的煤矿企业中的重大、特大事故相当频繁。据统计，中国煤矿每百万吨产煤死亡率在2002年为5.00，2003年为4.17，这一指标是美国等发达国家的数十倍，也是印度等发展中国家的数倍，所以有人说，中国的煤炭是煤矿工人用鲜血与生命换来的。而建筑施工企业、石油化工企业等均属于生产事故多发行业。因此，中国的生产事故明显具有相对集中性。

二、人为灾祸：中国生产事故的根本致因

中国生产事故的严重性，究其原因，除少数确实属于自然原因或技术原因等非人为因素引起外，绝大多数生产事故尤其是重大、特大生产事故几乎均是因责任者的过错甚至违法犯罪所致。因此，中国生产事故从总体上讲是典型的人为灾祸，其致因包括片面强调经济发展与对劳动者生命和健康权益的漠视、政府部门失职、雇主唯利是图、劳动者地位持续弱化、法制欠缺、违法犯罪

等，是转型期间多因素综合影响的结果。

1. 片面强调经济发展与对生命和健康权益的漠视

近 20 多年来是中国经济发展最快的时期，也是安全生产形势日益严峻、生产事故大幅上升的时期。改革开放以来，经济建设成为举国上下的中心工作，由此也形成了片面经济增长与效率优先乃至效率至上的观念，它进而深刻地影响着政府、生产单位在生产管理中的具体行为，而经济结构与社会结构的巨大变化，加上传统户籍制度与市场经济要求劳动力市场一体化的内在冲突，又导致了不同单位、不同劳动者的身份差异。在这种时代背景下，处于短缺状态的资本势力日益强大，而处于严重过剩状态的劳动者的劳动保护却日益弱化，人的生命与健康让位于经济发展与经济增长。较为普遍的现象是，多数地区为吸引投资而不断改善投资环境甚至不惜牺牲劳动者的合法利益，而少见有为保护劳动者生命与健康利益而拒绝外资的现象，因此，经济在发展，人命却被漠视，这种格局还在延续。

观察中国生产事故的严峻局面，可以发现它与中国现阶段的价值取向密切相关，经济发展与经济增长不仅成为整个社会的主旋律，而且成为衡量地方政府政绩最重要的甚至是唯一的指标，而经济效益、税收与利润则成了衡量企业成败的唯一指标，在这种氛围下，安全生产事实上被忽略，劳动者的生命与健康权益被漠视。在危险性高的企业规划建设与生产中，很少考虑到周边居民的安全问题，很少考虑一旦发生事故如何使人员伤亡降低到最低点，有时对物质利益的重视程度要明显地超过对生命与健康权益的尊重。在生产事故的地区与单位分布方面，地方政府愈是片面强调经济发展与经济增长，就愈是在安全生产方面犯官僚主义，愈是不重视劳动保护，生产事故就愈是多发；愈是非国有经济单位、愈是外资及港台资企业及个体私营企业，就愈是只注重降低成本、追求投资回报，不重视劳动保护投入，生产事故就愈是多发。在生产事故的危害对象方面，在大企业、国有企业工作的城镇劳动者，往往能够得到较好的劳动保护，而在小企业、乡镇企业、外资及港台资企业、私人企业工作的劳动者则构成了生产事故中的主要受害对象群体，其中逾亿农民工因其缺乏城镇居民身份又大多在非公有单位从事着职业风险较大的工作，从而构成了中国生产事故风险的主要承担者，他们获得的收益最低、遭受的职业伤害最大、承担的灾难性后果最为严重，一些重大、特大生产事故中的遇害者多数是农民工。在生产事故的善后处理方面，国有单位职工遭遇工伤后往往能够得到较好的经济补偿与医疗保障待遇，而非国有单位的受害者却缺乏相应的保障，许多农民工在生产事故中遭受伤害后还得不到任何补偿。

生产事故的多发现象及其分布规律，隐藏在背后的其实是经济利益的驱动，它既是片面强调经济增长与效率至上的具体反映，也是劳动保护与安全生产制度缺失的反映，还是社会阶层分化和社会成员身份不平等、社会经济不协调发展的具体反映，这种现象的出现虽然在经济社会转型期间有一定的必然性，但却不应当具有长期性、持续性。

2. 执法部门失职、雇主惟利是图与劳工地位弱化

在工业社会中，政府有关部门负有监察管理与相关制度建设的重大责任，雇主负有安全生产并依法为劳动者提供相应劳动保护的义务，劳动者则有权维护自己的生命与健康权益。果能如此，则生产事故必然会得到有效控制。然而，中国生产事故的严峻局面，却与现阶段特定的时代背景还存在着关联性。自 20 世纪 80 年代以来，中国工业化进程加快，农村劳动力大规模转移，而对投资的普遍渴求又促使各地采取包括牺牲劳动者劳动保护权益在内的各种措施来吸引投资，因此，生产事故处于持续居高不下的状态其实是在经济全球化导致的全球性强资本弱劳工格局背景下，中国劳资关系力量对比发生了重大变化的一种表现，资本的强势化与劳工的弱势化构成了生产事故多发的重要的社会基础。

在这种时代背景下，我了解到的大多数生产事故个案，均与执法部门失职（监管不到位）、雇主唯利是图和劳工地位弱化不能保护自己有关。

在政府方面，对安全生产的监督管理长期存在着不同程度的监管不力和失职现象。造成这种现象的客观原因包括：安全生产监督管理体制在过去长期未能理顺，法制不完善影响了执法，执法机构与队伍建设及其素质满足不了需要，相应的技术手段跟不上；主观原因包括：有法不依、执法不严，漠视安全生产和生产事故，不重视与安全生产有关的执法机构与队伍建设，执法队伍的执法理念存在着问题；除上述原因外，一些地区因地方政府与资方形成了利益共同体亦严重地干扰了执法机构与执法人员的公正执法。经过 1998 年与 2003 年两次机构改革和近几年有关安全生产立法步伐的加快，中央层级的监督管理体制已经理顺，国家层次的相关立法已经体系化，但地方至今还未完成监管体制变革，更重要的是执法观念与执法理念还有待改变，影响安全生产监督管理的主观原因均有待改变。如以政府机构改革为例，将小政府、大社会绝对化，应当不断壮大的安全生产监督管理部门与劳动监察部门得不到壮大，机构与人手不足严重地制约了安全生产执法。这一客观现象决定了现有监管力量根本不足以承担相应的安全生产监管责任。同时，安全生产监督管理事实上需要以劳动监察为基础，从而与劳动保障行政管理部门有着非常密切的关系，也与卫生行政等部门有着密切的关系，相关部门配合协调不够亦直接影响着安全生产的执法成效。

政府执法部门失职的主要表现在于：一是对生产单位的安全生产监督管理不严，对人命关天的生产事故熟视无睹，官僚主义严重；二是事先监督检查不

够，事后惩罚措施不力，监管力度根本不足以制约生产事故的恶化趋势；三是生产事故发生后，对受害者的投诉与索赔不是依法维护劳动者的合法权益，而是存在着不负责任地推诿的现象，一些地方的执法机构或执法人员因害怕影响当地经济发展与雇主利益，甚至蜕化成负有责任的雇主的帮凶；四是对劳动者采取歧视政策，在生产事故中偏袒本地雇主与资方，对非公企业职工和外地民工则有法不依或采取双重标准或不闻不问；五是在处理生产事故中拖延时间，给受害者的索赔带来被动，一些地方发生重大事故后雇主逃跑致使受害职工得不到起码的经济补偿，很大程度上即是执法部门拖延处理及未能采取有效处理措施所致；六是对宣传并引导劳动者学习相应的法规、政策不够，缺乏主动服务精神，造成劳动者不懂安全生产及相关法律法规与政策，从而遭遇生产事故时往往投诉无门，不懂得如何维护自身权益。以对职业病的监控为例，2002年是《职业病防治法》正式实施的第一年，但据卫生部统计，在列入经常性卫生监督范围的225608家有毒有害作业厂矿中，执法部门只对40.5%进行了卫生监督，因各种原因给予处罚的单位1633家，仅占总处罚率的1.8%；在8980375名应在年内接受职业性健康检查的作业工人中，只有3133241人接受了职业健康检查，仅占总人数的34.9%。[①] 执法部门的监管不力与失职现象还不止这些，但这些现象的客观存在，事实上直接损害了政府的权威与信誉，是中国生产事故不断攀升的重要原因。

雇主唯利是图是导致中国生产事故快速上升的最重要的原因。除国有大中型企业一般有相应的安全生产管理机制和较好的劳动保护措施外，小企业、乡镇企业、外资或港资及台资企业、个体私营企业等大多缺乏相应的安全管理机制与劳动保护，愈是私人企业就愈是唯利是图，愈是漠视劳动者的生命与健康权益，愈是将降低劳动保护成本、不采取任何劳动保护及社会保险措施甚至与职工签订“生死合同”来作为降低生产成本、提高投资回报率和产品市场竞争力的手段，其生产事故也愈多。从中国生产事故的发生情况看，凡发生在国有单位尤其是国有大中型单位的生产事故原因较为复杂，凡发生在非国有单位尤其是私营企业中的生产事故则是因雇主提供不安全的生产场所和缺乏劳动保护所致。因此，非公单位的生产事故发生频率与危害后果，均较国有单位严重得多。以生产事故风险最大的煤矿企业为例，不同类型煤矿企业在2001年因生产事故导致死亡人数的结构如图3所示。

---

① 参见刘开明：《身体的代价：中国工伤索赔研究》，人民日报出版社2004年版，第41页。

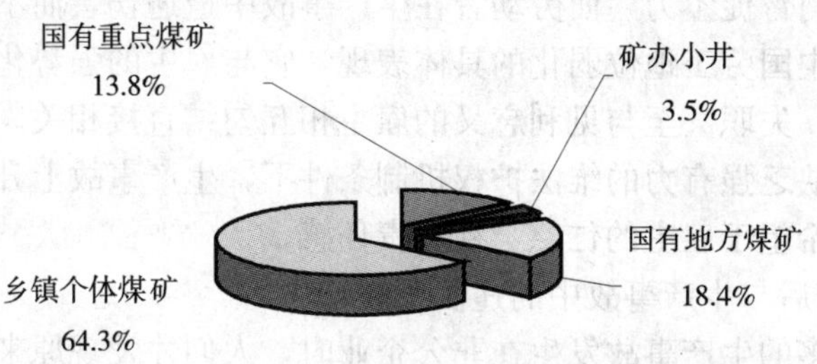

图 3 2001 年全国各类煤矿企业死亡人数比例图

图 3 表明，2001 年全国煤矿企业死亡人数中，乡镇个体煤矿虽然产煤量占全国总产煤量比例很小，而生产事故导致的死亡人数却占全国总数的 64.3%，在煤炭行业举足轻重的国有重点煤矿同一指标却只占 13.8%；在建筑行业，农村私人建筑施工队的生产事故亦要占到整个建筑行业生产事故的 60%以上，建筑行业农民工的死亡人数要占全部建筑行业死亡人数的 2/3 以上；而根据刘开明对在深圳遭遇伤残的 500 多名工伤者的调查和对 1 万多名工伤致残农民工材料的了解，"发现伤残者所在企业绝大多数是外资企业和'三来一补'企业，其老板以台湾、香港、海外华人和当地村民为主。在发生工伤事故或职业中毒之后，多数老板态度非常恶劣，好一点的能够给打工者一点补偿，然后让他们自动辞职，有的老板甚至不允许伤残者去做法医鉴定"。① 我在 20 世纪 80 年代到 90 年代初期的研究，亦有大量生产事故个案揭示出了一些私营雇主见利忘义的丑恶本性。

劳动者素质低和不能有效维护自身权益，是一些生产事故调查结论中的重要原因。以生产事故多发的建筑业为例，农民工即占从业人员总数 79.8%；以加工制造业为例，农民工亦占到 68.2%；而在整个第二产业中就业的农民工已经占到全部从业人员的 57.6%。② 因此，素质较低的农民工事实上已经成为中国产业工人队伍的主体，他们大多缺乏相应的非农生产技术与安全意识、维权意识。不过，这一原因只反映了许多生产事故中的具体情形，却忘记了现阶段劳动力资源严重过剩和强资本弱劳工格局带来的劳工地位下降的社会背景，劳工地位的持续弱化不仅构成了中国安全生产形势日益严峻局面的社会基础，也是雇主不法行为与一些执法者漠视生命与健康的不良成因。在许多生产事故中，劳动者不能按照生产规程操作或不懂安全规程及自救与他救措施，确实是造成生产事故增加和危害后果被放大的重要原因，但劳动者的安全生产知识与技能欠缺，恰恰反映了雇主对安全生产的漠视生命和违反安全生产法规以

① 刘开明：《身体的代价：中国工伤索赔研究》，人民日报出版社 2004 年版，第 41 页。

② 参见徐京跃等：《我国工人阶级队伍构成发生历史变化》，《北京晨报》2004 年 1 月 20 日。

及政府执法部门督促不力，而劳动者在生产事故中遭遇伤害而不能有效维护自身权益，则是中国劳工地位弱化的具体表现，它与雇主的强势化和一些地方政府监管的缺位、失职甚至与见利忘义的雇主相互勾结直接相关。因此，在劳工地位弱势化和缺乏强有力的维法护权机制条件下，生产事故上升势头要得到有效遏制只能寄希望于雇主的仁慈与社会责任感。

3. 立法滞后与生产事故中的违法犯罪行为

当越来越多的生产事故发生在非公企业时，人们才发现原来沿用了数十年之久的劳动保险等制度根本无法适应新形势，大量非公企业被遗忘在传统的制度之外。1995 年虽然国家制定了《劳动法》，但该法的可操作性却很差，在实践中亦被理解为城镇劳动法和国有单位劳动法。在旧的规定难以适应新的形势而新的法制又未确立并完善起来的条件下，对劳动者的劳动保护自然处于松弛状态。正是由于法制的缺失，对安全事故的监督管理与处理就缺乏权威有效的依据，而在市场经济与经济结构多元化的条件下，仅靠政策推动显然是不够的。直到近几年，国家才先后制定并开始实施《安全生产法》、《职业病防治法》、《工伤保险条例》、《建设工程安全生产管理条例》等一批重要法律与法规，但这些法律与法规的实施还需要一个过程，因此，立法的滞后应当是近 20 多年来中国生产事故日益严重的又一重要影响因素。

如果说国有小企业、乡镇企业等发生生产事故多与生产条件和乡村劳动力素质有关，那么，许多发生在非公企业尤其是外资、港资、台资及私人企业中的恶性生产事故，确实与雇主的违法犯罪及政府官员的腐败及纵容直接相关。如 2001 年发生在广西南丹的矿难就是一起雇主违法犯罪与地方党政官员严重腐败直接相关。该起严重矿难造成 80 多人死亡，却被故意隐瞒，调查结论是以采代探、滥采乱挖、官商勾结、以矿养黑、以黑护矿、无视矿工生命安全，是一起典型的官商黑相互勾结的违法犯罪案件。此案发生并被新闻界揭露后，矿主黎东明等 64 人因分别涉嫌重大责任事故罪、行贿罪、涉黑犯罪及非法持有枪支罪等受到处理，各级官员 64 人因涉嫌收受贿赂、滥用职权及违法犯罪等受到处理。其中：原南丹县委书记万瑞忠被判处死刑，矿主及一大批负有责任的管理人员与政府官员均依法受到了严厉惩处。① 类似南丹矿难这样的官商勾结现象虽然并不具有普遍性但也不乏罕见，它进一步损害了维护劳动者合法权益的严肃性和政府自身的威信，尤其是直接恶化了安全生产的管治环境，从而是影响极坏的因素。

4. 无知、蛮干和对科学防灾的轻视

从以往发生的许多生产事故中，还可以发现不少事故是因为盲目、蛮干和

① 参见任桂瞻：《南丹矿难追踪：原南丹县委书记万瑞忠被判处死刑》，人民网 2002 年 6 月 5 日。

轻视安全生产及科学防灾酿成的恶果。其主要表现在于：一是在建设规划与生产中缺乏对安全的考虑。如2003年12月30日晚发生在辽宁昌图县造成79人伤亡的烟花爆竹工厂特大爆炸事故，就是一起盲目生产和不顾危险产品生产特性的特大事故，该企业属于特殊危险生产企业，竟然建在居民区内，建在两个加油站之间且邻近公路，生产车间与储存原料的仓库在一起，办公楼与包装车间在一起。二是在生产中不重视科学防灾。如许多煤矿事故因不重视通风导流和机电火器管制而发生瓦斯和煤尘爆发事故，一些矿山不能根据矿山围岩性质科学选择支架和支护方式及支护强度亦是引起冒顶塌方事故的重要致因，一些乡镇企业土法生产化工产品所造成的职业中毒事故亦不乏罕见，类似在生产中轻视科学防灾或者无知、蛮干的现象是导致安全生产形势恶化的又一重要致因。三是不重视风险管理与事故处理预案，对生产事故大多是在出事后才引起重视，在事故发生时惊慌失措，缺乏科学防灾抢险技能与措施。如2003年12月23日发生在重庆开县的特大井喷事故作为中国石油化工史上伤亡最惨重的灾难，同样在规划建设中没有考虑到周边居民的安全，没有向周边居民普及相应的安全防范常识，没有制定相应的应急预案等。四是不重视职工的风险意识培养和防灾技能培训，认为生产事故是意外事故，不必要掌握相应的安全知识与技能，许多重大伤亡事故均有此类原因。

5. 发达国家跨国资本转移带来的恶果

随着经济全球化进程的加快，在发达国家跨国资本转移过程中，将不安全的生产技术、设备和化学用品向发展中国家输出，已经构成了包括中国在内的发展中国家或输入国安全生产的重要危害源。几乎所有接受发达国家资本转移的新兴工业化国家与发展中国家，都曾发生过许多后果严重的生产事故。

中国自20世纪80年代实行对外开放，在取得吸引外资辉煌成就的同时，也接受了一些职业危害较大的产业转移，尽管这方面的危害还缺乏精确的统计分析资料，但有两点却是十分肯定的：一是从发达国家转移出来的产业的职业危害性大多较高；二是在中国大陆，外资企业以及来自台湾、香港、澳门地区的企业或为其服务的加工企业中的生产事故要高于国有企业。因此，在对外开放和吸引外资的过程中，漠视安全生产的引进也是造成中国生产安全形势恶化的一个不容忽视的因素。

三、后果堪忧：生产事故的危害分析

生产事故损害的不仅是劳动者个人的健康与生命，而且是对职工家庭的重大打击，进而产生多方面的严重社会后果，是现阶段乃至相当长时期内对中国社会安全构成威胁的重要因素。

1. 人员伤亡及其带来的间接后果严重

人员伤亡是各种显性工伤事故的直接后果。表1已经揭示了中国近三年来各种事故导致的人员死亡总体情况，而未列入统计表中的伤残人数还要大得多。

另一种危害极大的职业灾害是职业病，在中国现阶段同样十分严重。仅以尘肺患者为例，1991年全国县以上国有企业与大集体企业累计发生尘肺病者472776人，相当同期世界各国尘肺患者的总和，至2001年底全国尘肺病累计病例569129例，累计死亡135951人，存活患者433178人。① 再以每年报告新增职业病例为例，2000年为11718例，较1999年的病例增加了14.5%；②2001年为13218例，较2000年增加了13%；2002年为14821例，又较2001年增加12.1%，其中尘肺病患者死亡2343人。③ 不仅如此，职业病的发病和死亡者均呈现年轻化、工龄短的特点，由此可见中国职业病的趋势与后果相当严重。

生产事故与职业病除导致人员死亡与终身残疾外，还迫使国家、企业与劳动者个人付出相应的代价。例如，将设在洛桑的国际管理发展研究所（IMD）排出的世界最权威的国家竞争力名次表、世界经济论坛公布的国家竞争力名次表与国际劳工组织排出的各国职业安全卫生名次表相对照，就可以发现高竞争力与高安全性之间存在着紧密关系，凡竞争力名次靠前的国家同时也是生产安全性高的国家，④ 这一结果表明了生产事故是影响国家竞争力的因素之一。生产事故直接带来的后果还包括由于伤残导致提前退休、缺勤增加、失业增加与家庭更加贫困化。国际劳工组织的调查研究表明，发达国家所有法定退休年龄前退休的人员中大约有40%的人是因为生产事故导致的伤残，这使他们平均缩短5年左右的工作时间；平均每天有5%的从业人员因工作伤害而缺勤；平均有1/3的失业人员因受到不同程度的工作伤害而导致工作能力下降，进而使他们的再就业能力严重削弱；生产事故还是导致受害者家庭贫困的重要致因。⑤

综上，生命损失、健康损失，进而带来劳动者就业能力损失、收入损失，以及增加贫困、降低国家竞争力等，均是生产事故带来的严重社会问题。

---

① 参见《职业病形势严峻，我国开展防治职业病专项整治工作》，《健康报》2002年4月2日。

② 参见卫生部：《全国职业病发病率上升》，《光明日报》2001年4月10日。

③ 参见刘煜晨、苏岩：《罩不住的尘肺病》，央视国际网2003年7月28日。

④ 参见国际劳工局：《安全方面的数字——工作中全球安全文化指针》，日内瓦，2003。www. ilo. org/public/english/protection/worldday/report eng. pdf。

⑤ 参见国际劳工局：《安全方面的数字——工作中全球安全文化指针》，日内瓦，2003。www. ilo. org/public/english/protection/worldday/report eng. pdf。

2. 不平等下的劳资冲突与对抗性矛盾加剧

经过二十多年的改革与发展，中国不仅经济结构发生了巨大变化，其社会阶层结构也发生了巨大变化。一方面，国有经济不再一统天下，非公经济在近20多年中获得了持续快速发展，除外资及港资企业、台资企业及侨资企业外，内地登记注册的私营企业截至2001年底即达202.85万户，注册资本总额为18212.24亿元，其中注册资本在1000万元以上者2.31万户、注册资本在亿元以上者达383户，同年登记注册的个体工商户达2433万户、注册资金为3435.79亿元，私营经济与个体经济不仅构成了中国国民经济的重要组织部分，而且形成了新的有产社会阶层。[①] 另一方面，从业人员结构发生了巨大变化，截至2002年底，城镇户口劳动者就业总人数由1990年的17041万人上升到2002年的24780万人，而在国有单位就业的城镇户口劳动者却由1990年的10346万人下降到2002年的7163万人，在集体单位就业的城镇户口劳动者由1990的3549万人下降到2002年的1122万人，新增城镇户口劳动者和从国有企业及集体企业分流出来的城镇户口劳动者均进入非公单位就业或自谋职业；在农村，乡村户口的就业人员总数从1990年的47708万人增加到2002年的48960万人，其中在乡镇企业就业的乡村户口劳动者由1990年的9265万人增长到2002年的13288万人。[②] 上述数据反映了中国的劳动关系早已不再是单纯的国有单位、集体单位与劳动者的关系，而是开始形成以劳资关系为主体的劳动关系。

毋庸讳言，在劳动力资源严重过剩和全球性的强资本弱劳工格局大背景下，中国普通劳动者的地位近20多年来在不断下降，尤其是在非公企业就业的劳动者和乡村户籍身份的劳动者更因缺乏法制保障和维权机制而沦为困难群体，不平等的劳动关系相当普遍。一方面，一些私营企业、外资企业和港澳台资企业可以漠视劳动者的生命与健康权益，采取任意延长劳动时间、拒绝提供劳动保护、克扣工资等不良手段来赚取超额利润，有的甚至与劳动者签订生死合同，拒绝承担生产事故责任；另一方面，由于城乡户籍身份的差异，外来劳动者尤其是乡村进城务工人员普遍遭到歧视，其在就业中根本难以主张自己的权益，与雇主建立的也是不平等的劳动关系。在劳动关系过度地向雇主倾斜的条件下，劳动者的地位必然日益弱势化，不平等的劳动关系必然以损害劳动者的正当权益为代价，最终迫使处于弱势方的劳动者奋起抗争，劳动保护的缺失、生产事故的频繁发生及其对劳动者生命与健康的损害，又会促使这种不平

① 参见中共中央宣传部理论局：《干部群众关心的25个理论问题》，学习出版社2003年版，第74—75页。

② 参见国家统计局编：《2003中国统计摘要》，中国统计出版社2003年版，第42页。

等的劳动关系变成劳资对立。十多年来，劳动纠纷案件大幅度上升，外资企业与“三资企业”、私营企业中的罢工事件时有发生，就表明了劳动关系在现阶段正由劳资双方的一般利益冲突向对抗性矛盾转化。

据最高人民法院统计，2003 年 1—11 月，全国法院共受理劳动争议案件 113852 件，较 2002 年同期上升 17.56%；[①] 而大量的劳动纠纷集中在与安全生产与生产事故有关的劳动保护方面。据统计，1997 年全国因劳动保护导致的劳动纠纷案件为 2265 件，2000 年上升到 13008 件，[②] 3 年间增长 4.74 倍，而保险福利类劳动纠纷案中亦有部分属于生产事故中受害职工或其家属提出的补偿申诉案件；而在 2000 年发生的因劳动保护导致的 13008 件争议案中，国有企业为 2222 件、占 17%，城镇集体企业 2051 件、占 15.8%，而外商投资企业及港澳台投资企业为 2437 件、占 18.7%，私营企业 3351 件、占 25.8%，[③] 如果再加上联营企业与个体工商户的此类争议案件，则非公企业要占到因劳动保护导致的全部争议案件的 65%以上，而当年在外资和“三资”企业就业的劳动者为 642 万人，在私营企业就业的劳动者为 2407 万人，两者合计为 3049 万人，[④] 不到在非农领域就业的劳动者总数的 8%，而这两类企业的劳动保护争议案件却要占全部案件中的 44.5%，可见劳资关系的冲突较为严峻。

改革开放以来，部分地区部分企业就多次爆发过工人罢工等事件。据劳动部有关专家的分析统计，中国从 1990 年到 1994 年 5 年中参加罢工的人数分别为 24.3 万人、28.86 万人、26.84 万人、31.03 万人、49.56 万人，5 年中增加 1 倍，在所统计的 17 个国家和地区中增长率最高。在这些罢工当中，单件事件延续最长的时间为 40 天，单件事件参与人数最多的为 3900 人。而且还出现了同盟罢工的倾向，如 1994 年珠海某公司 1700 人罢工后，邻近的有关企业也蜂起响应，罢工人数迅速增加到 4500 多人。进入 20 世纪 90 年代中后期以后，罢工事件亦时有发生。再如 1997 年 3 月北京通县中国新加坡合资的麦克菲精密电子工程有限公司发生罢工事件，重要原因之一亦是该公司不发劳保用品致发生工伤事故并经常侮辱中国员工，这场罢工持续到 24 日，最终在工人罢工的压力下，资方全部答应了工会提出的复工条件，承认这次停工的起因主

① 参见全国人大常委会办公厅联络局编：《国务院有关部委最高人民法院最高人民检察院向在京全国人大代表汇报材料汇编》，中国民主法制出版社 2004 年版，第 56 页。

② 参见程延圆：我国劳动争议的发展变化与劳动关系的调整，载郑功成等主编《变革中的就业环境与社会保障》，中国劳动社会保障出版社 2003 年版，第 350 页。

③ 参见国家统计局人口和社会科技统计司、劳动和社会保障部规划财务司编：《2001 中国劳动统计年鉴》，中国统计出版社 2001 年版，第 429—430 页。

④ 参见国家统计局人口和社会科技统计司、劳动和社会保障部规划财务司编：《2001 中国劳动统计年鉴》，中国统计出版社 2001 年版，第 7 页。

要责任在公司方。深圳某台资鞋业有限公司因管理和保安人员经常殴打体罚工人并克扣工资，结果引发了3000多名工人参与的大罢工，工人并在厂内砸玻璃、烧垃圾、呐喊示威，以示抗议。大连某日本独资企业，亦因工人工资水平过低及劳动保护权益受到严重损害，工人多次反映而资方不予理睬，亦爆发过有6000多工人参加的罢工，在坚持了两天半后，日本总部急令答应工人的要求，罢工胜利结束。①

如果说个别劳动者提出的劳动争议是一种个体性的非过激的权利主张，那么，罢工则是激烈的对抗性的劳资冲突方式，是能够对社会安全产生重大影响的群体性事件。因此，任何对不平等条件下的劳资冲突与对抗性矛盾的忽视都将酿成重大的不良社会后果。

3. 劳资冲突与对抗日益演变成劳动者和政府的冲突

前已分析，劳动保护的缺失和生产事故的频繁发生，不仅与雇主的唯利是图和漠视劳动者生命与健康权益有关，也与政府执法部门监管不力、失职甚至不法官商相互勾结有关。因此，许多企业不依法签订劳动合同、不提供相应的劳动保护、对生产事故中遭受伤害的职工不负赔偿之责甚至一脚踢出工厂的现象，已使政府形象与威信受到日益严重的损害，在中国劳动关系日渐进入紧张阶段时，这种紧张状态不仅表现为劳资双方的对抗性纠纷增多，同时也表现在劳资对抗性冲突正在某种程度上演变成劳动者与政府的冲突甚至对抗。

自20世纪90年代以来，一方面是国有企业改革发展的加快使大量国企职工因失业、下岗而丧失收入来源或者收入锐减，同时因社会保障制度不健全又造成部分退休职工不能按时足额领取养老金，部分失业、下岗职工和退休职工因此而陷入生活困境并成为新的贫困人口，这些利益受损的职工很自然地产生对政府的失望心理和对社会保障制度的不信任感，一些地方因此而出现职工与政府对抗的事件，几乎所有的老工业基地都发生过职工到政府办公场所静坐或者群体上访的事件，笔者就收到过数百上千计的这类职工来信，有多封来信甚至有200—300多人联合签名，签名者都是长期在国营矿山井下工作并落得不同程度的职业性疾病后，因企业不景气或者改制而被买断工龄丧失收入来源并陷入生活困境者。这种现象表明了国有企业改革所带来的阵痛确实损害了工人阶级的劳动保护与社会保障权益，进而损害了工人阶级与政府之间的良好关系，它虽然是现阶段中国发展进程中必然要付出的一种代价，但应当给予高度重视，并采取切实措施来维护失业、下岗职工及退休职工的合法权益，防止国企单位职工与政府对抗行为及现象的扩展蔓延。

另一方面，非公企业损害劳动者权益的现象更是相当普遍。中国劳工成本

① 参见常凯：《论中国的罢工权立法》，内部印刷，2002年7月。

低廉的比较优势被一些人简单地理解为就是工资低、不要劳动保护与社会保障。非公企业中因生产事故导致的直接对抗政府的事件也时有发生，受损职工一般是先找雇主解决问题，但每一起恶性生产事故的发生，人们都会抱怨政府未尽到应尽责任，对政府过度维护资方利益的指责不乏罕见，部分生产事故尤其是恶性事故发生后因雇主逃逸，受害职工及其家属亦会直接找政府承担责任，其中的对抗现象并不少见。在珠江三角洲地区，就有许多工伤事故中遭遇伤害的外来劳工以极为弱势的声音向政府管理机构申诉，有的甚至因管理机构的漠视而发生冲突。[①] 因此，当前确实存在着劳动者与雇主的利益冲突逐渐向劳动者与政府冲突蔓延的态势，这种态势虽因处于极端弱势的逾亿农民工的维权意识尚未完全觉醒而不是很多，但发展趋势是相当危险的。一旦劳动者与雇主的冲突与对抗普遍演变成劳动者与政府之间的冲突与对抗，则不仅政府会陷入极为危险的困境，而且整个社会亦将陷入危机之中。

4. 造成社会对抗并导致社会经济发展失常和政治危机

由劳动保护与生产事故引发的个体劳动纠纷与个体上访事件是形成罢工事件与群体上访的基础，而现阶段发生的一些罢工基本上是在企业内部进行，群体上访亦基本上是同一个单位的职工集合而成的规模有限的行动，但这种行动恰恰是大规模群体运动的有利生成条件，它一旦演变成有组织的同盟性罢工与大规模游行示威，则不仅必然强化人与人之间乃至不同社会阶层之间的对抗性，而且会直接增加对社会经济正常运行的破坏性，并严重损害社会经济发展进程中的合作基础。

发达国家与部分新兴工业化国家的发展实践表明，在忽视劳动保护和缺乏社会保障的条件下，生产事故（包括工伤事故与职业性疾病）的频繁发生通常是促使劳资双方利益冲突由非对抗性方式向对抗性方式甚至是激烈的社会化对抗方式转化的重要诱导因素。有组织的维权行动加上群体性、同盟性的罢工及示威游行，极易使社会陷入失控状态，进而放大劳资双方的利益冲突和社会矛盾，形成国家、雇主与劳动者三方利益均受损的坏结局，即陷入雇主对劳动保护与安全生产的漠视——劳动者生命与健康权益受损——劳动者为维护自身正当权益而抗争——罢工、游行示威等激烈对抗局面出现——企业生产与职工生活秩序失控——雇主因生产受损——国家经济发展受损与社会秩序失控甚至发生重大的政治危机——最终造成国家、雇主、劳动者三方利益均受损的恶性循环，这是应当引起政府严重关注并尽最大可能来加以避免的。

---

① 参见刘开明：《身体的代价：中国工伤索赔研究》，人民日报出版社 2004 年版。

四、中国需要长效的安全生产与劳权维护机制

安全生产的现状和生产事故频发的局面及其危害社会安全的发展态势，使社会正义与政府信用面临着严峻的考验，从而决定了中国减轻生产事故并建立长效的安全生产与劳权维护机制不仅具有必要性，而且具有紧迫性。我认为，以往安全生产之所以出现政府重视、企业整改、事故频发的局面，关键的还在于安全生产理念不清、国家缺乏长效的安全生产机制、政府扮演着救火或消防队的角色。因此，确立以人为本的新理念，重视劳动保护，健全监管机制与责任追究制，确立雇主赔偿制与工伤保障制，以及发挥工会组织与社会监督的作用，将是从根本上缓解生产事故及其带来的社会风险的标本兼治方案。

1. 确立以人为本的发展理念

中国已经进入后改革开放时代，这一时代的根本任务就是促进经济社会协调发展和全面建设小康社会，[①] 正基于此，执政为民才成为新一代中央领导集体奉行的最高行为准则，而以人为本则是执政为民和全面建设小康社会的本质要求。在中国的生产建设领域尤其是安全生产管理中，尤其应当确立以人为本的发展理念。

第一，将保护劳工权益提升到与经济发展并重的位置。“中国是社会主义国家，中国的经济是社会主义市场经济，和资本主义国家相比，中国更应当把职工的利益尤其是生命与健康权的保护摆在发展生产的首位。”[②] 这是我在20世纪90年代初期撰著《中国灾情论》提出的观点。如果说10年前似乎有些超前，那么，现在则应当是时代发展的内在要求了。因为经济发展的目的是为了社会发展进步，而社会发展进步的核心标志则是人的全面发展，只有人的全面发展才能够创建平等、幸福、和谐的社会。在全面建设小康社会阶段，中国需要经济发展与经济增长，同时更需要建设的是健康的现代工业文明，是平等的劳动关系和良好的社会合作，是全体国民均有保障并不同程度地分享经济发展成果的和谐社会。因此，经济发展与经济增长的代价不应当是重大的生命与健康牺牲，发展生产与保护劳工权益并重的新理念应当成为中国生产建设发展的指导思想。当前，迫切需要纠正只顾经济发展与经济增长而将保护劳动者合法权益置于其对立面考虑的观念，摒弃简单地将劳工成本低等同于中国参与国际竞争的比较优势的指导思想，重视对劳动者权益的保护，坚决制止以牺牲劳动

---

① 参见郑功成：《中国进入后改革开放时代》，香港凤凰卫视世纪大讲堂，凤凰网2004年1月4日。

② 参见郑功成：《中国灾情论》，湖南出版社1994年版，第364—365页。

者的生命与健康代价来换取的非理性发展方式，并用相应的制度来为劳动者的权益提供切实保障。唯有将保护劳工权益置于与经济发展并重甚至优先考虑的地位，才可能真正获得经济社会的持续健康发展。

第二，确立生命权与健康权至上的安全生产理念。经济愈是发展，社会愈是进步，人的生命与健康价值就愈是受到尊崇，国家与社会就愈是重视人权保障。在2003年3月十届全国人大通过的宪法修正案中，国家尊重和保障人权便正式写进了宪法，而人权保障首先就是人的生命权与健康权的保障。在以往发生的众多生产事故中，对劳动者生命与健康权益的漠视，决定了确立生命权与健康权至上的安全生产理念至关重要。因此，我们不应当将生产事故的责任追究重点放在客观环境和就事论事上，而是应当从人为因素入手，真正重视生命与健康价值的至高无上，消除生产事故中的人祸色彩，恢复生产事故的自然属性与客观灾变属性，只有这样，中国生产事故的严峻局面才可能从根本上得到扭转。国家有必要根据生命权与健康权至上的理念来完善现行安全生产方面的法制，用这种理念来指导安全生产执法管理以及各生产单位的安全生产行为；同时，还应当用这种理念来指导劳动者注重维护自身的生命与健康安全权益。

2. 平衡劳动关系和重视劳动保护

鉴于不平等的劳动关系是造成劳动者劳动保护权益受损害的重要致因，因此，适当节制资本势力和扶助劳工应当成为现阶段平衡劳资关系的基本政策取向，平等的劳动关系既是维护双方合法权益的基础，也是安全生产与真正扭转生产事故持续居高不下局面的保证。

一方面，继续完善安全生产、劳动就业与劳动保护的立法，尽快消除对劳动者的制度性歧视和补上对劳动者生命与健康权益保障的制度性缺漏，在为投资者努力创造良好的投资环境的同时，尤其应当规范雇主对劳动者提供安全生产环境和劳动保护的法定义务，明确劳动者拥有的相应权益，只有从法律制度上消除劳动关系中的不平等，才能为消除现实中的不平等现象提供依据。

另一方面，强化各行业的安全生产与劳动保护标准化建设，形成有利于维护劳动者生命与健康权的社会氛围与监察机制，尤其要注重维护弱势劳动群体的生命与健康权，对漠视安全生产与劳动保护的企业加大处罚力度，还应当普及安全生产与劳动保护方法的法规政策与相关知识，对遭遇生产事故的劳动者强化依法维权。

当然，尽管减轻生产事故、保护劳动者的生命与健康权益是政府的重要职责，但企业或雇主更应当承担起这种职责，因为只有提供相应的劳动保护、实施科学的安全生产管理并参与相应的社会化保障机制，才可能真正减少生产事故或者使受害者及其家属得到合理的损害补偿，生产事故造成的后果亦才有可能降到尽可能低的程度。雇主还负有培训劳动者安全生产技能与自救方法的责任。

3. 健全监管机制与责任追究制

中国的生产事故绝大多数是人为造成的，强化监管十分必要。我建议，在现有体制的基础上，国家还有必要进一步明确立法规范、统一领导、集中监管、分工负责、多方配合的安全生产监督管理机制。

政府的安全监管是减轻生产事故及其危害后果的关键，因此，安全生产委员会不应是一个虚设机构而应当担负起领导全国安全生产工作的重大责任，并在推动安全生产及劳动保护等方面的立法中发挥主导作用，在重大生产事故处理中承担起领导责任。国家安全生产监管部门作为专司安全生产管理职责的政府机关，更是负有直接的监督管理责任，应当尽快向全社会公布其工作职责、工作方式、办事程序等，并在执法中接受人大与社会的监督；劳动保障部门、公安部门、交通部门、建筑管理部门等分别承担着相应的安全生产监察与劳动保障监察责任，同样应当实行政务公开和接受社会各界的监督。尤其是劳动保障部门承担着劳动监察职责，而劳动监察又是维护劳动关系平等和劳动保护的基础，针对目前存在的监管不利局面，有必要强化劳动监察机构与队伍建设，劳动监察队伍宜按照专业化要求组建，应当有职业道德与职业资格的具体要求，应当对蜕变成雇主帮凶的工作人员严厉处罚。将安全生产形势与生产事故的发生数量与危害后果作为各有关执法部门的主要考核指标，将以此作为评估其政绩的重要依据。

司法监督是惩办不法雇主和保护劳动者生命与健康权益的必要且重要的保障机制，国家在立法中还有必要进一步明确司法机关在这方面的职责，在条件许可的情形下还可以设立专门的劳动法庭，明确劳动者享有相应的上诉权及其程序，建立劳动争议案件的司法救助制度，让法律的正义与公平在劳动生产领域得到维护和伸张。

发挥工会的作用是维护劳动者生命与健康权益的重要途径。国外的实践证明，工会既可能推动大规模的工人运动，使劳资冲突更加激烈对抗，这通常是在劳动关系极为不平等的条件下工人阶级为争取正当权益而采取的行动。而在工人阶级基本权益有保障的条件下，各国的工会更多的是在维护劳动者正当权益的同时采取集体谈判并参与政府、雇主三方协调机制来谋求建设性的合作。因此，工会作为劳动者自己的组织并不必然具有激烈劳资冲突的属性。在现阶段，针对生产事故中许多劳动者尤其是来自乡村的劳动者维权无门的困境，有必要推动工会组织的建设，并真正恢复工会的本源职责，这对于促进劳动关系的平等和保障弱势劳工的生命与健康权益将起到重要作用。基于中国的国情与现实任务，我们不能允许劳动者的地位持续弱化下去，也反对利益受损的劳动者采取与资方乃至政府激烈对抗的方式抗争，而是认为通过工会有组织的维权、集体谈判与建立政府、雇主、劳工三方协商机制，依照平等的原则妥善解决生产事故中暴露出来的劳动关系不平等问题，同时维护劳动者包括劳动保护权、工伤保障权等在内的各项合法权益。

社会与新闻传媒的监督也是当代社会安全生产监管体制的重要组成部分。尤其是在市场经济条件下，社会与舆论监督的力度愈大，就愈有利于保护劳动者的生命与健康权，就愈是能够对雇主起到引导与制约作用。2001 年发生在广西南丹的特大矿难因矿主动用武装封锁和动用金钱收买死者家属和地方官员协助等，被隐瞒半月之久，直到人民网记者突破封锁写出报道才引起重视并得到处理的，一批违法犯罪分子（包括矿主与地方官员）与责任者受到严厉制裁。因此，新闻传媒的监督作用不容低估，它是构成完整的安全生产监督网的不可缺少的重要组成部分。

需要指出的是，在强化安全生产的日常监督管理的同时，有必要突出对重点地区、重点行业、非公经济、重点企业的监管。据劳动保障部对 2002 年因工伤引起的劳动争议案件统计，全国为 23936 件，其中江苏、广东分别为 5362 件、4012 件而居全国第一、二位，浙江与山东均为 2130 多件而并居第三位，从而成为全国工伤纠纷多发地区；同年按企业所有制性质分类，国有企业为 3619 件、占总数的 15%，集体企业 3263 件、占 13.6%，港澳台及外资企业 2876 件、占 12%，股份制联营企业 2108 件、占 8.8%，有限责任公司 3033 件、占 12.7%，私营企业 6226 件、占 26%，个体工商户 1465 件、占 6.1%，机关团体及其他 1346 件、占 5.6%，如果归类分析，则国有企业与集体企业共占 28.6%，港澳台及外资与私营企业及个体工商户共占 44.1%，股份制及有限责任公司共占 21.5%。① 上述资料表明，中国工伤事故及由此导致的劳动纠纷主要发生在非公企业尤其是私营企业及港澳台外资企业等。因此，根据中国近 20 多年来发生的生产事故案例，对一些重大事故频繁发生的地区、事故多发的煤矿与石化行业及外资企业、“三资”企业及私营企业实施重点监控。如果能够控制和减少上述重点地区、重点行业、非公经济、重点企业中的生产事故，则中国安全生产的严峻形势将因生产事故的大幅度降低而从根本上得到扭转。

对生产事故中的责任者追究行政与司法责任，是许多国家行之有效的惯常做法。在中国，亦有许多政府官员与生产单位负责人因生产事故而受到严厉处罚。如 1979 年 11 月 25 日发生的“渤海二号”钻井平台翻沉事故造成 72 名作

---

① 参见劳动和社会保障部编：《中国劳动和社会保障年鉴 2003》，中国劳动社会保障出版社 2003 年版，第 569—572 页。

业工人罹难，国务院给负责石油工业的老革命家康世恩副总理记大过处分，同时撤销了石油部长宋振明的职务；[①] 1988 年 5 月 30 日发生在湖南长沙市郊的一起因典型违章飞行导致的空难造成 3 名空勤人员与 6 名地勤人员殉难，湖南省民航局王立局长被中国民航局撤销职务；[②] 然而，近 10 多年来，安全生产形势不断恶化，生产事故尤其是重大事故频繁发生，而相应的责任追究制并未得到确立。尽管如广西南丹矿难使当地县委书记被判处死刑，一大批党政官员受到严厉的刑事与行政处罚，但这种处罚多是经过新闻传媒的揭发和引起全社会公愤后所采取的行动。一些地区生产事故尤其是重大事故不断而地方负责人因经济发展了而安然无恙，一些政府执法部门负责人与执法人员甚至与企业主相互勾结而不会受到任何处罚，一些企业尤其是外资和“三资”企业及私营企业生产事故不断而能够不受损失地继续生产，有的造成重大人员伤亡的企业主在逃走之后又在异地开厂并被视为能人，这种现象表明了中国缺乏生产事故责任追究制度。

责任追究制度的缺失或不规范，实际上是放任安全生产形势恶化和生产事故的频繁发生，因为地方领导只要关注经济发展与 GDP 增长，企业经营管理者只要关注利润增长，而执法部门与执法人员只要不充当经济增长的“阻力”，便可以不承担安全生产责任。因此，要从根本上扭转生产事故频繁发生的局面，必须尽快确立严格的规范化与制度化的生产事故责任追究制。它至少应当包括：一是确立生产事故引咎辞职制，即政府领导人应当对重大及特大生产事故承担相应的行政领导责任；二是严格行政处罚机制，对负有直接领导责任的政府领导与执法机构负责人制定相应的生产事故行政处罚规定；三是追究雇主的责任，对不依法提供安全保护与参与工伤保险等的雇主，以及在生产事故中存在着严重过错的雇主，应当追究相应的刑事责任；对于生产事故中揭露出来的违法犯罪行为，依据刑法及相关司法解释对违法犯罪者严惩不贷。

为避免责任追究制流于形式，政府有义务推行政务公开，及时披露安全生产与生产事故信息，同时公布投诉电话，接受社会各界的监督。责任追究制的建立与实施，将有力地督促政府部门与雇主承担起自己的责任。

4. 尽快确立雇主赔偿制

雇主赔偿责任制是雇主在生产事故中承担对受害劳动者经济补偿责任的基础，也是各国建立工伤保险制度的基础。在发达国家与一些发展中国家，通过立法明确雇主对受雇工人的工伤赔偿责任是普遍奉行的惯例。这一法定责任通常包括对工伤事故的认定和雇主在什么情形下承担赔偿责任。一方面，劳动者

---

① 参见郑功成：《中国灾情论》，湖南出版社 1994 年版，第 259 页。

② 参见郑功成：《中国灾情论》，湖南出版社 1994 年版，第 276 页。

在从事与职业相关的工作时遭遇的职业伤害（包括显性工伤事故与职业病），均是工伤，雇主应当对受害职工承担有别于民事损害赔偿的经济补偿责任。另一方面，对雇主责任的认定又有两种情形：一种是过错责任原则，即只有雇主对生产事故存在着过错（如提供不安全的工作场所、不提供劳动保护等）才承担赔偿责任，如雇主可以证明自己尽到了审慎之责即可免责；一种是严格或绝对责任原则，即生产事故一旦发生，只要不是受害职工自己的故意行为所致，雇主无论是否尽到了应尽责任，均须承担经济赔偿责任。多数国家采取严格或绝对责任原则，这是对处于弱势地位的劳动者的有力维护，中国也应当明确生产事故中雇主承担严格或绝对责任，并依此完善安全生产与劳动保护等方面的法律与法规政策。我曾经在2003年十届全国人一次会议上提出制定专门的《雇主赔偿法》的建议，引起了一些关注，无论是采取单行立法的办法还是在现行劳动法等中充实雇主赔偿责任的内容，国家均应当加快这一立法进程。

5. 全面实施工伤保险制度

国内外的实践表明，在工业社会里，生产事故可以减少但不可能完全杜绝，每一个企业均可能发生生产事故或工伤风险。为有效维护劳动者的权益和解除劳动者生产事故风险的后顾之忧，绝大多数国家或地区均建立了相应的工伤保障制度，该制度通常按照严格责任原则强制要求雇主为所有受雇职工保工伤保险（少数国家或地区采取强制性雇主责任保险的方式），保险费由用人单位或雇主缴纳，是各国社会保险制度中优先考虑的项目。

中国的工伤保险制度曾作为劳动保险制度的一部分于1951年建立，但在“文化大革命”中变为一种企业保险，这在当时国有经济与集体经济一统天下的情形下尚未发生太多问题，职工的工伤待遇较有保障。但改革开放以来，一方面是非公经济获得了巨大的发展，它们并不延用原有工伤保险制度；另一方面则是国有企业与集体企业在市场竞争中面临严峻考虑，破产或被兼并或效益不良，均直接影响到职工的工伤保障权益。在旧制度日益失去效力而新制度又未得到确立的条件下，在各种生产事故中遭遇损害后果的劳动者的工伤待遇便无法得到保障，由此而导致的纠纷在持续快速增长，生产事故的风险亦因此而被放大。虽然国家劳动保障部门试行工伤保险已有多年，但至2002年底亦只有4406万人参加工伤保险，不到全部非农劳动者的15%，当年工伤保险基金收入仅32亿元，根本无法解决生产事故中遭遇伤害的劳动者的经济补偿问题。[①] 进入2004年，国务院颁布的《工伤保险条例》于1月1日正式实施，但要真正按照这一条例覆盖到全体劳动者还需要做相当艰巨的努力。

---

① 参见劳动和社会保障部编：《中国劳动和社会保障年鉴2003》，中国劳动社会保障出版社2003年版，第4页。

当务之急一是需要从理念上将工伤保障制度建设置于整个社会保障制度的优先位置来考虑并推进；二是由政府采取高压措施强制各类单位依法参与；三是必须消除劳动者的身份等级，将法规规定范围内的全体劳动者均纳入统一的工伤保险制度，完全摒弃对农民工的歧视；四是建立并迅速完善与此相关的制度，包括工伤鉴定、申诉程序、赔偿标准、违法处置等。工伤保险制度的全面实施，将为劳动者构筑起一道解除生产事故风险后顾之忧的安全网。

6. 在生产建设中推行科学的安全管理

科学的安全管理是减轻生产事故风险的低成本举措，因此，有必要在生产建设中推行科学的安全管理。例如，在企业或工程建设规划时，必须根据项目的危险程度考虑周边环境及其对邻近居民的影响，许多危险企业因建在居民集中区，发生事故后造成重大人员伤亡的教训值得牢牢记取。在生产过程时，还应当确立应付生产事故的预案，包括事故发生时的报告与处理程序、施救措施、抢险方案、善后补偿等，重点行业与重点企业有必要开展相应的事故演习，杜绝事故发生时因惊慌失措而放大事故危害后果。在平时，还应当重视对劳动者的安全知识培训，让劳动者自己参与安全生产管理是最好的防止生产事故的办法。

五、结束语

总之，中国现阶段的安全生产形势非常严峻，生产事故非常严重，中国工业化发展进程中的生命与健康代价过于高昂、过于惨烈，中国生产事故中的人为因素极为复杂、极为深刻。

在中国社会进入到全面建设小康社会的新时代以后，我们不仅要确立人与自然和谐发展、经济发展与环境保护并重的科学发展观，更需要优先确立以人为本、生命权与健康权至上的新发展理念。减轻生产事故的出发点不仅仅是维护社会安全的需要，更是时代发展与社会文明进步的重要标志。因此，摒弃发展进程中漠视人命与劳动者健康的观念，惩处各种生产事故中的直接责任者，维护劳动者合法的劳动保护权益，已经成为这个时代国家与社会的紧迫任务。

中国在减轻生产事故及其危害后果方面还面临着非常艰巨的任务，但面对数以亿计劳动者生命与健康权益的安全保障诉求，以及这种诉求得不到满足所导致的日益严重的社会冲突，政府毫无疑问应当对此给予更高程度的重视并采取切实有效的措施来建立安全生产的长效机制，同时调动社会各界的积极性，进而督促雇主承担起自己的责任。唯有如此，中国生产事故居高不下且不断恶化的势头才可能从根本上得到扭转，生产事故导致劳资之间及劳动者与政府之间的冲突与对抗才不至于进一步激化，通过非对抗性方式来解决这种冲突与对抗才有可能，中国的工业化进程才可能更加文明、更加进步，中国的社会发展才可能更加健康、更加安全、更加和谐。

“非典”事件的若干启示①

记得我在1994年出版的《中国灾情论》一书的自序中写的第一句话，即“当代社会最严重的问题之一，就是灾害问题的全面化、深刻化和全球化”。“非典”在我国的爆发与流行，以及它所带来的全方位式的强大冲击，再次验证了灾害事件并非只是灾害问题，同时也是政治问题、经济问题与社会问题，还是文化道德问题、制度或机制问题乃至国际问题。

一、灾害并非都是自然的

“非典”最早出现在广东，在2003年春节前即由广东多个城市扩展到南国最大的都市——广州，但2月份被官方告知已经得到有效控制（新华社的《半月谈》在2003年第4期即有专文）；随后却迅速扩散到北京等地，而政府卫生部门主管官员4月上旬还在通过中央电视台等权威公众传媒散布乐观情调，公众仍然不了解事实真相，也未见迅速采取有效的大众化防治措施，而是公然宣称欢迎各地旅客到疫区流动，直到4月20日最高层下定决心撤换卫生部长和北京市长，抗“非典”的被动局面才开始出现转变。宏观决策的失误和主管部门的严重失职，造成了“非典”一度失控，如果不是中央及时采取有力措施扭转了被动局面，这种疾病将因管理部门的过错而不可避免地演变为一场严重的政治危机与社会危机。因此，“非典”带给我们的第一个启示，便是灾害并非都是自然的，它同时还是人为的，政府在诚信、效率及运行机制中确实存在着内在缺陷，正是这种缺陷，才使得一场自然灾变演变成了一场人为灾变。

二、社会科学工作者较少介入，造成灾害问题研究难以弥补的缺陷

“非典”灾害事件的第二个启示，是人类社会在发展，灾害及其影响也在发展。在中国历史上，较多记载的是水灾、旱灾、蝗灾等少数自然灾害，而且

① 原载《群言》2003年第7期。

是每隔一定年份才发生一次；近现代中国则不仅有频繁发生的各种自然灾害，更有频繁发生的各种恶性事故灾难；现在又开始遭遇重大的公共卫生灾害，在国际上还有恐怖主义灾难，等等。因此，应当重视灾害问题研究和灾害管理。而中国的灾害研究至今仍基本上局限于部分自然科学工作者的专业分割和封闭式研究之中，社会科学工作者较少介入，国情研究中也几乎不考虑灾情。零散的、微观的灾种及个案研究现状表明，中国的灾害研究尚不成熟；自然灾害与人为灾害的割裂，表明研究灾害问题的宏观理论方法尚需完善；而社会科学工作者在以往的不介入或者少介入，更是造成了灾害问题研究难以弥补的缺陷。因此，一方面，中国的各种大灾、大事故年年不断、月月不断，有时甚至一天之中不同地方发生多起灾难，人人都感到了中国灾情的严重；另一方面，却又没有专门的队伍与机构来研究中国的灾害问题，人民大众对包括"非典"在内的各种灾害、事故及风险的成因、规律、后果与影响所知甚少，更谈不上做到科学防灾与减灾的普及。政府决策很少考虑灾情，社会经济发展纲要中亦没有灾害问题的体现，等等。灾情严重的现实及危害的普遍性与理论界对灾害研究重视的不够形成了鲜明了反差，这种现状决定了人们对灾害问题认识的滞后，进而影响到对灾害管理的重视和灾害应急机制的建立。

三、必须用全面发展观、协调发展观取代单纯的经济发展观

"非典"灾害事件的第三个启示，是必须用全面发展观、协调发展观来取代单纯的经济发展观。"非典"灾害与经济发展存在着内在的关联，据科学家称，它的爆发源于野生动物（如果子狸），而对野生动物的消费偏好则是餐饮业市场竞争的结果和经济发展带来人们消费水平高涨的一个"成果"；"非典"的蔓延，则又与伴随经济发展而来的发达的交通运输、商旅往来及急剧增长的人员流动等密不可分；而"非典"爆发后对正常经济活动的冲击，使交通、商贸、餐饮、旅游、娱乐及其他服务业乃至外经、外贸等均遭到很大的直接经济损失，再加上无法精确统计的各种防灾、抗灾、救灾投入（仅国家财政增支减收就至少在300亿元以上），已经明显地构成了中国严重的经济问题；它导致的数以百计的人口死亡和数以千计的"非典"患者，以及由此引起的社会恐慌、精神恐惧等等后遗症，又构成了中国严重的社会问题。因此，经历了"非典"这场灾难，人们便越发觉得经济与社会的协调发展、经济与自然生态的协调发展、经济与环境等的协调发展已经越来越重要。在经历近20多年以经济建设为中心的持续、高速经济增长阶段后，尤其需要我们树立新的发展观，这就是全面发展观、协调发展观。

四、依法治国不是一个口号

“非典”灾害事件的第四个启示，是依法治国的重要性在充分显现。我国早已颁布过《传染病防治法》，但这部法律在“非典”时期却没有发挥出应有的作用，这主要是依法治国的理念长期以来得不到真正确立。包括《传染病防治法》在内的许多法律不仅受不到应有的尊重，而且民众对其并不了解，其权威性也就无法维护，以至于许多人士在“非典”爆发后呼吁立法，殊不知这一立法早已颁行全国；由于对法律的轻视，法律中已有的规定便很自然地得不到有效实施，“非典”爆发后一度出现的各行其是局面及其带来的恶劣后果，就反映了不依法办事是要付出代价的。因此，为了亡羊补牢，国务院在“非典”爆发后不得不一反常规急切制定一个专门的条例。“非典”防治过程对法律的需要，已经非常明确地告诉我们，依法治国不是一个口号，而是一种理念和一种非常具体的实践，它不只是中国民主与法制建设和社会文明进步的需要与标志，同时也是解决现实问题尤其是在市场经济导致利益多元化格局条件下的各种复杂问题的依据与保证。

五、灾害问题的国际化需要运用国际化的手段来解决

“非典”灾害事件的第五个启示，是灾害问题的国际化需要运用国际化的手段来化解。中国正在以积极的姿态步入国际主流社会，中国已经是当代世界非常重要的一员，“非典”在中国的爆发与蔓延，以及全世界120多个国家因“非典”原因对我国人员入境进行限制，乃至世界卫生组织宣布我国某些地区为不宜前往区域，均表明在经济全球化时代一国之内的灾害风险（尤其是类似传染病型的公共卫生灾害）很容易演变为国际性风险，如果政府缺乏与国际组织合作的积极性和有效机制，便可能因失去国际社会的信任与支持，进而陷入十分被动乃至被孤立的危险境地。“非典”爆发以来，在中央政府重视与世界卫生组织的有效合作之前，我们确实遭遇了这种被动局面；而在中央及有关地方政府与世界卫生组织等开展有效合作之后，这种局面即得以缓解并最终朝着有利于我们的方向发展。因此，在灾害与危机的处理上，尤其是在处理类似于“非典”这样的国际性公共卫生灾害方面，确实需要重视与国际组织的有效合作，这不仅是因为灾难是人类社会共同的敌人，它需要人类社会共同来对付，而且也是中国政府在国际社会确立诚信、负责形象的需要。

六、现行制度的缺陷急需弥补

“非典”灾害事件的第六个启示，是现行一些制度或机制的缺陷急切需要弥补。如医疗卫生管理体制的条块分割，不仅给疫情的统计与信息披露制造了重大障碍，也直接损害着对公共卫生灾害实施统一而有效的防治，甚至还波及到防治“非典”的科研攻关；中国现行科研机制的分割格局不仅极大地浪费着有效的科研资源，而且使“非典”防治科研攻关的有利化为乌有，导致了这一领域的多项科研却由外国科研机构与科学家领先的后果，让许多科学家叹息不已并由此感到羞耻。城乡户口政策和劳动力市场的分割，以及相关政策的欠缺，又导致这一时期近800万民工的无序流动，造成了疫情的进一步扩散，所付出的代价无形之中成倍提高；而缺乏医疗保障的城乡居民尤其是贫困人口，在遭遇“非典”时不敢就医或者因就医陷入严重困境，时至日前还有民工在某医院发烧门诊检查因无钱交付200元的检查费而走离，进而成为重大“隐患”，这些问题揭示了社会保障制度的缺漏已不仅仅是个人的利益受损问题，同时也在威胁着对社会整体利益的维护。还可以列举出许多在“非典”时期暴露出来的制度缺失或障碍，但上述事实已经足以表明社会的协调与和谐发展必须建立在健全而有效的制度基础之上，我们急切需要修补现行的许多制度与政策。

七、不充分的信息是灾害与危机管理的致命缺陷

“非典”灾害事件的第七个启示，是对灾害与危机的处理特别需要快捷有效的信息反馈机制。对政府而言，充分的疫情信息是进行有效决策的根本依据；对公众而言，充分的疫情信息是了解事态进展并采取积极、主动防范措施的根本依据。否则，政府的决策便会失误甚至出现严重失职，民众则可能掉以轻心或者听信谣言而陷入恐慌之中，不充分的信息是灾害与危机管理的致命缺陷。从“非典”病例出现到2003年4月中旬，疫情的披露就不规范、不透明，公众了解疫情的正常渠道处于阻滞或不被信任状态，这种状态无论是因医疗卫生体制不顺畅未能够全面统计而造成不能充分披露，还是政府掌握着充分信息而主观故意隐瞒，其客观效果都是一样，都是影响了对“非典”的及时有效的防控，损害了民众对政府的信任。联系到改革开放以来一些地区发生重大矿难等而隐瞒不报，不能不说我们实行灾情信息公开、政务公开并用严厉的法律制度来保证这种信息公开、政务公开已经刻不容缓。

八、对好大喜功报喜不报忧的传统积习需要进行检讨

"非典"灾害事件的第八个启示，是需要对好大喜功的传统积习进行必要的检讨。长期以来，我们只习惯于报喜不报忧、报"红"不报"黑"的"喜鹊文化"。在直接面对灾害问题时，往往是将历史与现实、国外与国内、自然灾害与人为灾害割裂开来。"提到过去，每个时代都承认它是事实；提到当前，每个时代都否认它是事实"（罗素语）。提到国外，小灾可以大谈；提到国内，大灾却常化小。提到自然灾害，还能客观对待；提到人为灾害，却常常讳莫如深。这种文化与当代社会所需要具备的风险意识与危机精神显然存在着巨大的差距，因为全球化已经成为这个时代的基本背景，我们处于的是一个全方位的竞争时代，同时也是一个充满着各种灾难与风险的时代，因此，时代所需要的应当是居安思危、居危思危的精神与文化。唯有这样，我们才能有备无患，才不至于在灾难面临措手不及。

九、以理性与团结的姿态对待灾难

"非典"灾害事件的第九个启示，是对待灾难尤其需要理性与团结。在"非典"时期，尤其是 2003 年 4—5 月，我发现部门之间的相互抱怨、各界对政府的抱怨日益增多，有的甚至散布不信任政府甚至攻击政府，单位与单位之间、人与人之间失去了起码的信任，来自疫区的人员受到歧视甚至有人因不堪歧视而自杀，公众内心的自我隔离已经严重地损害着整个社会肌体的健康；在对待经济发展方面，一部分人失去应有的信心，我在一次讨论"非典"对经济影响的座谈会上就感到一些人所持的是大难临头的心态。凡此种种，都不是对待灾难的正确做法，因为以这样的心态来应对灾难肯定不可能有理性的对策，而且会造成灾难放大的后果。因此，我一直主张以理性与团结的姿态来对待灾难，从战略上藐视"非典"和从战术上重视"非典"同等重要，以团结来抵御灾难则是最为有效的举措。

十、遭遇特殊事件要迅速采取特别举措

"非典"灾害事件的第十个启示，是遭遇特殊事件还需要迅速采取特别举措。"非典"是一场灾害，是特殊的有违常规的灾害事件。可以假设一下，如果更早一点采取断然措施撤换失职或者未能尽责的官员、如果更早一些采取特殊的隔离措施、如果更早一些对困难群体与民工的"非典"防治费用作出特别

承诺、如果更早一点采取相应的司法措施，“非典”造成的危害就绝对不可能如此之重；如果打破分割格局，强有力地推动科技界联合攻关，防治“非典”的科研攻关就不可能坐失先机，科学家们也不可能痛失大好的有利的争先机会；等等。因此，“非典”事件所揭示的规则，便是特殊事件不仅需要特别举措，而且需要迅速采取特别举措，否则便可能坐失良机，进而使风险与危机人为放大。

应当承认，包括“非典”在内的各种灾害摧残着人类，也锻炼了人类。我曾经在《中国灾情论》自序中说过，“从一定意义上讲，灾害也是社会进步与发展的动力，因为它事实上强迫着人类去抗争、去发展”。中国遭遇“非典”灾害及其防治经历，表明了我们必须正视各种灾害问题，让民众了解中国的灾情，让政府把握国情、省情、市情、县情中的灾情，并树立起科学的灾害危机与风险意识，把减轻包括类似“非典”公共卫生灾害在内的各种灾害及其损害后果纳入到国民经济和社会发展的总体规划及每个国民的自觉行动中去，才能最终保护我们的国家、社区、家庭及亿万人民免受或少受各种灾难的袭击，才会更有利于我们国家和民族的繁荣与发展。2003 年 4 月下旬以来的事实已经表明，在中央政府强有力的干预下，“非典”灾变在经历了由自然灾变演变为人为灾变之后，又恢复成了一种自然灾变，并真正得到了有效控制，这一效果不仅是抗“非典”的胜利，更是中国政治与行政的进步，是社会文明的发展进步。

Promoting Scientific Development and Sharing Social Harmony

第九篇

法制建设与和谐发展

司法公正是构建和谐社会的基础性保障①

构建和谐社会作为对国家发展目标的科学定位，正在成为新时代中国发展进程中的主旋律，时代的关键词也由改革开放前一个时期的增长与效率，扩展到民主法治、公平正义、协调和谐等。民主是法治的基础，法治是实现公平正义的途径，也是维系协调与和谐发展的保障，和谐社会必定是法治社会，法治社会则必须实现司法公正。因为只有司法公正，才能维护社会公正，而这显然是整个社会和谐的基础。如果司法是公正的，即使社会上存在着不公正的现象，亦可以通过司法的矫治来恢复公正；但若没有司法的公正，就绝对不可能有社会的公正，也绝对不可能有社会的和谐。因此，司法公正是构建和谐社会的基础性保障，是维护社会公正与社会和谐的制度保障底线。

然而，由于各种原因，司法系统的工作尽管在司法任务成倍加重、办案形势日益复杂的条件下仍然较好地完成了法律赋予的使命，维护了国家安全与社会安定，但离人民群众的期望又确实还有不少的差距。因此，我认为，对司法领域存在的问题确实不能掉以轻心，因为司法系统负有维护公平正义和纠察社会不公及腐败的法定职责，这就决定了司法不公会纵容和放大社会的不公，司法腐败会纵容和放大社会的腐败，司法软弱会助长黑恶犯罪势力的嚣张。即使是绝大多数司法机关与司法人员依法司法、公正司法，但只要存在着司法不公、司法腐败、司法软弱的现象，就会造成对法律权威与公平正义底线的严重损害。

从构建社会主义和谐社会的内在要求出发，从人民群众对司法系统维护社会公平正义的热切期望出发，都应当将公正司法作为对所有司法机关与司法人员的最起码的职业道德要求和最根本的纪律约束。为此，我认为有必要把司法公正作为构建社会主义和谐社会的基础性工程来加以重视和建设，多管齐下地推进司法公正。

第一，重塑公平、正义和保护人权的司法理念。法律是司法机关处理各种案件的唯一标准，公平、正义是司法人员最根本的职业准则，而维护人权则是

---

① 本文系作者 2005 年 3 月 10 日在十届全国人大第三次会议黑龙江代表团全体会议上的发言摘要；原载于《光明日报》2005 年 4 月 22 日。

法律赋予司法机关的法定义务。在此，我不赞成司法系统提效率或将效率与公平正义相提并论，而是应当摒弃一些司法机关与司法人员的所谓效率观，因为效率是经济发展的理念，民主是政治领域的理念，司法的理念就应当是依法维护公平、伸张正义，进而实现社会和谐与社会安定。同时，2004 年全国人大通过的《中华人民共和国宪法修正案》已经明确将国家尊重与保护人权载入宪法，这表明保护人权已经成为我国司法系统的重要任务，确立保护人权的理念，就是要立足于尊重人权、切实维护人权，进而确立依法办案、无罪推定的司法原则。唯有如此，司法公正才能建立在科学、理性的司法理念之上。

第二，切实维护司法的权威。只有尊重法律和维护司法权威，才能真正有利于公正司法；只有创造有利于公正司法的环境并实现公正司法，才能进一步确立司法的权威。从现阶段司法领域的实际情形来看，必须承认司法的权威正在受到来自司法系统内外的各种挑战，一些地方发生的涉法上访案件甚至是恶性涉法上访案件，虽然不能肯定都是司法不公、司法腐败造成的，但至少表明司法机关的裁决并没有和法律赋予其最后及最高裁判的权威相符，这不仅直接地、严重地损害了法律的权威，而且也大大地增加了各级党组织、人大及政府的额外工作任务，并完全可能演变成对法律与司法机关丧失信任。因此，应当形成良性的维护司法权威、尊重司法裁决的社会氛围及相应的机制保障，同时创造良好的公正司法的环境，包括维护司法系统的独立审判权、监督权，满足法检系统的人员与经费需要，健全包括人民陪审员、人民监督员等在内的公民参与司法监督的制度以及社会与舆论监督机制，等等。

第三，真正尊重司法规律，加快司法体制改革步伐。我国现阶段司法领域出现的问题及遇到的挑战，在一定程度上与司法体制改革滞后有着直接的关系。尽管我国的司法体制从根本上必须考虑中国的现实国情，但在市场经济条件下，在经济结构、社会结构乃至政治诉求多元化的时代，亦有必要对司法体制作出相应的改革与调整，包括管理体制、激励机制、制约机制等均有必要根据时代发展需要加以改造。如司法系统的人事任免应充分尊重上级司法机关的意见；同时完善各级党委对司法机关的领导，健全各级人大对司法机关与司法人员的监督；给法官、检察官以较优厚的待遇，多从正面褒奖司法系统的奉献者以弘扬正气，还有必要根据司法职业的特殊要求建立专门的退休制度；等等。

第四，继续强化基层司法机关建设。基层司法机关是直接面向人民群众的法律执行机关，司法公正与否直接体现在基层司法机关的执法程序与执法过程及裁判结果上，基层司法机关建设的好坏实际上决定了整个司法系统的好坏。因此，我认为应当将基层司法机关的建设作为整个司法系统建设的重中之重。一方面，重点推进执法规范化，严格对基层司法机关及其工作人员的纪律与法律约束，健全司法系统的自律机制和错案责任追究制，完善相关回避制度；另一方面，亦有必要切实缓解基层司法机关的人员、经费紧张状态，因为在构建社会主义和谐社会的进程中，司法系统的任务将持续加重，只有确保合格乃至高素质工作人员的配备与司法经费的供应，司法公正才有充足的人才与物质保障，建议司法系统的经费由中央与省级财政两级负责。

总之，随着社会的发展与进步，通过司法裁决的方式来解决社会问题、经济问题乃至政治问题，将日益成为人们的首选，在构建社会主义和谐社会的进程中，司法系统的任务会持续加重，人民群众对司法公正的期盼会持续高涨，社会主义和谐社会的公平与正义需要公正的司法来维护。因此，如何实现和维护司法公正，事实上已经成为司法系统的迫切要求与首要任务。

用平等理念打造我国的劳动法制[①]

在《劳动法》颁布十周年的时候，召开纪念劳动法的研讨会有着特殊的意义。我日前在接受有关媒体记者的采访，对《劳动法》颁布十周年的评价是“昨天的《劳动法》非常重要，今天的《劳动法》却已经不能很好地适应时代的发展了”。

我对劳动法制的关注，既是基于专业研究的需要，同时也是基于现实条件下劳动关系的失衡正在影响着社会的协调与和谐发展。因此，我在近两年的全国人大会议及多个场合，均提出过国家应当制定就业促进法、反就业歧视法等新法来完善劳动法制的建设，更直接提出过修订《劳动法》的议案。今天借此机会，与各位交流一下自己对我国劳动法制建设的三方面想法：

一、劳动关系和谐是整个社会和谐的重要基础

我认为劳动关系已经成为我国最基本、最重要的社会关系，劳动关系的和谐是决定整个社会是否和谐的重要基础，构建和谐社会必定需要先构建和谐的劳动关系。

一方面，改革开放以来，随着经济社会的转型和经济结构与社会结构及至价值取向的日益多元化，不仅原有的国有经济一统天下的局面早已被全面打破，而且铁饭碗、终身制的劳动就业体制亦早已成为历史，劳动者就业均需要通过相应的劳动合同与用人单位或雇主建立劳动关系，这既充分地体现了劳动关系已经成为我国最基本的一种社会关系，同时也意味着我国的劳动关系早已由简单进入到了一个非常复杂的阶段。因此，现阶段乃至未来时期的经济社会发展是否协调与和谐，在很大程度上将取决于劳动关系是否协调与和谐，与此相适应，调整劳动关系的劳动法制也就有了与计划经济时代完全不同的重要地位与特殊意义，《劳动法》及相关法制毫无疑问应当成为市场经济条件下中国特色法律体系的一个基本的法律部门，它的目标应当是追求建立和谐的劳动关

---

① 本文系作者2004年12月9日在《劳动法》实施十周年理论研讨会上的发言摘要；原载《中国劳动》2005年第2期。

系，进而为构建和谐社会奠定基础。

另一方面，近20年来，不必讳言，在劳动关系日益复杂的时代背景下，劳动关系的失衡是以资本的日益强势化与劳工地位的持续弱势化为主要标志的，劳动者权益受损现象的大量发生甚至普遍化，表明我国的劳动法制无论是从立法的角度还是从执法的角度均还与现实社会的需要还存在着很大的距离。在充分肯定《劳动法》颁布十年来的成就的同时，我认为还必须清醒地认识到它离现实社会发展变化的差距已经日益巨大。现阶段各种损害劳动者利益的现象的存在，已经暴露出了劳动关系的失衡甚至冲突与对抗，劳动关系客观上处于一种不平等、不协调、不和谐状态，这种状态和我们国家建设全面小康社会和构建和谐社会的目标追求是相背离的。因此，中国的持续发展已经不再是简单的低层次的社会稳定问题，而是协调发展与和谐发展的问题。改变不协调、不和谐的劳动关系格局已经迫在眉睫，而这显然需要以规范的、健全的劳动法制为前提条件。

二、劳动法制急切需要完善

我国的《劳动法》颁行已经十周年，功不可没，但现实缺陷也日益显现化，如果不尽快加以修订、完善并补充新的法律、法规，失衡的劳动关系还可能会进一步失衡，不法雇主可能会进一步恶化劳动者的工作环境。

在评价《劳动法》时，我认为不能以今天的眼光看待昨天的《劳动法》，因为任何法律的制定都有其特定的时代背景，法律不可能超越时代；但从新的发展时代对劳动法的要求出发，又必须用今天乃至未来的眼光来看待劳动法制的发展与完善。

我近年来一直关注着我国的时代变革，并明确提出我们已经进入了一个新的发展时代，这个时代虽然是改革开放时代的延续，但更是改革开放时代的深化，它面临的社会矛盾以及所要解决的社会问题早已不是改革开放前一个时期可以比拟的，因为那个时期面临的以及需要解决的问题主要是城乡人民的温饱问题，是低层次的衣食之忧。而现在所面临的不再是简单的温饱问题了，日益重要的权益问题、平等问题与社会正义及公平问题，劳动关系的失衡以及由此带来的劳资冲突确实正在成为影响我国经济社会健康、持续发展的重大因素，贫富差距的扩大化乃至贫富之间的冲突、流动人口与固定户籍人口之间的冲突、城乡之间的冲突、地区之间的冲突等均与劳动关系的失衡存在着密不可分的内在联系，如果任其下去，处于强势地位的资本不会自我节制，处于弱势地位的劳动者难以自我伸张，资本虽然可以取得甚至维持短期内的单赢格局，但必然以损害劳动者的权益而最终导致自身利益的损失，结果只能是双损的结局，进而可能酿成严重的社会危机。这不仅不符合资方的利益与劳动者的利益，而且不符合我国的国家利益。因为我们国家的发展要保持持续、稳定发展，就需要劳资双方由冲突与对抗走向合作，只有在合作的基础上才能让劳资双方实现双赢，只有在劳资双方双赢的基础上才能实现国家的最大发展目标。因此，劳动关系不能从损害劳动者权益开始，导致资方受损、国家受损的结果而告终。

基于时代发展的重要变化和国家发展对协调、和谐的劳动关系的需要，《劳动法》就需要作出相应的修订。否则，10 年前制定的《劳动法》，即在市场经济改革不成熟的背景下、在摸着石头过河的条件下制定的《劳动法》，其不完备甚至是内在的缺陷就可能使劳动关系进一步陷入不良发展态势而难以自拔。因此，我是主张尽快完善我国的劳动法制的，这既包括了对《劳动法》的修改与完善，也包括了制定相应的新法如劳动合同法、就业促进法、反就业歧视法等来促使劳动法制的健全、完备化。我们应当尽快避免违法雇主或用人单位继续恶化公平的市场经济竞争环境，杜绝损害劳动者合法权益的现象。

三、用平等的理念来打造我国的劳动法制

《劳动法》是调整雇主或用人单位与劳动者经济利益关系的法律，对劳动法制的完善，必须用平等的立法理念来打造。

对我国的劳动法制建设，我有如下一些初步考虑：

第一，以平等理念确立劳动者与雇主或用人单位平等的法律地位，构建真正平等的劳动关系。在市场经济条件下，劳动者与雇主或用人单位之间应当是一种双向选择、平等协商的劳动关系，《劳动法》及相关法律必须始终贯彻并充分体现这一基本准则。在立法实践中明确劳动者与雇主或用人单位平等的法律地位，并通过相应的行政监察机制与司法保障机制，对现实中的强资本弱劳工格局和已经失衡的劳动关系进行调节与平抑，平等应当成为我国劳动法制的核心价值追求。

第二，以平等理念确立劳动者的平等就业权，构建全国统一的劳动就业制度，维护城乡统一的劳动力市场。劳动立法应当尽快消除造成城乡劳动力市场分割的各种政策性障碍，确保城乡劳动者平等、自由的择业权力，维护全国劳动力市场的统一，这既是市场经济优化配置劳动力资源的内在要求，也是实现劳动者基本权利的最重要的途径。

第三，应当进一步明确劳动者的法定权益。包括平等就业权、劳动报酬权、劳动保护权、休息权、社会保险权、最低工资保障权乃至培训权、职业福利权等，明确规范和禁止各种就业歧视现象，确保对这些权益的维护具有可操

作性。尤其需要确立以人为本和劳动者生命与健康权益至上的指导思想，我认为，以人为本的理念只有在现实劳动关系中得到充分体现才是真正落到了实处，而确保劳动者生命与健康权益至上在现阶段具有特殊的现实意义，因为无数工伤事故与职业病患者的急剧增长以及劳动者健康状况的普遍恶化，表明对生命与健康权的漠视已经冲破了劳动者基本权益的底线。

第四，应当进一步规范劳动合同、劳动力市场以及相应的协商机制。如进一步明确雇主或用人单位的法定义务及应承担的法律责任，将雇主或用人单位的责任与参与社会保险等明确纳入劳动合同并进行具体的规范，增加对劳动力市场及职业中介机构的规范与监督管理，确立集体谈判机制和政府、雇主与工会三方协商机制，确保劳动关系在平等、理性、互利的轨道上发展。

第五，应当确立权威、高效的行政与司法保障机制。在全球性强资本弱劳工格局的国际背景下，在劳动关系中力量对比显著地向资本倾斜和城乡差距巨大的现实条件下，要确保劳动关系的平衡和劳动者就业权的平等，必须有权威、高效的行政与司法保障机制。一方面，不仅要明确劳动保障行政部门为劳动法制的执法主体，而且要赋予其“劳动警察”的权力，并对劳动保障行政部门行使这种权力提供具体的法律依据和足够履行这种职责的财力、人力支持；另一方面，应当确立严格的司法保障措施，对劳动争议或纠纷的仲裁与司法处理，需要在立法中作出更有利于劳动者的规定，包括相应的上诉渠道与程序。实践证明，没有强有力的行政与司法干预及约束，便不可能有平等的劳动关系，平等就业权将长期难以实现；没有严格的惩处机制，不守法的雇主或用人单位就会继续恶化劳动就业环境，一些地方亦会继续对农民工等流动人口采取歧视政策。因此，强化行政与司法保障机制并确立相应的惩处措施，应当是修订《劳动法》的重要方面。

第六，劳动法应当向劳动法典迈进，同时应当高度重视与相关立法相互配套。由于劳动关系已经成为我国最基本的社会关系，劳动法制亦正在成为一个日益重要的法律部门，将劳动法提升到劳动法典的层次具有必要性与可能性。在劳动法向劳动法典迈进的进程中，有两种方案可供选择：一是通过多项平行的专门立法来构建完备的劳动法典；二是通过修订、充实、完善《劳动法》来实现劳动法制法典化的目标。如果选择前者，则对《劳动法》进行修订的意义会打折扣，因为新的专门立法可以单独解决现实中的劳动问题；如果选择后者，则宜强化对《劳动法》的修订与完善。与此同时，在劳动法制建设中，还特别需要统筹考虑《就业促进法》、《安全生产法》、《职业病防治法》、《社会保险法》乃至《工会法》等的立法，因为这些立法均与劳动法有着内在的关联性。需要指出的是，在劳动法制建设中，应当妥善处理好《劳动合同法》、《集体合同法》等与《劳动法》的关系。目前，《劳动合同法》与《集体合同法》

等已作为单独的立法项目列入全国人大的立法规划，《劳动法》中的重要内容将被新的立法取代并加以丰富。

总之，《劳动法》应当成为我国法律体系中非常重要的基本法律部门，它同时还应当充当就业促进、社会保险、安全生产等相关立法的基础，在劳动关系失衡的现实背景下，加强劳动法制建设、完善劳动法制体系，迫切需要得到高度的关注与重视，并需要主管部门与理论学术界共同努力。

附件：用平等理念打造我国的劳动法制①

全国人大常委会委员、中国人民大学劳动人事学院教授郑功成，在参加2004年12月10日的《劳动法》实施十周年理论研讨会后，就《劳动法》的作用和修改问题，接受了本报记者专访。

1. 劳资冲突正在成为新的社会焦点问题，劳动关系是否和谐将决定社会经济发展是否和谐。

“昨天的《劳动法》很重要，可是今天的《劳动法》已经不能很好地适应时代发展。”郑功成用一句话概括了他对《劳动法》实施10年的看法。

他解释说，1994年颁布实施的《劳动法》，首次将计划经济时代的劳动政策上升到法律规范的层次，确立了劳动法制的基本框架，可以说是适应了市场经济改革的需要，在一定程度上起到了规范市场经济条件下的劳动关系和维护劳动者权益的作用。“为什么对《劳动法》进行修改的呼声很高？就是因为10年间，经济社会环境已经发生了巨大的变化。”郑功成对比了这种变化。

一是国内经济体制与经济结构发生巨变，导致了劳动者身份的多样化。“在搞市场经济的时间表里，制定《劳动法》的1994年，还是一个摸着石头过河的年代，国家还在忙于解决人民生活的温饱问题。”郑功成说，当时的劳动关系主要还是国有企业的劳动关系，计划经济体制的烙印很深。

他强调指出：“随着经济结构的多元化，劳动关系也日益复杂化，并已经在事实上成为我国最基本的社会关系，劳资冲突正在成为新的社会焦点问题与新的社会矛盾，现阶段乃至未来时期我国经济社会的发展是否和谐，在很大程度上都将取决于劳动关系是否和谐。”

二是世界经济与劳资关系状况对中国的影响程度已经发生了变化。他指出，1994年制定《劳动法》时，经济全球化对中国的影响还不是很大，而现在我国已加入WTO，并采取了积极、主动地融入国际经济主流体系的开放政策，和世界经济接轨使我国的经济获得了新的活力与动力，但全球化带来的强

① 原载《中国青年报》2004年12月10日，该报记者李健采访、整理。

资本弱劳工格局，亦必然要影响到中国的劳动关系，国际环境影响中国劳资力量对比与劳动关系的事实不容忽略。

2. 十年来保护劳动者权益功不可没。

郑功成说，《劳动法》实施10年来，劳动者的合法权益在一定程度上得到了保护，《劳动法》的贡献不容低估。

第一，保证了劳动者的休息权，严格规定了劳动者的休息时间和工作时间。“休息时间的延长对劳动者来说至关重要，是给劳动者最大的福利。”

第二，建立了劳动合同制度。经过10年发展，劳动合同制度已经普遍实行，国有企业、集体企业、外商投资企业劳动合同签订率均在95%以上，就业机制实现了由国家安置就业向市场配置就业的根本转变，劳动关系实现了由行政管理向依法调整的根本转变，劳动者与用人单位双向选择、协商确定双方权利义务的用人机制和观念已经形成。

第三，建立了劳动标准制度。工资支付制度不断完善，工资支付的项目、水平、形式、对象、时间以及特殊情况下的工资支付等工资支付行为，均有了明确规范。全国有30个省、自治区、直辖市由政府颁布了本地区的最低工资标准，实施了最低工资保障制度，在保障低工资劳动者权益方面发挥了重要作用。

第四，《劳动法》为社会保险提供了法律支持，为建立养老、失业、医疗、工伤等社会保险制度提供了原则性的直接法律依据。

3. 平等的、以人为本的立法理念不充分，劳动者处于弱势，《劳动法》需要改变过去的粗线条。

郑功成说，《劳动法》实施10年，不能适应时代发展的方面也慢慢表现出来，而且越来越明显。

“平等的立法理念体现得不充分。”郑功成说，劳动法必须确立劳动者与资方平等的法律地位，这应当是双方合作的基础，但目前的现状是劳动者大多处于弱势地位，而对不平等地对待职工的雇主或用人单位，现行《劳动法》尚缺乏应有的处罚规范。《劳动法》中以人为本理念同样体现得不够。目前工伤事故的频繁发生与职业病患者的急剧增长，以及劳动者健康状况的普遍恶化，表明对生命与健康权的漠视已冲破了劳动者基本权益的底线，《劳动法》对此没有作出细致的规定。且对劳动者的权益的保护很多都是粗线条的，没有具体的规则。比如《劳动法》中规定就业时不能有性别歧视，可现实中劳动力市场不仅有性别歧视，还有年龄歧视、学历歧视、身体歧视等，而“这些都没有具体进行规范”。

此外，《劳动法》没有给予劳动行政管理部门足够的权威。郑功成说，现在劳动纠纷越来越多，“为什么劳动行政管理部门的干涉没有效果？那是因为他们没有得到法律授予的足够权威”。

他还强调说，按照颁布《劳动法》时的计划，每 8000 名劳动者就应该有 1 名劳动监察管理人员，可我国现在的实际情形却是 3 万名劳动者才有 1 名劳动监察管理人员。“数量少是一方面，另一方面他们的处境也很尴尬。”郑功成说，因为劳动行政管理部门在履行自己的职责时，往往要受到当地政府领导“政绩观”的影响，在一味追求 GDP 增长时，地方政府为了维护投资方的权益，往往不能放手让劳动保障行政部门真正履行职责，有的甚至直接干涉他们的工作。

4. 用平等理念打造劳动法制，法律应当赋予“劳动警察”权力。

郑功成指出，劳动关系失衡，将酿成严重社会危机。没有强有力的行政与司法干预，不可能有平等的劳动关系，修改《劳动法》应赋予“劳动警察”权力。

郑功成说，改革开放以来，劳动关系失衡带来的劳资冲突，日益成为影响我国经济社会健康发展的重大因素，贫富差距的扩大化、城乡之间的冲突、流动人口与固定户籍人口之间的冲突等均与劳动关系失衡有着密切关系。“如果任其发展，将酿成严重的社会危机。”

郑功成建议，《劳动法》的修改必须以平等的理念来确立劳动者与雇主或者用人单位平等的法律地位，构建真正平等的劳动关系。“在立法实践中，要通过相应的行政监察机制与司法保障机制，对现实中的强资本弱劳工格局和已经失衡的劳动关系进行调节，平等应该成为我国《劳动法》制的核心价值追求。”

郑功成说，在平等的理念下，还要进一步确立劳动者平等的就业权，构建全国统一的劳动就业制度，维护城乡统一的劳动力市场。“劳动立法应该尽快消除造成城乡劳动力市场分割的各种政策障碍，确保城乡劳动者平等、自由的择业权利。”

郑功成还提出，要确立权威、高效的行政与司法保障机制。不仅要明确劳动保障行政部门为《劳动法》制的执法主体，而且要赋予其“劳动警察”的权力。“对劳动争议或纠纷的仲裁与司法处理，需要在立法中作出更有利于劳动者的规定，包括相应的上诉渠道与程序。”

他强调说，实践证明，没有强有力的行政与司法干预，便不可能有平等的劳动关系，平等就业权就难以实现，没有严格的惩罚机制，不守法的雇主或用人单位就会继续恶化劳动就业环境。

他明确提出，《劳动法》应该向劳动法典迈进，同时应当高度重视和相关立法相互配合。在劳动法制建设中，特别需要统筹考虑《就业促进法》、《安全生产法》、《职业病防治法》、《社会保险法》乃至《工会法》等立法，处理好内在的联系。“目前，《劳动合同法》和《集体合同法》等已经作为单独的立法项目，被列入全国人大的立法规划，《劳动法》中的重要内容实际上将被新的立法取代。”

促进就业与就业促进立法[①]

党的十六大报告中明确指出，就业是民生之本。在人口众多和劳动力资源过剩的客观背景下，促进就业与促进经济增长在中国的未来发展中具有同等重要性。因为就业压力不是短期内形成的，也绝对不是短期内可以解决的，它需要采取长期有效的、相对稳定的法制措施。因此，有必要制定专门的《就业促进法》。

一、制定《就业促进法》的基本依据

我认为，制定《就业促进法》的依据主要在以下几个方面：

第一，就业压力与就业形势严峻将是我国长期的格局，对就业问题采取积极的促进政策是基于中国基本国情的必须举措，它应当走向法制化。人口众多是我国的基本国情，全国城镇每年新增的适龄劳动人口不会低于1000万，而数亿农村剩余劳动力亦将逐渐向非农劳动者转化，目前城镇还有1400多万下岗失业人员（以后的失业率即使按6%估计，每年也将约2000万人左右），这些将构成长期的、巨大的就业压力，如果没有促进就业的法律保障，就有可能因行政决策的失误酿成就业危机，进而引起重大的社会危机。因此，就业压力的扩大化与长期化，要求促进就业政策法制化。

第二，现行有关法律不能解决就业问题。尽管《中华人民共和国宪法》规定劳动者有劳动的权利与义务，但再无具体的维护这种权力的法律规定；《中华人民共和国劳动法》并不是一部促进就业方面的法律而只是一部劳动管理法，它本身不仅还存在着某些内在缺陷，而且并不具备促进就业的功能。换言之，在我国这样一个人口众多、劳动力资源将长期表现为过剩并且正在快速地向工业化迈进的国家，促进就业方面的法律迄今还是空白。这种局面不利于我

① 本文系作者2003年3月6日在第十届全国人民代表大会第一次会议上领衔提出的立法议案之一，中国网2003年3月10日发布。当时，新华社、《中国经济时报》等媒体均发布了该议案要点。该法被列入十届全国人大常委会的立法规划，劳动保障部于2004年成立法律起草小组，立法工作在进行中。

国促进就业的发展战略的实施。

第三，制定《就业促进法》已经具备相应的基础。一是党和国家已经明确了促进就业的积极政策取向，我国已经走过了一个单纯追求经济增长的时代，就业已经成为民生之本。二是近年来中央为解决就业与再就业问题发布了一系列政策性文件，这些文件可以作为《就业促进法》的立法基础，如 2002 年 9 月以后中共中央、国务院下发了《关于进一步做好下岗失业人员再就业工作的通知》，国务院办公厅下发了《关于下岗失业人员从事个体经营有关收费优惠政策的通知》，劳动保障部、财政部、国家计委、国家税务总局、中国人民银行等多个中央部委亦接连下发了多种政策性文件，都是以促进就业为基本出发点，这些政策性文件以及此前颁发的多种有关促进就业的政策性文件中的有关内容经过修订与完善，完全可以上升到法律规范的层次。三是国外的就业立法可以为我国的《就业促进法》立法提供经验，在国外，如即使追求自由市场至上的美国，1964 年制定的《就业法》也明确肯定政府对控制就业与促进就业所承担的责任；俄罗斯在《俄罗斯联邦居民就业法》中亦明确规定了就业问题在政府工作中的重要地位等；德国有《劳动促进法》，秘鲁有《就业促进法》，匈牙利有《促进就业与失业救济法》，波兰有《就业与失业法》，韩国有《就业保险法》、《职业培训促进法》，等等，这些均为我国制定《就业促进法》提供经验。

第四，劳动就业始终是攸关国计民生的根本，有关就业的政策应当上升法律规范的层次，对我国这样一个人口众多、劳动力资源长期过剩的国家而言，对就业问题的立法更应给予高度的重视。同时，我国迟早要制定《劳动法典》或《就业法典》，将劳动立法提升到与刑事立法、民事立法、商事立法等法律体系同等重要的地位，而制定《就业促进法》正是为制定《劳动法典》或《就业法典》奠定基础。

第五，促进就业的政策要上升到法律规范的层次，在现阶段还不可能用别的法律来替代。如《劳动法》主要规范劳动就业管理，即使作重大修订也很难解决促进就业问题；同样，社会保障方面的立法也只能从保障失业工人的生活权与培训权等方面进行部分规范，况且社会保障立法亦是空白。因此，我国需要制定专门的《就业促进法》。

综上，在就业弹性持续下降的局面并未从根本上得到扭转，就业问题的严峻性绝对不是短期内可以解决的背景下，制定《就业促进法》不仅具有必要性，而且具有紧迫性。

二、《就业促进法》应当包含的基本内容

我建议国家制定专门的《就业促进法》，希望这部法律能够早日出台。对这样一部法律的内容，我还有如下一些具体建议：

1. 将《就业促进法》纳入十届人大的立法规划。在全国人大成立《就业促进法》起草小组，在国家劳动就业行政管理部门与工会组织等密切配合下，组织劳动就业专家、法律专家等参与，尽快着手起草《就业促进法》，争取这一事关国家全局和持续、协调发展的法律能够早日出台。

2. 制定《就业促进法》的基本思路是确立就业增长与经济增长同等重要的地位，以党和国家及政府职能部门现行有关促进就业的政策性文件为立法基础，广泛吸收国外就业立法方面的经验，充分尊重中国人口众多、劳动力资源可能长期过剩的具体国情，处理好保持国民经济持续、稳定增长和同时促进就业较快增长以适应工业化快速推进的关系。

3. 《就业促进法》需要明确规定劳动者在就业方面的基本权利。如劳动者的劳动权、平等就业权、自由择业权、职业安全权、失业保障权、教育培训权等，并对这些权利进行法律阐述。

4. 《就业促进法》需要明确规定就业在政府工作中的重要地位。在市场经济条件下，政府不再包办就业不等于政府可以不管劳动者的就业，对就业问题采取积极而有效的行政干预是对人民负责任的政府的具体表现。因此，法律应当明确规定各级政府有促进就业并确保就业增长的责任与义务，并将这一指标作为国家立法机关监督与考核行政机关效能的重要指标。换言之，行政机关的效能指标将不能只是经济增长指标，同时也应当包括创造就业岗位和就业增长的指标。

5. 《就业促进法》需要明确劳动者的失业保障。我们建议将失业保险及相关政策统一纳入《就业促进法》，失业保险向就业保障制度转化已经成为世界各国失业保险制度改革与发展的新趋势，失业保险的功能应当从对失业者的生活救济为重点向帮助失业者重新就业为重点转化。在这方面，法律应规范参加失业保险为条件与范围，失业保险基金的筹集与管理，失业保险基金对失业者的救助，失业培训及其他帮助失业者寻找新的工作岗位的措施等。

6. 《就业促进法》应当对劳动密集型产业提供应有的保护。在这方面，法律应当明确规定中小企业尤其是小企业与个体经济可以获得法律的特别保护，因为这些通常是劳动密集型经济组织，是我国未来相当长时期内可以增加就业的主要渠道，必须有相应的保护措施。

7. 《就业促进法》应当确定相应的就业援助办法。包括对雇主雇用失业者

的补助，对失业者重新的就业的援助，以及对一些传统产业或夕阳产业的援助等，当然，这些援助办法同样需要有严格的限制性条件。西方许多国家的实践证明，采取就业援助政策能够取得促进就业的明显效果。

8.《就业促进法》需要明确职业资格证书制度和就业准入制度。它与技能培训密切配合，不仅着眼于提高劳动者的技术素质，更能够提升劳动者的就业能力，从而不能看成是对就业的限制。

9.《就业促进法》还需要明确规定打破劳动力市场的分割，创造公平的就业环境，维护全国劳动力市场的一体化。

总之，我国的人口压力与就业压力将是长期存在并需要引起足够重视的重大现实问题，在工业化进程不断加快、数以亿计的适龄劳动人口需要就业岗位的背景下，就业问题早已具有了与经济发展同等重要的战略意义与现实意义，将促进就业增长用法律的形式固定下来，使有关促进就业的政策长期化、稳定化，无疑将有利于就业的持续增长和劳动力市场的健康发展。

平等就业与反就业歧视立法①

一、就业歧视现象的恶化要求尽快制定反就业歧视法

以人为本、公平竞争已经成为我国新时代走向全面发展的基本要求，而在劳动力市场供求矛盾突出、促进就业成为国家重大方针政策的背景下，就业市场却普遍存在着歧视现象，它严重地扭曲了人力资本投资的正常行为，损害了劳动者平等就业的正当权益，破坏了就业市场的公平竞争环境，造成了人力资本的巨大浪费。如果任其发展下去，劳动力市场就不可能正常地发育成长，最终必然损害政府促进就业的战略和整个经济社会的健康发展。因此，制定《反就业歧视法》已经迫在眉睫。

在中国的就业市场上，歧视现象呈现出愈演愈烈趋势，不仅存在着年龄歧视、性别歧视、学历歧视、户籍歧视、地域歧视等现象，而且身高、相貌等亦成为就业条件，90%以上的招聘广告含有歧视性条款。发生在政府部门招聘公务员中的身高仅差1厘米落选甚至要求女性乳房对称等条件的招聘条件令人匪夷所思，因此，不立法明令禁止就业歧视，这种损害劳动者正当权益的现象便无从禁止，劳动力市场便不可能正常发育成长，进而带来更为严重的经济社会后果。

《中华人民共和国劳动法》第12条、第13条对就业平等与就业男女平等有法律上的原则规定，但因无具体的可供操作的法律法规，这些规定客观上形同虚设。在地方，广东省人大常委会通过的《广东人才市场管理条例》中亦设条款维护女性就业的平等权利，但也仅有性别方面的原则规定，且缺乏可操作性。

就业歧视现象已经引起了全社会的广泛关注和广大劳动者的极大反感。首先受害的是城市下岗失业工人，尤其是大龄下岗失业人员，他们普遍受到年龄

① 本文系作者2003年3月6日在第十届全国人民代表大会第一次会议领衔提出的立法议案，有关媒体摘要转载其中观点；《反就业歧视法》虽然迄今仍未列入国家立法规划，但有关主管部委给予了较高程度的重视，近几年来国家在政策方面确实加大了反对就业歧视的规范。

等方面的就业歧视；其次是进城务工的乡村劳动者，他们受到户籍及地域等方面的歧视；再次是女性劳动者受到性别歧视，女大学生找工作难已成普遍现象；最后是高学历者也开始成为学历歧视的受害者，本科生就业形势日益严峻，研究生学历严重贬值，中国的学历教育正在陷入一个片面追求高学历的怪圈。

在市场经济国家，对就业歧视现象通常是由法律明令禁止的，用人单位招人不能随便设定限制性条件，如果要设定限制性条件必须有充足的理由，否则，将受到起诉。

二、对反就业歧视立法的原则建议

鉴于就业歧视已经成为用人单位招聘员工的一种普遍性社会现象，以及严重地违背了市场经济的一般规则和现行法律规定的原则（如劳动法等），并正在造成日益严重的不良社会后果，国家应当尽快制定适用全国的《反就业歧视法》。为此，我们建议：

1. 由国务院负责起草《反就业歧视法》，全国人大宜提前介入，尽快推进这一法令的制定进程。

2. 以《中华人民共和国宪法》、《中华人民共和国劳动法》为基本依据。《宪法》第42条明确规定："中华人民共和国公民有劳动的权利和义务。国家通过各种途径，创造劳动就业条件，加强劳动保护，改善劳动条件，并在发展生产的基础上，提高劳动报酬和福利待遇"；第48条明确规定："中华人民共和国妇女在政治的、经济的、文化的、社会的和家庭的生活等各方面享有同男子平等的权利。国家保护妇女的权利和利益，实行男女同工同酬，培养和选拔妇女干部"。《劳动法》第12条明确规定："劳动者就业，不因民族、种族、性别、宗教信仰不同而受歧视"；第13条明确规定："妇女享有与男子平等的就业权利。在录用职工时，除国家规定的不适合妇女的工种或者岗位外，不得以性别为由拒绝录用妇女或者提高对妇女的录用标准"。上述法律规定虽然并不全面，如没有有关学历歧视、年龄歧视、身体歧视等方面的原则规范，但意思是明确的，可以作为制定《反就业歧视法》的基本依据。

3. 《反就业歧视法》应当包括如下基本内容：

1）明确确立就业平等、禁止就业歧视的法律原则。除法律另有规定外，任何单位在招聘员工时均不得有歧视性条款出现并不得有实际歧视的行为，招聘广告中的歧视性条款亦应当被视为违背了法律规定。

2）明确规定凡在招聘员工时有年龄、性别、学历等特殊要求者，必须有充分的理由和依据。

3）明确法律禁止的歧视性行为，包括对年龄、学历、性别、民族、地域、身体等的歧视。

4）明确规定用人单位招聘广告、考核等环节的行为须符合法律规范。

5）明确规定用人单位违反法律规定应当承担的后果。

6）明确执法主体，规定政府劳动就业及人事主管部门对用人单位的就业歧视行为承担监管职责。

7）明确规定受歧视者的上诉权及上诉的程序。

8）明确规定消除就业歧视的其他问题。

4. 立法形式的选择。《反就业歧视法》可以采取单独立法的形式，以有利于扭转目前就业市场中存在的普遍性就业歧视现象。于后，则可以纳入到统一的《劳动法》或就业法典中去。

劳动合同立法与劳动者权益[①]

在市场经济条件下，劳动关系是最基本的社会关系，社会是不是和谐，和谐到什么程度，根本取决于劳动关系的和谐程度。劳动合同应该是确立和规范劳动关系的基本依据，也是维护劳动者正当权益的基本依据。我认为，劳动合同法的核心应该是“平等”两个字，既要保护劳动者的权益，也要保护用人单位或雇主的权益。当然基于劳动者权益受损现象普遍，我们的重点是要维护好劳动者的权益，但法律的核心宗旨仍然是“平等”，现行草案中有的地方对劳动者保护不够，而有的地方则对用人单位或雇主正当权益保护不够，这些现象都存在。

我对本草案提一些初步的意见：

第一，草案提的“用人单位”是一个很有中国特色的词，国际上都是用“雇主”，这其实是一个中性的词。用人单位毕竟是一个单位，它不包括家庭与个人，但家庭雇保姆和个人雇帮工现象普遍，灵活就业的形式不仅仅包括在单位中就业。所以，即使是使用“用人单位”这个词，也可以再增加一个“雇主”。即“用人单位或雇主”，或者在附则中体现非单位用工也受本法约束，还是要把另外的灵活就业方式包括进来。对劳动关系的解释，我个人认为应该加以简化，明确为“用人单位与劳动者因劳动而产生的权利和义务关系”。

第二，草案中有关合同文本与合同内容的规定还较单薄。建议在规定“劳动合同文本由用人单位提供”后增加“劳动合同文本应该报当地劳动行政部门备案审查”的规定，以便有效约束用人单位。另外，草案规定的劳动合同事项内容不全，我认为应该增加社会保险、劳动保护等内容，还有职业危害，只有这样才有利于保护劳动者的权益与身体健康。

第三，现行草案对有关劳动派遣单位的责任规范不清，规定得也不是很严格。现在有两种现象：一是家政服务。一些家政服务公司只是负责介绍工作，然后收点钱，其他的一切都不提供保护。这种情况在家政服务业比较普遍，保姆或钟点工既是被派遣的，但介绍单位又不承担相应的责任。另外一个是建筑

---

① 本文摘自作者2005年12月27日上午在十届全国人大常委会第19次会议审议《劳动合同法》草案时的发言。

行业。目前有许多建筑公司没有自己的建筑队伍，一般都是接工程后临时招农民工，干完活儿就走。这种派遣单位存在大量的问题，目前处于失控状态，劳动者的利益得不到保障。我认为这些派遣单位应该和劳动者签订劳动合同，纳入正常的劳动合同管理范畴，使劳动者的权益得到维护。

第四，对招用劳动者的限制性规定中，建议再增加用人单位“不得歧视”的内容。现在劳动就业市场上的歧视问题很严重，用人单位招用劳动者，应该把禁止歧视的意思放在法律里面。同时，对草案规定在禁止“劳动合同约定的劳动报酬和劳动条件等标准低于国家规定或者集体合同规定……”后再增加有关社会保险等适用社会保险法律、法规的规定，这是法定义务。

第五，草案规定“用人单位与劳动者协商一致，可以解除劳动合同”，但我在调研中也发现了一个现象，有少数的用人单位实际上是采取欺诈性的、诱导性的方法让劳动者同意与其解除劳动合同。包括一些国有企业，因搞股份制改造等，以企业快要破产为由诱使劳动者主动与其解除合同，结果股份制改造得还不错，但大量的职工都被解除劳动合同了，而他们的生活条件很差，很多人都有职业病。对于这样的情况，目前的规定是不够的。所以建议应该增加“如果是欺诈、诱导劳动者解除劳动合同的，应该视为无效”。

第六，草案规定“严重违反用人单位规章制度，按照用人单位的规章制度应当解除劳动合同的”，用人单位可以解除劳动合同，但是如果规章制度本身违法或者显失公平，这一规定就应改变，即违法的规章制度、显失公平的规章制度和违反社会公德的规章制度都应该视为无效。还有现行草案中禁止多重劳动关系，但现在全国的灵活就业者规模很大，许多人也许上午在这里干活儿，下午就到那里干活儿去了，灵活就业者大多也是无奈，所以这样简单地规定禁止多重劳动关系要慎重，不宜笼统规定为“禁止”。

第七，草案规定用人单位未按时足额支付劳动报酬的，没有依法为劳动者交纳社会保险费的，劳动者可以解除劳动合同。但是，这并不仅仅是劳动者解除劳动合同的问题，还有一个单位补偿他们的劳动报酬和补缴社会保险费的问题。建议规定，在劳动者随时可以解除劳动合同的同时，还要规定用人单位必须补付劳动报酬与补缴社会保险费。

第八，草案把“用人单位歇业、解散的”视为劳动合同自然终止的条件。我认为歇业并不一定能够成为劳动合同自然终止的当然条件，2003 年“非典”期间，部分单位歇业导致一些劳动者丢掉工作，损害的是劳动者的权益，因为歇业完全可能是雇主单方面采取的行为。所以，建议这一条要特别慎重。同时，草案又规定“被人民法院宣告死亡、宣告失踪的劳动者重新出现，劳动合同期限未满的，应当继续履行；……”，我觉得这样笼统地规定也不全面，有时候是劳动者违反劳动纪律，自己在外边跑了 2、3 个月，不工作，结果等过一段时间以后他回来了，用人单位还得要他继续工作，这样就不合理了。所以，这里也需要区分一下劳动者的宣告失踪、宣告死亡的原因，至少要将劳动者违反劳动纪律的现象排除在外。

第九，草案规定“……工资的计算方法，由省、自治区、直辖市的人民政府规定”，我建议应该有一个全国性的统一规定，全国性的统一规定并不妨碍地方的工作。但若是地方性的规定，地方就可能会区分本地人和外地人、城市人与农民工等，所以建议由全国制定统一规定，否则地方就会产生劳动者的等级歧视。

第十，草案规定了建设、卫生、安全生产监督管理等有关部门的执法职责，我认为这一条是将劳动合同法的执法权分割了，如果这样的话，将来劳动合同法实施起来就可能因多部门交叉而显得比较困难，容易扯不清。我认为劳动合同法的执法主体一定要明确，职责也一定要明确，劳动合同法的执法主体就是劳动保障行政部门，其他部门可以协助但不分享，唯有这样，才能责权清晰。

第十一，在法律责任中，我认为还应该再增加一个内容，即对执法部门不作为的应该承担什么法律责任？尤其是因为执法机关不作为而造成了严重后果的。比如，有时候执法部门因种种原因对劳动者的举报采取不作为，致使劳资冲突升级，甚至引发暴力对抗或群体上访等严重事件，对不作为的执法机关，我认为也应该明确其承担什么样的法律责任。当然，同时还应该强化劳动部门的权威与执法手段。

制定《雇主赔偿法》迫在眉睫[①]

经济结构的多元化和非公企业的快速发展，从根本上改变了原有的国有经济一统天下状态下的劳动关系。在市场经济带来的逐利取向日益明显的背景下，工伤事故尤其是恶性工伤事故在我们的身边却频繁发生，广西南丹地方政府与不法矿主合谋隐瞒重大采矿事故，80多人死于矿难却一时毫无赔偿，劳动者尤其是农民工等弱势劳动者或者受雇于非公单位的劳动者的职业伤害问题已经成为迫在眉睫的重大社会问题。

第一，劳动者的职业伤害赔偿目前仍无法可依。从现阶段发生有大量工伤事故来看，除国有单位仍然按照原有规定给以相应的工伤待遇外，非公单位普遍处于无法可依状态。许多重大的、恶性工伤事故发生后，雇主为免除责任而潜逃的现象屡屡发生，劳动者在工作中所遭遇的职业伤害不是得不到雇主的赔偿就是变成了政府的责任。这种无法可依局面造成的后果不仅是直接损害了劳动者的工伤保障权益，而且放任甚至助长了雇主不负责任的行为，并加重了政府处理工伤事故的负担，损坏了政府的形象。因此，国家应当从速制定《雇主赔偿法》，使雇主明了自己对雇员的赔偿责任，使劳动者明了自己在工作中的生命权与健康权，使政府职能部门和司法部门在处理各种工伤事故索赔时有法可依。

第二，中国已经进入了一个工伤事故与职业病高风险期，且主要是人祸所致。安全生产事故统计表明，改革开放以来尤其是20世纪90年代以来，显性的工伤事故总体上呈现持续增长的势头，其中重大的、恶性的工伤事故频繁发生，职业病患者及潜在的职业病患者增长势头更快，中国在事实上已经进入了工伤事故与职业病高风险期。造成这种局面的主要原因是一些企业（主要是三资企业、私营企业、无证矿等）的雇主只追求经济利益，对劳动者的工作环境与劳动保护根本没有尽到应尽责任，一些地方政府为局部利益也对一些不法雇主采取放任态度，福州、深圳等地接连发生的烧死数十名打工者的个案和广西南丹地方政府与不法矿主合谋隐瞒重大采矿事故80多人死于矿难等，这种情

① 本文原系作者2003年3月6日在十届全国人大第一次会议上，领衔提出的立法议案，后被作为建议案处理。原载《中国经济时报》2003年3月27日。

况表明如果任其下去，必然酿成更为恶劣的社会后果。因此，尽快对雇主赔偿责任进行专门立法，是矫治目前安全生产事故失控局面的治本之策，而损害劳动者身体与健康的普遍现象迫切要求制定雇主赔偿法。

第三，《劳动法》、《安全生产法》等现行法律并未规范职业伤害赔偿问题。现行《劳动法》中只有对伤亡事故和职业病统计报告的规定，没有雇主赔偿责任的规定，也不可能在《劳动法》中对这一建立在劳动关系基础之上的特定赔偿问题进行完整而全面的规定；在《安全生产法》中，亦未明确规范雇主的赔偿责任，其侧重点仍然是从管理的角度出发，仍是计划经济时代对安全生产进行行政管理的思路。因此，现行相关法律实际上留下一个巨大的漏洞，这就是劳动者的职业安全及一旦遭遇职业伤害时的索赔权益未得到立法保证。事实表明：现阶段快速增长的劳动纠纷及职业伤害索赔纠纷若不制定专门的《雇主赔偿法》，便难以维护正常的劳动关系。

第四，损害赔偿法律体系的完善需要制定专门的雇主赔偿法。我国已经制定了民事赔偿法与国家赔偿法，前者调整一般民事关系并解决一般民事损害赔偿问题；后者调整国家机关与公民及社会团体的关系并解决国家机关对公民及社会团体的损害赔偿问题，而职业性伤害的赔偿问题既非民事赔偿问题亦非国家赔偿问题，而是建立在劳动合同基础之上的雇主赔偿问题，但迄今为止，有关雇主赔偿的法律规范仍然是一个空白，它同样需要相应的法律规范。因此，制定《雇主赔偿法》是完善我国损害赔偿法律体系的必要且重要的举措。

第五，根据国际上的经验，雇主赔偿通常与强制性的工伤保障制度联系在一起，而强制性的工伤保障制度的确立又必须以明确的雇主赔偿立法作为依据。因此，要完善我国的工伤保障制度，需要以对雇主责任作出明确法律规范为条件。

就其原则和基本内容而言，下列内容将是不可或缺的：

1. 将《雇主赔偿法》纳入第十届全国人大立法规划由全国人大组织有关劳动专家、社会保障专家、安全管理专家、法学专家等尽快开展调查研究，指定专人负责起草法律草案。

2. 《雇主赔偿法》适用于雇主和所有受雇的劳动者。包括一切企业、社会团体、国家机关，以及家庭雇用的保姆或服务员等，均应当纳入这一法律规范的范围。只有自我雇用的劳动者或自由职业者除外。

3. 《雇主赔偿法》应当明确确立严格责任或绝对责任的法律原则。即劳动者在工作中遭遇伤害（包括工伤事故伤害与职业病伤害等），有权向雇主提出索赔，只要不是劳动者的自杀自伤行为，无论雇主是否存在故意或过失，均应当承担法定赔偿责任。

4. 《雇主赔偿法》应当明确雇主承担赔偿责任的种类、等级及限额。包括工伤事故和职业病导致的死亡赔偿、伤残赔偿等，赔偿额通常以雇员若干个月工资为标准计算。如香港对因职业伤害造成雇员死亡的赔偿 72 个月工资，对终身完全残疾的雇员赔偿额为 84 个月工资，其他则依据伤残等级确定赔偿额。

5.《雇主赔偿法》应当有惩罚性赔偿规定。即明确规定雇主在劳动保护方面必须尽到的法定义务，凡因雇主故意行为或恶意行为或重大过失导致的职业伤害，雇主还应当承担超过一般赔偿额度的惩罚性赔偿责任。

6.《雇主赔偿法》需要明确规定雇主在发生职业伤害事件时的报告义务、时限与程序，以及受害雇员索赔的程序及上诉权等。

7.《雇主赔偿法》应当明确规定雇主必须参加强制性的工伤保障。《雇主赔偿法》虽然确立了雇主对雇员职业伤害的赔偿责任，但雇主的赔偿能否最终得到落实，还要取决于雇主的财务承担能力及对赔偿责任的履行程度，为确保受伤害的劳动者能够按时足额获得法定赔偿，工业化国家以及我国的香港、台湾地区，均明确规定雇主必须参加强制性的工伤保障，强制性的工伤保障或者采取工伤社会保险方式，或者采取雇主责任保险方式，或者两者兼有但分层次。

8.《雇主赔偿法》应当明确规定政府劳动管理部门与安全生产管理部门对雇主的劳动保护与生产环境以及工伤事件的监督责任。

9.《雇主赔偿法》还应当明确规定劳动者遭遇工作伤害时的事故调查、性质评判、伤害等级评定程序与标准等。

基本人权保障与社会救助立法①

收入差距的持续扩大，使贫困问题成为中国发展进程中的重大社会问题。而面向贫困人口与灾民的社会救助作为整个社会保障制度的最后防线，也是政府的一项重要职责，它不仅事关城乡贫困人口或低收入阶层的切身利益，而且也关系到社会稳定与和谐发展。我国的社会救助制度古已有之，但迄今仍然末纳入法制化轨道。在贫富差距日益扩大、城市低保制度不够完善、乡村贫困救助制度欠规范、五保户政策在费税改革中面临着新问题的条件下，我国急切需要尽快制定《社会救助法》。

一、困难群体的基本人权保障迫切需要法律规范

社会救助是保障贫困人口或者低收入家庭最起码生活的一种普遍性制度安排，立法规范不仅具有必要性，而且具有紧迫性。

1. 社会救助制度在各国都是以政府承担直接责任并以保障贫困人口或低收入者的最基本生存条件为目标的制度安排，社会救助立法是确立这一制度的基本依据。因为只有通过立法才能真正确立贫困人口或低收入者获得社会救助的权益，才能使《宪法》规定公民在遭遇困难时有获得国家和社会物质帮助的权益变为具体的国民权益，才能规范和有效约束政府的这一责任。

2. 贫困问题是一个长期存在的严重社会问题。我国目前乡村有绝对贫困人口3000多万，如果调整几年前确立的贫困线标准则乡村需要帮助的低收入人口将达到9000万以上，而城镇处于最低生活保障线下的贫困居民亦达2000多万。他们构成了一个弱势社会群体，迫切需要立法保障他们的基本生活权益，这是我国进入新的协调与和谐发展时代的内在要求。

3. 我国现行济贫制度存在着严重缺陷。一是社会救助制度由于缺乏立法

---

① 本文系作者在以往研究社会救助立法的基础上，于2004年3月6日在第十届全国人民代表大会第二次会议上领衔提出的立法议案，《社会救助法》被正式列入十届全国人大常委会立法规划，民政部于2006年成立法律起草组，全国人大内务司法委员会亦于2006年9月正式启动社会救助法立法调研工作，立法工作在进行中。

规范，在实践中的多变性与不稳定性极易损害贫困群体的利益，如乡村五保制度在农村承包责任推行初期即遭到巨大破坏，后来虽然重新规范，但现在在农村费税改革中又面临着重大挑战；二是城乡救助制度极不平等，尽管救助标准与水平是可以有差别的，但全体公民在遭遇困境时的最低生活保障权益却应当是统一，目前的政策显然离此距离甚远；三是当前的社会救助是一个相互分割、效率低下的制度，如民政部门主管生活救助（实际上仅限于食物救助）、建设部门管理最低房屋保障、卫生部门负责医疗救助、教育部门负责子女教育救助等，由于政出多门，制度不统一，不仅社会救助制度因各部门衔接不好而存在着巨大的漏洞，而且可能造成重叠，不仅使社会救助资源浪费，而且可能使低收入群体陷入贫困陷阱而无法自拔；四是由于缺乏立法规范，社会救助政策在实践中出现许多失范行为，等等。上述问题的存在，损害了贫困人口的切身利益和这一制度的健康发展，不立法规范便不可能从根本上得到解决。

4. 我国党和政府一直重视对困难群体的保障工作，这种重视只有通过立法规范政府职责、政府行为和救助程序等，才能取得长期、稳定的成效。

5. 社会救助立法的基本条件已经成熟。一是社会救助是世界各国公认的政府责任和基本义务，它不存在社会保险或社会福利那样的责任分割问题，从而在立法过程中关系较为简单，容易达成共识；二是社会救助在许多国家都是一种成熟的制度安排，其立法经验足资借鉴；三是新中国成立以来对贫困人口与灾民的救助实践经验丰富，包括救助责任、救助对象、救助程序、救助方式等实际上是较为成熟的；四是国务院先后颁布过《农村五保供养条例》、《城市居民最低生活保障条例》等法规，相关部门亦制定了有关规章，如建设部等五部委就颁行了《廉租房管理办法》等，这些均为最终制定《社会救助法》奠定了一个较好的基础。

综上，制定《社会救助法》关系到我国贫困人口或低收入家庭的基本人权保障，是最迫切需要通过立法规范的一项社会保障，同时又已经具备了相应的条件和基础，从而应当尽快制定这一法律。

二、对制定社会救助法的原则建议

为加快《社会救助法》的立法步伐，特提出原则建议如下：

1. 尽快督促国务院在已有法规的基础上，由民政部牵头组织起草《社会救助法》草案；同时，全国人大内务司法委员会提前介入，成立《社会救助法》立法小组，通过听取立法草案汇报和组织专家讨论、征求社会意见，同步加快立法进程。应当争取在2005年将这一立法提交全国人大常委会审议。

2. 法律的名称宜定为《社会救助法》而不是《社会救济法》。一方面，救济作为一个有着特定含义的名词，一直是以现金和实物方式为标志的，但这一制度的发展事实上已经不再是简单的以救济款物为内容的单纯方式，而是还包括了以工代赈等非现金、非实物方式救助乃至扶贫措施；二是救济作为一个有着特定含义的名词，使用几千年，包含着恩赐、怜悯等色彩，而现代社会救助是国民的一项基本权益，提供者与获得者在法律地位上是完全平等的，受救助者的尊严得到维护；三是国外乃至我国的台湾、香港地区同类制度亦是使用社会救助、公共援助等消除了恩赐、怜悯色彩的名词来作为法律、法规名称。因此，建议这一法律采用《社会救助法》而非《社会救济法》名称。

3.《社会救助法》应当明确社会救助中的政府责任和财政来源。政府是救助贫困人口的责任主体，承担着当然的财政责任，法律应当对此明确。

4.《社会救助法》应当明确救助的对象，一是低于贫困线的城乡居民；二是遭遇自然灾害等导致生活陷入严重困境的城乡受灾居民；三是其他遭遇特殊困难的城乡居民。立法应当明确上述国民有请求社会救助机构救助的权益，并对这种权益给以法律保护。

5.《社会救助法》应当明确统一的执法主体。由于这一制度是面向困难群体的，目标是要解决困难群体的生存危机问题，其获得救助的条件应当统一，给予救助的。

6.《社代表会救助法》还应当明确规定受助者的资格条件、申请程序、救助待遇标准、家庭收入调查、受助者权益维护、受助者与执法主体的法律责任等问题。

7.《社会救助法》还应当做好与《老年人权益保障法》、《妇女权益保障法》、《公务员法》等相关法律的衔接。

此外，这一立法还应当对慈善事业作出相应的规范，以此作为政府负责的社会救助制度的补充。

社会保险立法与劳动者权益①

我国的社会保险改革已经近二十年，目前仍然严重滞后于经济改革与社会发展的需要，本应维护公平的社会保险制度在实践中异化成为制造新的不公平并破坏市场经济公平竞争环境的因素，劳动者的社会保险权益急切需要得到立法维护。因此，急切需要尽快制定《社会保险法》。

一、社会保险改革迫切需要立法规范与推进

希望尽快制定《社会保险法》的理由主要有：

1. 社会保险是强制性调整国家、用人单位与劳动者个人保险利益的制度安排，在世界上所有建立社会保险制度的国家均是立法先行，是先有社会保险立法于后才有社会保险制度。这主要是它的权威性、强制性与公平性只有通过立法（民意）机关制定的法律才能得到体现。政府制定社会保险法规的权威性不足以确立这一制度，强制性不足以促使用人单位完全参与，公平性则因为政府也是社会保险制度利害相关的一方（如政府相对公务员或政府雇员而言，也是用人单位等）而大打折扣。因此，社会保险制度不通过立法机关的法律规范便不可能得到确立。

2. 我国社会保险制度改革中存在着严重问题，不立法便无法从根本上得到解决。一方面，社会保险制度的不统一，已经使这一维护社会公平和创造公平竞争环境的制度，异化成为损害公平竞争环境的重要因素，地区之间的制度不统一造成的费率高低差距对劳工成本造成非正常影响，这种损害市场经济竞争局面的现象非立法不足以制止；另一方面，由于缺乏立法规范，损害了这一制度的权威性，对不参加社会保险的单位缺乏有力的法律制裁，参加的企业拖欠保险费现象也不乏罕见，等等。因此，社会保险制度建设中存在的许多问题都只有通过立法才能从根本上得到解决。

① 本文系作者在以往研究社会保险改革的基础上，于 2004 年 3 月 6 日在第十届全国人民代表大会第二次会议上领衔提出的立法议案，《社会保险法》被正式列入十届全国人大常委会立法规划，劳动和社会保障部于 2005 年重新启动了社会保险立法工作，立法工作正在进行中。

3. 劳动者对社会保险制度的信任依靠立法来树立。由于改革以来出现部分退休人员不能按时足额领取养老金等现象，劳动者对社会保险制度心存疑虑者不少，这一本来应当解除其后顾之忧的安全措施并未真正有效帮助劳动者树立对未来的信心，而通过立法则可以解决这一问题。因此法律的稳定性决定了这一制度的稳定性与可行性。

4. 社会保险作为一种在国外的成熟制度安排，其立法经验足资借鉴，加之我国的《社会保险法》草案自1992年由劳动部负责起草迄今已经12年且已经数易其稿，国务院又先后颁布过《失业保险条例》、《社会保险费征缴暂行条例》、《工伤保险条例》以及有关基本养老保险、基本医疗保险的政策，这些均为最终制定《社会保险法》奠定了一个较好的基础。

综上，制定《社会保险法》已经具有紧迫性，同时又具备相应的基础，目前的关键是加以真正的重视。

二、对加快社会保险立法步伐的原则建议

为加快《社会保险法》的立法步伐，特提出如下建议：

1. 由国务院法制办迅速组织相关部门和专家对劳动保障部起草的《社会保险法》草案（已提交至国务院法制办）进行讨论、修改、完善；同时，全国人大财经委员会（联系劳动保障部）、内务司法委员会（联系工会、妇联、老龄委等单位）提前介入，提早听取这一立法草案的起草过程及内容汇报，加快立法进程。应当争取在2005年提交到全国人大常委会审议。

2. 建议删除现行草案中的不成熟内容，对制度未定型或有争议的内容暂时不写入法律，只将成熟的必要的条文写入法律，以避免部门之间的无端争吵影响立法进程。我国急切需要一部社会保险法律，但不是也不可能是一部完美的社会保险法律。因为任何国家的社会保障立法都经历过修订的过程才渐成熟的。我国于1951年制定《劳动保险条例》后亦于1953年修改。因此，不应当对社会保险法提出过高的苛求。

3.《社会保险法》中应当明确国家建立这一制度的目的在于解除劳动者的后顾之忧，创造并维护公平的竞争环境，同时明确运用强制手段加以实施，明确它是全体劳动者的一项福利权益，由国家、雇主与劳动者分担缴费责任。

4. 对社会保险的性质、责任分担机制、劳动者的权益与义务、雇主或用人单位的权力与义务、国家或政府的权力与义务、保险项目的设置、保险覆盖范围、社会保险管理与监督体制、社会保险司法机制等基本内容进行规范。在尽可能完善的条件下，对不成熟的内容通过法律中的授权由国务院制定相应的法规进行规范。

5. 做好与《中华人民共和国劳动法》、《中华人民共和国老年人权益保障法》、《中华人民共和国妇女权益保障法》、《中华人民共和国公务员法》等相关法律的衔接。

总之，社会保险制度改革与发展急切需要制定《社会保险法》，任何拖延这一立法的做法都会对这一制度的推进产生巨大的消极影响并使这一制度的发展付出日益巨大的代价，而尽快制定《社会保险法》则是及早完善这一制度并有利于市场经济发展、进而促进经济社会协调发展的必要条件。

企业破产立法与劳动者权益①

一

市场经济是优胜劣汰的经济，所以在我国，尤其是加入WTO以后，制定一部完整的《企业破产法》应该是一件意义非常重大的事情。在WTO的框架内，承认我国市场经济地位的国家还不多，这里有一个很重要的原因在于我国的市场机制发挥得如何，是不是公平竞争，优胜劣汰的机制有没有体现出来，等等。我认为，现在制定《企业破产法》已经迟了一些，还应该早一些出台。因为除了完善的企业破产制度是市场经济成熟程度的重要标志外，目前我国企业破产行为中有很多不规范的行为，造成了对劳动者权益的极大损害，而且对于银行以及其他债权人的利益也造成了一定的不合理损害。制定这部法律虽然迟了一些，毕竟现在提交审议了，应该加快企业破产法的立法进程。

经过对《企业破产法》草案的通读，我认为它相对于1986年全国人大常委会制定的《中华人民共和国国有企业破产法（试行)》和1991年修订的《中华人民共和国民事诉讼法》，增加了法人企业的破产程序中清偿债务的规定，是一个很大的飞跃。如：一是拓宽《企业破产法》的适用范围，包括各种不同类型的企业及一切营利组织；二是规定企业的经营管理者在企业破产当中应承担相应的责任，这在过去是没有的，企业经营管理者实际上对企业的破产可以不负责任，这次是立法的进步；三是《企业破产法》草案提出了劳动债权的法律概念，这是一个新的提法，它的提出有利于维护劳动者的正当权益；四是进一步规范了企业破产的程序和实体内容。这些进一步表明了《企业破产法》的立法理念有了飞跃。

由于本次审议是首次审议，我只讲几点原则性意见：

第一，法律草案对劳动者权益的保护还不够，必须强化。对于劳动者权益

---

① 本文第一部分摘自作者2004年第6月23日在十届全国人大常委会第10次会议审议《企业破产法》草案时的发言；第二部分摘自作者2004年10月24日上午在十届全国人大常委会第12次会议审议《企业破产法》草案时的发言。

（劳动债权）的维护应该摆在首位，但法律草案在债务的清偿中，是先给予破产费用和共益债务，劳动者权益的维护实际上已经排到第3、4位，甚至是更后面了。若这样通过的话，就不利于维护劳动者的权益，因为一些企业破产时连破产费用都付不起。

第二，第40条对共益债务的规定，它与破产费用一并列在清偿劳动者债务之前。这样做，我感觉很不妥当。如第40条有关共益债务规定了6项，有很多实际上是应该排在清偿劳动者债务之后的。比如：双务合同产生的债务，像保险公司的保费，规定把保费退还以后，再清偿员工的工资，就不是很合适的，没有充分体现出对企业劳动者的保护；无因管理所产生的债务，无因管理是出于好心，没有法律义务，但好心不一定办成好事，有时还会扩大损失，所以无因管理的不确定性很大，因为无因管理所造成的损害，都可能会损害到劳动者的正当利益；财产的不当得利而引发的债务；人民法院受理破产案之后，为债务人的继续营业而应支付的劳动报酬和社会保险费用这一项规定表明，受理破产案前发生的劳动债权还滞后于受理破产案后发生的劳动债权，逻辑根本不通，可见，这部法律草案对于劳动者正当权益的保护仍然不够，我认为，劳动者的权益应该摆在优先考虑的地位，这一点必须进一步强化。

第三，《企业破产法》草案进步的地方是企业的经营管理者要对企业破产承担责任。但是我觉得有一个问题，企业的经营管理者与企业的所有者的关系是怎样的？对于企业来讲，是董事会作出重大决策，但董事会不是经营管理层，而是老板层。所以如果只是由经营管理者承担责任是不完全的，在法律上应当对所有者与经营管理者的责任规范清楚。

第四，国有企业的改革、改制，法律没有特殊的规定，但是我认为在审议这部法律的时候，应该引起大家高度的注意。我这几年每年都接到许多职工的来信甚至来访，其中许多是国有企业职工在企业的改革、改制、破产、清算中正当权益受损的事件。我看了这些信件，心里非常难受。如有一封信由300多人联名，工龄长的达31年，短的也有20年，都因企业改制而丧失许多正当权益，其中一些人甚至陷入生存危机。这样的现象在我国非常之多。如何来维护职工的劳动权益？我认为这已是一个非常严重的问题，它损害的不是极个别的劳动者的权益，不夸张地说应该是数以百万计的劳动者的权益。所以，在审议《企业破产法》草案时要高度关注国企改制、破产问题，并应该全面地规范，应该引起高度重视、高度强调。

第五，对银行、保险等特殊行业的破产应有特殊的更为具体的规定。像保险公司的破产与其他企业的破产就不同，在劳动债权清偿后，优先考虑的是保障被保险人的保险权益。银行也是一样，如何保护中小储户的利益等。因此，在金融保险领域，应该有更具体的规定，因为保险公司的破产，银行的破产也不是很遥远的事情，如果事先没有相对规范的法律，我们的职工和劳动者的利益会首先受到损害，更重要的是银行自身受损。

第六，劳动债权在这个法律草案当中是一个亮点，但是劳动债权还应该更加明晰和确定。如将工资、社保及解除劳动关系时对劳动者的补偿权纳入劳动债权范畴是对的，但现在政府鼓励企业建企业年金是否属于劳动债权？国有企业改革改制中，一些劳动者通过集资或入股方式参与企业改制，这就不是劳动债权。因此，对于劳动债权，我个人认为还有必要在《企业破产法》中作更进一步的明晰或解释。

二

企业破产法草案是一部很重要的法律，既是为市场经济定规矩，也是对债权债务人的权益提供法律保障。这次法律草案的修改有很大的进步，但总的感觉是对债权人利益的维护还有缺漏，还不完善，我个人认为还需要进行多处修订。

1. 草案第 2 条，企业法人回避了原来草案对营利性组织的提法，但有两种情况需要引起注意：一是事业单位企业化管理，它形式上是社团，实际上却是营利机构；二是登记为企业的慈善机构或非营利机构的，因为有些慈善机构在民政部门登记不了，要到工商部门登记，这些机构不仅要做善事，还要交税，这种单位应是不营利的。这两种法人在企业破产法草案当中如何进行规范，是一个问题。

2. 草案第 3 条规定，“破产案件由债务人住所地人民法院管辖”，这么简单的规定并不利于保护债权人权益。现在“假破产真逃债”的现象并不少见，尤其是一些地方政府和地方法院想保护本地债务人的利益，可能损害其他地区的债权人利益，这样的现象不少，一旦出现这种情况怎么办？因此，这部法律即使不具体规定法院管辖权，也应当明确由最高人民法院具体规定管辖权的行使，对债权人跨区域的破产案应提升管辖权。这样有利于维护债权人的利益。

3. 草案第 33 条第 1 款第 1 项，对“无偿转让财产的”管理人有权请求人民法院予以撤销的规定。这样规定是为了保护债权人的利益。但是现在存在一个问题，即企业法人在破产前向慈善机构的捐献也是无偿转让，是否也要追回？这是不可能的，从而应当有相应规定。

4. 草案第 39 条、第 40 条，谈到了破产费用和共益债务的问题。破产费用中包括管理人的工资等，共益债务包括法院受理破产以后发生的工资和保险费用。因此，工人的工资等费用有 3 种情况，第 1 种是管理人的，第 2 种是破产案件受理以后发生的，第 3 种是破产案件受理之前的，从职工的工资支付来讲，现在权益不平等。我建议应当统一，工资和社会保险至少应在同一权益的系统中，而不是后发生的优先于前发生的。

5. 草案第46条，在草案的一稿中有劳动债权，是有价值的创新，“劳动债权”不是一般的债权，不是物的债权，在我国可能不是近几年能够消除的。这次取消了劳动债权的提法，我觉得有些可惜。这条提到“破产企业所欠职工的工资和基本社会保险费用，以及法律、行政法规规定应当支付给职工的补偿金”，规定得不完整。因为社会保险费不存在基本与不基本的问题，“基本”2字多余，应删掉。还有企业年金、补充保险也是基于劳动权益而属于劳动者个人的权益，如何处置，实际上没有规定，这将会为企业主借此损害国家与劳动者的权益留下口子。

6. 草案第54条第5款，“债务人企业的职工和工会可以派代表参加债权人会议”。建议修改为“债权人会议应当有债务人企业的职工和工会代表参加”。修改理由有两个：一是草案第62条已规定债权人委员会中应当有一名职工的代表，是必要条件；二是现在的表述是对工人和工会的约束，而不是对债权人会议的约束，同样不利于维护劳动者的权益，因为有些企业无工会，或工会并不起作用。

7. 草案第80条，重整计划中的债权分类。在规范企业所欠职工的工资和基本社会保险费用为债权时，还应纳入企业年金等内容，现在很多企业和机构都涉及这个问题。

8. 草案第127条，规定破产财产在优先清偿破产费用和共益债务后才提到职工工资与基本社保费，我认为职工的工资与社保费应该是放在破产费用与共益债务同一顺序，否则不利于维护职工权益，同时债务清偿中未明确企业年金等债务。草案第127条第5款，“本条第一项……，不包括企业、经理和其他负责人的工资”，这个“其他负责人”的概念很含糊，到底是中层管理人还是高层管理人员？实际上高层管理人的工资未必就不优先支付，管理人员不是股东，不是投资人，我建议把“其他负责人”删掉。

总之，我今天谈的重点意见集中起来就是现行法律草案对债权人的保护力度还不够，还不完整，还应该予以加强。我今天讲的概括起来重点有4个：一是人民法院的管辖权应当提高，有利于保护异地债权人的利益；二是基于职工劳动权益所产生的债权还应当体现优先、公平的原则，并使之完整化；三是对重整过程中有可能继续损害债权人利益的行为应有限制规定；四是对于欺诈性破产，应明确要求其承担相应的法律责任；现行草案中对这些问题的规定还有欠缺。此外，个人破产问题其实也应该涉及，这部法律中不具体规范，但可以授权国务院制定相关条例，因为个人赖账行为并不罕见，至少对个人欠债人作出某些限制性规定，约束其还债行为是必要的，也是可行的。

《工会法》与劳动者权益①

我先后参加了到广东、内蒙古的《中华人民共和国工会法》（以下简称《工会法》）执法检查。我感觉到，我国的工会工作已经处在一个十分关键的转型期。如果把握好了这个时期，工会将比过去和发达国家的工会发挥更大、更好的作用。如果把握不好，工会工作就可能陷入更大的困境。因为社会背景和国际环境确实发生了很大变化，全球性的强资本弱劳工格局构成了一个国际大背景，它必然影响到中国的劳资力量对比。我国劳动力市场的供大于求显然有利于资方，而一些地方将效率优先变成效率至上的发展观，则直接影响到对工会工作的认识与判断。还有工会自己究竟能否得到职工的支持的问题。在市场经济条件下，我觉得工会的力量很难像过去那样单纯依靠党政部门支持，而主要依靠来自基层的工人，工人拥护你，你的力量就是最大的。现在工会处在两难的境地，很尴尬，工会主席受了委屈或受到不公正待遇，是由上级党政部门出面帮助解决，而少见职工团结起来支持的。因此，这也涉及工会的转型问题。

现在的劳动关系非常复杂，《工会法》的落实和执法，还面临着很多困难。我感觉到，工会工作要继续做好，《工会法》还应该完善。维权是工会的第一大任务。如果把区域性工会、行业性工会推广的话，有利于维护职工的利益。工会组建方式的创新很重要。维护职工的权益必须要有一个有影响的工会，否则，谁来维护职工的利益？建工会是天经地义的，只有建一个强大的工会，劳动者的地位才有可能得到改善，劳动者的权益才可能得到维护。这个问题其实不用讨论。我国目前拖欠工资、劳动保护不到位、不参加社会保险等现象的普遍存在，与工会的影响力、发言权还没有到位是有关的。关于经费问题，我主张财政应该适当地给予扶持。因为财政对妇联等组织是有扶持的，既然中国的工会是有中国特色的，也就没有必要回避这个问题。总之，我的主要观点是工会一定要建，而且一定要强大起来，在市场经济条件下发挥的功能作用绝对不是计划经济条件下发挥的简单作用。另外，工会面临的形势非常复杂，所以从

① 本文摘自作者2004年10月27日上午在十届全国人大常委会第12次会议审议全国人大常委会执法检查组关于检查工会法实施情况的报告时的发言。

法律上应加以完善，工会在的组建方面要有创新。工会除了依靠党的领导和支持以外，更重要的力量源泉在基层工人。如果劳动者的正当权益得到了维护，劳资关系就会走向平衡，社会也就和谐了。

我常担心的是劳资力量对比如果长期失衡，有可能对社会和谐造成重大破坏，这个风险是潜在的，也是巨大的。现在职工罢工的事件不少，但主要还是针对老板。如果任其发展，对抗的就不只是老板了，就可能变成跟政府和社会的对抗，这样就可能一发不可收拾了。这种迹象，我认为是存在的。因此，重视工会建设，利用工会维护并促进劳资关系走向和谐，其实是国家和社会当前面临的重要任务，而不只是工会自己的事情。

《物权法》与民生利益①

下面就《物权法》草案谈几点意见：

第一，通过《物权法》的制定，可以明晰产权，只有明晰产权，才能保护产权，只有产权得到保护，才可能有恒产，有恒产才能有恒心，才有利于发展。所以我赞成通过立法明确财产权。

第二，制定《物权法》也是为了方便编撰民法典。但是从目前的草案结构来看，我有两个较大的担心。其一，这样一个法律能否真正做到完备，以居住场所为例，如有的国家针对住宅制定专门的住宅法，针对旅馆制定专门的旅馆法，我国在一部法律中规范这样多的内容，是否合适确实需要再研究。其二，这一法律还与许多法交叉，如果法律间相互交叉的问题处理不好，可能会使这部法律陷入尴尬境地。比如在民法中，关于家庭财产的分割问题，《物权法》就与《继承法》和《婚姻法》有交叉。在民法之外，物权法还与《中华人民共和国土地法》、《中华人民共和国建筑法》、《中华人民共和国渔业法》、《中华人民共和国林业法》、《中华人民共和国矿产法》、《中华人民共和国承包法》、《中华人民共和国房地产法》等许多法律有交叉，多法交叉的现象如果协调不好，《物权法》可能难以完备。

第三，明晰产权是制定这部法律的出发点和目标。我认为还有两个问题需要考虑。一个是私人的物权，尤其是不动产，《宪法》规定要保护私人财产，那么，住宅是不是私有财产？《物权法》草案中明确了国家的物权、集体的物权，但对于住宅及宅基地的私人所有却规定得不明晰，这样还是不利于保护私人的利益。二是经济学上讲“公地上的悲剧”，比如一块草地，是公共的，大家都争着放牧，最后草地因掠夺而废弃，那么这个公地的物权实际上无从维

① 本文第一部分摘自作者 2004 年 10 月 23 日上午在十届全国人大常委会第 12 次会议审议《物权法》草案时的发言；第二部分摘自作者 2005 年 6 月 26 日在十届全国人大常委会第 16 次议审议《物权法》草案时的发言。

护，类似于草地或牧场的还有渔场、林场、水资源等，对这些内容只简单明确是国家所有和集体所有是远远不够的，因为这个规定并不能很好地保护公共利益。

第四，《物权法》草案旨在保护物权所有人的权益，但是还有几点被忽略。1. 在保护物权所有人的同时，是否使用少数服从多数的原则，比如建筑物区分所有权人在处置有关事项时要投票，也许是90%人赞同，但结果却损害了另外10%人的利益，在此，少数人的权益如何来保护呢？这个问题一定要考虑，否则很容易出现多数人侵犯少数人权益的现象。2. 侵权责任的问题。这也是物权的使用当中可能出现的行为，有关维护公共及他人权益的内容，本草案规定得不够。法人、自然人在行使自己物权的过程当中，如果妨害了他人的物权，或者是损害了他人的利益，应承担什么责任？这样的问题如何处理在法律中应有规范。3.《物权法》草案只把债权和知识产权排除在外，那么有价证券和股票、储蓄等财产权如何考虑？如果是放在债权里面，如何解决这样的财产权问题？

总之，《物权法》与很多部法律有交叉，草案目前还存在多方面的问题，还需要作较大、较细的修改完善。

二

《物权法》是确立人之恒产、树立人之恒心的法律，对国家、公民都非常重要，实际上是把《宪法》确定的财产保护权具体化。因此，对这部法律作进一步的广泛讨论和向全民征求意见很有必要，可以将法律草案采取上网、上报纸的办法，进一步征求意见。

我看了一下这部草案稿，谈一些宏观方面的想法：

第一，《物权法》实际上是我国经济社会转型时期和我国城市化、工业化进程中有关物权问题出现复杂情况时制定的法律，所以要考虑这一时期的复杂性，有很多问题还没有定性、没有定型，时代发展需要这部法律进行规范、引导，这时制定《物权法》有特殊的时代意义。

第二，《物权法》应该力争不留下产权界定的盲区和漏洞。只要是物，一定要物有所属，不是国家的就是集体的，不是集体的就是私人的，这部法律应该尽可能地避免产权的盲区和漏洞，这是应该努力做到的。尽管这部法律草案对所有权采取了列举方式规定，但是有些还未列举齐全，这个工作还应当做得更加细致，否则法律会出现产权盲区及漏洞，出现有些物的所有权不清楚。所以，衡量这部法律的重要标准应该是所有的物都能够做到物有所属。

第三，关于国家财产问题。国家的财产，我感觉应该避免产生公共地悲剧。举例来说，一块草地属国家所有，大家为牟利而在这里过度放牧，那么这块草地就完全可能因掠夺性利用而至报废，由于是公共的，大家都可以过度开发，并且不需要承担责任。国家的财产包括草地、湖泊、矿产、森林等，如何避免出现这种公共地悲剧的后果，就不是一条简单的国家所有可以解决的，法律规定还需要更加明晰。尤其是转型时期国有资产民营化，就缺乏规定。而随着社会的发展，社会福利事业的发展，很多社会福利事业实际上是官助民办，实际上是国家投入但属于民间团体所有并使用，这种国有资产民营化或者官助民有化现象怎样规范还需要研究。

第四，关于集体财产问题。对城市中的集体财产没有作出具体规定，实际上在我国城市化进程中，有些城市化了的农村已经不是过去意义上的城市财产了，其内容更加复杂，像珠江三角洲、长江三角洲，一些城市居民还拥有土地及集体所有的各种公共措施，现草案中并没有考虑到改革开放以来城镇集体财产的发展变化。同时，对集体财产的处置如何保证公开、公平的程序，尤其在集体财产的处置中如何维护个体及少数人的合法权益，是非常必要的。集体财产的处置关键是怎么维护个体及少数人的权益，因为集体财产的处置很容易投票表决，由多数人意见决定。所以我认为，应有对集体财产处置程序、方式等的规定，对怎样维护个体及少数人在集体财产中的权益，应该是这部法律中的必要内容。

第五，有关住房、宅基地的问题，也是很重要的问题，因为它是私人第一财产，是真正的恒产。如果这部法律交公众讨论，很多人都会提出这方面的问题，比如城市住房的所有权问题。城镇居民住宅只有 70 年的使用期，大家都在讨论，买住房实际上买的是一个空间，和土地没有关系，那么 70 年以后是自动消失还是自动延期？实际上大家对此不太放心。如何保证城乡居民这一部分私有财产，还有继续完善的空间。法律草案对农村的宅基地的规定，实际上是禁止流动的，这和改革开放及我国发展的取向是有矛盾的，尽管问题处理起来非常复杂。比如一个城市居民想到农村买房，现在是禁止，不能买，但是农村居民想到城市来买房就可以买。我觉得简单地禁止城市人到农村买房并不是一个很好的办法，现在农村的居民在城市里买房有 70 年的使用期，城市人到农村买房，为什么不能鼓励？简单的禁止不利于城乡之间人口的双向对流，对这种只允许农村人到城市买房，不允许城市人到农村买房的规定并不是真正保护农民利益，而是让农民的一大财产变成死产，也不利于城市居民的钱流向农村，因此，我是不赞成这一禁止性规定的，我认为应该有一个变通的办法。现行草案中还只允许宅基地只能在本集体内转让，而在农村，这个乡的人跑到另外一个乡入籍，也是可以的，比如有的子女过继、嫁娶、搬迁，这些都是客观存在的实际情况，我觉得，现在一律把宅基地的流转限于本集体内部是过于绝对、过于简单，不符合时代发展要求的。因为人口流动尤其劳动力流转是市场经济的内在要求，也是社会发展进步的重要标志，还是个人获得发展空间的前提。尤其考虑到现在有的村民已经市民化了，农村的宅基地变成了死产，实际上是损害了农民的利益，因此，我建议对此应该慎重对待，还需要一个更妥当的法律条文来规范。

第六，在目前这个时期，尤其要解决在改革发展过程中集体对个人财产的侵害和国家对集体财产所有权的侵害问题。如土地征用、房屋拆迁等就是典型例子。如何来进行特殊保护？我认为，在《物权法》中应该有更全面的规范。

以上意见是宏观方面的想法，如果这些问题解决不好，《物权法》就不能全面解决物有所属的问题，国有财产、集体财产、私人财产就不能得到很好的保护，也无法适应市场经济改革、社会发展进步的要求。

《道路交通安全法》与生命至上立法理念①

日前结束的十届全国人大常委会上审议的《道路交通安全法》草案，引起了社会各界的广泛关注。来自中国人民大学劳动人事学院的郑功成教授，作为全国人大常委会委员在分组审议会上说，道路交通事故已成为我国主要的事故灾害，其造成的人员伤亡与财产损失巨大，迫切需要制定专门的《道路交通安全法》。

近20年来，一直关注各种主要灾害事故发展情况的郑功成教授，向记者陈列了自己的研究资料。2002年全国发生道路交通事故为77.3万起，因车祸而致死者达10.9万人，每两年多就相当于发生一次唐山大地震。2003年1月至4月发生的道路交通事故已经达到22.19万起，死亡人数达3.2万人，还有许多因车祸而致残者。

郑教授分析道，这些数字已告诉我们，那些平时看起来惊天动地的灾害，如矿难、空难甚至洪水、地震等，所造成的生命损失与道路交通事故比起来，确实显得要轻得多。我国目前仅私人机动车辆就已经超过了1000万辆，车祸在继续增加，已经成了主要的公共灾害。道路交通安全的现实，已经提出了尽快出台道路交通安全法的课题。

《道路交通安全法》必须要确立生命至上的立法理念，郑功成教授说，生命权优先于道路行驶权已经是现代社会公认的法则，在这部法里应得到充分的体现。在法律总则中，应首先提出“维护人民的生命安全”，然后才是保护法人、自然人和其他组织的合法权益。这样，就使整部法的立法意图凸显出来，体现了以人为本的人文关怀。在一些地方的交通事故处理中，出现过个别警察只顾死板的事故处理规定，而漠视人的生命价值的现象。

生命至上的立法理念依托于具体的法律规定中。郑功成教授举例说，在交通事故的处理中，应明确救人第一或优先的原则。因为生命是最重要的，以往一些车祸中由于延误抢救时间导致不必要的人员伤亡现象应尽可能地避免。

郑教授说，《道路交通安全法》草案中规定，对行人受伤害予以特别保护，发生交通事故时，应当实行无过失原则，即机动车与非机动车、行人发生交通

① 原载《法制日报》2003年7月3日；该报记者李新会采访、整理。

事故，由机动车一方承担民事责任，这就体现了生命至上的立法精神。

郑功成教授提出，维护普通人的道路行驶权利，就要限制部分人在道路交通中的特权。他建议，在规定警车、消防车、救护车、工程救险车执行紧急任务时可以使用警报器、标志灯具时，应增加“严格禁止其他车辆使用警报器、标志灯具”的规定，并对违反者进行严厉处罚。同时，还应当赋予交通事故受害人可以要求某些执法者回避的权利，只有这样才能更加充分地维护当事人的权益。

一些小区内交通事故的增多，也引起郑功成教授的忧虑。他认为，现在有的小区已成为一定规模的社区，小区内的通道也是公路，私人拥有的机动车辆越来越多，小区内的交通事故呈现不断上升趋势，应对小区内的道路交通及事故处理作出相应的规定。

“道路交通要安全、便捷，最重要的还是人的生命安全。《道路交通安全法》的制定有利于遏制交通事故的上升势头，并将从根本上保障人民群众的生命财产安全。我与其他人一样，对这部法抱有很高的期望。”郑功成教授最后说。

污染防治执法检查与科学发展①

一

关于执法检查报告，我谈点想法。

第一，改革开放初期，都说经济发展不能以牺牲环境为代价，强调经济发展与环境保护相结合，但是当时来讲都是空话，因为不污染根本没有办法发展经济，乡镇企业、工业发展都是必然有污染的，20年以后，如果还不能把经济发展与保护环境相结合这样的思想落到实处，把它具体化，应该说是后患无穷的。因此，在立法与执法过程中间，应该明确“谁制造垃圾，谁就应该消化垃圾”的原则，以这个原则作为防污染、处理垃圾的最高原则。比如说生活垃圾，你处理不了，就要付费，或者由政府公共财政开支解决问题，但对企业来讲，它是赢利的，任何新企业的上马，就应该审查他有没有可能造成污染，它的垃圾应该怎么样处理，有没有包括在工程的预算和生产成本里面去。我们奉行的原则就应该是谁制造垃圾，谁就消化垃圾，自己消化不了就要委托别人消化，要付费。应该改进我们的成本核算，因为企业是要盈利的。

第二，我赞成报告里谈到的把固体废物的回收利用作为一个产业来发展的观点。我们现在讲一产、二产、三产，我认为应该将废物利用作为第四个产业来发展，废物也是资源，它可以没有直接经济效益，但对废物加以利用本身就有巨大的环境效益、资源效益、社会效益和公共卫生的效益，所以国家在产业政策中，如果对废物的利用作为一种产业来扶植的话，是有可能取得成效的。现在国家的产业规划中，废物的利用好像没有提到一定的高度，我们不能只算直接经济账，还要算环境账，要算资源账，要算公共利益、人民身体健康的账，这是非常必要的。因此，我主张将废物的回收利用提到产业发展的层次，

---

① 本文第一部分摘自作者2003年6月26日在十届全国人大常委会第3次会议审议全国人大常委会执法检查组关于《中华人民共和国固体废物污染环境防治法》执法检查报告时的发言；第二部分摘自作者2005年6月2日在十届全国人大常委会第16次会议审议全国人大常委会执法检查组关于《中华人民共和国水污染防治法》检查报告时的发言。

因为社会总是要发展的，工业化总是要发展的，废物总是越来越多的，如果不把它作为产业来发展的话，怎么样处罚，怎么样管理，也解决不了垃圾越来越多的问题，所以立足点应该放在如何利用方面。

第三，我赞成刚才大家讲的加大处罚力度，但凡污染严重者，都是以局部利益牺牲整体利益，以眼前利益牺牲长远利益，以当代人利益牺牲后代人利益，所以这种惩罚不仅是必要的，而且是可行的。有一些政绩工程，为什么不进行一些环保方面的审计，现在仅仅是经济方面的审计。对屡教不改的，我认为应该摘他的乌纱帽。对于我们的领导干部、国家干部，什么管理最有效，可能不是司法的监督，也不是经济处罚，而是乌纱帽的监督。对负有责任者，尤其是屡教屡犯的，应该从拿掉乌纱帽的方面加大处罚力度。对于私企老板，罚款他心疼，但是对于国有企业，罚款他也不心疼。

第四，治理垃圾污染，要城乡一体化，不能只注意城市，还要注意农村，尤其城乡结合部。改革开放以来，农村经济的发展，普遍意义上来讲都是以牺牲环境为代价的，我们现在更注意的是城市，实际上农村的垃圾污染与环境问题很多地方都非常严重，我做过一些调查，有些鱼米之乡的环境也破坏得非常严重，连一口干净水都喝不上了。发展了 20 多年以后，农村工业化进程带来的直接结果，不单单是生活水平的提高，也是环境的污染、环境的破坏，所以应该城乡统筹考虑防污治污，走城乡一体化道路。

第五，我认为执法检查不单纯是督促政府的工作，同时也应该是改进人大的工作，完善我们的立法。报告中提出了完善立法的一些建议，我个人认为篇幅还不够。一部法律的检查，因为是人大在检查，人大的同志就能够掌握到法律在执行过程当中的一手资料，这对完善和修订法律是最有效的，所以执法检查应把法律执行过程中法律本身的问题更清楚、更具体地表述出来，使以后对法律的修改更有针对性。

二

对于《中华人民共和国水污染防治法》实施过程中的问题，我有几点想法：

第一，绿色 GDP 应该大力推行。我很赞成用绿色 GDP 的指标，即环保 GDP 的指标来评价国民经济的发展，这样更符合科学发展观。

第二，各级政府的政绩评估体系应该涵盖环境保护。这方面的责任在地方政府，企业、个人的逐利性可能是本性使然，但是地方政府不能唯利是图，所以责任还是在地方政府。在这方面，正如我在审议《物权法》时谈到的国有财产问题，河流湖泊都是国有财产，但是大家把它当成了垃圾桶，这种公共悲剧只有通过相应的政绩评价指标才能反映并得到防治，所以说评价地方政绩时，在环保方面还应考虑邻近地区、下游地区的评价。

第三，要完善产业政策，要有科学、环保的产业政策的指导。对那些环保的、不污染的企业，可以通过调整税率、优惠贷款等政策给予扶持，把环保、不污染环境作为很重要的政策支持因素，加入到我们的产业政策和投资指南中，让讲公共道德和社会责任的企业享有更多的优惠，这种利益引导比惩罚可能会更有效。

第四，治污染还要用重罚。在污染如此普通如此严重的情况下，对造成污染的企业为什么不能重罚？应当罚得他们无利可图。如果不能从以上几个方面下工夫，下大工夫，那么目前的水污染恶化局面将很难从根本上得到扭转。

附录：

郑功成：关注民生[①]

广泛深入的社会调查

一走进郑功成的办公室，就看到办公桌上摆放着一摞厚厚的群众来信，这几乎成了他每天的功课，“人民群众来信的养分是非常丰厚的。”郑功成说。担任人大常委之后，一年下来要看近千封的群众来信，看群众来信已成为他了解社情民意及政策得失的一个非常重要的途径。

作为身兼学者与国家立法机构组成人员双重身份的大学教授，郑功成从事的社会保障、灾害保险、劳动就业等专业既是我国改革开放后新兴的学科领域，又是事关国计民生的重大现实问题。自 1985 年工作到现在的 21 年时间里，郑功成每年都要投入大量的时间进行社会调查。广泛深入的调查为郑功成了解中国国情并思考如何解决中国发展中的问题奠定了相当坚实的基础。仅在 2005 年，郑功成除自己到河南、湖南等地开展调查外，还组织中国人民大学数十名青年教师、博士生、硕士生开展了中国农民工生存状况与社会保护、中国职业安全与工伤保障、城市居民对医疗保险改革评价三项较大规模的社会调查，其中，对中国农民工生存状况与社会保护的调查选择深圳、苏州、成都及北京等地，经过 4 个多月的深入调查，完成农民工调查问卷 2800 多份，对农民工进行深度访谈达 100 多人，目前此项调查正在进行数据处理及理论分析工作。

正是因为有了大量的社会调查、群众来信以及各种会议信息来源，才使得郑功成的理论研究成果因立足于中国的国情而显现出自己的生命力。在 2003 年，他提出的有关《就业促进法》、《社会保险法》、《社会救助法》的立法议案均被列入本届全国人大常委会的立法规划，他同时提出的制定《反就业歧视法》的议案虽然未上升为立法案，但同样引起了普遍的关注，并对近两年来推

① 原载《人物》2006 年第 3 期，该刊记者陈英华采访并据有关资料整理。

进公平就业和反对就业歧视以及消除以往就业政策中的一些歧视现象起到了推动作用。2004年，郑功成在广泛调研基础上完成的有关安全生产的提案，通过民盟中央提出，成为全国政协的九大提案之一，并对推进国家安全监管机制及进一步强化安全生产都发挥了应有的作用。2005年，郑功成除在人大会议上继续提出有关就业、社会保障、公共财政等方面的建议案外，他撰写的有关调整收入分配体制促进社会公平、发展慈善事业等建议作为民盟中央在全国政协大会上的发言及提案，同样产生了很好的反响。

在大量的调查走访中，很多事例也深深地触动了郑功成。用他的话说就是“社会调查强化了自己的责任感与使命感”。在采访中，郑功成回忆起2004年9月在四川大凉山调研时的感触，当地老百姓的生活非常艰苦，他们参观的一家人居住的屋里除了中间的一个火塘、一张砖头上搁着树枝的简易床和放在角落用以维系全家人生活的口粮——一堆土豆之外几乎一无所有。但比如此贫困的景象更加触动郑功成的是，这里是当地有名的贩毒地区，由于常年的贫困，老百姓大都没有受过教育，没有一技之长，面对毒品巨大利益的诱惑，他们往往选择了铤而走险，走上了贩毒这条不归路，许多人为此付出了生命的代价。

每每遇到这样的事例，总让郑功成产生这样的感想：假如他们能够享受公平的教育机会，假如他们拥有一技之长，假如能够在提高素质的同时也可以享受公平的就业机会，假如他们还拥有相应的社会保障……或许就不会走上这条不归路。想到中国还有很多个这样的贫困家庭需要帮助，在全国人大会议上的一次发言中，郑功成指出，贫困地区的贫困不仅是物质的贫困，还是精神的贫困，那么怎样能够改变这种现状呢？就是城市要支援农村，政府要公平配置公共资源，公共资源不能再继续向城市倾斜。最基本的目标是必须真正解决好农民的吃饭、上学以及看病的问题。

在长期的专业研究中，建立与我国国情相适应的养老保险与医疗保险制度是近几年郑功成调查研究的一个重点。一次在调研中，郑功成了解到一位老工程师在南京为国家工作了31年，1995年因工作调动来到深圳，2002年退休后却无处领取养老金，因为根据现在的有关政策规定，领取养老金要缴费满15年，而他在深圳却只工作了7年，因此他不符合在深圳领取养老金的条件。而他虽然在南京工作了31年，却在退休前的7年就离开了南京，从而也不具备在南京领养老金的资格。郑功成对记者感慨地说：“一个为国家工作了38年的老工程师，居然退休后无处领养老金，这不是我们现行养老保险制度的缺漏吗？因此，社会保险制度的建设步伐应该加快，否则，这种因制度不完善或者政策缺漏而损害劳动者切身利益的事情就会越来越多。”

郑功成认为，社会保障不能够简单地等同为经济问题，影响这一制度的还有社会因素、政治因素乃至历史文化因素。我们应该承认经济因素对社会保障的影响确实很重，经济发展的水平决定着社会保障的水平，但经济水平发展到一定阶段之后就不再是一个决定性的因素。“我们国家提倡的是建立与经济发展水平相适应的社会保障制度，这一条文已经写入了我们国家的宪法，但是我们看到的是我们国家 25 年来国民经济在持续高速发展，而社会保障却并没有伴随经济的增长而持续发展。我们国家的财政在近七八年间一直在高速度增长，但国家财政用在社会保障方面的部分却并没有高速度增长，这就表明我们的社会保障水平是滞后于经济发展水平的。因此，现在以我们经济发展落后与国家财力薄弱作为不搞社会保障的理由已越来越不成立，按照我们现在的经济水平，我们的社会保障体系应当更加完善，社会保障制度应该更加健全，社会保障覆盖的人口也应该大幅度增长。到现在这个时期，如果还有一些人因为没有社会保障在遇到生活困难的时候而面临绝望的境地，那就不能说是一个健康、文明的社会。”“有的农村的父母送孩子上学要去卖血，这不是正常的现象。一些地方只要少搞一些政绩工程和花架子建设，真正追求财政资金的使用效益，省下来的钱完全能够解决贫困人口的最低生活保障和贫困家庭子女的教育问题。”郑功成感慨地说。

郑功成通过多年广泛而深入的社会调查，对中国的国情有了深入的了解，对中国的问题也有了深刻的认识，对问题致因的复杂性有了自己的判断，他始终不懈地寻求着解决问题的合理方案与可行途径。“令人欣慰的是，我们国家的经济持续高速发展已经为包括社会保障在内的各项社会事业的发展奠定了较好的基础，国家不仅明确地提出了科学发展观和构建和谐社会的目标，而且正在相关制度安排与政策措施中得到日益明显的体现。我的许多设想也正在变成现实。”

长期坚持不懈的主题：关注民生

对民生问题的关注是郑功成长期坚持不懈的主题，他研究的专业领域及出版与发表的众多成果也都与民生问题直接相关。郑功成认为：中国自古以来就将“民生”与“国计”相提并论，民生问题一直与国家发展存在着不可分割的关系。

郑功成同时冷静地告诉记者，改革开放前和改革开放初期的民生问题只是以温饱问题为核心的。以往的民生问题得到了改善并不意味着完成了发展的使命，恰恰相反，伴随着国家的发展，中国民生问题又在更高层次上以更加复杂的形势显现出来。2005 年 1 月 25 日，在国务院领导同志主持召开的一次专家学者座谈会上，郑功成就和谐发展、宏观调控、政策协调等问题发表了自己的看法。他提出构建和谐社会的核心任务是保障民生与切实不断地改善民生，并提出“教育是民生之基、就业为民生之本、分配系民生之源、社会保障是民生之安全网”的观点，主张进一步重视社会保障、劳动就业、城乡医疗卫生事业及义务教育等社会事业的发展，将分配、消费放到与生产发展并重的位置上来。

郑功成指出，在就业方面，我国现在每年城镇新增劳动力约 800 万人，需要再就业的人员 500 多万人，而乡村需要转移的是一支庞大的劳动力队伍。要实现 2020 年全面建设小康社会的目标，城市化率无疑是一个非常重要的指标，如果在 2020 年要达到 70%的城市化率，就意味着农村将有四五亿人口在未来 10 年到 20 年中不断转移出来。大学生亦在成为新的就业困难目标群体，就业形势在未来十多年中都将相当严峻。同时，就业歧视又是就业过程中的一个相当突出的问题，它扭曲了劳动力市场，造成了人力资源投资的巨大浪费。比如，有的银行招聘储蓄员都要求硕士以上的学位，一些部门在招聘公务员时也有种种歧视现象等。因此，郑功成强调，解决就业问题的治本之策只能是加快发展和实现公平就业。

针对国内有一种意见认为社会保障的水平太高了是否会影响经济发展，郑功成认为这种观点是错误的。有一次他应邀到政协开会，有两位委员发言时都表示我们国家现阶段千万不要得了欧洲人的“福利病”。随后，郑功成在发言时说，你们有这样的观点我不觉得奇怪，但是你们这样的观点是不负责任甚至是非常错误的，这种观点会妨碍我们的社会保障制度建设，因为我们现在还根本没有资格得“福利病”。对一个绝大多数人还缺乏应有的社会保障的国家说要得“福利病”，就好像是对一个吃饭都成问题的乞丐说你千万不要得了肥胖症。欧洲国家百分之百的劳动者都有养老保险，而我们国家 9.4 亿的劳动人口参加养老保险的只有 1 亿多，按照现在每年增加 1000 多万人参加养老保险的速度，我们还需要 80 年时间才能够达到欧洲的水平。而医疗保险不用说是发达国家，就是像印度、巴西、埃及这些发展中国家也都是覆盖全民的，而我们国家只有 1 亿多人参加了医疗保险，加上农村的合作医疗保险总共也只有 3 亿人参加，还有 10 亿人没有医疗保险，按照现在每年 1000 多万人的速度发展还得需要 100 年。因此，我国的社会保障不是搞多了而是太少了，建设社会保障制度的步伐不是快了而是慢了，应当加快建设社会保障制度的步伐。郑功成的这番讲话赢得了在场领导和与会人士的喝彩。

医疗改革的成败也是当前的一个热点话题。2005 年郑功成组织学生到北京市 14 家不同类型的医院针对看病的人进行了一项问卷调查，在 2000 多份问卷中有超过 90%的人对医疗体制与医疗保险不满意。这一结论似乎在郑功成的意料之中。不过，他对于目前医疗体制改革的评价却显得非常冷静。郑功成并不赞同医疗改革失败之说，他认为总的评价是没有达到改革的目标，但又不能简单地评判为成功还是失败，应该说是部分的成功、部分的失败。比如说，对于过去由单位报销的公费、劳保医疗转变成社会化的医疗保险这当然是一个进步，因为人由依赖单位到享有社会化的保障，安全性当然会得到提升，况且社会化的医疗保险对这一制度本身的财务稳定也是有好处的；而允许患者选择多家定点医院就诊，以及确立疾病医疗的责任分担机制，这些都是改革带来的进步。但目前医疗卫生体制、医疗保险、医药流通领域中的问题确实很严重，看病难、看不起病已成为一种日益严重的社会问题，老百姓对医疗服务大多不满意，确实表明了医疗改革还面临着严峻的任务。不过，针对那些抱怨医疗改革市场化过度的观点，郑功成并不完全赞同，他说："板子不能打在市场化的身上。我认为，现阶段医疗改革存在的问题是应该通过市场化途径发展起来的私人或社会医疗体系的市场化程度还远远不够，不应该市场化的公立或公益医疗体系却又市场化程度很高。公立医院不应该市场化，结果却有很多的市场化成分在里头，造成公私不分。但一部分社会群体迫切需要一个发达的私立或社会医疗系统却始终受到限制，这种格局既浪费和限制了资源，也损害了人们的疾病医疗利益。"

作为国内最早关注并研究慈善公益事业的人之一，郑功成在1995年就将慈善事业定位为我国社会保障体系的有机组成部分，近两年更主张慈善事业是构建和谐社会不可或缺的机制。以美国为例，慈善公益团体掌控的资源高达美国GDP的8%至9%，即使纯粹的个人捐献也相当于GDP的2%，国民通过自觉自愿地捐献使财富分配格局发生一些重要的变化，这是一种自愿基础上的社会公平观。然而在我国，郑功成做过一系列调查，除1998年江淮大水灾募捐到100亿元款物外，其他年份每年能够募捐到的慈善公益资源实际上不足50亿元人民币，不到2003年GDP的0.05%。美国的慈善公益事业很发达，使富人有回馈社会的理想渠道，富豪们不是因创造财富而成为英雄，而是因捐献财富成为承担社会责任的英雄。美国的贫富差距虽然是一个客观事实，但社会对抗却在一定程度上因慈善公益事业发达而被软性消化；而在中国，先富起来的群体形象在积聚财富方面无疑是时代英雄，但因缺乏慈善公益事业，在社会责任与社会形象方面却并不尽如人意。他告诉记者，"中央已经明确慈善事业是我国社会保障体系的有机组成部分，政府亦首次于2005年举办了中华慈善大会，慈善事业的立法也已经提上了议事日程，相信我国慈善事业的发展将要进入一个黄金时期。"

基于国家的持续快速发展，国家的财政收入规模也在迅速壮大，其占GDP的比重亦由2000年的不足15%上升到如今的17%以上，表明国民财富的分配格局已经发生了重要变化，而财政收入的急剧增长决定了国家财政有更大、更强的能力通过转移支付的手段来保障民生、改善民生问题。郑功成强调，解决中国现阶段及未来的民生问题特别需要政治智慧，因为新时期的民生问题层次高级、致因复杂，必须不折不扣地贯彻科学发展观，把全面、协调、健康、文明和可持续的发展观落到实处，最终建设和谐发展的社会。

和谐社会的核心在于人与人之间的和谐

“和谐社会的核心在于人与人之间的和谐，社会关系的和谐是和谐社会的根本，并进而扩展到人与自然的和谐。”这是郑功成在他的另一本新著《构建和谐社会》自序中的一句话。而这部著作集中地展示了他对中国发展进程中存在的问题以及解决这些问题的思考与看法。

郑功成认为，中华民族自古“贵和”。在春秋时代，《国语·郑语》中即有“和实生物，同则不继”的议论，在此，“和”是指有差异的统一，“同”则是指无差异的绝对统一。《论语·子路》中亦云“君子和而不同，小人同而不和”，在此，“君子”和“小人”并不是用来区分人的地位高下，而是指人的道德理想与追求，人与人之间可以有矛盾有差异，但“君子”追求的是人与人之间的互补、和谐与合作，而“小人”追求的却是人与人之间的无差异与雷同，甚至推行顺之者昌、逆之者亡，由此又必然产生不和。由此可见，“和而不同”作为中华民族的一个伟大思想，它强调的其实是各种矛盾的统一与均衡，追求的是和谐而不是千篇一律，它允许有差异而又不彼此冲突，实现的是在和谐之中共生共长，在差异之中相辅相成。孔子对“大同社会”的描绘与“和而不同”的主张，都是对人类社会发展的一种理想，而“和而不同”作为现阶段构建和谐社会的传统文化基础，显然更加具有现实意义。

在社会分化加剧的现实背景下，郑功成将中国现阶段社会发展中的不协调与不和谐概括为10个方面：一是贫富差距在持续扩大，北京市统计局2005年1月7日对外发布了发展指数评价分析报告，北京市高、低收入户人均可支配收入的差距由2000年的3.1∶1扩大到2003年底的4.7∶1，北京尚且如此，全国的情势更为严峻；二是劳动关系日益失衡，资本的势力自改革开放以来一直保持着不断上升的强势地位，而劳动者的权益却处于不断受损的状态，劳资之间的对立与冲突日益显性化；三是乡村流动人口与城市固定户籍人口之间的利益冲突仍在扩张，已经引起广泛关注的现象就是农民工在城市受到多种歧视，不仅享受不到与城市劳动者同等的社会保障等权益，而且连平等的劳动就业权与合法的劳动报酬权都难以得到保证；四是城乡之间的发展失衡，城市的繁荣与富裕在某种程度上是以牺牲农村、农业的发展和农民的利益为代价的，“三农”问题已经非常尖锐；五是地区之间的发展差距持续扩大，这种状态既不利于地区经济的发展，更不利于国家经济社会的持续发展；六是物质文明与精神文明的发展失衡，在物质财富高速增长、商品市场日益繁荣的同时，却忽略了与新时代相适应的新道德的重建，企业与公民的社会责任在不断下降；七是效率与公平的失衡，效率优先存在着向效率至上乃至唯利是图转化的倾向，而社会公平与正义却并未随着经济发展而成为普适性的核心价值追求；八是经济发展与政治、法制发展的失衡，在经济持续高速发展的同时，政府对公共事务的管治能力并未得到有效的提升，法制建设仍然滞后于时代的要求；九是人与人的关系不和谐，尽管只讲斗争的年代早已成为历史，但对市场机制与竞争机制利用的过度化，亦使人与人之间只讲竞争，少论合作、互助与互利，和谐的人际关系并未普遍形成；十是人与自然的不和谐，牺牲环境、消耗资源的传统经济增长方式，客观上不断激化了人与自然之间的矛盾，中国的城市化、工业化、现代化发展道路急切需要寻求新的发展方式与路径。

促进发展成果共享是社会保障学者天然的责任与使命

在郑功成为2006年出席“两会”准备的议案中，记者看到了一份《关于建立共享经济发展成果的长久机制的建议》，他在建议案中指出：“普惠式的改革时代已经成为历史，贫富差距的扩大、劳资关系的失衡、流动人口（以农民工为主体）与固定户籍人口之间的利益冲突、公共资源配置与教育机会的不公、社会保障制度的残缺、分配正义在某种程度被扭曲，以及城乡之间的巨大差距，均揭示了现实中的利益分配格局日益突出地表现为城乡居民不能合理共享经济发展成果。因此，在推进社会主义和谐社会的建设中，必须适应时代发展的客观要求，顺应人们对社会公正的呼声，成功解决好经济发展成果的合理共享或分享问题，这已经成为新时代赋予国家的重大使命。”他在这份建议中明确提出了确立共享价值观、调整初次分配格局、改造现行税制、确保公共资源公平配置、加快健全社会保障制度、消除各种政策歧视等对策，呼吁尽快扭转国民财富分配中的不合理、不公正现象，让困难群体、劳动者、农村居民等社会各阶层均能够合理分享到国家经济发展的成果。

郑功成对记者说，促进发展成果共享其实是社会保障学者天然的责任与使命，因为社会保障制度的天然职责就是追求社会公平并促进成果共享，如社会救助制度通过对困难群体的援助不仅可以消除受助者的生存危机，而且会直接缩小收入分配差距、缓和贫富阶层矛盾，它是贫困群体或者低收入阶层共享发展成果的必要制度安排；社会保险作为工业社会普遍性的强制性制度安排，则通过养老保险、工伤保险、医疗保险、失业保险等有效地解除了劳动者在年老、工伤、疾病、失业等方面的后顾之忧，实现了让劳动者更好地分享国家与企业发展成果的目的，同时也会平衡劳资关系，有效地化解劳资之间的对抗与冲突；而各项社会福利事业的发展则是老年人、残疾人、妇女儿童等分享经济发展成果的必须途径，也是国民享受公平教育机会及其他相应福利待遇的制度安排。

令人高兴的是，国家近几年来也在强调让全体国民共享发展成果，一些政策措施陆续出台。“2006 年中央财政将拿出近 50 亿元扶持农村新型合作医疗，真是替农民高兴，因为我看到了压在农村居民身上的沉重的疾病医疗负担有了彻底减轻乃至消化的希望。”

农民工也是郑功成长期关注的一个群体。他说：“我近几年对农民工现象总是强调三句话：第一句是农民工现象是中国社会发展进步的重要标志和改革开放的标志性成果，第二句是农民工确实遭遇了不公的待遇并主要表现为不能公平就业和合理分享当地的经济发展成果，第三句是现在确实已经到了应当逐步解决农民工问题的时候了。”他把建立相应的社会保障制度看成是让农民工分享社会发展成果的重要途径。还在 2001 年 2 月，郑功成就明确提出要“让农民工安居乐业”，同年 11 月在接受媒体采访时，郑功成就明确主张国家“要分层分类保障农民工的权益”，同时提出按照普遍性原则优先推进农民工工伤保险，建立农民工疾病医疗尤其是大病保障机制和特殊救助机制，以及采取分类渐进的方式来推动农民工的养老保险，这种政策主张在此后的几年间得到越来越多人的共识。2006 年中共中央、国务院颁发的“一号文件”明确要求，要“依法将务工农民全部纳入工伤保险范围，探索适合务工农民工特点的大病医疗保障和养老保险办法”。

在郑功成看来，公平、正义、共享是和谐社会的核心价值追求，其中维护公平、正义是实现共享发展成果的保证，而共享发展成果则是公平、正义所主张的目标。关注民生必须考虑让社会各阶层合理分享发展成果，构建和谐社会则要求实现让全体国民共享发展成果。因此，“保障国民共享发展成果，不能看成只是有利于困难群体或者低收入阶层与无收入阶层的事情，它其实是一个国家发展到较高阶段后的客观要求与基本标志”。

责任编辑：洪　琼　李之美
装帧设计：鼎盛怡园
版式设计：书林瀚海

图书在版编目（CIP）数据

科学发展与共享和谐——民生视角下的和谐社会/郑功成著.
-北京：人民出版社，2006.10
ISBN 7-01-005765-6
Ⅰ.科…　Ⅱ.郑…　Ⅲ.社会主义建设模式-研究-中国　Ⅳ.D616

中国版本图书馆 CIP 数据核字（2006）第 102000 号

科学发展与共享和谐
KEXUE FAZHAN YU GONGXIANG HEXIE
——民生视角下的和谐社会
郑功成　著

人民出版社出版发行
（100706　北京朝阳门内大街 166 号）

北京市双桥印刷厂印刷　新华书店经销

2006 年 10 月第 1 版　2006 年 10 月北京第 1 次印刷
开本：710 毫米×1000 毫米 1/16　印张：37.75
字数：700 千字　印数：0,001-5,000 册

ISBN 7-01-005765-6　定价：50.00 元

邮购地址 100706　北京朝阳门内大街 166 号
人民东方图书销售中心　电话（010）65250042　65289539